朝日ジュニア学習年鑑 2022

ASAHI Junior Gakushu Nenkan 2022

朝日新聞出版

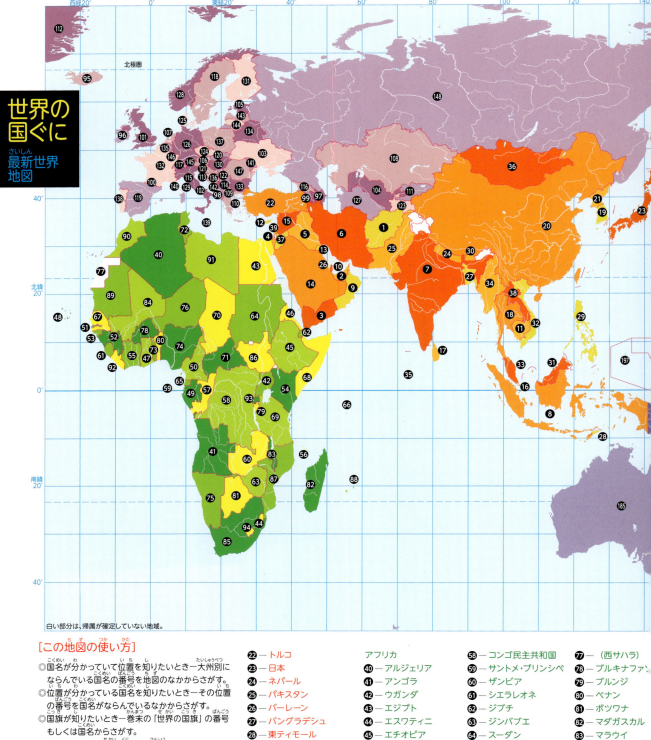

朝日ジュニア学習年鑑 2022
クイズ

**答えは
この本の中に
あるよ！**

問1
[時事ニュース編]

2022年1月現在、新型コロナウイルスの「オミクロン株」が猛威をふるっています。では、オミクロン株の存在を最初に世界保健機関（WHO）に報告した国はどこでしょう？

1. アメリカ　2. スウェーデン　3. 南アフリカ

問2
[時事ニュース編]

1年遅れで開催された東京オリンピック・パラリンピック（東京2020）では、日本はオリンピックで史上最多、パラリンピックで史上2番目に多い数のメダルを取りました。日本がオリンピックとパラリンピックで取ったメダル総数の組み合わせで正しいのはどれでしょう？

1. オリンピック113個・パラリンピック104個
2. オリンピック46個・パラリンピック80個
3. オリンピック58個・パラリンピック51個

問3
[学習編]

日本で初めてノーベル賞を取ったのはだれでしょう？

1. 野口英世　2. 利根川進　3. 湯川秀樹

問4
[学習編]

イスラエルにある、キリスト教、ユダヤ教、イスラム教3宗教の聖地はなんというところでしょう？

1. ベツレヘム　2. エルサレム　3. 死海

問5
[統計編]

日本で「にんじん」が一番とれる都道府県はどこでしょう？

1. 千葉県　2. 青森県　3. 北海道

※解答は最終ページ

朝日ジュニア学習年鑑 2022

ASAHI Junior Gakushu Nenkan

もくじ

- 巻頭付録 …… 世界の国ぐに（最新世界地図）、日本の都道府県地図
- 巻末付録 …… 世界の国旗、クイズ 解答
- クイズ 問題 …… 1

時事ニュース編　5

なるほど！　新型コロナウイルス総まとめ　6

- 世界の累計感染者数は3億8000万人超に……6／
- 新型コロナウイルスをめぐる日本の状況……8／
- コロナ禍の中での東京2020開催……10／
- 国債の残高は1004兆円を超える見込みです……12／
- 木材や原油が高騰したのはなぜ？……13

なるほど！　環境ニュース総まとめ　14

- 日本とトンガで海底火山が噴火しました……14／
- 真鍋淑郎さんがノーベル物理学賞受賞……16／
- 世界遺産に日本から2件が登録……17／
- 世界中で気候危機が発生しました……18／
- サンマやサケなどはなぜ不漁？……19

なるほど！　国際ニュース総まとめ　20

- アメリカの新大統領にバイデン氏が就任……20／
- アフガニスタンからアメリカ軍が撤退……22／
- ミャンマーで軍事クーデターが発生……24／
- ドイツのメルケル氏が政界を引退〜脱原発、ウクライナ危機、シリア内戦〜……25

なるほど！　国内ニュース総まとめ　26

- 岸田文雄氏が総理大臣に……26／
- 衆議院と違って参議院には解散がありません……28／
- 解職請求ってどんなもの？……30／
- 新500円玉が11月に発行されました……31／
- 大谷翔平選手がアメリカ・大リーグの最優秀選手（MVP）に選ばれました……31

▶ ニュースのことば　32　　▶ 2021年のできごと　35

タックスヘイブン／メタバース／ヤングケアラー

学習編

キッズミニ百科　39

感染症とその歴史 ……………… 40
世界の人口と紛争 ……………… 42
世界の富豪とGDP ……………… 44
世界の首脳 ……………………… 46
世界遺産 ………………………… 48
日本の世界遺産 ………………… 50
日本の無形文化遺産 …………… 52
日本の世界農業遺産 …………… 54
日本の世界ジオパーク ………… 55
日本の郷土料理 ………………… 56
日本の歴代総理大臣 …………… 58
アメリカの歴代大統領 ………… 62
ノーベル賞 ……………………… 66
世界と日本の宗教 ……………… 68
絶滅危惧動物 …………………… 70
絶滅危惧植物 …………………… 72
名前の由来 ……………………… 74
宇宙開発 ………………………… 76
日本史と世界史　できごと …… 78
オリンピックの歴史 …………… 80

日本の戦後史年表　81

1945年から現在までの経済、政治、事件、文化が
年代ごとにひとめでわかる！

要チェック！
日本の戦後史
世代・経済キーワード ………… 98

統計編

日本大図鑑　99

日本列島（列島のすがた） ………………… 100
私たちの郷土 …………………… 101
各都道府県データ
北海道 ………101
東北 …………102
関東 …………105
中部 …………109
近畿 …………115
中国 …………118
四国 …………121
九州 …………124

統計の見方・約束ごと …………129
統計を手がかりに自由研究 …………130
統計を学習に生かそう …………132

国土と自然　133
気候 …………133
建設 …………135
山 …………136
川・湖・島 …………137

人口　138
都道府県 …………138
人口構成 …………140
過疎と過密 …………143

産業（産業のすがた）　144
農業　145
農家と耕地面積 …………145
農家で働く人 …………146
農家のくらし …………147
米 …………148
野菜、工芸作物など …………149
麦・くだもの …………150
畜産・養蚕 …………151

林業（木材）　152
水産業　153
漁業 …………153
漁業水域と魚介類の輸入 …………155

003

資源とエネルギー　156
エネルギー …………156
石炭・石油 …………157
電力 …………158
鉱産資源とガス …………159

工業　160
工業地帯・工業地域 …………160
都道府県別の工業 …………162
鉄鋼業と金属工業 …………164
機械工業 …………165
自動車工業 …………166
電気機械・電子工業 …………167
化学工業 …………168
繊維工業 …………169
食料品・その他の工業 …………170

環境　171
大気・水の汚染 …………171
ごみとリサイクル …………173

貿易　174
空港と港 …………174
輸出入品の種類 …………175
輸出入 …………176
輸入 …………177
輸出 …………178
貿易と国際収支 …………179

商業　180
小売店・デパート・スーパー …………180
お金の動き …………181

交通　182
高速道路 …………182
道路・高速バス …………183
鉄道 …………184
空の輸送 …………185
輸送量 …………186

情報　187
情報の利用・国際通信 …………187
電話・郵便 …………188
新聞 …………189
放送 …………190
出版 …………191

政治　192
国の財政 …………192
地方の財政・税金 …………193
防衛 …………194

くらし　195
家計 …………195
物価・住宅と土地 …………196
国内総生産と国民所得 …………197

教育（学校と進学率）　198

社会保障　199
しくみと費用 …………199
保険と福祉 …………200

労働（働く人・賃金）　201

事故（交通事故・水の事故など）　202

保健と衛生　203
子どもの健康 …………203
病気 …………204

スポーツ　205
世界記録と日本記録 …………205
中学生の記録 …………207

世界（各国の比較）　208

世界大図鑑　209

世界の国ぐに　210
おもな海外領土・植民地・地域 …………210
地図 …………212
各国基本データ …………219

自然　242

国民総所得　244

人口・人の交流　245

農業　246

農林業・畜産・漁業　247

資源　248

エネルギー　249

工業　250

貿易　251

国際連合　252

国際組織　253

さくいん　254

時事ニュース編

2021年は、新型コロナウイルスの変異株が世界中で猛威をふるいました。22年2月2日現在で3億8000万人を超える人々が新型コロナウイルスに感染し、多くの人が亡くなっています。日本では4回目の緊急事態宣言が出される中、1年延期されていた「東京2020オリンピック・パラリンピック」が開催。日本とトンガ（22年）では海底火山が噴火し、軽石や津波の被害が出ました。世界中で起こる異常気象に地球温暖化の影響が懸念される中、その予測法を開発した真鍋淑郎さんがノーベル物理学賞を受賞しています。ジョー・バイデン氏が大統領に就任したアメリカはアフガニスタンから撤退し、ミャンマーでは軍事クーデターが発生しました。日本では、菅義偉内閣が総辞職し、岸田文雄首相が誕生しました。

新型コロナウイルス　P6	**Check！** 学んでおきたい周辺情報	**ココが出る！** 受験に役立つキーワード
環境ニュース　P14		
国際ニュース　P20	ひとつのニュースのまわりには、日々の学びに役立つ情報が多くあります。たとえば、アフガニスタンのニュースを見たら、中村哲さんが現地で行ったことを調べるなどして、ニュースで学習を広げていきましょう。	「2021年時事ニュース編」では、新聞やテレビのニュースで使われる難しい言葉や、専門用語を選び出して、詳しい解説をつけました。中学や高校の入試でも取り上げられやすいキーワードなので要チェック！
国内ニュース　P26		
ニュースのことば　P32		
2021年のできごと　P35		

005

2021年 新型コロナウイルス総まとめ
なるほど！

新型コロナウイルスをめぐる世界と日本の状況

2021年は、新型コロナウイルスの変異株が流行し、世界中で感染が拡大しました。また、日本では緊急事態宣言の発出中に、1年延期された「東京オリンピック・パラリンピック」（以下東京2020）が開催されました。新型コロナウイルスについて、21年の状況をまとめました。

世界の累計感染者数は3億8000万人超に

世界の新型コロナウイルス感染者は3億8172万4054人、死者は568万8009人に上ります（22年2月2日時点、アメリカのジョンズ・ホプキンス大集計による）。おもな国の状況をまとめました。

過去最悪の状況になったヨーロッパでは新型コロナワクチンの義務化を導入する国も

フランス政府による事実上のワクチン強制に反対し、パリで22年1月15日に行われたデモに参加する人々。「自由」と書かれた旗（右上）が掲げられている。

イギリスで20年9月に初めて確認された新型コロナウイルスの変異株（のちのアルファ株）は世界中に広がり、日本では第4波（P8）が発生しました。21年12月には、ヨーロッパに新型コロナウイルス（おもにオミクロン株）の感染が急激に広がりました。

厳しい行動制限を課したのはオランダです。感染確認が計100人余りの段階だった12月19日からロックダウンに踏み切り、スーパーや薬局などを除く大半の商店の店舗営業を禁じました（22年1月15日に一部解除）。

イギリス政府は12月8日にテレワークの推奨や、公共の場でのマスクの着用義務、大型施設などへの入場には新型コロナウイルスワクチン（以下新型コロナワクチン・P9）接種証明を必要とするなどの法的な行動規制を導入しました。22年1月4日には1日あたりの新規感染者数が21万人超と過去最悪を更新しましたが、その後減少に転じたため、1月末に行動規制をほぼ撤廃しています。

フランスでも22年1月25日に1日あたりの感染者数が50万1635人となり、過去最悪を更新しました。もっとも、フランス政府は「国家が機能し続ける必要がある」として、外出制限や飲食店の営業時間短縮といった厳しい措置は見送っています。1月24日からは、飲食店や長距離列車などの利用をワクチン接種者に限る法律を施行しました。

イタリアでは22年1月18日に新規感染者数が22万8123人に達し、過去最悪を更新しました。イタリアでは50歳以上にワクチン接種を義務化しており、2月からは違反者に罰金を科しています。

しかし、自由を重んじるヨーロッパの人たちの中には、ワクチン義務化に強く反発する人も多く、デモなども行われています。

※新型コロナウイルスの新規感染者数、死亡者数はアメリカのジョンズ・ホプキンス大学の集計から

アメリカではコロナ対策が政治の争点に

アメリカでは22年1月10日に新規感染者数が143万3977人に達し、累計感染者数・死者数ともに世界最悪です（22年2月2日現在）。バイデン大統領が率いる民主党がマスクやワクチン接種の義務化などをしたくても、トランプ前大統領が所属する共和党はこれに否定的です。また、アメリカでは大統領（連邦政府）は新型コロナ対策の指針は示せますが、ロックダウンやワクチン義務化などを実際に行うのは州や郡、市町村などの権限です。このため、新型コロナ対策を一斉に実施することは難しいという事情があります。

アメリカのペンシルベニア州で行われた、ワクチン義務化に反対する集会に参加する人たち。

ブラジルの大統領は対策より経済を重視

新型コロナウイルス感染による死者数が、アメリカに次いで2番目に多いブラジル。「ロックダウンはウイルスよりも大きな（経済的）被害をもたらしている」など一貫して新型コロナウイルスを軽視するボルソナーロ大統領に、国民からの批判の声が高まっています。

ブラジルのサンパウロで行われた、ボルソナーロ大統領の退陣を求めるデモ。22年10月にブラジル大統領選が行われる予定だが、ボルソナーロ大統領が立候補した場合に勝利できるかが注目される。

新型コロナウイルス（COVID-19） 2019年末、中国の武漢市で発見された新種のコロナウイルス。感染者のうち、高齢者や持病がある人は重症化しやすい。感染経路は、おもに飛沫感染と接触感染。季節性のインフルエンザウイルスと比べ、感染力も致死率も、高いとみられる。

変異株 ウイルスに限らず全ての生物で、遺伝子をコピーする過程で一部読み違えや組み換えが起こり、遺伝情報が一部変化することがある。この「突然変異」の中でできることがある、新しい性質をもった子孫を「変異株」という。

ロックダウン 都市封鎖。感染症の拡大を防ぐために、感染症が広がる地域を封鎖する。住民にも外出禁止を強制し、違反者に罰則を科す。海外で一部、実施された。

デルタ株が最初に発見されたインド

新型コロナウイルス感染者数がアメリカに次いで多いインドでは、感染力が強く重症化しやすい変異株・デルタ株が最初に見つかりました。21年5月6日には、1日の新規感染者数が41万4188人に。4月中旬から外出禁止令が発令され、感染者数は減少に転じましたが、12月からはオミクロン株が流行し、22年1月14日には新規感染者数が53万3035人になりました。デルタ株は日本でも感染が広がり、第5波の原因になりました。

南アフリカがオミクロン株を最初に報告

21年11月24日、世界保健機関（WHO・P21）に変異株「オミクロン株」を最初に報告したのが南アフリカです。12月12日には同国の新規感染者が3万7875人にのぼり、12月中には感染のほぼすべてがオミクロン株に置き換わりました。日本にもオミクロン株が上陸し、第6波の引き金となりました（P9）。アフリカでは、21年12月22日時点で新型コロナワクチンの接種を終えた人が全人口の8.8％ほど（日本は同日で78.2％）。ワクチン接種率の低さは、変異株を生み出す温床となるという指摘もあります。

世界の新型コロナウイルス感染者

（22年2月2日午後5時現在）

	感染者（人）	死者（人）
アメリカ	7535万0359	89万0770
インド	4163万0885	49万7975
ブラジル	2563万4781	62万8356
フランス	1968万1231	13万2307
イギリス	1754万4380	15万7404
ロシア	1179万5059	32万5321
トルコ	1172万2483	8万7614
イタリア	1111万6422	14万6925
ドイツ	1023万6740	11万8175
スペイン	1003万9126	9万3633
インドネシア	435万3370	14万4320
フィリピン	356万9665	5万4054
韓国	88万4310	6787
シンガポール	35万9075	858
中国	12万0110	4849
日本	282万0053	1万8882
世界計	3億8172万4054	568万8009

感染者の多い10カ国と、日本と往来の多い国。アメリカのジョンズ・ホプキンス大の集計から。日本の数字は集計方法が異なるため、朝日新聞社の数値と一致しない場合がある

新型コロナウイルスをめぐる日本の状況

2021年2月から、新型コロナワクチンの接種が開始されました。新型コロナウイルスの感染拡大は、20年2月中旬が「第1波」、そして22年2月現在は「第6波」といわれています。

第5波ではデルタ株が猛威をふるいました

日本における21年の新型コロナウイルスの新規感染者数は149万7206人で、20年（23万6055人）と比べると約6倍にもなります。21年の死者数は1万4901人で、20年（3492人）の約4倍でした。20～21年冬の「第3波」、21年春の「第4波」、夏の「第5波」の影響が大きいと考えられます。特に、第5波の8月における約57万人という新規感染者数は、20～21年の新規感染者数（173万3261人）の3分の1を占め、前後の月を含めると約91万人で半数を超えています。世界的に猛威をふるった変異株「デルタ株」の影響がうかがえます。

死者数は21年1～6月で1万1000人を超えました。その一方で、7～12月は第5波があったにもかかわらず、3609人（12月31日時点）と大幅に減っています。

死者が減った要因と考えられるのが、国内では21年2月から始まったワクチン接種です。

22年2月1日現在、新型コロナワクチンを1回以上接種した人の割合は80.5％。写真は大学の学生向け接種会場。

新規感染者数や死者数は朝日新聞社集計。新型コロナワクチンの接種率や接種した人数はアメリカのジョンズ・ホプキンス大学調べ

22年2月現在、新型コロナウイルスの感染拡大は第6波といわれています

（22年2月3日午後12時現在 朝日新聞社集計）

第1波
感染止まらず、緊急事態宣言

20年2月中旬以降、大阪のライブハウスや北海道の展示会が発端とみられるクラスターが確認され、新潟、兵庫などでもクラスターが発生した。首都圏でも感染者が急増し、重症者への対応が課題に浮上。緊急事態宣言が全国に拡大された際、東京、大阪など13都道府県は重点的な取り組みが必要な「特定警戒都道府県」に指定された。全国で宣言が解除された5月25日には、新たな感染確認は21人まで減った。

第2波
Go To 開始、沖縄は感染拡大

20年7月に入ると都市部の接待を伴う飲食店を中心に感染者が急増。22日には「Go Toトラベル」が始まった。29日には岩手でも初の感染者が確認され、全都道府県に広がった。愛知、沖縄では県独自の緊急事態を宣言。全国の感染者は最大で1日1600人を超えたが、8月後半には緩やかに減少に転じた。

第3波
再拡大、重症者増え医療逼迫

20年11月に入ると、1日の感染確認は再び1000人を超えた。重症者も4月の緊急事態宣言下に迫り、北海道や大阪に続き、東京でも医療体制が逼迫。東京では12月31日に初めて感染者が1000人を超え、21年1月には3日連続で2000人台に。8日には全国で8000人近くに達した。政府は首都圏や近畿圏などの11都府県を対象に2度目の緊急事態宣言を出した。3月21日までにすべて解除。

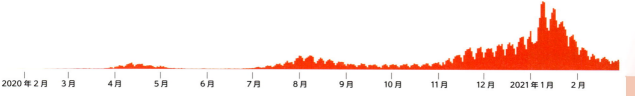

2020年2月　3月　4月　5月　6月　7月　8月　9月　10月　11月　12月　2021年1月　2月

ワクチンはヒトの体内に免疫をつくります

感染症にかかると、病気の原因となるウイルスや細菌（病原体）に対する免疫ができて、再びその感染症にかかりにくくなったり、かかっても軽症で済むようになったりします。その体のしくみを利用して、病原体に似せてつくったものを体内に入れ、病原体と闘う抗体をつくり、病気を予防したり症状を弱めたりするのがワクチンです。新型コロナウイルスのワクチンはこれまでとは違い、ウイルスの遺伝情報を使う新しいタイプのワクチンで「mRNAワクチン」といわれます。新型コロナワクチンは、低温で輸送・管理する設備が必要です。

感染症 目に見えないようなウイルスや細菌、真菌、原虫などの病原体が体に入って起こる病気（P40）。

緊急事態宣言 新型コロナウイルス対応の特別措置法に基づき、感染拡大で国民生活や経済に大きな影響が出ると判断すれば、首相が期間と区域を決めて発令する宣言。対象になる都道府県知事は、住民に不要不急の外出自粛などを要請できる。

まん延防止等重点措置（まん防） 2021年2月に成立した新型コロナウイルス対策に関する改正特別措置法で、対象となる都道府県が飲食店などに対し、従業員への検査受診、発熱など症状がある人の入店禁止などの措置を行える。これらに従わない場合、過料を科すことができる。緊急事態宣言を出す前段階でのしくみとして位置づけられている。

第5波の影響で首都圏を中心に病床が不足しがちになり、医療崩壊寸前になった。写真はコロナの重症患者につながる人工呼吸器の画面を確認する医師たち。

第4波
3回目の緊急事態宣言

21年3月中旬から大学生を中心に感染が広がり、ゴールデンウィークに都道府県をまたいだ移動が増えたことなどから全国で感染が拡大。政府は4月5日に大阪府と兵庫県、宮城県に対し「まん延防止等重点措置」を初適用。4月25日には東京、大阪、京都、兵庫の4都府県に3回目の緊急事態宣言を発出（その後最大10都道府県に拡大、6月20日に沖縄県を除いて宣言を解除）。感染力が高い変異株のアルファ株が流行したと考えられる。

第5波
4回目の緊急事態宣言中に東京2020オリンピック・パラリンピック開催

感染力が強く重症化しやすい変異株のデルタ株が流行し、政府は21年7月12日、東京都に4回目の緊急事態宣言を発出（その後最大21都道府県に拡大、9月30日にすべて解除）。8月20日には1日あたりの感染者数が2万5990人となった。7月23日から8月8日まで東京2020オリンピック、8月24日から9月5日まで東京2020パラリンピックが開催された。

第6波
オミクロン株の流行で第6波突入

21年10月31日時点で新型コロナワクチンを1回以上接種した人数が約9809万人となり、11月1日の全国の新規感染者は78人だった。12月27日までは1日あたりの新規感染者数は300人以下だったが、28日から増え始め、22年2月2日の新規感染者数は9万4815人に。感染力が高い変異株のオミクロン株が流行したと考えられている。

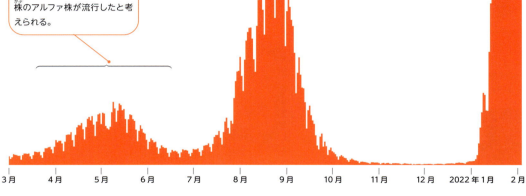

コロナ禍の中での東京2020開催

新型コロナウイルス感染症が広がるなか、「東京2020」(東京オリンピック・パラリンピック)が2021年7月23日に開幕しました。多くの競技が無観客で行われ、日本は史上最多の金メダルを獲得しました。

東京・新宿区の国立競技場で行われた東京2020開会式で入場行進する日本選手団(21年7月23日撮影)。

日本は五輪で27個、パラリンピックで13個の金メダルを獲得しました

国内の夏季五輪としては57年ぶりとなった「東京2020」は20年に行われるはずでしたが、新型コロナウイルスの感染拡大の影響を受けて1年延期されました。近代五輪において、夏季は過去に3回が戦争によって中止になりましたが(P80)、延期になったのは初めてです。

五輪の会期(7月23日〜8月8日)は、東京都の4度目の緊急事態宣言と重なったこともあり、開会式をはじめ、ほとんどの競技が無観客で行われました。

新競技の一つ、スケートボードでは、女子ストリートの西矢椛選手が13歳で日本勢史上最年少の金メダリストになり、注目を集めました。女子パークでは、夏季五輪の日本代表史上最年少12歳の開心那選手が銀メダルを手にしています。また、同じく新競技の空手・男子形で優勝した喜友名諒選手は、沖縄県出身者で初の金メダリストです。さらに、水谷隼、伊藤美誠両選手が卓球混合ダブルスで日本卓球初の金メダル、3大会ぶりに復活した野球とソフトボールでもそれぞれ金メダルを獲得するなど、選手の活躍はめざましいものでした。日本は史上最多の金メダル27個を獲得。総メダル数58個も史上最多でした。

8月24日からはパラリンピックが開幕しました。現役生活が五輪よりも長いパラリンピックでは、経験豊かなベテランが活躍することが多いですが、競泳では14歳の山田美幸選手が背泳ぎ2種目(運動機能障害)で銀メダルに輝いて日本選手メダリストの最年少記録を塗り替えるなど、若い選手の活躍も目立ちました。パラリンピックで、日本は金メダル13個を含む総メダル数51個を獲得しました。これは、アテネ大会の52個に次ぐ記録です。

「東京2020」の金、銀、銅の全メダル約5000個は、国連の**持続可能な開発目標(SDGs)**に沿って、初めてリサイクル素材だけで作られました。原材料は、「**都市鉱山**」から取り出された金、銀、銅といった有用な金属です。

1・スケートボード・女子ストリート決勝でトリックを決めて喜ぶ西矢椛選手(21年7月26日撮影)。 2・スケートボード・女子パーク決勝3回目を終え、笑顔で手を振る開心那選手(21年8月4日撮影)。

3・卓球・混合ダブルスを制し、表彰式で金メダルを手にする水谷隼(左)、伊藤美誠両選手(21年7月26日撮影)。

4・空手・男子形決勝で演武する喜友名諒選手(21年8月6日撮影)。

5・パラリンピック・競泳女子50メートル背泳ぎ(運動機能障害S2)決勝で力泳する山田美幸選手(21年9月2日撮影)。

> **持続可能な開発目標(SDGs)** Sustainable Development Goals(持続可能な開発目標)の略称。人類の未来を変えるために世界が一丸となって貧困の根絶や教育の充実など、17分野の目標を設定。幅広い課題を2030年までに解決することを目指す。15年9月に国連で採択された。
>
> **都市鉱山** 使用済みの携帯電話やパソコンなどの小型家電製品に含まれる金属資源のこと。都市の廃棄家電を資源の「鉱山」に見立てた呼び方で、都市鉱山からの資源回収と有効活用を進めるために13年4月に「小型家電リサイクル法」が施行された。東京五輪・パラリンピックのメダルはすべて、都市鉱山のリサイクル金属だけで作られた。

「バブル方式」「無観客試合」などのコロナ感染予防対策が取られました

2013年の国際オリンピック委員会（IOC）総会で開催が決定されてから、「東京2020」はさまざまなトラブルに直面しました。

国立競技場や大会エンブレムはいったん決まった計画が白紙撤回されました。また、招致をめぐる疑惑により日本オリンピック委員会（JOC）の竹田恒和氏が会長を辞任し、大会組織委員会の森喜朗氏も女性蔑視発言で会長職から去りました。さらに、開幕直前になっても、開会式の演出メンバーの辞任、解任などトラブルは収まりませんでした。

新型コロナウイルス感染防止の安全対策に、ほころびが見られるところもありました。「安心、安全な大会」の運営の要として作られた行動ルール（プレーブック）では、選手や関係者を泡のように包み、外部との接触を遮断する「バブル方式」が定められました。しかし、選手や大会関係者からも新型コロナウイルスの陽性者が出たため、政府や組織委員会は開幕1週間前になって、濃厚接触者でも6時間前に陰性と判定されれば競技に参加できるという「五輪特例」を設けました。大きな事故はなく「東京2020」は無事に終了しましたが、課題も残るオリンピックとなりました。

> **国際オリンピック委員会（IOC）**
> オリンピック（五輪）大会を主催し、五輪運動を推し進める団体。1984年設立、本部はスイスのローザンヌ。各国から委員を選任し、各国の国内五輪委員会および各種国際競技連盟を認定する。

東京2020をめぐるおもな動き

2011年 7月16日	石原慎太郎都知事が20年大会招致表明
2012年11月15日	新しい国立競技場のデザインにザハ・ハディド氏案が採用❶（写真はザハ・ハディド氏案の模型）
2013年 9月8日	IOC総会で20年大会の開催都市が東京に決定❷
2014年 1月24日	大会組織委員会発足。森喜朗元首相が会長に
2015年 7月17日	安倍首相が国立競技場の計画を白紙に
24日	佐野研二郎氏デザインのエンブレム発表。のちに、ベルギーの劇場のロゴマークと酷似していると指摘され、使用中止に❸
11月27日	大会の基本方針を復興五輪とする閣議決定
2016年 8月6日	リオ大会開幕。22日の閉会式に安倍首相がスーパーマリオの姿で登場❹
2019年 3月19日	JOCの竹田会長が退任表明❺。後任は山下泰裕氏
11月1日	酷暑を考慮し、マラソン・競歩の札幌市開催が決定
30日	隈研吾氏がデザインした新しい国立競技場が完成。コンセプトは「杜のスタジアム」❻
2020年 3月24日	東京2020の延期決定
2021年 2月3日	森会長が日本オリンピック委員会臨時評議員会で「女性がたくさん入っている会議は時間がかかる」と女性蔑視の発言
18日	新会長に橋本聖子五輪相が就任。後任の五輪相には丸川珠代氏
3月18日	開閉会式の統括責任者、佐々木宏氏が女性タレントの容姿を侮辱する言動で辞任
20日	政府、東京都、組織委員会、IOC、IPC（国際パラリンピック委員会）の5者代表者協議で海外観客の受け入れ断念で合意
6月21日	5者協議で国内の観客上限を条件付きで「収容人数の50%までで上限1万人」で合意
7月8日	5者協議などで「首都圏1都3県は無観客」❼（写真は21年4月28日撮影）とすることで合意。12日から都内で緊急事態宣言が出ることが決まったため。その後北海道、福島県も無観客に
19日	開会式の楽曲を作曲していた小山田圭吾氏が、過去に同級生や障害者をいじめた経験をインタビューで語っていた問題で辞任
22日	開閉会式ディレクターの小林賢太郎氏が過去に出演したコントでナチスのユダヤ人虐殺を揶揄していたとして、組織委員会が解任

国債の残高は1004兆円を超える見込みです

2021年は1年を通して新型コロナウイルスの感染拡大により入国が制限され、「東京2020」がほぼ無観客で開催された影響もあり、訪日外国人客（インバウンド）は24万5900人（推計値）にとどまりました。影響を受けた企業などを政府が経済支援していますが、国の借金はふくらむ一方です。

国民1人あたり約800万円の借金です

訪日外国人客（インバウンド）はコロナ前の19年（3188万2049人）と比べて99.2%も減り、統計をとり始めた1964年以降最少です。また、居酒屋を含む飲食業は「緊急事態宣言」で休業、「まん延防止等重点措置」で酒類提供の停止や時短営業を要請されるなどしました。2021年に倒産した6030件の企業のうち、観光客や外食の減少が影響した宿泊業や飲食業などの「サービス業他」の企業は2007件にのぼります＊。

もっとも、21年に倒産した企業の件数は、前回の東京オリンピックがあった高度経済成長期の1964年に記録した4212件以来の少なさです。コロナ禍にもかかわらず倒産件数が抑えられたのは、政府が融資の利子を負担する支援策により、お金に困る企業が大幅に減ったためです。

コロナ禍で影響を受けた企業や国民などに対する政府の経済支援策には、中小企業や個人事業主向けの「事業復活支援金」や、従業員に休業手当を払って雇用を維持する企業に国が助成する「雇用調整助成金」、時短営業に応じた飲食店への協力金などの交付金、18歳以下への10万円の給付金などがあります。支援金や助成金、交付金、給付金などは、融資と違って返済が不要です。しかし、その財源はすべて国民が負担する税金です。

経済支援策やワクチン接種体制の整備などの「新型コロナの拡大防止」費用として、2021年の補正予算には18兆6059億円が盛り込まれました。21年度補正予算の歳出総額は過去最大の35兆9895億円にのぼり、21年度の歳出は当初予算と合わせると142兆5992億円にもなります。

補正予算の財源の約6割にあたる22兆580億円は、国債を追加発行してまかないます。22年3月に国債の残高は1004兆円を超える見通しで、単純に割れば国民1人あたり約800万円の借金がある計算になります。

> **利子** お金を借りる側が、借りたお金に追加して支払う金額。
> **補正予算** 予算（当初予算）成立後に生じた、自然災害などの予見し難い事態に対応するために作成される予算。
> **当初予算** 国や地方公共団体の年間予算として、当初、国会や地方議会に提出、成立した予算。
> **国債** 国が資金不足を補うために発行し、将来、利子をつけて返すことを約束した証券。銀行などで買うことができる。

＊東京商工リサーチ調べ。負債額1000万円以上

訪日外国人客数の推移

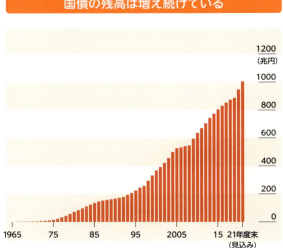

国債の残高は増え続けている

木材や原油が高騰したのはなぜ？

船で荷物を運ぶ際に使うコンテナの不足などで国際的に物流が混乱し、木材の価格が高騰する「ウッドショック」などが発生しています。原油価格も高騰しましたが、その背景には何があるのでしょう？

貨物はコンテナなどに入れられて、船や貨物列車、トラックなどで運ばれる。

新型コロナウイルスの感染拡大が影響を及ぼしています

コンテナメーカーは、**米中貿易摩擦**の影響もあって2019年はコンテナの生産を減らしていました。20年はコロナ禍で輸出入が急減すると予測し、メーカーはコンテナの生産をさらに減らします。ところが、20年夏以降はアメリカの「**巣ごもり需要**」が伸び、中国からアメリカへの輸出が急激に回復しました。さらに、新型コロナウイルスの感染が拡大したため、アメリカの港湾で働く人員やトラックの運転手が不足して荷下ろしや回収が滞り、コンテナがほかの地域に回らなくなってしまったのです。世界的なコンテナ不足により、コンテナ運賃は高騰しました。

コンテナ不足に加え、巣ごもり需要による日曜大工の流行や、**テレワーク**の普及などを背景に郊外に新築の家を購入する人が増えたことなどで、世界中で木材の需要が急増しました。足りなくなった木材の価格が高騰する「ウッドショック」も起きています。

また、原油価格も高騰しています。20年春には、新型コロナウイルスの感染が拡大したことによる消費低迷の影響で原油価格が下がり、石油輸出国機構（OPEC・P253）は原油を大幅に減産しました。しかし、21年は感染状況が落ち着き始めたこともあり、需要が回復。日本やアメリカをはじめとする石油消費国が原油の増産を要請したものの、新型コロナウイルスの再拡大を警戒した石油輸出国が難色を示したこともあり、供給が追いつかなくなって高騰につながりました。

原油価格の高騰は、プラスチックなどの石油製品やガソリンの値上がりによる包材費、物流費、光熱費などの上昇につながります。そのため、21年11月にアメリカのバイデン大統領は**石油備蓄**の放出を表明し、日本もこれに同調しました。

米中貿易摩擦 2018年にアメリカのトランプ大統領（当時）が中国に対する自国の貿易赤字などを問題視し、中国からの輸入品に関税を上乗せした。中国もアメリカ産の大豆や牛肉などに関税をかけるなどして対抗した。

巣ごもり需要 家の中で快適に過ごすことを重視した消費行動。おもにゲーム機や家庭用電化製品、パソコンや周辺機器などの需要が伸びる。

テレワーク（リモートワーク） インターネットを活用した、場所や時間にとらわれない柔軟な働き方。自宅で働く在宅勤務が代表的。リモートワークとも。英語の「テレ＝離れた」と「ワーク＝仕事」を合わせた造語。

石油備蓄 日本では1973年のオイル・ショック（P98）などを受け、安定供給のために70年代に始まった。国が所有する国家備蓄と、石油会社に法律で義務づけている民間備蓄などがある。国家備蓄は全国10カ所の基地や借り上げた民間タンクなどで国内需要の約90日分以上を貯蔵する。民間備蓄は70日分以上と定め、国が購入資金などを支援している。国内の民間タンクを産油国の石油会社に貸与する産油国共同備蓄と合わせると、2021年9月末時点で計242日分の原油や石油製品が貯蔵されている。国家備蓄の対象は原油と灯油だったが、東日本大震災後の法改正でガソリンや軽油、重油も加わった。このほかに、家庭用プロパンガスなどに使われる石油ガスも国家備蓄と民間備蓄がある。

日本にコンテナが足りなくなったのはなぜ？

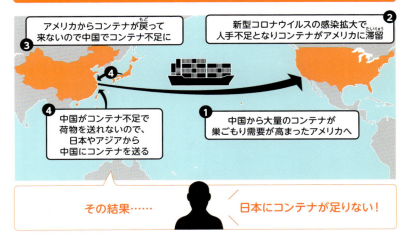

2021年 環境ニュース総まとめ

なるほど！

海底火山の噴火、地球温暖化、魚の不漁がよくわかる

2021年8月に日本の、22年1月にトンガの海底火山が噴火し、軽石などによる被害が出ました。また、静岡県熱海市の土石流などの気象災害には、真鍋淑郎さんなどがその予測法を開発して21年のノーベル物理学賞を受賞した「地球温暖化」との関連が指摘されています。

日本とトンガで海底火山が噴火しました

21年8月13日に日本で「福徳岡ノ場」、22年1月15日には南太平洋のトンガで「フンガトンガ・フンガハーパイ」という海底火山が噴火しました。

福徳岡ノ場の噴火で発生した軽石による被害が出ました

福徳岡ノ場は日本に111ある活火山の一つで、南硫黄島（東京都小笠原村）から北東約5kmに位置します。21年8月の噴火は噴煙が高さ16kmに達するなど、1914年の桜島大正噴火に次ぐ規模で、明治以降の国内で最大級です。

今回の噴火は、爆発的に大量の噴出物をまき散らす「プリニー式」と呼ばれるもので、軽石や火山灰など1億～5億立方メートル（m³）が噴出したとみられます。

噴火により海上に落下した大量の軽石は、沖縄県や鹿児島県などの港や海岸に漂着しました。漁船のエンジンを冷やす装置の配管に軽石が詰まって航行できなくなる恐れがあるため、漁に出られなくなりました。また、いけすで養殖中の魚が軽石をのみ込んで大量死するなどの被害が出ました。

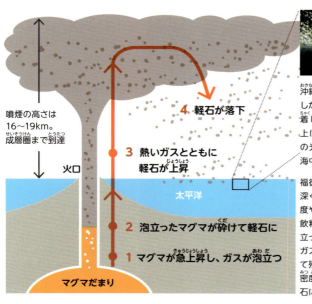

福徳岡ノ場のプリニー式噴火で軽石ができたしくみ

噴煙の高さは16～19km。成層圏まで到達

火口
1 マグマが急上昇し、ガスが泡立つ
2 泡立ったマグマが砕けて軽石に
3 熱いガスとともに軽石が上昇
4 軽石が落下
太平洋
マグマだまり

沖縄本島北部の太平洋に面した国頭村の安田漁港に漂着した軽石を海中から見上げた写真。軽石が太陽の光をさえぎってしまい、海中は真っ暗。

福徳岡ノ場のマグマは地下深くから一気に上がって温度や圧力が急低下し、炭酸飲料の栓を抜いたように泡立った。冷えて固まると、ガスが抜けた跡が気泡として残り、多くの穴があって密度が小さく、水に浮く軽石になった。

トンガの海底火山噴火では日本でも津波警報が出されました

トンガ政府は、海底火山「フンガトンガ・フンガハーパイ」が、22年1月15日に噴火したことによる火山灰と津波の影響で「国民の約84％（にあたる約9万人）に被害が及んだと推定される」と発表しました。

この噴火に伴い、日本の太平洋側沿岸でも潮位が上昇したため、16日未明に日本の気象庁は19都道県に津波警報・注意報を出しました。外国の火山噴火に伴って潮位上昇が観測されたのは初めてです。高知県、徳島県、宮城県では、漁船が転覆するなどの被害（写真）がありましたが、けが人などはありませんでした。

この潮位上昇は想定より2時間ほど早く潮位が変化し始めたほか、波の周期も数分〜10分ほどと短いなど、地震や噴火などで海水が大きく動くことで生じる一般的な津波とは特徴が異なります。

そのため、この潮位上昇は気圧変化で起こる「気象津波」という現象だとも指摘されています。

今回、海底火山の噴火により「空振」（空気の振動）が海面を通過して気圧が一時2ヘクトパスカル（hPa）ほど急上昇したため、海面が揺さぶられて波ができました。波は、水深が深いほど伝わる速度が上がり、空振と共鳴を起こして成長することがあります。そのため、日本列島の手前にある深い海溝で波が増幅し、津波と似た潮位上昇が発生したと考えられています。

避難指示を発令した自治体
総務省消防庁の22年1月16日朝時点のまとめによる

■ 津波警報
■ 津波注意報

青森県 7市町村
岩手県 12市町村
宮城県 14市町
千葉県 13市町村
高知県 1市
徳島県 1市
宮崎県 1市
鹿児島県 6市町村

気象津波が起きる仕組み
① 噴火
② 噴火に伴う空振が通過
③ 海面が押され、波ができる
④ 水深が深い海溝で波が増幅

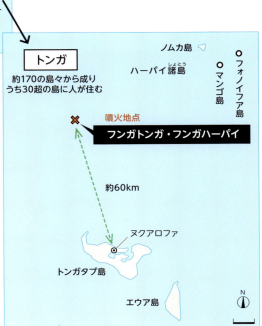

トンガ
約170の島々から成り うち30超の島に人が住む

噴火地点 フンガトンガ・フンガハーパイ
約60km
ヌクアロファ
トンガタプ島
エウア島
ノムカ島　ハーパイ諸島　フォノイファ島　マンゴ島

主な噴火と火山爆発指数（VEI）

VEI	噴出物の体積	主な噴火
0	〜1万m³	普段の桜島
1	1万m³〜	
2	100万m³〜	御嶽山（2014年）
3	1000万m³〜	
4	1億m³〜	桜島の大正噴火（1914年）、福徳岡ノ場（2021年）
5	10億m³〜	富士山宝永噴火（1707年）
5〜6	?億m³	フンガトンガ・フンガハーパイ
6	100億m³〜	フィリピン・ピナトゥボ山（1991年）
7	1000億m³〜	阿蘇山のカルデラ噴火（約9万年前）
8	1兆m³〜	インドネシア・トバ湖（約7万年前）←人類が絶滅寸前に

VEIは、噴出物の量で噴火の規模を0〜8の段階で示す指標。1増えるごとに噴出物の量はおよそ10倍になる。0は桜島で毎日のようにある小規模な噴火で、7や8は人類や文明に大きな影響を与え、「破局噴火」とも言われる。日本では明治以降、5以上の噴火は起こっていない。

真鍋淑郎さんがノーベル物理学賞受賞

受賞したアメリカ・プリンストン大学上級研究員の気象学者、真鍋淑郎さんら3人の研究は、「国連の気候変動に関する政府間パネル（IPCC）」の温暖化報告書にも生かされています。

ノーベル物理学賞に選ばれ、メダルを受け取った真鍋淑郎さん。

真鍋さんは地球温暖化を予測する方法を開発しました

真鍋さんの受賞理由は、地球の気候をコンピューター上に再現する方法を開発し、エネルギーの使用で排出される二酸化炭素（CO_2）が大気中に増えると、地球温暖化が起きるしくみを数値で明らかにしたことです。さらに大気中の現象だけではなく、海流や海水温といった海の現象が気候に与える影響も考えて「大気・海洋結合モデル」と呼ばれる計算方法を開発しました。

大気が熱の放出を防ぐことで、地球全体の気温が上がる「温室効果」という現象そのものは、200年前から知られていました。

地球は太陽の熱を受けて温められる一方、たまった熱は赤外線として宇宙に放出されます。温度が上がれば放出も増えるので、地球の気温は一定の温度で釣り合いがとれるはずです。

ところが、実際の地球では、太陽から届く光や熱は地域ごとに違い、大気は極めて複雑に動きます。このため、何が温室効果を促進させているのか、その程度がどれくらいなのかを解析するのは極めて難しいものでした。

真鍋さんは1967年に、二酸化炭素の濃度が2倍になれば地表付近の温度が2℃以上上がるとする論文を発表。また69年には大気と海の間で熱や水蒸気がやりとりされることを盛り込んだ3次元のモデルを発表しました。氷や植生、土壌水分などの影響も入れ、現在や過去の観測記録と比較して検証し、モデルの精度を高めたのです。75年には、コンピューターを使って気候を予測する仕組みの基礎を築きました。

真鍋さんは75年にアメリカの国籍を得て、現在もアメリカ在住です。日本のノーベル賞受賞は、2019年に化学賞を受けた吉野彰・旭化成名誉フェローに続き28人目です。

地球の気候をコンピューターで再現するイメージ

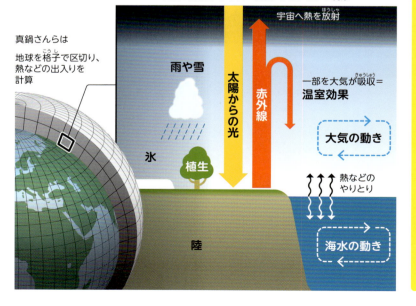

気候を再現するために考慮するさまざまな現象

真鍋さんらは地球を格子で区切り、熱などの出入りを計算

国連の気候変動に関する政府間パネル（IPCC）

気候変動について、科学的な知見を評価する国際的な組織。1988年に世界気象機関と国連環境計画によって設立された。195の国と地域から専門家や政府関係者らが参加している。温暖化対策の大切さを広めたとして、2007年にノーベル平和賞を受賞した。

IPCCの報告書は、国際的なルール作りのための交渉や、各国が温暖化対策を考えるときの根拠になる。たとえば1990年の第1次報告書は「気候変動枠組み条約」の採択（92年）に、95年の報告書は先進国に温室効果ガスを減らすよう義務づけた「京都議定書」の採択（97年）に、重要な役割を果たした。

世界遺産に日本から2件が登録

2021年7月、ユネスコの世界遺産委員会は「北海道・北東北の縄文遺跡群」を世界文化遺産に、「奄美大島、徳之島、沖縄島北部及び西表島」を世界自然遺産にそれぞれ認定しました。

北海道・北東北の縄文遺跡群の構成資産のひとつ、青森県の「三内丸山遺跡」。

2件を結ぶキーワードは「生物多様性」です

縄文遺跡群は、北海道と青森、岩手、秋田の3県にある17の遺跡から構成されています。文字が使用される前の時代（先史時代）では、国内初の世界文化遺産です。

人類が定住するようになるのは、農耕・牧畜が始まってからで、土器作りも農耕開始からというのが世界史の「常識」です。ところが縄文時代の日本列島では、狩りや漁、採集といった食料採取段階で定住が確立し、遺跡群からは墓や土偶が見つかり、土器も製作されるなど複雑な精神文化が培われています。しかも、稲作が本格化する弥生時代まで1万年以上も続きました。

農耕・牧畜なしで定住生活が可能になった理由は、北海道・北東北の生物多様性にめぐまれた自然環境により、多種の食料を豊富に確保できたことにあります。縄文遺跡群がある地域は、ブナを中心とする落葉広葉樹林が広がり、ドングリやクリなど木の実が豊富で、シカやイノシシなどの中小動物も多く生息していました。また、川や、暖流と寒流が出合う海洋などは豊かな漁場だったのです。

世界自然遺産に認定されたのは、鹿児島県の奄美大島と徳之島、沖縄県の沖縄島北部と西表島の4地域です。

4地域は琉球列島（南西諸島）に属し、亜熱帯の気候です。世界の亜熱帯地域の大半は降水量が少なく草原や砂漠になっていますが、4地域は暖流の日本海流（黒潮）が流れ、梅雨や台風の影響で雨が多く降ります。このため常緑広葉樹林の森が広がり、西表島と奄美大島にはマングローブ林が見られます。4地域の面積は日本の国土面積の約0.5％しかないにもかかわらず、国の特別天然記念物のアマミノクロウサギやイリオモテヤマネコなど世界でそこだけにしかいない「固有種」や「絶滅危惧種」が多いことが特徴です。豊かな生物多様性を守るために重要な地域であることが評価されました。

ユネスコ（国連教育科学文化機関）
諸国民の教育、科学、文化の協力と交流を通じて、国際平和と人類の福祉の促進を目的とした国連の専門機関（略称UNESCO）。1946年発足、日本は51年に加盟。本部はフランスのパリ。

世界遺産 国や民族や宗教の違いを超えて誰もが認める価値を持つと、ユネスコの世界遺産委員会が認定した遺産。建物や遺跡などの「文化遺産」、地形や地質、絶滅危惧種などを含む「自然遺産」、その両方の価値がある「複合遺産」の3種。2021年現在、日本には文化遺産が20件、自然遺産が5件あるが複合遺産はない。

生物多様性 地球上のさまざまな生物は、いろいろな自然環境の中で、互いにつながりあって生きているということ。「生態系」「種（種間）」「遺伝子（種内）」という三つのレベルの多様性がある。

北海道・北東北の縄文遺跡群

キウス周堤墓群
高砂貝塚
入江貝塚
北黄金貝塚
大船遺跡
垣ノ島遺跡
大平山元遺跡
三内丸山遺跡
田小屋野貝塚
小牧野遺跡
亀ヶ岡石器時代遺跡
二ツ森貝塚
大森勝山遺跡
是川石器時代遺跡
大湯環状列石
御所野遺跡
伊勢堂岱遺跡
北海道
青森県
秋田県
岩手県

世界自然遺産に登録された「奄美・沖縄」の4地域

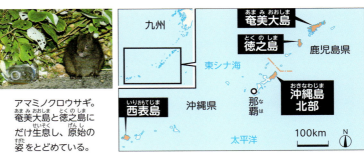

アマミノクロウサギ。奄美大島と徳之島にだけ生息し、原始の姿をとどめている。

九州
奄美大島
徳之島
鹿児島県
東シナ海
西表島
沖縄県
那覇
沖縄島北部
太平洋
100km

世界中で気候危機が発生しました

2021年夏は、国内外で土石流、洪水、熱波、山火事などの気象災害が多発し、地球温暖化との関連が指摘されています。地球温暖化を止めるためにできることを考えてみましょう。

静岡県熱海市伊豆山地区を襲った土石流は、谷の最上流部（右上）から海まで流れました（21年7月6日撮影）。

脱炭素社会への取り組みが重要です

日本では21年7月、梅雨前線の停滞で記録的な大雨が降り、静岡県熱海市で土石流が発生しました。また、8月には長大な前線が日本列島の上空に停滞し、広範囲に大雨を降らせました。九州北部や中国地方で線状降水帯が多発し、佐賀県の六角川では洪水が発生しました。

世界では、8月に熱波に襲われたイタリア南部でヨーロッパ観測史上最高の48.8℃を記録し、山火事も相次いでいます。

国連の気候変動に関する政府間パネル（IPCC）の科学者は、人間の活動が地球温暖化をもたらし、極端な気象現象を起こりやすくしているといいます。私たちが電気やガスを使うために化石燃料を燃やすと、そのとき排出される二酸化炭素（CO_2）が大気中にたまり、地球温暖化が進んでしまいます。世界の平均気温は産業革命前からすでに約1℃上昇していて、今後20年で気温上昇が1.5℃に達する可能性があるといいます。

温暖化が進むほど、今以上に熱波や干ばつ、豪雨が起きやすくなり、気候危機は深刻になります。このため、日本、アメリカ、ヨーロッパなど120カ国以上がCO_2を出さない脱炭素社会を推進し、50年までにCO_2などの温室効果ガスの排出量を「実質ゼロ」にすると表明しました。世界最大の排出国である中国も60年実質ゼロを打ち出しています。

日本は石炭火力発電所は廃止しないものの、太陽光や風力など再生可能エネルギーを使った発電所を増やし、建物の断熱性を高めるなど省エネ対策を徹底することなどで2030年度の削減目標を13年度比で46％と打ち出しました。

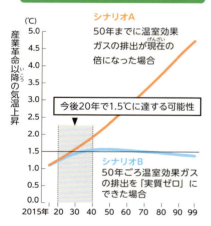

世界の平均気温の上昇幅の予測

今後20年で産業革命前と比べ、「+1.5℃」に達する可能性があるが、2050年ごろにCO_2排出を「実質ゼロ」にし、さらに植林などで大気中のCO_2を減らすことができれば、気温上昇は抑えられる（青い線）。

世界の二酸化炭素排出量の割合
資料　環境省　（2018年）

世界のCO_2総排出量 335億トン
- 中国 28％
- アメリカ 15％
- ヨーロッパ 9％
- インド 7％
- ロシア 5％
- 日本 3％
- 韓国 2％
- その他 31％

地球温暖化　二酸化炭素（CO_2）やメタン、フロンガスなどの「温室効果ガス」が大気中で増えすぎて、温室のように地球を暖めることで世界の平均気温が上がること。地球温暖化によって地球環境が悪化し、生活や健康にも多大な悪影響がもたらされるリスクがある。

線状降水帯　雨や雷を引き起こす積乱雲が次々に発生し、帯状に連なる現象。同じ場所にとどまり、短時間で多くの雨を降らす。

化石燃料　石炭、石油、天然ガスなど地下にある燃料の総称。大昔の動植物の死骸が、長い時間をかけて変化したもの。燃やすとCO_2が発生する。

産業革命　18世紀後半のイギリスで起きた技術革新。石炭などの化石燃料を燃やしてこの時代に発明された「蒸気機関」などの動力源にすることで、工場で機械を使って物をつくることが可能になり、生産性が飛躍的に高まった。しかし、大気や水の汚染が深刻化する弊害もあった。

脱炭素社会　地球温暖化の原因のひとつであるCO_2の排出量を全体としてゼロにする社会のこと。「カーボンニュートラル」（「実質ゼロ」参照）や、化石燃料を火力発電や工場で使わずに再生可能エネルギーに転換するなどの取り組みがある。

実質ゼロ　やむをえずCO_2を排出しても、植林などを行ってCO_2を吸収させたり、CO_2を地中に埋めて外に出さないようにしたりして、プラスマイナスをゼロにすること。「カーボンニュートラル」ともいう。

サンマやサケなどはなぜ不漁?

サンマやスルメイカ、サケ、ウニ、コンブなどの記録的な不漁が続いています。水産庁は21年4月に「不漁問題に関する検討会」を設置し、記録的な不漁の原因を分析しています。

サンマの水揚げが12年連続で日本一の花咲港(北海道根室市、21年11月27日撮影)。

地球温暖化による海面水温上昇の影響が指摘されています

サンマの全国での水揚げ量は2020年が2万9566トンで、記録が残る1960年以降で最低となりました。サケも19年度の水揚げ(1973万匹)は1978年度(1620万8千匹)以来41年ぶりの低水準で、20年度(2017万8千匹)も5年前と比べ半分以下に低迷しています。スルメイカ、ウニ、コンブも不漁が続いています。

水産庁は不漁の主な原因として、地球温暖化によって海水温が変化したことを挙げています。地球温暖化によって地表を覆う氷が減ると、海面水温の上昇につながります。

気象庁によると、世界全体で平均した海面水温の上昇率は、100年あたり0.56℃。日本近海では三陸沖が0.78℃、日本海中部が1.75℃で、いずれも世界平均を上回っています。

海面水温の上昇という海洋環境の変化は、魚介類にさまざまな影響を与えます。たとえば、サケは河川に放流した稚魚が、北の冷たい海にたどりついて成長し、戻ってきたところをとります。しかし、近年は稚魚を放流する時期の海水温がサケの生息適水温(5～13℃)より高く、稚魚が成長を妨げられたり死滅したりして、北の海にたどりつくサケ自体が減っている可能性があります。

また、コンブは冷水域で成長するので、海面水温の上昇は成長不足の原因になります。

コンブやワカメなど海藻の芽がはえる冬の海水温が高いと、ウニが海藻を食べ尽くしてしまい、エサの海藻がなくなってしまう「磯焼け」という現象が起きます。そうすると、殻を割っても中身がほとんど入っていない「身入りが悪いやせたウニ」が多くなります。

今後、地球温暖化が続けば、日本では魚がほとんどとれなくなってしまうかもしれません。

サンマ水揚げ量の推移
全国さんま棒受網漁業協同組合の統計から

(万トン) 全国/北海道内
2011年: 約20 / 約14
12: 約22 / 約13
13: 約15 / 約9
14: 約23 / 約10
15: 約11 / 約7
16: 約11 / 約4
17: 約8 / 約4
18: 約12 / 約6
19: 約4 / 約3
20: 約3

日本近海の海面水温(年平均)の上昇率(℃/100年)
気象庁の資料から

- 北海道周辺・日本東方海域: +1.25
- 日本海: +1.75
- +0.78
- +1.33
- +0.84
- +1.25
- +1.24
- +1.02 関東沖海域
- +1.20 九州・沖縄海域
- +0.85 日本南方海域
- 全海域平均 +1.16

Check! 魚を大量死させる「赤潮」

北海道東部の日高、十勝、釧路、根室各地方の太平洋沿岸ではサケやウニなどが大量死した。原因は赤潮と見られている。赤潮は、水中に含まれる「栄養塩」(窒素やリンなど)が多い「富栄養」状態になることにより、植物プランクトンが短期間に多数発生して水面が赤褐色に変わる現象のこと。魚は赤潮がエラに付いたり、水中の酸素が一気に減ったりして呼吸ができなくなり、死んでしまう。

019

2021年 国際ニュース総まとめ なるほど！

米中対立、アフガニスタンやミャンマー情勢がよくわかる

2021年1月にアメリカのジョー・バイデン氏が第46代大統領に就任しましたが、米中対立は続いています。アフガニスタンからはアメリカ軍が撤退してタリバンが政権を奪取し、ミャンマーでは国軍によるクーデターが起きました。今、世界で何が起きているかを知りましょう。

アメリカの新大統領にバイデン氏が就任

21年1月20日にアメリカの首都ワシントンで大統領就任式が行われ、民主党からバイデン大統領が誕生しました。バイデン大統領は、「アメリカ第一主義」を掲げた共和党のドナルド・トランプ前大統領の政策から、国際協調路線への転換を図っています。

21年1月20日、大統領就任式で宣誓するバイデン氏（左）と妻のジル氏（右）。

トランプ氏の政策を大きく転換しました

「アメリカ第一主義」を掲げたトランプ氏は、経済活動のさまたげになるとして、**パリ協定**から一方的に離脱したり、アメリカが主導してきた**自由貿易**から**保護貿易**に一部転換したりしました。また、新型コロナへの対策をめぐって**世界保健機関（WHO）**を批判し、脱退を表明したのです。さらに、**移民**を減らすと公言し、イスラム教徒が多い中東・アフリカ諸国からの入国規制やメキシコとの国境への壁の建設（未完成）を行いました。その結果、人種差別や**ヘイトクライム**が助長され、人種間の分断が広がっていきました。これに対して、バイデン氏は「分断」を生み出したトランプ政治を終えてアメリカ社会をひとつにしようと説きました。

20年11月に行われたアメリカ大統領選ではバイデン氏が勝利しましたが、トランプ氏は「不正選挙だった」と主張し、敗北を認めませんでした。トランプ氏の支持者たちは、アメリカ大統領選の結果を確定させる手続きを阻止するため、21年1月6日にワシントンの連邦議会議事堂に乱入。警察官1人を含む5人が死亡しました。連邦議会議事堂への侵入は、米英戦争時の1814年にイギリス軍が攻撃したとき以来といいます。

2021年1月20日の大統領就任式後、バイデン大統領はトランプ前政権が脱退したパリ協定への復帰、WHOからの脱退中止のほか、イスラム諸国からの入国規制の破棄、メキシコとの国境の壁建設中止などを決定しました。一方、トランプ氏は就任式を欠席。現職大統領が後任の就任式を完全に欠席したのは、1869年のアンドリュー・ジョンソン大統領以来です。

Check! カマラ・ハリス氏はアメリカ史上初の女性副大統領

バイデン政権の副大統領は、ジャマイカ出身の父親とインド出身の母親の間に生まれた女性のカマラ・ハリス氏。女性初、アジア系初、黒人初のアメリカ副大統領だ。アメリカの憲法で女性に参政権（選挙権、被選挙権など国民が国の政治に直接・間接に参与できる権利）が保障されたのは、1920年。ハリス氏が次期副大統領に選ばれた2020年は、それからちょうど100年にあたる。

カマラ・ハリス氏（20年3月9日撮影）。

➡ P62〜65「アメリカ合衆国の歴代大統領」も見てね！

アメリカが北京冬季オリンピックを外交ボイコット

1972年のニクソン大統領訪中以来、歴代のアメリカ政権は中国とのつながりを深めて経済の自由化や政治の民主化を進め、民主主義国家に変わることを期待する「関与政策」を取ってきました。

しかし、トランプ前大統領は、台頭する中国経済に危機感を抱き、中国を競争相手とする「競争政策」に転換。中国による知的財産侵害などを理由に、中国からの輸入品に高い関税をかける制裁を発動しました。

これに対し、中国側も報復措置を発動し、高い関税をかけ合う「貿易戦争」が始まりました。

バイデン現大統領は中国を「国際秩序に挑戦する唯一の競争相手」と規定して競争政策を継続し、同盟国・友好国と連携して中国に対抗する考えを示しました。また、2021年4月には日米首脳の共同声明に「台湾海峡の平和と安定の重要性」と52年ぶりに「台湾」を盛り込むなど、台湾寄りの姿勢を見せています。

第2次世界大戦後、中国本土では国民党と共産党が「国共内戦」を戦いました。1949年、内戦に勝った共産党の下で中華人民共和国の建国が宣言されると、国民党政権は台湾に逃れました。以来、両者は台湾海峡を挟んでにらみ合ってきた歴史があります。中国建国以来、中台統一は中国共産党の悲願であるだけに、習近平政権は日米が台湾情勢への関与を示したことを重く見ています。

さらに、バイデン政権は新疆ウイグル自治区の人権問題を批判しています。同自治区には独自の言語を持ち、イスラム教徒が多いウイグル族など多くの少数民族が暮らしていました。しかし、中華人民共和国成立後に徐々に移住してきた漢民族と、宗教や文化が抑圧されたと訴えるウイグル族が対立。2009年にウルムチ市で大規模な騒乱が発生したことをきっかけに、中国政府は「危険思想の温床」としてイスラム信仰に大幅な制約を加えました。

同自治区は世界でも良質な「新疆綿」の産地として知られ、中国の綿花生産の80％以上を占めます。アメリカはトランプ政権下の20年に、強制労働による生産だとして新疆の綿を使った製品など一部を輸入禁止にしました。バイデン政権も、中国政府が漢民族に同化させることによってウイグル族を民族として消滅させようとする行為は「ジェノサイド（集団殺害）」にあたると非難し、22年北京冬季オリンピックには、選手は派遣するものの政府の関係者は派遣しない「外交ボイコット」をすると発表しました。イギリスやカナダ、オーストラリアも外交ボイコットを表明し、日本も政府関係者を送らないと決めています。一方、24年にパリで夏季オリンピックを開催するフランスは、外交ボイコットをしないとしています。

パリ協定 2020年にスタートした地球温暖化対策の国際ルール。前身は05年に発効した「京都議定書」。産業革命前と比べ、世界の平均気温の上昇を2℃より低く抑えるために、温室効果ガスの排出を今世紀後半に「実質ゼロ」にすることを目指す。

自由貿易 取引数量の制限や関税（外国のモノにかける税金）などの国家介入がなく、自由に行われる貿易。

保護貿易 国内産業を保護したい国家が、輸入を制限したり、輸入品に高い関税をかけたりする中で行われる貿易。自由貿易と反対の概念。

世界保健機関（WHO） World Health Organization。世界の人々の健康問題を解決するために設けられた国連の専門機関のひとつ。1948年設立。本部はスイスのジュネーブ。

移民 それまで住んでいた国からほかの国に移り、長期にわたって住む人々。

ヘイトクライム 人種や宗教、民族、性的指向などへの差別的動機に基づく犯罪を広く指す。日本では、人種や民族などの属性を理由に、社会的少数派への差別や憎悪をあおる表現であるヘイトスピーチの対策法が2016年6月に施行。

関税 外国からの輸入品に対し、国内の産業を守るためにかける税金。

アフガニスタンからアメリカ軍が撤退

アフガニスタン西部でタリバンの攻撃に備える軍閥(軍事力を背景として政治力を保つ勢力)の人たち(2021年7月撮影)。

アフガニスタンからのアメリカ軍撤退を目前にした2021年8月15日、タリバンが首都カブールを占拠し、ガニ政権が崩壊しました。なぜ、アメリカはアフガニスタンから撤退したのでしょう。

巨額の駐留費と犠牲の多さから撤退が決まりました

アメリカ軍がアフガニスタン(以下、アフガン)に駐留するようになったのは、01年9月11日にあった**アメリカ同時多発テロ事件**がきっかけです。

犯人たちは国際テロ組織アルカイダのメンバーで、当時、アルカイダの拠点はアフガンにありました。アフガンでは、イスラム神学校の学生たちを中心に結成されたタリバンが1996年に政権をとり、アルカイダのメンバーをかくまっていたのです。アメリカ政府はアルカイダを滅ぼすにはタリバン政権を倒さないといけないと考え、2001年10月にアフガンに攻め込み、タリバン政権を倒しました。その後、欧米諸国が後ろ盾になった政権を作り、民主的な国づくりを進めました。しかし、タリバンはアフガンの国内外で活動を続け、駐留したアメリカ軍との戦いはその後も続きました。

軍隊を駐留させるには、たくさんの費用がかかります。「アメリカ史上最長の戦争」と呼ばれたタリバンとの戦いでは、アメリカ兵約2400人、民間人約4万5000人が死亡しました。また、アメリカは経済面でも軍事面でも力をつけてきた中国との競争に力を集中する必要にも迫られていました。

このため、アメリカのトランプ前政権は20年にタリバンと駐留アメリカ軍を撤退させることで合意し、代わったバイデン政権が21年8月末に完全撤退することを決めました。

アフガン軍と警察はあわせて約30万人に上り、数万人とみられるタリバンより人数も装備も上回ると考えられていました。しかし、アメリカ軍が撤退するにつれてタリバンが支配する地域が増え、8月15日にはガニ大統領が国外に脱出。首都カブールもタリバンが支配することになりました。

アフガニスタンをめぐる主な動き

2001年9月	アメリカ同時多発テロが発生
10月	アメリカ軍を中心とした有志連合がアフガンへの空爆を開始
12月	タリバン政権崩壊
2003年3月	イラク戦争開戦
2011年5月	アメリカ軍特殊部隊がアルカイダのビンラディン容疑者を殺害
12月	アメリカ軍がイラクから完全撤退
2020年2月	トランプ政権とタリバンがアメリカ軍の段階的撤退で合意
2021年4月	バイデン・アメリカ大統領、9月11日までのアメリカ軍完全撤退を発表。7月には期限を8月末へ前倒し
8月15日	タリバンが首都カブールを制圧、ガニ政権が崩壊
8月26日	カブールの空港近くで自爆テロ。アメリカ兵を含めて170人以上が死亡
8月30日	アメリカ軍のアフガン撤退が完了。20年に及ぶ戦争に終止符
9月7日	タリバンが暫定政権の樹立を宣言

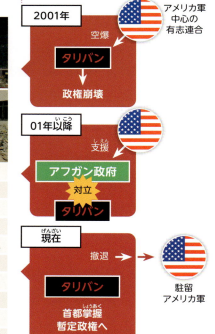

タリバンとIS の対立や文化財の消失、難民問題などが懸念されています

アフガンは、かつてアジアとヨーロッパを結んだシルクロードのほぼ中央に位置します。古代ギリシャのアレクサンドロス大王の東方遠征をはじめ、インドやペルシャなどの王朝の支配を受け、交易も盛んでした。そのため、「文明の十字路」と呼ばれる文化財の宝庫でした。

アフガンは地理的に重要な場所にあったため、大国に振り回されてきました。19世紀には、インドを植民地化したイギリスと、南下してきた帝政ロシアの覇権争いの舞台になりました。

1979年にはソ連が侵攻し、アメリカが支援するムジャヒディン（イスラム戦士）がゲリラ戦で対抗。10年後にソ連が撤退するとアメリカも手を引き、内戦が始まりました。その混乱の中で力をもったのがタリバンです。

2001年12月にタリバン政権は崩壊したものの、長い時間をかけて宗教色が強く保守的な農村部に浸透していきました。そして21年8月に、タリバンは首都カブールを一気に陥落させたのです。

混乱が続くアフガンでは、いわゆる「イスラム国」（IS）とタリバンの対立も問題視されています。ISは21年8月26日、首都カブールにある国際空港付近で爆破テロを起こしました。周辺にはアメリカ軍撤退のため国外に脱出する人が多数おり、アメリカ兵13人を含む170人以上が死亡しました。

また、アフガンにある文化財の破壊を懸念する声もあります。アフガンには世界文化遺産として「ジャームのミナレットと考古遺跡群」「バーミヤン渓谷の文化的景観と古代遺跡群」があります。タリバンは01年、アフガン国内の仏像を破壊するよう命令し、中部バーミヤンにあった大仏が爆破されました。仏像は、イスラム教が禁じる偶像崇拝につながるからだといわれています。タリバンは旧政権で女性の教育や社会進出を禁じていたことから、女性への人権侵害も心配されています。

アフガンがタリバンに制圧されたことから、迫害を恐れる人たちが数多くアフガンから脱出して難民となりました。アフガン難民の受け入れについては、表のように各国で対応が分かれています。

アメリカ同時多発テロ事件
2001年9月11日、米国内で離陸した旅客機4機が国際テロ組織アルカイダにハイジャックされた。2機はニューヨークの世界貿易センタービルに相次いで突っ込み、同ビルの2本のタワーはいずれも崩壊。1機がワシントン近郊の国防総省庁舎に激突し、1機はペンシルベニア州で墜落した。一連のテロで、日本人24人を含む計2977人が死亡した。

中村哲さんとペシャワール会
ペシャワール会は、パキスタンで医療活動に取り組む中村哲医師を支える目的で、日本国内の賛同者たちが1983年に設立した非政府組織（NGO）だ。86年から、アフガンでも人道支援活動を始めた。アフガンが大干ばつに襲われた2000年以降は、水を確保しようと、同国東部で約1600本の井戸を掘り、水源確保や緑地化に貢献した。しかし中村さんは、19年12月4日、アフガン東部で武装勢力に銃撃され、死亡した。

アフガン難民をめぐる対応

ヨーロッパなど	🇬🇧	イギリス	それぞれ女性など2万人の受け入れを表明
	🇨🇦	カナダ	
	🇩🇪	ドイツ	近隣国での滞在場所の確保を支援へ
	🇫🇷	フランス	「不法移民の流入を引き起こす恐れ」とマクロン大統領は消極的だが自治体には受け入れる動きも
近隣国	🇵🇰	パキスタン	政府高官が「これ以上の受け入れ能力がない」と表明
	🇮🇷	イラン	受け入れを表明
	🇹🇷	トルコ	流入阻止のため、国境に壁を建設中
	🇺🇿	ウズベキスタン	国境警備を強化

ミャンマーで軍事クーデターが発生

アウンサンスーチー氏のもとで民主化への歩みを進めてきたミャンマーで、国軍が2021年2月1日にクーデターを起こしました。クーデターの背景や、ミャンマーと日本の関わりなどについてまとめました。

アウンサンスーチー氏が軟禁され抗議デモが各地で起きています

ミャンマーで20年11月に行われた総選挙では、アウンサンスーチー氏が率いる「国民民主連盟（NLD）」が勝ち、国軍が推していた「連邦団結発展党（USDP）」は惨敗しました。国軍は、不正があったから総選挙は無効だと主張してクーデターを起こし、スーチー氏を拘束したのです。

反発したミャンマーの市民による抗議デモが各地で行われましたが、国軍に弾圧されました。

第2次世界大戦中、日本軍はイギリス領だったビルマ（ミャンマー）に侵攻しました。その日本軍と共にイギリス軍と戦った独立軍を率いたのが、スーチー氏の父親であるアウンサン将軍です。戦後、経済復興した日本はミャンマーを支援しました。

日本政府はクーデターに「重大な懸念」を表明し、民主的な解決に向けて国軍側に働きかけているといいます。

ミャンマー政治の構図

ミャンマーとスーチー氏をめぐる動き

1945年	スーチー氏誕生。父親は「ビルマ建国の父」として知られるアウンサン氏
48年	ビルマがイギリスから独立
54年	日本と国交樹立
62年	クーデターで国軍が政治を支配
88年	アウンサンスーチー氏らが民主主義国家を目指す国民民主連盟（NLD）を結成
89年	国名表記をビルマからミャンマーに変更。軍政がスーチー氏を自宅に軟禁する
90年	総選挙でNLDが勝利するも、軍政は政権の移譲を拒否
91年	スーチー氏がノーベル平和賞受賞
2003年	軍政が民政移管計画を発表。11年に民政移管が完了
07年	軍政が僧侶や市民のデモを武力で鎮圧
10年	総選挙で国軍系の連邦団結発展党（USDP）が勝利、NLDは総選挙をボイコット。スーチー氏が3度目の自宅軟禁から解放
15年	総選挙でNLDが勝利し、約半世紀に及んだ軍の政治支配に終止符を打つ
16年	NLD政権が発足。スーチー氏が国家顧問兼外相に就任
17年	国軍による掃討作戦で少数派イスラム教徒ロヒンギャ約70万人がバングラデシュへ逃れて難民に
19年	ミャンマーがロヒンギャへの集団殺害（ジェノサイド）をしたと、ガンビアが国際司法裁判所に訴える。スーチー氏は国際司法裁判所でジェノサイドを否定
20年	国会の議席の4分の1を「軍人枠」とするなど、軍の影響力行使を可能にしている憲法を改正する案が、軍人議員らの反対で否決。総選挙でNLDは憲法改正を掲げ、USDPに圧勝する
21年	2月 国軍がクーデターで権力を掌握し、スーチー氏が軟禁される。 5月 国軍統制下の選挙管理委員会がNLDを解党する方針を発表。スーチー氏は訴追され、12月には社会不安をあおった罪などで有罪判決が言い渡された

クーデター フランス語で、「国への一撃」の意味。軍などが武力で権力を奪取するような政変を指す。

ロヒンギャ ミャンマーのイスラム系少数民族。仏教徒が多いミャンマーでは、「不法移民」などとみなされ、国籍がない。2017年の国軍の掃討作戦を機に、西部ラカイン州に住む約70万人のロヒンギャが隣国バングラデシュに逃れて難民となった。ミャンマー政府は19年、「ジェノサイド（集団殺害）」をしたとして国際司法裁判所（ICJ）に訴えられたが、ジェノサイド行為を全面否定している。

難民 戦争や差別などやむを得ない理由で、母国を離れることを余儀なくされた人たち。国連難民高等弁務官事務所（UNHCR）の統計では、20年末時点で8240万人に達し、この10年で倍近くになった。難民の主な出身国は、多い順にシリア、ベネズエラ、アフガニスタン、南スーダン、ミャンマーとなっている。

ドイツのメルケル氏が政界を引退

ドイツ初の女性首相を4期16年務めたアンゲラ・メルケル氏が、2021年9月のドイツ総選挙に出馬せず政界を引退しました。メルケル氏在任中の16年間に起きた主なできごとをまとめました。

脱原発、ウクライナ危機、大量の難民問題などに立ち向かいました

アンゲラ・メルケル前ドイツ首相の在任16年間のおもなできごと

2005年11月	ドイツ総選挙で勝利し、メルケル氏がドイツ初の女性首相に
09年10月	ドイツ総選挙で勝利し、メルケル首相が再選される
10年5月	ギリシャの金融不安による欧州危機で、ユーロ圏加盟国などがギリシャへの支援を決定。ドイツが最大の支援国
11年4月	東北地方太平洋沖地震による東日本大震災で東京電力福島第一原子力発電所（福島第一原発）が水素爆発を起こしたことをきっかけに、22年までの脱原発方針（❶）を決定
13年12月	ドイツ総選挙で勝利し、メルケル首相が3選
14年3月	ウクライナ危機（❷）で、G8からロシアを排除してG7（フランス、アメリカ、イギリス、ドイツ、日本、イタリア、カナダ）に
15年2月	ウクライナ東部の停戦で合意。仲介役としてのメルケル首相の手腕が評価される
9月	シリア内戦（❸）で660万人が難民となり、ドイツが大量に受け入れる。ドイツで難民申請をした人は15～16年で、120万人を超えた
16年6月	イギリスが国民投票で欧州連合（EU）からの離脱を決定
17年5月	イタリアで行われたG7首脳会議で、保護貿易（P21）を主張するアメリカのトランプ大統領と自由貿易（P21）を推進するメルケル首相をはじめとするヨーロッパ首脳が対立
18年10月	ドイツ南部バイエルン州の州議会選で、戦後50年以上にわたり単独過半数の立場にあったメルケル政権の与党が歴史的大敗。難民を多く受け入れた決断を支持しない国民が多かったことも原因のひとつ。メルケル氏は党首辞任と21年の政界引退を表明
20年3月	ヨーロッパで感染が急拡大してコロナショック（P98）に
21年9月	メルケル氏はドイツ総選挙に出馬せず、12月に政界を引退
12月	オラフ・ショルツ氏がドイツの新しい首相になる

ドイツ・オーストリアの国境にある橋の上で審査を待つシリア難民（15年9月撮影）。

ドイツのオラフ・ショルツ新首相。

❶ ドイツの脱原発
メルケル氏は福島第一原発の事故をきっかけに、ドイツ国内に17基あった原発を段階的に止めることを決定。2021年に発足したショルツ政権も、脱原発を引き継ぐ方針です。一方、地球温暖化への対応で、温室効果ガスの排出が少ない原発を再評価し始めている国もあります。電源の約7割を原発に頼るフランスは、最新型の原発を新たに導入する予定です。

❷ ウクライナ危機
2014年2月、ウクライナで親ロシア路線に抗議する市民に治安部隊が発砲。混乱の中、前大統領が逃亡し、親欧州路線の政権が発足しました。しかし、ロシアは「欧米が扇動したクーデターだ」と反発し、ウクライナ南部のクリミア半島を併合したため、東部で親ロシア派とウクライナ軍の戦闘が始まりました。15年に2度目の停戦合意をしましたが、現在も緊張は続いています。

❸ シリア内戦
2011年3月、民主化運動「アラブの春」がシリアに波及し、反政権デモが全土に拡大。武力弾圧するアサド政権と、反体制派の間で内戦に発展しました。混乱に乗じて「イスラム国」（IS）などの過激派組織も流入。トルコなどが支える反体制派を、ロシアとイランの支援を受けるアサド政権が追い詰めています。

欧州危機（ユーロ危機） ギリシャが2009年秋、財政赤字の実態が予想以上にひどいことを認め、欧州の単一通貨ユーロの信用が低下。欧州連合は10年5月に国際通貨基金（IMF）とともに救済に乗り出した。

国際通貨基金（IMF） 国際金融機関のひとつ。国連の専門機関のひとつで、国際協力による為替の安定化、為替制限の撤廃、国際収支の均衡を図ることを目的とする。1945年発足。本部はアメリカのワシントン。2021年10月末現在の加盟国は190カ国。

025

2021年 国内ニュース総まとめ
なるほど！

衆院選と参院選、選挙のしくみがよくわかる

2021年は自由民主党（自民党）の菅義偉内閣総理大臣が辞任し、次の総理に就任した岸田文雄氏が衆議院を解散したため衆議院議員選挙（衆院選）が行われました。22年7月25日に参議院議員のうち120人が任期を満了するため、22年夏には第26回参議院議員選挙（参院選）が行われる予定です。両院の違いと選挙のしくみなどについてまとめました。

岸田文雄氏が総理大臣に

20年9月に就任した菅義偉内閣総理大臣は1年で辞任し、21年10月4日、第100代内閣総理大臣に岸田文雄氏が就任しました。10月31日に第49回衆院選が行われ、自民党だけで議員の半数を超える261議席を獲得しました。

当選確実となった候補者の名前に花を付ける自民党の岸田文雄総裁（左から3人目、21年10月31日撮影）。

解散から投開票までが17日間というのは戦後最短です

衆議院議員の任期は4年あります。その途中に、内閣の判断で議員全員をやめさせることを「解散」といい、新たに全員を選び直すのが「総選挙」です。

今回、衆議院議員の任期満了は21年10月21日でした。しかし、岸田文雄内閣はそのわずか1週間前の10月14日に衆議院を解散し、31日に衆院選を行いました。その理由として、9月29日に行われた自民党総裁選で勝利したばかりの岸田氏が、マスメディアや国民の注目を集めているうちに衆院選を戦おうとしたのでは、という指摘もあります。衆議院議員の任期満了後に衆院選が行われるのは現行憲法のもとでは初めてで、解散から投開票までが17日間というのは戦後最短です。衆院選が行われたのは、自民党と公明党の与党で定数の3分の2を超える大勝となった17年10月以来4年ぶりです。また、新型コロナ禍のもとで、全国規模で選挙が行われるのは初めてでした。

衆院選は、小選挙区289、比例区176の計465議席で争われました。今回の衆院選で、立憲民主党、日本共産党、国民民主党、社民党、れいわ新選組の5党は、全289選挙区のうち217選挙区で候補者を一本化する「野党共闘」を行いました。しかし、立憲民主党は獲得議席が96に終わり、公示前の109議席から後退してしまいました。立憲民主党代表の枝野幸男氏は衆院選で敗北した責任を取って11月2日に辞意を表明し、11月30日に行われた代表選では泉健太氏が新しい代表に選出されました。

衆議院と参議院の勢力図
（）内はそのうちの女性議員の数

衆議院465人 (45)
- 自由民主党 263 (20)
- 立憲民主党・無所属 97 (13)
- 日本維新の会 41 (4)
- 公明党 32 (4)
- 国民民主党・無所属クラブ 11 (1)
- 日本共産党 10 (2)
- 有志の会 5 (0)
- れいわ新選組 3 (1)
- 無所属 3 (0)

参議院242人 (56)
- 自由民主党・国民の声 111 (17)
- 立憲民主・社民 45 (15)
- 公明党 28 (5)
- 日本維新の会 15 (3)
- 国民民主党・新緑風会 15 (4)
- 日本共産党 13 (5)
- 無所属・その他 11 (6)
- れいわ新選組 2 (1)
- 沖縄の風 2 (0)

※人数について、衆議院は21年12月22日現在の衆議院公式サイト「議員情報 会派名及び会派別所属議員数」、参議院は21年10月3日現在の参議院公式サイト「議員情報 会派別所属議員数一覧」による。参議院は現在欠員3

➡ 日本の歴代総理大臣 (P58) も見てね！

任期満了後に衆院選が行われたのは現行憲法下では初めてです

　第49回衆院選は、現行憲法下で初めて、衆議院議員の任期満了後に行われました。ここで、「衆議院議員が任期を満了してから衆院選を行うのが普通では？」という疑問をもつ人もいるかもしれません。

　衆議院議員は、衆議院が解散されたり、任期が満了したりすると、国会議員としての地位を失います。つまり、現衆議院議員の任期満了時には次の衆議院議員が新しい任期をスタートさせていないと、国会に衆議院議員がいない空白期間が生じてしまうことになります。

　たとえば、今回の衆議院議員の任期満了日であった10月21日の直前に震災などの大きな災害があった場合、31日の総選挙ができなくなったうえに、任期満了で衆議院議員がいないという事態が生じていた可能性があるのです。

　そのため、選挙方法などについて定める公職選挙法は、任期満了の前30日以内に総選挙を行うよう定めており（31条1項）、任期満了前の総選挙が原則だと考えられています。

　衆議院議員がいないという緊急事態への対応については、憲法54条が「衆議院が解散されたときは、参議院は、同時に閉会となる。但し、内閣は、国に緊急の必要があるときは、参議院の緊急集会を求めることができる」と定める参議院の緊急集会で足りるという見解もあります。もっとも、大災害やテロなどが発生した場合は参議院の緊急集会だけでは不十分だとして、憲法改正により緊急事態条項を盛り込むべきだとする見解もあります。緊急事態条項は、大規模災害時に限り内閣が法律に代わる緊急政令を出して国民の権利を一時的に制限したり、政府・国会の権限拡大や議員の任期を特例的に延ばしたりすることなどを定めるものです。この見解に対しては、憲法改正で内閣の権力を広げてしまうと、権力の暴走に対する歯止めがなくなるという批判もあります。

内閣総理大臣　内閣の首長である国務大臣。首席（トップ）の大臣という意味から、普通は「首相」と呼ばれる。国会議員の中から指名され、天皇が任命する。首相の主な仕事は、国の方針を決め、外国の大統領や首相と話し合い、自衛隊を指揮することなど。

憲法改正　日本国憲法を改正するには、衆議院と参議院それぞれの総議員の3分の2以上の賛成で国会が発議し、さらに国民投票で過半数が賛成する必要があると憲法96条に定められている。国民投票について定める「日本国憲法の改正手続に関する法律」（国民投票法）は2010年5月に施行され、投票年齢については満18歳以上の者としている。また、21年6月11日に成立した改正国民投票法は、大型商業施設への共通投票所の設置などが定められている。

特別国会　国会の召集は、内閣が決定し、召集詔書の公布により行われる。国会には常会・臨時会・特別会の3種類があり、特別国会は衆議院の解散による衆議院議員の総選挙後に召集される国会で、召集とともに内閣が総辞職し、衆参両院において内閣総理大臣の指名が行われる。臨時会は、臨時に必要があるとき内閣がその召集を決定する。また、衆参両院のどちらかの総議員の4分の1以上から要求があったときには、内閣はその召集を決定しなければならない。なお、常会は予算など重要なことを審議するもので、毎年1回1月中に召集される。

どんなときに衆議院は解散するの？　どうやって内閣が成立するの？

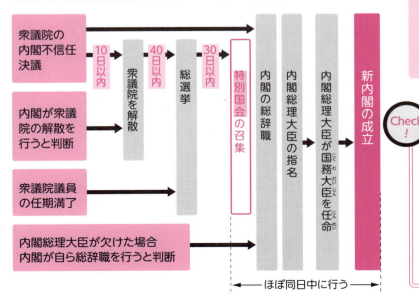

Check! 「任期満了選挙」とは？

「任期満了選挙」と呼ばれているのは、1976年12月5日に行われた第34回衆院選。自民党内の抗争などで当時の三木武夫首相が解散権を行使できずに総選挙が行われた。しかし任期満了日は12月9日だったので、実際には任期満了日前に衆院選が行われている。

衆議院と違って参議院には解散がありません

日本の政治は、選挙で選ばれた国会議員らが首相を選ぶ「議院内閣制」というしくみで動いています。今回も、衆院選後の21年11月10日に特別国会が召集され、当選した国会議員らによる内閣総理大臣指名選挙が行われました。その結果、岸田文雄首相が第101代首相に選出されました。

衆議院の解散は、首相と衆議院の考えが食い違って困ったときなどに、衆議院議員を選び直してもらうことで国民の信を問うのがねらいです。

よく解散総選挙が行われる衆議院と違い、参議院には解散がありません。また、任期は6年と、衆議院に比べて長いです。

三権分立で「立法」を担う国会は、日本の場合、衆議院と参議院のふたつがある「二院制」を取っています。衆議院の優越がある事柄もありますが、法律を決める手続きでは両院がほぼ同じ権限を持ちます。

参議院は本来、政党から距離を置き、各分野の専門家がじっくりと法案を審議するのが役目といわれます。しかし、実際には参議院でも政党間の争いが激しく、両院の違いがわかりにくくなっています。

議院内閣制 日本では、国民が国会議員を選び、国会議員が国のリーダーである首相を選ぶ「議院内閣制」を採用し、国民が直接リーダーを選ぶアメリカなどの「大統領制」と区別している。国会には衆議院と参議院があり、首相選びで意見が違うときは衆議院の意見が優先される。

三権分立 国の権力を、法律（ルール）をつくる「立法権」、法律に基づいて政治を実行する「行政権」、もめごとを法律によって解決し、法律やその他の国家権力のしたことが憲法に違反していないかをチェックする「司法権」の三つに分けて、互いにチェックしあうことで国家権力が集中して暴走するのを防ぐしくみ。

二院制 議会が二つの異なる合議体で構成されていること。日本は憲法42条に規定がある。海外では上院、下院と呼ぶことが多い。上院について、アメリカは州代表、イギリスは貴族代表（聖職者、世襲貴族、一代貴族で構成され任期は終身）、フランスは地方代表と位置づけ、国民代表機関の下院と一線を引いている。なお、韓国、中国、ポルトガル、ニュージーランドなど一院制の国も多い。

衆議院の優越 特定の事柄について、衆議院だけに権限があったり、参議院よりも衆議院の決定が優先されたりするしくみ。内閣不信任の決議も、衆議院だけの特権だ。

三権分立のしくみ

衆議院と参議院

衆議院		参議院
任期が短く、解散があるから、国民の意見を反映しやすい	特徴	任期が長いので、問題をじっくり話し合える
465人 小選挙区選出 289人 比例代表選出 176人	議員定数	242人→248人※2 選挙区選出 146 → 148人 比例代表選出 96 → 100人
4年 任期途中で解散があれば、その時点で終了	任期	6年 3年ごとに半数が選挙で入れ替わる
あり	解散	なし
18歳以上	選挙権	18歳以上
25歳以上	被選挙権※1	30歳以上

※1 選挙に立候補できる権利。
※2 2018年7月に成立した「改正公職選挙法」によって参院議員の定数が6増に。参議院の定数増は48年ぶり。

Check！ 参議院議員の首相がいないのはなぜ？

衆議院議員だけではなく、参議院議員でも首相になれる。なぜなら、日本国憲法67条は「内閣総理大臣は、国会議員の中から国会の議決で、これを指名する」と定めており、国会議員とは衆参両議員を指すからだ。しかし、現行憲法下で参議院議員が首相になった例はない。参議院議員の首相は解散により職を失うことはないのに、衆議院の解散権を行使できるのはおかしいという考え方が根底にあるといわれる。参議院議員を経験したことがある首相は、宮沢喜一氏と細川護熙氏の2人だけ（22年1月27日現在）。

衆院選と参院選は、投票方法など選挙のしくみが違います

日本国憲法42条は「国会は、衆議院及び参議院の両議院でこれを構成する」と定めます。

もっとも、連合国軍総司令部（GHQ）の憲法草案に参議院は定められていませんでした。明治憲法下には帝国議会の上院で、参議院の前身に当たる「貴族院」がありましたが、皇族や華族などが議員だったので、GHQはこれをなくす方針だったのです。日本はこの方針に反発しました。

そこで、衆議院とは別に議員を選び、慎重な審議を行うことで幅広い意見を政治に反映させるねらいから、貴族院を廃止する代わりに参議院を設置することになりました。衆議院と参議院はねらいが違うので、選挙制度も異なります。以下にまとめました。

ドント方式 各政党の得票数を1、2、3……で割る。その数字の大きい順に当選者数を各政党に配分する。最後の1議席が同数だった場合は、くじ引きで決める。ベルギーの学者ドントが考えた計算方法なので「ドント方式」という。

	政党名			
	A党	B党	C党	D党
得票数	1500票	1200票	900票	600票
得票数÷1	❶1500票	❷1200票	❸900票	❻600票
得票数÷2	❹ 750票	❺ 600票	❽450票	300票
得票数÷3	❼ 500票	400票	300票	200票
当選者数	3人	2人	2人	1人

衆議院議員総選挙			参議院議員通常選挙	
任期4年　解散あり／定数465人		任期と定数	任期6年（3年ごとに半数入れ替え）解散なし／定数248人（2022年から）	
小選挙区	**比例代表**	選挙制度	**選挙区**	**比例代表**
小選挙区289／定数289人	全国11ブロック／定数176人		選挙区45／定数148→74人	全国1ブロック／定数100→50人
全国に小選挙区が289ある。それぞれ一つの選挙区で、最も得票数の多い1人だけが当選する	全国を11ブロックに分け、それぞれのブロックで決められた数（6～28人）の議員を選ぶ		都道府県単位（鳥取県と島根県、徳島県と高知県は2県で一つの「合区」とする）で、45の選挙区がある。それぞれの区で決められた数（2～12人）の議員を選ぶ	日本全国を一つのブロックにして、得票数の多い順に当選者を決める
有権者は候補者名を書く	政党は立候補者の名前に「当選する順番」をつけた名簿を提出する。有権者は政党名を書く（拘束名簿式）	投票方法	有権者は候補者名を書く	有権者は政党名か候補者名、どちらかを書く（非拘束名簿式）
Aさん、Bさん、Cさん、Dさんの4人の候補者がいたとして、Aさん4割、Bさん3割、Cさん2割、Dさん1割の得票率だった場合、Aさんだけが当選する。Aさん以外に投票した残りの6割は「死票」となる。小選挙区制は、支持者の多い大きな政党に有利といわれている	ブロックごとの得票数に応じて、各党から当選者が決まる（ドント方式という計算法を使う）	当選者の決定方法	一つの選挙区から得票数の多い順に当選する	全国の得票数に応じて、ドント方式で各党あたりの当選者が決まる。候補者名が書かれた票は、政党の票に数えられる。各政党の候補者名簿には順位がなく、個人名が書かれた票が多い人から当選が決まる。19年からは、各党の当選議席数の範囲内で、各党が事前に当選させる候補者を決められる「特定枠」というしくみが導入された
できる（政党が認めれば、小選挙区に立候補する人でも、比例代表の名簿に名前を載せられる。その場合、小選挙区で落選しても、比例代表で当選すれば衆議院議員になれる。「当選する順番」が同じ場合は、小選挙区最多得票者に対する得票率［惜敗率］が高い順に当選する）		選挙区と比例代表の重複立候補	できない	

029

解職請求ってどんなもの？

愛知県の大村秀章知事に対する解職請求（リコール）につき、県選挙管理委員会に提出した約43万5000筆の署名のうち約8割を偽造したとして、リコール運動団体の事務局長らが2021年5月に逮捕されました。リコールとはどのような制度でしょう。

リコール署名偽造事件で、リコール運動事務局の元事務所に家宅捜索に入る愛知県警の捜査員ら（21年3月24日撮影）。

都道府県知事などを住民の意思により任期の途中で辞めさせる制度です

日本では、選挙権がある18歳以上の国民が選挙で代表者を選んで政治に参加する、間接民主制のしくみがとられています。選挙で選ばれた人たちは、原則として任期の途中では辞めさせることができません。

もっとも、これでは選挙で選ばれた代表に能力がなかったり、「当選すれば何をしてもいい」とばかりに民意を反映しない政策ばかりを行ったりしたときに、有権者は次の選挙まで民意を反映することができないという欠点もあります。

そこで、都道府県知事や市町村長、都道府県や市町村の議会議員などに対しては、住民の意思で任期の途中でも辞めさせるためのしくみが地方自治法で定められています。それがリコール（解職請求）で、間接民主制を補う**直接民主制**のあらわれともいわれます。なお、総理大臣や国会議員に対してリコールはできません。

リコールのためにはまず、法律で決められた数の署名を、決められた期間中に選挙権がある人から集める必要があります。必要な数の署名が集まれば、選挙管理委員会が無効な署名がないか確認します。無効な署名を除いても必要な数に達していれば、リコールを成立させるかを住民投票で決めます。投票で賛成票が過半数の場合は、辞めさせることができます。

今回の愛知県の知事リコール署名活動は、20年8月から始まりました。19年に同県で開催された国際芸術祭「あいちトリエンナーレ2019」の企画展「表現の不自由展・その後」の展示内容を問題視した人らがリコールのための運動団体をつくったのです。

リコール成立のためには約86万6000筆の署名が必要でしたが、県内の市区町村選挙管理委員会が署名を調べたところ、筆跡が同じ署名やすでに死亡している人の署名が見つかり、署名のうち約83％に無効の疑いがあることがわかりました。

選挙で選ばれた人を、不正な署名によって辞めさせようとすることは、民主主義やリコール制度への信頼を揺るがす行為です。決して許されるものではありません。

リコール（解職請求）の流れ

愛知県の場合

```
署名を集める
    ↓
選挙管理委員会（選管）に提出
    ↓
選管が署名を集計
```

必要数 約86万6000筆 ／ 提出数 約43万5000筆

- 必要数を超えれば **審査・※縦覧**
- 必要数に達しなければ **リコール失敗**

- 必要数を超えれば **住民投票** → 過半数の同意で **リコール成立**
- 必要数に達しなければ **リコール失敗**

愛知県の場合、必要数に達しなかったが、選管が調査。大量の無効の疑いがある署名を発見した

※選挙管理委員会が署名簿をその自治体の有権者に公開すること

直接民主制 国民（住民）が国や地方自治体などの政治的決定に直接参加する制度。法案などの発案、議員などの解職、政治上の重要問題について国民（住民）の投票で決定することなどがそのあらわれ。日本は原則として間接民主制だが、日本国憲法は憲法改正に関する国民投票（96条）、地方自治特別法に関する住民投票（95条）、最高裁判所裁判官の国民審査（79条）で直接民主制も取り入れている。

2021 —— その他の国内ニュース ——

新500円玉が11月に発行されました

新しい500円玉が2021年11月から発行され、銀行などを通じて出回りはじめました。本来は21年度の4～9月に発行される予定でしたが、新型コロナウイルスの影響でATMの対応などが遅れたため、延期されていたものです。21年度中に2億枚が発行される予定で、いまの500円玉も引き続き使うことができます。

500円玉のデザインや仕様が変わるのは21年ぶりで、1982年に500円玉が初めて登場してからは2回目の変更です。新500円玉にはニッケル黄銅と白銅、銅の3種類の金属を使って2色3層構造にするなどのさまざまな偽造防止技術が使われています。記念硬貨以外で2色の硬貨がつくられるのは初めてです。

新500円玉はどう変わった？

	重さ	材質	表面の色	縁のデザイン	細かい文字
いままでの硬貨	7g	ニッケル黄銅	1色	等間隔のギザギザ	なし
新硬貨	7.1g	ニッケル黄銅 白銅、銅	2色	一部形が異なるギザギザ	あり

2021年3月時点の500円玉の流通枚数は推計で49.9億枚で、10年前より約10億枚も増えました。電子マネーの普及などで1円玉や5円玉といった少額の硬貨は減る傾向ですが、500円玉だけは年々増えています。硬貨の中では一番金額が大きいため、貯金などで手元に残す人が多いからだと言われています。なお、24年度前半頃には、紙幣のデザインが20年ぶりに新しくなる予定です。

大谷翔平選手がアメリカ・大リーグの最優秀選手（MVP）に選ばれました

2021年11月19日、アメリカのメジャーリーグ（大リーグ）・エンゼルスの大谷翔平選手がアメリカン・リーグ最優秀選手（MVP）に満場一致で選出されました。21年の大谷選手は投手として9勝をあげました。奪三振の数は156で、1回あたりの奪三振数が1.19。毎回1個以上の三振を奪っていたことになります。打者としては100打点をあげ、本塁打46本はア・リーグの3位。終盤までタイトル争いを盛り上げました。

惜しくも大リーグ往年の名選手、ベーブ・ルースが1918年に記録した「1シーズンでの2桁勝利と2桁本塁打」はなりませんでしたが、この投打にわたる「二刀流」の活躍によって、大谷選手はエンゼルスの顔というだけでなく、大リーグを代表する選手となりました。

試合で大谷選手が登場すると、実況アナウンサーが「It's show（翔）time！」（ショーが始まる時間です！）と叫んだことから、「ショータイム」が流行語となりました。21年の世相を反映した「2021ユーキャン新語・流行語大賞」の年間大賞でも、大谷選手に関する「リアル二刀流／ショータイム」が選ばれました。

内野安打を放つエンゼルスの大谷翔平選手（21年9月29日撮影）。

ニュースのことば

【 タックスヘイブン 】

タックスヘイブンとは、課税が免除・軽減されている国や地域のことです。2016年に公表された「パナマ文書」でタックスヘイブンに関する実態の一部が明るみに出て大騒ぎとなり、21年に国際的な課税のルールも変更されることが決まりました。何が問題なのでしょうか？

違法ではないけれど、大きな不公平を生み出すことにもなります

収入を得ると、ルールに基づいて国や地方自治体に「税金」を納めなくてはなりません。税金は国や地方自治体の財源となり、消防や警察、医療や介護、上下水道や道路、公園の整備など、私たちの生活の安全や安定のために使われます。

お金をたくさん稼ぐと納める税金は多くなりますが（累進課税）、この税率をゼロにしたり、かなり軽減したりして国外から企業を呼び込もうとしている「タックスヘイブン」と呼ばれる国や地域があります。巨大IT企業などの多国籍企業や富裕層がタックスヘイブンに資産を移し、税金逃れをするという手法が横行しています。

これは違法ではないのですが、タックスヘイブンに企業が移転しないよう、世界の各国で企業にかける税金（法人税）の率を下げる動きにもつながり、多くの国で税金収入が下がってしまいました。結果、私たちに提供されるさまざまなサービスの質が低下したり負担が増えたりしています。このため2021年10月、日本を含む136カ国・地域が法人税の最低税率を15％とすることや、企業のサービス利用者がいる国がその企業に課税することができるようになるなどの新しい国際課税のルールを決めました。最低税率を定めたことで、世界の税収は年16.5兆円以上増えるとみられています。

日本では「ふるさと納税」で、魅力的な商品を返礼品として提供した一部の地域に寄付が集まってしまい、そのぶん税金が減った自治体が財源不足に窮するなど不公平が生じてしまいました。支払った人のために税金がきちんと役立つようどうルールを定めるか、世界でも日本でも試行錯誤が続けられています。

国際課税の新しいルールは……

	法人税に 最低税率を導入	デジタル 課税を導入
従来	税率は 各国の自由、 極端に低い国も	工場など 物理的拠点がない企業に 課税できず
新ルール	世界共通で 「最低15％」に	サービス利用者が いれば課税可能に

ねらいは？

軽課税国の子会社に利益を移す「課税逃れ」を抑制
各国の法人税率の引き下げ競争に歯止め
グローバルIT企業に課税しやすくする

ふるさと納税 好きな自治体に寄付をすると、自分が住んでいる自治体に納める住民税などが寄付額とほぼ同じ額減る仕組み。自治体は寄付をした人に返礼品を送っている。豪華な返礼品を送る自治体に寄付がかたより小さな町村で税収が減るケースが増えたため、返礼品に対する規制がかけられている。

テレビや新聞で見るニュースには、わからないことばがいっぱいあります。ここでは、2021年に話題になったニュースの中から、知っておきたいキーワードをピックアップしてまとめました。

【メタバース】

SNSの最大手フェイスブック社（米国）が社名を「メタ」に変更し、次世代のインターネットと呼ばれるメタバースに注力すると発表して世の中をざわつかせました。何かと注目度が高く、今後ますます勢いが加速しそうなメタバースとはどのようなものでしょう？

インターネット上の仮想空間全体のことです

2021年10月、SNS（ソーシャル・ネットワーキング・サービス）の最大手・米国のフェイスブック社が社名をメタに変更しました。これは同社がこれから「メタバース」と呼ばれるジャンルに注力することをアピールする目的もあります。

メタバースという言葉は英語の「メタ（超）」と「ユニバース（宇宙）」を組み合わせてつくられました。インターネット上にある仮想空間や、そこで提供されるさまざまなサービスのことを指します。

メタバースでは、スマホやパソコンを使って他人と交流したりイベントに参加したりできます。フェイスブックやツイッターなどのSNSでも交流はできますが、メタバースはそれに加えてさまざまな経済活動との強い結びつきが可能になっています。背景には、インターネット上で不特定多数に対し商品の対価として使える暗号資産などの技術の進化があります。実際のお店と同じ感覚で、仮想空間内でお金とサービスを交換することが簡単になってきているのです。

専用ゴーグル（＝写真）などのVR（仮想現実）装置を使うと、仮想空間の中に本当にいるようなリアルな体感を得られるのもメタバ

「メタバース」で想定される活用分野

- ゲーム
- ショッピング　デジタル資産、仮想通貨
- ソーシャルメディア
- ビジネス、会議
- 娯楽　コンサートなど
- 医療　遠隔手術や診断
- 教育
- 健康　スポーツ、フィットネス

ースの特徴のひとつです。コロナ禍で大きな打撃を受けた旅行会社や交通系の企業が、VRで旅行や旅先での買い物を体験できるコンテンツなどを提供して話題になりました。また、体が不自由で移動が難しい人がメタバースを通じて自宅にいながら治療を受けることができるようになるなど、今後のメタバースの活用については大きな可能性と期待があります。

ただ、メタバースを活用するためには、自分の個人情報をデータ

として大量にオンライン上に残すことになります。そのため、メタバース上でプライバシーをどう守るかは重要な課題とされています。

【 ヤングケアラー 】

病気や障害のある家族や、幼いきょうだいの世話をする18歳未満の「ヤングケアラー」。厚生労働省によって初めて調査され、支援策がまとめられました。家族を支えるケアラーたちの深刻な状況を知り、どのような支援ができるか考えてみましょう。

世話をしたり働いたりして家族を支えています

厚生労働省は2020年12月〜21年1月にヤングケアラーの実態調査を行い、中学2年生の5.7％、つまり20人に1人が家族の世話をしていることがわかりました。日本では少子化が進み現在の平均世帯人数は2.2人。ひとり親の家庭も多く、家族の介護や育児などの世話、さらに生活費を得るために働かざるを得ない18歳未満の子どもたちが増えているのです。

家事を手伝ったり家族のケアをすることはもちろん大切なのですが、ヤングケアラーの場合、そのケアに時間を取られてしまい学業に影響が出たり、進学や就職などの夢や希望を諦めたりする人まで出てきてしまっていることが問題となっています。

家族の「ケア」が日常化すると自分がケアラーという自覚を持ちづらく、周囲に相談できないことから悩みや実態に気づきにくいことが問題になります。本来、病気や障害者など世話が必要な人のケアは、介護や障害福祉などの福祉サービスにより、社会全体で支える方向に進んできています。ですが、家族問題が複雑化する中でヤングケアラーの存在は外からは認識しづらく、こういった制度や支援がヤングケアラーたちに十分に届いていないのです。

国が21年に初めてまとめた支援策では、介護や医療、教育の現場で研修などを通じヤングケアラーの早期発見につなげることや、悩み相談を行う際の支援、ヤングケアラーがいる家庭への具体的な支援などが示されています。

声を上げることができず、孤立していく子どもたち。もしかしたらヤングケアラーは、みなさんの周りにも気づかれずに存在しているかもしれません。ヤングケアラーが安心して自分の状況を誰かに相談できる環境をつくること、ケアが必要な人とケアラーを社会全体で支えるしくみをつくることが急がれます。

ヤングケアラーがやっていること
日本ケアラー連盟の定義から抜粋

病気や障害のある家族の代わりに家事

目が離せない家族を見守る、話し相手になる

ほかにも——
きょうだいの世話
介護や身の回りの世話
日本語が苦手な家族や障害のある家族の通訳
家計を支えるため働くなど

家族をケアする子が助けてほしいこと

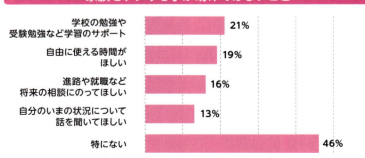

- 学校の勉強や受験勉強など学習のサポート　21%
- 自由に使える時間がほしい　19%
- 進路や就職など将来の相談にのってほしい　16%
- 自分のいまの状況について話を聞いてほしい　13%
- 特にない　46%

家族を世話している中学2年の複数回答。国が2021年4月に公表したヤングケアラー実態調査から。数字は小数点以下四捨五入

2021年のできごと

1 January

●6日　米議事堂をトランプ支持者が襲撃
アメリカ合衆国(米国)首都ワシントンで大統領選挙の結果を確定する上下両院合同会議開催中の連邦議会議事堂に、トランプ大統領支持者が多数乱入し、一時占拠。会議は中断し警察官1人を含む5人が死亡した。

●11日　コロナ禍の成人式、延期・中止も
新型コロナウイルスの感染拡大により1都3県で緊急事態宣言が出る中で迎えた成人式。開催はオンライン形式が目立ち、延期や中止など各地で対応が分かれた。

●13日　トランプ大統領弾劾訴追案下院可決
6日に発生した米議事堂の襲撃事件を受け、米国下院はトランプ氏が「反乱を扇動した」として弾劾訴追する決議案を可決。トランプ氏は米国史上初めて2度弾劾訴追された大統領となった。

●16日　初の大学入学共通テスト
11都府県に緊急事態宣言が出されたなか、センター試験に代わって導入された大学入学共通テストが初めて実施された。

●17日　阪神・淡路大震災26年
6434人が亡くなった1995年の阪神・淡路大震災の発生から26年が経った。被災地の兵庫県は緊急事態宣言下にあり、追悼行事の多くは規模が縮小された。

●20日　アメリカ大統領にバイデン氏就任
米国元副大統領のジョー・バイデン氏が第46代米大統領に就任。就任演説では「米国民と国の結束に全身全霊を捧げる」と訴え、「米国は同盟関係を修復し、世界に再び関与する」と宣言した。

大統領就任式で演説するバイデン氏。同日、トランプ前政権が離脱した地球温暖化対策の枠組み「パリ協定」への復帰を進める文書に署名するなど国際協調路線回帰に踏み出した。

●22日　核兵器禁止条約が発効
核兵器の開発や実験、保有などを全面的に禁じる核兵器禁止条約が発効した。2020年10月までに批准した50カ国・地域で条約が効力を持つが、「核の傘」に頼る日本はこれに加わっていない。

●27日　新型コロナ感染、世界で1億人
世界全体の新型コロナウイルス感染者が累計で1億人を超えた。

2 February

●1日　ミャンマー軍がクーデター
政権与党・国民民主連盟(ＮＬＤ)を率いるアウンサンスーチー国家顧問らを拘束。世界から批判を浴びる。ミャンマー国内をはじめ各地でアウンサンスーチー氏らの解放を求めるデモが起きた。

●3日　コロナ改正法成立、「まん防」新設
飲食店の営業時間時短や患者の入院拒否に過料を科すなどの罰則を設ける特別措置法と感染症法の改正案が成立。緊急事態宣言の前後の段階でも私権制限できる「まん延防止等重点措置」の実施要件についてもその後、閣議決定した。

●8日　アメリカ、国連人権理事会復帰へ
米国のバイデン政権は、トランプ前政権が2018年に離脱した国連人権理事会に、発言機会が与えられる「オブザーバー」として復帰すると表明した。

●13日　福島・宮城で震度6強
午後11時過ぎ、福島県沖を震源とする地震が発生、最大震度6強を観測した。10年前の東日本大震災の余震と推定された。

●17日　ワクチンの国内接種が始まる
国立病院機構など全国100カ所の医療機関で医療従事者を対象にスタート。

国内で初めてワクチン接種を受けた国立病院機構東京医療センターの新木一弘院長(左)。米ファイザー社のワクチンが打たれた

●18日　東京五輪・パラ組織委員会長に橋本氏
東京五輪・パラリンピック大会組織委員会は、女性蔑視発言で12日に辞任した森喜朗会長の後任として橋本聖子氏を選出。橋本氏は7度の五輪出場経験をもつ。

●19日　少年法改正案が閣議決定
18、19歳に対する措置を大人に近づける内容の少年法などの改正案が閣議決定。適用年齢は20歳未満を維持したまま「特定少年」と位置付けて特例規定を新設。5月に改正法成立、22年4月から施行。

●25日　栃木県足利市で山火事
栃木県足利市の両崖山周辺で21日に発生した山火事は5日目となり、焼失面積は約100ヘクタールに広がった。

●28日　鈴木選手、マラソンで日本新Ｖ
滋賀県で開催されたびわ湖毎日マラソンで、鈴木健吾選手が2時間4分56秒の日本新記録で優勝した。

3 March

●5日　コロナ室の残業最大378時間
新型コロナウイルス感染症に関する政策立案などを担う内閣官房の対策推進室(コロナ室)で、「過労死ライン」とされる月80時間をはるかに超える超過勤務をした職員が多数いることがわかり、西村康稔経済再生大臣が陳謝した。

●11日　あれから10年、終わらぬ思い
東日本大震災発生から10年が経過。関連死を含めて死者・行方不明者は2万2192人。東京電力福島第一原発の廃炉作業は遅れており、2021年3月時点で4万1千人以上が避難生活を余儀なくされている。

東京都千代田区の国立劇場で行われた東日本大震災10周年追悼式でおことばを述べる天皇陛下、皇后陛下

●15日　雇用調整助成金支給3兆円超す
新型コロナウイルス禍で働き手を休ませた企業に対し、働き手に支払った休業手当の費用を助成する「雇用調整助成金」の支給額が3兆円を突破した。

●17日　同性婚を認めないのは「違憲」、国内初
同性どうしの結婚が認められないことに対して同性カップル3組が国に損害賠償を求めた訴訟の判決で、札幌地裁は同性婚を認めない民法や戸籍法の規定が憲法14条に違反すると認定した。

●19日　令和初開催、2年ぶり甲子園開幕
第93回選抜高校野球大会が、阪神甲子園球場で2年ぶりに開幕し全国から32校が出場。前年の第92回大会は開催されなかったため、令和となって初の大会となる。

●20日　五輪・パラ、海外客受け入れ断念
東京五輪・パラリンピックをめぐる政府・東京都・大会組織委員会・ＩＯＣ・ＩＰＣの代表者協議で、海外在住の一般観客の受け入れを断念すると最終合意した。

●23日　日本企業の船、スエズ運河で座礁
エジプト東部にあるスエズ運河で大型のコンテナ船が座礁した。船員25人は全員無事、船体にも異常はないが運河を塞いだ状態で世界中の物流に混乱をきたした。

●31日　男女平等、日本は120位
世界経済フォーラムが世界の男女平等ランキングを発表、日本は156カ国中120位。政治や経済分野で男女格差が縮まらず、2021年も主要7カ国で最下位。

035

2021年のできごと

4 April

●4日 池江璃花子、白血病克服し五輪へ
白血病から復帰した競泳女子の池江璃花子選手が、東京五輪代表選考会を兼ねた日本選手権の100mバタフライで優勝し五輪代表に内定。その後も出場種目すべてで優勝し、4冠を達成した。

スタンドに向かってガッツポーズする池江璃花子選手。東京五輪では400メートルメドレーリレー、400メートルリレー、混合400メートルメドレーリレーに出場した

●5日 菅義偉首相、「こども庁」創設に意欲
菅首相は参議院決算委員会で、子どもに関連する課題に総合的に取り組む「こども庁」の創設に意欲を示した。

●5日 北朝鮮が五輪不参加表明
北朝鮮のオリンピック委員会が「コロナから選手を守るため」を理由に東京五輪への不参加を決めた。北朝鮮の不参加表明は1988年のソウル五輪以来となる。

●11日 松山英樹、ゴルフのマスターズ制覇
日本人で初めて、ゴルフの大きな大会（メジャー）を制する。

●13日 福島第一原発の処理水、海洋放出へ
菅政権は東京電力福島第一原発の処理水を海洋放出すると決定した。方針が決まるのは事故後10年で初。2年後には放出が始まる予定だが、風評被害を懸念する声は根強く終了時期の見通しは立っていない。

●16日 日米、共同声明に台湾明記
菅首相とバイデン米国大統領がホワイトハウスで首脳会談に臨み「台湾海峡の平和と安定の重要性」を明記した共同声明を発表。

●22日 気候変動サミット開幕
米国が40の国と地域の首脳らを招待した気候変動サミットをオンラインで開催し、対立する中口を交えて議論した。各国が温室効果ガスを削減する目標などを設定。

●23日 星出さん、ISSへ
JAXAの星出彰彦飛行士ら4人が乗る米国の民間宇宙船の打ち上げが成功。24日に国際宇宙ステーション（ISS）に到着し、長期滞在中の野口聡一飛行士が出迎えた。

●25日 アカデミー賞監督賞、アジア系女性が初受賞
第93回米アカデミー賞の授賞式で、米映画「ノマドランド」が作品賞など最多3部門を受賞し、中国出身のクロエ・ジャオ監督がアジア系女性で初めて監督賞を獲得した。

5 May

●2日 宇宙から、おかえり野口聡一さん
宇宙飛行士・野口聡一さんが国際宇宙ステーションから新型宇宙船「クルードラゴン」で約5カ月半ぶりに帰還した。

●6日 五輪選手に無償でワクチン
IOCは東京五輪・パラリンピック出場選手向けに、新型コロナウイルスのワクチンをメーカーから無償で提供を受けることで合意したと発表。選手への優先接種については、不公平と批判の声も出た。

●6日 大坂なおみ、年間最優秀女子選手
世界のスポーツ界で活躍した個人や団体を表彰する「ローレウス世界スポーツ賞」で、テニスの大坂なおみ選手が年間最優秀女子選手賞に選ばれた。日本選手では初めて。

●11日 ガザ地区空爆で死者26人
イスラエル軍はパレスチナ自治区ガザ地区の軍事拠点などを空爆したと発表。

●19日 リコール不正、事務局長逮捕
大村秀章・愛知県知事へのリコール署名偽造事件で、愛知県警は運動団体事務局長で元県議ら4人を地方自治法違反（署名偽造）の疑いで逮捕。民主主義の根幹を揺るがす問題は刑事事件に発展した。

●20日 アジア系ヘイト、アメリカで
新型コロナウイルス感染拡大でアジア系市民に対するヘイトクライム（憎悪犯罪）が増えた米国で、対策を強化する法律が成立した。

●23日 エリック・カールさん死去
世代を超えて世界中で親しまれてきた絵本『はらぺこあおむし』で知られる絵本作家、エリック・カールさん（米国）が91歳で死去。

●23日 バッハ会長、五輪実現へ「犠牲を」
新型コロナウイルスへの懸念が高まる東京五輪の開催をめぐって、IOCのバッハ会長が「我々は犠牲をはらわなければならない」と述べたと報じられた。21日にはコーツ副会長が緊急事態宣言下においても大会の開催は可能との認識を示していた。

国際オリンピック委員会（IOC）のトーマス・バッハ会長（画面）の発言を聞く東京五輪・パラリンピック大会組織委員会の橋本聖子会長

●24日 新型コロナワクチン大規模接種開始
政府が東京・大阪に設置した新型コロナウイルスワクチンの「自衛隊大規模接種センター」で接種が始まった。防衛省によると、初日は計7500人が対象で、目立った混乱はなかったとのこと。

6 June

●3日 新制度「男性にも産休」を
父親が取得できる「男性産休」の新制度などを盛り込んだ改正育児・介護休業法が成立。2022年4月以降、雇われて1年未満の契約社員・パートなどの非正規労働者も育休の取得が可能に。

●5日 2020年の出生数、最少84万人
20年に国内で生まれた日本人の子どもは84万832人で過去最少。5年連続で減少しており少子化問題は深刻な状況。

●6日 笹生選手、ゴルフ全米女子最年少V
女子ゴルフの笹生優花選手が全米女子オープン選手権で、日本勢初の優勝を果たした。世界最高峰のメジャー大会において19歳351日での優勝は大会最年少記録。

●8日 11カ国29選手の「難民選手団」
IOCは東京五輪の難民選手団として、アフガニスタンや南スーダン、シリア、イランなど11カ国出身29選手の参加を発表。

●11日 性別変更した選手、初の五輪出場へ
重量挙げで、男子から女子へ競技の性別を変更したニュージーランドのローレル・ハバード選手が東京五輪の出場権を獲得した。

●11日 改正国民投票法が成立
国会提出から3年。憲法改正の手続きを定める改正国民投票法が参議院本会議で採決され、賛成多数で可決、成立した。

●17日 リュウグウ、砂に有機物
小惑星探査機「はやぶさ2」が地球に持ち帰った小惑星リュウグウの砂に、大量の水をつくるのに十分な量の水素原子と、生命の材料になる有機物の分子が確認された。

●23日 上野動物園で双子パンダ誕生

上野動物園は、ジャイアントパンダの「シンシン」が2頭を出産したと発表。シンシンの出産は2017年のシャンシャン以来4年ぶり、双子の誕生は同園で初めてとなる。記者会見で双子のパンダの誕生を発表する上野動物園の福田豊園長

●24日 香港「リンゴ日報」廃刊
香港の民主派を支持してきた日刊紙「リンゴ日報」が最後の朝刊を発行して26年の歴史を終えた。香港国家安全維持法により逮捕された副社長のメッセージを掲載し、「報道の自由が暴政の犠牲になった」と訴えた。

7 July >>> 8 August >>> 9 September

7 July

●3日　熱海で土石流
静岡県熱海市の伊豆山地区で3日午前に土石流が発生し、多くの死者・行方不明者が確認された。

●4日　東京都議選、自公は過半数届かず
自民党が33議席で第1党となったが、選挙協力した公明党と合わせても56議席と過半数には届かなかった。女性都議は過去最多の41人が当選した。

●6日　東京五輪に日本選手史上最多582人
JOCは東京五輪の日本選手団結団式をオンラインで開催。選手団の選手数は、1964年東京大会の355人を上回る582人。

●6日　太陽光計画、当初予定の約1.7倍に
政府が改定を目指すエネルギー基本計画をめぐり環境省が2030年度までに太陽光発電所を原発20基分増やす方針を策定。

●16日　国宝、唐獅子も蒙古も
安土桃山時代に活躍した絵師・狩野永徳の代表作「唐獅子図屏風」と鎌倉時代の「蒙古襲来絵詞」が国宝になる見通しに。宮内庁が管理する美術工芸品が国宝や重要文化財に指定されるのは初めて。

●22日　五輪開閉会式の関係者が解任・辞任
東京五輪開閉会式のディレクター・小林賢太郎氏が過去にホロコーストを揶揄する表現を用いたことで解任された。演出チームの小山田圭吾氏は過去の障害者いじめに関する記事が問題視されて辞任した。

●23日　東京五輪開幕、宣言は表現を変更
史上初の1年延期となった第32回東京五輪の開会式が国立競技場で無観客で行われた。天皇陛下は開会宣言で「祝い」ではなく「記念する」と表現した。

開会式では新型コロナウイルスの犠牲者に黙とうが捧げられた。聖火は女子テニスの大坂なおみ選手によって点灯され、花火が上がった

●26日　「黒い雨」訴訟、国が上告見送り
原爆投下後に放射性物質を含む「黒い雨」を浴びた住民ら84人全員を被爆者と認めて被爆者健康手帳の交付を命じた広島高裁判決について、菅首相は上告を断念。

●26日　「奄美・沖縄」世界遺産
世界遺産委員会は「奄美大島、徳之島、沖縄島北部及び西表島」をユネスコの世界自然遺産に登録することに決定した。

●27日　国内初、紀元前の遺跡が世界遺産に
「北海道・北東北の縄文遺跡群」を世界文化遺産に登録することが決定した。

8 August

●3日　ボクシング女子で日本勢初の金

ボクシング女子フェザー級決勝でフィリピンのネストイ・ペテシオ選手に判定勝ちし、金メダルに輝いた入江聖奈選手(右)

●4日　メダルをかじった名古屋市長に批判
河村たかし・名古屋市長が、東京五輪ソフトボールで金メダルを獲得した後藤希友選手の表敬訪問時にメダルをかじって抗議が殺到。メダルは交換されることに。

●4日　スケボー女子、日本勢が金銀
スケートボード女子パークで19歳の四十住さくら選手が金、12歳の開心那選手が日本史上最年少となる銀メダルを獲得。

●8日　東京五輪、閉会式も無観客で
新型コロナウイルス感染拡大で大部分の会場が無観客となるなど、異例ずくめの大会となった東京五輪。この日、無観客の閉会式で17日間の大会の幕を閉じた。

●9日　20年以内に1.5℃気温上昇の可能性
国連の気候変動に関する政府間パネルは、地球温暖化の科学的根拠をまとめた報告書の最新版を公表。今後20年以内に産業革命前からの気温上昇が1.5℃に達する可能性があるとした。

●10日　2年ぶり、夏の甲子園開幕
第103回全国高校野球選手権大会が阪神甲子園球場で2年ぶりに開幕。新型コロナウイルスの感染者発生で出場を辞退した学校も。

●14日　九州などで記録的大雨
日本付近に停滞した前線の影響で、九州などで記録的な雨量となり、佐賀県嬉野市では14日に24時間降水量555.5㎜で観測史上1位の値を更新。同日、佐賀県、長崎県、福岡県、広島県に大雨特別警報が発出。

●24日　東京パラリンピック開幕
パラリンピック東京大会の開会式が無観客で行われた。

●25日　グリーンランド最高地点で初の雨
北極圏にあるデンマーク領のグリーンランドの最高地点で8月、観測史上初めて雨が降ったことがわかった。通常は夏でも雪だが、温暖化の影響が考えられるという。

●30日　アメリカ軍アフガニスタン撤退完了
バイデン米国大統領がアフガニスタンからアメリカ軍の撤退が完了したと発表。2001年9月11日のアメリカ同時多発テロをきっかけに始まった20年間の「アメリカ史上最長の戦争」に終止符を打った。

9 September

●1日　デジタル庁、スタート
行政のデジタル化の司令塔を担うデジタル庁が約600人体制で発足。行政のオンライン手続きの普及が課題で、「すべての行政手続きがスマートフォンで60秒以内にできる」ことをめざす。

デジタル庁発足式で記念撮影する平井卓也デジタル大臣(右、当時)と石倉洋子デジタル庁デジタル監

●3日　菅義偉首相、退陣へ
菅首相は自民党臨時役員会で、党の総裁選に立候補しないことを表明した。

●9日　日本人が15年連続イグ・ノーベル賞
人々を笑わせ、考えさせた業績に贈られるイグ・ノーベル賞の「動力学賞」として、歩きスマホは集団全体の歩行速度が遅くなることを突き止めた京都工芸繊維大学の村上久助教(集団行動科学)らが選ばれた。

●11日　9・11から20年
日本人24人を含む2977人が亡くなったアメリカ同時多発テロ(9・11)から20年。バイデン大統領をはじめ、対テロ戦争に関わってきた歴代大統領らが式典に参加した。

●16日　中国、TPP加盟申請を発表
中国商務省が環太平洋経済連携協定(TPP)への加盟を正式に申請したと発表。TPPを離脱した米国が積極的通商外交を避けるなか、アジアでの影響力を高める狙い。

●19日　働く高齢者「4人に1人」
総務省が2015年の国勢調査を基にした高齢者の人口推計を公表。65歳以上の人口が前年から22万人増の3640万人、高齢化率は29.1％となっていずれも過去最高を更新、高齢者の就業率は25.1％に。

●22日　みずほ銀行に業務改善命令
金融庁はみずほ銀行とみずほフィナンシャルグループに対して、2月末から7回も発生しているシステム障害に関する業務改善命令を出した。

●27日　横綱白鵬、引退へ
大相撲で歴代最多の優勝45度を誇るモンゴル出身の横綱白鵬が、日本相撲協会に現役を引退すると伝えた。今後は親方として後進の指導に当たる意向を示す。

●29日　自民党総裁選に岸田文雄氏
自民党総裁選で岸田文雄前政調会長が決選投票で河野太郎行政改革大臣を破り、第27代総裁に選出。10月4日召集の臨時国会で岸田氏が第100代首相に選ばれる。

2021年のできごと

10 October

●1日　緊急事態宣言、全国で解除
新型コロナウイルス対応の緊急事態宣言が全国で解除され、東京の飲食店でも条件付きで酒類の提供が解禁された。

●3日　大谷翔平選手、100打点到達
大リーグ・エンゼルスの大谷翔平選手がレギュラーシーズン最終戦で今季46号となる本塁打を放ち100打点に到達。

●4日　岸田首相誕生、新内閣が発足
自民党の岸田文雄総裁が第100代首相に選出され、自民・公明による連立内閣が発足した。バランスを意識した閣僚人事で13人が初入閣。

初閣議を終え、記念写真に納まる岸田文雄内閣の閣僚たち。新設の経済安全保障相には小林鷹之元防衛政務官が抜擢された

●5日　ノーベル物理学賞に真鍋淑郎さん
スウェーデン王立科学アカデミーは、気候変動（温暖化）予測についての研究分野を切り開いた米国プリンストン大学上級研究員の真鍋淑郎さんら3人にノーベル物理学賞を贈ると発表した。

●8日　上野動物園双子パンダの名決まる
上野動物園で6月に誕生した双子のジャイアントパンダの名前がオス「暁暁」、メス「蕾蕾」に決まった。

●13日　コロナ禍で「不登校」過去最多に
2020年度に30日以上登校せず「不登校」とみなされた小中学生は19万6127人で、過去最多だったことがわかった。

●25日　アフガニスタン、人口の半数飢餓
国連世界食糧計画（WFP）は、アフガニスタンで11月以降、人口の半分以上にあたる2280万人が飢餓状態になると予測した報告書を発表。

●26日　眞子さま・小室圭さん結婚
秋篠宮家の長女・眞子さまが結婚し、皇籍を離脱して民間人となった。

●27日　海底火山噴火で軽石漂着
小笠原諸島の海底火山「福徳岡ノ場」の噴火でできた大量の軽石が、沖縄本島などに漂着。沖縄県内で漁船約750隻が漁に出られなくなった。

●31日　自民党、単独過半数を維持
第49回衆議院議員選挙が投開票された。自民党は261議席を獲得して、単独過半数（233議席）、安定多数（244議席）をともに超えた。野党の共闘効果はいまひとつで、日本維新の会が第3党になった。

11 November

●9日　星出さん、半年ぶりに地球に帰還
国際宇宙ステーション（ISS）に長期滞在し、日本人として2人目となる船長を務めた星出彰彦飛行士が半年ぶりに地球に帰還。船外活動時間は計28時間17分となり、日本人最長を更新した。

●12日　平安京の内裏跡、初めて見つかる
平安京の宮城「平安宮」で天皇が暮らした「内裏」の殿舎跡とみられる遺構が初めて見つかった。

●13日　COP26閉幕
英国で開催された国連気候変動枠組み条約締約国会議（COP26）は、産業革命前からの気温上昇を1.5℃に抑える努力をするとした「グラスゴー気候合意」を採択して閉幕。

●13日　藤井聡太三冠、最年少四冠に
将棋の藤井聡太三冠（王位・叡王・棋聖）が、第34期竜王戦で豊島将之竜王に勝利し、史上最年少で「四冠」となった。

●15日　富岳、4部門で4連覇
日本のスーパーコンピューター「富岳」が計算速度ランキング「TOP500」で4度目の世界一に。実際にソフトを動かした速度や、人工知能（AI）向けの計算速度なども含め、4部門で4連覇を果たした。

●18日　二刀流大谷選手、MVPに
大リーグ・エンゼルスの大谷翔平選手が、全米野球記者協会の担当記者の投票によって、2021年のアメリカン・リーグの最優秀選手（MVP）に選ばれた。

日本人選手のアメリカン・リーグ最優秀選手（MVP）受賞は2001年のイチロー氏（マリナーズ）以来20年ぶり、史上2人目の快挙

●24日　政府、国家備蓄の石油放出を表明
原油高を受け、米国バイデン政権が石油の放出を発表したことから、日本政府も国家備蓄を初めて放出すると表明した。

●26日　新変異株「オミクロン株」に警戒
世界保健機関（WHO）は南アフリカで見つかった新型コロナウイルスの変異株を最も警戒度が高い変異株（VOC）に指定し「オミクロン株」と命名した。

●27日　東京ヤクルト、プロ野球日本一
プロ野球日本シリーズでヤクルトが勝利し、20年ぶり6度目の日本一に輝いた。

●30日　立憲民主党、新代表に泉氏
立憲民主党の代表選で、泉健太政調会長（衆議院京都3区）が新代表に。

12 December

●1日　愛子さま、成年皇族に
天皇・皇后両陛下の長女愛子さまが20歳の誕生日を迎え、成年皇族となった。今後は公的な活動や儀式など、皇室行事にも参加することになる。

愛子さまは文書で成年にあたっての感想を公表し、「これからは成年皇族の一員として、一つ一つのお務めに真摯に向き合い、できる限り両陛下をお助けしていきたい」とつづった

●6日　アメリカ、北京五輪を外交ボイコット
米国バイデン政権は、2022年2月開催の北京冬季五輪に政府当局者を派遣しない外交ボイコットを表明した。新疆ウイグル自治区での少数民族ウイグル族らへの弾圧など、中国の人権問題に抗議する狙い。英国、豪州、カナダなどもこれに続いた。

●8日　前沢友作氏、宇宙へ
衣料品通販サイト運営会社「ZOZO」の創業者で実業家の前沢友作氏が、ロシアのソユーズ宇宙船に搭乗し、国際宇宙ステーション（ISS）に向けて出発した。日本の民間人がISSに滞在するのは初めて。

カザフスタンのバイコヌール宇宙基地からロシアのソユーズ宇宙船に搭乗する前沢友作氏（左）ら

●13日　今年の漢字「金」
日本漢字能力検定協会が全国から募集した「今年の漢字」を清水寺の舞台で発表した。2021年の世相を表す漢字は「金」で、過去最多4回目となる。

●14日　基幹統計書き換え
建設業の受注実態を表す国の基幹統計の調査で、国土交通省が建設業者から提出された受注実績のデータを無断で書き換えていたことが発覚した。8年前から実態より過大になっており、違法の恐れ。

●24日　北京に政府関係者派遣しない方針
岸田首相は、北京冬季五輪・パラリンピックに閣僚・政府高官らを派遣しないことを正式に表明した。

●24日　予算案膨張、107兆円、過去最大
政府が閣議決定した2022年度の当初予算案は、一般会計の歳出総額が107兆5964億円と、10年連続で過去最大となった。デジタル庁の予算に計上される318億円を含む防衛費は前年度比583億円増の5兆4005億円となり、過去最大を更新した。

キッズミニ百科

これまで知らなかったことに触れるのは、
なんだかワクワクしませんか？　知識は楽しみながら増やすもの。
キッズミニ百科には、学習や生活に役立つ知識がいっぱいです。
あなたの興味を広げ、さらに楽しむための
さまざまな事柄が載っています。

感染症とその歴史
世界の人口と紛争
世界の富豪とGDP
世界の首脳
世界遺産
日本の世界遺産
日本の無形文化遺産
日本の世界農業遺産
日本の世界ジオパーク
日本の郷土料理

日本の歴代総理大臣
アメリカの歴代大統領
ノーベル賞
世界と日本の宗教

絶滅危惧動物
絶滅危惧植物
名前の由来

宇宙開発

日本史と世界史 できごと
オリンピックの歴史

感染症とその歴史

人類はその誕生以来、多くの犠牲を出しながら感染症と戦ってきました。言いかえれば、今を生きる私たちは、過去の感染症からの生還者たちの子孫ともいえます。感染症の歴史を知ることは私たちの未来を知ること。地球上で人類がこれからどう生きていくのか、一緒に考えてみましょう。

感染症とは・・・

感染症は、私たちを取り巻く環境(空気・水・土壌・動物)の中に存在している病原体(細菌・ウイルス・真菌・原虫・寄生虫)が、人の体内に侵入することで引きおこされる病気のこと。

感染症が発症する条件

感染源、感染経路、宿主の三つがそろった時に感染症は発症します。

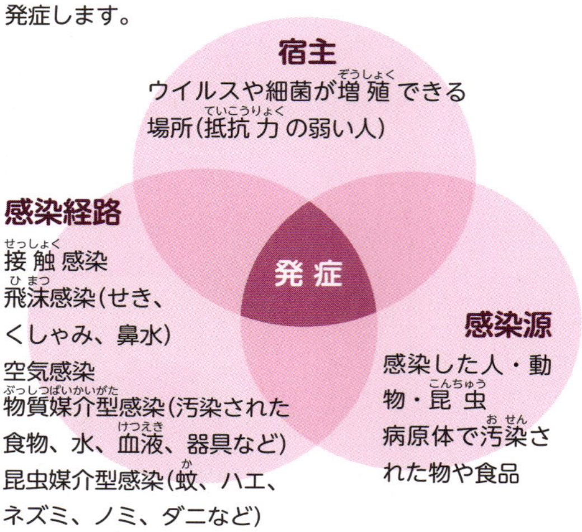

宿主
ウイルスや細菌が増殖できる場所(抵抗力の弱い人)

発症

感染経路
接触感染
飛沫感染(せき、くしゃみ、鼻水)
空気感染
物質媒介型感染(汚染された食物、水、血液、器具など)
昆虫媒介型感染(蚊、ハエ、ネズミ、ノミ、ダニなど)

感染源
感染した人・動物・昆虫
病原体で汚染された物や食品

こんなにある! 動物由来感染症

虫に刺されたり、動物とふれあったりしてうつる病気。代表的なものを紹介しましょう。

蚊	日本脳炎、黄熱、デング熱、ウエストナイル熱、マラリア、チクングニア熱、ジカウイルス感染症
ノミ	ペスト
ダニ	クリミア・コンゴ出血熱、ツツガ虫病、日本紅斑熱、ダニ媒介性脳炎、回帰熱、重症熱性血小板減少症候群
イヌ	狂犬病、パスツレラ症
ネコ	ネコひっかき病、トキソプラズマ症、パスツレラ症
鳥	オウム病、クリプトコッカス症、ウエストナイル熱
ネズミ	ペスト、ハンタウイルス肺症候群、腎症候性出血熱、レプトスピラ症
コウモリ	ニパウイルス感染症、エボラ出血熱、重症急性呼吸器症候群(SARS)、狂犬病

感染症の歴史

人類が登場する以前から地球上にはウイルスや細菌が存在していた。そのため人類誕生の瞬間から感染症との戦いの歴史は始まった。14世紀にはヨーロッパで人口の約3分の1がペストで死亡。20世紀にはインフルエンザパンデミックをおこしたスペインかぜに約5億人が感染、約5000万人が死亡したといわれる。しかし人類も負けてはいない。18世紀以降、感染症を予防するワクチンの開発や、細菌を殺す抗生物質の発見が相次ぎ、予防や治療方法も進歩してきた。なかでも天然痘の根絶は、人類が初めて感染症に勝った証しといえる。

しかし、1976年にエボラ出血熱、1981年に後天性免疫不全症候群(エイズ)、2003年に重症急性呼吸器症候群(SARS)など、未知の感染症が次々に発生。人や物の移動が高速化するにつれ、感染は一部地域では終わらず、急速なスピードで世界中に広がるようになった。

流行の最終段階「パンデミック」

新型コロナウイルスのように、一つの感染症が世界的に流行するのが「パンデミック」(感染爆発)。その前の段階が、散発的に小集団でおこる「アウトブレイク」(集団発生)、特定の集団・地域などで短期間に高頻度で発生する「エピデミック」(流行)。他に、少数の患者が散発的に発生する「スポラディック」(散発発生)、特定地域に同一感染症が発生する「エンデミック」(地方流行・風土病)などがある。

後天性免疫不全症候群(エイズ)

HIV(ヒト免疫不全ウイルス)の感染により引きおこされる感染症。性的な接触による感染が最も多く、血液を介しての感染や、母親から乳児への母子感染などもある。日本では非加熱血液製剤による薬害エイズで注目を集めた。現在は、抗ウイルス薬により、感染しても早期服用で通常の生活を送ることも可能になっている。

◆ 日本では「感染症法」により、対象となる感染症、感染した場合のさまざまな規制が決められている。

感染症にまつわる おもなできごと

感染症は、十字軍の遠征、モンゴル帝国の拡大、産業革命、世界大戦など、歴史上の大きなできごとをきっかけに拡大していきました。多くの被害を出したペスト、天然痘、コレラ、結核、インフルエンザを中心にその歴史を見てみましょう。

＊太字は日本のできごとを示します。

世紀	年・おもなできごと
6	541　東ローマ帝国で**ペスト①**流行、人口の約半数が死亡（「ユスティニアヌスのペスト」）。旧西ローマに流行拡大（〜8世紀半ば） **日本で天然痘②流行**
8	752　**疫病や災厄を鎮めるため東大寺大仏が造られる**
10	**994　日本で天然痘②流行。藤原道長の2人の兄・道隆、道兼も死亡**
11	1096　十字軍の遠征始まる（〜1272）
13	1206　モンゴルでチンギス・ハーン即位
	1241　モンゴル軍がヨーロッパ遠征
	1258　モンゴル軍がバグダッド占領、アッバース朝を滅ぼす
14	1320ごろ〜　中国で**ペスト①**大流行
	1331　京都で天然痘②流行。疫病を鎮めるため「百万遍念仏」が行われる
	1339　英仏百年戦争始まる
	1340ごろ〜　ヨーロッパで**ペスト①**大流行。ヨーロッパの人口の3分の1から3分の2の2000万〜3000万人が死亡。「メメント・モリ（死を思え）」という言葉が流行
15	1492　コロンブス、アメリカ大陸を発見
	1498　バスコ・ダ・ガマ、インド航路を発見
16	1521　コルテスがアステカ帝国を征服、**天然痘②**大流行
	1533　ピサロがインカ帝国征服、人口の60〜94%が**天然痘②**で死亡
18	1760年代〜　イギリスで産業革命始まる
	1775　アメリカ独立戦争
	1783　アメリカ合衆国独立
	1789　フランス革命
	1798　ジェンナーが**種痘②**開発
19	1817　インド・カルカッタで**コレラ③**流行、アジア全域からアフリカまで広がる（〜23）
	1822　日本で コレラ③大流行（文政コレラ）。長崎から流行が始まった（箱根から東は感染していない）
	1825　イギリスで世界初の鉄道が開業
	1826　**コレラ③**大流行、アジア、アフリカ、ヨーロッパ、南北アメリカまで広がる（〜37）
	1830ごろ　イギリス・ロンドンで5人に1人が**結核④**で死亡
	1840　**コレラ③**大流行（〜60）
	1855　中国・雲南省で**ペスト①**大流行
	1858　イギリスがインド支配を完成
	1858　伊東玄朴ら江戸の蘭方医が神田お玉ケ池に種痘所を開設
	1862　日本でコレラ③再流行
	1872　富岡製糸場が操業開始
	1880ごろ〜　**日本で軍や工場労働者に結核④患者が多く出現**
	1881　**コレラ③**大流行（〜96）
	1883　コッホが**コレラ菌③**発見
	1885　日本で天然痘②流行（〜87）
	1892　日本で天然痘②流行（〜94）
	1894　香港で**ペスト①**大流行
	1894　北里柴三郎、ペスト菌①発見
	1896　日本で天然痘②流行（〜97）
	1899　**コレラ③**大流行（〜1923）
20	**1902　東京、横浜でペスト①発生、ペスト菌を媒介するネズミを1匹5銭で買い上げ**
	1910　中国東北部で**ペスト①**大流行
	1914　第1次世界大戦（〜18）
	1918　**スペインかぜ⑤**が世界的に流行。感染者5億人、死者約5000万人
	1939　第2次世界大戦（〜45）
	1955　日本の天然痘②根絶
	1957　**アジアかぜ⑤**流行
	1960　ベトナム戦争（〜75）
	1968　**香港かぜ⑤**流行
	1977　**ソ連かぜ⑤**流行
	1980　世界保健機関（WHO）が**天然痘②**根絶を宣言
	1997　**鳥インフルエンザ⑤**流行

北里柴三郎
写真提供／
国立国会図書館ウェブサイト

①ペスト

ペスト菌に感染したネズミの血をノミが吸い、そのノミが人間を刺すことで感染。中世ヨーロッパでは「黒死病」といわれ恐れられた。モンゴル帝国がユーラシア大陸のほぼ全域を支配し、東西交易がさかんになったことが蔓延の原因の一つ。ペスト菌は1894年、日本人細菌学者の北里柴三郎、フランスの細菌学者アレクサンドル・イェルサンが同時期に発見。20世紀に入り、抗生物質が発見され治療できるようになった。

②天然痘

古代インドが起源といわれる天然痘ウイルスによる感染症。シルクロードの交易や仏教の伝播などで蔓延したとされる。アメリカ大陸にはコロンブスの上陸以降、ウイルスが持ち込まれ、先住民族に多くの被害が出た。1798年にイギリスの医学者エドワード・ジェンナーが、予防接種「種痘」を開発。世界中で予防接種が行われるようになり、流行は徐々に消えていった。1980年には世界保健機関（WHO）が天然痘根絶を宣言。

③コレラ

コレラ菌で汚染された食物や水を摂取することで発症。起源はインドのガンジス川流域といわれる。世界に広がった背景には、イギリスのインド支配や産業革命による交通網の発達があるとされる。感染力が非常に強く、江戸末期から明治時代には日本でもたびたび流行し、各地でパニックを引きおこした。コレラ菌はドイツの医学者ロベルト・コッホが1883年に発見。現在では衛生環境のよくない発展途上国でおもに見られる。

④結核

結核菌によっておもに肺に炎症がおこる病気。1882年にロベルト・コッホが結核菌を発見。空気感染や飛沫感染がおもな感染経路だが、特に産業革命により、衛生状態が悪く過酷な労働条件下で流行した。1930年代から1950年まで日本人の死因の第1位を占めていたが、有効な治療薬が開発され、患者数は激減。ただし他の先進諸国に比べると日本の結核罹患率は数倍で、日本は「結核中蔓延国」とされている。

⑤インフルエンザ

さまざまな型があり、人だけでなく鳥や豚にも感染。毎年流行を繰り返す「季節性インフルエンザ」は多くの人がかかったことがあり、免疫を持っているが、数十年に1回出現する「新型インフルエンザ」はほとんどの人が免疫を持っていないため、短期間で感染が拡大する。1918年の「スペインかぜ」は、第1次世界大戦に従軍した兵士の間で感染が広がり、パンデミックを引きおこした。その後も「アジアかぜ」「香港かぜ」などが流行。

◇ インフルエンザは20〜21世紀に4回パンデミックをおこしている。

世界の人口と紛争

日々、世界のどこかで、紛争や飢餓で多くの人々が苦しんでいます。また、急激な人口増加に悩む国もあれば、日本をはじめ出生率の低下が心配される国もあります。世界が抱えているさまざまな問題を考えてみましょう。

ウクライナ危機

欧州への統合を掲げる市民が親ロシア派政権を倒したことを契機に始まった。2015年2月に停戦合意したが、EUに接近するウクライナとそれを阻止したいロシアとの対立は今も続く。

テレビ局を占拠した親ロシア派。

シリア内戦

2010年末に起こった民主化運動（「アラブの春」）で本格化した政府軍と非政府軍の内戦と、過激派組織「イスラム国」（ＩＳ）の勢力拡大により、死者は9年間で38万人を超え、難民も百万人単位となっている。国内の世界遺産全6件が危機遺産に指定された。

激戦地アレッポ市街の半壊したビル。

パレスチナ紛争

今も続く、世界最大の紛争。祖国に戻ろうとパレスチナ移住を促進するユダヤ人は、1948年にパレスチナにイスラエル建国を宣言。以後、アラブ人との対立が深まり度重なる中東戦争へ。エルサレムは、イスラム教徒にとってもユダヤ教徒にとっても宗教の聖地という難しい問題がある。

パレスチナ自治区ガザで、イスラエル軍による白リン弾で被害を受けた女性。

南スーダン内戦

長い内戦の末、2011年にスーダンから分離独立したが、自国で採れる石油の支配権をめぐって大統領派と副大統領派が対立、13年から戦闘が続いている。国連平和維持活動（ＰＫＯ）が行われ、日本の陸上自衛隊もＰＫＯ部隊を派遣（17年5月撤収）。20年2月、暫定連立政権が発足した。

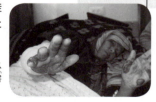

国内避難民保護区に身を寄せる人々。

世界の人口とおもな紛争国・地域

新疆ウイグル独立運動
クルド独立運動
中国・台湾問題
エチオピア・エリトリア国境紛争
ソマリア内戦
ミンダナオ紛争

リビア内戦

イエメン内戦

アラブ最貧国で資源も乏しく、約1千万人が飢餓にあえぐ「世界最悪の人道危機」。2011年、「アラブの春」の波が及んで当時の政権が崩壊、15年に暫定政権と反政府武装組織による内戦が勃発した。前者はサウジアラビア、後者はイランの支援を受け、覇権を争う2国の代理戦争を担っている。

アフガニスタン・ヘラートにあるマスラック国内避難民キャンプで食料の配給を待つ子どもたち（2002年）。

アフガニスタン内戦

2001年、米同時多発テロ事件の主犯とされるオサマ・ビンラディンをかくまっているとして、アメリカはアフガニスタンのタリバン政権を攻撃。政権は崩壊、カルザイ大統領（当時）を中心とする新しい国造りが進められた。しかし、民族間の権力争いが絶えず、平和への道は遠い。19年には中村哲医師が殺害された。

◇ 国連難民高等弁務官事務所は1950年の設立から5000万人以上の難民を支援し、54年と81年にノーベル平和賞を受賞。

チベット問題

政教一致の伝統社会を守るチベットに、1949年、中国政府は社会主義改革を強要。これに反対するラマ僧らが武装蜂起したが、59年、ダライ・ラマ14世はインドへ亡命し、65年、チベット自治区として中国の領土となった。この問題が再び注目されるようになったのは、2008年の北京オリンピック開催の前にラサで行われた大規模デモを中国政府が武力で鎮圧した報道が流れたのがきっかけ。現在も中国支配に反対する活動家への弾圧が続いている。

チベット自治区ラサを巡回する中国政府の武装警察部隊。

ダライ・ラマ14世

インドへ亡命後、チベット自治政府樹立運動を指導。完全独立を撤回し、チベットを中国の一部としながらも、外交権と防衛権以外の自治権を獲得するための非暴力によるチベット解放運動が評価され、1989年にノーベル平和賞を受賞。

東日本大震災の被災地を訪れたダライ・ラマ14世。

メキシコ先住民解放運動
南沙（スプラトリー）諸島領有権問題
コロンビア反政府運動
ペルー反政府運動
ソロモン諸島部族間抗争

※人口は、2019年時点。World Health Organization（世界保健機関）「World Health Statistics 2021」（世界保健統計2021）を基にした

人口（単位：人）
- 12億
- 1億
- 5000万
- 1000万
- 500万
- 500万以下
- 資料なし

……紛争中の国・地域

米同時多発テロ事件

2001年9月11日、国際テロ組織「アルカイダ」にハイジャックされた民間航空機2機がニューヨークの世界貿易センタービルに激突。さらに、ワシントン近郊の国防総省庁舎とペンシルベニア州に1機ずつ墜落。3025人もの死者を出した自爆テロ事件は世界を震撼させた。

跡形もなく崩壊した世界貿易センタービル。

地域によって違う人口の増加

2020年の世界人口は約78億人。57年には100億人を超える見通しで、とくにアフリカや西アジアで増加する。日本は58年に1億人を下回る。2020年の出生数は84万835人で、合計特殊出生率（女性1人が一生の間に産む子どもの数）は1.34と、人口を維持するのに必要な2.07を大きく下回っている（国連人口部、厚生労働省）。

2050年の予想人口ランキング

（単位：百万人）

50年の順位	19年の順位	国名	人口総数
1	2	インド	1639
2	1	中国	1402
3	7	ナイジェリア	401
4	3	アメリカ	379
5	5	パキスタン	338
6	4	インドネシア	331
7	6	ブラジル	229
8	12	エチオピア	205
9	16	コンゴ民主共和国	194
10	8	バングラデシュ	193
17	11	日本	106

出典：UN, World Population Prospects: The 2019 Revision

日本でも受け入れているミャンマー難民家族（2010年）。

迫害から逃れるため、ミャンマー西部国境を流れるナフ川を渡る少年（1992年）。

アウンサンスーチー

ミャンマーの国家顧問兼外務大臣。軍事政権下で民主化運動を指導し、1989年から、民政へ移行する前年の2010年まで断続的に自宅軟禁された。1991年、ノーベル平和賞を受賞。近年、国内にいるイスラム系少数民族ロヒンギャへの残虐行為を非難しない態度に国内外から批判の声も。2021年、国軍に拘束される。

支持者の前に姿を見せたスーチー氏（2010年）。

ミャンマー少数民族独立運動

1948年に独立を果たしたミャンマーだが、政権内は分裂を繰り返した。国民の約7割を占めるビルマ族が、残りの少数民族を圧迫。いくつかの民族が独立を求めて武力闘争を展開する。

◇日本の人口は2008年の1億2808万人をピークに減少。一方で高齢人口の割合が急速に上昇している。

043

世界の富豪とGDP

国内で生み出されたお金や品物、サービスの価値の総額を表すのが、国内総生産＝Gross Domestic Product（GDP）。この額が多いほどお金持ちの国といえますが、圧倒的な1位のアメリカは、国の富が上位1％の富裕層に

世界の富豪ベスト15
（アメリカの経済誌「フォーブス」が2021年4月6日発表）
※1＄（ドル）＝108円で算出、年齢は同誌発表による

1. ジェフ・ベゾス（アメリカ）57歳
1770億＄（19兆1160億円）

インターネット通販アマゾンの創業者、会長。ワシントン・ポスト紙の社主。離婚で「史上最大の財産分与」を行い、元妻は22位に。

2. イーロン・マスク（アメリカ）49歳
1510億＄（16兆3080億円）
電気自動車を製造するテスラの共同創業者で最高経営責任者（CEO）。2020年には有人宇宙船の飛行を成功させた。

3. ベルナール・アルノー（フランス）72歳
1500億＄（16兆2000億円）
35歳でブランド企業に注目。ヴィトンやディオールを擁するモエ・ヘネシー・ルイ・ヴィトン社の会長兼CEO。

4. ビル・ゲイツ（アメリカ）65歳
1240億＄（13兆3920億円）
大学3年生の時にマイクロソフト社を立ち上げた。1995年から2007年まで13年連続、09年以来の首位復帰となった14年から17年まで4年連続で世界長者番付1位。

5. マーク・ザッカーバーグ（アメリカ）36歳
970億＄（10兆4760億円）
ソーシャルネットワーキングサービス（SNS）のサイト、フェイスブックを運営するメタのCEO。保有する同社株の99％を社会貢献活動に使うといわれている。

慈善活動は、セレブの証し!?

東日本大震災の被災地を訪れたベルギーのマチルド皇太子妃（現・王妃。P47）。キリスト教を重んじるヨーロッパの王族は慈善活動に熱心だ。

欧米のセレブリティー（有名人）は、慈善活動や発展途上国を支援する活動に積極的に参加することで社会貢献に努めている。その背景には、キリスト教の「持てる者が持たざる者に手を差し伸べるのは当然」とする教えや「友愛」の精神と、身分の高い人には、その立場に伴って大きな義務があるとする「ノブレス・オブリージュ」の考え方がある。しかし、社会貢献はセレブだけができる特別なことではない。お小遣いで寄付をする、ボランティアをするなど、わたしたちにできる社会貢献を考え、行動しよう。

GDPとは
GDPには、市場で取引されている時価で表す「名目GDP」と、物価変動の影響を除いた「実質GDP」がある。経済成長率を見るときには実質GDPを用いる。

世界の国内総生産（名目GDP）

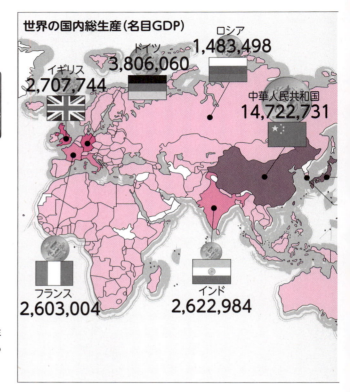

イギリス 2,707,744
ドイツ 3,806,060
ロシア 1,483,498
中華人民共和国 14,722,731
フランス 2,603,004
インド 2,622,984

6. ウォーレン・バフェット（アメリカ）90歳
960億＄（10兆3680億円）
コカ・コーラやアメリカン・エキスプレスなどの成長株で利益を得た世界一の投資家。「投資の神様」の異名も。

7. ラリー・エリソン（アメリカ）76歳
930億＄（10兆440億円）
シカゴ大学中退後、エレクトロニクス会社に就職。33歳の時、1400ドルでコンピューターソフト会社オラクルを設立した。

8. ラリー・ペイジ（アメリカ）48歳
915億＄（9兆8820億円）
世界最大のインターネット検索サイト、グーグルの共同創業者。スタンフォード大学在籍中にセルゲイ・ブリンとグーグルを設立し、初代CEOとなった。

9. セルゲイ・ブリン（アメリカ）47歳
890億＄（9兆6120億円）
グーグルの共同創業者。ロシア生まれで、6歳の時に数学者の父と宇宙科学者の母に連れられてアメリカに移り住んだ。

◆「フォーブス」誌の21年世界長者番付によれば、保有資産10億ドル（1080億円）を超える富豪は2755人。日本からは49人がランクイン。

集中し、中間層の60％の人の資産の総額より多いといわれるほど貧富の差が大きい国でもあります。世界第2位の経済大国・中国も同様の問題をかかえています。GDPの大きい国で生じる格差の原因を考えてみましょう。

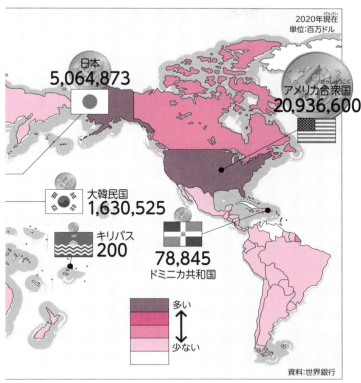

2020年現在
単位：百万ドル

日本 5,064,873
アメリカ合衆国 20,936,600
大韓民国 1,630,525
キリバス 200
ドミニカ共和国 78,845

多い↕少ない

資料：世界銀行

ミニ百科

10. ムケシュ・アンバニ（インド）63歳 複合
845億$（9兆1260億円）
石油やガスなどの天然資源の開発や石油化学製品製造、小売業など多くの事業を手がける、リライアンス・インダストリーズのCEO。

11. アマンシオ・オルテガ（スペイン）85歳
770億$（8兆3160億円）
世界中に店舗があるアパレルチェーンストアZARAの生みの親。ノーネクタイで有名。

12. フランソワーズ・ベタンクール（フランス）67歳
736億$（7兆9488億円）
世界最大の化粧品会社、ロレアル創業者の一人娘である母の遺産を相続。

13. 鍾睒睒（中国）66歳
689億$（7兆4412億円）
中国最大の飲料会社である農夫山泉の創業者。経営する製薬会社は、2020年上海で上場した。

14. スティーブ・バルマー（アメリカ）65歳
687億$（7兆4196億円）
マイクロソフト社の元CEO。米プロバスケットボールNBAのロサンゼルス・クリッパーズのオーナー。

15. 馬化騰（中国）49歳
658億$（7兆1064億円）
インターネットを用いSNSなどさまざまな事業を展開するテンセントのCEO。

IT・通信	投資	アパレル	不動産	スーパー・小売業	複合企業	化粧品・日用品		飲料	電気機器

日本の富豪ベスト10

 29. 孫正義 63歳
454億$（4兆9032億円）
ソフトバンクグループ創業者。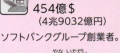

31. 柳井正 72歳
441億$（4兆7628億円）
ファーストリテイリング会長兼社長（ユニクロなどを展開）。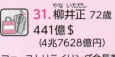

62. 滝崎武光 75歳
258億$（2兆7864億円）
キーエンス創業者。

274. 永守重信 76歳
87億$（9396億円）
日本電産会長。

311. 高原豪久 59歳
79億$（8532億円）
ユニ・チャーム社長。

391. 三木谷浩史 56歳
67億$（7236億円）
楽天会長兼社長。

539. 似鳥昭雄 77歳
52億$（5616億円）
ニトリホールディングス会長。

574. 重田康光 56歳
49億$（5292億円）
光通信会長。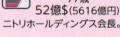

665. 安田隆夫 71歳
43億$（4644億円）
ドン・キホーテ創業者。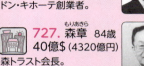

727. 森章 84歳
40億$（4320億円）
森トラスト会長。

727. 伊藤雅俊 96歳
40億$（4320億円）
イトーヨーカ堂創業者。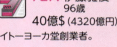

727. 野田順弘 82歳
40億$（4320億円）
オービック会長。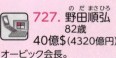

◇ フォーブス誌の世界長者番付は1987年に始まり、第1回から8年連続で日本人（堤義明、森泰吉郎）が1位だった。

世界の首脳

各国・地域のリーダーや国際機関の代表が一堂に集い、国際情勢、世界経済、環境問題など幅広い議論を行う、「主要20カ国・地域首脳会議(G20サミット)」。世界の行方を担うトップ20はどんな人たちか確認しておきましょう。

※年齢は2021年12月末日時点。

主要7カ国(G7)および欧州連合(EU)

※国名の五十音順。〇の数字はサミット出席回数

アメリカ合衆国大統領
ジョー・バイデン 79歳(1942年11月20日～)①
就任:2021年1月20日　政党:民主党

弁護士から転身し、29歳で上院議員に当選。直後に自動車事故で妻と娘を亡くし、シングルファーザーとして2人の息子を育てる。オバマ政権時代に副大統領を務め、医療保険制度改革法の成立に尽力。現在の妻ジル氏は教育者としての仕事を続けている。

イギリス首相
ボリス・ジョンソン 57歳(1964年6月19日～)③
就任:2019年7月24日　政党:保守党

米国ニューヨーク生まれ。新聞記者から政治家に転身。2012年にロンドン市長として、ロンドン五輪を成功させた。EU離脱に難航し辞任したメイ前首相の主張を強硬路線で引き継ぐ。20年4月、24歳下の婚約者との間に男児が誕生。

イタリア首相
マリオ・ドラギ 74歳(1947年9月3日～)①
就任:2021年2月13日　政党:無所属

コロナショック(P98)で政権運営に行き詰まったジュゼッペ・コンテ前首相が21年1月下旬に辞任を表明し、2月にドラギ氏が就任。ユーロ通貨圏の金融政策を担う欧州中央銀行(ECB)の総裁を11～19年に務め、欧州危機(P98)に対応した経済通。

カナダ首相
ジャスティン・トルドー 50歳(1971年12月25日～)⑥
就任:2015年11月4日　政党:自由党

父も首相経験者。大学卒業後、数学とフランス語の教師に。人種・宗教・性別の多様性を尊重し、閣僚の男女比を半々に、さらに性的マイノリティーの人を大臣に任命する。43歳の若さで就任し、アイドル的な人気も。靴下のコレクションが自慢。

ドイツ首相
オラフ・ショルツ 63歳(1958年6月14日～)⓪
就任:2021年12月8日　政党:社会民主党

17歳で社会民主党に入党。ハンブルク大学で法律を学び、弁護士資格を取得。ハンブルク市長も務める。4期16年務めたキリスト教民主・社会同盟のメルケル前首相に代わり、社会民主党、緑の党、自由民主党の3党による連立政権で首相に就任。

日本首相
岸田文雄 64歳(1957年7月29日～)⓪
就任:2021年10月4日　政党:自由民主党

会長を務める「宏池会」(岸田派)出身の首相は宮沢喜一元首相以来30年ぶり。宏池会の創始者・池田勇人元首相の地元・広島県出身でもある。父と同じ東京大学を目指したが大学受験に3回失敗し、早稲田大学法学部に入学した。

フランス大統領
エマニュエル・マクロン 44歳(1977年12月21日～)⑤
就任:2017年5月14日　政党:無所属

官僚を養成する国立行政学院を卒業し、36歳で経済大臣に抜擢され、39歳でフランス史上最年少の大統領になった超エリート。大胆な労働市場改革に取り組み、EUの改革にも積極的。24歳年上の妻は高校時代の恩師。

欧州理事会常任議長(大統領)
シャルル・ミシェル 46歳(1975年12月21日～)②
就任:2019年12月1日　政党:改革運動

ベルギー出身。18歳で州議会議員、23歳で下院議員に当選、2014年に同国の現行制度下最年少の38歳で首相になった。外相や欧州委員を務めた父親の背中を追いかけ、政界を駆け上がってきた。趣味はバイクやテニス。

G20は、なぜ始まった?

G20(Group of Twenty)は、主要7カ国(G7=Group of Seven)に加え、12の新興国、欧州連合で構成されている。G20サミットは、2008年に深刻化した金融危機に対処するためG8*(当時)の枠を超え、20カ国・地域の首脳が会合をもったのが始まり。新興5カ国「BRICS」ほか、急成長する新興国をメンバーに入れないことには世界経済を立て直せないためG20に拡大した。

*ロシアが2014年にクリミア半島を併合したことでG7首脳はロシアのG8参加を停止した。

◆日本で開催されたサミット◆

2019年6月28～29日、日本が初めて議長国を務めたG20が開かれた。これまで日本で開催されたサミットを確認しておこう。

年	開催地(通称)	議長
1979	東京(東京サミット)	大平正芳
1986	東京(東京サミット)	中曽根康弘
1993	東京(東京サミット)	宮沢喜一
2000	沖縄県名護市(九州・沖縄サミット)	森喜朗
2008	北海道洞爺湖町(北海道洞爺湖サミット)	福田康夫
2016	三重県志摩市(伊勢志摩サミット)	安倍晋三
2019	大阪市(G20大阪サミット)	安倍晋三

◇サミットは「山の頂上」という意味の英語。サミットを成功に導く各国代表の補佐役を登山隊の道案内にかけて「シェルパ」という。

◎各国については、P219からの「世界の国ぐに」と巻末の「世界の国旗」を参照のこと。

G20に参加する12の新興国
※国名の五十音順。*は新興5カ国(BRICS)

アルゼンチン大統領
アルベルト・フェルナンデス
62歳(1959年4月2日〜)
就任:2019年12月10日
政党:正義党(通称ペロン党) AFP時事
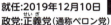

労働者層を主な支持基盤とする政党のリーダー。約1000億ドルに膨らんだ債務を管理し経済を立て直す任務を抱えている。

インド*首相
ナレンドラ・モディ
71歳(1950年9月17日〜)
就任:2014年5月26日
政党:インド人民党
パキスタンとの関係改善が課題。紅茶売りの貧しい家で育ち、13億人の頂点に上り詰めた。元気の源は毎朝するヨガ。

インドネシア大統領
ジョコ・ウィドド
60歳(1961年6月21日〜)
就任:2014年10月20日
政党:闘争民主党
ジャカルタ特別州知事から大統領へ。カリマンタン(ボルネオ島)への首都移転計画を発表した。ヘビーメタル好き。

オーストラリア首相
スコット・モリソン
53歳(1968年5月13日〜)
就任:2018年8月24日
政党:自由党
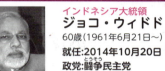
財務大臣から首相へ。父親はアイルランド系移民の警察官。地元ラグビーチーム「シャーク」の熱烈なファン。

サウジアラビア国王
サルマン・ビン・アブドルアジーズ・アール・サウード
86歳(1935年12月31日〜)
即位: 2015年1月23日
絶対君主制国家なので国家元首兼首相となる。2017年に1000人を超える随行団と来日し、富豪ぶりが話題に。

大韓民国大統領
文在寅
68歳(1953年1月24日〜)
就任:2017年5月10日
政党:共に民主党
もとは民主化運動の闘士で、人権派弁護士として活躍した。両親は、朝鮮戦争による北朝鮮からの避難民。

中華人民共和国*国家主席
シーチンピン
習近平
68歳(1953年6月15日〜)
就任:2013年3月14日
政党:中国共産党

国家主席の任期制限を撤廃した。副首相だった父が失脚し、少年時代は農村で過酷な生活をした。妻は国民的歌手。

トルコ大統領
レジェップ・タイップ・エルドアン
67歳(1954年2月26日〜)
就任:2014年8月28日
政党:公正発展党
EU加盟が長年の課題。議院内閣制から実権型大統領制に改憲し、大統領権限を強めた。

ブラジル*大統領
ジャイル・ボルソナーロ
66歳(1955年3月21日〜)
就任:2019年1月1日
政党:社会自由党
元軍人。汚職の撲滅と治安対策を掲げる。「拷問に賛成」などの過激発言で世界の注目を集めている。

南アフリカ共和国*大統領
シリル・ラマポーザ
69歳(1952年11月17日〜)
就任:2018年2月15日
政党:アフリカ民族会議

汚職・腐敗の一掃、経済再建を掲げる。ラグビーワールドカップ決勝を観戦しに、はるばる日本にやってきた。

メキシコ大統領
アンドレスマヌエル・ロペスオブラドール
68歳(1953年11月13日〜)
就任:2018年12月1日
政党:国家再生運動
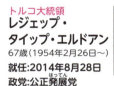
元メキシコ市長。メキシコ初の左派政権。米トランプ政権に国境の壁建設、貿易交渉で揺さぶられた。

ロシア連邦*大統領
ウラジーミル・プーチン
69歳(1952年10月7日〜)
就任:2000年5月7日
政党:統一ロシア
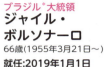
首相時代も含め20年を超える長期政権。旧ソ連時代、反体制を監視するKGBのスパイだった。柔道は黒帯の実力。

世界の王室・皇室
(ヨーロッパ10カ国、アジア6カ国、オセアニア2カ国、中東7カ国、アフリカ3カ国) ※国名の五十音順

日本の皇室をはじめ、世界には28の王室・皇室があります。国政に関与することはほとんどの国でありませんが、国民の統合、国際親善に重要な役割を担っています。

イギリス
エリザベス2世 95歳
1926年生まれ・1952年即位
領地収入は年間400億円超。
英王室と日本皇室は親密関係。

オランダ
ウィレム・アレキサンダー国王 54歳
1967年生まれ・2013年即位

オランダ王室116年ぶりの直系男子。母親から王位を継承。

スペイン
フェリペ6世 53歳
1968年生まれ・2014年即位

皇太子時代にヨット選手としてバルセロナ五輪に出場。

タイ
ワチラロンコン国王 69歳
1952年生まれ・2016年即位

ラマ10世。2019年、タイでは69年ぶりとなる戴冠式を行った。

デンマーク
マルグレーテ2世 81歳
1940年生まれ・1972年即位

モットーは「神のご加護、国民の愛、デンマークの強さ」。

トンガ
ツポウ6世 62歳
1959年生まれ・2012年即位

前国王(兄)の死を受け即位。父4世は大の親日家だった。

ブータン
ワンチュク国王 41歳
1980年生まれ・2006年即位

国是は「国民総幸福」。東日本大震災の被災地を慰問した。

ベルギー
フィリップ国王 61歳
1960年生まれ・2013年即位

前国王の長子。マチルド王妃(P44参照)との間に2男2女。

モロッコ
ムハンマド6世 58歳
1963年生まれ・1999年即位

王族で初めて一般女性と結婚。近代化と伝統の調和を図る。

ヨルダン
アブドラ2世 59歳
1962年生まれ・1999年即位

訪日歴10回超えの親日家。「スタートレック」の大ファン。

◇ 現在、欧州の王室では男女区別のない長子継承制が多数。男子継承制のスペインでも、直系の男子がいない場合は女王が認められる。

世界遺産

世界遺産の始まりは、1959年にエジプト・ナイル川のダム建設で水没するヌビア遺跡群を、国連教育科学文化機関（ユネスコ）が世界中によびかけて保護したことがきっかけでした。そして、72年にユネスコ総会で世界遺産条約が採択され、世界遺産リストが作られました。自然や、昔の人が残してくれた大切な文化を守り、後世に伝えるのが目的です。

※2021年11月現在、締約国数は194、登録件数の内訳は、自然遺産218件、文化遺産897件、複合遺産39件（合計1154件）。

ケベック旧市街の歴史地区（カナダ　1985年）

セントローレンス川沿いに広がる市街全体が文化財になっている、北アメリカでただ一つの城塞都市ケベック。この街のシンボルは1893年に建てられたホテル「シャトー・フロントナック」。まるでお城のような建物は、フランスの植民地時代のなごり。

歴史的城塞都市カルカッソンヌ（フランス　1997年）

フランスとスペインを隔てるピレネー山脈のふもとにある、城の街カルカッソンヌ。ここは地中海と大西洋、ヨーロッパ大陸とイベリア半島を結ぶ重要なポイントだったので、防衛するためにいろいろな工夫がされている。

● 文化遺産　■ 自然遺産　▼ 複合遺産
（　）内は、所在国と登録年

グランド・キャニオン国立公園（米国　1979年）

米国西部を流れるコロラド川の途中にある、長さ450km、幅最大30kmの谷。谷の幾重にもしま模様に重なった地層は、20億年分の地球の年輪。谷の上と底とでは、気温が20℃も違う。

ナスカとパルパの地上絵（ペルー　1994年）

空からしか見られない大地に描かれた地上絵。なんのために描かれたのだろう？　ナスカの人々が天からの救いを願ったのだろうか。ハチドリやサル、イヌなど30ほどの動物のほかに長い直線やうず巻き模様なども。

アブ・シンベルからフィラエまでのヌビア遺跡群（エジプト　1979年）

ナイル川の上流の岩山をくりぬいて造られた巨大な神殿。紀元前13世紀にラムセス2世によって建てられた。入り口の左右にある、高さ約20mの4体の像はすべてラムセス2世だ。

「負の遺産」

人類が犯した過ちをくり返さないための教訓の意味があり、①戦争や紛争に関連したもの、②人種差別や強制労働に関連したものに大別できる。①は、広島の原爆ドーム（日本。P50参照）、バーミヤン渓谷の文化的景観と古代遺跡群（アフガニスタン）など。②は、ロベン島（南アフリカ）やいずれも奴隷貿易の拠点だったゴレ島（セネガル）、リバプール―海商都市（イギリス）などがある。

世界遺産に登録されるまで（文化遺産の場合）

当事国が世界遺産条約を締結し、物件を推薦、法律で保護しているのが基本条件。

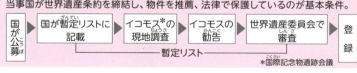

◆ 世界遺産リスト登録は1978年に開始。第1号は、ゴレ島など文化遺産8件、ガラパゴス諸島など自然遺産4件。

プラハ歴史地区（チェコ　1992年）
6世紀後半、スラブ民族が集落をつくったことに始まるプラハ。「黄金の都」「百塔の街」「建築博物館の街」などとよばれている。二つの世界大戦の戦火をまぬかれ、教会や古い建物が中世の姿のまま残っている。

ローマ歴史地区、教皇領とサン・パオロ・フオーリ・レ・ムーラ大聖堂
（イタリア・バチカン　1980、90年）
ローマの古代遺跡のなかで最も知られているのが円形闘技場コロッセオ。紀元72年に着工し、8年で完成した。1階は貴賓席、2階は庶民の木製席、3階が立ち見席で、地下に剣闘士や猛獣を収容していた。

ラサのポタラ宮歴史地区
（中国　1994、2000、01年）
ポタラ宮は17世紀にチベットを統一したダライ・ラマ5世が、「赤い山」とよばれる標高3650mの丘の斜面に建てた宮殿。東西に400m、高さ115mの13階建ての建物で、部屋が約1000室もある。

ミニ百科

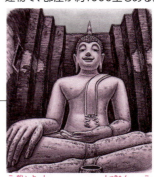

古代都市スコタイと周辺の古代都市群（タイ　1991年）
13世紀初めにタイ人がつくった最初の国家、スコタイ朝の跡。政治を行ったワット・マハタート王宮寺院を中心に200以上もワット（塔）があった。北側のワット・シーチュムにある高さ14.7mの大仏は、見上げるとやさしく見つめてくる。

エルサレムの旧市街とその城壁群（ヨルダンによる申請遺産　1981年）
ユダヤ教、キリスト教、イスラム教と三つの宗教の聖地であるエルサレムは、周囲を1km四方の城壁に囲まれている。なかでも約1300年前に建てられたイスラム教の「岩のドーム」は、金色に輝いている。

タスマニア原生地域
（オーストラリア　1982、89年）
長い間、海に隔てられ、太古の自然が残ったオーストラリア南東の島、タスマニア。あごの力が強く、恐ろしい鳴き声をあげるタスマニアデビルや、子どもを生後半年までおなかの袋で育てる愛らしいウォンバットなど、絶滅をまぬかれた動物たちが生息している。

ウォンバット
タスマニアデビル

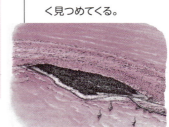

グレート・バリア・リーフ
（オーストラリア　1981年）
全長2000kmを超える世界最大のサンゴ礁。大きさは日本列島と同じくらい。サンゴの層がつくられ始めたのは約200万年前といわれる。約400種のサンゴと1500種の魚、4000種の貝などが生息する。

世界遺産のおもな特徴
- ■ 自然遺産…風景や陸・海の動植物、または森や山などの地形。
- ● 文化遺産…歴史的、芸術的にすばらしい建物や彫刻、絵画など。
- ▼ 複合遺産…自然遺産と文化遺産の両方の特徴をあわせ持っている。

◇世界遺産保有国はイタリアが58件で1位、続いて中国56件（2021年11月現在、共同登録を含む）。

日本の世界遺産

日本は長い歴史が育んだ独特の文化と、南北に広がる国土が生んだ多様な自然環境に恵まれています。こうした風土で培われた日本の世界遺産は、文化遺産20件、自然遺産5件を数えます（2021年11月現在）。それぞれ、どういった点が評価され世界遺産になったのか、調べてみましょう。

番号は登録順　■文化遺産　□自然遺産　（　）内は、所在地と登録年

1 法隆寺地域の仏教建造物（奈良県　1993年）

法隆寺は、聖徳太子の宮殿があった斑鳩にある世界最古の木造建築物。周辺地域には中宮寺、法起寺、法輪寺など日本の仏教寺院建築の移り変わりがうかがえる文化遺産が集まっている。

2 姫路城（兵庫県　1993年）

白壁で統一され、サギが羽を広げたような外観から「白鷺城」の別名も。周囲を二重の堀で囲んだり、通路の壁に狭間という鉄砲や矢を撃つ穴を作ったり、戦に備えた工夫がなされている。江戸時代の初めに池田輝政によって築かれた。

3 屋久島（鹿児島県　1993年）

山頂から海岸までの約10kmの中に亜熱帯から亜寒帯の植物群が分布し、多様な生態系が息づいている。樹齢1000年以上の屋久杉が生い茂る森は、映画「もののけ姫」で見たような光景だ。ヤクザル、ヤクシカといったこの島固有の動物もいる。

4 白神山地（青森県・秋田県　1993年）

標高100mから1200mの山岳地帯。8000年前の自然が残るブナの森は、多様な生物を育てる「いのちの森」。ここに集まる昆虫は2300種以上。

5 古都京都の文化財（京都府・滋賀県　1994年）

1200年の歴史ある町に残る、清水寺、平等院、金閣寺、銀閣寺、延暦寺、二条城など、平安時代から江戸時代までの17件が登録。日本一古い本殿をもつ宇治上神社、日本一高い木造の塔、東寺の五重塔も見られる。

6 白川郷・五箇山の合掌造り集落（岐阜県・富山県　1995年）

岐阜県白川村の59棟と富山県南砺市五箇山地区の29棟の合掌造り家屋。手のひらを合わせたような大きな急勾配の屋根は、豪雪地帯に生きる人の知恵。

7 原爆ドーム（広島県　1996年）

1945年8月6日、人類初の原子爆弾が投下された町に残る歴史の証人。戦争の悲惨さを伝え、平和を願って保存されている「負の遺産」。もとの名は広島県産業奨励館といい、県の産業を発展させるための展示会などを開く施設だった。

8 厳島神社（広島県　1996年）

平清盛が建造した、竜宮城を表したといわれる寝殿造りの優雅な神社。満潮時には大鳥居が海に浮かんでいるように見える。「安芸の宮島」で知られ、松島（宮城県）や天橋立（京都府）とともに日本三景として有名。

9 古都奈良の文化財（奈良県　1998年）

平城宮が置かれ日本の首都として栄えた奈良は、8世紀の中国や朝鮮との交流を示す物品が数多く見られる町。東大寺、興福寺、唐招提寺など計8件とその周辺地域が登録。春日大社では神の使いとされるシカが参拝者を迎える。

10 日光の社寺（栃木県　1999年）

徳川家康を祭る日光東照宮とともに、二荒山神社、輪王寺が登録。日光東照宮を象徴する陽明門は、時を忘れて見入ってしまうことから「日暮の門」ともよばれている。「日光を見ずして結構と言うなかれ」の格言もある。

11 琉球王国のグスク及び関連遺産群（沖縄県　2000年）

グスクは城のこと。権力争いが激化した三山時代（1322～1429年）に築かれた。2019年10月31日に焼失した首里城は、琉球王が住んだ最大のグスクで、約450年間、政治と文化の中心だった（写真は焼失前）。

12 紀伊山地の霊場と参詣道（和歌山県・奈良県・三重県　2004年）

吉野・大峯、熊野三山、高野山の3霊場と古都奈良や京都を結んだ参詣道で、世界遺産に道が登録されためずらしい例。神社や寺院などが自然環境と一体になって景観をつくり出している。

◇ オホーツク海につき出た知床半島。「シレトコ」は、アイヌの言葉で「大地の果てるところ」を意味する。

⑬知床（北海道　2005年）

川と海と森が一体になった独特の生態系、希少な動植物の生息地であることなどが評価された。
冬の知床の海を覆いつくす流氷は圧巻！

⑭石見銀山遺跡とその文化的景観（島根県　2007年）

16世紀から20世紀まで操業した世界有数の銀鉱山遺跡。銀山を盗掘から守った山城の遺構が歴史を物語る。国の重要伝統的建造物群保存地区。

⑮小笠原諸島（東京都　2011年）

30余りの島からなり、父島、母島両島は全域が海鳥の繁殖地。独自の生態系をもつ動植物の宝庫で、その進化の過程がわかるところから「東洋のガラパゴス」ともよばれる。

⑯平泉―仏国土（浄土）を表す建築・庭園及び考古学的遺跡群―（岩手県　2011年）

平安時代末期に奥州藤原氏が建てた寺院や庭園などで構成。浄土思想が表現され、なかでも国宝建造物第1号に指定された中尊寺金色堂は、一面に金箔が施されていて豪華。

⑰富士山―信仰の対象と芸術の源泉―（山梨県・静岡県　2013年）

山頂の信仰遺跡群や周辺の神社など25件が登録。自然遺産として登録申請を目指していたが、登山者らが出した大量のゴミが問題視され断念した。写真は、富士山と三保松原。

⑱富岡製糸場と絹産業遺産群（群馬県　2014年）

富岡製糸場（設立1872年）は、115年間操業し世界の絹産業の発展に寄与した。絹産業遺産群として高山社跡、田島弥平旧宅、荒船風穴が登録。

⑲明治日本の産業革命遺産　製鉄・製鋼、造船、石炭産業（岩手県・静岡県・山口県・福岡県・熊本県・佐賀県・長崎県・鹿児島県　2015年）

軍艦島の名で知られる端島炭坑（長崎市）など、炭鉱、製鉄、造船業などにかかわる23施設。江戸時代末の開国期から明治時代にかけての約50年間で急速な産業化を達成した段階を示す遺産として評価された。

⑳ル・コルビュジエの建築作品―近代建築運動への顕著な貢献―（東京都　2016年）

20世紀を代表する建築家ル・コルビュジエの作品を日本やフランス、ドイツなど7カ国が共同推薦。構成資産の一つ、国立西洋美術館本館は、日本唯一のコルビュジエ作品。実業家松方幸次郎がヨーロッパで集めた美術品を収蔵・展示するため、1959年に建設された。

㉑『神宿る島』宗像・沖ノ島と関連遺産群（福岡県　2017年）

古代の祭祀と海の交流の跡を残す島。銅鏡や黄金の指輪、朝鮮半島の馬具、シルクロード由来のガラス製品など約8万点（すべて国宝）が出土し、「海の正倉院」ともよばれている。

㉒長崎と天草地方の潜伏キリシタン関連遺産（長崎県・熊本県　2018年）

江戸幕府が禁じたキリスト教をひそかに信仰した潜伏キリシタンが育んだ文化を示す遺産群。島原・天草一揆の舞台だった原城跡、大浦天主堂など12の資産から成る。

㉓百舌鳥・古市古墳群―古代日本の墳墓群―（大阪府　2019年）

堺市の百舌鳥、羽曳野市・藤井寺市の古市にある、4世紀後半～5世紀後半に造られた古墳49基。墓としては世界最大級の全長486mを誇る大山古墳（伝仁徳天皇陵）、全長425mの誉田御廟山古墳（伝応神天皇陵）などが登録。

㉔奄美大島、徳之島、沖縄島北部及び西表島（鹿児島県・沖縄県　2021年）

世界的に希少な動植物が多く、豊かな生物多様性を守るために重要な地域であることが評価された。奄美大島と徳之島だけにいる国の特別天然記念物のアマミノクロウサギや、西表島のイリオモテヤマネコ、沖縄本島北部にいるヤンバルクイナなど絶滅危惧種が数多く生息する。

アマミイシカワガエル

㉕北海道・北東北の縄文遺跡群（北海道・青森県・岩手県・秋田県　2021年）

国の特別史跡・三内丸山遺跡（青森県青森市）をはじめ、大湯環状列石（秋田県鹿角市）、大平山元遺跡（青森県外ケ浜町）、北黄金貝塚（北海道伊達市）など縄文時代の17遺跡について、農耕以前の定住生活のあり方や複雑な精神文化を示すとしてその価値が認められた。

大船遺跡（北海道函館市）

◇ 百舌鳥・古市古墳群には29基の陵墓（皇室の祖先の墓）があるが、被葬者と築造時期が合わないなどの疑問も。陵墓は原則非公開。

日本の無形文化遺産

ユネスコ（国連教育科学文化機関）無形文化遺産は、伝統芸能や口承文化などを人類共通の遺産として守り伝えるため、各国が2003年に条約を結んで始まりました。締約国は180カ国、世界全体では584件、日本からは22件が登録されています（2021年11月現在）。どんな遺産があるか調べてみましょう。

番号は登録順　●重要無形文化財　●重要無形民俗文化財　○文化審議会決定　○選定保存技術　（　）内は、所在地と登録年

❶能楽（2008年）
笛、小鼓、大鼓、太鼓の伴奏に乗せ、歌い舞って進行する音楽劇の能と、滑稽なせりふ劇である狂言の総称。室町時代に大成し、後の人形浄瑠璃文楽や歌舞伎にも大きな影響を与えた。

豊作に感謝して奉納された能（宇佐神宮能楽殿＝大分県宇佐市）。

❷人形浄瑠璃文楽（2008年）
人形遣い、三味線弾き、太夫とよばれる浄瑠璃語りが三位一体となって作り上げていく。三味線弾きが進行役となり、太夫が語り、それに合わせて人形遣いが人形1体を3人がかりで操る。

人形がテンポよく踊る「二人三番叟」。

❸歌舞伎（2008年）
劇、舞踊、音楽の要素をあわせ持った日本独自の伝統芸能。約400年前、出雲阿国によって始まり、かぶき踊り、若衆歌舞伎、野郎歌舞伎をへて今日の形式になった。すべての役を男性が演じ、女性役は女形とよばれる。

「お祭り」の舞台に立つ、十八代目中村勘三郎さん（2011年）。協力／松竹株式会社

❹雅楽（2009年）
宮廷・社寺などに伝わる合奏音楽。日本古来の神楽、東遊などの音楽と舞、中国や朝鮮を経由して渡来した管絃と舞楽、平安時代に作られた催馬楽、朗詠とよばれる声楽曲からなる。

独特の楽器が雅な音色を奏でる。

❺小千谷縮・越後上布（新潟県　2009年）
塩沢・小千谷地区で作られる麻織物。越後上布は1200年以上の歴史がある。雪が苧麻の繊維に適度な湿気を与え、雪上の晒しが漂白に役立つといった雪国特有の技術が伝承されている。

真っ白な雪原にしきつめられた越後上布。

❻奥能登のあえのこと（石川県　2009年）
豊作をもたらす田の神をまつる儀礼。収穫後から耕作前まで家の中に迎え入れられた神は、迎えた日と送り出される日は入浴と食事でもてなされ、その間は神棚や床の間で休む。

ごちそうを並べて、田の神を接待しているところ。

❼早池峰神楽（岩手県　2009年）
花巻市大迫町の大償・岳の2地区に伝承される神楽で、早池峰山を霊山として信仰した山伏によって演じられていた。早池峰神社の8月1日の祭礼などで公開される。

室町時代に能が大成する以前の姿をとどめている。

❽秋保の田植踊（宮城県　2009年）
仙台市太白区秋保町の3地区に伝わる。小正月（旧暦1月15日）にその年の豊作を願うもので、きらびやかな衣装をまとった早乙女が田植えの所作で踊る。

現在は小・中学生の女子が中心になって伝承している。

❾チャッキラコ（神奈川県　2009年）
三浦市三崎の仲崎・花暮地区に伝わる芸能。小正月に少女たちが晴れ着姿で、地元の海南神社でひと踊りしたあと、町内の家々を回って、扇やチャッキラコとよばれる綾竹を手にして踊る。

豊作を祈り、踊りを奉納する少女たち。

❿大日堂舞楽（秋田県　2009年）
約1300年前に都から伝わった。地域の4集落が異なる舞を伝承し、能衆とよばれる人たちが世襲で継承。

鹿角市八幡平の大日堂で正月2日に演じられる。

⓫題目立（奈良県　2009年）
毎年10月12日、奈良市上深川町の八柱神社に奉納される。源平の武将を扱った演目を独特の抑揚をつけて語る。

演じるのは17歳の青年に限られ、成人儀礼の性格をもつ。

⓬アイヌ古式舞踊（北海道　2009年）
北海道の先住民族・アイヌの人々によって伝承されている歌と踊り。生活と密接に結びついたものが多い。

独特な刺しゅうや紋様がほどこされた衣装で踊る。

◇無形文化遺産保有国の1位は中国（42件）。以下、フランス（23件）、日本（22件）と続く（2021年11月現在、共同登録を含む）。

ユネスコ無形文化遺産登録（代表一覧表記載）までの流れ

| 締約国*からユネスコに申請（各年、50件の審査件数の制限） | → | 評価機関による審査 | → | 政府間委員会で決定
① 記載
② 情報照会（追加情報の要求）
③ 不記載（4年間、再申請不可） |

*180カ国（2021年11月現在）

⑬ 組踊（沖縄県　2010年）

沖縄に古くから伝わる歌舞劇。歌舞伎と似た形式で、音楽・舞踊・せりふからなる。琉球王朝時代、明や清からの使節団をもてなすために、踊奉行の玉城朝薫が創作したのが始まり。

夫婦・親子の情愛をえがいた古典組踊「花売の縁（はなういぬえん）」。

日本の世界遺産（P50-51参照）／日本の無形文化遺産

※ ①〜④、⑱㉒は含まない。

⑭ 結城紬（茨城県・栃木県　2010年）

栃木県小山市とその近辺、茨城県結城市で作られている、日本の紬を代表する絹織物。1200年以上前から伝わる製法を守り、亀甲模様の細工絣などの生産が続けられている。

織り機の原形をとどめるとされる地機で織り上げる。

⑮ 壬生の花田植（広島県　2011年）

その年の稲作の無事と豊作を祈願する伝統行事。飾り牛が代かきをした後、笛や太鼓などの囃子に合わせて、絣の着物にすげ笠をかぶった早乙女が田植え歌を歌いながら苗を植えていく。

はでな装飾をされて代かきをする飾り牛。

⑯ 佐陀神能（島根県　2011年）

松江市鹿島町の佐太神社の御座替祭（毎年9月24〜25日）で行われる神事芸能。400年近い伝統があり、全国で一番数が多い出雲流の神楽の源流であると考えられている。

佐太神社の縁起を語る、神能「大社」。

⑰ 那智の田楽（和歌山県　2012年）

熊野那智大社で毎年7月に開かれる例大祭で、豊作を祈って奉納する。ビンザサラや締太鼓、笛の伴奏とともに優美に演じられるのが特色。京都から約600年前に伝わったとされている。

中世の田楽が忠実に受けつがれている。

⑱ 和食：日本人の伝統的な食文化—正月を例として—（2013年）

2013年12月に、ユネスコ無形文化遺産に登録された。これまで日本から登録されたのは、国内で指定された重要無形文化財や重要無形民俗文化財だけだったので、「和食」の無形文化遺産への登録は異例といえる。「和食」が登録された理由として、料理そのものではなく、年中行事との関わりなど日本人の社会的慣習としての食文化が評価されたことがあげられる。

⑲ 和紙：日本の手漉和紙技術

（島根県・岐阜県・埼玉県　2014年）

2009年に登録された「石州半紙」（島根県浜田市）に、本美濃紙（岐阜県美濃市）と細川紙（埼玉県小川町、東秩父村）を加えて新たに登録。コウゾだけを原料にした手すきの技術が、伝統的工芸技術として認められた。

すいた和紙が積み重なっていく。

⑳ 山・鉾・屋台行事

（18府県　2016年）

東北から九州まで33件の祭礼行事。高山祭の屋台行事（岐阜県高山市）、博多祇園山笠行事（福岡市）、唐津くんちの曳山行事（佐賀県唐津市）など。

八戸三社大祭の山車行事（青森県八戸市）。

㉑ 来訪神　仮面・仮装の神々

（秋田県・岩手県・宮城県・山形県・石川県・佐賀県・鹿児島県・沖縄県　2018年）
東北から沖縄まで8県10の行事。仮装した「来訪神」が家々を訪れ、人々を祝福したり戒めたりする。

なまけ者をこらしめる「男鹿のナマハゲ」。

㉒ 伝統建築工匠の技：木造建造物を受け継ぐための伝統技術

（2020年）
文化財保存のために不可欠な「建造物木工」「檜皮葺・柿葺」「左官（日本壁）」など木造建造物の修理にかかわる17件の伝統的技術。

屋根に檜皮を葺く職人。

◆ 「協同組合」も無形文化遺産。2016年、ドイツが申請した「共通の利益を形にする協同組合の思想と実践」が評価された。

日本の世界農業遺産

世界農業遺産は、伝統的な農業や農村文化、景観などが維持されている地域を国連食糧農業機関が認定し、世界共通の財産として継承することが目的。22カ国62地域、日本では11地域が認定されています（2021年11月現在）。

（　）内は、所在地と認定年

トキと共生する佐渡の里山（新潟県　2011年）
生物多様性農法で米を作るなど、国の特別天然記念物トキを中心に、人と生物が豊かに暮らせる島づくりに取り組む。

田んぼでエサを探すトキ。

能登の里山里海（石川県　2011年）
棚田や、潮風から家屋を守る竹の垣根など伝統的な農山漁村の景観を維持。農耕神事「あえのこと」（P52参照）も継承している。

白米千枚田で田植えをする人々。

清流長良川の鮎（岐阜県　2015年）
鮎漁が盛んな長良川。鮎は地域に守られた清流で育ち、地域の人々は鮎の恩恵を受ける。美濃和紙（P53参照）作りにも清水が不可欠。

鮎漁はかがり火の明かりだけで行う。

にし阿波の傾斜地農耕システム（徳島県　2018年）
400年以上の歴史がある、急斜面での農耕が多様な動植物や山村景観を保全。農耕にまつわる伝統行事も受け継がれている。

傾斜地農法で雑穀や野菜を栽培する。

阿蘇の草原の維持と持続的農業（熊本県　2013年）
希少な動植物が数多く生息する日本最大級の草原を維持する阿蘇地域。火山性で養分の乏しい土壌を改良して循環型農業を行う。

あか牛が放牧される草原。

持続可能な水田農業を考える「大崎耕土」の伝統的水管理システム（宮城県　2017年）
気象変化に応じた水管理で冷害や洪水を克服してきた大崎地域。屋敷林「居久根」などが生物多様性の維持に貢献している。

広い平野のそこここに居久根が点在する。

静岡水わさびの伝統栽培（静岡県　2018年）
静岡県はわさび栽培発祥の地。江戸時代から続く、肥料を極力使わずに湧水が含む養分で栽培する農法を受け継いでいる。希少な生物が数多く生息している。

病害が少ないというわさび栽培地。

静岡の茶草場農法（静岡県　2013年）
掛川周辺地域では、県の特産品である茶の栽培を伝統的な茶草場農法で行い、その農法の実践が生物多様性をも促している。

希少な生物が多数生息する茶草地。

みなべ・田辺の梅システム（和歌山県　2015年）
農業に不利な土壌と傾斜地を活用して、良質な梅を持続的に生産するシステムづくりに成功。梅は地域の基幹産業になっている。

山の斜面いっぱいに咲く梅の花。

クヌギ林とため池がつなぐ国東半島・宇佐の農林水産循環（大分県　2013年）
小規模なため池を連携させ、効率的な土地・水利用を行う。クヌギ原木のシイタケの栽培が森林の新陳代謝を促している。

箱庭のような田染荘小崎地区。

高千穂郷・椎葉山地域の山間地農林業複合システム（宮崎県　2015年）
険しい山間地でモザイク林などによる森林保全管理、伝統的な焼き畑農業、棚田の米作りなど、複合的農林業をすすめている。

椎葉村で受け継がれてきた焼き畑。

世界農業遺産は「生きている世界遺産」!?
世界農業遺産は、正式名称を「世界重要農業資産システム(Globally Important Agricultural Heritage Systems)」といい、英語の頭文字をとってGIAHS（ジアス）ともよばれている。ユネスコの世界遺産は有形の文化・自然遺産の保護・保存を目的としているが、世界農業遺産はよりよい方向に変化できる無形のシステムの保全が目的。このことから「生きている世界遺産」ともいわれている。

◆ 佐渡は野生のトキが最後まですんでいた島だ。日本のトキが2003年に絶滅後、中国のトキを繁殖させている。

日本の世界ジオパーク

ジオパークは、重要な地形や岩石、火山など地質遺産を生かした自然公園のこと。世界ジオパークは、2004年にユネスコ（国連教育科学文化機関）の支援で設立された世界ジオパークネットワーク（GGN）によって認定されます。

（　）内は、所在地と認定年

洞爺湖有珠山ジオパーク（北海道　2009年）
約11万年前の巨大噴火で生まれた洞爺湖、2万～1万年前に噴火をくり返して生まれた有珠山。火山活動で形成された雄大な自然と共に生きてきた人間の歴史が感じられる。

洞爺湖（右）、有珠山（左）。右手前の昭和新山は有珠山の噴火でできた。

アポイ岳ジオパーク（北海道　2015年）
約1300万年前の巨大プレートの衝突によりできたアポイ岳。国の特別天然記念物に指定された高山植物が生育し、固有種が集中する群落もあり世界的に珍しい。標高810m。

北海道固有種のアポイアズマギク。

隠岐ジオパーク（島根県　2013年）
島根半島の北40～80kmの日本海に点在する四つの有人島と多数の無人島から成る。ユーラシア大陸と一体だった時代からの大地の変化の過程がわかる地質、その大地の上で独自の進化をとげた生態系、北方系から南方系までの多様な植物などが見られる。

見どころの一つ、赤尾展望所（島根県・西ノ島町）。放牧地でもある。

糸魚川ジオパーク（新潟県　2009年）
糸魚川-静岡構造線が走る地質学上重要な地域。本州を二つに分ける大断層や、国内有数のヒスイの産地などを有し、太古から刻まれてきた大地の営みにふれることができる。

巨大なヒスイの原石。

伊豆半島ジオパーク（静岡県　2018年）
エリアは県東部の7市8町。かつては南洋にあった火山島の集まりで、約60万年前、本州に衝突して半島化した。二つの活動的火山弧が集まる世界で唯一の場所。海の浸食作用で削られた城ヶ崎海岸。全長は約9kmにわたる。

阿蘇ジオパーク（熊本県　2014年）
最大の見どころは、約27万年前から何度か起こった巨大噴火によって形成されたカルデラ。1000年以上にわたって野焼きを行い維持している草原や、火山信仰する住人の姿などから、自然を慈しみ、恐れながら生きてきた人間の歴史・文化が見て取れる。

樹氷が見られる冬の阿蘇。草千里展望所（阿蘇市赤水）。

山陰海岸ジオパーク（京都府・兵庫県・鳥取県　2010年）
エリアは京丹後市の経ヶ岬から鳥取市西端まで。日本列島がアジア大陸の一部だった約2500万年前まで遡って、日本海形成の経過がわかる貴重な地形・地質や、この土地の自然・風土に培われた人々の文化・歴史も知ることができる。

左奥は鳥取砂丘（鳥取市）。

室戸ジオパーク（高知県　2011年）
室戸半島に位置する室戸市全域が範囲。室戸岬は過去の大地震をきっかけに隆起し、1000年で平均2mという驚異的な速さで今も隆起を続ける。地球のダイナミックな活動が観察できるスポット。

雨雲の間から姿を見せた室戸半島（室戸市）。

島原半島ジオパーク（長崎県　2009年）
雲仙火山を中心に島原・雲仙・南島原の3市にまたがる。この地域には温泉や湧水地も多く、火山は災害をもたらすだけではなく、人に恵みももたらすものであることがよくわかる。甚大な被害を出した雲仙岳の平成噴火（1990～95年）を映像と音で体験できる記念館もある。

中腹付近まで雪化粧した平成新山。

地域発展に取り組む姿勢もポイント
ジオパークは、貴重な地形や地質の保全だけではなく、その土地の文化や歴史、生態系も対象で、それらを活用して地域の活性化や教育など、地域社会の持続可能な発展に取り組む地域が認定される。世界44カ国169地域のジオパークがGGNに加盟している（2021年4月現在）。なお、日本ジオパークに認定された地域は全国で44カ所（世界ジオパーク認定の9カ所を含む）。近くにあったら行ってみよう！

◇ ジオパークの「ジオ(geo)」は、ギリシャ語で地球を意味する言葉に由来し、大地、地球、地下といった意味。

日本の郷土料理

郷土料理とは、地場産物を独自の調理法で食べ継いできた料理のこと。その背景には、土地の気候や風土、歴史なども大きく関係しています。自分が住む地域の郷土料理について調べ、伝承されてきた理由を考えてみましょう。

北海道・東北地方

石狩鍋（北海道）
ぶつ切りにしたサケを、野菜や豆腐と煮込む、みそ仕立ての鍋料理。他 スープカレー

八戸せんべい汁（青森県）
肉や魚の鍋物に専用の南部せんべいを加える。汁を吸ったせんべいの食感が絶妙。他 いちご煮

提供／VISITはちのへ

ひっつみ（岩手県）
小麦粉をこね、ねかせたものをひっつみ（ひきちぎり）、肉や野菜と煮込んだ汁物。他 盛岡冷麺

ずんだ餅（宮城県）
枝豆で作ったあん（ずんだ）をからめた餅。「ずんだ」は、豆を打つ「豆打」のなまりという説も。他 牛タン焼き

提供／宮城県観光プロモーション推進室

きりたんぽ鍋（秋田県）
鍋料理に、飯をすりつぶし串に付けて焼いた「たんぽ」をちぎって加えたもの。他 横手やきそば

いも煮（山形県）
サトイモを主にした、具だくさんの鍋料理。秋には屋外で芋煮会が行われる。他 どんがら汁

こづゆ（福島県）
豊富な山の幸を貝柱のだし汁で煮たお吸い物。正月や冠婚葬祭に。他 にしんの山椒漬け

関東地方

そぼろ納豆（茨城県）
納豆に切り干し大根を混ぜ合わせ、しょうゆなどで調味して漬け込む。他 あんこう料理

しもつかれ（栃木県）
煎り大豆、塩ザケの頭、おろし大根などを煮込んだ総菜。初午の日に作る。他 宇都宮餃子

おっきりこみ（群馬県）
麺と野菜の鍋物。料理名は、鍋に麺を切っては入れ、切っては入れする様子から。他 焼きまんじゅう

提供／ググッとぐんま写真館

冷汁うどん（埼玉県）
ゴマとみそに薬味野菜などを加えて作った冷たい汁にうどんをつけて食べる。他 やきとん

イワシのごま漬け（千葉県）
塩漬けのイワシを、ゴマや赤トウガラシなどと酢に漬け込んだ保存食。他 太巻き寿司

提供／千葉県観光物産協会

深川丼（東京都）
アサリの身とネギをみそで煮たものを、どんぶりに盛ったご飯にかけて食べる。他 くさや

提供／江東区観光協会

へらへら団子（神奈川県）
平たい形の団子にあんをからめた。「へらへら」は団子の形から。他 よこすか海軍カレー

提供／横須賀市

北陸・甲信越地方

のっぺい汁（新潟県）
サトイモやギンナン、サケ、イクラなど、里や海の幸が一度に味わえる汁物。他 笹寿司

ます寿し（富山県）
すし飯にマスの切り身をのせ、笹の葉で包んだ押しずし。笹には抗菌効果が。他 ぶり大根

提供／とやま観光推進機構

治部煮（石川県）
鴨肉を、すだれ麩や野菜と炊き合わせ、とろみをつけたお椀物。輪島塗の椀に盛って。他 かぶら寿し

提供／石川県観光連盟

さばのへしこ（福井県）
サバを塩漬けにした後、米ぬかをまぶして漬け込み、発酵させて作る。他 越前おろしそば

ほうとう（山梨県）
幅広の麺とカボチャなど、旬の野菜をみそ仕立ての汁で煮込んだ麺料理。他 吉田うどん

提供／やまなし観光推進機構

おやき（長野県）
小麦粉の皮の中に野菜や山菜のあんを入れて蒸し焼きにした、ふっくらした焼きもち。他 信州そば

提供／ながの観光コンベンションビューロー

東海地方

朴葉みそ（岐阜県）
朴葉にみそをのせ、ネギやシイタケなどの具とともに焼いたもの。他 栗きんとん

うなぎの蒲焼き（静岡県）
ウナギに甘辛いタレをつけて焼いたもの。浜名湖ウナギは特産品。他 富士宮やきそば

提供／静岡県観光協会

味噌煮込みうどん（愛知県）
コシの強いうどんと鶏肉や油あげ、卵などを豆みそ仕立ての汁で煮込む。他 ひつまぶし

「農山漁村の郷土料理百選」に選ばれた郷土料理は99種類。自分がいちばん好きなふるさとの味を加えて、百選を完成させよう。

◇ ほうとうは、武田信玄が戦のときに食べたのが始まりという説も。甲州市では毎年秋に「武田陣中ほうとう祭り」が開かれている。

※料理は、農林水産省「農山漁村の郷土料理百選」から。http://www.maff.go.jp/j/nousin/kouryu/kyodo_ryouri/index.html
⑩は、その他の主な郷土料理やご当地人気料理。具材や味つけは、地域や家庭でそれぞれ異なります。

近畿地方

てこね寿司（三重県）
カツオの刺し身を酢飯と混ぜたすし。もとは船上で食べられた漁師飯。⑩伊勢うどん

提供／志摩市観光協会

ふなずし（滋賀県）
塩漬けのフナを、飯とともに何カ月も漬け込んで発酵させたなれずし。独特のにおいがある。⑩鴨鍋

提供／びわ湖大津観光協会

京漬物（京都府）
伝統技術で、特産の京野菜を千枚漬け、すぐき漬け、しば漬けなどに。⑩賀茂なすの田楽

提供／京都府漬物協同組合

箱寿司（大阪府）
型に詰めたすし飯に、魚介や卵焼きなどをのせて押し固めて作る。押しずし。⑩たこ焼き

提供／大阪観光局

いかなごのくぎ煮（兵庫県）
早春にとれたイカナゴの新子（幼魚）で作った佃煮。釘のような形が名前の由来。⑩明石焼き

提供／明石観光協会

柿の葉寿司（奈良県）
甘酢に漬けた塩サバをすし飯にのせ、柿の葉に包んで作った押しずし。⑩三輪そうめん
提供／奈良県

鯨の竜田揚げ（和歌山県）
クジラ肉の揚げ物。捕鯨文化が受け継がれる和歌山ではクジラは身近な食材。⑩めはりずし
提供／太地町役場

中国地方

あごのやき（鳥取県）
旬の新鮮なアゴ（トビウオ）をすり身にして加工した練り物。あごちくわ。⑩かに汁

提供／鳥取県

出雲そば（島根県）
そばの実を皮ごとひいた粉で打った素朴な味。朱塗りの丸い器（割子）で食べる。⑩しじみ汁

ばらずし（岡山県）
瀬戸内海の魚介類をぜいたくに使ったちらしずし。おめでたい席の料理。⑩ママカリずし

提供／岡山県観光連盟

カキの土手鍋（広島県）
カキの鍋料理。土鍋の内側に土手のように盛ったみそで調味しながら食べる。⑩あなご飯

提供／広島県

ふく料理（山口県）
ふくちり（鍋）、ふく刺しなど。山口では、フグを幸福にちなみ「ふく」と呼ぶ。⑩岩国寿司

四国地方

そば米雑炊（徳島県）
だし汁に鶏肉や豆腐などを入れてよく煮込み、ゆでたソバ米を加える。⑩ぼうぜの姿寿司

讃岐うどん（香川県）
「讃岐」は香川県の旧名。ざる、ぶっかけ、釜あげなど食べ方はいろいろ。⑩あんもち雑煮

提供／香川県観光協会

じゃこ天（愛媛県）
近海でとれた小魚を骨も皮も丸ごとすり身にして形を整え、油で揚げたもの。⑩宇和島鯛めし
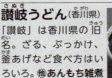
提供／愛媛県観光物産協会

かつおのたたき（高知県）
カツオをあぶって刺し身のように切り、薬味と一緒にポン酢などで食べる。⑩皿鉢料理
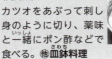

九州・沖縄地方

がめ煮（福岡県）
鶏肉と野菜の煮物。料理名は食材をがめりこんで（寄せ集めて）作ったことから。⑩水炊き

提供／福岡市

須古寿し（佐賀県）
箱に敷きつめたすし飯を四方に区切り、錦糸卵やエビなどの具を飾る。⑩呼子イカの活きづくり

提供／佐賀県観光連盟

卓袱料理（長崎県）
長崎独自の和・華・蘭料理。数人で円卓を囲み、大皿料理を取り分けて食べる。⑩佐世保バーガー

提供／長崎県観光連盟

からしれんこん（熊本県）
レンコンの穴に辛子みそを詰めた揚げ物。形が熊本藩主細川氏の家紋に似ている。⑩太平燕（タイピーエン）

手延べだんご汁（大分県）
小麦粉で作った団子をひも状にのばし、野菜などの具と煮込む。⑩ブリのあつめし

冷や汁（宮崎県）
アジとゴマ、みそをすり混ぜ、冷たい汁でのばし薬味を加えたものを、熱々の麦飯にかけて。⑩チキン南蛮

鶏飯（鹿児島県）
細かく裂いた鶏のささみと錦糸卵などをご飯にのせ、鶏汁をかけて食べる。⑩つけあげ

提供／鹿児島県観光連盟

沖縄そば（沖縄県）
豚骨やカツオ節でとったスープの麺。具に豚のあばら肉とかまぼこを添えて。⑩いかすみ汁

提供／OCVB

◇雑煮は、正月の行事食。宮廷文化の伝統が残る関西は丸もちでみそ仕立て、武家の支配が長かった東日本は角もちにすまし汁が多い。

日本の歴代総理大臣

※臨時代理などは歴代から除きました。また、数次にわたり連続して就任した内閣総理大臣の通算在職日数は、個々の内閣の終了日と開始日が重なるため、それぞれの在職日数の合計より少なくなります。出身地は、戦前は「出生地」、戦後は「選挙区」としました。

歴代	就任日・氏名	在職中のおもな出来事
1	1885.12.22 伊藤博文(1)	保安条例公布
2	1888.4.30 黒田清隆	大日本帝国憲法発布／東海道線全通
	1889.10.25 兼任	三条実美(内大臣)
3	1889.12.24 山県有朋(1)	教育勅語発令／第1回帝国議会召集
4	1891.5.6 松方正義(1)	大津事件
5	1892.8.8 伊藤博文(2)	日清戦争／下関条約調印
	1896.8.31 臨時兼任	黒田清隆(枢密院議長)
6	1896.9.18 松方正義(2)	新貨幣法公布(金本位制確立)
7	1898.1.12 伊藤博文(3)	
8	1898.6.30 大隈重信(1)	日本美術院創立
9	1898.11.8 山県有朋(2)	治安警察法公布／義和団事件に出兵
10	1900.10.19 伊藤博文(4)	八幡製鉄所操業
	1901.5.10 臨時兼任	西園寺公望(枢密院議長)
11	1901.6.2 桂太郎(1)	日露戦争／ポーツマス条約調印
12	1906.1.7 西園寺公望(1)	韓国統監府開庁／鉄道国有法公布／南満州鉄道設立
13	1908.7.14 桂太郎(2)	伊藤博文暗殺／大逆事件／関税自主権回復
14	1911.8.30 西園寺公望(2)	日本初の五輪参加／明治天皇死去
15	1912.12.21 桂太郎(3)	第1次護憲運動
16	1913.2.20 山本権兵衛(1)	袁世凱が中華民国大総統就任／シーメンス事件
17	1914.4.16 大隈重信(2)	第1次世界大戦参戦／東京駅開業
18	1916.10.9 寺内正毅	ロシア革命／シベリア出兵開始／米騒動
19	1918.9.29 原敬	ベルサイユ条約調印／国際連盟加入
	1921.11.4 臨時兼任	内田康哉(外務大臣)
20	1921.11.13 高橋是清	ワシントン会議
21	1922.6.12 加藤友三郎	シベリア撤兵完了
	1923.8.25 臨時兼任	内田康哉(外務大臣)
22	1923.9.2 山本権兵衛(2)	虎ノ門事件
23	1924.1.7 清浦奎吾	第2次護憲運動
24	1924.6.11 加藤高明	甲子園球場竣工／治安維持法・普通選挙法公布
	1926.1.28 臨時兼任	若槻礼次郎(内務大臣)
25	1926.1.30 若槻礼次郎(1)	日本放送協会(NHK)設立／大正天皇死去
26	1927.4.20 田中義一	芥川龍之介自殺／初の普通選挙(総選挙)
27	1929.7.2 浜口雄幸	世界恐慌／金輸出解禁
28	1931.4.14 若槻礼次郎(2)	満州事変／上越清水トンネル開通
29	1931.12.13 犬養毅	血盟団事件／五・一五事件
	1932.5.16 臨時兼任	高橋是清(大蔵大臣)
30	1932.5.26 斎藤実	国際連盟脱退／滝川事件
31	1934.7.8 岡田啓介	美濃部達吉「天皇機関説」問題化／二・二六事件
32	1936.3.9 広田弘毅	ベルリン五輪／日独防共協定成立
33	1937.2.2 林銑十郎	文化勲章制定、最初の授章式
34	1937.6.4 近衛文麿(1)	盧溝橋事件／南京大虐殺事件／国家総動員法制定
35	1939.1.5 平沼騏一郎	国民精神総動員委員会設置
36	1939.8.30 阿部信行	第2次世界大戦開始
37	1940.1.16 米内光政	生活必需品10品目の切符制実施
38	1940.7.22 近衛文麿(2)	日独伊三国同盟締結／大政翼賛会発足
39	1941.7.18 近衛文麿(3)	日本軍、仏領インドシナに進駐開始
40	1941.10.18 東条英機	太平洋戦争開始／勤労動員令
41	1944.7.22 小磯国昭	日本本土爆撃開始／学童集団疎開
42	1945.4.7 鈴木貫太郎	広島・長崎原爆投下、ポツダム宣言受諾
43	1945.8.17 東久邇宮稔彦	日本降伏文書に調印
44	1945.10.9 幣原喜重郎	婦人参政権・労働組合法公布／天皇人間宣言
45	1946.5.22 吉田茂(1)	日本国憲法公布・施行

1・5・7・10代
伊藤博文(1841〜1909年)
通算在職日数：2720日
出身地：山口県

大日本帝国憲法の制定を牽引。枢密院・貴族院議長(いずれも初代)を歴任。立憲政友会を創設。初代統監として韓国併合に尽力、朝鮮の独立運動家・安重根に暗殺された。

2代
黒田清隆(1840〜1900年)
在職日数：544日
出身地：鹿児島県

大日本帝国憲法を発布した。藩閥で内閣を構成し、幕末に欧米と結んだ不平等な条約の改正に努めたが失敗し辞職。開拓長官時は北海道の開発に尽力した。

3・9代
山県有朋(1838〜1922年)
通算在職日数：1210日
出身地：山口県

改正条約を実践し領事裁判権を撤廃、治安警察法を公布した。また徴兵令を制定するなど近代陸軍の創設に尽力。政党政治を嫌って巨大な派閥をつくり、権力をふるった。

4・6代
松方正義(1835〜1924年)
通算在職日数：943日
出身地：鹿児島県

地租改正、殖産興業政策を進めたのち大蔵大臣になる。日本銀行を創設し兌換銀行券を発行して物価暴騰をおさえた。金本位制を確立するなど国家財政の整備に尽力。

8・17代
大隈重信(1838〜1922年)
通算在職日数：1040日
出身地：佐賀県

立憲改進党創設、板垣退助と最初の政党内閣(隈板内閣)組織。17代在職時第1次世界大戦に参戦、二十一カ条要求を強行。黒田内閣外務大臣時、暴漢に襲われ右脚を失う。

11・13・15代
桂太郎(1847〜1913年)
通算在職日数：2886日
出身地：山口県

山県有朋のもと陸軍の要職を歴任、軍制改革を進めた。日英同盟改定、ポーツマス条約調印、韓国併合、関税自主権の回復を行った。第1次護憲運動により辞職した。

12・14代
西園寺公望(1849〜1940年)
通算在職日数：1400日
出身地：京都府

伊藤博文のあとを受けて立憲政友会総裁に就任、2度首相になるが陸軍と対立して辞職。以後、元老として立憲政治、政党内閣制を支持。ベルサイユ条約調印で首席全権を務めた。

16・22代
山本権兵衛(1852〜1933年)
通算在職日数：549日
出身地：鹿児島県

海軍大臣をへて首相になるが、就任の翌年にシーメンス事件により辞職。関東大震災発生の翌日に再び首相になり社会主義者らを弾圧。虎ノ門事件の責任をとって辞職した。

18代
寺内正毅(1852〜1919年)
在職日数：721日
出身地：山口県

第1次桂太郎内閣への入閣を皮切りに陸軍大臣を歴任。韓国併合を強行し初代朝鮮総督になった。官僚出身者だけで組閣、シベリア出兵を断行した。米騒動により辞職。

19代
原敬(1856〜1921年)
在職日数：1133日
出身地：岩手県

本格的な政党内閣を組織、ベルサイユ条約調印、国際連盟に加入した。平民宰相とよばれたが、普通選挙に反対するなど世論の非難を浴び、東京駅で暗殺された。

20代
高橋是清(1854〜1936年)
在職日数：212日
出身地：東京都

大蔵大臣(蔵相)から立憲政友会総裁に就任、首相になった。一時引退するが蔵相として復活、金融恐慌を支払い猶予令(モラトリアム)で収拾、金解禁、軍需インフレ政策を推進した。二・二六事件で暗殺された。

21代
加藤友三郎(1861〜1923年)
在職日数：440日
出身地：広島県

第2次大隈内閣から高橋是清内閣まで海軍大臣を歴任、ワシントン会議の全権を務めた。立憲政友会の支持で組閣、海軍軍縮、シベリア撤兵を実現した。在任中に死去。

23代
清浦奎吾(1850〜1942年)
在職日数：157日
出身地：熊本県

山県有朋直系の官僚政治家として法務・農商務大臣などを歴任。貴族院を中心に組閣、普通選挙実施を声明したが、第2次護憲運動で議会解散、総選挙に敗れて辞職した。

◆内閣総理大臣と首相は同じ意味。「首」は最高位、「相」は昔の中国で皇帝の仕事を補佐した人のよび名に由来している。

24代
加藤高明(1860～1926年)
在職日数：597日
出身地：愛知県

立憲憲政会総裁として護憲三派連立内閣を成立させ首相に就任。治安維持法、普通選挙法を公布した。第2次大隈内閣では外務大臣として中国に二十一カ条要求を提出した。

25・28代
若槻礼次郎(1866～1949年)
通算在職日数：690日
出身地：島根県

内務大臣在職中、加藤高明首相の発病にともない首相代理をへて立憲憲政会総裁、首相に就任した。金融恐慌で辞職するが、ロンドン海軍軍縮会議の全権を務めたのち、再び組閣した。

26代
田中義一(1864～1929年)
在職日数：805日
出身地：山口県

金融恐慌の処理(蔵相・高橋是清)、共産主義運動の弾圧、強硬外交を行った。張作霖爆殺事件の処分問題で辞職。原敬内閣では陸軍大臣を務め、シベリア出兵を強行した。

27代
浜口雄幸(1870～1931年)
在職日数：652日
出身地：高知県

大蔵・内務大臣を歴任、立憲民政党総裁から首相に就任。金解禁、財政緊縮、対米協調外交を行った。ロンドン海軍軍縮条約に調印、統帥権干犯問題をおこし狙撃された。

29代
犬養毅(1855～1932年)
在職日数：156日
出身地：岡山県

護憲運動で活躍後、立憲政友会総裁から首相になった。政党政治で満州事変を乗り切ろうとしたが、反対する軍人に五・一五事件で暗殺された。戦前最後の政党内閣となった。

30代
斎藤実(1858～1936年)
在職日数：774日
出身地：岩手県

海軍大臣、朝鮮総督を歴任し、ジュネーブ軍縮会議の全権を務めた。五・一五事件を受けて組閣、満州国の建設と承認、国際連盟脱退にふみ切った。二・二六事件で殺害された。

31代
岡田啓介(1868～1952年)
在職日数：611日
出身地：福井県

海軍の要職を歴任、斎藤内閣の海軍大臣を務めたのち、首相に就任。海軍軍縮条約破棄問題、天皇機関説問題などで軍部の圧力が増大、二・二六事件で襲撃され辞職した。

32代
広田弘毅(1878～1948年)
在職日数：331日
出身地：福岡県

斎藤・岡田内閣の外務大臣をへて首相に就任、日独防共協定を締結した。辞職後、近衛内閣の外相として中国への高圧政策を推進。第2次大戦後、A級戦犯として死刑。

33代
林銑十郎(1876～1943年)
在職日数：123日
出身地：石川県

日中戦争を始めた。陸軍に擁立され、政党を排撃した内閣は、軍のロボットといわれた。倒閣運動により辞職。満州事変時は朝鮮軍司令官として独断で出兵し問題になった。

34・38・39代
近衛文麿(1891～1945年)
通算在職日数：1035日
出身地：東京都

貴族院議長から首相になった。大政翼賛会創立、日独伊三国同盟締結など戦争への道筋をつけたが、のち陸軍と対立し辞職。第2次大戦後、戦犯容疑者に指名されて自殺。

35代
平沼騏一郎(1867～1952年)
在職日数：238日
出身地：岡山県

法務大臣などを歴任、枢密院議長から首相になった。ドイツとの軍事同盟交渉が停滞するなか、独ソ不可侵条約締結を受けて辞職。第2次大戦後、A級戦犯で服役中に病死。

36代
阿部信行(1875～1953年)
在職日数：140日
出身地：石川県

陸相臨時代理などをへて首相に就任。陸軍に擁立されて組閣し、軍需経済を優先したため電力・食糧が不足、物価高騰をまねいた。辞職後、終戦まで朝鮮総督を務めた。

37代
米内光政(1880～1948年)
在職日数：189日
出身地：岩手県

たびたび海軍大臣を務め、親英米派の立場をとった。日中戦争の拡大を批判、組閣すると日独伊三国同盟を回避しようとしたが、陸軍の反対運動が強まり辞職した。

40代
東条英機(1884～1948年)
在職日数：1009日
出身地：東京都

第3次近衛内閣の陸軍大臣から首相に就任、太平洋戦争を開始した。独裁権力をふるったが戦況悪化にともない辞職。敗戦後、東京裁判でA級戦犯として絞首刑になった。

41代
小磯国昭(1880～1950年)
在職日数：260日
出身地：栃木県

拓務大臣をへて朝鮮総督から首相に就任。「一億総武装」を国民に強いたが、戦局の悪化、本土空襲などに抗する策がとれず辞職。A級戦犯として終身刑、服役中に病死。

42代
鈴木貫太郎(1867～1948年)
在職日数：133日
出身地：大阪府

終戦の使命を帯びて組閣、主戦派をおさえてポツダム宣言の受諾を決定し太平洋戦争を終結に導いた。海軍大将から侍従長として昭和天皇に仕え、二・二六事件では重傷を負った。枢密院議長を務めたこともある。

43代
東久邇宮稔彦(1887～1990年)
在職日数：54日
出身地：京都府

平穏な終戦処理を行うため皇族から首相に就任。「一億総ざんげ」を行い、日本降伏文書に調印、軍の解体などを実施した。連合国軍総司令部(GHQ)の指令を前に指導力を発揮できず、すぐに辞職した。

44代
幣原喜重郎(1872～1951年)
在職日数：226日
出身地：大阪府

英米親善外交で外務大臣を務め、満州事変の収拾に失敗し下野するが、戦後首相として復活。GHQの政策に従って憲法改正に着手し、男女平等の最初の総選挙などを行った。

45・48・49・50・51代
吉田茂(1878～1967年)
通算在職日数：2616日
出身地：高知県

東京都生まれ。日本国憲法公布、サンフランシスコ平和条約調印などを行い、戦後政治の基本路線を敷いた。駐英大使などを歴任、戦中は親英米派として軍部に排斥された。

一番多い出身地は？

初代首相(内閣総理大臣)の伊藤博文から、第100・101代岸田文雄首相まで、29都道府県から首相が誕生。最も多いのは山口県で8人。明治維新からほぼ政党内閣の誕生まで続いた藩閥政治(江戸幕府倒幕で活躍した薩摩、長州、土佐、肥前の出身者が指導した政治)が影響している。

◆ 高橋是清は幼少から英語を学び13歳で派遣された米国で、過って人身売買の契約書にサインし奴隷になったことがある。

46	1947.5.24	片山 哲	最高裁判所発足／帝銀事件
47	1948.3.10	芦田 均	昭和電工疑獄事件
48	1948.10.15	吉田 茂(2)	極東国際軍事裁判(東京裁判)判決
49	1949.2.16	吉田 茂(3)	朝鮮戦争勃発／日米安全保障条約調印
50	1952.10.30	吉田 茂(4)	テレビ放送開始／米国、初の水爆実験
51	1953.5.21	吉田 茂(5)	第五福竜丸被曝事件／陸海空自衛隊発足
52	1954.12.10	鳩山一郎(1)	重要無形文化財保持者第1次認定
53	1955.3.19	鳩山一郎(2)	アジア・アフリカ会議開催
54	1955.11.22	鳩山一郎(3)	日ソ共同宣言調印／国際連合加盟
55	1956.12.23	石橋湛山	元日本兵、ソ連から最後の集団帰国／昭和基地設営開始
56	1957.2.25	岸 信介(1)	ソ連、初の人工衛星打ち上げ
57	1958.6.12	岸 信介(2)	新日米安全保障条約調印／東京タワー完工
58	1960.7.19	池田勇人(1)	初の女性大臣誕生／浅沼社会党委員長刺殺
59	1960.12.8	池田勇人(2)	国民所得倍増計画決定／ケネディ米大統領暗殺
60	1963.12.9	池田勇人(3)	東京オリンピック
61	1964.11.9	佐藤栄作(1)	日韓基本条約調印
62	1967.2.17	佐藤栄作(2)	東京都革新知事誕生／大学紛争激化
63	1970.1.14	佐藤栄作(3)	大阪万博・札幌冬季オリンピック／沖縄県本土復帰
64	1972.7.7	田中角栄(1)	日中共同声明調印
65	1972.12.22	田中角栄(2)	オイル・ショック
66	1974.12.9	三木武夫	ロッキード事件表面化、田中角栄逮捕
67	1976.12.24	福田赳夫	新東京国際空港開港／日中平和友好条約調印
68	1978.12.7	大平正芳(1)	元号法制定／国公立大学共通1次試験初実施
69	1979.11.9	大平正芳(2)	日本、モスクワ五輪をボイコット
	1980.6.12	臨時代理 伊東正義(内閣官房長官)	
70	1980.7.17	鈴木善幸	日米自動車貿易摩擦／東北・上越新幹線開業
71	1982.11.27	中曽根康弘(1)	ソ連軍、大韓航空機を撃墜
72	1983.12.27	中曽根康弘(2)	男女雇用機会均等法施行
73	1986.7.22	中曽根康弘(3)	国鉄分割民営化(JR発足)
74	1987.11.6	竹下 登	昭和天皇死去／青函トンネル開業
75	1989.6.3	宇野宗佑	参議院議員選挙で与野党逆転
76	1989.8.10	海部俊樹(1)	大学入試センター試験初実施
77	1990.2.28	海部俊樹(2)	東西ドイツ統一／湾岸戦争
78	1991.11.5	宮沢喜一	学校5日制開始／Jリーグ開幕
79	1993.8.9	細川護熙	ゼネコン汚職発覚
80	1994.4.28	羽田 孜	南京大虐殺事件でっちあげ発言で法相辞任
81	1994.6.30	村山富市	阪神・淡路大震災／オウム真理教事件
82	1996.1.11	橋本龍太郎(1)	国が薬害エイズ問題で血友病患者に謝罪
83	1996.11.7	橋本龍太郎(2)	介護保険法公布／長野冬季五輪
84	1998.7.30	小渕恵三	特定非営利活動促進(NPO)法施行
85	2000.4.5	森 喜朗	ストーカー規制法成立
86	2000.7.4	森 喜朗	中央省庁再編、1府1省庁に
87	2001.4.26	小泉純一郎(1)	米同時多発テロ／サッカー日韓ワールドカップ
88	2003.11.19	小泉純一郎(2)	年金改革関連法・個人情報保護法施行
89	2005.9.21	小泉純一郎(3)	日本郵政株式会社発足
90	2006.9.26	安倍晋三(1)	防衛省発足
91	2007.9.26	福田康夫	イージス艦衝突事故
92	2008.9.24	麻生太郎	G20金融サミット
93	2009.9.16	鳩山由紀夫	民主党政権始まる
94	2010.6.8	菅 直人	東日本大震災
95	2011.9.2	野田佳彦	自衛隊を南スーダンへ派遣
96	2012.12.26	安倍晋三(2)	自民党・公明党が連立政権
97	2014.12.24	安倍晋三(3)	選挙権18歳以上へ
98	2017.11.1	安倍晋三(4)	環太平洋経済連携協定が発効
99	2020.9.16	菅 義偉	1都3県に2回目の緊急事態宣言
100	2021.10.4	岸田文雄	新型コロナの感染者が急増

46代
片山 哲 (1887〜1978年)
在職日数：292日
出身地：神奈川県

和歌山県生まれ。改正刑法・改正民法(家制度廃止)を公布した。日本社会党委員長として日本で初めて、労働者を代表する政党が中心になった内閣をつくった。

47代
芦田 均 (1887〜1959年)
在職日数：220日
出身地：京都府

外国資本の導入をとなえ、低い賃金をもとにした物価政策を強行した。GHQの主導で、公務員から団体交渉権と争議権を奪う政令を出した。昭和電工疑獄事件で辞職。

52・53・54代
鳩山一郎 (1883〜1959年)
通算在職日数：745日
出身地：東京都

日ソ共同宣言に調印しソ連と国交回復。国際連合に加盟した。戦前は文部大臣在職中に滝川事件をおこし、戦後、組閣寸前に公職追放され吉田茂に首相の座をゆずった。

55代
石橋湛山 (1884〜1973年)
在職日数：65日
出身地：静岡県

東京都生まれ。吉田・鳩山内閣の経済閣僚をへて自由民主党(自民党)総裁、首相に就任。辞職後は日中・日ソの交流に尽力、戦前は自由主義的論説で大正デモクラシーを先導した。

56・57代
岸 信介 (1896〜1987年)
通算在職日数：1241日
出身地：山口県

国民年金制度導入、最低賃金法制定、日米安全保障条約改定を行った。満州国の高官から東条英機内閣の商工大臣を務め、戦後、A級戦犯容疑で逮捕された(不起訴)。

58・59・60代
池田勇人 (1899〜1965年)
通算在職日数：1575日
出身地：広島県

所得倍増をとなえ、高度経済成長政策をとった。国際通貨基金(IMF)8条国に移行、経済協力開発機構(OECD)に加盟。東京オリンピック閉会後、病気を理由に辞職。

61・62・63代
佐藤栄作 (1901〜1975年)
通算在職日数：2798日
出身地：山口県

日韓基本条約締結、小笠原諸島・沖縄返還などを実現。吉田茂政権のもとで各省大臣を歴任。首相辞職後は、非核三原則が評価されノーベル平和賞を受賞。岸信介の実弟。

64・65代
田中角栄 (1918〜1993年)
通算在職日数：886日
出身地：新潟県

日中共同声明を発表し中国との国交正常化を実現。日本列島改造論をとなえて地価高騰、狂乱物価を誘起、自らの金脈問題を追及されて辞職。のちロッキード事件で逮捕。

66代
三木武夫 (1907〜1988年)
在職日数：747日
出身地：徳島県

政界の浄化に努め、独占禁止法、政治資金規正法、公職選挙法の改正をめざした。自民党内から反発されるが世論の支持は高く、戦後唯一、衆議院を解散せず任期満了した。

67代
福田赳夫 (1905〜1995年)
在職日数：714日
出身地：群馬県

日中平和友好条約を締結、中国との関係を発展させた。ハイジャック事件では超法規的措置をとり政治犯釈放と交換に人質を解放した。元号の法制化を指示するなどした。

68・69代
大平正芳 (1910〜1980年)
通算在職日数：554日
出身地：香川県

財政再建と防衛力増強に努めた。安定多数確保のため総選挙を行うが敗北、自民党内の派閥抗争に悩まされ、さらに内閣不信任案が可決。衆参同日選挙中に急死した。

70代
鈴木善幸 (1911〜2004年)
在職日数：864日
出身地：岩手県

政治倫理の確立をうたい、首相に就任。財政再建を最大の課題としたが、米国の防衛費拡大要求に直面し失敗に終わった。総裁再選阻止の動きが出たため自ら退陣した。

71・72・73代
中曽根康弘 (1918〜2019年)
通算在職日数：1806日
出身地：群馬県

戦後政治の総決算を表明、行財政・教育・税制の改革を図った。民間活力の導入を推進、国鉄の分割民営化などを実現。戦後首相として初めて終戦記念日に靖国神社に公式参拝をした。

74代
竹下 登 (1924〜2000年)
在職日数：576日
出身地：島根県

昭和天皇死去にともない「平成」と改元、また3％の消費税を実施した。全国各市町村の町おこしを推進し、「ふるさと創生」政策を進めようとしたが、リクルート事件で辞職。

◆ 吉田茂元首相は戦後処理で世界の平和に貢献したとして3度ノーベル平和賞候補になり、1965年には最終審査に残っていた。

75代
宇野宗佑 (1922〜1998年)
在職日数：69日
出身地：滋賀県

リクルート疑惑に揺れる政界にあって清潔感が買われ首相に就任したが、まもなく女性スキャンダルが発覚。その後、参議院選挙で自民党が敗北、責任をとって辞職した。

76・77代
海部俊樹 (1931〜2022年)
通算在職日数：818日
出身地：愛知県

相次いだ首相の不祥事を払拭しようと、就任時は「政治への信頼の回復」を強調。湾岸戦争では多国籍軍に多額の援助を決定、さらに自衛隊をペルシャ湾に派遣した。

78代
宮沢喜一 (1919〜2007年)
在職日数：644日
出身地：広島県

国連平和維持活動（PKO）協力法、国際緊急援助隊派遣法を施行、ブッシュ第41代米大統領との会談で日米相互の責任を明示した宣言を発表。国際貢献と政治改革に努めた。

79代
細川護熙 (1938年〜)
在職日数：263日
出身地：熊本県

東京都生まれ。日本新党代表として7党1会派の連立組閣を行い、自民党一党支配（55年体制）を終わらせた。政治改革4法を成立させた。近衛文麿元首相の孫。

80代
羽田 孜 (1935〜2017年)
在職日数：64日
出身地：長野県

新生党党首として細川連立内閣を継承したが、首相に指名された翌日に日本社会党が連立を離脱、政策協議が不調に終わり、内閣不信任案の提出見通しをうけ辞職。

81代
村山富市 (1924年〜)
在職日数：561日
出身地：大分県

日本社会党委員長として自民党、新党さきがけとの連立内閣を組織。ルワンダ難民救援のため自衛隊を派遣。小選挙区区割り法を成立。消費税率を5％に引き上げることを決定。

82・83代
橋本龍太郎 (1936〜2006年)
通算在職日数：932日
出身地：岡山県

不況対策と金融大改革に努めた。自民党単独内閣を復活させたが、消費税率を5％に引き上げたこともあり支持率は低落、選挙で党が大敗した責任をとって辞職した。

84代
小渕恵三 (1936〜2000年)
在職日数：616日
出身地：群馬県

金融再生委員会を発足させた一方、日米防衛協力指針（ガイドライン）関連法、国旗・国歌法、通信傍受法などの重要な法案を成立させた。脳梗塞で倒れ死去。

85・86代
森 喜朗 (1936年〜)
通算在職日数：387日
出身地：石川県

高度情報通信ネットワーク社会形成基本法（IT基本法）を施行。閣僚の不祥事が相次ぎ、さらに原子力潜水艦事故への不適切な対応で支持率を下げ辞職した。

87・88・89代
小泉純一郎 (1942年〜)
通算在職日数：1980日
出身地：神奈川県

組閣時の支持率は戦後内閣最高を記録。日本経済の再生を課題に「聖域なき構造改革」を強調し、特殊法人の民営化や財政支出の削減を図った。

90・96・97・98代
安倍晋三 (1954年〜)
通算在職日数：3188日
出身地：山口県

90代在職時は、郵政民営化の実現と、改正教育基本法を成立させた。2012年、衆議院選挙で民主党を破り、政権を奪還。「アベノミクス」をかかげるとともに、特定秘密保護法、安全保障関連法、共謀罪法を制定。消費税率を14年に8％、19年に10％へ引き上げた。岸信介元首相の孫。

91代
福田康夫 (1936年〜)
在職日数：365日
出身地：群馬県

新テロ対策特別措置法を成立させた。参議院で史上初の首相問責決議案が可決されるという失態後に改造内閣をつくったが、突然辞職した。福田赳夫元首相の子。

92代
麻生太郎 (1940年〜)
在職日数：358日
出身地：福岡県

景気回復に努め、巨額の補正予算を成立させた。しかし、その効果は見られず、2009年8月30日の総選挙で自民党は歴史的な大敗北、半世紀にわたって守ってきた第1党の座を民主党にゆずった。吉田茂元首相の孫。

93代
鳩山由紀夫 (1947年〜)
在職日数：266日
出身地：北海道

東京都生まれ。民主党の党代表から首相に就任。国民生活と弱者を重視した「友愛政治」をかかげたが、自身の政治献金問題や普天間基地移設問題で支持率が急降下し辞任した。鳩山一郎元首相の孫。

94代
菅 直人 (1946年〜)
在職日数：452日
出身地：東京都

山口県生まれ。鳩山由紀夫らと民主党を結成。「有言実行内閣」を強調し経済対策や社会保障改革などの重要政策を課題としたが、おもに東日本大震災の対応に対する指導力不足を指摘されて辞任した。

95代
野田佳彦 (1957年〜)
在職日数：482日
出身地：千葉県

所信表明演説では、東日本大震災からの復興を最大かつ最優先の課題として明示。原発事故の収束、経済立て直しが進まないなか、国会解散にふみ切った末、自民党に政権を奪い返された。

99代
菅 義偉 (1948年〜)
在職日数：384日
出身地：秋田県

憲政史上最長の安倍政権を引き継ぎ、新型コロナウイルスの感染防止と経済再生の両立を掲げたが短命政権に終わった。自民党首相で事実上初めてとなる無派閥出身。

100・101代
岸田文雄 (1957年〜)
在職中
出身地：広島県

新自由主義からの政策転換を打ち出し、経済成長だけでなく分配にも力点を置く「新しい資本主義」を看板政策とする。祖父、父も衆議院議員で宮沢喜一元首相とは遠縁。自民党最古の派閥・宏池会（岸田派）を率いる。

臨時兼任・代理

三条実美 (1837〜1891年)
出身地：京都府

黒田清隆首相が条約改正に失敗し辞職後、内大臣と兼任した。

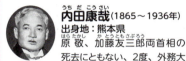
内田康哉 (1865〜1936年)
出身地：熊本県

原 敬、加藤友三郎両首相の死去にともない、2度、外務大臣と兼任した。

伊東正義 (1913〜1994年)
出身地：福島県

大平正芳首相の急死にともない、内閣官房長官として臨時代理を務めた。

◇ 東京大学は歴代首相の出身校1位（17人）。卒業者は宮沢元首相以後絶えていたが鳩山由紀夫元首相で復活した。

アメリカ合衆国の歴代大統領

歴代	就任日	名前	おもな出来事
1	1789.4.30	ワシントン	★連邦議会、権利章典を採択 ●フランス革命
2	1797.3.4	J.アダムズ	★ワシントン市を首府に制定
3	1801.3.4	ジェファーソン	★奴隷貿易禁止●神聖ローマ帝国消滅
4	1809.3.4	マディソン	★第2次英米戦争/カナダ遠征失敗●ウィーン会議/間宮林蔵、間宮海峡発見
5	1817.3.4	モンロー	★英米条約(オレゴン共同領有)●伊能忠敬、「大日本沿海輿地全図」完成
6	1825.3.4	J.Q.アダムズ	**日本、シーボルト事件**
7	1829.3.4	ジャクソン	★ボルチモア・オハイオ鉄道開業(大陸横断鉄道の始まり)●天保の大飢饉
8	1837.3.4	ビューレン	★アメリカ産業革命おこる●アヘン戦争始まる **浦賀沖の米国船を砲撃**
9	1841.3.4	W.H.ハリソン	
10	1841.4.4	タイラー	★モールスの電信機が実用化
11	1845.3.4	ポーク	★テキサス併合/カナダとオレゴン分割/メキシコと戦争/ゴールドラッシュ始まる
12	1849.3.4	テーラー	
13	1850.7.9	フィルモア	★逃亡奴隷法制定 **米国船が中浜万次郎を日本に送還**
14	1853.3.4	ピアース	★カンザス・ネブラスカ法成立 **ペリー、浦賀来航/日米和親条約/初代駐日総領事ハリス着任**
15	1857.3.4	ブキャナン	★ペンシルベニア州で油田発見 **日米修好通商条約/外国奉行新見正興ら訪米**
16	1861.3.4	リンカーン	★南北戦争/奴隷解放宣言 **長州藩、米国船を砲撃**
17	1865.4.15	A.ジョンソン	★市民権法成立/ロシアからアラスカ購入●明治維新
18	1869.3.4	グラント	★大陸横断鉄道完成●ドイツ帝国成立 **岩倉使節団米訪問**
19	1877.3.4	ヘイズ	★エジソン、蓄音機を発明 **グラント前大統領来日**
20	1881.3.4	ガーフィールド	★全米テニス協会設立
21	1881.9.19	アーサー	★ロックフェラー、石油トラストを組織/先住民アパッチ族の反乱(～86年)
22	1885.3.4	クリーブランド	★ドーズ法制定、先住民の伝統的な土地共有制を解体
23	1889.3.4	B.ハリソン	★フロンティアライン消滅●大日本帝国憲法施行
24	1893.3.4	クリーブランド(2)	★日清戦争/ギリシャで第1回近代オリンピック
25	1897.3.4	マッキンリー	★ハワイ併合/金本位制確立
26	1901.9.14	T.ルーズベルト	★フォード、自動車会社設立●日露戦争 **日米紳士協定(米への日本人移民制限)**
27	1909.3.4	タフト	★郵便貯金制度確立 **日米通商航海条約改正(日本が関税自主権を回復)**
28	1913.3.4	ウィルソン	カリフォルニア排日土地法 ★連邦準備制度成立●第1次世界大戦/国際連盟発足
29	1921.3.4	ハーディング	●ソ連成立
30	1923.8.2	クーリッジ	**排日移民法**●リンドバーグ大西洋単独無着陸飛行
31	1929.3.4	フーバー	★ウォール街の株価大暴落、世界大恐慌へ●ドイツでナチスが政権掌握

*年表中の「おもな出来事」は、在職中におこった本国と世界の出来事。★はアメリカ、●は世界、太字はアメリカと日本の間の出来事を示します。

1代
ジョージ・ワシントン
(1732～1799年)
在職日数：2865日
所属政党：無所属

バージニア植民地生まれ。アメリカ独立戦争では総司令官として植民地軍を指揮。1789年、初代大統領に選出され2期を務めた。96年にも候補に選ばれたが、3選は民主政治を妨げると辞退した。

2代
ジョン・アダムズ
(1735～1826年)
在職日数：1460日
所属政党：連邦党
(フェデラリスト党)

マサチューセッツ植民地生まれ。アメリカ独立の指導者。連邦体制の強化と憲法批准促進を主張、1776年7月4日に表明したアメリカ独立宣言では三権分立を重んじた。

3代
トーマス・ジェファーソン
(1743～1826年)
在職日数：2922日
所属政党：民主共和党

バージニア植民地生まれ。「アメリカ民主主義の父」。地方分権的な連邦制や大衆参加の民主主義を主張した。フランスからルイジアナを購入しアメリカ領を広げた。

4代
ジェームズ・マディソン
(1751～1836年)
在職日数：2922日
所属政党：民主共和党

バージニア植民地生まれ。合衆国憲法に、市民の基本的人権に関する規定を「権利の章典」として加えたことから、「憲法の父」とよばれている。

5代
ジェームズ・モンロー
(1758～1831年)
在職日数：2922日
所属政党：民主共和党

バージニア植民地生まれ。1819年にスペインからフロリダを購入、23年には欧米両大陸の相互不干渉を表明した。この考え方は「モンロー主義」とよばれ、以後、アメリカの外交政策の原則となった。

6代
ジョン・クインシー・アダムズ (1767～1848年)
在職日数：1461日
所属政党：民主共和党

マサチューセッツ植民地生まれ。連邦政府による産業開発の推進、奴隷制廃止運動にも貢献。前政権の国務長官を務め、大統領に欧米相互不干渉主義政策を献策した。第2代大統領の子。

7代
アンドリュー・ジャクソン
(1767～1845年)
在職日数：2922日
所属政党：民主党

サウスカロライナ植民地生まれ。小農民・労働者の権利の擁護、選挙権の拡大、公立学校の普及、金権の抑圧などを行った。民主主義的な政策を展開する一方、アメリカ大陸の先住民の強制移住法を制定した。

8代
マーティン・バン・ビューレン (1782～1862年)
在職日数：1461日
所属政党：民主党

ニューヨーク植民地生まれ。北米先住民の強制移住を開始。前大統領の政策に起因した恐慌に手を打てないまま任期を終えた。

9代
ウィリアム・ヘンリー・ハリソン (1773～1841年)
在職日数：32日
所属政党：ホイッグ党

バージニア植民地生まれ。在職期間の最も短い大統領。インディアナ準州知事時代には、先住民の土地を詐欺的価格で手に入れ、領土を広げた。

10代
ジョン・タイラー
(1790～1862年)
在職日数：1428日
所属政党：ホイッグ党

バージニア州生まれ。大統領の死去にともない副大統領から昇格した初の大統領。路線対立で党から追放されたが、無所属で職務を続け、メキシコから独立宣言したテキサスの併合を承認した。

11代
ジェームズ・ノックス・ポーク (1795～1849年)
在職日数：1461日
所属政党：民主党

ノースカロライナ州生まれ。領土拡張政策を推進し、イギリス領にかかるオレゴンの境界線の拡大や、メキシコとの戦争で勝利して国土を太平洋岸まで広げた。

12代
ザカリー・テーラー
(1784～1850年)
在職日数：492日
所属政党：ホイッグ党

バージニア州生まれ。職業軍人出身初の大統領。欧州列強との友好、農業・商工業の振興などを提唱したが、独立記念式典参列後に体調をくずして急死した。

◆ アメリカ国旗(星条旗)の赤と白の13本の横線は独立時の州の数、左上の星の数は現在の州の数で50ある。

13代
ミラード・フィルモア
(1800～1874年)
在職日数：969日
所属政党：ホイッグ党

ニューヨーク州生まれ。副大統領から昇格。奴隷制度を支持する南部諸州と、反対する北部諸州の対立には中立の立場をとった。ペリーの艦隊を日本に派遣した。

14代
フランクリン・ピアース
(1804～1869年)
在職日数：1461日
所属政党：民主党

ニューハンプシャー州生まれ。奴隷制度については南北間の妥協による国家の統一を唱えたが、しだいに奴隷制度拡大の議論を再開、南北の対立を激化させた。

15代
ジェームズ・ブキャナン
(1791～1868年)
在職日数：1461日
所属政党：民主党

ペンシルベニア州生まれ。連邦の維持と統一を唱えたが、南北対立の激化にさいして十分な指導力を発揮できなかった。日本と条約を結ぶなど、アジアへ勢力を伸ばした。

16代
エイブラハム・リンカーン
(1809～1865年)
在職日数：1504日
所属政党：共和党

ケンタッキー州生まれ。北軍を率いて南北戦争に勝利、南部11州の連邦脱退に反対し、奴隷制廃止を達成した。大統領再選後、南部出身者に暗殺された。「人民の、人民による、人民のための政治」を唱えた。

17代
アンドリュー・ジョンソン
(1808～1875年)
在職日数：1419日
所属政党：民主党

ノースカロライナ州生まれ。2期目のリンカーン政権で奴隷制度を擁護する民主党から副大統領に指名され、大統領に昇格後、南部に対しての寛大政策を打ち出した。

18代
ユリシーズ・グラント
(1822～1885年)
在職日数：2922日
所属政党：共和党

オハイオ州生まれ。軍人として幾多の功績を上げ、南北戦争で北軍を勝利に導いた。その名声から大統領に選ばれたが、在職中は政府内に汚職事件が続いた。

19代
ラザフォード・ヘイズ
(1822～1893年)
在職日数：1461日
所属政党：共和党

オハイオ州生まれ。南北の和解、官庁改革に取り組んだが、政界の顔役や議会の圧力で不調に終わった。このころ資本主義が急速に発展、労働者の不満が高まるなか発生した鉄道大ストライキを武力で鎮圧した。

20代
ジェームズ・ガーフィールド
(1831～1881年)
在職日数：200日
所属政党：共和党

オハイオ州生まれ。グラント政権から続く政治家の汚職体質改善、官庁改革をよびかけ、活躍が期待されたが、就任後4カ月で銃撃され、その2カ月後に死亡した。

21代
チェスター・アーサー
(1830～1886年)
在職日数：1262日
所属政党：共和党

バーモント州生まれ。副大統領から昇格。有能な人材を要職につけ、行政改革に尽力。連邦公務員法を成立させたが、関税引き下げや汚職追及で党内の反感をよんだ。

22・24代
グロバー・クリーブランド
(1837～1908年)
通算在職日数：2922日
所属政党：民主党

ニュージャージー州生まれ。金本位制の維持や、モンロー主義を援用しイギリスに対して強硬政策をとった。南北戦争後に選挙で選ばれた初の民主党の大統領であり、選挙で敗れて退任した後、政権復帰を果たした唯一の大統領。

23代
ベンジャミン・ハリソン
(1833～1901年)
在職日数：1461日
所属政党：共和党

オハイオ州生まれ。対外経済政策に力を入れ、ラテンアメリカ市場の獲得を目的にした第1回汎米会議の開催、輸入品の関税引き上げなどを目的としたマッキンリー関税法を成立。第9代大統領の孫。

25代
ウィリアム・マッキンリー
(1843～1901年)
在職日数：1655日
所属政党：共和党

オハイオ州生まれ。金本位制を確立し、高率保護関税による産業資本の擁護に努めた。対スペイン戦に勝ってキューバを保護国に、フィリピン、グアム、プエルトリコを領土にした。無政府主義者に暗殺された。

26代
セオドア・ルーズベルト
(1858～1919年)
在職日数：2728日
所属政党：共和党

ニューヨーク州生まれ。副大統領から昇格。独占企業の規制、資源保護などの政策で政府の権限を強めた。カリブ海地域の支配強化と極東進出を図った。日露戦争の講和に努め、1906年ノーベル平和賞受賞。後に革新党を組織、3選をねらったが敗北した。

奴隷解放宣言からオバマ大統領誕生まで

奴隷制からは解放されたけど……

アメリカの奴隷制は、リンカーン大統領の奴隷解放宣言から2年後の1865年に廃止。1870年には連邦憲法が修正され、アフリカ系(黒人)の参政権が加えられましたが、それは各州の権限で奪えるものでした。1896年には最高裁判所が、白人と黒人の生活区域の隔離を認めました。白人と違う学校に通い、バスでは後ろの席に座らなければならない……。劣悪な環境は、黒人もアメリカのために戦った第2次世界大戦後も変わりませんでした。

すべての人に平等を！公民権運動始まる

1954年、最高裁判所が公立学校での人種分離は違憲であると判決。このころからすべての人に平等な権利を与えるようにうったえる、公民権運動が本格的に始まりました。この運動を指揮したのが、アフリカ系のキング牧師でした。63年8月、人種差別反対を叫ぶワシントン大行進で牧師は「私には夢がある」と演説し、理想とする社会の姿を唱えました。この大行進の参加者は25万人ともいわれ、公民権運動は大きな波となってアメリカ全土へ広がっていきました。

公民権運動の賜物、アフリカ系大統領誕生

時の大統領、ケネディはキング牧師にこう言ったそうです。「私にも夢がある。アメリカを文化において世界の人々から尊敬される国にしたい」。その夢をかなえるべくケネディは公民権法案を議会に提出しました(公民権法の成立は64年)。キング牧師は68年に暗殺されましたが、公民権運動は続き、70年代以降、黒人に対する教育や就職などの差別は大きく改善。ついに2008年の大統領選でバラク・オバマが選出され、初のアフリカ系大統領が誕生したのです。

マーティン・ルーサー・キング(1929～1968年)

◇ アメリカは人種のサラダボウル。米国勢調査局の推計では、2042年には非白人の人口が白人を超える見通し。

代	就任年月日	大統領	主なできごと
32	1933.3.4	F.ルーズベルト	★ニューディール政策/テレビ放送開始/第2次世界大戦参戦、米、日米通商航海条約破棄を通告/太平洋戦争
33	1945.4.12	トルーマン	★共産主義者の追放を強化 ●国際連合発足/イスラエル建国宣言/中華人民共和国成立/朝鮮戦争(53年7月休戦) 連合国軍最高司令官マッカーサー着任/サンフランシスコ平和条約、日米安全保障条約調印
34	1953.1.20	アイゼンハワー	米の水爆実験で第五福竜丸被ばく/日米相互協力及び安全保障条約調印
35	1961.1.20	ケネディ	★公民権運動が盛ん/キューバ危機●ベルリンの壁建設
36	1963.11.22	L.B.ジョンソン	★北ベトナムへ爆撃(北爆)開始●中国で文化大革命始まる(~77年)/ヨーロッパ共同体(EC)発足
37	1969.1.20	ニクソン	★ベトナム反戦運動が盛ん/アポロ11号が月面着陸/郵便ストで国家非常事態宣言 日米安保条約自動延長/小笠原諸島・沖縄の本土復帰
38	1974.8.9	フォード	★ベトナム戦争への介入終了/建国200年 フォード大統領、米大統領として初来日/昭和天皇訪米
39	1977.1.20	カーター	スリーマイル島で原発事故/イランと断交●ソ連軍、アフガニスタン侵攻
40	1981.1.20	レーガン	★シカゴで初の黒人市長誕生/ロサンゼルス・オリンピック/スペースシャトル・チャレンジャー爆発事故 日米自動車貿易摩擦/中曽根康弘首相「日米は運命共同体」と発言
41	1989.1.20	H.W.ブッシュ	★湾岸戦争●ソ連解体
42	1993.1.20	B.J.クリントン	●欧州連合(EU)単一通貨ユーロ導入
43	2001.1.20	W.ブッシュ	★同時多発テロ/愛国法制定/イラク戦争(~11年)
44	2009.1.20	オバマ	★医療保険改革法成立●英、EU離脱の動き本格化
45	2017.1.20	トランプ	★TPP離脱/パリ協定離脱/ユネスコ脱退/米朝首脳会談
46	2021.1.20	バイデン	●新型コロナの感染拡大

アメリカの2大政党

アメリカは、民主党、共和党が中心になり政策を行っています。両党の特徴を比べてみましょう。

民主党	共和党
1828年、民主共和党を改組して結成。社会を進歩させるための変革の理念をもつ。おもに北部都市の低所得層、アフリカ系や移民らが支持。 こう考える! 国が積極的な役割を果たす「大きな政府」を提唱。福祉を強化し格差を減らす。国民皆保険。軍事費や核兵器も削減。	結党は1854年。北部の商工業者、西部の農民を基盤に発展。伝統や習慣を重んじる保守の理念をもつ。おもに白人や富裕層が支持。 こう考える! 政府の介入を弱める「小さな政府」を提唱。自由競争による経済の発展。世界軍縮のためにアメリカが十分な戦力を維持するべき。

二大政党制とは… アメリカのように、二つの大きな政党の議員が、議席の大多数を占める政治体制のこと。(1)二つの政党のどちらかを選ぶため、政党の選択がしやすい(2)交互に政権を担うため、1党だけが政権に長期間つくことで生じる不正が少なくなる、といった長所がある。一方、議員数が少ない政党の発言力が弱くなり、国民の中の少数意見が政治に反映されにくいといった短所もある。

27代
ウィリアム・タフト
(1857～1930年)
在職日数：1461日
所属政党：共和党

オハイオ州生まれ。前大統領の忠実な後継者としてトラスト規制など進歩的政策をとったが、しだいに保守派に接近し党の分裂を招いた。小国の負債を肩代わりするなどドル外交を推進、アメリカの力を強めた。

28代
トマス・ウッドロウ・ウィルソン
(1856～1924年)
在職日数：2922日
所属政党：民主党

バージニア州生まれ。「新しい自由」を掲げ、女性の参政権など諸改革を実現。第1次世界大戦では、初め中立を保ったが1917年に参戦。14カ条の平和原則を発表し国際的指導力を発揮、19年ノーベル平和賞受賞。

29代
ウォレン・ハーディング
(1865～1923年)
在職日数：882日
所属政党：共和党

オハイオ州生まれ。第1次世界大戦後の疲れた国民の支持を得て当選。外交面で成果を上げたが、側近の汚職事件が続発。遊説先のサンフランシスコで客死。

30代
ジョン・カルビン・クーリッジ (1872～1933年)
在職日数：2040日
所属政党：共和党

バーモント州生まれ。副大統領から昇格。前政権官僚らの不正を追及し、清廉潔白さをアピール。「小さな政府」を掲げて自由放任の経済政策をとり、「黄金の20年代」とよばれる繁栄期をもたらした。

31代
ハーバート・クラーク・フーバー (1874～1964年)
在職日数：1461日
所属政党：共和党

アイオワ州生まれ。大統領就任後まもなく発生した世界恐慌にさいし、債務支払い猶予措置を実施したが失敗。第2次世界大戦後は、世界の食糧問題の解決に貢献した。

32代
フランクリン・ルーズベルト (1882～1945年)
在職日数：4423日
所属政党：民主党

ニューヨーク州生まれ。ニューディール政策で世界恐慌を乗り切った。第2次世界大戦にさいし、「四つの自由(言論の自由・信仰の自由・欠乏からの自由・恐怖からの自由)」を国民によびかけ参戦した。大戦の終結を目前にして死去。

33代
ハリー・トルーマン (1884～1972年)
在職日数：2841日
所属政党：民主党

ミズーリ州生まれ。副大統領から昇格。ポツダム会談、国際連合の創設、広島・長崎への原爆投下など、第2次世界大戦の終結と戦後処理を指導。共産主義の脅威と闘うことを唱え、世界を東西冷戦に巻き込んだ。

34代
ドワイト・デビッド・アイゼンハワー (1890～1969年)
在職日数：2923日
所属政党：共和党

テキサス州生まれ。朝鮮戦争の収拾に努め、共産主義に強硬政策をとったが、ソ連のフルシチョフ首相との首脳外交は東西冷戦の雪どけムードを生んだ。

35代
ジョン・フィッツジェラルド・ケネディ (1917～1963年)
在職日数：1037日
所属政党：民主党

マサチューセッツ州生まれ。キューバ危機を収め、核戦争の危機を回避。ニューフロンティア政策を提唱し、公民権法案を議会に提出するなど人種差別廃止にも貢献した。遊説先のテキサス州ダラスで暗殺された。

36代
リンドン・ベインズ・ジョンソン (1908～1973年)
在職日数：1887日
所属政党：民主党

テキサス州生まれ。副大統領から昇格。公

◇アメリカは厳格な三権分立の国。大統領が持っているのは行政権だけ。立法権は連邦議会、司法権は裁判所が持っている。

民権法の成立、貧困撲滅のための政策を実施。社会福祉構想を掲げたが、ベトナム戦争を拡大させるなど外交でつまずき失脚。

37代
リチャード・ニクソン
（1913～1994年）
在職日数：2028日
所属政党：共和党

カリフォルニア州生まれ。中国、ソ連の両首脳と会談、ベトナム和平協定を結ぶなど友好外交に努めた。金とドルの交換停止を発表して世界経済に衝撃を与えた。ウォーターゲート事件の責任をとって辞職した。

38代
ジェラルド・ルドルフ・フォード
（1913～2006年）
在職日数：896日
所属政党：共和党

ネブラスカ州生まれ。副大統領から昇格。南ベトナムから米軍を完全撤退させた。不十分な経済政策と、ニクソン前大統領を特赦にしたことなどで支持率がダウンした。

39代
ジミー・アール・カーター
（1924年～）
在職日数：1462日
所属政党：民主党

ジョージア州生まれ。エジプトとイスラエル間の和平合意や、中国との国交樹立を成功させた。人権外交を掲げ、引退後も世界平和に貢献、2002年ノーベル平和賞受賞。

40代
ロナルド・ウィルソン・レーガン
（1911～2004年）
在職日数：2923日
所属政党：共和党

イリノイ州生まれ。軍備拡張と対ソ連強硬策、連邦政府の権力の州政府への委譲、大型減税と社会保障費削減を行った。

41代
ジョージ・ハーバート・ウォーカー・ブッシュ
（1924～2018年）
在職日数：1462日
所属政党：共和党

マサチューセッツ州生まれ。前政権の副大統領。冷戦の終結を宣言。イラク軍のクウェート侵攻に介入、湾岸戦争を指揮した。飢餓救済援助のためソマリアに出兵。

42代
ビル・ジェファーソン・クリントン
（1946年～）
在職日数：2923日
所属政党：民主党

アーカンソー州生まれ。増税と軍事費削減で財政赤字を解消。ベトナムとの国交を回復。セクシュアル・ハラスメント訴訟をおこされるなどして弾劾訴追された（無罪判決）。

43代
ジョージ・ウォーカー・ブッシュ
（1946年～）
在職日数：2923日
所属政党：共和党

コネティカット州生まれ。2001年9月11日の米同時多発テロ後、イラク戦争を始めた。金融安定化法を制定。第41代大統領の子。

44代
バラク・フセイン・オバマ
（1961年～）
在職日数：2923日
所属政党：民主党

ハワイ州生まれ。アフリカ系で初のアメリカ大統領。「核なき世界」に向けた国際社会への働きかけなどが評価され、2009年ノーベル平和賞受賞。医療保険改革法を成立。

45代
ドナルド・ジョン・トランプ
（1946年～）
在職日数：1462日
所属政党：共和党

ニューヨーク州生まれ。「米国第一主義」を掲げ、医療・国境管理・雇用を最優先課題。2017年、エルサレム（P49参照）をイスラエルの首都と認めると明言。18年にイランとの国際的核合意から一方的に離脱。

46代
ジョー・バイデン
（1942年～）
在職中
所属政党：民主党

2020年11月の大統領選挙では接戦の末、トランプ前大統領を破って勝利。史上最高齢の米大統領であり、女性初の副大統領カマラ・ハリスにも注目が集まる。

ミニ百科

大統領選挙のしくみ

アメリカの大統領は、「予備選挙」と「本選挙」の2段階をへて、ようやく就任となります。1年近くにわたって行われる、ちょっと複雑なしくみのアメリカ大統領選挙の道のりをたどってみましょう。

予備選挙（本選挙の党公認候補を決定するために、同じ政党の候補者間で争われる選挙）

1～6月　予備選挙・党員集会
ニューハンプシャー州、アイオワ州からスタート。以後、ほかの48州でも開催され、候補者をしぼり込んでいく。予備選挙・党員集会が最も集中する2、3月には、1日に20前後の州で行われることもある。この日を、「スーパーチューズデー」とよぶ。

→

7月～9月上旬　全国党大会
州で選出された代議員たちが集まり、党公認の大統領候補を指名する。大統領候補は、副大統領候補を指名。

日米の選挙、こんな違いが…
日本の総理大臣は、国会議員全員の投票で指名される。国会議員は、国民の選挙で選ばれる。日本では有権者ならば自動的に「投票所入場券」が届く。アメリカでも日本と同じく18歳から選挙に行けるが、有権者登録が必要だ。

本選挙（各党から大統領候補に指名された候補者間の選挙）

9～10月　本選挙活動
公開テレビ討論会に出たり、全国を演説して回ったりして、政策をアピール。

→

11月の第1月曜の翌日[*1]　一般投票
全米の有権者による、50州と首都ワシントンで計538人の「選挙人」[*2]を州・首都ごとに選ぶための選挙。有権者は自分が選びたい大統領候補に投票し、最も票を集めた候補が、その州の選挙人をすべて獲得する（ネブラスカ州、メーン州を除く）。過半数の270人以上取ったほうが勝ち。この段階で大統領選の勝敗が実質的に決まる。

→

12月　選挙人投票　州・首都で決まった大統領候補に選挙人があらためて投票する。

↓

翌年1月6日　選挙人投票の開票
正副大統領が正式に決まる。

↓

1月20日　大統領就任式

*1 キリスト教のカトリックの祝日である11月1日にあたらないよう第1火曜日とはしない。　*2 大統領を直接選ぶ人のこと。一般投票で、有権者は大統領ではなく、この選挙人を選んでいる。州ごとの選挙人の数は、各州に2人いる上院議員と、州の人口に応じて配分されている下院議員の数の合計と同じ。最多はカリフォルニア州の55人。

2021年1月20日、アメリカ合衆国大統領就任式で宣誓するバイデン大統領

◇ ブッシュ(子)とトランプは、一般投票の得票総数では相手候補に負けたが、獲得した選挙人の数が上回ったため当選した。

ノーベル賞

ノーベル賞は、ダイナマイトや無煙火薬の発明で巨万の富を築いた、スウェーデンの科学技術者アルフレッド・ノーベル（1833～1896年）の遺産を基金として創設されました。日本の受賞者は、敗戦国日本に希望を与えた湯川秀樹博士を第1号として、2021年受賞の真鍋淑郎さんまで28人を数えます。

日本のノーベル賞受賞者

1949
湯川秀樹（1907～1981年）東京都生まれ
物理学賞
1934年に原子核を構成する中性子と陽子を結びつける、核力を媒介とする中間子の存在を提唱。47年に実際に中間子が発見され、素粒子論の生みの親となった。平和運動にも尽力した。

1965
朝永振一郎（1906～1979年）
東京都生まれ
物理学賞
発見されてまもない陽電子や核力、宇宙線など量子電磁力学の基礎理論を研究し、ハイゼンベルクの量子力学とアインシュタインの相対性理論を結びつけ、「くりこみ理論」を発表。科学者の平和運動に参加した。

1968
川端康成（1899～1972年）大阪府生まれ
文学賞

1926年『伊豆の踊子』で文学者としての地位を確立し、『雪国』『山の音』など、日本古来の美を探る作品を次々と発表。61年文化勲章受章を契機に作品が各国語に翻訳されて、国際的に認められた。

1973
江崎玲於奈（1925年～）大阪府生まれ
物理学賞
東京通信工業（現在のソニー）に在籍中の1957年、半導体におけるトンネル効果の理論の実証例を確認、「エサキダイオード」を発明した。60年には米国ＩＢＭ社に移籍し、日本人の頭脳流出が話題になった。

1974
佐藤栄作（1901～1975年）山口県生まれ
平和賞
元内閣総理大臣。首相在職中の1968年に行った施政方針演説で、「核兵器を持たず、作らず、持ちこませず」を日本の国是（国家の基本方針）として発表。この「非核三原則」に基づく外交が評価された。

1981
福井謙一（1918～1998年）奈良県生まれ
化学賞

有機化学反応に関与する電子のふるまいの過程を解明した「フロンティア電子理論」を発表。化学賞受賞は日本人初であり、日本の基礎化学が世界のトップクラスにあることを証明した。

1987
利根川進（1939年～）愛知県生まれ
医学生理学賞

遺伝子工学的な方法から、抗体分子の多様性をもたらす「免疫グロブリン」の構造を解明し、細胞が分化する過程で遺伝子の再編がおこることを明らかにした。

1994
大江健三郎（1935年～）愛媛県生まれ
文学賞

1958年『飼育』で芥川賞を受賞。核兵器反対の立場から発表した『ヒロシマ・ノート』など、窮地にある人間の姿を詩的な言語を用いた文体で描き、現代の人類に共通する苦悩を表現。94年、文化勲章授与を拒否した。

2000
白川英樹（1936年～）東京都生まれ
化学賞

電気を通すことができるプラスチック、「導電性ポリマー（ポリアセチレン）」を1977年に実現。そのプラスチック素材がさまざまな導電素材の開発に応用された業績が認められて受賞した。

2001
野依良治（1938年～）兵庫県生まれ
化学賞

特殊な触媒を用いて二つの鏡像分子を仕分けて、一方の有用な分子を化学物質として作り出す「触媒による不斉合成」を開発し、合成化学・医薬などの分野に寄与。

2002
小柴昌俊（1926～2020年）愛知県生まれ
物理学賞

天体物理学、とくに宇宙ニュートリノ（素粒子）の検出に対する先駆的な研究によって受賞。素粒子検出装置「カミオカンデ」建設の立役者。

田中耕一（1959年～）富山県生まれ
化学賞

レーザーでたんぱく質を気化させることで生体高分子の質量分析を可能にする脱イオン化法を開発。島津製作所に籍を置く「サラリーマン科学者」の受賞が話題に。

◆ 伝染病や梅毒病原体、黄熱病の研究で功績をあげた野口英世は、3回にわたって医学生理学賞の候補になった。

2008
小林誠〔左〕
(1944年〜) 愛知県生まれ

益川敏英〔右〕
(1940〜2021年)
愛知県生まれ
物理学賞

共同研究による受賞。宇宙の物質はなぜ存在するのかを解明するために、「CP対称性の破れの起源」を提唱し、クォーク(素粒子)が6種類あることを明らかにした。

南部陽一郎＊
(1921〜2015年) 東京都生まれ
物理学賞

素粒子の世界でなぜ質量(重さ)が生じるのかを、「自発的対称性の破れ」の現象を応用して、その理論を打ち立てた。

下村脩 (1928〜2018年) 京都府生まれ
化学賞

オワンクラゲが緑色に光る仕組みを解明し、クラゲの体内から、紫外線を当てると光る緑色蛍光たんぱく質(GFP)を発見。GFPは病気の研究などに役立てられる。

2010
根岸英一〔上〕(1935〜2021年)
旧満州(現在の中国東北部)生まれ

鈴木章〔下〕(1930年〜) 北海道生まれ
化学賞

二つの有機化合物を一つにつなげて、新しい化学物質を作り出す合成技術(有機合成におけるパラジウム触媒クロスカップリング反応の創出)の発展に貢献。この技術は液晶画面や薬品の製造にも使われている。

2012
山中伸弥 (1962年〜) 大阪府生まれ
医学生理学賞

筋肉や臓器をはじめ体のあらゆる部分の細胞になれる能力を持った「iPS細胞(人工多能性幹細胞)」の作製に世界で初めて成功した。

2014
赤﨑勇〔左〕
(1929〜2021年)
鹿児島県生まれ

天野浩〔右〕
(1960年〜)
静岡県生まれ

中村修二＊ (1954年〜) 愛媛県生まれ
物理学賞

20世紀中の開発は無理とさえいわれた青色LEDの開発に成功。これにより赤・緑・青の光の三原色のLEDがすべてそろい、組み合わせによってあらゆる色が出せるようになった。

2015
大村智 (1935年〜) 山梨県生まれ
医学生理学賞

授賞理由は「寄生虫による感染症とマラリアの治療法の発見」。アフリカや中南米などの熱帯地方で流行し、患者の2割が失明する恐れがある寄生虫病の治療薬「イベルメクチン」の開発が評価された。

梶田隆章 (1959年〜) 埼玉県生まれ
物理学賞

物質のもとになる最も基本的な粒子の一つ、ニュートリノに質量があることを世界で初めて観測で証明し、ニュートリノには質量がないと考えられてきた素粒子物理学の定説を覆した。小柴昌俊さんの教え子。

2016
大隅良典 (1945年〜) 福岡県生まれ
医学生理学賞

細胞が自分自身のたんぱく質を分解し、再利用する「オートファジー」(細胞の自食作用)の仕組みを明らかにした。オートファジーの仕組みは、小さな菌類からヒトまで多くの生物に備わっていて、今後、さまざまな病気の解明や治療法の開発が期待されている。

2018
本庶佑 (1942年〜) 京都府生まれ
医学生理学賞

免疫の働きを抑制するたんぱく質「PD-1」を発見し、この抑制を取り除くことでがん細胞を攻撃するという新しいタイプのがん免疫療法を実現。がん治療薬オプジーボの創薬などにつながる新たながん治療の道を開いた。

2019
吉野彰 (1948年〜) 大阪府生まれ
化学賞

リチウムイオン電池の基本形を完成させた。これにより携帯電話やノート型パソコンなどモバイル型の電子機器が急速に普及、IT(情報技術)社会の発展に大きく貢献した功績が評価された。福井謙一さんの孫弟子。

2021
真鍋淑郎＊ (1931年〜) 愛媛県生まれ
物理学賞

地球の大気の状態の変化をコンピューターで再現する方法を開発。二酸化炭素が増えると地表の温度が上がることを数値で示し、地球温暖化予測の先駆けとなった。

＊アメリカ国籍

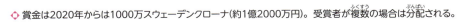

◇ 賞金は2020年からは1000万スウェーデンクローナ(約1億2000万円)。受賞者が複数の場合は分配される。

世界と日本の宗教

自然や死を恐れる気持ちは、だれにでもあります。人々をそんな不安から救うために宗教は生まれました。世界には多くの民族がいて、それぞれの地域で信じられている宗教もさまざま。信者の多い代表的な宗教を見てみましょう。

仏教
悟りで救われる

紀元前5～紀元前4世紀ごろにインドの身分制度に反対したゴータマ・シッダールタ(釈迦)が開祖。「悟りを得ることで、苦(人生)を超越(解脱)できる」など、慈悲の大切さを説き、悟りを開いた者は「ブッダ(仏陀)」とよばれた。修行を重んじる上座部仏教(小乗仏教)はセイロン(スリランカ)から東南アジアへ、大衆を救済するための大乗仏教は中国、朝鮮、日本などの東アジアに分かれて伝わった。4月8日は灌仏会を行い、釈迦の生誕を祝う。

日本の仏教　代表的な13宗派

系統	宗派	開祖および伝承者	主な本山
奈良仏教系	法相宗	道昭	興福寺・薬師寺(奈良県)
奈良仏教系	華厳宗	道璿	東大寺(奈良県)
奈良仏教系	律宗	鑑真	唐招提寺(奈良県)
天台系	天台宗	最澄	比叡山延暦寺(京都府・滋賀県)
真言系	真言宗	空海	高野山金剛峯寺(和歌山県)・東寺(京都府)
浄土系	浄土宗	法然	知恩院(京都府)・増上寺(東京都)
浄土系	浄土真宗	親鸞	西本願寺・東本願寺(京都府)
浄土系	時宗	一遍	清浄光寺(遊行寺)(神奈川県)
浄土系	融通念仏宗	良忍	大念仏寺(大阪府)
禅系	臨済宗	栄西	妙心寺・建仁寺・南禅寺・天龍寺・大徳寺・相国寺・東福寺(京都府)・建長寺・円覚寺(神奈川県)
禅系	曹洞宗	道元	永平寺(福井県)・総持寺(神奈川県)
禅系	黄檗宗	隠元	黄檗山万福寺(京都府)
日蓮系	日蓮宗	日蓮	身延山久遠寺(山梨県)・池上本門寺(東京都)

キリスト教
愛こそ、すべて

イエス・キリストは、「信ずる者は救われる」などと説き、病人や悩める人に救いの手を差し伸べたといわれている。イエスの教えは、11世紀にカトリック教会と東方正教会に、16世紀にはプロテスタント教会に分裂し、今日に至っている。現在、カトリックは中南米、南ヨーロッパ、プロテスタントはアメリカ、北ヨーロッパ、東方正教会は東ヨーロッパやロシアに多く見られ、キリスト教徒は世界人口の約3分の1を占めている。

キリスト教　3大宗派

総称	ローマ・カトリック教会	東方正教会	プロテスタント
聖職者 呼び名	司祭	司祭	牧師
聖職者 妻帯	不可	条件つきで可	可
シンボル	聖母マリア像・十字架にかかるキリスト	イコン(キリスト、聖母、聖人などの聖画像)	十字架のみ
シンボル(写真)	(左)大浦天主堂(長崎県)の「日本之聖母」像 (右)大浦天主堂のステンドグラス「十字架のキリスト」	ウクライナ正教会総本山の刺しゅうで飾られたイコン	長野県の開拓地で十字架の前で祈る子ども(1953年)
十字の切り方	上→下→左→右	上→下→右→左	切らない(最近は切るところも)

ヒンドゥー教
霊魂は不滅

中央アジアからインドに移動してきたアーリア人のバラモン教と先住民の宗教とが融合して発展。現在、インドでは人口約13億人のうち、8割の国民が信仰している。「人には身分の高い低いがある」というバラモン教の原則からカースト制度が生まれ、バラモン(僧侶)、クシャトリア(王侯・武士)、ヴァイシャ(庶民)、シュードラ(奴隷)の四つの身分に分けられている。自分の身分をまっとうすることで来世の幸福が得られると信じられている。

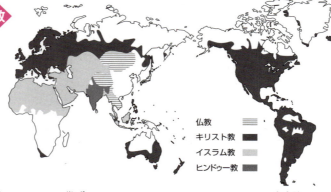

凡例：仏教、キリスト教、イスラム教、ヒンドゥー教

イスラム教
厳しい戒律

7世紀初頭、アラビアの商人ムハンマドが開いた、多神教と偶像崇拝を禁じ、唯一神アラーに「絶対服従する」という宗教。ムスリム(イスラム教徒)の全生活は、経典『コーラン』の教えにより、巡礼、断食などさまざまな厳しい戒律に従っている。信者数でみると世界人口の約4分の1を占める世界第2の宗教で、大多数のスンニ派と少数派のシーア派やワッハーブ派などから成っている。

◇ イスラム教は豚肉を、ヒンドゥー教は牛肉を食べることを禁忌(タブー)としている。

日本独自の宗教「神道」

古来の神々への信仰が、仏教、儒教、道教などの影響を受けて展開した多神教で、八百万の神がいるといわれる。その神様を祭る場所が神社で、日本神話の神々や実在した歴史的な偉人などを祭っている。

神社の神事を行う「神主」。

日本の成り立ちの物語「日本神話」

● 口頭で伝えられてきた日本神話は、約1300年前に『古事記』と『日本書紀』という書物にまとめられた。日本列島を生み出したイザナギノミコトとイザナミノミコトの娘・アマテラスオオミカミに命じられ、「三種の神器」（鏡・玉・剣）を携えたニニギノミコトが、神々の住む高天原から日向・高千穂（宮崎県）に降り立った（天孫降臨）。ニニギの子孫・イワレビコノミコトは東方へ進出し、大和国（奈良県）橿原宮で即位して、神武とよばれる初代天皇となる。

● 三種の神器を持っていることが皇室の正統たる帝の証であるとして、皇位継承と同時に継承される。鏡はヤタノカガミ、剣はクサナギノツルギ、勾玉はヤサカニノマガタマといわれる。

七ケ瀬遺跡（佐賀県）で出土した中国製の青銅鏡と鉄剣・勾玉

ユダヤ民族の宗教「ユダヤ教」

ユダヤ人は自らを神から選ばれた選民とみなし、唯一神ヤハウェが預言者モーセを通して伝えた教えを信仰し実践している。ユダヤ人が建国したイスラエルの「首都」エルサレムは、キリスト教、イスラム教の聖地でもあるため、多くの国が「首都エルサレム」を認めず、テルアビブに大使館を置いている。しかし2017年12月、アメリカのトランプ大統領がエルサレムを首都と認め、18年5月14日、イスラエル独立宣言70周年の日に大使館のエルサレムへの移転を強行した。

聖地が一緒の三つの宗教

キリスト教はユダヤ教から派生し、イスラム教もユダヤ教やキリスト教から影響を受けている。そのため三つの宗教の聖地が同じエリアにあるというのも必然なのだ。

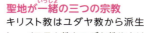

3宗教の聖地エルサレム

ユダヤ教の教師「ラビ」。

宗教	キリスト教	ユダヤ教	イスラム教
開祖	イエス・キリスト	モーセ（ヤハウェの啓示を受けた）	預言者ムハンマド（アラーの啓示を受けた）
成立	紀元30年ごろ	紀元前1000年前後	7世紀初め
経典	聖書（旧約聖書、新約聖書）	旧約聖書	コーラン
専任聖職者	司祭（カトリック、正教会）牧師（プロテスタント）	ラビ	いない
エルサレムにある聖地	聖墳墓教会	嘆きの壁	岩のドーム

テロや暴力で世界を変えようとする「イスラム過激派」

イスラム＝過激派ではない。あくまでも、イスラムを標榜している一派である。過激派といわれる組織を見てみよう。

「イスラム国」(IS)〈イラク・シリア〉
スンニ派
2003年のイラク戦争を機に創設されたアルカイダ系組織が母体。2014年6月、シリア内戦やイラク戦争後の混乱時に両国の一部地域を領土としたカリフ制国家「イスラム国」の樹立を宣言。

タリバン〈アフガニスタン〉
スンニ派
ソ連軍撤退後に無政府状態となったアフガニスタンで結成され、1996～2001年にアフガニスタンの大部分を統治。2021年、米軍撤退に合わせ、再び首都カブールを掌握。

ヒズボラ〈レバノン〉
シーア派
シーア派の12イマーム派住民を他の宗派やイスラエルから守る民兵組織から誕生。イランとの関係が深い。

ハマス〈パレスチナ自治区ガザ地区〉
スンニ派
1987年12月、ガザ地区でイスラエルに対するパレスチナ人の民衆蜂起（インティファーダ）が起きた際に、イスラム国家樹立を目的として設立された。

アルカイダ〈アフガニスタン・パキスタン北西部〉
スンニ派
アメリカ同時多発テロ事件の首謀者、オサマ・ビンラディン容疑者が率いた組織。伝統的な政治制度であるカリフ制国家の復興を目指し、世界各地で「グローバル・ジハード」を展開。

●対立するイスラム2大宗派「スンニ派」と「シーア派」

教理に大きな違いはない。ムハンマドの死後、預言者の代理人（カリフ）の4代目までを正統とし、それ以降はウマイヤ朝の子孫をカリフとしたのがスンニ派で、世界のイスラム教徒の多数派となっている。4代目の子孫のみを正統とするのがシーア派で、イランではシーア派が多数を占めている。

参考文献／『眠れなくなるほど面白い 図解 世界の宗教』（日本文芸社）、『詳説 日本仏教13宗派がわかる本』（講談社）、『教養として学んでおきたい5大宗教』（マイナビ出版）、『教養として知っておきたい「宗教」で読み解く世界史』（日本実業出版社）、『まんが パレスチナ問題』（講談社）、『宗教年鑑』（令和2年版）

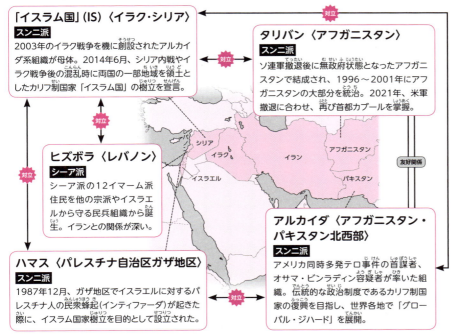

◇ 三種の神器は伊勢神宮（三重県）に鏡、熱田神宮（愛知県）に剣、皇居（東京都）に勾玉が保管されている。

絶滅危惧動物

現在、絶滅のおそれのある動物は1万5000種を超えています。自然や野生生物を守るための活動をしている国際自然保護連合（IUCN）では、絶滅の危機にある動植物を「レッドリスト」としてまとめています。どんな動物が消えていこうとしているのでしょう？

地球の長い歴史を見ると、恐竜をはじめ絶滅していった動植物は少なくありません。自然の中で生存競争に負け、消え去っていったのです。現在、地球上には500万とも5000万ともいわれる種類の動植物がいて、生態系の中で多様性をつくりだしています。しかし、人間の活動による影響を受け、絶滅の危機を迎える動植物の規模も年々大きくなっています。森林伐採や埋め立てなどの開発、環境汚染、乱獲、種の移動による生態系の変化などが原因です。野生動物から遠く離れて生活するわたしたちが動物を守るためにできることを考えてみましょう。

レッドリストのカテゴリー

IUCNレッドリストは、絶滅のおそれの程度によって、いくつかのカテゴリーに分けられます。また、日本の野生生物で絶滅のおそれがある種をリストにしているのが、「環境省レッドリスト」です。

EX＝絶滅	最後の個体が死んでしまっている種。
EW＝野生絶滅	飼育や栽培しているもの以外は絶滅。
CR＝深刻な危機	ごく近い将来に絶滅する危険性がきわめて高い種。
EN＝危機	近い将来に絶滅する危険性がかなり高い種。
VU＝危急	絶滅の危機が大きくなっている種。
NT＝準絶滅危惧	存続する基盤が弱くなっている種。
DD＝データ不足	評価する情報が少ない種。

日本の絶滅危惧動物
（環境省「レッドリスト2020」）

北海道・東北
・イヌワシ　EN
・タンチョウ　VU

関東以南の本州・四国・九州
・オガサワラオオコウモリ　EN
・ライチョウ　EN

ゼニガタアザラシ
NT。北海道の東海岸に生息。脂や毛皮のための乱獲、サケやコンブを食べる害獣として殺されている。

ツシマヤマネコ
CR。長崎・対馬だけに生息。環境破壊、交通事故などにより減り、保護センターがつくられている。

シマフクロウ
CR。北海道の森林に生息する大型のフクロウ。現在100羽くらいに減ったといわれる。

エラブオオコウモリ
CR。鹿児島・口永良部島、宝島、中之島などに生息。果物や花粉、蜜などを食べるが、果物の木が減り、さらに同じ果物が好物の動物を人間が島に連れてきたことで減少。

オビトカゲモドキ
EN。鹿児島・徳之島だけに生息する日本固有亜種。県の天然記念物に指定され、採集や飼育は禁止された。

イシカワガエル
EN。鹿児島・奄美大島、沖縄本島の渓流にわずかながら生息する美しいカエル。9〜12cmと大型。アマミイシカワガエルとオキナワイシカワガエルに分類。

ヤンバルクイナ
CR。沖縄本島山原の森林に生息する飛べない鳥。開発や森林伐採、人間が持ち込んだ動物のために激減。

アマミノクロウサギ
EN。鹿児島・奄美大島、徳之島だけに分布。国の特別天然記念物だが、開発や人間が持ち込んだ動物のために絶滅のおそれがある。

アオウミガメ
VU。日本では伊豆諸島、小笠原諸島、南西諸島に生息。乱獲や自然破壊で減っている。

沖縄・南西諸島
・イリオモテヤマネコ　CR
・オキナワトゲネズミ　CR
・キクザトサワヘビ　CR
・ジュゴン　CR

◇あの動植物はだいじょうぶ？　環境省レッドリスト2020を見てみよう。http://www.env.go.jp/press/107905.html

ストップ！「プラごみ」

プラスチック（プラ）が海洋汚染を引き起こし、ウミドリや海をすみかとする動物の命をおびやかしています。プラはきちんと分別して回収に出せばリサイクルされますが、不用意に捨てられたプラはごみ（プラごみ）になり、海に流れ出ると、波や紫外線で粉々になります。それがマイクロプラスチック（MP）で、有害物質となって海にたまり続け、それを魚が食べると消化できずに死んでしまうことも。レジ袋やプラ製のストローは、本当に必要ですか？

守ろう！ワシントン条約

野生動植物やその関連商品を買わないことも動物を絶滅から守ります。珍しいペットはもちろん、装飾品や印鑑、薬、バッグなどに加工されたものも同様です。日本は野生動植物の消費大国なのだそうです。

そういった野生生物の商取引を規制するのが「ワシントン条約」（絶滅のおそれのある野生動植物の種の国際取引に関する条約）です。日本を含む183カ国と欧州連合（EU）が締結（2020年7月時点）し、これ以上の野生生物の絶滅を防ごうとしています。

国の特別天然記念物、ニホンカワウソが絶滅！

2012年の「レッドリスト」（環境省）の改訂で、国の特別天然記念物で「絶滅危惧種」に指定されていたニホンカワウソが「絶滅種」となった。ニホンカワウソは、日本各地の川辺で見られていたが、生息を30年以上確認できないことから絶滅したと判断。17年2月には長崎県の対馬で発見!?というニュースが話題になったが、やはり別種の可能性が高いと判断された。現在、環境省が選定した絶滅危惧種の数は、3716種となっている（環境省レッドリスト2020）。

ワシントン条約（CITES）の規制は3段階

附属書の種類	内容	掲載種の例
附属書Ⅰ	絶滅のおそれのある種で、商取引により影響を受けているもの。原則として商取引禁止。	オランウータン、コンゴウインコ、アジアアロワナ（ペット）、ゾウ（象牙の印鑑）、トラ（毛皮、骨が漢方薬の原料）、タイマイなどすべてのウミガメ科（べっこう製品、はく製）など。
附属書Ⅱ	商取引を規制しないと、今後絶滅のおそれがある種。商取引には、輸出国政府の許可証が必要。	カバ（牙がアクセサリーなどの原料）、ホッキョクグマ（はく製）、附属書Ⅰ掲載種以外のすべてのサル目、ネコ類、クマ類など。
附属書Ⅲ	自国内で保護の必要がある種で、他の国の協力で商取引を規制すべき種。商取引には、原産地証明書などが必要。	カナダのセイウチ（牙がアクセサリーなどの原料）、ガーナに生息する多数の種など。

世界の絶滅危惧動物
（IUCN「レッドリスト2020」）

シロナガスクジラ
EN。世界中の海をすみかにしていたが、捕鯨により減少。

ハワイモンクアザラシ
EN。ハワイ諸島周辺、温かい海にすむ珍しいアザラシ。狩猟のため、生息数が激減。

セスジキノボリカンガルー
EN。ニューギニア島の木の上で暮らすカンガルーの仲間。正確な数はわかっていない。

アムールトラ（シベリアトラ）
EN。シベリアや中国北東部に生息。毛皮や漢方薬に使うために乱獲され、現在、野生ではわずか400〜500頭ともいわれる。

カリフォルニアコンドル
CR。アメリカ・カリフォルニア州にすむ。狩りや害鳥駆除のための毒餌で激減。飼育・繁殖させて放し、190羽くらいにまで回復。

インドライオン
EN。インド北西部の森林保護区だけに生息。アフリカのライオンより小さく、たてがみも短い。保護活動で500頭以上に回復。

スマトラサイ
CR。東南アジアの熱帯雨林にすんでいる。伐採や開発により、さらに数は減っている。

ジャイアントパンダ
VU。中国四川省、雲南省などの山岳地帯にすむ。動物園などでの飼育を合わせても約1800頭しかないといわれる。

スマトラオランウータン
CR。東南アジアの森林にすむ。この100年で、熱帯雨林の伐採や開発、密猟により90％減少。今も密猟が行われている。

アイアイ
EN。マダガスカルの森にすむ夜行性のサル。飼育下で40頭、野生のものは1000頭を下回ったといわれる。

ピンソンゾウガメ
VU。ガラパゴス諸島のピンソン島にすむ。ガラパゴスゾウガメの亜種で、島ごとに体の大きさや甲らの形が違う。

シロオリックス
EW。アフリカのサバンナや半砂漠地帯にすんでいたサーベル状の角が特徴のオリックス。野生種は絶滅。

◇ 2014年のニホンウナギに続いて、16年には日本などに生息するスッポンも絶滅危惧種になってしまった。

絶滅危惧植物

植物を絶滅に向かわせている最大の原因は、土地の造成やダム工事などの開発行為により生育地が失われること。この状況が続けば、2050年までに4分の1が絶滅するおそれがあるといわれています。植物を絶滅から守るために、わたしたちが参加できる活動を考え、行動しましょう。

国際自然保護連合（IUCN）の調べでは、現在、30万種以上の維管束植物と、植物に分類される菌類および原生生物が5万種以上生存しています（亜種・変種は含まない）。しかし、そのうち約10万種の維管束植物が野生での絶滅の危機にあります。日本でも、環境省が「野生生物の保全のためには、絶滅のおそれのある種を的確に把握し、一般への理解を広める必要がある」として、レッドリスト（絶滅のおそれのある野生生物の種の目録）を作成しています。2020年に公表した植物のレッドリストには、維管束植物1790種（亜種・変種を含む）が絶滅危惧種（CR／EN／VU）にあげられました。これは、日本に自生する約7000種の植物のおよそ4分の1が絶滅の危機にあるという状況を示しています。また、維管束以外の植物は480種が絶滅危惧種に指定されました。

日本のレッドリスト*に載っているおもな植物

※絶滅の危険度を示す分類表示は、動物編と同じです（P70参照）。なお、「維管束植物以外」は絶滅危惧CRとENの区分は行っていません。

*環境省レッドリスト（2020年）

植物のおもな減少原因
出典：「私たちと植物の未来のために Plants for Life」（2005年）

- その他 11.3%
- 森林伐採 13.7%
- 自然遷移 15.0%
- 園芸採取 24.2%
- 開発行為 35.8%

維管束植物

種子植物（被子植物・裸子植物）・シダ植物
評価対象種数：約7000種
EX 28種、EW 11種、
CR 529種、EN 520種、VU 741種、
NT 297種、DD 37種

レブンサイコ
EN。北海道の高山帯に生育。セリ科の多年草で、花期は7～8月。植生の遷移（自然遷移*）で半減した。
*一定の土地にある植物群落が時間の経過とともに変わっていく現象。

フタマタタンポポ
EN。北海道の利尻島、大雪山系などの高山草原に生育。キク科の多年草で、花期は7～8月。登山者の踏みつけなどで半減。

ゴバンノアシ

CR。熱帯と亜熱帯の海岸林に生育し、日本では沖縄県八重山諸島で見られる。サガリバナ科の常緑高木で、花期は5～6月あるいは8～9月。海岸林の開発で減少。

エンレイショウキラン

CR。亜熱帯の林に生育し、日本では沖縄県西表島などで見られる。ラン科の地生種で、花期は7～8月。園芸用の採取で減少。

被子植物

ナガボナツハゼ
CR。静岡県、愛知県の固有種。低山地の疎林などに生育。ツツジ科の落葉低木で、花期は5月。土地造成、道路工事が減少の要因。

ヒメフトモモ

VU。東京都小笠原諸島の固有種。フトモモ科の常緑低木で、花期は7月ごろ。自生地が限られ、そこに現存する個体数も少ないため絶滅のおそれがある。

ムカデラン

VU。関東地方から九州に分布。温暖地の樹幹や岩壁に着生する常緑のランで、花期は6～8月。園芸用の採取、植生の遷移で減少。

ヤチツツジ

EN。北海道、秋田県の低地の湿原や草地に生育。ツツジ科の常緑低木で、花期は5月下旬～6月中旬。湿地・草地の開発で絶滅のおそれがある。

タカネマンテマ

CR。山梨県、長野県の高山の岩場や草地に生育。ナデシコ科の多年草で、花期は7～8月。減少の主因は園芸用の採取だが、登山者の踏みつけも影響。

イリオモテラン

EN。亜熱帯の山地に生育し、日本では沖縄県八重山諸島で見られる。樹幹に着生する常緑のランで、花期は3～5月。園芸用の採取で減少。20年後の絶滅確率は約50%。

ヒメコザクラ

CR。岩手県北上山地の早池峰山と一関市大東町の固有種。サクラソウ科の多年草で、花期は6月。園芸用の採取で減少し、大東町では絶滅したようだ。

キバナノアツモリソウ

VU。秋田県、長野県、山梨県、福井県で生育が見られる。ラン科の地生種で、花期は6～7月。植林などによる自生地の狭まり、園芸用の採取で減少。

◇ 地球上の陸地面積の約7%に満たない熱帯雨林に、全世界の植物の約40%が生育している。

守れ！熱帯雨林
防ごう！地球温暖化

　南米のアマゾン川流域に、面積約550万平方キロメートル、世界最大の熱帯雨林が広がっています。樹木が生い茂る熱帯雨林は、地球温暖化対策のうえで、とても重要な場所です。ところが、ブラジル北部のアマゾンでは、毎年乾期になると火災が発生していて、2019年夏には過去最大規模の延焼面積となりました。火災をきっかけに開発が進んでしまったら、地球温暖化が深刻化することは避けられません。
　地球温暖化を防ぐには、二酸化炭素（CO_2）の放出を抑えること。省エネを心がけ、なるべく電気やガスに頼らないなど、わたしたちにできる行動をしましょう。

自然を取り戻す環境づくり

　残された自然を守るだけでは希少な植物の減少に歯止めがかかりません。自然を取り戻せる環境づくりが必要です。野遊びや生物観察をしたり、ビオトープをつくったりして、楽しみながら地域の自然を守っていきましょう。

写真提供／星ふる学校くまの木

帰化植物を増やさないで！

　2006年、日本国内の200以上の海岸で、北米原産のコマツヨイグサなどの外来植物が生育し、カナダやフランスなどの沿岸では、本来は分布しないはずの日本の海藻、アナアオサが外来種として繁茂していることが判明しました。貨物船などに付着して運ばれた可能性が高いといわれています。このように人間の活動がもたらした植物を「帰化植物」といいます。帰化植物は前からその地域に分布・生育していた植物のバランスを壊すこともあります。外来種のセイタカアワダチソウは、河川敷に侵入し、絶滅危惧種のフジバカマや、オギ、ススキなど在来植物を衰退させています。

タヌキノショクダイ
EN。静岡県、徳島県、宮崎県で生育が見られる。国の天然記念物。ヒナノシャクジョウ科の腐生植物で、花期は7〜8月。森林伐採、訪問者の踏みつけで生育環境が悪化。

ヤクタネゴヨウ
EN。鹿児島県屋久島と種子島の固有種。植生の遷移、立ち枯れで減少傾向にあり、屋久島では数百個体が見られるが、種子島では数十個体が自生するのみ。

裸子植物

ヒメユリ
EN。岐阜県以南の本州、四国、九州に多く分布。高地に生育するユリ科の多年草で、花期は6〜7月。園芸用の採取、土地の造成で減少。20年後の絶滅確率は約90％。

トガサワラ
VU。奈良県、和歌山県、高知県で生育が見られる。深山に生えるマツ科の大高木で、自生地は天然記念物などに指定されている。森林伐採で減少。100年後の絶滅確率は約90％。

ヒモヅル
VU。アジアの熱帯に分布し、日本では山口県から九州、鹿児島県屋久島に点在する。常緑のツル性シダ植物で、山地の疎林などに生育。道路工事、土地の造成、森林伐採で減少。

サギソウ
NT。本州、四国、九州に分布。低地の湿地に生育するラン科の地生種で、花期は7〜8月。園芸用の採取、土地の造成で減少。100年後の絶滅確率は約99％。

ミミモチシダ
EN。全世界の熱帯に分布し、日本では沖縄県の南西諸島の南部で局地的に見られる。自生地が保護されているため減少傾向にはないが、環境の保全に十分な注意を要する。

シダ植物

ユキモチソウ
VU。近畿地方と四国の固有種。山地の林に生育するサトイモ科の多年草で、花期は4〜5月。園芸用の採取、森林伐採で激減。100年後の絶滅確率は約99％。

マツバラン
NT。東北地方中部以南の本州、四国、九州、沖縄に分布。北の分布限界付近では岩壁などに、暖地では山林に生育する。園芸用の採取、植生の遷移、森林伐採で減少。

維管束植物以外

＊藻類、菌類数は、肉眼的に評価が可能な種を対象にしています。

鮮苔類
約1800種
EX 0種、EW 0種、
CR + EN 137種、VU 103種、
NT 21種、DD 21種

地衣類
約1600種
EX 4種、EW 0種、
CR + EN 43種、VU 20種、
NT 41種、DD 46種

藻類
約3000種＊
EX 4種、EW 1種、
CR + EN 95種、VU 21種、
NT 41種、DD 40種

クビレミドロ
CR + EN。沖縄県本島に見られる1属1種の日本の固有種。4月ごろが最盛期で、6月には消失する。沿岸の埋め立てや道路建設などで生息地の干潟が荒らされて減少。

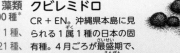

ヒカリゴケ
NT。北半球の北方域に分布し、日本では北海道、長野県以北の雪深い寒冷地に多く見られる。山地の洞穴の中に発生し、青い反射光を出す。観光開発などで生育地が減少。

ナヨナヨサガリゴケ
CR + EN。北海道雄阿寒岳および根室地域、富士山山麓でのみ生育が確認される日本の固有種。針葉樹に着生して樹皮から垂れ下がる。生息地の環境変化で絶滅する可能性が高い。

菌類
約3000種＊
EX 25種、EW 1種、
CR + EN 37種、VU 24種、
NT 21種、DD 51種

ウスキキヌガサタケ
DD。海外での生育報告はなく、京都府、広島県、徳島県、宮崎県のみで確認されている。雑木林内で梅雨期と秋にまれに発生する。土地の造成、ダム開発などで生息地が減少。

◇ 自然環境破壊が続けば、秋の七草のキキョウも100年後には姿を消してしまう!?　植物の絶滅は伝統行事の存続にも影響する。

名前の由来

「名は体を表す」ということわざもあるように、名前には、「こんな人になってほしい」という願いや理想がこめられています。また、過去の人気の名前や人気の一字を知ると、その年代の人々の関心や興味の変化もわかります。

人気の名前の移り変わり

1912年から26年ごろまでは、男の子の名前に目立つのが「一」「三」などの漢数字でした。以前の日本は長男が家を継ぐという考え方が強かったので、だれが長男なのかがわかるように漢数字を名前につけていたのでしょう。

女の子の名前ランキングからは、「ハル」などカタカナが多かったのが漢字になり、最後に「子」をつけるようになったことがわかります。時代が平成に入ってからは、「子」をつけない名前がはやっているようです。

◆ 男の子

生まれた年／順位	1912（明治45・大正元）	1926（大正15・昭和元）	1946（昭和21）	1957（昭和32）	1980（昭和55）	1989（昭和64・平成元）	2000（平成12）	2010（平成22）	2020（令和2）	2021（令和3）
1位	正一（しょういち）	清	稔（みのる）	誠（まこと、せい）	大輔（だいすけ）	翔太（しょうた）	翔	大翔（ひろと、やまと、はると、たいが）	蒼（そう、あお、あおい、そら）	蓮
2位	清（きよし、せい）	勇（いさむ、ゆう）	和夫（かずお）	隆（たかし、りゅう）	誠	拓也（たくや）	翔太	悠真（ゆうま、はるま、ゆうしん）	樹（いつき、たつき）／蓮	陽翔
3位	正雄（まさお、ただお）	博（ひろし）	清	茂	直樹（なおき）	健太（けんた）	大輝（だいき、たいき、ともき、ひろき）	翔	──	蒼湊
4位	正（ただし、せい）	実（みのる）	弘	博	哲也（てつや）	翔（しょう、かける、つばさ、そら）	優斗（ゆうと）／拓海（たくみ）	颯太（そうた）／歩夢（あゆむ）	陽翔（はると、ひなた、ひなと）	
5位	茂（しげる）	茂	博	修	剛（たけし、つよし、ごう）	達也（たつや）	──	──	律（りつ）	樹
6位	武雄（たけお）	三郎	豊（ゆたか）	浩（ひろし、こう）	学（まなぶ、がく）	雄太（ゆうた）	海斗（かいと）	颯真（そうま、ふうま）／蒼空（そら、そあ）／優斗	朝陽（あさひ）	朝陽
7位	正治（まさる、しょうじ）	弘（ひろし）	進	勝（まさる、しょう）	大介（だいすけ）	翔平（しょうへい）	竜也（たつや、りゅうや）		湊（みなと）	大和／悠真
8位	三郎（さぶろう）	正	勇	明	亮（りょう、あきら）	大樹（だいき、たいじゅ、はるき）	陸（りく）／蓮（れん）		新（あらた、しん）	
9位	正夫（まさお）	進（すすむ、しん）	修（おさむ、しゅう）	勉（つとむ、べん）	健一（けんいち）	亮	──	大雅（たいが）／颯（はやて、そう、そら）	大和（やまと）	颯真
10位	一郎（いちろう）	一男（かずお）	明（あきら）	豊	聡（さとし、そう、あきら）	健太郎（けんたろう）	一輝（かずき、いっき）／健太／竜（りゅう、りょう）	──	大翔	陽向（ひなた）

名前の順位については、明治安田生命「生まれ年別の名前調査」（https://www.meijiyasuda.co.jp/enjoy/ranking/）を参照しました。

名前に使える漢字

名前に使えるのは、ひらがな、カタカナ、漢字のみ。アルファベットや句読点、＋や＝などの記号、1、2、3やⅠ、Ⅱ、Ⅲなど漢字以外の数字は使えません。また、漢字もそのすべてが名前に使えるわけではなく、名前に使えるのは、常用漢字と人名用漢字を合わせた2999字。これに含まれていない漢字を用いて名前をつけても、役所で認めてもらえません。

自分の名前について調べてみよう

1. 自分の名字や名前に使われている文字に、どんな意味があるかを漢和辞典などで調べてみましょう。
2. あなたの名前をつけてくれた人に、どんないきさつで名前が決まったのかを聞いてみましょう。
3. 自分の名字や名前に使われている漢字を使った熟語や四字熟語があるかを調べてみましょう。
4. 友達や学校の先生、お父さんやお母さんの名前に使われている漢字についても調べてみましょう。

◇ 江戸時代には、当主は代々同じ名前（世襲名）を名乗る習わしがあった。今でも歌舞伎など芸能の世界にはこの制度が残っている。

◆ 女の子

生まれた年 / 順位	1912 (明治45・大正元)	1926 (大正15・昭和元)	1946 (昭和21)	1957 (昭和32)	1980 (昭和55)	1989 (昭和64・平成元)	2000 (平成12)	2010 (平成22)	2020 (令和2)	2021 (令和3)
1位	千代（ちよ）	久子（ひさこ）	和子	恵子	絵美（えみ）	愛	さくら／優花（ゆうか、ゆか）	さくら	陽葵（ひまり、ひなた、ひより、ひな）	紬
2位	ハル	幸子（さちこ、ゆきこ）	幸子	京子	裕子	彩（あや）	―	陽菜（ひな、はるな、ひなの）／結愛（ゆあ、ゆな、ゆめ）／莉子（りこ）	凛（りん）	陽葵
3位	ハナ	美代子（みよこ）	洋子（ようこ）	洋子	久美子	美穂（みほ）	美咲（みさき、みく）／菜月（なつき）	―	詩（うた）	凛
4位	正子（しょうこ、まさこ）	照子（てるこ）	美智子（みちこ）	幸子	恵（めぐみ）	成美（なるみ）	―	―	結菜	澪
5位	文子（ふみこ、あやこ）	文子	節子（せつこ）	和子	智子（ともこ）	沙織（さおり）	七海（ななみ、なつみ、なみ）／葵（あおい）	美桜（みお、みおう）	結愛	芽依（めい）
6位	ヨシ	和子（かずこ）	弘子（ひろこ）	久美子（くみこ）	愛（あい）	麻衣（まい）	―	美羽（みう、みはね、みわ）	莉子	結愛
7位	千代子（ちよこ）	信子（のぶこ）	京子（きょうこ）	由美子（ゆみこ）	香織（かおり）	舞（まい）	美月（みづき、みつき）／萌（もえ、めぐみ）	葵／結衣（ゆい）	結月（ゆづき、ゆずき、ゆつき）	陽菜
8位	キヨ	千代子	悦子（えつこ）	裕子（ゆうこ、ひろこ）	恵美（えみ、めぐみ）	愛美（まなみ、あいみ）	―	―	紬（つむぎ）／澪（みお、れい）	杏（あん）／紬希（つむぎ）
9位	静子（しずこ）	光子（みつこ）	恵子（けいこ）	明美（あけみ）	理恵（りえ）	瞳（ひとみ）	明日香（あすか）／愛美／詩織（しおり）／彩夏（あやか）／彩乃（あやの）	美咲／結菜（ゆな、ゆいな、ゆうな）	―	
10位	はる	貞子（さだこ）	美代子	美智子	陽子（ようこ）	彩香（あやか）	―	―	結衣	莉子／花（はな）

ミニ百科

人気の名前で使われている気になる漢字

蓮 親しみやすい「レン」の音。訓読みは植物のハス。泥（どろ）の中から花を咲かせるハスのように、苦境（くきょう）にあっても根を力強く張って、たくましく育ってほしいと願う親の気持ちが感じられる。

凛 「身がひきしまる、きりっとした」という意味があり、芯（しん）が強く気品のある人に育ってほしいとの気持ちがこめられている。

結 「むすぶ、つなぐ、集める」などの意味がある。人に愛され、和やかな人の輪を大切にする人間になってほしいという思いが感じられる。

悠 ゆったりしたさまを意味する漢字だ。「自分が選んだ道を焦らず、堂々と進んでほしい」といった、子を思う親心が伝わってくる。

陽 「太陽のように周囲を元気にできる人に育ってほしい」との願いがこめられている。明るく、温かな印象があり、男子、女子ともに人気の一字。

翔 空をかけるような大きなスケール感を抱（いだ）いて、力強く羽ばたいてほしいという願いが感じられる。20年以上、上位に入っている人気の漢字。

◇ 平成の30年間で人気のあった名前ベスト3は、男の子は①翔太（しょうた）②翔（しょう）③健太（けんた）、女の子は①美咲（みさき）②葵（あおい）③陽菜（ひな）。（明治安田生命調べ）

宇宙開発

約137億年前にビッグバンによって誕生したと考えられている宇宙。人々は未知の世界に憧れをいだきながら宇宙の謎を追求してきました。「宇宙から国境線は見えなかった」（毛利 衛）。この言葉を具現するように、各国が協力して完成させた国際宇宙ステーションを拠点に新たな宇宙の謎解きが始まっています。

◆宇宙開発の歩み◆

世界 ※［ソ］はソ連（現在のロシアなど）、［米］はアメリカ	年代	日本
1957年10月 ［ソ］世界初の人工衛星・スプートニク1号打ち上げ	（米ソ宇宙開発競争時代）1950～60	1955年4月 日本初のロケット、2段式ペンシルロケットの水平発射成功*4
61年4月 ［ソ］世界初の有人宇宙船・ボストーク1号、地球を1周*1		64年7月 衛星打ち上げ用ロケット・ラムダ3型打ち上げ、上空1000km到達
63年6月 ［ソ］ボストーク6号に史上初の女性宇宙飛行士*2搭乗		*4 ペンシルロケットを発明した糸川英夫（1912～99年）
69年7月 ［米］アポロ11号打ち上げ、世界初の月面着陸*3		
71年4月 ［ソ］世界初の宇宙ステーション・サリュート1号打ち上げ。ソユーズ10号とドッキング	（太陽系探査の始まり）1970	70年2月 日本初の人工衛星・おおすみ打ち上げ
72年12月 ［米］アポロ計画（月面探査計画）終了		77年7月 日本初の静止気象衛星・ひまわりを米国から打ち上げ
75年7月 ソ連のソユーズ19号とアメリカのアポロ18号がドッキング（宇宙開発競争終わる）		94年2月 初の純国産ロケット・H2打ち上げ
79年12月 欧州宇宙機関（ESA）がアリアンロケット打ち上げ		98年7月 日本初の火星探査機・のぞみ打ち上げ（03年、火星に接近したが軌道投入は断念）
	1980～90（スペースシャトル始動と国際協力の時代）	98年12月 世界最大の大型光学赤外線望遠鏡・すばる完成（米国ハワイに設置）
81年4月 ［米］世界初の有人再使用型ロケット、スペースシャトル（STS）・コロンビア号打ち上げ		
86年2月 ［ソ］宇宙ステーション・ミール打ち上げ		
95年6月 ［米・ロシア］STS・アトランティス号打ち上げ、宇宙ステーション・ミールとドッキング		2003年5月 小惑星探査機・はやぶさ、「イトカワ」へ向けて打ち上げ（10年、地球に帰還）
98年11月 国際宇宙ステーション（ISS）建設始まる		07年9月 月周回衛星・かぐや打ち上げ
2003年10月 中国初の有人宇宙船・神舟5号打ち上げ	2000～国際宇宙ステーション時代	09年9月 ISSへ補給物資を運ぶための無人の宇宙船・こうのとり1号機打ち上げ
08年3月 ［米］ISSの日本実験棟・きぼう打ち上げ		10年5月 金星探査機・あかつき、宇宙帆船の実証機・イカロス打ち上げ
09年6月 ［米］無人月探査機・LROとLCROSS打ち上げ（月面探査を再開）		13年9月 純国産新型ロケット・イプシロン打ち上げ
		14年12月 小惑星探査機・はやぶさ2打ち上げ
11年7月 ISSが完成。アメリカ、ロシア、日本、ESAの11カ国、カナダの各国が協力して運用		18年6月 はやぶさ2が小惑星リュウグウに到着
		20年12月 はやぶさ2のカプセルが地球に帰還

*1 宇宙飛行士・ユーリー・ガガーリン「地球は青かった」
*2 ワレンチナ・テレシコワ「わたしはカモメ」
*3 宇宙飛行士ニール・アームストロング「これは一人の人間にとっては小さな一歩だが、人類にとっては大きな飛躍だ」 ©NASA

◆月探査に乗り出す国々◆

各国が月探査をすすめるワケは？
月の極域では水が凍っているとみられ、氷を採掘することができれば、飲み水だけでなく、水を電気分解することで水素を得て、ロケットの燃料にも使える。月の資源を活用して月に基地をつくり、火星への中継地点になるという未来がやってくるかもしれない。

嫦娥5号
2020年12月に着陸、月の砂などを採取

中国
月探査機「嫦娥4号」「嫦娥5号」の着陸成功に続き、嫦娥6、7号で月の南極を目指す。

ルナ9号
1966年2月、月への軟着陸に初めて成功

ロシア
「ルナ計画」を再開。鉱物資源などを調査する月探査を3回行うことを計画。

月の表側 ©NASA

月の裏側 ©NASA

嫦娥4号
2019年1月、月の裏側への軟着陸に成功

アポロ11号
1969年7月、人類が初めて月面に降り立つ

アメリカ
2025年以降にアポロ計画以来となる宇宙飛行士による月面着陸を目指す「アルテミス計画」を推進中。

インド
月探査機を2度打ち上げ。2019年9月、無人探査機「チャンドラヤーン2号」は南極域への着陸失敗。

日本
2022年度に月探査機「SLIM」を打ち上げ予定。

韓国
2022年8月以降に月軌道船「KPLO」を打ち上げ予定。

◇宇宙開発の進展に伴い、その副産物「宇宙ごみ」が年々増えて人工衛星をおびやかしている。

◆宇宙へ飛び出した日本人宇宙飛行士◆

名前の横は、飛行回数 初フライト

秋山豊寛 1 1990年
日本人初の宇宙飛行士。「ミール」に9日間滞在。

毛利 衛* 2 1992年
STS初の日本人科学者。エンデバー号に搭乗。

向井千秋* 2 1994年
アジア初の女性宇宙飛行士。微小重力実験など。

土井隆雄* 2 1997年
日本人初の船外活動。「きぼう」の設営に従事。

野口聡一* 3 2005年
3回目の宇宙飛行では地球―ISS間往復を米国のスペースXが開発した新型宇宙船「クルードラゴン」で行い、ISSに半年間滞在。

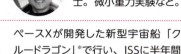

山崎直子* 1 2010年
日本初のママさん宇宙飛行士。ISS設営補給に従事。

古川 聡 1 2011年
ソユーズ宇宙船に搭乗、ISSに165日間滞在。

油井亀美也* 1 2015年
「こうのとり」をロボットアームでキャッチ。

大西卓哉* 1 2016年
日本初、ISSでマウスの飼育を担当。

金井宣茂* 1 2017年
米国のドラゴン補給船をロボットアームでキャッチ。

※ STSの退役後、ISSへ人が行く手段はソユーズ宇宙船だけだったが、2018年10月に打ち上げに失敗。ISSの救世主として期待されている。

＊ JAXA宇宙飛行士 ©JAXA/NASA/GCTC

誕生しています！ 日本人のISS船長

若田光一* 4 1996年
1996年、STS-72に初搭乗。2009年、日本人で初めてISSに長期滞在、日本実験棟「きぼう」を完成させた。13年、4回目の宇宙へ旅立ち、14年3月に第39次ISS船長に就任。

星出彰彦* 3 2008年
初フライトは2008年。ロボットアームで「きぼう」をISSに取りつけるなど、船外活動は日本人最長記録。3回目の宇宙では、ISS船長を務めた。

◆現実になった宇宙旅行◆

アメリカのアマゾン創業者ジェフ・ベゾス氏がつくったブルーオリジンが2021年7月20日、ベゾス氏ら4人を乗せた自社開発のロケットで宇宙往復旅行を行った。数分で高度100kmに到達、無重力を体験した後、パラシュートで着陸した。民間人向けの宇宙旅行がビジネスマーケットとして注目され、多くの民間企業が開発に取り組んだ結果、コストが抑えられ、宇宙旅行が現実的になった。

ブルーオリジンが始めた宇宙旅行
- 惰性で高度100km超へ
- 約3分後、カプセルを切り離し
- 約10分後、パラシュートで着陸
- ロケットも自動で帰還
- ロケットで打ち上げ
- 米国テキサス州

主な宇宙旅行

船名（国名／会社）	スペースシップ2（アメリカ／ヴァージン・ギャラクティック）	ニューシェパード（アメリカ／ブルーオリジン）	スターシップ（アメリカ／スペースX）	アクシオムスペース（アメリカ／アクシオムスペース）
特徴	飛行機型（滑走路に着陸）	カプセル型宇宙船	全長120mの大型宇宙船	ISSに「宇宙ホテル」を設置予定
実施・計画	2022年から商業運航を予定	2021年7月20日に1回目を実施	2021年9月に地球周回旅行を実施	2022年2月に民間人4人のISS訪問旅行を計画
宇宙滞在時間	4分	10分	3日間	
費用	25万ドル（約2700万円）	20万～30万ドル（2200万～3300万円）	非公表	5500万ドル（約60億円）
備考		1回目の座席はオークションにかけられ約30億円で落札されたが、落札者の予定が合わず、繰り上げで18歳の男性が搭乗	ZOZO創業者の前澤友作さんが月を回る旅行を契約	60億円はISSとの往復にかかる1人あたりの費用

日本の民間人がISSに初滞在

ISSに滞在する前澤友作さん。前澤さんのツイッターから

2021年12月、衣料品通販サイト運営会社「ZOZO」の創業者で実業家の前澤友作さんが、ロシアのソユーズ宇宙船でISSに向かい、12日間滞在。費用は100億円前後。滞在中に宇宙で撮影した映像をユーチューブで公開した。

宇宙航空研究開発機構（JAXA） https://www.jaxa.jp　ウェブサイトの内容やアドレスは変更になる場合があります。

✦ ISSでは重力がほとんどないので、しばらく生活すると背中の椎間板が広がり、身長が伸びる。地上に戻れば元どおり。

日本史と世界史　できごと

飛行機や自動車などの交通手段がなかった時代でも、世界と日本のできごとは密接に結びついていたのです。その関係を見てみましょう。

時代	西暦（元号）	日本史のおもなできごと
縄文時代		〈縄文文化がおこる〉
弥生時代	紀元前4世紀ごろ	稲作が始まり、金属器が使われるようになる〈弥生文化がおこる〉
古墳時代	239	邪馬台国の女王卑弥呼が魏（中国）に使いを送る
	552（538説も）	百済から仏教が伝わる
	593	聖徳太子が推古天皇の摂政となる
飛鳥時代	607	遣隋使（小野妹子ら）を送る
	645（大化元）	大化の改新
奈良時代	710（和銅3）	平城京（奈良）に都を移す
平安時代	794（延暦13）	平安京（京都）に都を移す
	1016（長和5）	藤原道長が摂政となる
	1192（建久3）	源頼朝が征夷大将軍になる
鎌倉時代	1274（文永11）	文永の役がおこる
	1281（弘安4）	弘安の役がおこる
南北朝 室町時代	1336（建武3）	南朝と北朝の二つの朝廷ができる（南北朝の対立〜92年）
	1338（暦応元）	足利尊氏が征夷大将軍になり、室町幕府を開く
戦国	1467（応仁元）	応仁の乱が始まる（〜77年）
	1543（天文12）	ポルトガル人が鉄砲を伝える
	1549（〃18）	キリスト教が伝わる
安土・桃山時代	1590（天正18）	豊臣秀吉が全国を統一する
	1600（慶長5）	関ヶ原の戦いがおこる
	1603（〃8）	徳川家康が征夷大将軍になり、江戸幕府を開く
江戸時代	1639（寛永16）	ポルトガル船の来航禁止で鎖国体制完成
	1853（嘉永6）	ペリーが浦賀に来航する
	1867（慶応3）	大政奉還・王政復古の大号令
	1889（明治22）	大日本帝国憲法を発布
明治時代	1894（〃27）	日清戦争がおこる（〜95年）
	1904（〃37）	日露戦争がおこる（〜05年）
大正時代	1914（大正3）	第1次世界大戦に参戦（〜18年）
	1923（〃12）	関東大震災がおこる
	1931（昭和6）	満州事変がおこる
	1937（〃12）	日中戦争が始まる（〜45年）
	1940（〃15）	日独伊三国同盟を締結
	1941（〃16）	太平洋戦争が始まる（〜45年）
昭和時代	1945（〃20）	広島・長崎に原爆が投下される／ポツダム宣言を受諾し、連合国に無条件降伏
	1951（〃26）	サンフランシスコ平和条約・日米安全保障条約に調印
	1960（〃35）	日米新安全保障条約に調印
	1972（〃47）	沖縄がアメリカから返還される／日中国交正常化
平成時代	1995（平成7）	阪神・淡路大震災がおこる／地下鉄サリン事件
	2011（〃23）	東日本大震災がおこる
令和時代	2020（令和2）	新型コロナウイルスの流行で東京オリンピックが延期される

卑弥呼は魏に使者を送った
邪馬台国の女王・卑弥呼が魏（中国）から、「親魏倭王」の称号と金印をもらった。金印は見つかっておらず、邪馬台国の場所も謎。有力なのは大和（畿内）説と九州説。

1世紀に漢の皇帝から送られた金印は現存

日本的な国風文化が花開く
唐文化（中国風）を吸収・消化したうえで、文化の日本化が進んだ。日本独自のかな文字が生まれ、女性や歌人によって用いられた。教養ある女房が宮中で活躍、その二大才女が紫式部と清少納言。
※藤原道長の娘で一条天皇の妃・彰子に仕えたのが紫式部。彰子のライバル定子に仕えたのが清少納言。

あぶなかった！元が襲来
元（中国）と高麗（朝鮮）の連合軍が2度にわたって日本に襲来したが（文永の役、弘安の役）、暴風雨で退却。北条時宗が執権の時のできごと。

鎖国が完成した！
江戸幕府による鎖国政策は、キリスト教禁教と貿易統制・管理が目的。日本人の渡航・帰国の禁止、ポルトガル船の来航禁止、オランダ商館の長崎・出島への移動で完成した。

江戸幕府がたおれる
幕府軍対薩長・新政府軍の戦いには、それぞれ外国からの応援もあった。幕府軍にはフランス、薩長・新政府軍にはイギリスが武器などを提供、軍事顧問を派遣。大政奉還によって、260年あまりの徳川時代は終わる。

日露戦争がおこる
朝鮮・満州（現・中国東北部）の支配権をめぐり日本とロシアが戦争。日本が日本海海戦で勝利して終戦、1905年9月にポーツマス条約が結ばれた。朝鮮の保護権が承認され、ロシアから南樺太、南満州鉄道の利権、旅順・大連の租借権を得た。
※日露戦争の最中、ロシアでは戦争終結と民主化を請願した民衆が軍隊に銃撃される血の日曜日事件がおこる。これを機に革命運動がおこった。

戦争へ向かう日本とドイツ
満州事変により国際的に孤立した日本は日中戦争に突入、ドイツはポーランドに侵攻し第2次世界大戦が始まる。両国にイタリアを加えた3国が日独伊三国同盟を締結した。日本の対英米関係は悪化し、太平洋戦争が避けられないものとなった。

◆開国を迫ったとされるペリーの黒船。本当の目的は、捕鯨船の食料や燃料などの補給地の調査だった。

聖徳太子、大活躍

叔母である推古天皇の摂政となって大活躍。遣隋使を先進国の隋（中国）に派遣し、政治制度や文化を学ばせた。仏教を信仰し、奈良に法隆寺を建立。「冠位十二階」「十七条の憲法」も制定した。

シルクロードは世界の大動脈に

ユーラシア大陸の西と東を結ぶ交易路であるシルクロードは、品物だけでなく、政治経済や文化交流にも一役買った。奈良・東大寺の正倉院には、シルクロードを経てもたらされた宝物が今も大切に保存されている。

※シルクロードの一部は世界遺産（長安-天山回廊の交易路網）として2014年に登録されている。

正倉院宝物「螺鈿紫檀五絃琵琶」＝宮内庁提供

鉄砲とキリスト教がやってきた

ポルトガル人の乗った船が種子島に漂着したことで、鉄砲が最新鋭の武器として戦国大名の間で普及。また、イエズス会の宣教師が入国してキリスト教の布教活動を始め、キリシタン大名も出現。新しもの好きの織田信長は南蛮ファッションを着こなしたという。

黒船来航、幕府は大あわて

徳川政権が弱体化し、日本沿岸には外国船が見られるように。そんな時、アメリカからペリーが黒い蒸気船と帆船の計4隻を率いてやってきた。当時、アメリカは建国してまだ100年たっていない新興国だった。

浦賀に来航した黒船、ミシシッピ号。写真提供／横須賀市自然・人文博物館

成金が生まれる

第1次世界大戦中の好景気で空前の投機熱がおこり、成金が登場。特に造船・海運業界が大きな利益を得、船成金が現れた。この間、日本は債務国から債権国となり、工業が飛躍的に発展した。

朝鮮戦争とベトナム戦争

日本の植民地を脱した朝鮮は、北緯38度線を境に北はソ連、南はアメリカが占領。北は朝鮮民主主義人民共和国、南は大韓民国が成立したが、両国は全面戦争に突入。この戦争の最中、日米安全保障条約が締結された。フランスの支配から脱したベトナムでは、親米のベトナム共和国（南ベトナム）が成立。この政権の打倒をめざして南ベトナム解放民族戦線が結成され、共産主義のベトナム民主共和国（北ベトナム）が支援。1960年6月に日米新安全保障条約が締結された。

ベルリンの壁が崩れた

ドイツ連邦共和国（西ドイツ）とドイツ民主共和国（東ドイツ）に分断していたドイツで、冷戦の象徴だった「ベルリンの壁」が崩壊。東西ドイツの統一が実現した。

世界史のおもなできごと	西暦	時代
人類の発生		原始
採集や狩猟の時代		
エジプト、メソポタミア、インド、中国で文明がおこる（四大文明）	前4000～3000ごろ	
ギリシャ文明がおこる	前800ごろ	
アレクサンドロス大王が東方遠征開始	前334	古代
秦の始皇帝が中国を統一	前221	
ローマが帝政を開始	前27	
〈仏教が中国に伝わる〉		
ゲルマン人の大移動	375	
ローマ帝国が東西に分裂	395	
〈シルクロードで東西交流がさかん〉	395	
隋が中国を統一	589	
唐が中国を統一	618	
十字軍の遠征が始まる（～1291年）	1096	
〈ヨーロッパに都市が発達〉		中世
チンギス・ハーンがモンゴル帝国を建てる	1206	
イギリス（以下、英）、大憲章（マグナカルタ）を制定	1215	
モンゴル帝国、国号を元とする	1271	
〈マルコ・ポーロの東方旅行〉		
ルネサンス（文芸復興）が始まる	1300ごろ	
〈グーテンベルクが活版印刷を発明〉		
コロンブス、アメリカ航路を発見	1492	
宗教改革運動が始まる	1517	
英、スペインの無敵艦隊を破る	1588	近世
英、清教徒革命がおこる（～49年）	1642	
英、名誉革命がおこる（～89年）	1688	
〈産業革命が始まる〉		
アメリカ（以下、米）独立宣言を発表	1776	
フランス（以下、仏）革命がおこる	1789	
仏、ナポレオンが皇帝になる	1804	
アヘン戦争が始まる（～42年）	1840	
〈欧米諸国のアジア進出がさかん〉		
米、南北戦争が始まる（～65年）	1861	近代
第1次世界大戦が始まる（～18年）	1914	
ロシア革命がおこる	1917	
国際連盟が発足	1920	
ソビエト社会主義共和国連邦が成立	1922	
世界恐慌が始まる	1929	
第2次世界大戦が始まる（～45年）	1939	
国際連合が発足	1945	
〈米・ソの冷戦が始まる〉		
中華人民共和国が成立	1949	
朝鮮戦争が始まる（～53年）	1950	
ベトナム戦争が始まる（～75年）	1960	
中国、文化大革命が始まる（～76年）	1966	
EC（ヨーロッパ共同体）が発足	1967	
中国、天安門事件がおこる	1989	現代
東西ドイツが統一される	1990	
湾岸戦争がおこる／ソ連崩壊	1991	
米で同時多発テロが発生	2001	
オバマが米史上初のアフリカ系大統領に	2009	
英、EU（欧州連合）離脱	2020	
新型コロナウイルスが世界的に流行	2020	

◇「余の辞書に不可能という文字はない」の言葉で有名なナポレオン。士官学校卒業時の成績は、58人中、42番だった。

オリンピックの歴史

近代オリンピック（五輪）は、スポーツによる世界平和の促進を目的に、ピエール・ド・クーベルタン（1863〜1937年）が主唱して始まりました。さまざまな違いをこえて世界の人々が集う、オリンピックの意味を考えてみましょう。

◆ オリンピックの歩み　◆ 右欄は日本の動き

開催年・回	開催都市（国）［参加国・地域数］
1896年 第1回	アテネ（ギリシャ）[14]
選手は個人参加（〜第3回）。14カ国から男性のみ241人。	
1900 2	パリ（フランス）[24]
万国博覧会付属の大会（〜第3回）。初の女性選手22人。	
1904 3	セントルイス（アメリカ）[12]
マラソンで選手が途中で車に乗った反則が発覚。	
1908 4	ロンドン（イギリス）[22]
マラソンの距離が42.195kmに（第8回から正式な距離に）。	
1912 5	ストックホルム（スウェーデン）[28]
審判・測定技術などが向上。日本が初参加。	
1916 6	ベルリン（ドイツ）中止（第1次世界大戦）
1920 7	アントワープ（ベルギー）[29]
オリンピック旗の採用、選手宣誓が始まる。	
1924 8	パリ（フランス）[44]
オリンピック村（選手村）の始まり。	
1928 9	アムステルダム（オランダ）[46]
織田幹雄、日本初の金メダル（三段跳び）。	
1932 10	ロサンゼルス（アメリカ）[37]
10万人収容可能の大スタジアム。	
1936 11	ベルリン（ドイツ）[49]
初の聖火リレー。ヒトラーがナチスの勢力を誇示した。	
1940 12	東京（日本）→ヘルシンキ（フィンランド）中止
日中戦争拡大、第2次世界大戦勃発により中止。	
1944 13	ロンドン（イギリス）中止（第2次世界大戦）
1948 14	ロンドン（イギリス）[59]
日本とドイツは、戦争犯罪を問われ招待されなかった。	
1952 15	ヘルシンキ（フィンランド）[69]
敗戦国での開催。日本、オリンピックに復帰。	
1956 16	メルボルン（オーストラリア）[72]
南半球で初開催。検疫の関係で馬術のみストックホルム。	
1960 17	ローマ（イタリア）[83]
アベベ・ビキラ、はだしでマラソン優勝。	
1964 18	東京（日本）[93]
アジア初の開催。柔道が正式競技に採用。	
1968 19	メキシコ市（メキシコ）[112]
アメリカの黒人選手が人種差別反対のアピール。	
1972 20	ミュンヘン（旧西ドイツ）[121]
パレスチナゲリラがイスラエル選手団の宿舎を襲撃。	
1976 21	モントリオール（カナダ）[92]
石油危機の影響で不完全なメインスタジアム。	
1980 22	モスクワ（旧ソ連）[80]
ソ連のアフガニスタン侵攻に抗議し西側諸国が不参加。	
1984 23	ロサンゼルス（アメリカ）[140]
税金を使わず、スポンサー企業の協賛金などで運営。	
1988 24	ソウル（韓国）[159]
男子陸上ベン・ジョンソン、ドーピングで失格。	
1992 25	バルセロナ（スペイン）[169]
南アフリカ、アパルトヘイト撤廃で32年ぶりに参加。	
1996 26	アトランタ（アメリカ）[197]
オリンピック公園で爆破テロ発生。	
2000 27	シドニー（オーストラリア）[199]
韓国と北朝鮮が開会式で合同入場行進。	
2004 28	アテネ（ギリシャ）[201]
アフガニスタンから初の女性選手が参加。	
2008 29	北京（中国）[204]
チベット問題（P43参照）で聖火リレーが混乱。	
2012 30	ロンドン（イギリス）[204]
全参加国・地域から女性選手が参加。	
2016 31	リオデジャネイロ（ブラジル）[207]
難民五輪選手団が参加。	
2021 32	東京（日本）[205]
新型コロナウイルスの世界的流行で1年延期された。	

※2024年はパリ、28年はロサンゼルスでの開催が決定。

● デビューは「NIPPON」

日本は、近代五輪の基礎が確立したといわれる第5回大会で初参加。陸上短距離の三島弥彦、のちに「日本マラソンの父」とよばれる金栗四三の両選手が出場。金栗選手は、「NIPPON」の国名札を掲げ、マラソン用に改良した地下足袋をはいて入場行進した。

旗手は三島選手、その右が（顔は見えないが）金栗選手。後列左から嘉納治五郎団長、大森兵蔵監督。

● 国際スポーツ界の
　一等国へ

第9回大会は、織田幹雄に続き、競泳の鶴田義行が金、日本の女性オリンピアン第1号人見絹枝が陸上800mで銀。第10回大会では、選手131人を派遣して、金7・銀7・銅4のメダルを獲得した。男子100m背泳ぎでは3段の表彰台を日本勢が独占した。

第11回大会、200m平泳ぎで前畑秀子（右）がドイツの選手と死闘。ラジオのアナウンサーが連呼する「前畑ガンバレ」に日本中が沸いた。日本女子初の金メダルを獲得。

● 国際舞台に復帰

戦前に好成績を収めていた水泳、陸上は力を発揮できなかったが、銀2・銅2のメダルを獲得した体操男子の活躍は、「体操ニッポン」の到来を予感させた。

● 戦後の復興を
　世界にアピール

1964年10月10日、アジア初のオリンピックが東京で幕を開けた。日本勢は連日のメダルラッシュで、金16・銀5・銅8を獲得した。女子バレーボールで金メダルを取った「東洋の魔女」のソ連との最終戦に日本中が熱狂した。

第15回大会、日本唯一の金メダルを獲得したレスリングの石井庄八（右）。

日本選手は323人（男269、女54）が入場行進に参加した。

● 冷戦に屈した「平和の祭典」

第22回大会は、アメリカを中心にした西側諸国に連なり日本もボイコットした。金メダルを目指してきた選手は無念の涙。第23回大会では、ソ連を中心に東側諸国が報復ボイコット。第25回大会からは冷戦終結を受け、オリンピックの政治利用は影を潜めた。

第23回大会、柔道無差別級で金メダルを獲得した山下泰裕。モスクワの悲劇を経験した一人だ。

● 女性アスリートの偉業

第27回大会、女子マラソンで高橋尚子が日本陸上界64年ぶり、女性としては史上初の金メダル（P94参照）。第28回大会では、野口みずきがマラソンで金メダルに輝いた。第28〜30回大会、レスリングの吉田沙保里が3連覇。

● 緊急事態宣言下での開催

57年ぶりに日本で開催された第32回大会。緊急事態宣言下のためほとんどの会場が無観客となったが、空手・スケートボードなどの新競技も加わり、日本勢は大活躍！金27・銀14・銅17と過去最多のメダルを獲得した。

卓球の混合ダブルスの決勝で中国ペアを破り、金メダルを獲得した水谷隼、伊藤美誠組。

◆ 日本勢が獲得したメダルは、金169・銀150・銅180。日本人メダリスト第1号は、第7回大会のテニスで銀メダルを獲得した熊谷一弥。

日本の戦後史年表

日本は、世界でも指折りの経済大国となりました。
でも昔から、そうだったわけではありません。
今から77年前、太平洋戦争に敗れた時の日本は、焼け野原と虚脱感が広がる国でした。
そんな荒れた国土のなかから、おじいさんやおばあさん、
そしておとうさんやおかあさんの代の人たちが
どのように頑張ってこの国をつくり上げてきたのか、
その歩みを年表で見てみましょう。

081

1940年代

日本の戦後史年表

焼け野原と東京裁判

1945年8月15日、連合国軍に敗れた日本に残されたのは、一面の焼け野原でした。太平洋戦争後、敗戦国日本の国民がどれだけ頑張って日本を復興させたのかを振り返りましょう。

↓ 昭和

❶終戦直後の東京・日本橋上空です。度重なる空襲で、日本国内の多くの街が燃えてなくなってしまいました。

❷ダグラス・マッカーサー

❸文部省は、教科書の軍国主義的な絵や文章を墨塗りするよう通達。天皇の写真などを奉っていた奉安殿が、墨で塗られて消されています。

❹1945年11月16日、戦争で中断していた大相撲が再開。GHQの兵士たちが、物珍しさから見物に集まりました。

❺1945年11月23日にプロ野球が復活して大人気に。写真は、49年のリーグ戦で活躍する巨人の青田昇。

❻食糧などは配給制で、配られるのはごくわずか。生きていくために、違法に食糧などを売る「闇市」を利用するしかありませんでした。

❼戦勝国の連合国軍が、敗戦国の日本を裁く「東京裁判」が始まりました。戦争や捕虜虐待などの責任を負うとされた日本人7人が絞首刑になりました。

❽1947年7月25日にミス日本選抜野外舞踏会が開かれ、54人が参加しました。優勝の賞金は1万円。当時、大卒の初任給は約4800円でした。

1945年（昭和20）

- 8/15　敗戦。日本の戦後がはじまる❶
- 8/17　軍人の反乱を抑えるべく皇族を起用した東久邇宮内閣誕生
- 8/17　日本武尊が印刷された紙幣が発行。インフレ対策の「新円切り替え」により半年で廃止
- 8/30　連合国軍最高司令官ダグラス・マッカーサー❷が厚木に到着
- 9/2　米戦艦ミズーリ上で日本が降伏文書に調印
- 9/17　鹿児島県枕崎市付近に台風16号が上陸。死者・行方不明者は全国で3756人（枕崎台風）
- 9/20　文部省、「墨塗り教科書」通達❸
- 10月　学童、集団疎開から帰り始める
- 10/4　連合国軍総司令部（GHQ）、治安維持法・特高警察等の廃止、政治犯の即時釈放等を指令
- 10/11　GHQ、5大改革（婦人の解放、労組の助長、教育の自由化・民主化、秘密弾圧機構の廃止、経済機構の民主化）を指示
- 11/6　GHQ、財閥解体を指令
- 11/16　大相撲が、東京・両国の国技館で復活❹
- 11/16　GHQ、時代劇を軍国主義的として上映禁止に
- 11/23　プロ野球復活❺
- 12月　東京の闇市で働く者が約8万人❻
- 12/4　女子教育刷新要綱決定。大学の男女共学制など決定
- 12/15　GHQ、神道と国家を分離。学校での神道教育禁止

1946年（昭和21）

- 1/1　昭和天皇が神格化を否定（天皇の人間宣言）
- 1/4　GHQが軍国主義者を公職から追放することと、極端な国家主義を信じる団体を解体することを指令
- 1/19　NHKラジオで「のど自慢素人音楽会」が放送開始
- 4/10　戦後初の総選挙。婦人参政権が認められ、女性代議士39人誕生
- 4/26　全国の失業者は潜在失業者も含めて600万人
- 5/3　戦争責任者を裁く東京裁判開廷❼
- 5/19　食糧メーデーに25万人参加
- 7/1　米が太平洋マーシャル諸島のビキニ環礁で戦後初の核実験。58年までに67回実施
- 11/3　日本国憲法公布
- 12/8　シベリア引き揚げ第1船、舞鶴に入港

1947年（昭和22）

- 4/20　第1回参議院議員選挙が行われる
- 5/3　日本国憲法施行
- 7/25　ミス日本選抜野外舞踏会開催❽
- 9/1　全体主義的であるという理由で、GHQがラジオ体操を中止にする
- 10/11　判事山口良忠が配給食糧のみで生活して栄養失調死
- 11/6　東京で集団見合い大会に386人参加❾
- 12/6　読売新聞が10大ニュースを募集。10大ニュースの始まり

1948年（昭和23）
- 1/26 帝国銀行椎名町支店で青酸カリにより12人が毒殺される（帝銀事件）⑩
- 3/6 東京に警察庁公認の自動車学校第1号の三田自動車教習所がオープン
- 4月 東京・数寄屋橋に「命売ります」というビラが張り出される。仕事を探していた人が書いたビラと思われる⑪
- 10/8 電球や歯みがきなど、配給制だった物品111種類の自由販売が許可される

1949年（昭和24）
- 1/1 GHQが日の丸を自由に掲揚することを許可
- 7月 戦後の若者の映画「青い山脈」が大ヒット
- 7/6 国鉄総裁が線路上で死体で発見（下山事件）
- 7/15 中央線三鷹駅で無人電車が暴走（三鷹事件）
- 8/17 福島県の東北本線で脱線転覆事故。乗務員3人が死亡（松川事件）。
- 9/23 インドのネール首相が日本の子どもたちの声に応えて贈ったインド象のインディラ（15歳）が、東京に到着、25日に上野動物園へ
- 11/3 湯川秀樹博士が日本人で初めてノーベル賞を受賞

⑨戦争で夫や恋人を亡くした女性のために、あちこちでお見合い大会が開かれて大盛況。

⑩東京の目白駅前に張り出された帝銀事件犯人の指名手配書には、たくさんの人が群がりました。

⑪数寄屋橋に張られた「命売ります」のビラ。「年齢25歳 体格良 いかなる劇務にもたへる自信あり」と連絡先や名前まで書いてあります。

戦後の子どもたち

人気の遊びはメンコやベーゴマ。戦争で、たくさんの子どもたちが孤児になりました。生きるため、GHQの兵士にチョコレートをねだったり、靴みがきをしてお金をもらったりしました。

1940
戦後日本をつくったマッカーサー

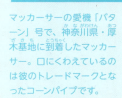
マッカーサーの愛機「バターン」号で、神奈川県・厚木基地に到着したマッカーサー。口にくわえているのは彼のトレードマークとなったコーンパイプです。

　74年前の1945（昭和20）年に、日本は太平洋戦争に敗れた。米軍が夜間に降らせた爆弾や、広島、長崎への原爆のために、67の都市が焼け野原になった。この戦争で、軍人と民間人を合わせて約310万人の日本人の命が失われた。すべてをなくしてしまった日本の戦後は、飢えと混乱のなかで始まった。
　戦前、戦中の日本人は天皇を神のような存在として崇めていた。天皇がいる限り、神の国である日本が戦争に負けるはずがないと信じていた。だが終戦後、圧倒的な軍事力で日本を打ち破った連合国軍から、天皇の上に君臨するものが日本へやってきた。それが、連合国軍総司令部（GHQ＝General Headquarters）最高司令官のダグラス・マッカーサーだった。
　事実上、日本の支配者になったマッカーサーは、古い体質だった日本の仕組みを次々と打ち壊し、自由と民主主義の国へとつくりかえていった。
　軍隊を持つことを許さない憲法をつくらせ、男性に比べて権利が少なかった女性を解放し、働く者の権利を守る労働組合もつくらせた。また、天皇を現人神と敬い、戦争によって国の威力を示そうとする軍国主義教育を禁止して、教育を民主的にした。さらに、耕す土地を持たない小作人に土地を分け与え、一部の企業だけが儲けることがないよう財閥を解体させ、軍国主義者だった人々を、公の仕事から追い出した。
　マッカーサーは日本の占領者ではあったが、多くの人々は、戦前の古い日本から自分たちを自由へと解き放ってくれる者として、彼を迎えいれた。
　マッカーサーが日本にいた5年半のうちに、彼の元には約50万通の手紙が寄せられた。昔の天皇に代わって彼を崇める者、贈り物をしたいと申し出る者が次々と現れた。マッカーサーが日本に残していった日本国憲法を「押しつけ憲法」と批判する人もいる。だが、当時の日本人は、自分たちの力だけでは、あのような憲法を世に出すことはできなかった。そして多くの日本人が、新憲法を歓迎した。
　マッカーサーが残していった遺産のなかから、今の日本は始まったのだ。

これな〜んだ？

ヒント・今なら放り込んでスイッチを押せば簡単にできますが、当時はこれを使って手でゴシゴシしていました。

1950年代

日本の戦後史年表

❶ メーデーのデモ隊が皇居前の警官隊と衝突。2人が射殺され、約1500人のけが人が出ました。

❷「アサヒグラフ」が公開した、長崎市の原子爆弾の爆心から約4km南に離れた倉庫の壁に残された人の跡の写真。

❸ 電気洗濯機はとてもめずらしい機械だったので、実演販売にはたくさんの人が集まりました。

❸ 大卒の初任給が1万円の時代にテレビは20万〜30万円もしたので、街頭テレビが大人気でした。

❹「君の名は」の影響で、主人公の真知子のようにストールを巻く「真知子巻き」(右)が流行。

❺ 水爆実験で被爆した第五福竜丸が水揚げしたメバチマグロにガイガー計数管をあて、放射能の検査をする東京都衛生局の係官。

❺ 第五福竜丸事件の後、他の船が取ったマグロも放射能で汚染されていることがわかり、457トンもの魚が捨てられました。放射能で汚染された「原子マグロ」(原爆マグロ)は仕入れていないと貼り紙を出す鮮魚店もありました。

❻「太陽族」の象徴である石原裕次郎(1960年撮影)は、石原慎太郎(元東京都知事)の弟です。

朝鮮特需と太陽族

終戦後の復興が進むなか、朝鮮戦争が始まりました。国連軍(米軍)の特需により、繊維製品や鉄、金属製品を扱う産業の景気はうなぎ登り。映画や音楽などの娯楽も増えていきます。

1950年 (昭和25)
- 6/25　朝鮮戦争勃発
- 7月　　美空ひばり(13歳)がうたう映画「東京キッド」の主題歌が大ヒット
- 7/2　　金閣寺が放火で全焼
- 7/5　　後楽園球場でプロ野球初の公式戦ナイター
- 8/13　警察予備隊(後の自衛隊)募集始まる
- 11/22　プロ野球初の日本シリーズ開催
- 12/7　池田勇人蔵相が米価値上げの審議中に「貧乏人は麦を食え」と発言したとされ問題化

1951年 (昭和26)
- 1/3　　ＮＨＫが第1回紅白歌合戦を放送
- 4/1　　結核予防法施行。死因統計が再開された1947から50年まで、日本人の死因1位は結核だった
- 4/11　マッカーサー連合国軍最高司令官解任。「老兵は死なず、ただ消えゆくのみ」と名言残す
- 7/31　日本航空(JAL)設立
- 9/8　　サンフランシスコ平和条約(対日平和条約)調印。連合国による占領から解放へ

1952年 (昭和27)
- 2/28　米軍が日本で特権的地位を持つ日米行政協定に調印
- 4/28　対日平和条約発効
- 5/1　　デモ隊が皇居前広場に乱入、警官隊と衝突(血のメーデー事件)❶
- 8/6　　「アサヒグラフ」が原爆被害写真を初公開❷

1953年 (昭和28)
- 2/1　　NHKが1日4時間のテレビの本放送を開始
- 7/16　伊東絹子がミスユニバースで日本人初の3位入賞。「八頭身」が流行語に
- 8月　　三洋電機の噴流式洗濯機が大ヒット。洗濯機・冷蔵庫・白黒テレビが「三種の神器」とよばれて庶民の憧れの的に❸
- 9/15　映画「君の名は」が公開され、大ヒット。ヒロインが巻いていたストールの「真知子巻き」流行❹
- 12月　熊本県・水俣湾周辺で水銀中毒の被害が続出し、「水俣病」とよばれる
- 12/25　初のスーパーマーケット「紀ノ国屋」が東京・青山に開店

1954年 (昭和29)
- 3/1　　ビキニ環礁付近で操業中のマグロ漁船「第五福竜丸」が米の核実験で被曝❺
- 7/1　　陸・海・空の自衛隊が発足
- 9/26　青函連絡船洞爺丸が函館港外で転覆。死者・行方不明者合わせて1155人
- 11月　輸出好調。後に「神武景気」(1954〜57年)とよばれる経済成長始まる

1955年 (昭和30)
- 1/7　　トヨタ自動車工業が国産自動車トヨペット・クラウンを発表
- 5/11　国鉄の紫雲丸が瀬戸内海で第三宇高丸と衝突・沈没して小中学生ら168人が死亡
- 6/1　　1円玉硬貨発行。日本初のアルミ貨幣

7/9 後楽園ゆうえんちが開場。ジェットコースターが人気
8/24 乳児用の森永ミルクに猛毒のヒ素が混入。患者は全国で1万人以上、130人が亡くなる
12月 東芝が自動電気炊飯器を発売

1956年（昭和31）
2/2 評論家の大宅壮一が、低俗なテレビ番組で国民が「一億総白痴化」すると書いて話題に
5/17 戦後の若者を描いた映画「太陽の季節」上映。服装をまねた「太陽族」が街にあふれ、石原裕次郎が大人気 ❻
7/17 経済白書「もはや戦後ではない」と記す
11/22 メルボルン五輪開幕。日本は体操で好成績を収め「体操ニッポン」と呼ばれる

1957年（昭和32）
1/30 群馬の米軍演習場で薬きょう拾いに来ていた農民が米兵に射殺される（ジラード事件）
6月 テレビ受信契約数が50万を突破する
12/28 ＮＨＫと日本テレビがカラーテレビの実験局（ＶＨＦ）を開局。翌年、テレビ受信契約数が100万を突破する

1958年（昭和33）
11月 フラフープが全国で大流行 ❼
12/23 東京タワー完成。高さ333ｍ ❽

1959年（昭和34）
1/11 尺貫法が廃止され、メートル法導入
4/10 継宮明仁親王（現・上皇陛下）と正田美智子さんが結婚 ❾
9/26 台風15号が中部地方に上陸し、死者・行方不明者5098人を出す（伊勢湾台風）❿。1934（昭和9）年9月に高知県の室戸岬に上陸した「室戸台風」（死者・行方不明者3036人）、「枕崎台風」（P82）と合わせて「昭和の三大台風」と呼ばれる

❼ プラスチック製の輪に入り、フラダンスのように腰で回して遊ぶフラフープが大流行しました。

❽ 東京・豊洲埠頭から見た建設中の東京タワーです（1958年6月撮影）。東京タワーは完成当時、自立式鉄塔としては世界一の高さでした。

❾ 民間から初めての皇太子妃誕生に、日本中が「ミッチー・ブーム」。生中継されたパレードを見るために、当時はぜいたく品だったテレビを買う人も。

❿ 伊勢湾台風で流れ出た1本数トンの木材が家屋をなぎ倒し、多数の犠牲者が出ました。この台風をきっかけに、災害対策基本法が制定されました。

1950
復興が進むなか街頭テレビに群がる人々

天覧試合の9回裏に巨人の長嶋茂雄が阪神の村山実からサヨナラホームランを打ち、巨人が5-4で勝ちました。

1950年代は「復興」の時代だった。

戦争で焼け野原となった街が都市に生まれ変わろうとしていた50年に、朝鮮戦争が始まった。繊維や鉄、金属製品といった戦争に必要な物が米軍向けに飛ぶように売れ、壊滅状態になっていた製造業が活気を取り戻した。隣の国で起きた戦争が、日本経済を回復させる原動力となったのだ。

復興が急速に進んだこの時代、庶民の娯楽は映画だった。東京大空襲の夜に東京の数寄屋橋で出会った男女の悲劇を描いた「君の名は」、反核のテーマを秘めた怪獣映画「ゴジラ」、若者の風俗を描いた「太陽の季節」、ガラス越しのキスシーンが話題を呼んだ「また逢う日まで」と、国民は映画に夢中になった。

「太陽の季節」で主役を演じた石原裕次郎の前髪をたらしたスポーツ刈りをまねて、アロハシャツにサングラスといった姿で夏の海辺を歩く若者たちは「太陽族」とよばれた。

53年にはＮＨＫがテレビの本放送を開始。だがテレビはまだとても高価だったので、街角に設置された街頭テレビに人々は群がった。今は当たり前となった、洗濯機・冷蔵庫・白黒テレビが「三種の神器」と呼ばれ、このころの庶民には憧れの的だったのだ。

テレビの人気番組はプロレス、野球にボクシング。力道山が外国人レスラーを倒す姿に、日本人は熱狂した。野球のヒーローは長嶋茂雄。59年6月、昭和天皇が初めてプロ野球を観戦された「天覧試合」で長嶋がサヨナラホームランを打ち、全国の子どもたちが大喜びした。ボクシングの世界タイトル戦を電器店のテレビで見ようと100人が殺到、売り場の床が抜けるという出来事があったのもこのころだ。

一方、朝鮮戦争を契機に、ＧＨＱの命令で警察予備隊（後の自衛隊）が発足した。これに反対する人々のデモも活発化していた54年には、第五福竜丸が操業中にアメリカの核実験で被曝する事件が起きた。反米感情が高まるなか、時代は反戦デモの嵐が吹き荒れる60年代へと移っていく。

これな〜んだ？

ヒント・踏み板の上に乗ってバーの部分を持ち、跳びはねて遊ぶおもちゃです。バネの力で高く跳ぶことができます。1956年に大ブームになりました。跳びすぎて脚の骨に障害をおこす子どももいて、親たちの心配の種でした。

085

1960年代

日本の戦後史年表

高度成長と反戦デモ

日本の経済成長率が年平均で10%を超える高度成長期に入りました。ベトナム戦争に対する反戦運動や大学紛争が広がり、あちこちで機動隊と衝突したのもこの年代です。

❶人手不足に悩む東京へやって来た集団就職の中学卒業生は、なんと年間2万2000人(1962年調べ)。「金の卵」たちは、工場などの職場に配属されました。

❸国会南門に並べられたバリケードのトラックを乗り越え、突入を図る全学連主流派。

❺貨物列車が脱線したところに衝突した下り電車の前1両が脱線し、斜めになったところへ反対側から上り電車が衝突。三河島事故は大惨事になりました。

❷将来は天皇となる男子・浩宮徳仁親王の誕生に、日本中が喜びました。

❹社会党の浅沼稲次郎委員長を刺殺した人物が、まだ17歳の右翼少年だったことに国民は衝撃を受けました。

❻当時の人気ブランド「VAN」の洋服と紙袋を身につけて東京・銀座のみゆき通りにたむろする「みゆき族」たち。大人は「米袋を持ってだらしない格好をした若者が銀座をブラブラしている」と眉をひそめていました。

❼東京オリンピックには94カ国から5541人の選手が参加しました。写真は東京・千駄ケ谷の国立競技場で行われた開会式の模様です。

❽ビートルズ来日コンサート初日には1万3000人のファンが日本武道館に詰めかけ、興奮のあまり失神する女性が続出しました。

1960年(昭和35)
- 1月 求人難で、中学を卒業してすぐに働く人たちが「金の卵」と呼ばれる❶
- 2/23 浩宮徳仁親王(現在の天皇陛下)誕生。男子出生に日本中がわきあがり「ナルちゃん」ブーム❷
- 5/20 衆議院は自民党単独で日米相互協力および安全保障条約(新安保条約)を可決。国会混乱
- 6/15 全学連主流派が、新安保条約可決に反対して国会に突入。警官隊と激しく衝突し、東大生の樺美智子さんが死亡❸
- 9/10 カラーテレビの本放送がスタート
- 10/12 社会党の浅沼稲次郎委員長が刺殺される❹
- 12/27 国民の所得を10年で2倍にする「国民所得倍増計画」が池田勇人内閣の閣議で発表される

1961年(昭和36)
- 4/1 生活保護を受けている人以外の国民が公的医療保険に加入し、医療費を支え合う「国民皆保険制度」が実現
- 4/12 ソ連が人類初の有人衛星である宇宙船「ボストーク1号」を打ち上げ、地球一周に成功。宇宙飛行士第1号となったガガーリン少佐が「地球は青かった」と発言
- 11/11 日本初の生理用ナプキン「アンネ・ナプキン」が発売される

1962年(昭和37)
- 3/1 テレビの受信契約数が1000万突破
- 5/3 国鉄常磐線の三河島駅構内で、貨物列車と人が乗った上下線の電車が二重衝突。死者160人、負傷者300人以上の大惨事に(三河島事故)❺

1963年(昭和38)
- 1/1 テレビアニメ「鉄腕アトム」放送開始
- 6/15 坂本九の「上を向いて歩こう」(スキヤキ・ソング)が全米で売り上げ1位になる
- 11/23 初めて日本とアメリカの間でテレビ中継実験が成功。アメリカのケネディ大統領狙撃のニュースが放映される

1964年(昭和39)
- 4/1 政府関係や企業業務などに限られていた海外旅行が自由化され、観光目的の渡航ができるように
- 9月 みゆき族が話題に❻
- 9/1 日本人初の大リーガー、村上雅則がサンフランシスコ・ジャイアンツのリリーフ投手としてマウンドに立つ
- 10/1 東海道新幹線「ひかり」開業。初代車両0系の最高速度は210kmで、東京・大阪間を4時間で結ぶ
- 10/10 東京オリンピック開幕。日本は16個の金メダルを獲得❼

1965年(昭和40)
- 1/20 日本航空が、海外へ観光旅行をする個人客のためのツアー「ジャルパック」を発売。大卒の初任給が2万円の時代に、ヨーロッパ・ソ連周遊1カ月コースが48万円
- 3/14 八重山諸島の西表島に新種のヤマネコの生息を確認。1967年に「イリオモテヤマネコ」と命名。77年には特別天然記念物に
- 6/6 日本サッカーリーグが開幕。8チームでスタートし、開幕戦の東京・駒沢競技場の観衆は4500人

1966年（昭和41）

- 6/29　ザ・ビートルズ来日 ⑧
- 7/17　「ウルトラマン」テレビ放映開始
- 11月　カー（車）、クーラー、カラーテレビがあこがれの商品になり、頭文字を取って「3C時代」と呼ばれる
- 12月　「丙午生まれの女性は気性が激しく夫を食い殺す」という、中国の五行説にまつわる迷信がある。この年は丙午だったため、出生数が前年より46万3000人も減る

1967年（昭和42）

- 7/4　リカちゃん人形が発売される
- 10/18　カリスマモデルのツイッギーがイギリスから来日。ツイッギー・ルックが大ブームになった ⑨
- 12/11　佐藤栄作首相が核兵器を1.持たず 2.作らず 3.持ち込ませずという「非核三原則」を発表

1968年（昭和43）

- 1/19　アメリカの原子力空母であるエンタープライズが、北ベトナム攻撃前の補給のため佐世保港に入港。ベトナム戦争に反対する人たちの抗議集会などが激化する
- 12/10　東京都府中市で、白バイ警官を装った男が3億円を奪って逃走（3億円事件）。1975年12月10日に時効が成立し、事件は未解決になってしまった ⑩

1969年（昭和44）

- 1/19　学生運動の砦とされた東京大学安田講堂落城。約35時間の闘いはテレビで生中継された ⑪
- 5/17　押しボタン式電話機（プッシュホン）が東京、大阪、名古屋で販売開始
- 7/20　アメリカの宇宙船「アポロ11号」が月面に着陸 ⑫

⑨ 当時のカリスマモデルだったツイッギーのスタイルをまねた、ミニスカートにロングブーツの「ツイッギー・ルック」が大流行しました。

⑩ 3億円事件の犯人とされる男のモンタージュ写真を使った78万枚のポスターが配布されましたが、犯人逮捕には至りませんでした。

⑪ 東京大学安田講堂に立てこもった学生は、屋上から火炎瓶を投げて機動隊を攻撃。8500人の機動隊員が放水などで応戦し、2日間の攻防の末に学生631人が逮捕されました。

⑫ 人類で初めて月面に降りたアームストロング船長は「これは一人の人間にとっては小さな一歩だが、人類にとっては大きな飛躍だ」という名言を残しました。

1960
テレビ時代の幕開け
下町が都市へと変化していく

　1960年代は、日本にとって、さまざまな面で「成長の時代」となった。

　60年代は、テレビの時代として始まった。一家団らんはテレビを見ながら、というのが新しい家族の過ごし方となった。63年に初のアニメ番組「鉄腕アトム」が始まり、また日米間のテレビ中継の実験が初めて行われたその日に、アメリカのケネディ大統領が狙撃されて死亡。人々は映像による報道のリアルさに衝撃を受けた。

　64年には東京オリンピックが開かれた。それに合わせて東京と大阪を4時間で結ぶ「夢の超特急」東海道新幹線が造られ、道路や下水道が整備された。木造の家が高層ビルへと変わり、都市の姿が一変していった。

　生活にゆとりが出てきた若者は、ファッションに目を向けはじめた。「VAN」というブランドのボタンダウンシャツに紺色の三つボタンのブレザー、スラックスといった「アイビールック」に身を固めた若者が街を闊歩した。64年には、東京・銀座のみゆき通りにVANの紙袋を持った若者がたむろし、「みゆき族」と呼ばれた。

　一方、ベトナム戦争に反対する若者たちは、汚れたTシャツにジーンズ、長髪に無精ひげという「ヒッピー」スタイルで、新宿の地下街でフォークギターを弾きながら反戦を訴えていた。反戦運動は全国に広がり、あちこちでデモや抗議集会が開かれた。大学では学生運動が広がり、69年1月、東京大学の安田講堂に立てこもった学生と機動隊が衝突。安田講堂に放水する機動隊と、火炎瓶で応戦する学生の戦闘はテレビで中継された。

　大学生たちが学生運動に身を投じていたころ、子どもたちの憧れの的は宇宙だった。アポロ11号の月面着陸をテレビで見て、子どもたちは宇宙飛行士になりたいと願った。このころは、21世紀には月に住めるようになるとみんなが信じていたのだ。

　60年代は、成長に対する憧れと反発の10年だったといえるだろう。

極彩色のうず巻き模様や、大きな丸メガネが特徴の「サイケ」なファッションは1960年代後半からはやり始め、70年代にブレークしました。

これな〜んだ？

ヒント・真っ黒な肌にクリクリ動く目玉が特徴的なこの人形は、当初は「ウインキー」という名前で売り出されました。口コミで大人気となり、1960年だけで240万個売れました。

1970年代

日本の戦後史年表

狂乱物価とオカルトブーム

石油価格の上昇に伴って、あらゆる物価が値上がりしました。1999年に世界は滅亡するといわれ、超能力など科学では説明できない「オカルト」がブームになりました。

1970年（昭和45）

3/14	大阪で日本万国博覧会「EXPO'70」が開かれる ❶
3/31	赤軍派が日本航空機「よど号」をハイジャックして北朝鮮へ
9/17	ソニーが日本の企業で初めてニューヨーク証券取引所に株式を上場し、取引を開始
11/21	ケンタッキーフライドチキン1号店、名古屋にできる
11/25	作家の三島由紀夫が東京・市谷の陸上自衛隊で割腹自殺 ❷

1971年（昭和46）

4/3	今も続く「仮面ライダーシリーズ」の第1作「仮面ライダー」が放送開始
6/17	日本に沖縄を返す返還協定が日米で同時調印。協定の内容に対する反対デモ多発 ❸
7/20	マクドナルド1号店が銀座三越にできる ❹
8/15	ニクソン・ショック（ドルと金の交換停止）

1972年（昭和47）

2/3	冬季オリンピック札幌大会が開かれる。アジア初の冬季五輪。日本は男子70m級ジャンプで金・銀・銅メダルを独占
2/19	連合赤軍が軽井沢の「あさま山荘」に立てこもり機動隊と応戦。機動隊員2人死亡 ❺
3/7	連合赤軍のリンチで殺された元京大生の凍死体見つかる（13日までに12遺体発見）
5/15	沖縄がアメリカから日本に返還（沖縄の本土復帰）
5/30	イスラエルのテルアビブ空港で日本赤軍メンバーが銃を乱射。岡本公三逮捕
9/29	田中角栄首相が中国と国交を回復
11/5	中国から贈られたパンダ2頭（ランランとカンカン）が上野動物園で初公開 ❻

1973年（昭和48）

2/14	円の変動相場制が1ドル＝277円でスタート
3月	小松左京のSF小説『日本沈没（上・下）』が大ヒットで「沈没ブーム」に。『日本沈没』は400万部を超すベストセラー
8/8	韓国で民主化運動を展開していた野党の指導者・金大中が東京都内のホテルから拉致され、5日後にソウルで解放される（金大中事件）
11/1	巨人軍がプロ野球史上初9連覇達成
10/23	国際石油資本のエクソン、シェル両社が原油価格の30％値上げを決める。オイル・ショックはじまる
11/12	オイル・ショックでトイレットペーパーの買い占め騒ぎ ❼
12月	五島勉の『ノストラダムスの大予言』が大ベストセラー。世紀末ブームが起こる

1974年（昭和49）

2/19	石油の販売元が価格協定を結んで石油製品の一斉値上げを実施したと公正取引委員会が告発（石油ヤミカルテル事件）
3月	自称超能力者ユリ・ゲラー来日
5/15	セブン―イレブン1号店、東京都江東区豊洲に開店
8/30	東京・丸の内の三菱重工本社で時限爆弾による爆発。8人

❶ 日本万国博覧会「EXPO'70」には、3月14日から9月13日までの183日間の会期中に6421万8770人が訪れました。

❷ 三島由紀夫はバルコニーから憲法改正などを訴え、自衛隊員に決起を呼びかけましたが失敗。仲間の介錯で割腹自殺をしました。

❸ 沖縄返還協定は、返還後も米軍基地の大半が残る内容だったため、反対デモが多発しました。

❹ 銀座三越にオープンしたマクドナルド1号店では、ハンバーガーは1個80円。1日の売り上げは100万円を記録しました。

❺ 警察があさま山荘に強行突入した瞬間は全国にテレビ中継され、NHKと民放を合計した視聴率は90％を記録しました。

❻ 中国から贈られたパンダの愛くるしさに、子どもたちが夢中に。プレゼントの定番はパンダのぬいぐるみでした。

❼ オイル・ショックのなか、あらゆる物が店から消えるという噂が広まり、人々は砂糖や塩、トイレットペーパーなどの買い占めに走りました。

❽ 長嶋茂雄が引退するときの「わが巨人軍は永久に不滅です」という言葉は、今も名言として語り継がれています。

死亡（三菱重工爆破事件）
10/14　巨人の長嶋茂雄が引退 ❽

1975年（昭和50）
8/4　日本赤軍による米大使館占拠事件
4/30　1960年から続いたベトナム戦争が終結

1976年（昭和51）
2/4　米航空機製造のロッキード社の違法な政治献金が米上院公聴会で見つかる（ロッキード事件）
7/27　ロッキード事件で元首相の田中角栄を逮捕 ❾
8/25　ピンク・レディーが「ペッパー警部」でデビュー。大人気に
9/6　ソ連のミグ25戦闘機が亡命を求め函館に

1977年（昭和52）
1/4　東京都港区内の電話ボックスなどで拾った青酸入りコーラを飲み2人死亡
4/25　ニューネッシーが引き揚げられる ❿
9/3　巨人の王貞治が通算756号の本塁打世界記録樹立。国民栄誉賞第1号 ⓫
9/28　パリ発東京行きの日航機が、日本赤軍の5人にハイジャックされる（ダッカ事件）

1978年（昭和53）
4/30　冒険家・植村直己、犬ぞりで北極点に到達
5/20　新東京国際空港（現・成田国際空港）開港
7/25　イギリスで世界初の体外受精児誕生
8/12　日中平和友好条約調印
10月　アーケードゲームの「スペースインベーダー」が大ブーム ⓬

1979年（昭和54）
1/26　大阪市住吉区の旧三菱銀行北畠支店に男が猟銃を持って立てこもる。警官と行員計4人を射殺（梅川事件）
6/28　東京でアジア初のサミット開催

1970
過激派とオイル・ショック 日本が若く熱かった

未来の夢を語る大阪万博で幕を開けた1970年代は、日本にとって「青春の季節」だった。77カ国が参加した大阪万博は、過去最大の規模となり、日本中の子どもが夢の万博に何度行ったかを自慢しあった。彫刻家の岡本太郎がデザインした「太陽の塔」が大人気に。アポロ11号が持ち帰った「月の石」が展示された「アメリカ館」は、3時間待ちの行列が当たり前だった。2025年に開催されることが決定した大阪・関西万博でも、胸がおどるようなパビリオン（展示館）が登場するに違いない。

若者たちは、1965年から続くベトナム戦争に嫌気が差し、反戦ムードが盛り上がっていた。若者は大人が嫌う長髪で、裾がラッパのように広がった「ベルボトム」というジーンズをはき、ギターを片手に反戦フォークを街角で歌った。フォークブームの中から、今も活躍する歌手・吉田拓郎や中島みゆきが生まれた。その一方で、学生運動がエスカレートしていった。72年2月、過激派の連合赤軍があさま山荘立てこもり事件を起こす。機動隊が山荘に突入する様子が生中継され、誰もがテレビに釘づけとなった。連合赤軍は仲間の学生など12人を殺していたことが後で判明。74年には東アジア反日武装戦線という過激派が三菱重工のビルを爆破した。あまりに暴力がひどくなったため多くの学生は学生運動から離れ、ノンポリ（政治に無関心なひと）が増えていく。そうして政治の季節が終わりを告げた。

73年10月には、オイル・ショックが起きた。第4次中東戦争のため原油の値段が上がり、物価も急上昇。「石油製品が値上がりする」という噂が流れ、関係のないトイレットペーパーの買い占め騒ぎが起きた。将来に不安を覚える人が増えるなか、『ノストラダムスの大予言』が大ベストセラーに。「1999年に世界は滅亡する」というのだ。科学では説明できない超常現象やオカルトも大流行。スプーン曲げが「超能力」ともてはやされた。

70年代は未来に対する希望で始まり、不安で終わった10年といえるだろう。

8人が死亡した三菱重工爆破事件の後、被害者を国が救済すべきだという声が高まり、1981年には重傷被害者や遺族に国が見舞金を支給する犯罪被害給付制度が施行されました。

❾田中角栄元首相は丸紅元会長らを通じ、ロッキード社から5億円を受領したなどの疑いで逮捕されました。

❿ニュージーランド沖で「瑞洋丸」が引き揚げた生物は「ニューネッシー」という怪獣だと大騒ぎに。後に、ウバザメだと判明しました。

⓫王貞治は1977年に通算756本塁打を放ってハンク・アーロンの世界記録を破り、868号まで記録を伸ばして1980年に引退しました。

⓬インベーダーゲームで遊ぶ店が「ゲームセンター」の始まりです。ゲームセンターでインベーダーに熱中する子どもは不健全だといわれ、社会問題になりました。

これな〜んだ？

ヒント・1971年に大流行したオモチャです。ひもの中央を持って、振り子のように揺らすとカチカチと球がぶつかります。球がぶつかり合う様子と、カチカチという音に子どもたちが夢中になりました。

1980年代

日本の戦後史年表

バブル経済とファミコン

日本に降ってわいたバブル（泡）景気がふくらみ始めました。この時代に登場したファミコンや東京ディズニーランドは、今もわたしたちを楽しませてくれます。80年代の最後に、元号が昭和から平成に変わりました。

1980年（昭和55）
- 4/25 モスクワ・オリンピック不参加を発表
- 5/8 世界保健機関（WHO）が天然痘根絶を宣言
- 8/19 東京都の新宿駅西口で停車中のバスが放火され、6人が死亡（新宿バス放火事件）
- 12月 日本の自動車生産台数が世界一に
- 12/8 元ビートルズのジョン・レノン射殺 ❶

1981年（昭和56）
- 3/2 戦争で残されていた中国残留孤児が初来日
- 6/17 東京都江東区深川の商店街で通り魔事件が発生し、4人が死亡（深川通り魔殺人事件）
- 8月 「なめ猫」グッズが大ブーム ❷

1982年（昭和57）
- 2/8 ホテル・ニュージャパンの火事で33人死亡
- 2/9 日本航空機が羽田沖に墜落。乗客24人死亡
- 4/1 500円硬貨発行
- 10/4 フジテレビ「笑っていいとも！」放送開始。2014年3月31日に放送が終了するまでの放送回数は8054回

1983年（昭和58）
- 4/15 千葉県浦安市に東京ディズニーランド開園 ❸
- 7/15 ファミリーコンピュータ（ファミコン）発売 ❹
- 9/1 大韓航空機、サハリン上空でソ連戦闘機に撃墜される。日本人28人を含む乗員・乗客269人全員死亡

1984年（昭和59）
- 3/18 江崎グリコの社長が誘拐されるグリコ事件が起きる。いまだに犯人分からず ❺
- 7/28 ロサンゼルスで第23回オリンピック開催。柔道無差別級で山下泰裕選手が金メダル
- 10/25 オーストラリアから友好の印として初めて日本に贈られたコアラ6匹が成田空港に到着。コアラのぬいぐるみやまんじゅうなどが売れ、コアラブームに

1985年（昭和60）
- 5/17 職場での女性差別をなくそうとする男女雇用機会均等法が成立。1986年4月1日施行
- 8/12 羽田発大阪行きの日本航空123便が群馬県御巣鷹山に墜落（日航ジャンボ機墜落事故）。乗員・乗客520人が死亡し、4人が生還。死者520人は単独機の事故で史上最悪 ❻
- 9月 宅配ピザの1号店「ドミノ・ピザ」が東京・恵比寿にオープン
- 9/13 ファミコンソフト「スーパーマリオブラザーズ」発売。国内618万本の大ヒット
- 9/22 主要5カ国の蔵相会議でドル高を抑える「プラザ合意」。1ドル242円が230円に上がり、円高時代に突入
- 11/2 阪神タイガースが日本シリーズで西武ライオンズを破り、初の日本一になる。これ以降2021年まで、阪神タイガースは日本一になっていない ❼

1986年（昭和61）
- 4/8 アイドル歌手・岡田有希子（18歳）が飛び降り自殺
- 11/15 伊豆大島の三原山大噴火。全島民1万人避難

❶1980年12月24日に日本でも開催されたジョン・レノンの追悼集会には、約6000人のファンが集まりました。

❷子猫に太めの学生ズボンや、ひきずるほど長いスカートをはかせた「なめ猫」グッズが「なめんなよ」のセリフとともに大人気。

❸日本初の「テーマパーク」（パレードやアトラクションなどがひとつのテーマの下に統一されている施設）である東京ディズニーランドが開園しました。

❹ファミコン大人気で品切れが続出。2003年9月に製造を終了するまでに、6191万台の販売台数を記録しました（1986年撮影）。

❺グリコ事件の犯人は、スーパーの棚に並べられているお菓子に猛毒の青酸ソーダを入れ、「毒を入れられたくなかったらお金を払え」と企業を脅しました。

❻520人が死亡した日航ジャンボ機墜落事故では、多くの遺体の損傷が激しく、身元の特定に時間がかかりました。

❼阪神ファンは、夜通し「六甲おろし」を歌いながら初めての日本一を祝いました。

❽「ドラゴンクエストⅢ」の発売日には、池袋東口の量販店に1万人以上が行列。子どもだけではなく、大人もゲームに夢中になりました。

1987年（昭和62）
- 3/30 安田火災海上が、オークションでゴッホの絵の「ひまわり」を53億円で落札
- 5/3 朝日新聞阪神支局に目出し帽の男が侵入し、散弾銃を乱射。記者1人が死亡し、1人が重傷。「赤報隊」を名乗る団体から犯行声明が出されるが、解決せず。2002年に時効成立
- 9/30 都内に1坪（3.3㎡）1億円以上という土地が出現。地価が平均1.85倍に値上がり。土地バブルはじまる
- 10/19 ニューヨーク株式市場で株価が大暴落（ブラックマンデー）

1988年（昭和63）
- 2/10 ファミコンソフト「ドラゴンクエストⅢ そして伝説へ…」発売 ❽
- 3/13 青森と北海道を海底で結ぶ、青函トンネル（53.85km）が開業
- 7/23 潜水艦「なだしお」、遊漁船と衝突。30人死亡
- 9/17 ソウルで第24回オリンピック開催
- 9/19 昭和天皇が大量に吐血。容体が急変する

▼ 平成

1989年（昭和64、平成1）
- 1/7 昭和天皇逝去。元号が昭和から平成に ❾
- 2/13 未公開株を使った贈賄容疑でリクルート前会長ら逮捕（リクルート事件）
- 2/24 昭和天皇の「大喪の礼」が行われる ❿
- 4/1 消費税が日本で初めて実施。税率は3％
- 6/4 北京の天安門広場で民主化などを要求する学生らを人民解放軍が武力制圧し、死傷者多数（天安門事件）⓫
- 11/9 東西ドイツを隔てていた「ベルリンの壁」検問所を東ドイツが開放。10日から壁の破壊が始まる ⓬

❾ 元号は「昭和」から「平成」に変わりました。平成という名前には「国の内外にも天地にも平和が達成される」という願いが込められています。写真の人物は小渕恵三官房長官(当時)です。

❿ 昭和天皇のお葬式にあたる大喪の礼で、昭和天皇の柩を納めた葱華輦が葬儀殿（天皇が亡くなったとき、葬儀場に設ける仮の御殿）に向かうところです。

⓫ 中国人民解放軍は、民主化を求める学生が座り込んでいた天安門広場を戦車と装甲車で武力制圧。

⓬ 東ドイツ国民の西側への脱出を防ぐ目的で1961年8月に築かれ、ドイツ民族分断のシンボルだった「ベルリンの壁」が崩壊。

1980 好景気に浮かれる大人とファミコンブーム

東京・日本橋の三越本店では、1989年1月に5億円の福袋が登場して話題になりました。中身はルノワールとピカソの絵でした。

　バブル経済の始まりは、アメリカ、イギリス、西ドイツ、フランス、日本の主要5カ国の財務大臣や中央銀行総裁などが集まって開かれた会議でまとまった「プラザ合意」だ。当時は「円安ドル高」で、安くて品質がよい日本の製品がアメリカに大量に輸出されていた。逆に、日本ではアメリカの製品は高くてあまり売れなかった。そこで、5カ国が協力して円を高く、ドルを安くすることにしたのだ。

　円は1ドル242円から230円になった。例えば、日本製の自動車が240万円だとすると、アメリカ国内では約9917ドルから約1万434ドルに値上がりすることになる。日本製品があまり売れなくなり、日本の輸出産業は大打撃を受けた。これが「円高不況」である。

　不況対策のため、日本銀行は日本の金利全体を決める水準である「公定歩合」を下げた。企業が銀行からお金を借りたときに、借りた対価として銀行に払わなければならない「利子」も安くなったので、企業は銀行からお金を借りやすくなった。

　銀行からお金を借りた企業は土地を買い、土地を担保にしてお金を借りて、そのお金で再び土地や株を買った。企業が土地をたくさん買ったので、土地の値段が急上昇した。土地の売買で儲けて好景気に浮かれた人たちが、毎晩のように六本木や銀座に繰り出して遊び、東京都港区麻布十番には「マハラジャ」という豪華なディスコができた。大人は降ってわいた好景気に有頂天だった。

　一方、子どもたちの心をとらえたのは、カセットを差し替えて、いろいろなゲームを遊べる「ファミコン」だった。スーパーマリオブラザーズでは、マリオをいくらでも増やせる技が雑誌に投稿されて「裏技・裏テク」ブームが起きた。

これな〜んだ？

ヒント・各面には、列ごとに回転する色つきの立方体（キューブ）が9個。ハンガリーのエルノー・ルービックさんが作り、1980年7月25日に発売されたパズルです。

091

1990年代

日本の戦後史年表

バブル崩壊とコギャル

バブル経済がついに崩壊。会社が次々に倒産しました。一方で、女子中学・高校生を中心とした「コギャル」は元気いっぱい。「プリクラ」ブームなどの発信源となりました。

❶弟の横綱貴乃花（左）と兄の大関、3代目若乃花（右、後の横綱）の活躍で相撲ブームに（1995年撮影）。

❷企業主導ではなく、地域密着をうたうプロスポーツリーグであるJリーグが開幕。

❸帰国子女で元外交官の雅子さんは、働く女性からの注目を集めました。

❹ロスタイムの失点でワールドカップ出場を逃してしまった「ドーハの悲劇」。

❺1991年のフィリピン・ピナトゥボ山の噴火により世界的に気温が下がり、93年はコメが凶作に。人々はコメを買うために行列をつくりました（平成コメ騒動）。

❻震度7を記録した阪神・淡路大震災で、横倒しになった阪神高速道路神戸線。

❼東京都港区の営団地下鉄（現東京メトロ）神谷町駅で、ほかの乗客から手当てを受ける地下鉄サリン事件の被害者。

❽野茂は、大リーグで活躍する多くの日本人選手の先駆者的な役割を果たしました。

1990年（平成2）
- 3/27 大蔵省（現財務省）が「総量規制」を通達。バブル経済崩壊が始まる
- 6/29 礼宮文仁親王と川嶋紀子さんが結婚。秋篠宮家創設
- 8/2 イラクがクウェートに侵攻し、湾岸危機が勃発
- 11/12 明仁天皇（現上皇）、即位の礼

1991年（平成3）
- 1/17 クウェートに侵攻したイラクを多国籍軍が空爆し、湾岸戦争勃発。アメリカのブッシュ大統領は2月27日に勝利宣言
- 5/14 横綱千代の富士が引退し、若貴ブームに❶
- 6/3 雲仙・普賢岳で大規模火砕流。死者43人
- 12/21 ソビエト連邦崩壊

1992年（平成4）
- 6/15 国連平和維持活動（PKO）協力法案が成立
- 7/25 バルセロナ・オリンピックがスペインで開幕。岩崎恭子が競泳史上最年少の14歳で優勝
- 9/12 学校週5日制スタート。当初は第2土曜日のみ休みに
- 10/23 明仁天皇、美智子皇后が初めて中国を訪問。日中国交正常化20周年にあたり実現

1993年（平成5）
- 5/15 日本プロサッカーリーグ（Jリーグ）開幕❷
- 6/9 皇太子徳仁親王（現天皇）と小和田雅子さんが結婚❸
- 7/12 北海道南西沖地震。マグニチュード7.8を記録し、大津波が奥尻島などを直撃。死者・行方不明者数が合わせて230人となる大惨事に
- 10/28 「ドーハの悲劇」❹
- 12/9 白神山地（青森県、秋田県）と屋久島（鹿児島県）が日本初の世界自然遺産に、10日には法隆寺地域の仏教建造物（奈良県）と姫路城（兵庫県）が日本初の世界文化遺産に決定

1994年（平成6）
- 2月 平成コメ騒動❺
- 4月 数字表示タイプのポケベルがブームになる
- 4/26 名古屋で中華航空機墜落。264人死亡
- 6/27 松本サリン事件（8人死亡）
- 7/9 日本人初の女性宇宙飛行士、向井千秋さんが乗ったスペースシャトル・コロンビアが打ち上げ
- 9/4 関西国際空港開港

1995年（平成7）
- 1/17 阪神・淡路大震災が発生。6434人が死亡❻
- 3/20 地下鉄サリン事件❼
- 7月 その場で撮った写真をシールにできる「プリント倶楽部」（プリクラ）がゲームセンターで大ブームに
- 11/9 アメリカ・大リーグの野茂英雄がナショナル・リーグ最多の236三振を奪い、日本人初の新人王投手になる❽
- 11/23 パソコンのOS「ウィンドウズ95」が発売される。以後、パソコンの普及が加速化
- 12/8 福井県敦賀市の高速増殖炉「もんじゅ」事故

1996年（平成8）
- 2/27 ゲームボーイのソフト「ポケットモンスター　赤・緑」発売。

1990 不況や大災害、でも元気な女子中・高生

今も盛んなプリクラが、はやりだしたのはこのころ。

　大蔵省は土地の値段を正常に戻すため、銀行が不動産などに関連してお金を貸すことを規制する「総量規制」を行った。土地の値段が下がり、土地を担保に銀行からお金を借りていた会社は返済できなくなって、倒産するところも出現した。銀行は、貸したお金を返してもらえなくなり、経営が圧迫される。企業の株価も暴落した。こうしてバブル経済は崩壊し、日本は長い不況のトンネルへと入っていく。

　不況のなか、女子中学・高校生が中心の「コギャル」は元気だった。安室奈美恵のファッションをまねて（アムラー）真っ黒に日焼けし（ガングロ）、短いスカートに靴下をたるませて（ルーズソックス）街を闊歩する彼女たちは、ポケベルやたまごっち、プリクラなどのブームを次々とつくり出した。靴下卸売業の「ブロンドール」は1996年だけで約60万足のルーズソックスを販売するなど、コギャルは停滞する経済に活力を与える存在となった。

　90年代は、ショッキングな事件や災害が続いた時代でもあった。長野県松本市で猛毒のサリンがまかれ、8人が死亡し、600人を超える重軽症者が出た。続いて東京の営団地下鉄にサリンがまかれ、13人が死亡、6000人以上の重軽症者を出す地下鉄サリン事件が起きた。宗教団体による組織的な犯罪だと分かり、オウム真理教の教祖の麻原彰晃（本名・松本智津夫）らが逮捕された。その裁判は2018年1月に判決がすべて確定した。松本智津夫をはじめ、オウム関係者の死刑囚は元教団幹部13人にも及ぶ。18年7月6日には松本死刑囚ら7人、7月26日には6人の死刑が執行され、一連の事件で死刑が確定した13人全員の死刑が執行された。

　95年1月17日には、マグニチュード（M）7.3の直下型大地震が神戸や大阪を襲った。日本の大きな建物は横揺れに強く造られていたが、縦揺れの地震に多くのビルや高速道路が壊れた。死者・行方不明者は6437人、負傷者は4万3792人と被害は大きかった。被害の様子をテレビで見た多くの人々が、救援物資を持って神戸にかけつけてボランティア活動を行った。人々の間に芽生えたボランティア意識は、その後の災害などでも発揮された。

以後大ブームになる

5/28　岡山県邑久町（現瀬戸内市）で病原性大腸菌「O157」による食中毒が発生。その後、全国に広がる

6/18　経営破綻した住宅金融専門会社に公的資金を投入する住専処理法が成立

7/19　アトランタ・オリンピック開幕。マラソンで有森裕子が銅メダルを獲得し「自分をほめたい」が流行語に

11/23　携帯ゲームの中でペットを育てる「たまごっち」が発売。爆発的ヒット ❾

12月　長い靴下をわざとたるませてはくルーズソックスが女子高生に大ブーム ❿

1997年（平成9）

3月　携帯電話・PHSの普及台数が約3000万台に。電話はひとり1台を持ち歩く時代へ

4/1　消費税が3%から5%に増税

5/27　神戸須磨連続児童殺傷事件

11/16　サッカー日本代表が、ワールドカップ・フランス大会初出場を決める ⓫

1998年（平成10）

2/7　長野冬季オリンピック開幕 ⓬

4月　日本の失業者数が277万人を突破

10/23　日本長期信用銀行の経営が破綻する。12月13日には日本債券信用銀行も破綻

12月　企業倒産が戦後最悪の数字となり、負債総額は14兆3812億円。完全失業率が4.3%と戦後最悪の記録を更新

1999年（平成11）

1/1　欧州11カ国が新通貨・ユーロを導入

2月　NTTドコモが「iモード」サービスを開始

3/3　「おかあさんといっしょ」で話題を呼んだ「だんご3兄弟」発売。300万枚超のヒット

9/30　茨城・東海村の核燃料加工会社で臨界事故。作業員2人死亡

❾ 育て方によってはペットがグレたりする「たまごっち」が大ヒット。

❿ 靴下をわざとたるませる「ルーズソックス」は、足が細く見えることからブームになりました。

⓫ イラン戦で岡野雅行がVゴールを決め、ワールドカップ・フランス大会出場が決定した「ジョホールバルの歓喜」。

⓬ 長野冬季オリンピックで、日本はスキージャンプの船木和喜などが計10個のメダルを獲得。

これな〜んだ？

ヒント・携帯電話が普及していなかったこの時代は、電話のプッシュボタンから電話番号などの数字を送信して、受信した人が公衆電話などからその番号へと電話をかけ直すこの道具が使われていました。

こたえ：ポケットベル（ポケベル）

093

2000年代

日本の戦後史年表

戦争と不況をチェンジ

2001年9月11日に米国で発生した同時多発テロは、人々を悲しみと恐怖のどん底に突き落としました。争いと不況に嫌気が差した人々が求めたのは「チェンジ」でした。

2000年（平成12）
- 7/8 三宅島が噴火。9月1日には全島避難に発展 ❶
- 9/15 シドニー・オリンピック開幕。9月24日に高橋尚子がマラソンで陸上女子初めての金メダル獲得 ❷

2001年（平成13）
- 3/16 物価が下がり続ける「デフレーション」発生を政府が認定
- 6/8 大阪教育大学付属池田小学校に刃物を持った男が乱入。児童8人死亡
- 9/10 国内初の牛海綿状脳症（BSE）発生を確認
- 9/11 アメリカの世界貿易センタービルにジェット旅客機が衝突。米同時多発テロ ❸
- 11/20 米大リーグ、シアトル・マリナーズのイチローが、日本人初のア・リーグ最優秀選手（MVP）に選出。新人王、首位打者、盗塁王も獲得
- 12/1 皇太子妃雅子さまが第1子の敬宮愛子さまをご出産

2002年（平成14）
- 5/31 サッカー・ワールドカップ日韓共同開催 ❹
- 8/7 多摩川の下流で「タマちゃん」発見 ❺
- 9/17 日朝の首脳会談で北朝鮮側が日本人拉致を初めて認める。被害者5人が帰国へ
- 10/9 ノーベル賞で小柴昌俊さん（10月8日に受賞が決定）と田中耕一さんが日本初のダブル受賞 ❻

2003年（平成15）
- 3/20 原因不明の肺炎が中国などで集団発生と世界保健機関（WHO）が緊急警報。後に重症急性呼吸器症候群（SARS）と命名
- 3/20 アメリカが大量破壊兵器保持を理由にイラクを武力攻撃。4月9日にバグダッド制圧
- 12/13 サダム・フセイン元イラク大統領拘束

2004年（平成16）
- 2/8 陸上自衛隊の派遣本隊第1陣がイラク南部サマワに到着
- 10/6 イラクには大量破壊兵器はなかったとアメリカ政府調査団が発表
- 10/23 新潟県中越地震（M6.8）発生。死者68人

2005年（平成17）
- 4/25 JR宝塚線（福知山線）が脱線。死者107人 ❼
- 9/11 郵政民営化を争う総選挙で自民党圧勝 ❽
- 10/14 郵政民営化法が成立

2006年（平成18）
- 2/23 トリノ冬季オリンピックのフィギュアスケート女子で、荒川静香が金メダル ❾
- 6/20 小泉純一郎首相がイラクに駐留する陸上自衛隊の撤退を正式表明
- 9/6 秋篠宮妃紀子さまが悠仁さまをご出産。皇室に41年ぶりの男子誕生
- 11/22 4年10カ月に及ぶ景気拡大で「いざなぎ景気を超えた」と政府が発表
- 12/30 サダム・フセイン元イラク大統領の死刑執行。

❶2000年8月18日に三宅島で最大規模の噴火が起き、全島民が避難しました。

❷シドニー・オリンピックの女子マラソンで、高橋尚子は2時間23分14秒という記録で金メダルを獲得。

❸2001年9月11日に同時多発テロがアメリカを襲い、死者は2973人。写真は世界貿易センタービル跡（グラウンド・ゼロ）。

❹ワールドカップ・日韓大会の1次リーグで日本はロシアを1-0で下し、記念すべき初勝利。写真はゴールを決めた稲本潤一。

❺東京の多摩川や、横浜市の帷子川などに出没したアゴヒゲアザラシの「タマちゃん」が大人気。横浜市西区から「ニシ・タマオ」という名で住民票が与えられて話題に。

❻ノーベル賞を受賞した田中耕一さん（左）と小柴昌俊さん。田中耕一さんの親しみやすい人柄が人気を呼び、一躍、時の人に。

❼兵庫県のJR宝塚線（福知山線）塚口－尼崎間で快速電車が脱線し、先頭車両と第2車両が線路わきのマンションに激突。107人が死亡しました。

❽小泉首相（右）が争点を「郵政民営化」に絞った第44回衆議院議員選挙で、自民党は296議席を獲得して圧勝。

2000 「チェンジ」にだれもが心浮かれた時代

2001年9月11日。アメリカの繁栄の象徴だった世界貿易センタービルに、2機の旅客機が衝突。ビルが崩れ落ちる様はテレビで中継され、人々に衝撃を与えた。後に「9・11米同時多発テロ」と呼ばれるこの事件の容疑者は、国際テロ組織「アルカイダ」のメンバー。アメリカのブッシュ大統領はテロ組織への徹底抗戦を表明し、大量破壊兵器の隠ぺいを理由にイラクを武力攻撃した。テロや戦争が世界を覆うなか、日本も04年に陸上自衛隊をイラク・サマワに派遣。これに反発したイラクの武装勢力が日本人のボランティアや外交官を拉致・殺害する事件が起きた。

アメリカによるイラクへの強引な武力攻撃には日本からも反発の声があがり、アメリカ大使館の前で抗議デモが行われました（2003年3月20日撮影）。

経済面では、1990年代初めのバブル崩壊後、個人があまり物を買わなくなったため、売り手は、商品の価格を引き下げた。その結果、日本経済は物価が下がり続ける「デフレーション」に突入した。

価格を下げると企業の利益も減るため、商品を作るコストを減らす必要が生じ、社員の給料を下げたり、社員数を減らしたりする「リストラ」が始まる。その結果、個人消費は減り続け、物が売れないので企業はより価格を下げるという悪循環に陥った。また、正社員ではない派遣社員やパートなどの非正規雇用が増え、お金を持つ人と持たない人の格差が広がった。

アメリカでは、住宅ローンを返済できない人が続出して金融機関が多額の損失を抱える「サブプライムローン問題」をきっかけに、世界に波及した金融危機が発生。株価が急速に下落し、大手証券会社リーマン・ブラザーズが破綻した。不景気の波とテロからアメリカの人々は「チェンジ」を求め、09年には初のアフリカ系大統領としてバラク・オバマ氏が就任し、12年に再選された。日本でも09年に政権交代が起きたが、12年12月16日に行われた第46回衆議院議員選挙で民主党（当時）は大敗。自民党が再び第1党となった。第4次安倍内閣は、デフレ脱却を目指して大胆な金融緩和などを柱とする経済政策「アベノミクス」を掲げた。

2007年（平成19）
- 2/14 持ち主が分からない「宙に浮いた年金記録」が、5000万件にのぼることが明らかに。与党は「年金時効特例法」を制定し対応
- 9/12 安倍晋三首相が突然の辞任会見。9月26日に福田康夫氏が内閣総理大臣に就任

2008年（平成20）
- 3/14 中国・チベット自治区で僧侶や住民と中国治安当局が衝突。死傷者多数
- 6/8 東京・秋葉原で無差別殺傷事件。7人死亡
- 9/1 福田康夫首相が退陣表明。9月24日に麻生太郎氏が内閣総理大臣に就任
- 9/15 アメリカの大手証券会社リーマン・ブラザーズ破綻。世界同時株安となり、金融危機に（リーマン・ショック）
- 11/4 アメリカ大統領選で、民主党のバラク・オバマ氏が第44代アメリカ大統領になることが決定。初のアフリカ系大統領

2009年（平成21）
- 4/24 WHO、メキシコで豚を起源とする新型インフルエンザを確認と発表 ❿
- 5/9 カナダから帰国した日本人3人が新型インフルエンザに感染していたことが発覚
- 8/3 裁判員制度による初の裁判が始まる
- 8/15 新型インフルエンザで国内初の死者
- 8/30 第45回衆議院議員選挙で、民主党が308議席を獲得。9月16日に鳩山内閣発足で自民党から民主党への政権交代が実現 ⓫
- 11/13 アメリカのバラク・オバマ大統領来日。鳩山首相と日米首脳会談 ⓬

❾ トリノ冬季オリンピックで荒川静香がオリンピックのフィギュアスケートでアジア初の金メダルを獲得。

❿ 突然の新型インフルエンザ襲来に、全国でマスクが品薄に（2009年5月19日に福岡市で撮影）。

⓫ 度重なる首相交代、官僚主導の政治などで自民党に嫌気が差した人たちが投票した結果、民主党が308議席を獲得。政権交代が実現しました。

⓬ 日米首脳会談を前に握手する、来日したアメリカのバラク・オバマ大統領（左）と鳩山由紀夫首相。

これな〜んだ？

ヒント・ソニーが開発・販売した犬型ロボット。頭をなでたり、音を聞かせたりすると、喜びや悲しみなどの感情を表現します。1999年6月1日に3000台限定で販売を開始したところ、わずか20分で完売。2000年からは注文販売になり、累計15万台が売れましたが、06年に生産が終了。18年1月には、人工知能を搭載した新型アイボが発売されました。

095

2010・20年代

日本の戦後史年表

震災から復興へ

東北地方太平洋沖地震では、地震や津波で大きな被害が出ました（東日本大震災）。震災から10年経った今でも、復興は完全ではありません。2016年には熊本地震、18年には北海道胆振東部地震が発生しました。

2010年（平成22）
- 6/11 サッカーの第19回ワールドカップが開幕。日本は海外開催では初の決勝トーナメント進出
- 7/11 政権交代後初めての参議院選挙が投開票。民主党の議席が106議席に減り、与党が過半数を割る。衆議院と参議院で多数派の政党が異なる「ねじれ国会」に

2011年（平成23）
- 3/11 東北地方太平洋沖地震が発生。さらに、東北・関東沿岸に巨大津波が到達。死者・行方不明者合わせて約2万人 ❶
- 3/12 東京電力福島第一原子力発電所（福島第一原発）が、東日本大震災の被害で炉心を冷却できず水素爆発 ❷
- 5/12 福島第一原発1号機で「メルトダウン」が起きていたことが判明。16日には2号機、3号機のメルトダウンも判明
- 7/18 サッカーの女子ワールドカップ・ドイツ大会で日本代表が初優勝 ❸

2012年（平成24）
- 7/27 ロンドン夏季五輪が開幕。7個の金メダルを含む日本の総メダル数は過去最多の38個
- 10/8 iPS細胞（人工多能性幹細胞）の作製に成功した京都大学の山中伸弥教授のノーベル医学生理学賞受賞が決定
- 12/16 第46回衆議院選挙が投開票され、自民党と公明党が圧勝。政権再交代となり、民主党政権は3年3カ月で終わる

2013年（平成25）
- 7/21 第23回参議院選挙が投開票され、自民党は公明党と合わせて全議席の過半数を獲得。国会で衆参の多数派が異なる「ねじれ」状態が3年ぶりに解消
- 9/7 国際オリンピック委員会（IOC）が、2020年夏季五輪の開催都市に東京を選出。日本での夏季五輪は56年ぶり ❹

2014年（平成26）
- 2/7 ソチ冬季五輪が開幕 ❺
- 4/1 消費税が8％に。消費税率の引き上げは17年ぶり
- 10/7 青色LEDを初めて作った赤崎勇・天野浩両教授と、実用化につなげた中村修二教授のノーベル物理学賞受賞が決定
- 12/14 第47回衆議院選挙が投開票され、自民、公明両党が大勝

2015年（平成27）
- 3/14 北陸新幹線が開業
- 6/17 選挙権年齢を現在の「20歳以上」から「18歳以上」に引き下げる改正公職選挙法が成立。2016年6月19日施行
- 9/19 第8回ラグビーワールドカップイングランド大会で、ラグビー日本代表が南アフリカ代表に歴史的勝利 ❻
- 10/5 マラリアの新治療法を発見した大村智教授のノーベル医学生理学賞、翌6日に「ニュートリノ振動」を発見した梶田隆章教授のノーベル物理学賞受賞がそれぞれ決定

2016年（平成28）
- 3/26 北海道初の新幹線、北海道新幹線開業 ❼
- 4/16 14日夜、熊本県熊本地方を震源とするマグニチュード（M）6.5の「前震」が、16日未明にはM7.3の「本震」が発生。地震による死者は100人を超えた ❽
- 5/26 主要国首脳会議（伊勢志摩サミット）が三重県で開幕

❶東北地方太平洋沖地震による津波に襲われ、がれきの山となった宮城県気仙沼市の市街地。

❷水素爆発を起こし、白煙状の湯気を噴き上げている福島第一原発3号機（中央）。

❸ワールドカップ優勝を決め、トロフィーを掲げて喜ぶ日本チームの澤穂希選手（中央）ら。

❹2020年の夏季五輪開催都市を東京と発表するIOCのジャック・ロゲ会長（当時）。

❺ソチ冬季五輪のフィギュアスケート男子で、羽生結弦選手が日本人男子選手初の金メダルを獲得。

❻ラグビーの歴史的勝利で、五郎丸歩選手がキック前に必ず行う動作「ルーティン」（決まり事）が話題に（2015年5月2日撮影）。

❼北海道新幹線は東北新幹線と直通運転し、東京・新函館北斗間は最速4時間2分。写真は青函トンネルを抜けて、北海道側に姿を現した東京発の「はやぶさ1号」。

❽熊本城の頰当御門を入ると、石垣や建物が崩壊していた。後方は天守閣（16年5月11日撮影）。

8/5　リオ夏季五輪が開幕。日本は史上最多（当時）となるメダル41個（金12、銀8、銅21）を獲得
10/3　ノーベル医学生理学賞に大隅良典・東京工業大栄誉教授が選ばれる

2017年（平成29）
1/20　ドナルド・トランプ氏が第45代アメリカ大統領に就任
6/9　天皇陛下の退位を実現する特例法が参院本会議で成立。12月1日の皇室会議と12月8日の閣議で「2019年4月30日退位、5月1日皇太子さま即位・改元」と決定
6/12　上野動物園（東京都台東区）のジャイアントパンダ・真真がメスの赤ちゃん1頭を出産。名前は一般公募で香香に
6/26　14歳でプロ入りした将棋の最年少棋士、藤井聡太四段が30年ぶりの新記録となる公式戦29連勝を達成
10/22　第48回衆議院選挙が投開票され、自民、公明両党が大勝

2018年（平成30）
2/9　平昌冬季五輪開幕。フィギュアスケート男子で2連覇を達成した羽生結弦選手など、日本は冬季最多13メダルを獲得
7/5　西日本の各地を記録的な豪雨が襲う（西日本豪雨）
9/6　北海道の胆振地方を震源とするM6.7の地震が発生（北海道胆振東部地震）。死者44人、負傷者は750人超
9/8　大坂なおみ選手が、テニスの全米オープン女子シングルスで男女を通じて日本人初の優勝
10/1　ノーベル医学生理学賞に本庶佑・京都大特別教授が選ばれる

↓ **令和**

2019年（平成31、令和元）
4/1　菅義偉官房長官（当時）が、新元号は「令和」と発表
4/30　天皇陛下（当時）退位
5/1　皇太子徳仁さまが新天皇に即位。元号が令和に
7/21　第25回参議院選挙投開票。与党で改選過半数を獲得
9/20　ラグビーワールドカップ日本大会開幕。日本がアイルランド、スコットランドなどに勝ち、初の8強入り
10/1　消費税が10％にアップ。消費税の引き上げは5年半ぶり
10/9　吉野彰・旭化成名誉フェローのノーベル化学賞受賞が決定

2020年（令和2）
1/9　中国の湖北省武漢市でウイルス性肺炎の患者が増えている問題で、新型コロナウイルスを検出したことを中国政府が公表。23日から武漢市は都市封鎖に
1/16　武漢市から帰国した男性から新型コロナウイルスの陽性反応が出たと厚生労働省が発表。2/13には国内初の死者
1/31　イギリスが欧州連合（EU）を離脱。EUの前身「欧州石炭鉄鋼共同体」発足（1952年）以来、加盟国の離脱は初
4/7　安倍晋三首相は、新型コロナウイルス対応の特別措置法に基づく緊急事態宣言を発出。東京、神奈川、埼玉、千葉、大阪、兵庫、福岡の7都府県が対象で、期間は5月6日までの1カ月間。特措法を根拠とする緊急事態宣言は初めて。16日には対象区域を全国に拡大
6/30　中国で、香港での反体制的な活動を取り締まる香港国家安全維持法施行。民主活動家らの逮捕が相次ぐ
9/14　自民党総裁選の投開票で菅義偉官房長官が第26代総裁に。16日に行われた臨時国会で第99代首相に選出
11/8　秋篠宮さまが皇位継承順位第1位の皇嗣になったことを国内外に宣言する国の儀式「立皇嗣の礼」が、憲政史上（日本では、大日本帝国憲法が施行された1890年以降）初めて行われる

2021年（令和3）
2021年のできごと（P35〜38）を見てね！

2010 強い「絆」で震災を乗り越える

津波で床下に流れ込んだ泥をかき出すボランティア（宮城県気仙沼市）。

2011年3月11日午後2時46分、宮城県牡鹿半島沖約130km、深さ約24kmを震源として東北地方太平洋沖地震が発生。地震の規模を示すマグニチュード（M）は日本の観測史上最大の9.0で、最大震度は7を記録した。さらに、地震発生後には、東北・関東沿岸に巨大津波が到達。岩手、宮城、福島の3県を中心に、死者・行方不明者合わせて約2万人もが犠牲となった。この津波は、東京電力福島第一原子力発電所（福島第一原発）も直撃した。福島第一原発に13台あった非常用のディーゼル発電機が1台を残して停止し、原子炉の温度は上がり続けた。そして3月12日、ついに1号機の原子炉建屋が水素爆発してしまう。福島第一原発からは大量の放射性物質が放出され、半径20km圏内の住民は避難させられた。震災から10年経った今も、その地に再び住むことができない人は多い。

東京では電車が止まって大量の帰宅難民が発生し、被災地のスーパーには物資を求めて長蛇の列ができたが、略奪や混乱は起きなかった。この未曾有の大惨事にあっても冷静さを失わず、互いに支え合う日本人の姿は、海外からも称賛された。

また、16年4月14日にM6.5の「前震」、16日には、M7.3の「本震」が熊本地方を襲い、死者は100人を超えた（熊本地震）。M6.5規模の活断層型地震の後、それを上回る本震が発生した地震は、観測史上初だ。さらに、18年9月6日に発生した北海道胆振東部地震では44人が死亡し、北海道のほぼ全域で停電する国内初の「ブラックアウト」が起きた。

放射性物質に汚染された土などを取り除く除染作業は進んでいないし、汚染水問題も解決していない。熊本県や北海道の復興もこれからだ。しかし、私たちが「絆」を大切に支え合うことができれば、いつか必ず被災地はよみがえる。

これな〜んだ？

宇宙航空研究開発機構提供

ヒント・2003年5月に打ち上げられ、目的地の小惑星「イトカワ」への着陸に成功。イトカワ表面の微粒子回収に成功しました。その後、トラブルが続きましたが、何とか推進力を確保。10年6月に約60億kmの旅を終えて7年ぶりに地球に帰還し、イトカワの表面物質が入った回収カプセルがオーストラリア南部の砂漠で発見されました。

日本の戦後史 世代・経済キーワード

要チェック！

日本が急速な復興を遂げ、発展する過程で、覚えておきたいキーワードをまとめました。⬆は景気上昇、⬇は景気下降を示します。

世代

団塊の世代　1947(昭22)〜49(昭24)年生まれ
戦後復興期に発生した第1次ベビーブームに生まれた世代。この間の出生数は805万7054人と多い。中卒で働く「金の卵」になったり(P86)、大学で学生運動に身を投じたり(P87)と日本の歴史に大きな影響を与えた。2007〜09年には団塊世代の会社員が一斉に定年退職を迎えた。

バブル世代　1965(昭40)〜69(昭44)年生まれ
バブル景気の1986〜91年に就職した人たちのことを指す。バブルで好景気だったため、簡単に就職できた世代で、「お金を稼いでは使い、使うためにまた稼ぐ」ことを繰り返す傾向がある。

団塊ジュニア
1971(昭46)〜74(昭49)年生まれ
「団塊の世代」が出産し、第2次ベビーブームとなった。この間の出生数は約808万人と多く、大学入試では競争が激しかったという。

ロスト・ジェネレーション（失われた世代）
1972(昭47)〜82(昭57)年生まれ
就職活動をする時期が1991(平3)〜2002(平14)年の、いわゆる「失われた10年」と重なった世代。この10年はバブル崩壊、円高、株価の低迷、世界的な不景気などが重なり、大手金融機関が破綻。多数の企業が倒産し、従業員のリストラも相次いだので、大学新卒者も就職難に。この世代は、アルバイトなどで生計を立てるフリーターや派遣社員にならざるを得ない人がたくさんいた。

バブルジュニア
1986(昭61)〜94(平6)年生まれ
バブル世代を親に持つ子どもたち。バブル景気で浮かれる華やかな世界を体験した親の消費傾向を受け継いでいるため、子どものころからおしゃれに敏感でお金をよく使う世代と言われた。

ゆとり世代
1987(昭62)〜2003(平15)年生まれ
戦後の詰め込み教育を見直して学習内容を縮小した「ゆとり教育」を受けている世代。金融機関の破綻や、物価が持続的に下落する「デフレーション」を体験した後期の世代は消費傾向が堅実になってきた。

Z世代　1990年代半ば〜2010(平22)年生まれ
高度なインターネット社会で育ち、スマートフォンを使いこなす「デジタルネイティブ」世代。今後の消費活動の中心を担う層として、多くの企業の注目を集めている。

経済

1945
1950
55
1960
65
1970
75
1980
85
1990
95
2000
05
2010
2015
2020

朝鮮特需　1950(昭25)〜53(昭28)年　⬆
朝鮮戦争(P84)に伴い、在朝鮮アメリカ軍や在日アメリカ軍から日本に軍服、テント、兵器、砲弾などが発注され、経済復興が加速。

神武景気　1954(昭29)年12月〜57(昭32)年6月　⬆
日本の初代天皇とされる神武天皇が即位した紀元前660年以来、例を見ない好景気という意味で、31カ月間続いた。

岩戸景気　1958(昭33)年7月〜61(昭36)年12月　⬆
神武天皇より前の「天照大神が天の岩戸に隠れて以来の好景気」という意味で、42カ月間続く。海外からの資本も流入して、投機や工場などへの設備投資が過剰に行われた。

いざなぎ景気　1965(昭40)年11月〜70(昭45)年7月　⬆
天照大神よりも前の、イザナギノミコト以来の好景気という意味で、57カ月間続く。日本は橋などをつくるための建設国債（投資家からお金を借りること）を初めて発行。日本の国民所得はアメリカに次ぐ世界2位の経済大国に。

オイル・ショック　1973(昭48)年12月〜75(昭50)年3月　⬇
1973年10月に第4次中東戦争が勃発し、石油輸出国機構(OPEC)が原油価格の70％値上げを決めたことから(P88)、物価が持続的に上昇する「インフレーション」に。

円高不況　1985(昭60)年7月〜86(昭61)年11月　⬇
1985年9月に円高ドル安へ誘導する「プラザ合意」(P91)が締結された結果、円高となり、輸出業が打撃を受けた。

バブル景気　1986(昭61)年12月〜91(平3)年　⬆
円高不況対策として、日本銀行は公定歩合を下げ、利子が安くなった。企業は銀行から借金しやすくなり、不動産や株に投資するようになって土地や株の値段が急速に上がった(P90〜91)。

平成バブル不況　1991(平3)〜93(平5)年10月　⬇
大蔵省（当時）は、銀行などが不動産などに関連してお金を貸すことを規制する「総量規制」を行った。土地の値段が下がり、株をお金に換える人が増えて株価も急落し、バブルが崩壊。

いざなみ景気　2002(平14)年2月〜07(平19)年10月　⬆
日本政府と日本銀行は為替市場に介入して円安となり、輸出業を中心に多くの企業が過去最高の売上高・利益を記録。

世界金融危機　2007(平19)年11月〜現在　⬇
2007年末から、アメリカで住宅ローンを返済できない人が続出し金融機関が多額の損失を抱える「サブプライムローン問題」が勃発。アメリカや世界の株価が下落し、大手証券会社リーマン・ブラザーズ破綻など金融恐慌に（リーマン・ショック）。

欧州危機（ユーロ危機）　2009(平21)年10月〜現在　⬇
09年10月に、ギリシャの前政権が財政赤字をごまかしていたことが発覚。ギリシャや、お金を貸していた欧州の銀行が破綻するのではという金融不安が広がり、ユーロ安に。

コロナショック　2020(令2)年〜現在　⬇
新型コロナウイルスの感染拡大に伴い、世界の人やモノ、お金の動きが停滞して陥った経済危機。

高度成長期　1955(昭30)〜73(昭48)年

098

日本大図鑑

私たちが住んでいる日本は、どのような国なのでしょう？
約1億2600万人が暮らし、
世界有数の先進国となったいまの日本には、
特色ある産業や美しい自然がたくさんあります。
その姿を、豊富なデータや統計などから
学びましょう。

北海道地方
東北地方
中部地方
関東地方
中国地方
近畿地方
四国地方
九州地方

日本列島 列島のすがた

本州をはじめ、約7000の島じまからなる日本の面積は、37万7974.6km²（2021年10月）。東西と南北の距離はそれぞれ約3000km。東西南北の端にある島や、東京と各国都市間の距離を確認しよう。

日本の周りと面積（2021年）

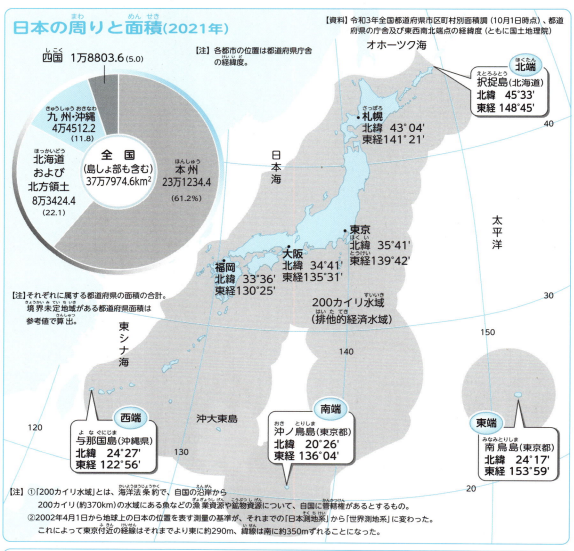

【資料】令和3年全国都道府県市区町村別面積調（10月1日時点）、都道府県の庁舎及び東西南北端点の経緯度（ともに国土地理院）

- 四国 1万8803.6 (5.0)
- 九州・沖縄 4万4512.2 (11.8)
- 北海道および北方領土 8万3424.4 (22.1)
- 全国（島しょ部も含む）37万7974.6km²
- 本州 23万1234.4 (61.2%)

【注】それぞれに属する都道府県の面積の合計。境界未定地域がある都道府県面積は参考値で算出。

- 北端 択捉島（北海道）北緯45°33′ 東経148°45′
- 札幌 北緯43°04′ 東経141°21′
- 東京 北緯35°41′ 東経139°42′
- 大阪 北緯34°41′ 東経135°31′
- 福岡 北緯33°36′ 東経130°25′
- 西端 与那国島（沖縄県）北緯24°27′ 東経122°56′
- 南端 沖ノ鳥島（東京都）北緯20°26′ 東経136°04′
- 東端 南鳥島（東京都）北緯24°17′ 東経153°59′

200カイリ水域（排他的経済水域）

【注】①「200カイリ水域」とは、海洋法条約で、自国の沿岸から200カイリ（約370km）の水域にある魚などの漁業資源や鉱物資源について、自国に管轄権があるとするもの。
②2002年4月1日から地球上の日本の位置を表す測量の基準が、それまでの「日本測地系」から「世界測地系」に変わった。これによって東京付近の経線はそれまでより東に約290m、緯線は南に約350mずれることになった。

世界のなかの日本の位置

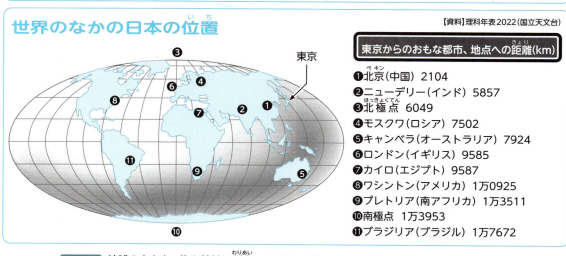

【資料】理科年表2022（国立天文台）

東京からのおもな都市、地点への距離(km)
- ❶ 北京（中国）2104
- ❷ ニューデリー（インド）5857
- ❸ 北極点 6049
- ❹ モスクワ（ロシア）7502
- ❺ キャンベラ（オーストラリア）7924
- ❻ ロンドン（イギリス）9585
- ❼ カイロ（エジプト）9587
- ❽ ワシントン（アメリカ）1万0925
- ❾ プレトリア（南アフリカ）1万3511
- ❿ 南極点 1万3953
- ⓫ ブラジリア（ブラジル）1万7672

かんれん 地球の大きさ、海と陸地の割合 → 242ページ

面積は国土地理院「令和3年全国都道府県市区町村別面積調（7月1日時点）」による。人口（住民基本台帳）は2021年1月現在（外国人を含む数。うちわけとして外国人数を示す）、市町村の数は21年10月現在。知事は22年2月10日現在。農業・畜産業・林業・水産業・鉱業は特記がなければ20年の数値（速報値も含む）。工業（製造品出荷額）は、特記がなければ19年の数値。一部の島は、地図に非表示。また新型コロナウイルスの関連事項（影響など）は一部記事を除き触れない。

トピックワードのアイコンが示すもの 👤：出身者またはゆかりある人物（原則として故人）／🏠：特筆すべき場所、遺跡、建造物、施設など／世：世界遺産（自然遺産か文化遺産か示す。日本遺産は除く）とラムサール条約登録地／★：祭りやイベント／🍵：伝統文化・伝統工芸・産業／🍴：特産や地域の食べ物／他：その他、特有なことがら。

北海道（ほっかいどう）

面積／8万3424km²（北方領土5003km²を含む）
人口／522万8732人　うち外国人　3万8094人
市町村／14振興局35市129町15村
（ほかに北方領土6村）
道庁／札幌市　知事／鈴木直道

■ 都道府県の花・木・鳥

ハマナス　エゾマツ　タンチョウ

旧国名：蝦夷地

■ 自然

[地形] 津軽海峡で本州とへだてられた日本最北端の大きな島。広さは国土の約22％。石狩川、十勝川流域には広い平野が開け、道東（東部）には根釧台地が広がる。火山や火口湖も多く、利尻島や北方領土の国後、択捉も火山島。海岸線の多くは単調で、オホーツク海沿岸にはサロマ湖などの潟湖が多い。原生林や原生花園などが残る。

[気候] 夏は短く涼しく、冬は長く寒さが厳しい。冬は日本海側に雪が多く、春先にはオホーツク海沿岸に流氷が押し寄せる。太平洋岸では、春から夏にかけて海霧がよく発生し、気温が低い。本州でいう梅雨はなく、オホーツク海側の北見・網走地方は雨が少ない。

■ 交通

東北新幹線と北海道新幹線で本州からつながり、JR路線や道央、道東、札樽の各自動車道も走る。新千歳空港をはじめ、離島も含め14の空港がある。太平洋側・日本海側ともにフェリーも使える。

■ 産業

製造品出荷額　6兆0489億円／農業産出額　1兆2667億円（全国1位）

[農業] 大規模な畑作や酪農、豊富な水産資源を生かす漁業が特色。テンサイ、小麦、ジャガイモ、大豆、小豆、ニンジン、タマネギ、そばなどは収穫量全国1位。2020年産の北海道米「ふっくりんこ」「ゆめぴりか」「ななつぼし」が特A。生乳と牛乳の生産も全国1位。

[林業] エゾマツ、トドマツなどの天然林が多く、国産材の生産量は全国1位。

[水産業] サケ、マスのほか、ホタテ貝、ウニ、こんぶ、スケトウダラも多くとれる。釧路、根室、羅臼、稚内、厚岸、広尾など漁港も多い。

[鉱業] 釧路で国内唯一の石炭の坑内掘りが続く。

[工業] 素材の良さを生かす食品加工業が盛ん。室蘭は鉄鋼業、苫小牧は製紙・パルプで有名な工業都市。苫小牧や千歳に自動車の関連工場、札幌はIT関連企業が多い。

[第3次産業] 有数の観光地で、新幹線開業の16年度〜18年度に観光客は5500万人前後に増加。19年度は5277万人。20年度は3338万人だった。

■ あゆみ、ニュース

古くは蝦夷地とよばれ、アイヌ民族の住む地であった。江戸時代に南部の渡島半島に松前藩がつくられ、明治時代のはじめに屯田兵らにより原野が開拓された。1869（明治2）年に名称として「北海道」が制定された。人口密度は日本で最も低い。全国で唯一、財政再建団体（現・財政再生団体）になった夕張市は再建に取り組む。18年、胆振東部地震が起き、厚真町では震度7を観測、さらに地震直後に北海道ほぼ全域で大規模停電（ブラックアウト）が起きた。

■ 環境問題

08年の北海道洞爺湖サミットでは主要8カ国（G8）が温室効果ガスの排出量削減に合意。幌延町に原子力発電所から出る高レベル放射性廃棄物の地層処分を研究する施設がある。泊原子力発電所は、全3基が停止中。青森県で建設中の大間原発から最短で23kmの位置にある函館市は、建設の無期限凍結を求めている。19年開催の主要20カ国・地域（G20）観光相会合では、「北海道倶知安宣言」を採択した。

トピックワード

- 👤 高田屋嘉兵衛、松浦武四郎、ウィリアム・スミス・クラーク
- 🏠 五稜郭、札幌市時計台、小樽運河、大樹航空宇宙実験場
- 世 知床（自然遺産）、北黄金貝塚（文化遺産）、道内13カ所（ラムサール条約）
- ★ さっぽろ雪まつり、流氷まつり、鹿追町競ばん馬競技大会
- 🍵 二風谷アットゥシ、熊の木彫り、小樽オルゴール
- 🍴 アスパラガスなど豊富な農産物、毛ガニなどの水産物、バターなど乳製品

統計：日本一 私たちの郷土

北海道　「北加伊道」にこめた思い

「北海道」という名称は、幕末の探検家、松浦武四郎（1818〜88年）が名付け親とされている。松浦武四郎は、現在の三重県松阪市出身で、28歳の時、初めて蝦夷地（今の北海道）を訪れて以来、13年間で6度にわたって同地を徒歩で探検した。

武四郎の探検を支えたのは、先住民族であるアイヌの人々だった。食事や住む場所を用意したり、地名や伝承を教えながら道案内したり。アイヌの人々と親交を深めた武四郎は、その暮らしや文化を文章や絵で記録し、まとめた本や地図も多く出版した。

明治時代になると、新政府の役人となり、蝦夷地に代わる新しい名称を古典やアイヌ語などから六つ考案。なかでも武四郎が強く推したのが「北加伊道」だった。アイヌの人々がお互いを呼び合う「カイノー」という言葉があり、アイヌの長老から「カイ」とはこの土地に生まれた者のことだと聞いた武四郎は、古文書にある「加伊」という文字から、敬意をこめて「北のアイヌの人々が暮らす大地」という意味で名付けたという。ところが、アイヌ民族を自分たちに同化させる政策を進めていた明治政府は「加伊」を「海」とし、1869年に「北海道」という名称を制定。武四郎の本意はくみとられなかった。

しかし、武四郎は郡名や支庁（当時の行政区画）名についても、アイヌの地名に基づいた名称を考案し、さらに北海道開拓の過程で固有の文化や土地を奪われ、迫害され続けたアイヌ民族の実情を書物で訴え、差別や搾取を告発した。

2018年は北海道命名から150年目、武四郎生誕200年。翌19年に法律として初めてアイヌ民族を先住民族と明記したアイヌ施策推進法が施行され、20年にはアイヌ文化復興の拠点となる国立施設「民族共生象徴空間」（通称ウポポイ）がオープン。今も残るアイヌをめぐる問題を、異文化を尊重した武四郎の思いとともに考えたい。

青森県

面積／9646㎢
人口／126万0067人
　うち外国人　6109人
市町村／10市22町8村
県庁／青森市　知事／三村申吾

■ 都道府県の花・木・鳥

リンゴ／ヒバ（アスナロ）／ハクチョウ

旧国名　陸奥（大部分）

■ 自然

[地形] 本州の最北端にあり、津軽半島と下北半島が陸奥湾を囲む。県中央部の八甲田山系の東に三本木原台地、西に津軽平野が開け、西の先に岩木山がそびえる。海岸線は単調な所が多い。小川原湖や十和田湖*など大きな湖がある。

[気候] 日本海側の津軽地方は積雪が多い。太平洋側の南部地方では夏に冷たい北東風「やませ」が吹くと冷害になりやすい。

■ 交通

1988年に、海底トンネルの青函トンネル(53.85km)が開通。2010年に東北新幹線が全通、16年に北海道新幹線が開業。青森空港は国内外に路線があり、共用空港の三沢空港は国内3路線。下北半島の各地や青森、八戸から函館や苫小牧にフェリーもある。

■ 産業

製造品出荷額 1兆7271億円／農業産出額 3262億円(全国7位)

[農業] 米とリンゴが中心で、農業産出額は東北で17年連続1位。米の10a当たり収量は全国1位。「青天の霹靂」は7年連続で特A。リンゴの収穫量は約46万tで全国の6割以上を占め1位。ニンニク、ゴボウの収穫量も1位。**[林業]** 津軽・下北地方のヒバの天然林は日本三大美林のひとつ。ブナ原生林や八甲田連峰のアオモリトドマツも有名。

[水産業] 八戸港は全国上位の水揚げ量があるが、19、20年は連続7万t以下に。三陸沖は好漁場で、スルメイカ、まいわし、サバがとれる。陸奥湾岸でホタテ貝の養殖が盛ん。大間産マグロは初セリで最高値。**[鉱業]** 八戸や下北半島の尻屋崎で石灰石を採掘。**[工業]** 製造品出荷額は鉄鋼、食料品、電子部品が上位。津軽地域は半導体など、八戸は鉄鋼や水産加工、下北は原子力や風力エネルギー関連が多い。**[第3次産業]** 観光客が増加し18年は約3502万人、19年も約3544万人が訪れたが、20年は約2344万人となった。

■ あゆみ、ニュース

南東の南部(八戸地方)と西の津軽(青森・弘前地方)は、江戸時代に別の藩の領地で、両地域は気候や地形だけでなく、人びとの気風も異なる。日露戦争前の1902年、青森歩兵第5連隊が雪中行軍で遭難、210人中199人が凍死した(八甲田山雪中行軍遭難事件)。日本最大級の縄文時代の集落跡「三内丸山遺跡」は2000年に国特別史跡指定。21年には、北海道・秋田・岩手の遺跡とともに世界文化遺産に登録された。08年、十和田湖の青森・秋田県境が確定。

■ 環境問題

陸上風力発電で全国一の設備容量。洋上風力発電も有望。六ケ所村の核燃料再処理工場は20年、安全対策方針が新規制基準に適合に。むつ市の核燃料中間貯蔵施設は23年度に操業延期。

トピックワード

- 棟方志功、太宰治、寺山修司
- 十和田湖、弘前城
- 白神山地（自然遺産）、三内丸山遺跡（文化遺産）
- 青森ねぶた祭
- 津軽塗、こぎん刺し、アケビ細工、ひば曲物、南部裂織
- リンゴ、大間マグロ、ニンニク、ゴボウ
- ニホンザルの北限の生息地

※十和田湖(61.0㎢)は水面境界未定だったが、08年8月「青森県側6：秋田県側4」の比率で湖の面積を分割することで合意。

岩手県

面積／1万5275㎢
人口／122万1205人
　うち外国人　7732人
市町村／14市15町4村
県庁／盛岡市　知事／達増拓也

■ 都道府県の花・木・鳥

キリ／ナンブアカマツ（アカマツ）／キジ

旧国名　陸中(大部分)、陸奥・陸前(各一部)

■ 自然

[地形] 北海道に次ぐ全国2位の面積。山がちで南北に長い。中央部を北上川が南北に流れ、細長い平地をつくる。西の秋田県との境に奥羽山脈が、東部に北上山地が広がり、平野部は少ない。東の三陸海岸はリアス海岸で、天然の良港だが、明治、昭和にも津波の被害を受けた。**[気候]** 広い県で地域により異なる。奥羽山脈の山沿いは、雪の多い日本海側の気候、北上高地は高原性、盆地性の気候で、北上川沿いの平野部は、全般に冬は寒さがきびしく、夏は暑い内陸性気候。沿岸部では海洋性気候だが、宮古市以北では寒流の影響で気温が低く、冷害も起こる。

■ 交通

東北新幹線や東北自動車道のほか、2017年には山田宮古道路が開通。19年3月には南北につながった三陸鉄道リアス線が開業。

■ 産業

製造品出荷額 2兆6262億円／農業産出額 2741億円(全国10位)

[農業] 東北で2位の農業産出額。リンドウの出荷量とビール用ホップの収穫量は全国1位。米、リンゴ、ピーマン、飼料用牧草も多く、雑穀も有名。畜産、酪農が盛んで、乳牛やブロイラーも多く飼養。**[林業]** 全国2位の森林面積(17年)。パルプ、チップなど広葉樹の利用が盛ん。国産材(素材)生産量3位。マツタケ生産は1位。**[水産業]** 宮古、釜石、大船渡など三陸のリアス海岸の漁港が中心、内湾で養殖も盛ん。アワビの漁獲量全国1位、サケ類も多い。**[鉱業]** 釜石鉱山は1993年に130年余りの歴史を閉じた。北上山地で石灰石を採掘。**[工業]** 釜石の鉄鋼業は製鉄不況で89年に高炉が全面休止。花巻や北上周辺に自動車など製造業の工場がある。20年に生産開始した北上市にある大手半導体メーカーでは、23年から新工場を稼働予定。八幡平市には日本初の松川地熱発電所、雫石町にも葛根田地熱発電所がある。**[第3次産業]** 中尊寺金色堂などがある平泉や国の名勝指定の浄土ヶ浜など観光に人気。21年、「北海道・北東北の縄文遺跡群」の構成資産のーつとして県内の御所野遺跡が世界文化遺産に登録された。

■ あゆみ、ニュース

近世では、盛岡藩、仙台藩、八戸藩、一関藩で構成されていたが、1876(明治9)年に現在の県域が決定。山地が多く、人口密度は低い。中心的な都市・盛岡のある北上川沿いの平地がおもな農業地帯で、この平野部に花巻、北上、一関などの都市、三陸海岸に久慈、宮古、釜石、大船渡などの水産業・鉱業都市がある。

■ 環境問題

大槌町にある湧水の池で、古来種のミズアオイや希少な魚・イトヨが生息。

トピックワード

- 原敬、新渡戸稲造、石川啄木、宮沢賢治
- 三陸ジオパーク、小岩井農場、八幡平、龍泉洞
- 平泉、橋野鉄鉱山、御所野遺跡（いずれも文化遺産）
- 南部鉄器、南部古代型染
- チャグチャグ馬コ
- ワカメ、ウニ、乳製品、前沢牛、わんこそば、盛岡冷麺

宮城県

面積／7282km²
人口／228万2106人
　うち外国人　2万2544人
市町村／14市20町1村
県庁／仙台市　　知事／村井嘉浩

■ 都道府県の花・木・鳥

ミヤギノハギ　ケヤキ　ガン

【旧国名】陸前（大部分）、磐城（一部）

■ 自然
[地形] 西の山形との県境に奥羽山脈が南北に連なり、東は太平洋に面する。北から北上川が、南から阿武隈川が仙台湾に注ぎ、その下流域に仙台平野が広がる。牡鹿半島を境に北のリアス海岸と南の単調な砂浜海岸が対照的。**[気候]** 冬の積雪は奥羽山脈を除いて少ないが、乾燥した季節風が吹きつけ寒さがきびしい。

■ 交通
東北自動車道、東北新幹線が通り、仙台空港から国内外に路線がある。港湾も多く仙台塩釜港は仙台・塩釜・松島・石巻の港区からなり東北の流通を担う国際拠点港湾。2021年、三陸沿岸道路(仙台市－青森県八戸市)が全線開通。

■ 産業
製造品出荷額　4兆5336億円／農業産出額　1902億円
[農業]「ササニシキ」の本場で、「ひとめぼれ」を生んだ全国有数の米どころ。米収穫量は5位。大豆は2位。セリ、パプリカも多い。**[林業]** 県内各地でスギの人工林が多くみられる。**[水産業]** 塩釜、石巻、気仙沼を中心に近海、遠洋漁業とも盛ん。気仙沼は生鮮カツオの水揚げ量日本一。県の漁獲量は全国5位。**[工業]** 仙台、石巻、塩釜、気仙沼などを中心に水産物加工などの食料品工業が盛ん。大衡村では、トヨタ自動車東日本が小型車などを生産。大和町には、エンジンなどの工場がある。

■ あゆみ、ニュース
中央部の仙台は、東北地方の行政、経済、文化の中心地。1960年代から仙台などで工業化が進む。仙台市は89年に政令指定都市になり、99年に人口が100万人を超えた。しかし2017年に戦争末期を除いて初めて自然減に。東日本大震災では甚大な被害（県で1万人を超える死者・行方不明者）を受けた。気仙沼市の震災遺構・伝承館は震災直後の姿を伝える。19年10月、台風19号が上陸し、阿武隈川、吉田川の流域で観測史上1位を更新する豪雨。丸森町などで道路や橋が寸断されて集落が孤立した。21年7月、東京オリンピックのサッカーの試合が利府町の宮城スタジアムで行われた。

■ 環境問題
女川原発2号機は、再稼働に向け、20年2月に国の安全審査を通り、11月には知事が地元同意を国に伝えた。22年度には安全対策工事が終わる予定だが、21年5月に避難計画に実効性がないとして石巻市民が再稼働の差し止めを求めて提訴した。1号機は18年に廃炉が決定した。

トピックワード
- 伊達政宗、志賀潔、吉野作造、石ノ森章太郎
- 松島、青葉城、東日本大震災遺構・伝承館
- 伊豆沼・内沼（1985年、本州初）、蕪栗沼・周辺水田（05年）、化女沼（08年）、南三陸町「志津川湾」（18年、震災被災地初）（すべてラムサール条約）
- 仙台七夕まつり、火伏せ行事「米川の水かぶり」（無形文化遺産）
- 仙台箪笥、こけし（鳴子）、漆器
- 笹かまぼこ、みそ、牛タン、駄菓子

秋田県

面積／1万1638km²
人口／97万1604人
　うち外国人　4178人
市町村／13市9町3村
県庁／秋田市　　知事／佐竹敬久

■ 都道府県の花・木・鳥

フキノトウ（フキ）　アキタスギ（スギ）

ヤマドリ

【旧国名】羽後（大部分）、陸中（一部）

■ 自然
[地形] 南北に長く、東の岩手との県境には奥羽山脈が南北に連なり、西は日本海に面する。奥羽山脈と中央部の出羽山地との間に大館、横手の盆地がある。そこから流れる米代川、雄物川が注ぐ日本海側に能代、秋田平野が広がる。田沢湖は日本一の深さ。**[気候]** 降水量が多く、冬は海岸部を除いて積雪量が多い。夏は南東風が奥羽山脈をこえるときにフェーン現象で暑い。

■ 交通
日本海沿岸東北自動車道が新潟から縦貫し、秋田自動車道が岩手から横断する。東京から秋田新幹線が通り、秋田空港、大館能代空港からは羽田などに路線がある。秋田港、船川港、能代港などが国内や東アジアの物流を担う。

■ 産業
製造品出荷額　1兆2862億円／農業産出額　1898億円
[農業] 豊富な水を利用した稲作が中心。米の収穫量は全国3位。「あきたこまち」が人気。20年に秋田米の最上位品種「サキホコレ」を登録出願。リンゴの収穫量は全国5位。単位面積あたりの収穫量も多い。じゅんさいは全国一。大潟村で米、大豆、小麦を大規模栽培。**[林業]** 県面積の7割が森林が占め、林業も盛ん。秋田スギは日本三大美林のひとつ。米代川沿いに多く茂り、大館、能代は木材産業が発達。**[水産業]** 秋田名物のハタハタは減少しているが、冬が最盛期。**[鉱業]** かつては全国一の非鉄金属の鉱山県だった。閉山後も技術はリサイクル製錬などに活用。八橋、申川、由利原などで石油や天然ガスを産出。**[工業]** 秋田市を中心に電子、化学、木材、製紙工場、県南に電子関係、県北で小型家電からレアメタルを回収。湯沢市は国内有数の地熱先進地域で1994年に上の岱地熱発電所、2019年に山葵沢地熱発電所が稼働。

■ あゆみ、ニュース
日本で2番目に広い湖だった八郎潟を干拓し、1964年に大潟村が発足。県の人口減少率、高齢化率はともに高い。湯沢市出身の菅義偉氏が県出身者初の総理大臣に就任。20年9月～21年10月在職。ストーンサークルを主体とした「大湯環状列石」（鹿角市）が21年、世界遺産に登録された。

■ 環境問題
陸上自衛隊新屋演習場は陸上配備型迎撃ミサイルシステム「イージス・アショア」の配備候補だったが、20年6月、防衛省が計画を撤回した。県の魚・ハタハタは、1970年代に激減。禁漁で回復したが、また減少。漁獲枠での資源保護を21年からは出漁日数制限に転換した。

トピックワード
- 安藤昌益、小林多喜二、石川達三、むのたけじ
- 白神山地（自然遺産）、大湯環状列石（文化遺産）
- 竿燈まつり、男鹿のナマハゲ（無形文化遺産）
- 大館曲げわっぱ、樺細工（角館）、曲木家具
- きりたんぽ、しょっつる、比内地鶏、稲庭うどん、いぶりがっこ、清酒
- 秋田犬

山形県

面積／9323km²
人口／107万0017人
　うち外国人　7725人
市町村／13市19町3村
県庁／山形市　知事／吉村美栄子

■ 都道府県の花・木・鳥

ベニバナ　サクランボ（オウトウ）　オシドリ

旧国名：羽前、羽後（一部）

■ 自然
[地形] 南北に長く、北西部が日本海に面する。東の宮城との県境に奥羽山脈が南北に走り、それと並行して西に出羽山地がある。その間を最上川が、米沢、山形、新庄の盆地をつくり、南から北へと流れ、庄内平野をへて酒田で日本海に注ぐ。[気候] 庄内では降水量が多く夏は暑い。内陸では降水量が少なく寒暖の差が大きい。山間部は日本有数の多雪地帯。

■ 交通
山形新幹線が首都圏から通り、日本海側に羽越本線が走る。また高速道路の東北中央自動車道と山形自動車道が県内を縦横に走り、内陸の山形空港と海側の庄内空港から国内に定期路線がある。港は、酒田港、加茂港、鼠ケ関港があり、酒田港は重要港湾に指定され、国内外から多くの貨物が流通する。

■ 産業
製造品出荷額　2兆8456億円／農業産出額　2508億円
[農業] 米は庄内平野で主に作られ、収穫量は全国4位。内陸部では少ない雨と寒暖の差を利用して果物を栽培。サクランボと西洋ナシは収穫量全国1位。ブドウ、スイカは3位、リンゴは4位。バラなど切り花も多い。米沢牛、紅花栽培も有名。[鉱業] 酒田など日本海側で原油、天然ガスを産出。[工業] 電子、情報機器、食料品が中心。[第3次産業] 銀山や蔵王に観光客が多く、2018年度は県で初めて国際チャーター便が就航するなど、過去最多の約4651万人が訪れ、19年度も約4531万人だったが、20年度は約2751万人となった。

■ あゆみ、ニュース
酒田は江戸時代、北前船が立ち寄る日本海側有数の港町として栄え、最上川に沿って内陸の新庄、山形の盆地まで京都や大阪など上方の文化が伝わった。沿岸部の庄内地方と内陸部では風土が異なる。明治時代の廃藩置県で、当初7県になったが統廃合され、1876年に現在の山形県となった。現在、人口減少が進んでいる。2021年、山形国際ドキュメンタリー映画祭は、初のオンライン開催となり、香港の「逃亡犯条例」改正に反対するデモ隊を撮った作品が大賞。同年、1879（明治12）年創刊の米澤新聞が休刊。

■ 環境問題
山間部には貴重な天然ブナ林があり、イヌワシやクマタカも生息。イヌワシは、国内の生息数400〜650羽と推定（19年）。酒田市の鳥海山南麓には環境省猛禽類保護センターがある。蔵王で冬に樹氷になる針葉樹アオモリトドマツの立ち枯れが深刻。蛾の幼虫の食害がきっかけとの調査結果。

トピックワード
- 😊 高山樗牛、小磯国昭、斎藤茂吉、土門拳、井上ひさし
- 🏠 蔵王、米沢城、鶴岡市（ユネスコ、食文化創造都市認定）
- 🌍 大山上池・下池（ラムサール条約）
- ⭐ 花笠まつり
- 🎋 置賜紬、将棋の駒（天童、生産量日本一）、山形鋳物、紅花染、いづめこ人形
- 🍲 芋煮、冷や汁、だだちゃ豆
- 🎬 山形国際ドキュメンタリー映画祭

福島県

面積／1万3784km²
人口／186万2777人
　うち外国人　1万4897人
市町村／13市31町15村
県庁／福島市　知事／内堀雅雄 ※

■ 都道府県の花・木・鳥

ネモトシャクナゲ（ハクサンシャクナゲ）　ケヤキ　キビタキ

旧国名：磐城（大部分）、岩代

■ 自然
[地形] 北海道、岩手県に次ぐ全国3位の面積。南北に連なる阿武隈高地と奥羽山脈により会津・中通り・浜通りに分けられる。会津地域は、奥羽山脈や越後山脈に囲まれ、尾瀬や裏磐梯の湖沼群、猪苗代湖など自然豊か。中通りは阿武隈川に沿って郡山や福島など盆地が連なる。浜通りは太平洋に面する。[気候] 東西で違い、会津地方は雪が多い。中通りから会津にかけては寒暖の差が大きく夏は暑い。浜通りは雪があまり降らない。

■ 交通
鉄道では、JRの東北新幹線、山形新幹線、東北線、磐越東線・磐越西線、水郡線が通り、会津鉄道などもある。東北自動車道や磐越自動車道で東京や新潟とつながり、あぶくま高原道路は、福島空港にアクセスできる。

■ 産業
製造品出荷額　5兆0890億円／農業産出額　2116億円
[農林業] 米の収穫量は全国6位。会津盆地は良質の早場米ができる米どころ。内陸を中心に果物の栽培が盛ん。桃は全国2位、梨は4位、リンゴは6位。関東地方向けの野菜農家も多く、サヤインゲン、サヤエンドウは全国3位。ナタネ、キュウリ、ソバ、エゴマ、ナメコも多い。桐材の生産量は全国の6割以上を占める。高原では酪農も。[水産業] いわき市を中心に、メヒカリ、タラなどがとれ、相馬では、ヒラメ、ズワイガニ、ホッキ貝がとれる。原発事故後には、海産物に出荷制限がかけられ、解除後も基準を設けて公表し、出荷自粛や制限も。[工業] 工業製品出荷額は5兆円を超え東北6県中1位。福島市エリアでは、電気・機械・電子産業が中心、郡山市エリアは近年、医療・福祉機器産業が集まり、会津エリアは半導体関連産業を中心に集積が進んでいる。相馬市やいわき市は輸送用機器、化学工業が盛ん。

■ あゆみ、ニュース
東北地方の入り口にあり、白河の関は有名。海側の浜通り、中通り、西の会津で異なった文化圏をつくる。1868年の戊辰戦争では、会津若松城や飯盛山など多くの場所が歴史的舞台となった。2011年の東日本大震災により、浜通りの福島第一原子力発電所で水素爆発。多くの人が避難し、10年を経た21年12月現在も県内外に3万4000人以上が避難している。

■ 環境問題
東日本大震災以来、停止中の福島第二原発4基の廃炉が決まり第一原発とあわせて10基が廃炉に。増え続ける第一原発の処理済み汚染水については、23年春から原発の沖合で海に流す方針。

トピックワード
- 😊 新島八重、野口英世、草野心平
- 🏠 磐梯山、会津若松城（鶴ケ城）、塔のへつり
- 🌍 尾瀬ケ原（ラムサール条約）
- ⭐ 相馬野馬追、信夫三山暁参り
- 🎋 会津塗、唐人凧、赤べこ（張り子人形）、三春駒、白河だるま、総桐箪笥
- 🍜 喜多方ラーメン、名酒（全国新酒鑑評会で8回連続金賞受賞数日本一）
- 🎌 白虎隊

※22年11月の任期満了にともなう知事選挙が予定されている。

山形県

生きた文化財「在来作物」

　山形県は、サクランボや洋ナシで有名だが、地域特有の野菜も多く栽培されている。その土地で種苗の保存を続けながら栽培され、人々に親しまれてきた野菜、果樹、穀類などを「在来作物」という。「在来作物」は長い間、私たちの生活を支え、地域独特の文化を伝えるものの一つとなってきた。全国各地にある伝統野菜など、在来作物の数は600品目以上と思われるが、とりわけ、山形県に多い。四つの地域（庄内、置賜、最上、村山）それぞれで栽培されているが、特に、庄内地区の鶴岡では、現在確認されているだけで60品目もの在来作物が受け継がれ、遺伝子的多様性をもつ生物資源として、また栽培技術や食文化をつなぐ貴重な「生きた文化財」となっている。

　だだちゃ豆、からとり芋、赤根ほうれんそう、うこぎ、薄皮丸なす、雪割菜、赤ねぎ、紅大豆などに加え、地域の名前の付いたカブも多い。その一つ、藤沢カブは、戦後、途絶えそうだった種を引き継ぎ、復活させ、今も焼き畑で栽培されている。また鶴岡には、山岳信仰の聖地である出羽三山があり、古くから、精神文化と結びついた行事食や伝統食が継承されている。その歴史と食文化を背景に鶴岡市は、ユネスコの「創造都市ネットワーク」に「食文化」の分野で加盟が認定された（2014年）。

　現在、流通する多くの野菜は、形もそろい収量も安定しているが、在来種は、量産が難しく、ふぞろいのものも多い。品質・収量を安定させ、特産物に育てたり、旬や産地の名前でブランド化したりするなど課題に取り組み、地産地消の教材として食育の役割も担う。後世に残すためのプロジェクトも進められている。

茨城県

「不死鳥」なのに「最弱」といわれる武将

　幾多の武将たちが生き残りをかけ、しのぎを削った戦国時代で「最弱」と評される戦国大名がいる。かつて常陸国南部（現・茨城県南部）を根拠地としていた小田氏治（1531～1602）だ。彼は居城としていた小田城（茨城県つくば市）を4度も奪われ、最後は豊臣秀吉に屈して、大名としての小田氏を滅亡させている。一方で、負けても負けても城を取り戻したことから「常陸の不死鳥」と呼ばれることもあり、人気を集めている。

　1548年、氏治は小田氏の当主となる。その8年後に下総（現・千葉県北部、茨城県南西部など）の結城氏に敗れて小田城を失うが、家臣のもとで再起をはかり奪還に成功する。

　当時、関東は北条氏（後北条氏）と越後の長尾景虎（のちの上杉謙信）が勢力争いを繰り広げていた。氏治は当初、謙信側につくが、謙信が越後に引き揚げると北条方に寝返ってしまい、謙信と組んだ常陸北部を領する佐竹氏に敗れ、また小田城を失う。そのあと一度、城を奪還するも再び謙信が関東を攻撃、氏治はまたまた城を失い謙信に降伏、許されて城に戻る。その後、謙信の力が弱まると、氏治は再度、謙信から離れて北条氏に帰属。

　1569年、謙信と組んだ佐竹氏に敗れ、またまたまた小田城を失ってしまう。その後、氏治は小田城奪還のため、上杉についたり北条についたり、佐竹氏に降伏したり再び北条について佐竹氏に反旗を翻したりと試行錯誤を繰り返す。1590年、北条氏が豊臣秀吉に敗れると氏治も所領を没収され、最後は越前（現・福井県）で生涯を閉じた。「最弱」と呼ばれる氏治だが、家臣や領民には慕われたようであり、その人物像は興味深い。

茨城県（いばらき）

面積／6097km²
人口／290万7678人
　うち外国人　7万1057人
市町村／32市10町2村
県庁／水戸市　　知事／大井川和彦

■ 都道府県の花・木・鳥

バラ　ウメ　ヒバリ

旧国名　常陸、下総（一部）

■ 自然

[地形] 北部に阿武隈、八溝などの山地があるが、大半は関東平野の一部を占める常総台地と低地。北部に久慈川、那珂川が、南部の県境に利根川が流れる。霞ケ浦（西浦）、北浦、利根川が合流する一帯は水郷とよばれる低湿地。鹿島灘沖は千島海流（親潮）と日本海流（黒潮）がぶつかる潮目。**[気候]** 温暖な太平洋岸式気候だが、北西山間部と南部とで気温差が大きい。

■ 交通

JRの常磐線、水戸線、水郡線や2005年開業のつくばエクスプレス、ひたちなか海浜鉄道、鹿島臨海鉄道、真岡鐵道などの鉄道がある。老朽化が進むJR水郡線では、21年11月から線路の補修工事が行われている。道路は常磐自動車道、東関東自動車道水戸線、北関東自動車道が通り、首都圏の環状道路（圏央道）も開通。茨城空港（航空自衛隊百里基地と共用）は、国内線と上海などの路線がある。

■ 産業

製造品出荷額 12兆5812億円（全国7位）／農業産出額　4411億円（全国3位）

[農業] 田畑の耕地面積は全国3位。常総台地の野菜と低地の米作が中心。採卵鶏の飼育羽数や鶏卵の生産量は全国1位。ピーマン、小松菜、レンコン、白菜、水菜、チンゲンサイ、メロン、栗の収穫量は1位。レタス、サツマイモは2位など上位の農作物が多い。**[水産業]** 漁獲量は全国2位。沖合漁業でイワシ、サバ、霞ケ浦でエビ類、シラウオ、ワカサギも。**[工業]** 日立、ひたちなか市の電気機器や、鹿島臨海工業地帯の鉄鋼、石油化学工業が大規模。県南地域に食料品や情報機器の工場があり、つくば市に先端技術の研究所が進出、宇宙航空研究開発機構（JAXA）もある。

■ あゆみ、ニュース

1871（明治4）年、廃藩置県による県の統廃合で茨城県・新治県・印旛県が誕生し、1875年に現在の茨城県となった。1969（昭和44）年に鹿島港が開港し、筑波研究学園都市も起工。1957年、東海村の実験用原子炉で、日本で初めて臨界（核分裂の連鎖反応）に達した。93年、県立カシマサッカースタジアムが竣工、2018年にJ1鹿島アントラーズがアジア・チャンピオンズリーグ（ACL）で初優勝した。

■ 環境問題

1999年、東海村の民間ウラン加工施設で臨界事故が発生。2人が死亡。東海第二原発は首都圏にある唯一の商業炉で30キロ圏内に94万人が住む。2011年の東日本大震災で停止。安全対策工事を終える22年12月以降に再稼働をめざしていたが、21年3月、水戸地方裁判所は避難計画の不備を指摘し運転差し止めを命じた。

トピックワード

- 徳川光圀、間宮林蔵、徳川斉昭、横山大観、野口雨情
- 偕楽園、鹿島神宮、弘道館、袋田の滝
- 渡良瀬遊水地（一部）、涸沼（ともにラムサール条約）
- 常陸大津の御船祭、日立風流物（山車）
- 笠間焼、結城紬、真壁石灯籠
- 納豆、干しイモ、アンコウ
- 霞ケ浦の帆引網漁

栃木県

面積／6408km²
人口／195万5402人
うち外国人　4万2828人
市町村／14市11町
県庁／宇都宮市　　知事／福田富一

■ 都道府県の花・木・鳥

ヤシオツツジ　トチノキ　オオルリ

旧国名　下野

■ 自然
[地形] 北部の山地と南部の平地がほぼ半分ずつ。東部の那珂川、利根川の支流の鬼怒川、渡良瀬川などが関東平野の北部を形づくる。北部那須火山帯には、那須岳、男体山、白根山などの火山があり、那須、塩原、鬼怒川など温泉も多い。中禅寺湖は日本一高い場所にある湖。**[気候]** 内陸型の気候で夏は高温で雷が多い。冬は北西の季節風が強く、気温は低い。

■ 交通
東北新幹線、東北線、日光線、烏山線などJR各線や東武鉄道・鬼怒川線など多くの路線が各地を結ぶ。道路も東北自動車道、北関東自動車道、圏央道も整備され、2015年のJR「上野東京ライン」開業で、首都圏に近くなった。宇都宮市の次世代型路面電車システム（LRT）事業の開業予定もある。

■ 産業
製造品出荷額　8兆9664億円（全国13位）／農業産出額　2849億円（全国9位）
[農業] 平野部で稲作が盛んで収穫量全国8位。「とちおとめ」で有名なイチゴの収穫量は53年連続1位。新品種「とちあいか」「ミルキーベリー」も発売。かんぴょう生産量は99％以上、二条大麦とにら、生乳は2位。**[鉱業]** 建築用の大谷石や、園芸用の鹿沼土がとれる。**[工業]** 歯科用機械器具や光学レンズの生産は全国1位。宇都宮、大田原、矢板市に電気機器の工場、県央には自動車メーカーの工場がある。

■ あゆみ、ニュース
1873（明治6）年、宇都宮県を併合して栃木県になった。内陸県で、農業と内陸型の工業が盛ん。1901年、足尾鉱毒問題で、田中正造が天皇に直訴。2006年の合併によって旧栗山村など4市町村を含めた日光市は県土4分の1の面積となった。19年、皇位継承にともなう「大嘗祭」で県内の斎田で収穫された純県産米「とちぎの星」が採用された。21年2月に起きた両崖山の山火事は鎮火まで23日かかり被害面積は約167haに。

■ 環境問題
日本の公害の原点となった足尾銅山は江戸時代に開発されたが、1973年に閉山した。鉱毒被害を受けた旧谷中村は廃村、その後、渡良瀬遊水地になった。日光杉並木街道は、国の特別史跡と特別天然記念物に二重指定されている。92年には、「世界一長い並木道」としてギネス世界記録にも登録。1625年ごろから約20年かけて植栽されたが、現在、老朽化が進み、約60年前と比べ4000本以上が失われた。残っているものも樹勢が衰退。杉の根の土壌を改良する樹勢対策やオーナー制度、並木守など回復事業を実施。

トピックワード
- 那須与一、蒲生君平、二宮尊徳、田中正造
- 日光杉並木街道、華厳の滝、足利学校
- 東照宮（文化遺産）、奥日光の湿原、渡良瀬遊水地（ラムサール条約）
- 山あげ祭、鹿沼秋まつり
- 益子焼、ふくべ細工、手すき和紙、結城紬（無形文化遺産）
- 宇都宮のギョーザ、佐野ラーメン、日光ゆば

群馬県

面積／6362km²
人口／195万8185人
うち外国人　6万1461人
市町村／12市15町8村
県庁／前橋市　　知事／山本一太

■ 都道府県の花・木・鳥

レンゲツツジ　クロマツ　ヤマドリ

旧国名　上野

■ 自然
[地形] 県は、南東方向に首を向けたツルが翼を広げた形。日本列島のほぼ中央に位置し、県の面積の約3分の2が丘陵山岳地帯。流域面積が日本一の利根川の源流がある。浅間、草津白根、日光白根、赤城、榛名の五つの活火山があり、2018年、草津白根山のうち、本白根山が噴火。19年に、群馬・長野両県にまたがる浅間山が15年以来の噴火。**[気候]** 内陸性で、夏は暑くて雷が多く、冬は「からっ風」と呼ばれる北西の強い季節風が吹く。北西の山間部は雪も多い。

■ 交通
上越新幹線、北陸新幹線が県内を通り、JRの上越線、吾妻線、両毛線などや私鉄の東武線、上信電鉄など鉄道が多く、わたらせ渓谷鐵道ではトロッコ列車も走る。道路も、関越道、上信越道、北関東道など整備されている。

■ 産業
製造品出荷額　8兆9819億円（全国12位）／農業産出額　2462億円
[農業] 首都圏向けの野菜栽培が盛ん。コンニャクイモの収穫量は全国の93.5％、繭の生産量は35％以上を占める。枝豆は全国1位。キャベツ、ふき、梅、ほうれん草は全国2位。レタス、白菜、生シイタケは3位。生乳は5位。水田農業は米麦の二毛作が行われ、小麦の収穫量は6位。**[工業]** 第2次世界大戦で使われた戦闘機を造った会社が前身のSUBARUの主力工場が太田市にあり、周辺は関連企業が多い。大手電機メーカーや自動車工場がある大泉町では労働者として日系ブラジル人や多くの外国人が暮らし、住民の約19％を占める（21年末）。絹織物工業も古くから盛んで、京都の西陣から技術を導入した桐生市が中心。

■ あゆみ、ニュース
水資源が豊富で、利根川支流を中心に多くのダムがあり、首都圏の水がめの役割を担う。また県下に452の温泉源泉があり、草津、伊香保、水上など温泉地は98カ所（20年3月末）。1887（明治20）年に上毛新聞が創刊。総理大臣（中曽根康弘、福田赳夫・康夫、小渕恵三）も多く輩出。安中市から高崎市にかけて広がる1150万〜1130万年前の地層（安中層群富岡層）でマイルカ科やイルカの祖先のケントリオドン科の新種の化石が発見されている。

■ 環境問題
1783（天明3）年の浅間山噴火で、火口から約12kmの嬬恋村鎌原地区（旧鎌原村）は火砕流や土石なだれで埋没した。その発掘調査が2021年11月から始まった。

トピックワード
- 関孝和、新島襄、内村鑑三、萩原朔太郎
- 草津温泉・湯畑、吹割の滝、碓氷第三橋梁、群馬サファリパーク
- 富岡製糸場と絹産業遺産群（文化遺産）、尾瀬、渡良瀬遊水地、芳ヶ平湿地群（ラムサール条約）
- 高崎だるま市、中之条鳥追い祭
- 桐生織物、伊勢崎絣、こけし、沼田の座敷箒
- 焼きまんじゅう、下仁田ネギ、おっきりこみ、ひもかわうどん、麦落雁

埼玉県（さいたま）

面積	3798km²
人口	739万3849人
うち外国人	19万5519人
市町村	40市22町1村
県庁	さいたま市
知事	大野元裕

■ 都道府県の花・木・鳥

サクラソウ／ケヤキ／シラコバト

旧国名：武蔵（北部）

■ 自然
[地形] 半月の形をした内陸県。関東平野の中央に位置する低平部が全体の3分の2を占める。そこから西へ武蔵野台地、秩父山地、関東山地と高くなる。北部の県境を利根川が流れ、西部の秩父盆地から荒川が中央部に流れる。**[気候]** 山間部は内陸性の気候で、雨が少なく寒暖の差が大きい。平野部は冬から春にかけて乾いた季節風が強く、関東ローム層の赤土を吹き上げる。2018年7月、熊谷市では、41.1℃を記録、当時の国内の観測史上最高気温を更新。

■ 交通
鉄道はJRの上越・北陸新幹線、東北新幹線、八高線が通り、都心に直結する私鉄の東武線や西武線、つくばエクスプレス、埼玉高速鉄道、鉄道とバスの中間とされる埼玉新都市交通ニューシャトルも。東北、関越、常磐の各自動車道、圏央道など環状道路も整備。

■ 産業
製造品出荷額 13兆7582億円（全国6位）／農業産出額 1676億円

[農業] 京浜地方向けの野菜や花の近郊農業が盛ん。サトイモ、ほうれん草の収穫量は全国1位、小松菜、ネギ、カブは2位。キュウリは3位。切り花のユリ、パンジーの苗は出荷量が全国1位。東部は米、北部は畜産も盛ん。川口市の安行は植木、苗木で有名。狭山丘陵では茶を栽培。**[工業]** 県内各地に、機械工業や輸送機器、電器工業などが分散。北本に菓子、久喜にしょうゆのメーカーも。狭山と寄居に自動車工場、小川町にはエンジン工場がある。狭山工場は閉鎖予定。川口の鋳物業は有名。

■ あゆみ、ニュース
明治時代の廃藩置県で、当初、埼玉県と入間県にわかれていたが、1876（明治9）年にほぼ現在の県域が確定。首都圏へ農作物を供給する近郊農業県であったが、首都圏の拡大や地価の高騰とともに、東京に隣接する南部から宅地化が進んだ。市の数は40で日本一多く、志木、蕨など面積の小さな市が多い。2001年に浦和、大宮、与野の3市が合併し「さいたま市」が誕生。05年、岩槻市が編入合併して10区になった。21年、東京オリンピック2020で、さいたま市、川越市、朝霞市などの施設が競技会場となった。同年、深谷市出身の渋沢栄一を主人公とする大河ドラマが放映された。また24年度から発行の新1万円札に渋沢栄一の肖像が使われる。

■ 環境問題
寄居町にある「彩の国資源循環工場」に、関東圏ではじめて、紙などを発酵させる乾式のメタン発酵バイオガス発電施設が完成。紙や生ごみを燃やさず発酵させてエネルギーに換えることができる。

トピックワード
- 塙保己一、渋沢栄一、荻野吟子
- さきたま古墳群、三峯神社、競進社模範蚕室、時の鐘
- 渡良瀬遊水地（一部、ラムサール条約）
- 秩父夜祭
- 行田のたび、岩槻人形、川口鋳物、盆栽
- 草加せんべい、深谷ねぎ、狭山茶
- 和銅開珎

千葉県（ちば）

面積	5157km²
人口	632万2897人
うち外国人	16万7182人
市町村	37市16町1村
県庁	千葉市
知事	熊谷俊人

■ 都道府県の花・木・鳥

ナノハナ（アブラナ）／マキ／ホオジロ

旧国名：安房、上総、下総

■ 自然
[地形] 房総半島の丘陵地と、半島のつけ根の平野と台地からなる。下総台地とその西に続く低地は関東平野の一部。県北部と北西部に、利根川と江戸川が流れる。市原市の「養老川流域田淵の地磁気逆転地層」（天然記念物）が示す約77万4000～12万9000年前の地質時代は、「チバニアン（千葉時代）」と呼ばれる（2020年1月、国際地質科学連合の決定）。**[気候]** 温暖多雨。房総半島南端は暖流（黒潮）の影響で真冬でも霜がおりず暖かい。北部の内陸部は寒暖差が大きく、冬はやや寒い。

■ 交通
成田空港は、国際線旅客数でも国際貨物取扱量でも国内最大。世界的にも有数の規模。JRの総武線、成田線、常磐線、京葉線、外房線・内房線など多くの路線のほか私鉄や東京都心からの地下鉄、県内を結ぶモノレールもある。道路は、環状道路、京葉道路、館山自動車道など。1997年開通の東京湾アクアラインも。京葉線の新習志野―海浜幕張の間に2023年春、新駅「幕張豊砂」ができる。

■ 産業
製造品出荷額 12兆5183億円（全国8位）／農業産出額 3852億円（全国4位）

[農水産業] 有数の農業県で、サヤインゲン、ダイコン、ネギ、カブ、みつば、梨が収穫量1位。ニンジン、スイカは2位。枝豆、キャベツも多い。梨の新品種「秋満月」もデビュー。落花生は全国生産量の8割以上。鶏卵は3位。三方を海に囲まれ、沖合は黒潮と親潮が交差する豊かな漁場。イワシ類、サバ類、マグロ類、タイもとれる。銚子漁港は水揚げ量が11年連続全国1位（21年）。**[鉱業]** 県を中心に南関東ガス田があり、都市ガスに利用。また地層水に高濃度のヨウ素を含む。**[工業]** 東京湾岸を埋め立てた京葉臨海工業地域では、鉄鋼や石油精製、化学など重化学工業を中心に発展。内陸部に食料品、金属製品製造業など多様な産業が集積。**[第3次産業]** 成田山新勝寺は、1080年余の歴史がある全国有数の寺院で多くの参拝者がある。東京ディズニーリゾートには18年度約3256万人、19年度約2901万人が入園した。20～21年度は休園や入場制限に。

■ あゆみ、ニュース
明治時代の廃藩置県では房総に24の県が生まれ、その後、木更津県、印旛県となり、1873（明治6）年に両県を合わせて千葉県になった。2002年、人口が600万人を突破。11年の東日本大震災後、減少したが、14年、再び増加。20年の国勢調査でも過去最多に。

■ 環境問題
湾岸地区を走る「新たな湾岸道路」の計画は、干潟「三番瀬」の再生計画とあわせて検討される。

トピックワード
- 日蓮、青木昆陽、伊能忠敬、国木田独歩
- 犬吠埼灯台、館山城、幕張メッセ、海ほたる
- 谷津干潟（ラムサール条約）
- 佐原の大祭、やっさいもっさい踊り、成田山新勝寺節分会
- 房州うちわ
- しょう油（銚子市と野田市）
- 南総里見八犬伝

千葉県 千葉のモノレールは世界一

千葉県の千葉市内を走る「千葉都市モノレール」は、懸垂式モノレールとしては世界一の営業路線長(15.2km)を誇っている。

懸垂式モノレールとは、車両が1本のレールにぶらさがっているモノレールで、1957年に東京の上野動物園に実験線としてつくられた初のモノレールも懸垂式だった(この上野懸垂線は、長年、来園者に愛されたが、車両の老朽化で2019年から運行休止)。

現在の日本のモノレールは多くが1本のレールをまたぐ形の「跨座式」で、懸垂式は千葉や上野動物園のほかは湘南モノレール、広島のスカイレールがある。レールが2本の鉄道に比べ、モノレールはレールが1本で済むため使用するスペースも少なく、建設費も比較的安い。跨座式は懸垂式よりも構造が簡単で、さらに建設費が安いが、雪が降ると除雪が必要。懸垂式は積雪に強く、カーブを高速で曲がることができる。また振動が少なく乗り心地もよい。千葉市の場合、道路の上を通すという計画だったため、レールを支える支柱の間隔を広くして下の道路への影響を少なくできる懸垂式を導入した。1988年に開業、2021年には累計の乗車人数が5億人に達した。

青い車体の「アーバンフライヤー」

東京都 誰もが競い合えるスポーツ

2021年8〜9月に開催された東京2020パラリンピックで、注目を集めた競技の一つが「ボッチャ」だ。

ボッチャは、重度の脳性まひなど両手足に障害がある人向けにヨーロッパで考案された対戦型スポーツ。16年のリオ・パラリンピックで日本チームが銀メダルを獲得して以降、愛好者が急増している。障害の有無は関係なく、老若男女誰もが競い合える。

体験学習にボッチャを取り入れる学校や、ボッチャ部を創設する企業や大学も増えるなど、健常者にも人気が広がっている。

対戦する両者がそれぞれ赤と青のボールを6球ずつ投げ合い、ジャックボール(目標球)と呼ばれる白いボールにどれだけ近づけられるかを競う。相手ボールを弾いて自分を優位にしたり、ジャックボールに当てて動かしたり、正確無比な投球コントロールと、何手も先を読む戦略が求められる頭脳戦だ。ジャックボールに当てて動かせば、圧倒的に不利な状況でも逆転を狙える。

パラリンピックでは男女の区別なく、障害の程度でクラス分けされ、個人戦、2対2のペア戦、3対3のチーム戦が行われている。障害によってボールを投げることが難しい選手は、滑り台のようなランプと呼ばれる用具の使用や、アシスタントによる補助が認められている。ただし、アシスタントができることは、選手の指示に従って車椅子の位置を調整したり、ボールを手渡したりといったサポート行為のみ。選手への助言は禁止されている。

東京2020パラリンピックでは、個人戦で初の金メダルに輝いたほか、ペア戦で銀メダル、チーム戦で銅メダルを獲得するなど日本勢が大健闘した。

東京都

面積／2194km²
人口／1384万3525人
　うち外国人　54万6436人
市町村／23特別区26市5町8村
都庁／新宿区　知事／小池百合子

■都道府県の花・木・鳥

ソメイヨシノ(サクラ)　イチョウ　ユリカモメ

旧国名：武蔵(中部)、伊豆(一部・伊豆諸島)

■自然

[地形] 面積は全国で3番目に狭い。武蔵野台地は扇状地、その西は多摩地区。東端は住宅地で、東京湾に沿う下町は低地帯で海抜ゼロメートル地帯もある。低地は工業用地や都心、台地に副都心と住宅、丘陵地は住宅と畑地。多摩川、荒川、江戸川は、東京湾に注ぐ。太平洋上の伊豆諸島、小笠原諸島は富士火山帯に属し、大島の三原山、三宅島の雄山などは活動が続く。小笠原諸島の南鳥島は日本最東端、沖ノ鳥島は日本最南端。2021年、小笠原諸島の海底火山・福徳岡ノ場が噴火し、新島が出現。噴火で生じた大量の軽石が鹿児島や沖縄にも到着。22年1月には海没。[気候] 温暖だが都心部と郊外で気温差がある。海岸と内陸の気候の違い以外に排ガスなどによる気温上昇(都市気候)も。

■交通

首都機能を担う交通網は複雑で密。JRは、山手線はじめ、東海道線、中央線、京浜東北線、総武線、京葉線などと東海道、東北、上越、北陸の各新幹線が都内から出る。多くの私鉄路線も郊外に拡大し、地下鉄、モノレールもある。道路は、東名高速、中央道、関越道などのほか、首都高速、環状道路など。羽田空港は、国内最大の乗降客数がある。

■産業

製造品出荷額　7兆1608億円／農業産出額　229億円

[農業] 1975年に1万4557haあった農地は20年に6530ha。小松菜は全国4位の収穫量、ブルーベリーは1位(18年)。伊豆大島のツバキ油生産量も多い。多摩地域西部に森林が多く、都の森林率は36%(17年)でスギやヒノキを産出。[水産業] 伊豆諸島、小笠原諸島周辺で、タカベ、イサキなどがとれる。奥多摩で、ヤマメを養殖。[工業] 印刷関連業種の出荷額は全国1位。大田区、墨田区、葛飾区などでは生産用機械、金属製品の事業所が多く、多摩地域には輸送用機械・電気機械などの大規模な事業者や工場が多い。[第3次産業] 日本銀行や各種金融機関が集中し、日本の経済活動に大きな役割を持つ。情報通信業や金融・保険、学術研究などの従事者の割合が高い。

■あゆみ、ニュース

1868(明治元)年、江戸を東京と改称、東京府を置く。1889年、東京市(15区)が誕生し、1932(昭和7)年に東京市と隣接5郡82町村が合併(35区)。1947年に23区に。2018年、豊洲市場開場。21年、東京2020オリンピック・パラリンピックが開催された。

■環境問題

羽田空港の新飛行ルートが低空を通るため騒音などが問題に。

トピックワード

- 葛飾北斎、勝海舟、樋口一葉、平塚らいてう
- 国会議事堂、東京都庁、皇居、歌舞伎座、スカイツリー
- 小笠原諸島(自然遺産)、葛西海浜公園(ラムサール条約)
- 隅田川花火大会、三社祭、入谷朝顔まつり
- 黄八丈、江戸切子、村山大島紬、江戸押絵羽子板
- アシタバ、練馬大根、浅草のり、雷おこし

神奈川県

面積／2416km²
人口／922万0245人
うち外国人 22万6766人
市町村／19市13町1村
県庁／横浜市　知事／黒岩祐治

■ 都道府県の花・木・鳥
ヤマユリ　イチョウ　カモメ

旧国名：武蔵(一部)、相模

■ 自然
[地形] 東の海側は東京湾に面し、浦賀水道の対岸は千葉県。三浦半島から真鶴半島の海岸線は、相模湾に面する。面積は小さいが、地形は変化に富む。北西に丹沢山地、西の箱根火山は、三重式火山のカルデラで、土砂が早川をせきとめて芦ノ湖を形成した。東に多摩丘陵、中央に相模原台地がある。[気候] 太平洋岸式気候で、夏は高温多湿、冬は晴天の日が多い。相模湾沿岸は温暖で、夏は海風の影響で涼しい。丹沢山地は、県内でも有数の多雨地帯。

■ 交通
中京圏から東名・新東名高速道路が通じ、圏央道が湘南から千葉に達する。横浜北線は横浜市から湾岸を経由して羽田空港に直結。鉄道もJRや私鉄が相互に乗り入れ都心と結ぶ。相模鉄道とJR線の相互直通運転も。

■ 産業
製造品出荷額 17兆7461億円（全国2位）／農業産出額 657億円
[農業] 農業の割合は低いが各地で野菜や果樹、花きを生産。三浦半島でキャベツ、大根、小田原、足柄地方でミカンを栽培。キウイフルーツの収穫量は全国4位、パンジーの苗の出荷量は2位でバラも多い。[水産業] 三崎港はマグロなどの遠洋漁業の基地として有名。[工業] 屈指の工業県。横浜・川崎市臨海部を中心とする京浜工業地帯で、石油化学コンビナート、鉄鋼などの素材産業、自動車などの組み立て工場が主体。横浜市の再開発地区みなとみらい21地区では企業進出が進む。相模原などで大規模な工業団地が形成され電機、自動車部品などの工場が立地。[第3次産業] 商業中心地は横浜。みなとみらい21地区に大規模施設も。鎌倉や三浦半島、真鶴半島、箱根に観光客が多い。

■ あゆみ、ニュース
1185年、源頼朝により鎌倉幕府が成立。以後150年近く、鎌倉は政治・宗教都市として繁栄した。1853年のペリーの浦賀来航を機に、横浜や横須賀は開国の舞台となり、1859年には神奈川県（横浜）が開港、日本を代表する港湾・国際文化都市に。高度成長期以後、東京のベッドタウンとなり、人口が増加。2006年以降、大阪府を抜き、全国2位の人口。川崎市の人口は戦後一貫して増加、20年の国勢調査で過去最多に。21年、横浜で東京2020オリンピック・パラリンピックの競技が行われた。

■ 環境問題
高度経済成長期に重大な公害が起きた川崎市では、歴史を伝え、環境悪化の防止に取り組む。米軍と自衛隊が共同使用する厚木基地周辺では騒音訴訟が続く。21年、横浜の動物園で絶滅危惧種のツシマヤマネコの赤ちゃんが国内で初めて人工授精で生まれた。

トピックワード
- 岡倉天心、尾崎行雄、岡本太郎
- 箱根、鎌倉大仏、山下公園、中華街
- 流鏑馬神事（鶴岡八幡宮）
- 寄木細工（箱根）、鎌倉彫、芝山漆器、大山ごま、小田原提灯
- 足柄茶、シューマイ、かまぼこ、くず餅

新潟県

面積／1万2584km²
人口／221万3353人
うち外国人 1万7512人
市町村／20市6町4村
県庁／新潟市　知事／花角英世※

■ 都道府県の花・木・鳥
チューリップ　ユキツバキ　ユキワリソウ（県の草花）　トキ

旧国名：越後、佐渡

■ 自然
[地形] 日本海に臨み細長くのびる。全国で5番目に広く、ほぼ北陸3県に相当する。東に越後山脈、南に妙高山、焼山などの火山群からなる妙高連峰が走る。西には飛騨山脈が日本海に突き出し、難所・親不知をつくる。日本最長の信濃川、10位の阿賀野川下流には越後平野が、上越には高田平野が広がる。[気候] 冬は内陸部にいくほど雪が多いが、夏は乾燥して晴天が続く。2019年8月、胎内市で40.7℃を観測、19年の全国最高気温を記録。

■ 交通
上越・北陸新幹線、羽越線、白新線、信越線、越後線、弥彦線、第三セクター鉄道のほか、磐越、関越、北陸、日本海東北などの自動車道が通る。海に面する距離が長く、本土側に6港湾、佐渡に4港湾を配置。新潟空港には国内線、国際線がある。

■ 産業
製造品出荷額 4兆9589億円／農業産出額 2526億円
[農業] 米（水稲）の作付面積、収穫量とも全国1位。枝豆、洋梨「ル・レクチェ」の生産も多く、きのこのヒラタケ、舞茸は1位。ユリの切り花は出荷量3位。海岸の砂丘地ではスイカの栽培も盛ん。魚沼コシヒカリは、有名なブランド米。[水産業] 長い海岸線や佐渡があり漁港が多い。寒ブリ、ヒラメ、カレイなどがとれる。[鉱業] 日本海沿いの平野部や海底から採れる原油と天然ガスは産出量1位。天然ガスはパイプラインで関東にも運ばれる。[工業] 電気機器が主力。新潟市の食品、上越の化学、非鉄金属、長岡の電気機器などがある。地場産業は、燕の洋食器、三条の刃物、五泉、見附のニット製品、十日町、小千谷の絹織物など。

■ あゆみ、ニュース
江戸時代、佐渡で金・銀を多く採掘。徳川幕府が直接治める地だった。徳川幕府がたおれると、越後・佐渡は11の藩と越後府、佐渡県、柏崎県になり、廃藩置県で13県に分けられたが、その後、新潟県、柏崎県、相川県の三つにまとめられた。さらに柏崎県、相川県が新潟県に入り、東蒲原郡も加わって現在の新潟県になった。03年に絶滅したトキ（特別天然記念物）を人工繁殖し野生復帰させるため、08年から放鳥を続け、21年に25回目を終え、合計429羽が放たれた。26年度から佐渡以外でも放鳥する方針。

■ 環境問題
阿賀野川流域で発生した新潟水俣病は1965年に公式確認され、67年から損害賠償訴訟や行政訴訟が今も続く。全基停止中の柏崎刈羽原発では、2021年、相次ぐ問題で、再稼働の時期は未定に。

トピックワード
- 上杉謙信、良寛、河井継之助、前島密
- 糸魚川ー静岡構造線、佐渡金山跡、萬代橋
- 佐潟（ラムサール条約）
- 長岡まつり大花火大会、牛の角突き
- 堆朱、桐だんす、小千谷ちぢみ、鎚起銅器
- 米や米菓、笹だんご、柚餅子、佐渡味噌、するめ

※22年6月の任期満了にともなう知事選挙が予定されている。

富山県

面積／4248km²
人口／104万7713人
　うち外国人　1万9085人
市町村／10市4町1村
県庁／富山市　知事／新田八朗

■ 都道府県の花・木・鳥

チューリップ　タテヤマスギ　ライチョウ

旧国名　越中

■自然
[地形] 剱岳など3000m級の山々が連なる立山連峰は古くから信仰の対象で、修験道の山として栄えた。富山湾には大陸棚を深く刻む海底谷がいくつもあり谷づたいにホタルイカなどが海岸近くまでくる。海上では、ときどき蜃気楼も。[気候] 日本海岸式気候で、北西の季節風のため冬は雪が多い。気温は、対馬海流により「雪が降るのに意外と暖かい」といわれる。

■交通
北陸新幹線で首都圏と近くなった。JR高山線、氷見線、あいの風とやま鉄道や富山地方鉄道、関越道、北陸道、東海北陸自動車道も各地とつながる。富山空港（通称・富山きときと空港）は国内外に路線がある。県営の渡し船（越ノ潟フェリー）も珍しい。

■産業
製造品出荷額　3兆9124億円／農業産出額　629億円
[農業] 豊富な水資源が水力発電と農業かんがいに利用され、電力産業と早場米の生産を進めた。耕地に占める水田率は95.4%で全国1位。コシヒカリ、早生「てんたかく」、晩生「てんこもり」など良質の米が多い。新品種「富富富」も発売。砺波平野ではチューリップ栽培が盛ん。[水産業] 氷見、新湊（現・射水市）、魚津を中心に、定置網を使った沿岸漁業が行われる。特産のホタルイカ、シロエビが有名。[工業] 安価な電力、豊富な工業用水、港湾に恵まれ、富山、高岡の臨海地域に資源型工業が発達。金属、医薬品などの化学、機械工業が中心。住宅・ビル用アルミサッシは全国1位。2020年の医薬品生産額は6609億円で全国4位。[第3次産業] 富山の薬は定期的に家庭訪問して補充する販売法で有名。立山黒部アルペンルートは、わが国有数の山岳観光地。22年1月、黒部峡谷鉄道（黒部市）は、初めて冬場に乗客を乗せてトロッコ電車を走らせた。

■あゆみ、ニュース
江戸時代から明治にかけて、北前船の中継地としてコンブ、ニシンなどの交易で栄えた。江戸時代から続く「越中富山の薬売り」は、藩主の奨励で広まった。廃藩置県の後、一時、石川県に入れられたこともあったが、分県運動で1883年に現在の富山県になった。1918（大正7）年、魚津で始まった米騒動は全国に広がった。

■環境問題
神通川流域で発生した「イタイイタイ病」は、1968年、国内初の公害病に認定。神岡鉱山の排水に含まれるカドミウムが原因とし、初提訴から45年で決着。県立イタイイタイ病資料館が12年に開館。21年9月末現在で認定患者は累計200人、要観察者は343人。

トピックワード
- 佐々成政、安田善次郎
- 蜃気楼、魚津埋没林、宇奈月温泉
- 五箇山地方の合掌造り集落（文化遺産）、立山弥陀ケ原・大日平（ラムサール条約）
- おわら風の盆、チューリップフェア
- 高岡銅器、井波彫刻
- ホタルイカ、マスずし、入善のジャンボスイカ
- ニホンライチョウ

石川県

面積／4186km²
人口／113万2656人
　うち外国人　1万5468人
市町村／11市8町
県庁／金沢市　知事／谷本正憲※

■ 都道府県の花・木・鳥

クロユリ　アテ（アスナロ）　イヌワシ

旧国名　加賀、能登

■自然
[地形] 南北に細長く延びる県。北半分を占める能登半島は丘陵地で、変化に富んだ海岸線をもつ日本海側最大の半島。金沢平野は、白山地域から流れてくる手取川の扇状地。河北潟は古くから埋め立てや干拓が行われ、現在は淡水湖。[気候] 日本海岸式気候で冬は雪が多く、特に白山地域では積雪が多い。海岸の平野部は温暖で積雪も少ない。

■交通
北陸新幹線、北陸線、七尾線のJR路線、第三セクターのIRいしかわ鉄道などの鉄道や、北陸自動車道、のと里山海道などの道路が通る。小松空港には国内外に路線があり、国際貨物便も運航。のと里山空港から羽田便もある。

■産業
製造品出荷額　3兆0059億円／農業産出額　535億円
[農業] 金沢平野は耕地整理の進んだ早場米の産地。「コシヒカリ」「ゆめみづほ」が主な品種。加賀れんこんや加賀太きゅうり、金時草など加賀野菜が有名。また大粒のブドウ「ルビーロマン」は、県が誇る高級ブランド食材の一つ。能登半島は丘陵地の畑作中心。階段状の水田「白米千枚田」は世界農業遺産。[水産業] 能登半島の七尾、輪島両港中心に沿岸、沖合漁業のほか海女漁も。漁獲量は、フグ2位、スルメイカ3位でブリも多い。七尾湾ではカキの養殖も。[鉱業] 九谷焼の原料の陶土が小松を中心に、レンガの原料の珪藻土が七尾で産出する。[工業] 中心は機械と繊維。機械は小松周辺での建設、輸送用機器の製造が盛ん。繊維は合繊織物が中心だが、近年、炭素繊維から耐震補強の建築材料なども製品化。藩政時代からの工芸は各分野で重要無形文化財保持者（人間国宝）を生んでいる。[第3次産業] 金沢は、北陸地方の中心で、商業施設や企業、公共機関などが集中。県内に温泉や名所旧跡も多い。多様な伝統産業が受け継がれ、人間国宝の工芸品も金沢駅に設置。

■あゆみ、ニュース
北陸地方の中心的な位置を占め、古くから政治、経済、文化の上で重要な役割を果たしてきた。江戸時代、「加賀百万石の城下町」金沢では人口が多く、加賀藩による文化奨励政策により九谷焼など工芸が発達。戊辰戦争では新政府側に加わり、越後・長岡藩との激しい北越戦争を戦った。

■環境問題
志賀原発は22年1月現在も停止中。再稼働をめざす2号機について、原子力規制委員会は21年11月、原子炉から約1kmを南北に走る「福浦断層」の活動性の現地調査を行った。石川、富山両県の住民による運転差し止め訴訟も。

トピックワード
- 加賀千代女、西田幾多郎、桐生悠々、中谷宇吉郎
- 兼六園（日本三名園）、那谷寺、金沢城、安宅の関
- 片野鴨池（ラムサール条約）
- 「能登のアマメハギ」（来訪神）
- 輪島塗、山中漆器、九谷焼、金沢箔、加賀友禅
- かぶら寿し、治部煮、いしる
- 波の花、能登の朝市、イヌワシ

※22年3月の任期満了にともなう知事選挙が予定されている。

福井県

面積／4191km²
人口／77万4596人
　うち外国人　1万5737人
市町村／9市8町
県庁／福井市　知事／杉本達治

■ 都道府県の花・木・鳥

スイセン　マツ　ツグミ

旧国名　越前、若狭

■ 自然
[地形] 嶺北には九頭竜川が福井平野をつくり、大野盆地、勝山盆地、武生盆地がある。越前海岸は日本海の荒波にあらわれた崖と海岸段丘が続き、北端の東尋坊は安山岩のそそり立つ岩壁で有名。嶺南には、小さな平地が若狭湾に沿って点在。若狭湾は日本海側では数少ないリアス海岸で、三方五湖など景勝地も多い。**[気候]** 日本海岸式に属するが、降雪は北陸のなかでは特別豪雪地帯の大野市や勝山市など山間部を除いて少なく、西に行くほど減少する。

■ 交通
鉄道は、JR北陸線、小浜線のほか、福井鉄道、えちぜん鉄道が走る。2024年には北陸新幹線の金沢(石川県)－敦賀間が開業後は、在来線が並行在来線会社(福井側は22年春に新会社名公表)に移管される。道路は、北陸自動車道、舞鶴若狭自動車道などから各地の高速自動車道につながる。敦賀港から日本海を北海道や秋田に行くフェリーも。

■ 産業
製造品出荷額　2兆2591億円／農業産出額　451億円
[農業] 稲作が中心(水田率90.8%)で、北部の平野部に集中。裏作の少ない水田単作地帯。高級品種コシヒカリの発祥地。六条大麦は全国1位の生産量。三里浜の花ラッキョウ、越前海岸のスイセンが有名。若狭町などで梅の栽培が盛ん。**[水産業]** 越前海岸沖は暖流と寒流のぶつかる日本海有数の漁場。カニ、甘エビが有名。若狭湾ではフグやマダイなどを養殖。**[工業]** 古くから繊維の産地で、合成繊維を中心とする繊維工業が盛んで出荷額は全国4位。また鯖江市などの眼鏡枠は全国の94%以上を占める。出荷額では電子部品や化学工業が多い。

■ あゆみ、ニュース
古くから北陸、東北への交通の要衝だった。木ノ芽峠を境に北を嶺北、南を嶺南と呼び、言葉などが違う。永平寺を開いた道元の曹洞宗や浄土真宗など仏教が盛ん。安土・桃山時代には越前一向一揆も起こった。勝山市で恐竜の化石が多く出土。始祖鳥に次いで古い鳥類の化石の学名は「フクイプテリクス・プリマ」。19年、三方五湖地域の汽水湖沼群漁業システムが日本農業遺産に認定。伝統漁法「たたき網漁」は400年以上続く。

■ 環境問題
県内にある15基の原発のうち、「ふげん」、「もんじゅ」、敦賀原発1号機、美浜原発1・2号機、大飯原発1・2号機の7基は廃炉作業中。21年6月、美浜3号機が再稼働。運転40年を超える老朽原発で、福島第一原発事故後に全国で初めて再稼働。同年10月から検査中。

トピックワード
- 杉田玄白、近松門左衛門、松平春嶽、橋本左内
- 東尋坊、永平寺、一乗谷朝倉氏遺跡、北潟湖
- 中池見湿地、三方五湖(ともにラムサール条約)
- 丸岡城桜まつり、式部とふじまつり
- 打ち刃物、めのう細工、和紙、竹人形
- 越前ガニ、甘エビ、小鯛の笹漬

山梨県

面積／4465km²
人口／82万1094人
　うち外国人　1万6716人
市町村／13市8町6村
県庁／甲府市　知事／長崎幸太郎

■ 都道府県の花・木・鳥

フジザクラ(マメザクラ)　カエデ　ウグイス

旧国名　甲斐

■ 自然
[地形] 甲府盆地以外は大部分が山あい。西に南アルプスの赤石山脈、南に富士山、北には八ケ岳、奥秩父山系と標高2000～3000m級の山々に囲まれた内陸県。甲府盆地は釜無川と笛吹川の扇状地で、それが合流して日本三大急流のひとつ富士川に。富士山の北麓に噴火によるせき止め湖の富士五湖が並ぶ。**[気候]** 内陸性で冬は寒く、夏は暑い。降水量は少なく空気は乾燥し晴天が多い。2021年、富士山の初冠雪は9月26日。

■ 交通
甲府にはJR中央線が通り、身延線は甲府から静岡県へ南下、小海線は小淵沢と清里を、富士急行線は大月と河口湖を結ぶ。中央自動車道、中部横断自動車道、東富士五湖道路などの道路も通る。

■ 産業
製造品出荷額　2兆4820億円／農業産出額　975億円
[農水産業] 甲府盆地では長い日照時間と水はけのよい扇状地や低山の斜面で果樹栽培が盛ん。ブドウ(全国収穫量の21%)、桃(同31%)、スモモ(同32%)は日本一。サクランボ、柿、ウメも栽培。勝沼(現・甲州市)は日本で最古、最大のブドウ産地のひとつ。淡水魚の養殖でニジマス生産量は全国2位。**[工業]** エレクトロニクス中心の内陸型工業県。甲府、韮崎、中巨摩地区では、電子部品、機械工業などの企業や工場が多い。「甲斐絹」の伝統をもつ富士吉田、大月の繊維工業は生産が減少。江戸時代から伝統の水晶・宝石の研磨業は甲府市が中心。貴金属・宝石製装身具製品出荷額は全国1位。市川三郷町の印章業、和紙と花火製造も有名。**[第3次産業]** 富士山、富士五湖、八ケ岳山麓などに観光客が多い。19年の富士山夏期登山者は約23.6万人。20年は閉山。21年は開山し7.9万人だった。

■ あゆみ、ニュース
戦国時代、武田信玄が天下統一をめざした。江戸時代、甲州街道や富士川舟運などの発達で甲斐の八珍果(ブドウ、梨、桃、柿、栗、リンゴ、ザクロ、ギンナン〈またはクルミ〉)など特産物が運ばれた。明治時代に甲斐府から甲府県を経て1871年に山梨県に。ワイン製造は甲州市を中心に明治時代初期に始まった。2010年、絶滅種だったクニマスが西湖で発見された。

■ 環境問題
13年、県内にリニア実験線が開通したが、10～11年、トンネル工事に伴い水枯れが起き、農業に影響が出た。騒音や高架による日照問題もある。21年、富士山の噴火を想定した「富士山ハザードマップ」が17年ぶりに改定、大規模噴火による溶岩の想定が2倍に増加。溶岩流が到達する可能性のある範囲に3県の7市5町が追加。

トピックワード
- 武田信玄、ハインリッヒ・ハム、山本周五郎
- 甲府城、富士五湖、猿橋
- 富士山(文化遺産)、河口湖(富士山の構成資産)
- 信玄公祭り、吉田の火祭り
- 水晶細工、宝飾製品、甲州和紙、甲州印伝、印章、雨畑硯
- ほうとう、馬刺し、せいだのたまじ、あんびん

私たちの郷土 | 中部　　111

長野県

面積／1万3562km²
人口／207万2219人
うち外国人 3万5786人
市町村／19市23町35村
県庁／長野市　知事／阿部守一※

■ 都道府県の花・木・鳥

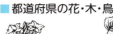
リンドウ　シラカバ

ライチョウ

旧国名　信濃

■ 自然

[地形] 険しい山々に囲まれた、南北に長い内陸県。本州の中央に位置し、八つの県と接する。広さは全国4位。飛騨、木曽、赤石山脈の日本アルプス、浅間、八ケ岳、乗鞍などの火山群が「日本の屋根」をなしている。中部地方を代表する河川が多く、北に千曲川、南に木曽川が流れ、天竜川が伊那盆地を貫いて流れる。[気候] 盆地は内陸性気候。全国的にみても少雨、冷涼で、夏冬の寒暖差、昼夜の温度差が大きい。

■ 交通

北陸新幹線、JR中央線、しなの鉄道が通り、上信越自動車道、中央自動車道、長野自動車道などの道路もある。国内で最も標高の高い信州まつもと空港は、札幌、福岡、神戸に定期便、対馬などへチャーター便もある。北八ケ岳、駒ケ岳、竜王など山岳地にはロープウェイやゴンドラリフトも多い。

■ 産業

製造品出荷額 6兆1578億円／農業産出額 2699億円

[農業] 農家数が多く、販売農家では全国4位。高冷地を生かした野菜や果樹の栽培が盛ん。レタス、セロリ、プルーン、わさびは収穫量全国1位。花もシクラメン、トルコギキョウ、カーネーションは出荷量1位。そば、リンゴ、ハクサイ、ブドウは2位。きのこ類の栽培も盛ん。傾斜地の水田が多いが10a当たりの米収量は全国3位。

[林業] 木曽谷のヒノキは日本三大美林のひとつ。伊勢神宮式年遷宮でも木曽ヒノキを使う。[水産業] 内陸県だが、ニジマス、イワナ、ヤマメ、アマゴなどがとれマス類の養殖は全国1位。[工業] 諏訪盆地は、情報通信機器、電子機器中心の内陸工業地帯。長野は機械、松本・安曇野はパソコン、上田は自動車部品など。味噌、漬物、農産物加工の食品工業、木曽谷の木工業も。[第3次産業] 長野と松本が中心都市。自然、歴史遺産、温泉に恵まれ、観光客が多い。2020年は5148万人と減ったが、19年は8601万人が訪れていた。

■ あゆみ、ニュース

1553年から1564年にわたって甲斐の武田信玄と越後の上杉謙信が川中島で戦った。1876年、筑摩県(6郡)を編入して、長野県が成立。1979年、御嶽山が有史以来の大噴火。2014年にも噴火。1998年、冬季オリンピック開催。

■ 環境問題

県民1人1日当たりのごみ排出量が全国一少ない。19年度816gで、6年連続で最少。50年ほど前に絶滅したとされる中央アルプスのライチョウだが、18年、木曽駒ケ岳でメス1羽の生存を確認。19年、環境省は繁殖のため「復活作戦」を始め、20年8月に乗鞍岳の3家族19羽を移送して放鳥。21年には、自然繁殖が確認された。

トピックワード

- 木曽義仲、真田信繁(幸村)、佐久間象山、C・W・ニコル
- 松本城、善光寺、中山道(妻籠・馬籠)、軽井沢
- 諏訪大社御柱祭、天竜舟下り
- 木曽漆器、松本家具、内山紙、飯山仏壇
- 野沢菜、信州サーモン、信州そば
- ナウマンゾウ、御神渡り

※22年8月の任期満了にともなう知事選挙が予定されている。

長野県　スノーモンキーってどんな猿？

長野県の北部、横湯川渓谷にある地獄谷野猿公苑は、1964年の開苑以来、ニホンザルの生態を間近で観察できる場所として愛されている。人里から離れた標高850mの山奥に位置する地獄谷野猿公苑に柵やオリはなく、周辺に生息している野生のニホンザルを慎重に餌付けして引き寄せている。

半径数kmの行動範囲内で自由に生活しているニホンザルたちは餌を食べたくなると公苑を訪れ、日が暮れると山へ帰る。苑内では餌を販売せず、客が何かを食べたり、与えたりするのも禁止。餌付けは、注意深く種類や量をコントロールして、農作物の被害がないように、逆にサルが増えすぎないようにもしている。野生のニホンザルを限りなく自然に近い状態で見ることができるため、写真家や研究者が足を運ぶ。それだけでなく、積雪量が1mを超え、最低気温がマイナス10℃を下回るほど厳しい地獄谷の冬に、ニホンザルたちは寒さをしのぐため温泉につかる。雪を頭にのせて温泉でくつろぐ姿は「スノーモンキー」と呼ばれ、国内外の観光客にも人気となっているのだ。

2018年、ニホンザルが温泉でストレスを解消していることが科学的に確認できたと京都大学のグループが発表した。同大の霊長類研究所(22年春に新組織に再編)は、地獄谷野猿公苑のニホンザルたちのふんを採取し、ストレスの目安となるホルモンの濃度を分析。その結果、温泉に入浴した週はストレスホルモンの濃度が平均で約2割低く、ストレスが軽減されていることがわかった。

観光客に餌をねだることもなく、温泉でストレス解消する地獄谷野猿公苑のニホンザル。日本の山の一員として大切にしたい。

岐阜県、愛知県、三重県　「輪中」から考える治水

濃尾平野の南西部は、木曽三川(木曽川、揖斐川、長良川)が合流し、古くから洪水被害を受けた地域だ。そこに多くの「輪中」と呼ばれる集落がある。

輪中とは、洪水対策として川沿いの低地にある住宅地や田畑を堤防で輪のように囲んでいる集落のこと。江戸時代に発達した伝統的な水防技術で、川が決壊しても住宅へ水が入るのを防ぐ。1976年に長良川が決壊したとき、昔の輪中が残っていた地帯は水害を免れたことから、その効果が実証され、近年では、集落が点在する各地の農村地で採用されている。

明治時代以降の日本の治水行政は、上流に大規模ダムをつくり、整備した川の上流から下流まで堤防を築くことで水害を防止してきた。洪水被害は減少したが、工事に莫大な費用がかかり、川は水路となり、自然環境や生態系は損なわれた。さらに近年、気候変動によって日本各地で記録的な豪雨が頻発。整備した河川が決壊し、人命が失われ、住宅被害も多い。激甚化する水害に対し、より高く強靭な堤防をつくる方法もあるが、堤防が高いほど破堤したときの被害は大きい。また、盛り土して街や住宅を再建設する「高規格堤防(スーパー堤防)」のプランもあるが、長期工事と膨大な費用が必要だ。そこで注目されるのが工期が短く低予算の輪中や、あふれることを前提とした治水だ。

国土交通省は、「輪中」のほか、川沿いの堤防とは別に住宅地側に第二の堤防を築く「二線堤」やあふれた水を川にもどす「霞堤」、あるいは、あふれた水を横に広げる(遊水地などに流す方法)など、洪水が起きても被害を抑える対策に取り組む。

岐阜県

面積／1万0621km²
人口／201万6868人
　うち外国人　5万8159人
市町村／21市19町2村
県庁／岐阜市　　知事／古田肇

■ 都道府県の花・木・鳥

レンゲソウ　イチイ　ライチョウ

旧国名：飛騨、美濃

■ 自然
[地形] 山地が多く、平野部は2割。飛騨地方には東の飛騨山脈と西の両白山地にはさまれた飛騨高地が広がる。河川は山地を浸食し、峡谷をつくる。中央部に高山盆地がある。美濃地方には、木曽川、長良川、揖斐川が集まる肥沃な濃尾平野が開ける。**[気候]** 内陸性で飛騨では気温が低く、西の伊吹山地に近い関ケ原とともに雪が多い。南の美濃は、比較的暖かい。

■ 交通
JR東海道線と高山線が通り、太多線と中央線も多治見でつがる。名古屋鉄道や樽見、明知、長良川、養老の各ローカル鉄道も各地を結ぶ。道路は、中央自動車道が長野へ、東海北陸自動車道が富山へ、東海環状自動車道は愛知、岐阜、三重に弧を描いて通る。白川村と石川県白山市を結ぶ白山白川郷ホワイトロードも開通。

■ 産業
製造品出荷額　5兆9143億円／農業産出額　1093億円
[農業] 濃尾平野では、米、トマト、ほうれん草の栽培が盛ん。富有柿の発祥地で柿の収穫量は栗とともに4位。花木の鉢物の出荷量は3位。飛騨では高冷地野菜と飛騨牛など肉用牛の生産が盛ん。**[林業]** 御嶽山西麓一帯と裏木曽に、日本三大美林のひとつであるヒノキの天然林がある。**[水産業]** 河川でのアユの漁獲量は全国4位。1300年の歴史をもつ長良川の鵜飼や関市の小瀬鵜飼も有名（「清流長良川の鮎」世界農業遺産認定）。**[鉱業]** 神岡鉱山は亜鉛と鉛鉱石の採掘を2001年に止めた。金生山では良質な石灰岩が採れ、県の生・消石灰出荷額は全国一。**[工業]** 第2次産業就業者の割合が高い。地場産業が中心で、岐阜、大垣、羽島などで繊維・衣服が盛ん。多治見、土岐の陶磁器など窯業の出荷額は全国有数。航空宇宙産業の拡大にも取り組む。

■ あゆみ、ニュース
1567年、織田信長が稲葉山城に入る。1600年に関ケ原で天下分け目の合戦。「飛山濃水」といわれ、北の飛騨と南の美濃では自然、風土が対照的。日本のほぼ中央で7県に囲まれる。山岳や峡谷に隔てられた飛騨地方に、白川郷の合掌造り、高山の古い町並みが残る。美濃地方の濃尾平野には水害に備えて周囲に堤防をめぐらした輪中集落がある。1983年、神岡鉱山跡に素粒子観測装置・カミオカンデ、95年に大型化したスーパーカミオカンデが完成。

■ 環境問題
リニア中央新幹線トンネル工事で出る残土の町有地での処分が問題となっている御嵩町で2021年9月に町長が受け入れを表明。10月には中津川市のリニア中央新幹線「瀬戸トンネル」工事現場の崩落事故で2人が死傷。県はJRが提示した安全対策を検証することに。

トピックワード
- 斎藤道三、明智光秀、竹中半兵衛、杉原千畝
- 養老の滝、恵那峡、岐阜城
- 白川郷（文化遺産）
- 高山祭、郡上おどり
- 岐阜提灯、飛騨春慶、一位一刀彫、美濃焼、関市の刃物、和ろうそく
- 飛騨牛、朴葉味噌

静岡県

面積／7777km²
人口／368万6335人
　うち外国人　9万7020人
市町村／23市12町
県庁／静岡市　　知事／川勝平太

■ 都道府県の花・木・鳥

ツツジ　モクセイ　サンコウチョウ

旧国名：遠江、駿河、伊豆（大部分）

■ 自然
[地形] 北の富士山、赤石山脈の山岳部と南の遠州灘、駿河湾、相模灘にはさまれた東西155kmにおよぶ長い県。天竜川、大井川、安倍川、富士川は、下流に平野をひろげる。富士火山帯が通る伊豆半島に温泉が集中。**[気候]** 日本でいちばん標高差のある県で、北部の山岳地帯では冬は低温、降雪も多い。南部は黒潮の流れる海に面し、海洋性で温暖。

■ 交通
JRは東海道新幹線、東海道線、御殿場線、身延線、伊東線などが走り、伊豆急行、岳南、大井川、遠州の各鉄道など私鉄も多い。東名、新東名の各高速道路や伊豆スカイライン、伊豆中央道、修善寺道路も整備。港が多く、特に清水港は国際拠点港湾。

■ 産業
製造品出荷額　17兆1540億円（全国3位）／農業産出額　1883億円
[農業] 牧之原台地などで栽培される茶（荒茶）は全国生産の36%を占め1位。駿河湾沿いや三ケ日でとれるミカンは2位。久能山の石垣イチゴや伝統的なワサビ栽培地域が有名。花も多く、ガーベラは出荷量1位、バラは2位。**[林業]** 天竜川、大井川上流で、スギ、ヒノキを産出する。**[水産業]** 焼津、清水はカツオ、マグロの遠洋漁業の基地。シラスやサクラエビ漁、浜名湖のウナギ養殖も有名。**[工業]** 陸運、港湾、電力、工業用水、気候などに恵まれ出荷額が多い。東部には富士の製紙を中心に、自動車、製薬、化学繊維、食品加工業が立地。中部の静岡市は食品加工、木製家具、プラモデルなど。浜松を中心にした西部では楽器、輸送機械（オートバイ）、繊維などがあり、近年は光技術などの先端技術が発展。**[第3次産業]** 富士山、伊豆、熱海、伊東などに多くの観光客が訪れる。

■ あゆみ、ニュース
登呂遺跡は弥生時代後期の農耕文化を伝える特別史跡。江戸時代、徳川家康が駿府（静岡市）に隠居。ペリー艦隊が1854（嘉永7）年、下田に来航。1871（明治4）年の廃藩置県の時点で、韮山県、静岡県、堀江県があったが、合併で現在の静岡県に。裾野市のトヨタ自動車東日本の工場跡地にトヨタが実験都市「ウーブン・シティ」を計画。自動運転や人工知能の実証都市で、2021年2月に着工。

■ 環境問題
御前崎市の浜岡原発は、南海トラフ巨大地震の想定震源域にあり11年に全炉停止。21年7月、熱海市の伊豆山地区で大雨による土石流が発生。死者・行方不明者27人、多くの住宅が流された。リニア中央新幹線静岡工区のトンネル工事は大井川の水の減少が懸念され、県は着工を認めていない。

トピックワード
- 源頼朝、今川義元、由井正雪、賀茂真淵、さくらももこ
- 三保松原、久能山東照宮
- 富士山、韮山反射炉（ともに文化遺産）
- 流鏑馬まつり、黒船祭
- 駿河竹千筋細工、駿河雛人形、遠州鬼瓦
- うなぎ、富士宮やきそば、静岡おでん
- サッカー、河津桜

愛知県

面積／5173km²
人口／755万8872人
　うち外国人　26万6962人
市町村／38市14町2村
県庁／名古屋市　知事／大村秀章

■都道府県の花・木・鳥

カキツバタ　ハナノキ　コノハズク

旧国名：尾張、三河

■自然
[地形]肥沃な平野部と山地、丘陵部。尾張平野（濃尾平野の一部）は木曽川の大扇状地と南の沖積地からなり、自然堤防が発達。岡崎平野は矢作川の、豊橋平野は豊川の流れが土砂を積み重ねた沖積平野。豊橋平野の両側には3段の河岸段丘が発達。三河湾を抱く知多半島と渥美半島は、丘陵性の台地からなる。[気候]夏は雨が多く、冬に乾燥する太平洋岸式気候で温和。尾張平野では夏は高温で湿度が高く、冬は北西の季節風が吹いて寒い。2018年8月に名古屋市で観測史上最高気温40.3℃を記録。100万人以上の都市で40℃以上は初めて。

■交通
JRは、東海道新幹線、東海道線、中央線、関西線、飯田線などがあり、名古屋鉄道にも多くの路線。三重県方面に近鉄、名古屋市には地下鉄もある。東名、新東名、名神、新名神、東海環状、中央、東名阪の各自動車道など道路網も。中部国際空港（セントレア）は、国際拠点空港のひとつ。

■産業
製造品出荷額　47兆9244億円（全国1位）／農業産出額　2893億円（全国8位）
[農業]野菜、果樹、花を中心に温室利用など、施設園芸が盛ん。花の産出額は1962年から連続全国1位。明治、愛知、豊川の3用水の恩恵で、知多半島ではフキ、渥美半島では電照菊や温室メロンが有名。イチジク、シソ、キャベツの収穫量が多い。稲沢のギンナン、西尾の茶（てん茶）も有名。鶏卵の生産量や卵用の鶏の飼養羽数も多い。[水産業]三河湾沿岸でウナギ、三河湾と伊勢湾沿岸でのりの養殖が盛ん。アサリ類やシラスが多く、弥富の金魚の養殖も全国屈指。[工業]中京工業地帯の中心。製造品出荷額は43年連続全国1位。自動車などの輸送機械が半分以上を占め、モノづくり産業の一大拠点。豊田とその周辺の自動車、名古屋、小牧の飛行機やロケット、東海の鉄鋼などが主力。一宮、蒲郡などに繊維工業、豊橋、豊川に機械、金属工業が立地。伝統産業は、瀬戸、常滑の窯業、一宮の毛織物、知多、三河地方の綿織物、碧南、高浜のかわら、半田の酒、酢、碧南のみりんなど。[第3次産業]中京圏では名古屋に商業サービス、管理機能が集中。自動車製造業をはじめ第2次産業に携わる人が多いが、近年、サービス業就業者が増えている。

■あゆみ、ニュース
天下を統一した織田信長、豊臣秀吉、徳川家康を生み、江戸時代には御三家のひとつ、尾張徳川家が名古屋を拠点にした。首都圏と近畿圏の中間にあり、両方に影響されながらも、独自の文化をつくりあげて中京圏の中心として発展。

トピックワード
- 織田信長、豊臣秀吉、徳川家康、渡辺崋山、新美南吉
- 名古屋城、犬山城、伊良湖岬
- 藤前干潟、東海丘陵湧水湿地群（ともにラムサール条約）
- 名古屋まつり、犬山祭
- 瀬戸焼、常滑焼、七宝焼、有松・鳴海しぼり
- きしめん、守口漬、ひつまぶし、味噌カツ

三重県

面積／5774km²
人口／180万0756人
　うち外国人　5万4844人
市町村／14市15町
県庁／津市　知事／一見勝之

■都道府県の花・木・鳥

ハナショウブ　ジングウスギ　シロチドリ

旧国名：伊勢、志摩、伊賀、紀伊（一部）

■自然
[地形]南北が170kmと細長く、志摩半島以北の伊勢湾に面して伊勢平野がひらける。北に養老山地、鈴鹿山脈、西に布引山地、南西に紀伊山地と山がちである。[気候]熊野灘沿岸は、黒潮の影響を受けて温暖。尾鷲市から大台ケ原にかけては年間降水量が4000mm以上で、全国有数の多雨地帯。

■交通
JRの関西線、紀勢線、名松線、参宮線のほか近鉄線、三岐鉄道、四日市あすなろう鉄道などや、近畿自動車道、伊勢湾岸自動車道が通る。鳥羽港から伊良湖岬に伊勢湾フェリーが運航。津なぎさまち旅客船ターミナルから中部国際空港（愛知県常滑市）へ直結。

■産業
製造品出荷額　10兆7173億円（全国9位）／農業産出額　1043億円
[農業]伊勢平野と伊賀盆地の稲作が中心。茶の生産量（荒茶）は全国3位。松阪牛も有名。ツツジ、サツキ（ともに2019年）の出荷額は全国1位。[林業]熊野、尾鷲などでヒノキ、スギなどの木材生産が盛ん。[水産業]志摩半島近海では養殖業が盛ん。全国3位の真珠や、カキ、伊勢のり、マダイ、ブリが多い。熊野灘沿岸は、カツオ、マグロなどの沖合漁業の拠点。イセエビの水揚げは全国1位。[工業]四日市は、中京工業地帯に属し、巨大な石油化学コンビナートを形成。鈴鹿に自動車会社、亀山に液晶パネル工場がある。桑名には機械や鉄鋼、津に造船、金属工業など。[第3次産業]江戸時代から参詣者が多い伊勢神宮や、04年に世界遺産に登録された熊野古道、伊勢志摩、鈴鹿サーキット、ナガシマリゾート、忍者ゆかりの伊賀地域も人気。観光客数は伊勢神宮が式年遷宮を行った13年、約4080万人にのぼった。18年は4261万人、19年は4304万人で最多。20年は2853万人に減少。伊勢神宮の参拝者数も19年は約973万人だったが21年は383万人に。

■あゆみ、ニュース
伊勢神宮は、皇室の氏神で、19年4月には平成の、11月には令和のそれぞれ天皇、皇后両陛下が「親謁の儀」に臨み、伊勢神宮を参拝。津市は、伊勢平氏発祥の地という伝説がある。近世には伊勢商人や松阪商人が活躍。1876年に三重県と度会県が合併して現在の三重県になる。西日本と東日本をつなぐ接点に位置し、北部は名古屋経済圏、南部、伊賀地方は大阪経済圏。桑名、四日市などは名古屋のベッドタウン。

■環境問題
1950年代、大気や水質の汚染で多くの被害を出した四大公害病のひとつ「四日市ぜんそく」の教訓を伝える「四日市公害と環境未来館」が15年に開館。

トピックワード
- 松尾芭蕉、本居宣長、御木本幸吉
- 二見浦、瀞八丁、赤目の峡谷、鳥羽水族館
- 熊野参詣道伊勢路（文化遺産「紀伊山地の霊場と参詣道」）
- 式年遷宮、上野天神祭
- 伊賀くみひも、伊勢形紙、那智黒石、萬古焼
- 松阪牛、アワビ、めはり寿司
- 真珠、海女

滋賀県

面積／4017㎢
人口／141万8886人
　うち外国人　3万3082人
市町村／13市6町
県庁／大津市　知事／三日月大造 ※

■都道府県の花・木・鳥
シャクナゲ　モミジ　カイツブリ

旧国名
近江

■自然

[地形] 日本最大の湖・琵琶湖が県の面積の約17％を占め、その東と南に近江盆地が広がる。北東に伊吹山地、東に鈴鹿山脈、南に信楽高原、西に比良、北西に野坂山地と、四方を山に囲まれている。湖北は、冬に若狭湾から吹く季節風のため、寒さがきびしく雪が多いが、湖南は湖水の影響で内陸盆地としては温和な気候である。

■交通

かつては琵琶湖の水運が近畿地方と北国を結び、今も関西と関東、北陸を結ぶ交通の要衝。琵琶湖の東岸は東海道新幹線、名神高速道路が通り、西岸を走るJR湖西線は北陸方面への特急も走る。近江鉄道や京阪電鉄石山坂本線などのローカル鉄道も健在。

■産業

製造品出荷額　8兆0485億円／農業産出額　619億円

[農業] 耕地面積の9割以上が水田で、近江米を栽培。野洲川上流では室町時代から茶の栽培が盛ん。六条大麦は収穫量全国3位。近江牛も有名。**[水産業]** 琵琶湖には、中世からの漁港が多く、アユ、フナ、コイなどがとれ、加工される。**[工業]** 1920〜30年代には繊維工業が盛んだった。2019年も、繊維工業の出荷額は全国5位。全国有数の内陸工業県で、県内総生産に占める第2次産業の割合が高い。出荷額は化学工業、輸送用機械器具が多い。**[第3次産業]** 延暦寺、城址、旧街道など史跡が多い。03年、大津市は古都に指定。商業の中心は、大津、彦根、長浜など。18年に観光船として復活した琵琶湖―京都・蹴上間を運航するびわ湖疏水船の乗客が21年4月、3万人に達した。

■あゆみ、ニュース

天智天皇の大津京、織田信長の安土城など、歴史の表舞台に立つことが多く、城下町の彦根、長浜、宿場町の草津、守山などが古くから発展した。比叡山には最澄が建立した延暦寺がある。「近江商人」も有名。聖武天皇が造営した紫香楽宮跡とされる宮町遺跡、琵琶湖北端の塩津港遺跡、湖底の長浜城遺跡など史跡が多い。琵琶湖を一周する「ビワイチ」は日本の代表的な自転車道に指定。

■環境問題

琵琶湖の豊かな水は、京阪神を支えている。琵琶湖固有の魚類や貝類も多く、コハクチョウや国の天然記念物のオオヒシクイなど水鳥もいる。水質を守るため、1980年に窒素・リンの排出を規制する条例を施行、97年に合併処理浄化槽の設置を義務づけた。琵琶湖の環境保全で重要な「全層循環」が2019、20年と続けて起きず、21年に3年ぶりに確認された。21年6月、高島市の饗庭野演習場で陸上自衛隊の射撃訓練中に1発が場外に着弾。訓練は中止に。

トピックワード

- 😊 石田三成、井伊直弼、伊藤忠兵衛
- 🏠 彦根城、竹生島、近江神宮、石山寺
- 🌍 比叡山延暦寺（文化遺産）、琵琶湖（ラムサール条約）
- ⭐ 鍋冠祭、大津祭
- 🎨 彦根仏壇、近江上布、信楽焼
- 🏷️ ふなずし、湖魚の佃煮、うばがもち

※22年7月の任期満了にともなう知事選挙が予定されている。

滋賀県 生き物をはぐくむ琵琶湖の深呼吸

琵琶湖は、日本最大の淡水湖で、およそ400万年の長い歴史のある日本最古の湖。水の量は約275億t、最深は約104m。

世界でも20ほどしかない古代湖の一つで、日本では唯一だ。

1700種以上の水生動植物が生息し、そのうちの60種以上が琵琶湖の固有種という、希少な生態系であり、近畿の約1450万人の生活や産業の発展を支える国民的資産でもある。

琵琶湖の多くの生き物が生息できる環境は、毎年起きる「琵琶湖の深呼吸」と呼ばれる現象によって保たれてきた。「全層循環」ともいうこの現象は、冬に湖面近くの酸素を多く含んだ水が冷えて沈み、酸素の少ない湖底の水が上昇して混ざり合うもの。それによって酸素が湖の底まで行き渡る。

ところが2019年にはこの「深呼吸」が確認されなかった。観測を始めた1979年以来初めてで、地球温暖化の影響で湖面近くの水温が下がらなかったことが原因と考えられている。翌2020年も「深呼吸」は確認されず、湖底の酸素濃度は20年末から21年はじめにかけてほぼゼロになり、湖底層で小魚のイサザや甲殻類のスジエビの死骸が確認されるなど危機的な状況が示された。

21年2月に3年ぶりに「深呼吸」は確認されたが、酸素濃度が完全には回復せず、さらに湖底付近の水温の上昇も重なっている。1960年代には1年を通して6〜7℃ほどと冷たく安定していたが、2020年には9℃以上に。酸素不足と水温上昇が合わさって生態系へ影響する。県は湖底の酸素濃度調査や水中ロボットによる環境調査など対策を強化、研究者は水中ポンプで湖面近くの水を湖底に送り込む「人工呼吸」装置の開発も検討している。

奈良県 聖徳太子（厩戸皇子）と今をつなぐもの

奈良県斑鳩町には、世界遺産・法隆寺をはじめ聖徳太子（厩戸皇子）ゆかりの古寺・史跡が残る。2021年は聖徳太子の1400回忌にあたり、太子が創建したとされる法隆寺や四天王寺（大阪）では100年に1度の節目として遠忌法要が営まれた。

1400年もの間、法要が続けられる聖徳太子（厩戸皇子）とは、どんな人物だったのか。そもそも、「聖徳太子」という呼び名がどんな経緯でつけられたか取り沙汰されたり不明なことも多く、一方で超人的伝説も多く、神格化もされている。

通説としては、574年、用明天皇の子として厩戸の前で生まれ、のちに推古天皇の摂政となり、冠位十二階、十七条憲法の制定など国家体制を整備、小野妹子を遣隋使として派遣するなどの外交にも尽くしたという。また仏教を深く信仰、仏典の注釈書『三経義疏』を著し、七つの寺を建立した。

蘇我馬子とともに、物部氏と戦った武人としての面もあり、政治家であり、信仰者でもあるという複雑な人格と時代背景が、太子の神格化を進めたと想像される。

法隆寺には、建築物で55棟、仏教美術品で約3000点もの国宝・重要文化財がある。金堂壁画も7世紀後半から8世紀前半に描かれたとされる国の重要文化財。インドのアジャンター石窟や中国・敦煌の莫高窟と並び、アジア仏教美術の至宝といえる。しかし1949年の火災で焼損。色彩をほぼ失いながら、かろうじて消滅を免れた壁画は境内に建てられた収蔵庫で保管され、2021年には500人に限定公開された。それらの美術品は、1400年以上前の日本の黎明期に生きた太子の思いを伝えるものでもある。

京都府

面積／4612km²
人口／253万0609人
　うち外国人　6万1009人
市町村／15市10町1村
府庁／京都市　知事／西脇隆俊※

■ 都道府県の花・木・鳥

シダレザクラ（イトザクラ）／キタヤマスギ／オオミズナギドリ

旧国名：山城、丹後、丹波（大部分）

■ 自然

[地形] 京都市のある南部の京都盆地から北は丹波高地、丹後山地をへて日本海の若狭湾に至る南北に細長い地形。山が多く平野部は京都、亀岡、福知山の盆地が主。京都盆地では桂川、宇治川、木津川が合流して淀川となる。宮津湾の奥には日本三景の一つ・天橋立がある。**[気候]** 京都盆地は、冬は「京の底冷え」で寒く、夏は日ざしが強いうえに風が少なくて暑い。丹波地方は冬の寒さがきびしく、丹後地方は日本海岸式気候で、冬には曇天が続く豪雪地帯。

■ 交通

京都は「電気鉄道事業」発祥の地。道路が碁盤の目状に走る京都市内の交通手段はかつて京都市電が担っていたが、現在はバスと市営地下鉄が支える。嵐山へは「嵐電」、比叡山へは「叡電」という小鉄道が走る。府南部は近鉄、京阪、阪急など大手私鉄が充実、府北部はJR、京都丹後鉄道など。

■ 産業

製造品出荷額　5兆6588億円／農業産出額　644億円

[農業] 丹波・丹後地方には農業地域が多いが、山が多く、耕地率は6.5%（2020年）。米の収穫量は少ない。賀茂なす、壬生菜、聖護院だいこんなど、伝統的な京野菜が有名。カブ、水菜、竹の子、栗、マツタケもとれる。荒茶の生産量は全国5位。宇治茶が有名。**[林業]** 北山では、茶室の床柱などに用いられる高級材の北山杉が特産。**[水産業]** 日本海沿岸では、イワシ、サワラなどがとれる。波の静かな小さな湾沿いにある伊根町の漁村には、海に面して1階部分に舟を入れる「舟屋」をもつ、独特の民家が並ぶ。**[工業]** 西陣織、京友禅、京仏壇、京漆器、清水焼などの多様な地場産業は、需要の減少や高齢化による技術の継承が問題。福知山市には有数の内陸型工業団地があり、化学工業、鉄鋼業、電気機械などの企業が立地。長岡京市など乙訓地域には先端的な電機・精密機械の企業が多い。**[第3次産業]** 国際的な観光都市で多くの人が訪れる。京都市では18年から混雑対策や町家の保全のために宿泊税を徴収。

■ あゆみ、ニュース

794年に長岡京から平安京に遷都して以来、明治維新まで、京都は政治や文化の中心であった。そのため金閣寺、二条城、平等院、清水寺など多くの世界文化遺産があり、国指定伝統的工芸品や重要文化財も多い。京都市は、古い町並みや景観を守る条例を2007年に施行。地方創生の一環として文化庁の移転が進められ、22年度中に本格移転を予定。21年7月、祇園祭の山鉾が2年ぶりに建てられたが、巡行は中止に。

トピックワード
- 円山応挙、岩倉具視、西園寺公望、横井軍平
- 天橋立、京都タワー
- 金閣寺、銀閣寺、二条城、平等院（文化遺産）
- 葵祭、時代祭、祇園祭、五山送り火
- 西陣織、清水焼、京友禅、丹後ちりめん、京扇子、京鹿の子絞
- 宇治茶、京菓子、京野菜、丹波栗、漬物、ゆば

※22年4月の任期満了にともなう知事選挙が予定されている。

大阪府

面積／1905km²
人口／883万9532人
　うち外国人　25万0827人
市町村／33市9町1村
府庁／大阪市　知事／吉村洋文

■ 都道府県の花・木・鳥

サクラソウ（ほかにウメ）／イチョウ／モズ

旧国名：河内、和泉、摂津（東側）

■ 自然

[地形] 府域は南北に細長く、三日月の形をしている。面積は全都道府県の中で香川県に次いで2番目に小さい。大部分は淀川や大和川が流れる大阪平野で、西側は大阪湾に面している。海岸線は、ほぼ埋め立てられている。**[気候]** 温暖で雨が少なく晴天の多い瀬戸内式気候。大阪周辺の市街地は都市化の影響もあり気温が上がる。

■ 交通

大手私鉄とJRが近接して走り競い合う鉄道激戦地。2019年に新大阪駅まで開業したJRおおさか東線は、再開発中の大阪駅北側にできる新駅にも乗り入れる予定。伊丹空港から延びる大阪モノレールの延伸も予定。大阪市内を南北に貫き関西空港まで通じるなにわ筋線の建設は21年に着工。

■ 産業

製造品出荷額　16兆9384億円（全国4位）／農業産出額　311億円

[農業] 耕地率や第1次産業の比重は低いが、南部の平野部や台地では近郊農業が行われ、都市に野菜などを出荷。収穫量は春菊が全国1位、フキとイチジク（18年）は3位。ブドウや小松菜、ミカンも多い。くわい、たでもとれる。**[林業]** 南河内地域では古くからスギやヒノキの林業経営が行われている。**[工業]** 大阪は「中小企業のまち」と言われ、製造業で30人未満の小規模な事業所が82%を占める。独自の技術で世界シェアの大半を占めるものやインスタントラーメンなどユニークな製品も誕生。大阪から神戸にかけて「阪神工業地帯」が広がる。出荷額の多い業種は、化学、石油・石炭、鉄鋼、輸送用機械、生産用機械、金属製品、食料品など。**[第3次産業]** 商品年間販売額は、卸売業、小売業とも東京に次いで全国2位（16年）。大きな商業施設も多く、JR大阪駅に直結した「ルクア大阪」や「グランフロント大阪」、超高層複合ビル「あべのハルカス」も。テーマパーク「ユニバーサル・スタジオ・ジャパン」は入場者が多い。大阪城公園や通天閣、道頓堀などは長く親しまれてきた。

■ あゆみ、ニュース

淀川の河口に位置し、都のあった奈良、京都と瀬戸内海を結ぶ重要な地点として古くから栄えた。1583年には、豊臣秀吉が大坂城を築き始めた。江戸時代になると「天下の台所」「水の都」と呼ばれ、日本の経済や商業の中心地となり、明治以降も繊維など商工業が発展し、西日本の経済の中心地に。1970年、日本万国博覧会開催。2020年、大阪市を廃止して四つの特別区に再編する「大阪都構想」について住民投票が行われたが、僅差で否決された。府と大阪市は25年の大阪・関西万博に向けた準備を進めている。

トピックワード
- 楠木正成、井原西鶴、大塩平八郎、司馬遼太郎
- 四天王寺、通天閣、太陽の塔
- 百舌鳥・古市古墳群（文化遺産）
- 天神祭、岸和田だんじり祭、十日戎
- 大阪欄間、大阪唐木指物、大阪浪華錫器、堺打刃物、河内木綿
- たこ焼き、お好み焼き、水ナス

兵庫県

面積／8401km²
人口／552万3627人
　うち外国人　11万3349人
県庁／29市12町
県庁／神戸市　知事／斎藤元彦

■ 都道府県の花・木・鳥

ノジギク　クスノキ　コウノトリ

旧国名：摂津・丹波（各西側）、播磨、但馬、淡路

■ 自然

[地形] 太平洋と日本海の両方に接するのは、本州では青森県、山口県と兵庫県だけ。中央やや北寄りを中国山地が横切り、山がちな地形だが、瀬戸内海沿いに、肥沃な播磨平野や大阪平野の西部があり、武庫川、加古川、市川、揖保川、千種川などが流れる。神戸市の背後に六甲山地が海岸部まで迫る。淡路島は、本州と四国を結ぶ重要な経路。[気候] 南北の地域差が大きい。瀬戸内海沿岸は、温和で雨が少なく、晴れる日が多い。北部の日本海側の山間部は、冬に降水量が最も多く、多雪地帯。

■ 交通

大阪と神戸に挟まれた阪神間は阪神高速、国道2号に加えて鉄道もJRと阪急、阪神がしのぎを削る交通密集地帯となっている。JR福知山線、播但線などが県の南北を結ぶ。空港は神戸空港や豊岡市のコウノトリ但馬空港など。

■ 産業

製造品出荷額 16兆2633億円（全国5位）／農業産出額 1478億円
[農業] 近畿地方一の農業県。米、野菜、畜産が中心。タマネギの収穫量は3位。イチジク（2018年）は4位。レタス、白菜、キャベツも多い。ブロイラーの養鶏羽数や乳牛も多い。肉牛は神戸ビーフなど最高級品のもと牛となる但馬牛が有名。淡路島は花き栽培が盛ん。[水産業] 日本海側でカニ類の漁獲が全国3位。養殖のりは全国2位。瀬戸内海でいわし類や養殖のカキも多くとれる。明石だい、明石だこも有名。[工業] 重化学工業が中心で、鉄鋼、機械の出荷が多い。灘の酒に代表される飲料・食料品なども多い。尼崎市から神戸市の阪神工業地帯には、鉄鋼、造船、機械工業などが立地。神戸市のポートアイランドは医療系企業の集積する医療産業都市。[第3次産業] 六甲に、森林植物園、ハイキングコース、有馬温泉などが、但馬地方に、城崎や湯村の温泉がある。姫路城は「平成の大修理」が終わった15年度に過去最多の入城者数約287万人を記録。

■ あゆみ、ニュース

平安期には大輪田泊が日宋貿易の拠点となり、平清盛が福原京をおいた。明治以後は、臨海工業地帯が造成され、1868年に開港した神戸を中心に日本の近代化の先がけに。1995年1月17日、兵庫県南部地震（阪神・淡路大震災）が発生。被害は死者6400人以上、全・半壊した家屋約25万棟。

■ 環境問題

豊岡市では、1971年に絶滅したコウノトリを人工飼育、2005年以降、放鳥して野生復帰に取り組む。21年8月末の国内の野外個体数は263に。同市は、「世界の持続可能な観光地」にも選ばれた。

トピックワード
- 大石内蔵助、和辻哲郎、三木清、手塚治虫
- 神戸港、明石海峡大橋、竹田城跡
- 姫路城（文化遺産）、円山川下流域・周辺水田（ラムサール条約）
- 灘のけんか祭り、西宮神社十日えびす、赤穂義士祭
- 播州そろばん、出石焼、播州毛鉤、播州三木打刃物
- 灘の清酒、丹波黒大豆

奈良県

面積／3691km²
人口／134万4952人
　うち外国人　1万3865人
市町村／12市15町12村
県庁／奈良市　知事／荒井正吾

■ 都道府県の花・木・鳥

ナラノヤエザクラ（カスミザクラ）　スギ　コマドリ

旧国名：大和

■ 自然

[地形] 南北に長い内陸県で、森林率77％（2017年）。北部の笠置、生駒、金剛山地に囲まれるのが奈良盆地。南北の山を分けるように吉野川（下流では紀の川）が西へ流れ、十津川（下流では熊野川）は紀伊山地を南へ流れる。[気候] 一般的に内陸性で、とくに奈良盆地では寒暖の差が大きいが、紀伊山地には、太平洋から湿った風が吹きこみ、温暖で雨が多い。

■ 交通

奈良市や生駒市など人口が集中する県北部には隣接する京都府や大阪府にアクセスする鉄道が充実し、吉野などの観光地へ向かうリゾート特急も走る。人口が少ない県南部には、橿原市から十津川村を経て和歌山県新宮市に至る「日本一長い路線バス」が走る。

■ 産業

製造品出荷額 2兆1224億円／農業産出額 395億円
[農業] 大消費地に近い立地を生かし、多品目少量生産の野菜がおもの、花きなどを栽培。柿の収穫量は全国2位、うめも多い。[林業] 紀伊山地、とくに吉野地方では、霧に保護され、スギやヒノキの良材が多い。製材工業とともに、重要な産業。担い手の育成と機械化が課題となっている。[工業] 明治以後、かや、紡績、メリヤスなどの繊維工業が興り、現在でも大和高田の靴下産業は有名。第2次世界大戦後には、阪神工業地帯から分散した機械、電機、金属などの大工場が進出し、大和郡山市の昭和工業団地などを形成した。現在、主要産業は食料品と輸送機械の製造。[第3次産業] 法隆寺などの仏教建造物、古都奈良の文化財（東大寺、興福寺、春日大社など）、熊野参詣道など三つの世界遺産を抱え、19年は4502万人が訪れた。20年は、2623万人で前年より40％以上減少。

■ あゆみ、ニュース

奈良時代に平城京がおかれるなど、古代日本の政治、文化の中心地だった。古墳や遺跡、国宝や世界遺産も多く、今も発掘される。墨、茶せんなど伝統ある地場産業が残る。2010年、藤原京から平城京への遷都（710年）から1300年を迎えた。18年、興福寺（奈良市）の中金堂が301年ぶりに再建された。19年には、明日香村の飛鳥京跡苑池で、流水施設とみられる遺構が出土。中西遺跡では灌漑施設のある水田跡が発見された。20年には、天皇や皇族の墓の可能性がある「陵墓参考地」のウワナベ古墳（奈良市）を調査した。

■ 環境問題

奈良公園の鹿（国の天然記念物）について、ビニールなどのごみを食べる健康被害や交通事故など生息環境の劣化が問題となっており、県は保護計画を進める。

トピックワード
- 筒井順慶、島左近、住井すゑ、福井謙一
- 吉野山、飛鳥、石舞台古墳、高松塚古墳
- 法隆寺、東大寺、興福寺、春日大社など（文化遺産）
- 東大寺お水取り
- 奈良筆、奈良墨、高山茶筅
- 三輪そうめん、吉野くず、柿の葉寿司、奈良漬

和歌山県

面積／4725km²
人口／94万4750人
　うち外国人　7185人
市町村／9市20町1村
県庁／和歌山市　知事／仁坂吉伸※

■ 都道府県の花・木・鳥
ウメ／ウバメガシ／メジロ

旧国名　紀伊

■ 自然
[地形] 本州南端の紀伊半島の南西部に位置し、平地は北西部の紀の川下流域の和歌山平野ぐらいで、大部分は紀伊山地。県面積の76%(2017年)が森林。本州最南端の潮岬がある。[気候] 海沿いでは黒潮の影響で温暖多雨。とくに南部に雨が多い。「台風銀座」といわれるほど、台風の通過が多い。

■ 交通
JRは紀勢線、和歌山線、阪和線が通り、私鉄も南海電鉄の南海線や高野線などのほか、紀州鉄道、和歌山電鉄が運行。阪和自動車道、紀勢自動車道なども。南紀白浜空港からは羽田に定期便。和歌山下津港は国際拠点港湾。

■ 産業
製造品出荷額　2兆6476億円／農業産出額　1104億円

[農業] 温暖な気候と斜面を利用して有田川、紀の川沿いなどで柑橘類を栽培。ミカン、柿、梅は全国1位。農業産出額の69%を果実が占める。15年、高品質な梅生産で世界農業遺産認定。切り花も多く、スターチスは出荷量1位。グリーンピースとサンショウ(18年)も1位。ブランドの熊野牛やイノブタも有名。[林業] 企業・団体が植栽や間伐を担う「企業の森」制度を採用。[水産業] 勝浦港は関西のマグロ水揚げの基地。天然のイセエビ、タチウオ、シラスがとれ、養殖のアユが全国3位。[工業] 県北部の沿岸の紀北臨海工業地域が中心で、和歌山北部に製鉄、化学、海南港に化学、電力、有田港に石油精製などの工場が立地。事業所数では食料品や繊維などが多い。[第3次産業] 高野山、熊野古道などに多くの人が訪れる。白浜のアドベンチャーワールドでは日本最多7頭のパンダが暮らす。

■ あゆみ、ニュース
江戸時代の紀州藩は、徳川御三家のひとつ。東海道沿線でなく明治以後の発展が遅れ、米国への移民も多かった。熊野三山(本宮、速玉、那智大社)や、空海の開いた高野山金剛峯寺など宗教的聖地がある。1890(明治23)年、オスマン帝国使節団の軍艦が串本町樫野崎沖で座礁し沈没。587人が亡くなったが、大島島民が69人を救助。これがトルコとの友好関係の原点とされる。2019年、31年ぶりに商業捕鯨が再開。「古式捕鯨」発祥の地・太地町を拠点とする沿岸捕鯨船は21年も操業。

■ 環境問題
田辺湾の北側に突き出た岬「天神崎」は、国内のナショナルトラスト運動の先駆けの地。本州最南端の串本町では、原発建設が計画されていた跡地に国内初の民間小型ロケット発射場が建設されている。22年末に1号機発射をめざしている。

トピックワード
- 紀伊国屋文左衛門、徳川吉宗、南方熊楠、岡潔
- 高野山、和歌山城、那智大滝、根来寺
- 紀伊山地の霊場と参詣道(文化遺産)
- 那智の田楽
- 紀州漆器、蚊取り線香、那智黒硯
- 梅干し、湯浅しょうゆ、金山寺みそ、高野豆腐
- 備長炭、紀州犬

※22年12月の任期満了にともなう知事選挙が予定されている。

鳥取県

面積／3507km²
人口／55万6959人
　うち外国人　4913人
市町村／4市14町1村
県庁／鳥取市　知事／平井伸治

■ 都道府県の花・木・鳥
二十世紀ナシ(ナシ)／ダイセンキャラボク(イチイ)／オシドリ

旧国名　因幡、伯耆

■ 自然
[地形] 平地は狭く山がち。東西に細長く、南に中国山地がある。米子、倉吉、鳥取の三つの平野から砂丘の海岸をへて日本海に至る。大山(1729m)は、中国山地の最高峰。[気候] 春から秋は好天が多く、冬は曇りがちで降雪がある。対馬海流の影響で比較的暖かい。

■ 交通
県内に空港が二つあり、「鳥取砂丘コナン空港」「米子鬼太郎空港」と、ともに県内出身漫画家が生んだキャラクターの名前がついている。1994年に智頭急行が開業し、関西方面行きが便利に。

■ 産業
製造品出荷額　7816億円／農業産出額　764億円

[農業] 山の斜面や砂丘を開発して農業を営む。水稲、果樹、野菜、畜産のバランスのとれた生産が特徴。梨の有数の産地。スイカの収穫量も多く、県中西部では酪農や肉牛の飼育も盛ん。ブロイラーの飼養も多い。砂丘では防砂林やスプリンクラーを用いたかんがい施設のもと、ラッキョウ(全国1位・2018年)やナガイモを栽培。[林業] 東部の智頭町など、西日本有数のスギの生産地。[水産業] 日本有数の漁業基地・境港ではマグロ漁が盛ん。松葉ガニ(ズワイガニ)やベニズワイガニのほか、かれい、ハタハタ、イカ、ブリなどがとれる。カニは漁獲配分で資源管理も。[工業] 鳥取市と米子市に電子・電気部品工場が立地。米子市のパルプ、境港市の水産加工品も盛ん。[第3次産業] 大山や砂丘のほか、温泉も多い。三徳山三佛寺の絶壁に立つ投入堂は国宝。水木しげるロードも人気。21年、境港の国際貨客船ターミナルにクルーズ船が初寄港した。

■ あゆみ、ニュース
1871(明治4)年、鳥取県となった後、1876年に島根県に併合されたが1881年には再び鳥取県として分離。鳥取市中心の東部と商業都市・米子市中心の西部では、暮らしや気風、方言が異なる。2009年、境港、韓国、ロシアを結ぶ「環日本海定期貨客船」として初入港したDBSクルーズフェリーは10年以上就航したが、20年に撤退。人口は全国で最も少ないが移住者は増加。町家や土蔵群が残る若桜町若桜地区が、国の重要伝統的建造物群保存地区に。

■ 環境問題
ため池以外の池で国内最大の湖山池(鳥取市)では、水質改善のため12年から汽水化を進め、20年の調査でヒシなどの繁茂はなくなりヤマトシジミ漁もできるようになったが、水質は改善されず生物多様性の問題が報告された。鳥取砂丘に生息する希少な昆虫「エリザハンミョウ」は保護活動が続けられ、20年の調査で回復がわかった。観光客の減少などが要因。

トピックワード
- 名和長年、岡本喜八、水木しげる、谷口ジロー
- 鳥取砂丘、浦富海岸、白兎海岸
- 中海(ラムサール条約)
- 米子がいな祭、鳥取しゃんしゃん祭
- 因州和紙、弓浜絣、牛ノ戸焼
- 松葉ガニ、二十世紀ナシ、ラッキョウ

島根県

面積／6708km²
人口／67万2979人
うち外国人 8917人
市町村／8市10町1村
県庁／松江市　知事／丸山達也

■ 都道府県の花・木・鳥

ボタン

クロマツ

ハクチョウ

旧国名
出雲、石見、隠岐

■ 自然
[地形] 日本海に面し東西に細長い県。東西に石見高原、中国山地が広がり、山がちで、平野部は北東部の出雲平野と宍道湖、中海を含む宍道低地帯が主。宍道湖、中海は汽水湖。**[気候]** 日本海岸式。梅雨期の降水量は多い。隠岐諸島は対馬海流のため比較的温暖だが、冬の季節風はきびしい。

■ 交通
高速道路の山陰道や、広島県と島根県を結ぶ浜田自動車道の整備が進む一方で、広島県三次市と県内の江津市を100kmにわたり結んでいたJR三江線が2018年に廃止。松江市と出雲大社を結ぶ一畑電車は今も活躍中。隠岐諸島へは本土から超高速船で約1時間。

■ 産業
製造品出荷額 1兆2372億円／農業産出額 620億円

[農業] 面積の78%（17年）が林野で耕地率は低い。米作や果樹栽培が盛んだが、収穫量は多くはない。出雲市ではブドウが多く、安来市は二十世紀梨で有名。奥出雲町、雲南市などで肉用牛を飼育。**[水産業]** 浜田港ではアジ、アナゴ、イカなどが水揚げされる。隠岐周辺ではカニもとれる。11年から2位だった宍道湖のシジミ漁獲量は、14年から7年連続1位。**[工業]** 安来市の鉄鋼、ほかに食料品、機械、電機、木工など。地場産業の比重が大きく、松江市の凝灰質砂岩を用いる石灯籠、奥出雲町の雲州そろばん、江津の石州瓦が有名。**[第3次産業]** 縁結びの神とされる出雲大社が本殿遷宮を行った13年の観光客は、過去最高の約3682万人だった。19年も約3299万人と多かったが、20年は約2132万人。松江城は国宝、石州半紙は無形文化遺産。安来市には難攻不落の月山富田城跡もある。

■ あゆみ、ニュース
出雲大社のある東部の出雲地方は、国造りや国引きなどの神話が多く残る。古代の遺跡では、数多くの銅鐸や銅剣が出土。また隠岐諸島は流刑地とされ、後鳥羽上皇、後醍醐天皇などが流された。隠岐の島町には領土問題が起きている竹島がある。19年10月に北朝鮮が発射したミサイルが島後沖の排他的経済水域に落下。北朝鮮のものとみられる木造船も漂着。

■ 環境問題
中海の国営干拓事業は00年に中止され、中海と宍道湖の淡水化事業も02年に中止。ともに05年にラムサール条約に登録。島根原発は、国内で唯一、県庁所在地にある。1号機は廃炉作業中。2号機は21年に安全対策が新規制基準に適合と認定されたが、再稼働の是非を問う住民投票をめざし松江市や鳥取県米子市などで署名が集められた。新設の3号機は適合審査中。

トピックワード

- 😊 西周、森鷗外、若槻礼次郎、竹下登
- 🏠 松江城、出雲大社、隠岐島、鬼の舌震、加賀の潜戸
- 世 石見銀山（文化遺産）、中海・宍道湖（ラムサール条約）
- ★ ホーランエンヤ、隠岐古典相撲、鷺舞神事
- 🍵 出雲石灯籠、雲州そろばん、石州和紙、石見焼
- 🍴 出雲そば、シジミ、岩のり

島根県 — 日本古来の独特な製鉄法「たたら製鉄」

日本刀が、世界的に関心を集めている。その日本刀をつくる材料となる純度の高い「玉鋼」は、世界で唯一、今も奥出雲（島根県）の地で伝統技法「たたら製鉄」により生み出されている。

日本では、弥生時代や古墳時代に製鉄が行われるようになったと考えられているが、6世紀ごろから、砂鉄と木炭で鉄をつくり出す古代「たたら製鉄」が始まり、中世から近世には、製鉄炉の改良などを経て発展した。

「たたら」とは、もともと踏鞴（足踏み式の送風機）のことを表し、次第に炉、建物などを総称して「たたら」と呼ぶようになった。粘土で築いた炉の中に砂鉄と木炭を交互に入れ、鞴で炉内に風を送り木炭を燃焼させて砂鉄を還元して鋼を含む塊（鉧）をつくる。この工程で重要なものとして「一土、二風、三村下（村下とは技術責任者のこと）」という言葉があるほど、「炉に使う粘土」と「風」は製鉄を左右する要素なのである。炉から引き出された「鉧」の良質な「玉鋼」は刀剣に、それ以外は、数種類の等級により、いろいろな道具の素材となる。

中国山地には、良質な砂鉄を含む花崗岩が広く分布し、燃料の木炭を得るための森林も広大であったため、製鉄技術者が集まり、出雲で、たたら製鉄が一大産業となった。

「たたら」は、村下や職人やその家族が生活する集落「山内」を形成し、それを維持できる財力が必要だった。松江藩では、有力な製鉄経営者を鉄師として許可し、藩の財政にも貢献させた。江戸後期から明治初期に最盛期を迎えたが、その後、歴史の流れで盛衰を繰り返し、終戦とともに炎は消えた。その後1977年に美術刀剣の材料とその技術保存のために「たたら」は復活された。このたたらは非公開だが、島根県には、鉄やたたら製鉄に関する多くの遺跡や博物館、資料館、神社などがある。安来市、雲南市、奥出雲町では、鉄の道文化圏推進協議会を組織し、その魅力を伝える。

2016年には、「鉄づくり千年が生んだ物語」として、「出雲國たたら風土記」が、日本遺産に認定された。また、水を流して砂鉄を採取する方法（鉄穴流し）で、多くの山を切り崩し、山林も大規模に伐採されたが、鉄穴流しに使った水路を利用して計画的に農地に再生したことで棚田の景観が生まれ、山林は永続的に炭焼きができるように約30年周期の輪伐で循環利用するなど、資源循環型農業としても評価され、奥出雲町は日本農業遺産（19年）に認定された。

安来市にある特殊鋼の工場は、たたら製鉄の系譜を受け継ぎ、「たたら」を支援してきた。21年には島根大学に金属研究拠点が完成し、オックスフォード大学や東京工業大学、地域の金属メーカーなどが連携して、最先端の素材開発を進める。

炎をあげる炉。この炉底で鉧がつくられる。（写真：和鋼博物館ホームページ）

岡山県

面積／7114km²
人口／189万3874人
　うち外国人　3万0907人
市町村／15市10町2村
県庁／岡山市　知事／伊原木隆太

■ 都道府県の花・木・鳥

モモ　アカマツ　キジ

旧国名　備前、備中、美作

■ 自然

[地形] 北は中国山地、南は瀬戸内海に面する。中部には吉備高原が広がり、北に津山盆地、県南に吉井川、旭川、高梁川によってつくられた岡山平野が広がる。[気候] やや内陸性で温暖、降水量は中国山地と四国山地にさえぎられて多くない。降水量1mm未満の日が多く「晴れの国」として知られる。

■ 交通

中心地の岡山市、倉敷市は山陽新幹線が通り、瀬戸大橋で四国とも結ばれるなど交通の要衝。鳥取県とはJR伯備線などで結ばれ、岡山市内は岡山電気軌道の路面電車が走る。2018年に瀬戸大橋は開通30年をむかえた。JR吉備線(岡山一総社)の次世代型路面電車(LRT)化は、28年運行開始をめどに岡山市、総社市、JR西日本が協議を進めてきたが、21年に中断。再開は未定だが、LRT化は進めるという。

■ 産業

製造品出荷額 7兆7041億円／農業産出額 1414億円

[農業] 米作が中心だが、ブドウ、桃の収穫量が多く、レンコンの生産や花の栽培も盛ん。北部の高原地帯ではジャージー牛の飼育が盛ん。農業産出額は中国・四国で最も多い。卵の生産量は全国5位。
[工業] 倉敷市水島を中心とする臨海地区での重化学工業が中心。石油・石炭製品、化学、鉄鋼、輸送用機械の4部門で製造品出荷額の56%以上を占める。繊維工業は全国3位。学生服や事務・作業服の出荷額は全国1位。国産ジーンズの発祥地でデニム生地生産が盛ん。地場産業では備前焼や耐火レンガなど。[第3次産業] 岡山市の岡山駅付近と表町地区が商業の中心で路面電車も走る。同市西端に、運輸、卸売、倉庫業の入った総合流通センターがある。観光は大原美術館や日本三名園の一つ「岡山後楽園」、岡山城、「日本のエーゲ海」と呼ばれる牛窓、蒜山高原が人気。19年、3年に1度の瀬戸内国際芸術祭が、岡山、香川両県であり、総来場者数は117.8万人。19年の観光客数は1692万人で前年より大きく増加したが、20年は1332万人に。

■ あゆみ、ニュース

県内には先土器時代、縄文、弥生、古墳時代の遺跡が非常に多く、独自の文化圏を形成。平安時代後期には平氏の基盤となり、江戸時代には小さな藩と幕府直轄地に細かく分けられた。高梁市の吹屋地区には古くから鉱山があり、江戸末期から明治時代に銅と赤色顔料「ベンガラ」で繁栄した。20年に『ジャパンレッド』発祥の地」として日本遺産に認定。21年、日本初の私立西洋美術館である大原美術館は、旧中国銀行出張所を増改築して整備した新美術館「新児島館(仮称)」を暫定開館。グランドオープンは未定。

トピックワード

😊 雪舟、宮本武蔵、犬養毅、竹久夢二、人見絹枝
🏠 岡山城、岡山後楽園、吉備津神社、倉敷美観地区、備中松山城、奥津渓
⭐ 西大寺会陽(はだか祭り)
🏺 備前焼、勝山竹細工
🍇 マスカット、白桃、ママカリ、サワラ

広島県

面積／8479km²
人口／281万2477人
　うち外国人　5万5140人
市町村／14市9町
県庁／広島市　知事／湯崎英彦

■ 都道府県の花・木・鳥

モミジ(カエデ)　モミジ　アビ

旧国名　安芸、備後

■ 自然

[地形] 中国山地から瀬戸内海沿岸まで山がちで階段状の起伏が見られる。太田川は広島平野を、芦田川は福山平野をつくる。江の川は三次市で3本の支流を集め日本海に注ぐ。瀬戸内海沿岸の海岸線は出入りに富む。芸予諸島の間には多くの海峡があり、とくに狭い海峡は瀬戸と呼ばれる。幅90mの音戸の瀬戸は、内海航路の要衝で海の難所。[気候] 瀬戸内式で雨が少なく夏は高温。北西部は中国山地を越える季節風により、日本海岸式気候の影響を受ける。

■ 交通

広島市内と宮島などを結ぶ広島電鉄には、原爆投下時から現役の「被爆電車」や、日本各地で廃止となった路面電車の車両がそろい、「路面電車の博物館」とも。JR可部線は旅客減で廃止された末端区間の一部が2017年に「復活」。

■ 産業

製造品出荷額 9兆7415億円(全国11位)／農業産出額 1190億円

[農業] 平野が少なく、山の斜面の段々畑が、瀬戸内海の沿岸や島に多い。主要な農産物は米、ばれいしょ、芸予諸島のミカンなど。レモンとダイダイは収穫量が全国1位。ネーブルは2位(以上18年)。和牛などの肉用牛は恵まれた放牧環境と改良で優れた品質。
[林業] 山がちで森林率は72%(17年)。スギ、ヒノキなどを生産。[水産業] 瀬戸内でカタクチイワシが多くとれる。魚介類の養殖が盛んで、養殖カキの生産量は全国1位。
[工業] 沿岸地域では重化学工業が盛ん。広島の自動車、機械、食料品、福山の鉄鋼、呉の機械、大竹の化学、竹原の銅精錬などが有名。福山、尾道、呉の造船は技術力が高い。近年、呉では製鉄所や造船所の撤退も。東広島や三原などで電気機械産業が盛ん。伝統産業として清酒、毛筆、やすり、ミシン針、縫い針、備後絣などの綿織物、福山の琴、府中の桐たんす、浅野藩に奨励された広島仏壇や、木彫りの宮島細工など。[第3次産業] 世界遺産の原爆ドームと厳島神社、しまなみ海道が人気。

■ あゆみ、ニュース

広島市は、かつての城下町で、明治以後、軍都として発展。1945年8月6日、太平洋戦争末期に世界で初めて原子爆弾が投下され、同年末までに約14万人の市民が死亡、市域は廃墟となった。戦後の復興で80年には全国で10番目の政令指定都市となり、中国地方の行政や経済の中心に。2016年にアメリカのオバマ大統領(当時)が訪問、19年にローマ・カトリック教会のフランシスコ教皇が訪れた。20年に被爆75年。

■ 環境問題

原爆投下後に降った「黒い雨」を浴びた84人を被爆者と認めた広島地裁判決(20年)に対し、国などが控訴していたが、21年、広島高裁は控訴を棄却、上告は断念。

トピックワード

😊 加藤友三郎、池田勇人、織田幹雄、平山郁夫
🏠 三段峡、帝釈峡、鞆公園
🌏 原爆ドーム、厳島神社(文化遺産)、宮島(ラムサール条約)
⭐ 壬生の花田植
🏺 熊野筆、広島仏壇、宮島細工
🍴 カキ、のり、もみじまんじゅう

山口県

面積／6113km²
人口／135万6144人
　うち外国人　1万7074人
市町村／13市6町
県庁／山口市　知事／村岡嗣政

■ 都道府県の花・木・鳥

ナツミカン　アカマツ　ナベヅル

旧国名
周防、長門（長州）

■ 自然
[地形] 本州の西の端に位置し、主に瀬戸内、日本海、内陸山間の3地域からなる。全体に山がちで、北東部は中国山地の西の端、他の部分も標高500m以下の起伏の小さな山地と丘陵が占める。錦川は安芸灘に、阿武川は日本海に注ぎ、それぞれ岩国、萩でデルタ（三角州）をつくる。秋吉台は日本最大のカルスト台地で「秋芳洞」などの鍾乳洞がある。[気候] 瀬戸内海側、山地、日本海側の3地域で異なるが、おおむね温暖。日本海側で冬の季節風はやや強い。

■ 交通
山陽新幹線、JR山陽線・山陰線・岩徳線・山口線・宇部線・小野田線・美祢線と錦川鉄道（第三セクター）錦川清流線が運行。中国縦貫自動車道、山陽自動車道、関門自動車道など道路も充実。山口宇部空港からは羽田に定期便がある。下関港や萩港、宇部港にはクルーズ船も。

■ 産業
製造品出荷額　6兆5535億円／農業産出額　589億円
[農業] 耕地が少なく、米、ミカンが主体。萩では対馬海流による暖かい気候から夏ミカンを栽培。[林業] 森林面積が県土の7割（2017年）。竹材の品質は評価が高い。[水産業] 下関は遠洋・沖合漁業の基地。フグは周防灘のはえ縄漁や韓国からの輸入、養殖フグも。アマダイ、ケンサキイカ、アジ、タチウオなど。[工業] 周南は石油化学、ソーダ、セメント工業。光、下松は鉄鋼、金属、機械工業。防府は自動車、宇部は化学、電子部品などが盛ん。[第3次産業] 秋吉台、錦帯橋、松陰神社などに多くの人が訪れる。19年の観光客は3601万人、20年は2209万人。

■ あゆみ、ニュース
古代から大陸と交流があり、下関市と韓国・釜山広域市は1976年から姉妹都市。今はフェリーが通う。2019年、日韓関係の悪化により各地で交流中止が起きるなか、県内で「朝鮮通信使」を再現する行事や交流があった。長州藩は明治維新の原動力となり、高杉晋作や木戸孝允、首相となった山県有朋、伊藤博文らが輩出。16年にロシアのプーチン大統領と安倍首相（当時）の首脳会談が行われた。

■ 環境問題
上関町では、原子力発電所建設計画から40年近くたつが、今も未着工。漁業者らが埋め立て免許取り消しなどを求めた訴訟は、21年に最高裁が上告を棄却。19年に萩市の陸上自衛隊むつみ演習場がイージス・アショア（陸上配備型迎撃ミサイルシステム）の適地とされたが、20年6月に防衛省は計画停止を表明。本州唯一のナベヅル越冬地、周南市・八代盆地には、21年10月、今季第1陣の2羽が飛来。22年2月1日までに計12羽飛来。

トピックワード
- 大村益次郎、吉田松陰、金子みすゞ
- 瑠璃光寺五重塔、錦帯橋、壇ノ浦古戦場跡、巌流島
- 萩反射炉（文化遺産）、秋吉台地下水系（ラムサール条約）
- 阿月神明祭、秋吉台山焼、しものせき海峡まつり
- 萩焼、大内塗、赤間硯
- ふぐ料理、岩国ずし、かまぼこ

徳島県

面積／4147km²
人口／73万5070人
　うち外国人　6561人
市町村／8市15町1村
県庁／徳島市　知事／飯泉嘉門

■ 都道府県の花・木・鳥

スダチ　ヤマモモ　シラサギ

旧国名
阿波

■ 自然
[地形] 四国の東南部にあり、海をへだてて近畿地方と向かい合う。県の北には讃岐山脈があり、南には四国山地があり、その間を中央構造線にそって吉野川が流れている。「四国三郎」と呼ばれる吉野川は、四国山地に源を発する全長194kmの大河で、徳島平野をつくる。[気候] 温暖多雨で、県南部では梅雨と台風による豪雨が多い。

■ 交通
1985年に大鳴門橋、98年に明石海峡大橋ができ、関西へバスや車で行けるように。県南部を走る阿佐海岸鉄道は、線路と道路の両方を走る「DMV」の運行を2021年12月に開始。

■ 産業
製造品出荷額　1兆9081億円／農業産出額　955億円
[農業] 吉野川がつくる平野や温暖な気候で第1次産業が盛ん。県北部の吉野川の中・下流域では畑作が中心で、南部の那賀川、勝浦川流域の水田農業と好対照をなす。洋ランの切り花出荷量は、全国1位。収穫量はスダチが全国1位、ユズが2位（以上18年）、レンコン、にんじんが3位。なると金時は特産。[水産業] 鳴門ワカメは古くから珍重され、現在は養殖が盛ん。アユやウナギの養殖も。[工業] 食品、家具などの軽工業が中心で、製造品出荷額は四国4県では高知に次いで低い。徳島市の化学、食料品、木材工業や、鳴門の化学、阿南の発光ダイオード（LED）、パルプなど。[第3次産業] 商業は徳島市、鳴門、小松島など都市部が中心。阿波おどりは多くの人を集める。19年は24万人が訪れた。20年は戦後初めての中止。21年は踊り手も観客も県内に限定し屋内会場の開催で復活した。鳴門海峡のうず潮も有名。

■ あゆみ、ニュース
古くから経済・文化の面で大阪とつながりが強い。「お遍路」として知られる四国八十八カ所霊場めぐりは、阿波の第1番札所霊山寺（鳴門市）から始まる。18年「にし阿波の傾斜地農耕システム」が世界農業遺産に認定。19年、美馬、吉野川市では、天皇の代替わりに伴う儀式「大嘗祭」に供えられる麻織物「麁服」を半年がかりで4反の織物に織り上げた。阿南市の加茂宮ノ前遺跡では弥生時代中期の赤色顔料（水銀朱）の原料と、縄文時代後期に水銀朱を精製した石臼などを発見。勝浦町で、肉食恐竜のものとみられる脛骨や歯の化石を発見。白亜紀前期の化石で、肉食恐竜の歯の化石としては国内最古級。17年に開設された消費者庁初の地方拠点は、一部移転にとどまったが常設に。

■ 環境問題
上勝町は町内ごみをゼロにする「ゼロ・ウェイスト」を宣言し、ごみを45種類に分別して収集。リサイクル率は80%以上に。

トピックワード
- 三好長慶、三木武夫、後藤田正晴
- 祖谷渓、大歩危・小歩危、阿波の土柱、鳴門のうず潮
- 阿波踊り
- 大谷焼、藍染（阿波藍）、阿波和紙
- スダチ、阿波尾鶏、鳴門ワカメ、半田そうめん、和三盆糖

香川県(かがわ)

面積／1877km²
人口／97万3922人
　うち外国人　1万4110人
市町村／8市9町
県庁／高松市　知事／浜田恵造※

■ 都道府県の花・木・鳥

オリーブ／オリーブ／ホトトギス

旧国名　讃岐

■ 自然
[地形] 讃岐半島と瀬戸内海の島々からなる。南に讃岐山脈が東西に連なり北に讃岐平野が広がる。瀬戸内海には大小の島々が点在。
[気候] 瀬戸内式で、晴天の日が多く雨が少ない。夏は蒸し暑い夕凪、朝凪が特徴。春先から初夏にかけて海上に濃霧が発生しやすい。

■ 交通
かつて本州との行き来は「宇高連絡船」に頼っていたが、1988年に瀬戸大橋が開通したことで車、鉄道で本州へ移動できるようになった。徳島方面にJR高徳線や土讃線が、愛媛県へ予讃線が走る。貴重な夜行列車「サンライズ瀬戸」は東京と高松を結んでいる。高松と金刀比羅宮のある「琴平」などを結ぶ私鉄「ことでん」も活躍。高松空港は、2019年に開港30周年を迎えた。

■ 産業
製造品出荷額　2兆7116億円／農業産出額　808億円
[農業] 温暖少雨の気候を利用して小規模ながら農地の高度利用と集約的経営で米と園芸作物を栽培。はだか麦とニンニクの収穫量は全国2位。ブロッコリーも多い。特産のオリーブは全国の90％以上を占める(18年)。県オリジナル品種のうどん用小麦「さぬきの夢」やミカン「小原紅早生」も。**[水産業]** ハマチ養殖の発祥の地。のりも養殖。燧灘のカタクチイワシをいりこに加工。**[鉱業]** 庵治石と呼ばれる良質のかこう岩が採れ、墓石などに使われる。**[工業]** 坂出には塩田跡に造成された番の州工業地帯がある。石油や造船のほかは中小企業が多い。**[第3次産業]** 金刀比羅宮は、こんぴら参りで有名。3年ごとに開かれる瀬戸内国際芸術祭は、19年に過去最多の約118万人が訪れた。22年に5回目をむかえる。

■ あゆみ、ニュース
早くから開けた地で、讃岐平野に見られる碁盤目状の地割りは、古代の条里制の名残。江戸時代には塩の生産が盛んで、綿、砂糖と並んで讃岐三白といわれた。面積は47都道府県で最も小さい。1988年に瀬戸大橋が完成して本州と直結。雨が少なく、県内にため池が1万2269カ所(21年4月現在)あり、数では全国3位、県土総面積に対するため池の密度は全国一。ため池の満濃池は国の名勝に指定されている。18年の西日本豪雨では、多くのため池が被災、管理や保全に関する法律が定められた。ため池での事故も多く、安全対策が必要となっている。

■ 環境問題
豊島では、不法投棄された大量の産業廃棄物と汚染土を除去したのち地下水の浄化作業が続いていたが、21年に終了した。22年には汚染水を海に流さないための壁が撤去される予定。

トピックワード
- 空海、平賀源内、菊池寛、大平正芳
- 栗林公園、金刀比羅宮、満濃池、寒霞渓(小豆島)
- さぬき高松まつり、お大師山の火祭り
- 丸亀うちわ、香川漆器
- 讃岐うどん、オリーブオイル、小豆島のしょうゆ、そうめん

※22年9月の任期満了にともなう知事選挙が予定されている。

徳島県、高知県
変身する乗り物

四国南東部の海岸沿いを走る阿佐海岸鉄道(本社・徳島県)では、線路と道路、どちらも走れるDMV(デュアル・モード・ビークル)と呼ばれる車両が2021年12月から運行開始された。DMVが旅客を乗せる本格的な営業運転を行うのは、徳島県や阿佐海岸鉄道によると「世界初」だという。

DMVは、道路を走るマイクロバスに線路用の鉄輪をつけた車両だ。鉄道の線路があるところでは渋滞もなく高速で移動でき、道路を走ることで鉄道が通っていない場所へも乗り換えなしで移動できる。DMVの車両は一般の鉄道車両よりも軽いため、車体の維持費や燃料費が安くなる。ただDMVの定員は二十数人程度で、国の示す前提条件で、車両をつなげる連結運転はできず、またDMVの専用線区とするように定められているので、多くの利用客がいる路線での運行は難しい。そのためDMVは赤字ローカル線を多く抱えるJR北海道で開発が進み、04年に開発したDMVでは課題とされてきた鉄道モードとバスモードの切り替え時間を15秒程度まで縮めることに成功。しかし道内で鉄道事故が相次いだため、その安全対策に全力を傾けることになり、JR北海道での導入は断念された。その後、通勤・通学客がほとんどいない阿佐海岸鉄道が「観光資源」としての導入をめざし、営業運転開始にこぎつけた。土日などは室戸岬(高知県)への運転も行われる。

18年にJR西日本・三江線(島根県、広島県)、21年にJR北海道・日高線の一部が廃止され、地方ローカル線は姿を消しつつある。DMVが、その流れを止めるきっかけになると期待したい。

広島県、愛媛県
「海の領主」としての村上海賊

瀬戸内海では、14世紀中ごろから「村上海賊」という海上勢力が活動していた。「海賊」というと略奪者のイメージがあるが、一定海域を支配して、行き来する船から通行料(警固料)を徴収して安全を保証する「海の領主」であり、「海賊衆」「警固衆」と呼ばれた。江戸時代以降は軍事的側面から「村上水軍」とも称されたが、水先案内や海上運輸、交易など多様な役割を担っていた。

因島、能島、来島に本拠を置いた3家からなり、瀬戸内海の本州側、芸予諸島の中央、瀬戸内海の四国側を「因島村上氏」「能島村上氏」「来島村上氏」が、それぞれ治めて全体を掌握した。

海上での戦いや兵糧輸送に優れ、周囲の戦国大名と関係を結んで勢力を拡大。第1次木津川の口の戦い(1576年)では、織田水軍を破った。1588年に豊臣秀吉が発した「海賊禁止令」により衰退したものの、一部は大名やその家臣として残った。最大勢力だった能島村上氏は、江戸時代に周防大島を拠点に萩藩に仕え、「船手組」という役割を担った。「船手組」は、藩主が江戸への参勤交代のために瀬戸内海を航行する際に送迎や警護にあたり、朝鮮通信使の警護や漂流船の調査なども行っていた。

村上海賊の末裔は、その造船術、航海術により船乗りとして幕末の咸臨丸の太平洋横断でも活躍。明治から昭和初期においては日本海軍の前身とみなされた。

能島村上氏が拠点としていた能島は、隣接する鯛崎島とともに「能島城跡」として国史跡に指定。2016年には、「"日本最大の海賊"の本拠地：芸予諸島—よみがえる村上海賊"Murakami KAIZOKU"の記憶—」が日本遺産に認定された。

愛媛県（えひめ）

面積／5676km²
人口／135万6343人
うち外国人 1万3321人
市町村／11市9町
県庁／松山市　知事／中村時広※

■ 都道府県の花・木・鳥

 ミカン
 マツ
 コマドリ

旧国名 伊予（いよ）

■ 自然
[地形] 四国の北西部に位置し、四国山地を背に瀬戸内海と豊後水道に面する。東予、中予、南予の地域に分かれる。四国の屋根と称される石鎚山（標高1982m）は西日本最高峰。東部の四国山地は高く険しいが、南部ではゆるやかな山が多い。高知との県境には日本3大カルストの一つで石灰岩が点在する高原の四国カルストがある。佐田岬半島は日本最長（約40km）の半島。**[気候]** 瀬戸内式で、瀬戸内海沿岸は温暖で雨が少ない。

■ 交通
対岸の広島県とは「瀬戸内しまなみ海道」で結ばれる。県内移動は車が中心だが、県庁所在地の松山市には私鉄の伊予鉄道が路面電車を走らせ、SLを模した「坊っちゃん列車」が人気。県南部を走る

JR予土線では東海道新幹線を模したホビートレインが運行されている。松山空港の2018年度利用者数は、過去最多の312万人以上、19年度は約295万人だった。20年度は76万829人で、記録の残る1955年度以降で最大の減少。

■ 産業
製造品出荷額 4兆3088億円／農業産出額 1226億円
[農業] ミカンの収穫量は全国3位だが、イヨカン、ポンカンは1位（18年）など柑橘類が多い。キウイフルーツとはだか麦も1位。栗は3位。県の新品種米「ひめの凜」は評価が高い。**[林業]** ヒノキの生産量は全国3位。干しシイタケも多い。**[水産業]** 宇和海の真珠は大玉が多く、生産量1位。養殖のマダイも全国1位で、ブリは3位。**[鉱業]** 別子銅山は江戸時代から続い

たが、1973年に閉山した。**[工業]** 瀬戸内工業地域にあり、四国を代表する工業県。別子銅山の精錬で栄えた新居浜の化学コンビナートには化学、非鉄金属の工場がある。ほかに、松山の農業機械、四国中央市のパルプなど。**[第3次産業]** 松山市の道後温泉は日本最古の温泉とされ、本館は国の重要文化財。2019年1月に保存修理工事が始まり、21年7月、前期工事を終え「霊の湯」が営業開始。前期に営業していた「神の湯」は休業。

■ あゆみ、ニュース
戦国時代、能島、来島（ともに今治市）などに本拠をおいた村上海賊が、織田信長の船団に勝利。江戸時代には、伊予国は8藩（西条・小松・今治・松山・新谷・大洲・吉田・宇和島）に分かれていた。現在、人口は四国の中では最も多いが、減少人数も最も多い。

■ 環境問題
四国唯一の伊方原発は、16年に3号機が再稼働、17年に差し止めの仮処分、18年の仮処分取り消しを経て運転再開。19年12月から定期検査に入ったが、トラブルが相次ぎ運転再開が遅れた。検査は22年1月に終了。

トピックワード
👤 伊達宗城、正岡子規、秋山真之、矢内原忠雄
🏠 面河渓、松山城、道後温泉、宇和島城
⭐ 新居浜太鼓祭り、北条鹿島まつり、伊予神楽
🍶 真珠、砥部焼、桜井漆器、今治のタオル
🏷 かんきつ類、タイ、ブリ、じゃこ天

※22年11月の任期満了にともなう知事選挙が予定されている。

高知県（こうち）

面積／7104km²
人口／70万1531人
うち外国人 4749人
市町村／11市17町6村
県庁／高知市　知事／浜田省司

■ 都道府県の花・木・鳥

 ヤマモモ
 ヤナセスギ（スギ）
 ヤイロチョウ

旧国名 土佐（とさ）

■ 自然
[地形] 太平洋に面し、沖を黒潮が流れる。北の四国山地を背にして周囲から独立した地形。南は土佐湾を囲む弓形の県。南東の端が室戸岬、南西の端に足摺岬が突き出る。中部の高知平野をはさむように四国山地から物部川、仁淀川が流れ、清流、四万十川が西部の中村平野をつくるが、県土の84％（2017年）が森林で森林率全国1位。白髪山の天然ヒノキ林は、16年度の林業遺産（日本森林学会）に認定。**[気候]** 温暖で雨の多い南国。太平洋を流れる黒潮の影響で、夏は高温多雨、冬は温暖少雨。台風の通り道で「台風銀座」とも。

■ 交通
県の中心部を高速道の「高知自動車道」が走る。県庁所在地の高知市内には「とさでん交通」が路

面電車を走らせており、JR土讃線のほか「土佐くろしお鉄道」が県の東西に鉄道路線を延ばす。

■ 産業
製造品出荷額 5855億円／農業産出額 1113億円
[農業] 暖かい気候を利用した園芸野菜の栽培が中心で、シシトウ、ショウガ、ニラ、ナスの収穫量は日本一。キュウリ、ピーマンなどの促成栽培も盛ん。かんきつ類も多く、ユズ、ブンタンは1位（18年）の収穫量。かつては米の二期作が盛んだった。超早場米の「南国そだち」は、7月から収穫、出荷される。切り花のユリの出荷量は全国2位。**[林業]** スギやヒノキ、きのこや木炭など多彩な林産物がある。ヒノキの素材生産量は4位。**[水産業]** カツオ、マグロ漁が盛ん。ソウダガツオ類の水揚げ量は日本一。

田ノ浦（宿毛市）、清水（土佐清水市）、佐賀（黒潮町）、室戸岬（室戸市）、宇佐（土佐市）など多くの漁港がある。**[第2次・第3次産業]** 製造業や商業、観光・宿泊業などの比率は低い。保健衛生の割合は高く、10万人当たりの看護師数が多い。

■ あゆみ、ニュース
関ケ原の合戦後、山内一豊が国主となる。明治維新では幕末の志士・坂本龍馬や、自由民権運動の板垣退助が活躍。アメリカに渡ったジョン万次郎や中江兆民、幸徳秋水などの思想家、岩崎弥太郎などの実業家、牧野富太郎、寺田寅彦などの学者と、多くの偉人が輩出。「いごっそう」「はちきん」と呼ばれる頑固できっぷのいい独特の気質が残る。21年、高知特産かつお節は「土佐節の製造技術」とし

て無形民俗文化財に登録された。

■ 環境問題
1954年、ビキニ環礁でアメリカが行った水爆実験地周辺で操業していた高知県の元漁船員らが損害賠償を求めた訴訟は、18年の高知地裁でも19年の高松高裁の控訴審でも棄却。労災保険にあたる船員保険の適用も不認定となり、損失補償と船員保険の適用について高知と東京の地裁で審理される。

トピックワード
👤 長宗我部元親、坂本龍馬、板垣退助、やなせたかし
🏠 桂浜、四万十川、竜串、四国カルスト、龍河洞
⭐ よさこい祭り
🍶 土佐和紙、土佐打刃物
🏷 かつお節、酒盗、ユズ、土佐ブンタン

福岡県

面積／4987km²
人口／512万4259人
　うち外国人 8万0182人
市町村／29市29町2村
県庁／福岡市　知事／服部誠太郎

■ 都道府県の花・木・鳥

ウメ

ツツジ

ウグイス

旧国名
豊前（大部分）、筑前、筑後

■ 自然

[地形] 中央部の山地と南部の耳納山地との間を筑後川が西へ流れ、有明海に注ぐ。海岸線は玄界灘沿岸で出入りが多く、福岡平野が面する博多湾も奥深い湾。有明海の海岸線は短いが、干潟が発達。**[気候]** 温暖で夏の気温は筑紫平野南部で高く、冬は北部沿岸で高い。北部の冬の気象は山陰地方に似て降雪も。

■ 交通

九州と本州を結ぶ交通の要衝。ソウルや上海とも近い。空港は二つあり、福岡空港は福岡市中心部まで地下鉄で10分程度。地下鉄七隈線が博多駅に乗り入れる工事が進む。観光列車も多く走る。博多港には大型クルーズ船も寄港。

■ 産業

製造品出荷額 9兆9122億円（全国10位）／農業産出額 1977億円
[農業] 市場に恵まれて農産物の種類が多い。筑紫平野では米、麦作が中心。「あまおう」は県開発のブランドイチゴ。タケノコは1位。小麦、みずな、イチゴ、キウイフルーツの収穫量は全国2位。大豆、二条大麦、小松菜、柿は3位。ガーベラ、キクなど切り花、ナス、茶も多い。**[水産業]** 玄界灘方面の沿岸漁業が盛ん。マダイは1位、フグ類も全国有数の水揚げ、有明海ののりの養殖は全国3位。周防灘南部ではカキの養殖が盛ん。**[鉱業]** 1997年3月、国内最大の炭鉱、三池鉱が閉山。大産炭地だった筑豊炭田も、石炭の埋蔵は推定されているが、今は掘られていない。旧産炭地の田川盆地などで石灰石が掘られ、セメント工場が発達した。**[工業]** 北九州工業地帯は筑豊の石炭を背景に、八幡製鉄所などを中心に日本の四大工業地帯のひとつに発達。現在は鉄鋼業に代わり自動車産業が中心。苅田町や宮若市などに大手自動車メーカーの工場がある。**[第3次産業]** 福岡は、九州の経済面での中枢機能を果たす。16、17年には1億人以上が訪れた。福岡市では国際会議の開催も多い。

■ あゆみ、ニュース

古くから大陸文化の入り口で、紀元57年、後漢（中国）の光武帝が倭奴国王に授けたものとみられる金印が、博多湾の志賀島で発見された。北九州市は、官営八幡製鉄所をもとに発展した工業都市の八幡、行政や商業の核・小倉、本州からの玄関・門司、筑豊の石炭の積み出し港・若松、それに戸畑の5市が合併して1963年に発足。

県都・福岡市は九州全域の行政、経済、文化の中心で、中世以来、町人まちの旧博多部と、近世の城下町の旧福岡部を合わせて成立。古くからアジア諸国との交流があり、「朝鮮通信使に関する記録」として県内の資料がユネスコ「世界の記憶」にも登録。

トピックワード

- 😊 川上音二郎、広田弘毅、古賀政男、松本清張
- 🏠 太宰府天満宮、志賀島、筑後川下流域のクリーク
- 🌍 宗像・沖ノ島と関連遺産群、三池炭鉱・官営八幡製鉄所（ともに文化遺産）
- ★ 博多どんたく、博多祇園山笠、博多おくんち
- ◎ 博多織、久留米がすり
- 🍴 辛子明太子、八女茶

福岡県、長崎県、山口県、佐賀県

海のごみ問題—地域から世界に

長崎県の離島・対馬の長い海岸線には、東シナ海から日本海に流れ込む海流や季節風の影響で大量のごみが集まる。対馬だけでなく国内外各地の海岸にごみが漂着して問題となるなか、山口、福岡、佐賀、長崎の4県では、2010年から韓国の自治体（4市道）と協力して「日韓海峡海岸漂着ごみ一斉清掃事業」に取り組んでいる。毎年5～7月に、両国で、海を挟んでごみを拾う。海岸のごみは、街中や海岸に放置されたごみが海に流れ出て、海流や風で、国境を越えて運ばれたもの。日本や韓国だけでなく、中国や台湾、西アジアなどからも流れ着く。

海岸のごみの多くがプラスチックだが、特に紫外線や波などで5mm以下に小さくなったマイクロプラスチックの問題が深刻だ。微小なマイクロプラスチックは回収も難しく、有害化学物質を取り込みやすく分解されない。魚や海鳥の体内から見つかっていて、生態系や人間への影響も心配される。

18年の主要7カ国首脳会議では具体策を各国に促す「海洋プラスチック憲章」が議論され、21年の主要20カ国・地域環境相会合でも、海洋プラスチックごみ削減のための条約づくりが議論された。九州大学を中心とする国内7大学は、プラスチックごみの排出が多い東南アジアの海域に対する提案を行い、タイなど東南アジア諸国と協力して取り組む。また、海で分解されるプラスチック（海洋生分解性プラスチック）の開発、ペットボトルのリサイクル、レジ袋の有料化、21年に成立した「プラスチック資源循環促進法」でも使い捨てプラスチックの削減を進める。便利で生活に定着したプラスチックを見直すことが求められている。

佐賀県

バルーン競技の屈指のエリア

佐賀平野では、1980年からバルーンフェスタが行われている。84年からはアジアで初めて国際大会を開催し、名称「佐賀インターナショナルバルーンフェスタ」として現在に至っている。80年から競技中心の運営を行い、日本国内の熱気球チャンピオンを決める「熱気球日本選手権」は、84年から2021年まで27回、佐賀で開催。この熱気球日本選手権は、2年に1度の「熱気球世界選手権」選考競技大会でもあり、アジア最大規模の国際大会として、国内外の一流選手を集める。

バルーン競技は、目的地までどれだけ近づけるかを競う「スカイスポーツ」。バルーンは機体を操縦できる装置を持たず、できるのは、バーナーを点火し、温かい空気を球皮内に送って上昇することと球皮内の温かい空気を外に排出して下降することだけ。水平方向（東西南北）への移動は、上空に吹く自然の風を利用する。佐賀平野上空は、風向きや風速の異なる風の層が何層も重なり、時間とともに変化するため、日本でも屈指の競技エリア。例年、およそ15の国と地域から100機以上の熱気球が参加。約80万人が来場する。20年は新型コロナウイルスの影響で中止、21年11月は日程を短縮して開催され、国内の気球67機が競技に参加した。大会のようすはユーチューブで配信された。

離陸するバルーン

佐賀県

面積／2441km²
人口／81万8251人
　うち外国人　7027人
市町村／10市10町
県庁／佐賀市　知事／山口祥義

■ 都道府県の花・木・鳥

クスの花／クス／カササギ（カチガラス）

旧国名：肥前（東部）

■ 自然
[地形] 北には玄界灘が、南には広大な干潟のある有明海が広がる。有明海は最大6mの干満差やムツゴロウで知られる。内陸部に天山・脊振山系が連なり、南部はクリーク（水路）がはりめぐらされた佐賀平野が広がる。**[気候]** 佐賀市の年平均気温は17.9℃（2021年）で、全般的に温暖。

■ 交通
22年秋に西九州新幹線が開業するが、県内の武雄温泉から新鳥栖については未定。在来線の運行維持や規格、建設費の問題で県が同意していないため。

■ 産業
製造品出荷額　2兆0698億円／農業産出額　1219億円
[農業] 耕地利用率が全国1位。「さがびより」は米の食味ランキングで11年連続特A。「夢しずく」も4年連続で特A。二条大麦の収穫量は全国1位。レンコン、タマネギ、アスパラガスは2位。小麦は3位。県のブランドイチゴ「いちごさん」に続き、ブランドミカン「にじゅうまる」も発表。**[水産業]** 有明海ののり養殖は収穫量全国1位。玄海灘では沿岸漁業でイカやマアジがとれる。**[工業]** 中小企業が地域経済を支える。佐賀、鳥栖、唐津に機械・金属、鳥栖に医薬品、伊万里に造船、伊万里、有田、唐津に窯業。

■ あゆみ、ニュース
古くから人が住む開けた土地で、縄文時代の東名遺跡からは、多数の木製品が出土。1989年に弥生時代の大規模な環濠集落跡の吉野ケ里遺跡（神埼市・神埼郡）が発掘された。7世紀に壱岐・対馬を除く長崎県とともに肥前の国となった。現在の唐津市付近は豊臣秀吉の朝鮮出兵の拠点だった。江戸時代には伊万里や有田で焼き物文化が花開いた。鍋島氏が治めた佐賀藩は、幕末から明治維新にかけて大砲など最先端の科学技術を誇った。来訪神「見島のカセドリ」はユネスコの無形文化遺産。

■ 環境問題
玄海原発1号機、2号機は廃炉が決定。3号機、4号機は18年に再稼働した。市民団体などが、地震や阿蘇山の噴火のリスクを主張し、運転差し止めなどを求めていた訴訟は、21年3月に棄却された。諫早湾干拓事業は、1952年に計画発表、97年堤防の閉鎖、08年に営業を開始。02年には、漁獲量の減少で、有明海沿岸の漁業者が工事の中止を求めて提訴。10年に福岡高裁で国に排水門の開門を命じる判決が確定。その後、開門差し止めの仮処分も決定し相反する判断が並立。国は開門せず、開門を強制しないよう求めた訴訟の差し戻し審で提案された和解協議にも応じず打ち切りに。

トピックワード
- 江藤新平、大隈重信、辰野金吾、長谷川町子
- 虹の松原、吉野ケ里遺跡
- 三重津海軍所跡（文化遺産）、東よか干潟、肥前鹿島干潟（ともにラムサール条約）
- 佐賀インターナショナルバルーンフェスタ、唐津くんち
- 伊万里焼、有田焼、唐津焼、諸富家具
- 佐賀牛、呼子イカ、嬉野茶、のり

長崎県

面積／4131km²
人口／133万6023人
　うち外国人　9795人
市町村／13市8町
県庁／長崎市　知事／中村法道※

■ 都道府県の花・木・鳥

ウンゼンツツジ（ミヤマキリシマ）／ヒノキ（ほかにツバキ）／オシドリ

旧国名：肥前（南西部）、五島、壱岐、対馬

■ 自然
[地形] 肥前半島の南西部で島原、長崎、西彼杵、北松浦の四つの半島が突き出す。県土の4割は五島、対馬、壱岐、平戸など大小の島からなる全国一の離島県。複雑な海岸線の長さは北海道に次いで全国2位。南部には雲仙、多良の火山がある。雲仙・普賢岳は1990年に198年ぶりに噴火。91年には大火砕流が発生。**[気候]** 長崎市の2021年の年平均気温は18.1℃、年降水量は2203.5mm。南北に長く離島や山岳地帯など、気候の特徴も地域により異なる。

■ 交通
22年秋に西九州新幹線（長崎〜武雄温泉）が開業予定。使用する新型車両「かもめ」も同年1月に到着。長崎市内には路面電車の長崎電気軌道が健在。島原半島を走る島原鉄道は08年に一部区間が廃止されたが現在も運行。

■ 産業
製造品出荷額　1兆7192億円／農業産出額　1491億円
[農業] 田の面積は九州で最も少なく、畑作主体。ミカンは全国5位、ビワは1位。長崎ばれいしょで知られるジャガイモは3位。イチゴ、ニンジン、飼料作物も多い。離島での肉牛の生産も盛ん。**[水産業]** 東シナ海での沖合漁業が盛ん。対馬などで養殖のクロマグロ（全国1位）や真珠（2位）も。**[鉱業]** 石炭を多く産出した九州最後の池島炭鉱は、01年で閉山。**[工業]** 近代化の一翼を担った造船業が盛ん。大村湾東部や諫早に電子部品、佐世保と長崎に食料品工業。**[第3次産業]** 「坂の街」長崎市は観光名所。二つの世界遺産もあり、19年の観光客は3471万人だったが20年は1901万人に。

■ あゆみ、ニュース
九州本土の西の端に位置し、鎖国政策下の江戸時代には唯一の外来文化の窓口だった。第2次世界大戦中の1945年8月9日、長崎市に原子爆弾が落とされて多くの人が犠牲になった。佐世保市には米軍、自衛隊の基地がある。2019年、ローマ・カトリック教会のフランシスコ教皇が訪れた。21年、長崎港が開港450年。1571年にポルトガル船が来航。人工島の出島にオランダ商館が築かれた。シーボルトなど医師たちが当時の最新医学を伝え、ポルトガルの南蛮菓子をルーツとするカステラも誕生。

■ 環境問題
諫早湾の干拓事業では、漁業関係者の提訴を受け、国に潮受け堤防の開門を命じた判決が10年に確定。逆に営農者らも提訴し開門差し止めの仮処分。国は開門を命じた判決の無力化を求めて提訴。福岡高裁は無力化を認めたが最高裁は審理を差し戻した。差し戻し審で高裁は和解協議を勧めたが国は応じないまま22年春に判決予定。

トピックワード
- 楠本イネ、上野彦馬、長岡半太郎
- グラバー園、平和祈念像、浦上天主堂
- 軍艦島など、大浦天主堂・原城跡・久賀島（五島列島）集落など（ともに文化遺産）
- 長崎ランタンフェスティバル、長崎くんち
- 波佐見焼、長崎べっ甲
- ビワ、からすみ、カステラ

※22年3月の任期満了にともなう知事選挙が予定されている。

大分県

面積／6341km²
人口／114万1784人
　うち外国人　1万3041人
市町村／14市3町1村
県庁／大分市　知事／広瀬勝貞

■ 都道府県の花・木・鳥

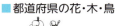

ブンゴウメ（ウメ）／ブンゴウメ（ウメ）／メジロ

旧国名
豊前（東部）、豊後

■ 自然
[地形] 九州の北東部にあって瀬戸内海と豊後水道に面する。南部に九州山地、中央には久住山、由布岳、国東半島の両子山などの火山群、北西部には筑紫山地がある。東の大野川下流に大分平野が広がり、西の端には日田盆地、周防灘に面して中津平野がある。豊後水道沿岸はリアス海岸で海岸線の出入りが激しいが、瀬戸内海沿岸は対照的に単調。**[気候]** 沿岸地域は温暖だが、久住山周辺では冬の寒さがきびしく、雪が降ることもある。複雑な地形で、狭い地域内での気候の差が大きい。

■ 交通
東九州自動車道、大分自動車道、JR日豊線で福岡にアクセスできる。2020年夏の豪雨で一部不通となったJR久大線は、日田彦山線の鉄道復旧が断念された区間の鉄橋を利用して21年3月に復旧。大阪、山口、兵庫、愛媛、離島など各地にフェリーが就航。

■ 産業
製造品出荷額 4兆2989億円／農業産出額 1208億円
[農業] 野菜とかんきつ類の栽培が中心。カボスの収穫量は全国一（18年）。豊後牛の名で知られる肉牛の飼育も盛ん。**[林業]** 九州では宮崎に次いで活発。筑後川流域の日田は日本三大林業地のひとつ。シイタケ栽培が盛ん。生シイタケも多いが、特に乾シイタケは全国生産量の4割近くを占め1位。ギンナンも1位（18年）。**[工業]** 大分市鶴崎を中心に臨海工業地域があり、九州で福岡に次ぐ工業県。製鉄や石油、石油化学などの工場がある。大分、臼杵の食料品、佐伯の造船、津久見のセメント、日田のビール、中津の自動車、国東、杵築の精密機器も。**[第3次産業]** 府内城址周辺は、県庁、商店、銀行などが集まる。県内の温泉源泉数は5088（うち別府2856）で湧出量ともに日本一（20年3月末）。別府や由布院などの温泉地に多くの人が訪れる。久住高原、高崎山のサルも人気。

■ あゆみ、ニュース
12世紀末にこの地に入った大友氏は、400年にわたって支配したが、関ケ原の戦いで西軍に味方し滅亡した。21代当主の宗麟（1530-1587）は、キリスト教を信仰し南蛮貿易を行った。21年、臼杵市は、醸造・発酵産業に支えられた伝統的な食文化や、有機農業や水源涵養の森づくりなどが評価され、ユネスコ創造都市ネットワークの食文化分野で加盟認定。同年、宇佐市を流れる用水路「広瀬井路」と「平田井路」が、世界かんがい施設遺産に登録。

■ 環境問題
地熱発電で最大の八丁原発電所や、温泉熱や太陽光、小水力発電など再生可能エネルギー自給率が高く、41.8%（18年度末）で全国1位。

トピックワード
- 大友宗麟、福沢諭吉、瀧廉太郎、双葉山
- 耶馬溪、別府温泉、臼杵石仏、宇佐神宮
- くじゅう坊ガツル・タデ原湿原（ラムサール条約）
- 萬弘寺の市
- 竹細工、日田げた、小鹿田焼
- カボス、シイタケ、関アジ・関サバ、とり天

熊本県

面積／7409km²
人口／175万8815人
　うち外国人　1万7574人
市町村／14市23町8村
県庁／熊本市　知事／蒲島郁夫

■ 都道府県の花・木・鳥

リンドウ／クスノキ／ヒバリ

旧国名
肥後

■ 自然
[地形] 九州のほぼ中央に位置する。北に筑肥山地、南東に九州山地があり、北、東、南を山で囲まれる。北東の阿蘇は世界最大級のカルデラをもつ複式火山で活動中。2016年に中岳が36年ぶりに爆発的噴火。19年にも小規模な噴火が繰り返し発生。西の海沿いに熊本平野、八代平野、球磨川に沿って人吉盆地があり、宇土半島から南西に大小120余の天草諸島が続く。**[気候]** 山で囲まれ、海岸部をのぞき内陸性。全体に温暖だが、寒暖の差が大きい。平野部は降水量が比較的少ないが、山間部になるにしたがい多くなる。

■ 交通
九州新幹線で福岡へ早く行ける。熊本市内には路面電車も。20年7月豪雨で被災したJR肥薩線は7割近い区間で運休が続く。全線運休だったくま川鉄道は一部で再開。

■ 産業
製造品出荷額 2兆8523億円／農業産出額 3407億円（全国5位）
[農業] 有数の農業県。米も多いが、畑作の収穫量でトマト、スイカは全国1位。果樹も多く、シラヌイが1位、夏ミカンが2位（ともに18年）。ナス、しょうが、メロン、くりが2位。イチゴや花も多い。畳表の原材料のい草は全国の99%を占める。菊池・阿蘇地方では酪農が盛んで生乳生産量は全国3位。**[工業]** 高性能のIC生産地で電子部品、輸送用機器、生産用機器が多い。第1次産品を原料とする軽工業も盛ん。ほかに八代の紙、水俣の化学工業、長洲町の造船も。南部に木材工業がある。**[第3次産業]** 阿蘇、天草の二つの国立公園や水前寺公園などがある。熊本城は、21年3月に天守閣の地震からの復旧工事が完了。

■ あゆみ、ニュース
1876（明治9）年、熊本県、人吉県、天草県が合併、現在の熊本県に。1890年には、八代の港周辺に工場が建設され、セメント工場も操業。1896〜1900年、夏目漱石が、第五高等学校（現在の熊本大学）に赴任。16年、最大震度7の熊本地震が起き270人以上が犠牲に。21年3月、熊本地震で崩落した阿蘇大橋に代わり新阿蘇大橋が開通した。

■ 環境問題
チッソが水俣湾に流した有機水銀が原因の水俣病は1956年に公式確認され、04年の最高裁判決で、国・県の責任が確定。09年の未認定被害者を救済する特別措置法成立後も救済されず賠償を求める訴訟が続く。20年5月末現在、認定患者2283人のうち8割以上の人が亡くなり、今も多くの人が認定を求めている。20年、県は流水型ダム建設を含む「緑の流域治水」のプランを表明。

トピックワード
- 北里柴三郎、徳冨蘇峰・蘆花、北原白秋、金栗四三
- 熊本城、水前寺公園、通潤橋、阿蘇山
- 三池炭鉱関連資産（文化遺産）、荒尾干潟（ラムサール条約）
- 火の国まつり
- 肥後象がん、山鹿とうろう
- 植木スイカ、デコポン、からしれんこん、球磨焼酎、馬刺し

宮崎県

面積／7735km²
人口／108万7372人
　うち外国人　7673人
市町村／9市14町3村
県庁／宮崎市　　知事／河野俊嗣

■ 都道府県の花・木・鳥

ハマユウ

フェニックス
（ほかに
ヤマザクラ、
オビスギ）

コシジロ
ヤマドリ

旧国名
日向

■ 自然
[地形] 宮崎平野は代表的な隆起海岸平野で、「○○原」と呼ばれる台地が広がる。太平洋岸の平野や霧島火山群のふもとの都城、小林盆地以外では山地が多い。北部から西部に広がる九州山地は奥深く、椎葉や西米良などの山村が点在する。山間部には日本最南端のスキー場がある。新燃岳は2011年に本格的な噴火があり、18年にも爆発的噴火。**[気候]** 黒潮の影響で温暖。快晴日数が多く、日照時間が長い。

■ 交通
16年、高速道の東九州自動車道の一部区間が開通し、宮崎市から北九州市までの約320kmが高速道路でつながった。県南部への延伸工事も進められている。県内を走るJR日南線、吉都線、日豊線は利用者が減り、関係市町は利用促進に取り組む。細島港、宮崎港、油津港は物流の拠点で重要港湾。クルーズ船も寄港。

■ 産業
製造品出荷額　1兆6346億円／農業産出額　3348億円（全国6位）
[農林水産業] 畜産が農業産出額の64％以上を占め、ブロイラーの飼養羽数は全国1位。豚の飼養頭数は2位、肉用牛は3位。温暖な気候と日照時間の長さを利用して野菜の促成栽培が行われる。農作物の収穫量はキュウリ、キンカン（18年）、飼料作物のソルゴーが1位。ピーマン、マンゴー（18年）は2位。スギの素材生産量は日本一。21年、日南市のカツオ一本釣り漁と宮崎市の田野・清武地域の干し大根（大根やぐら）が日本農業遺産に認定。**[工業]** 延岡は化学工業が立地する企業城下町。宮崎市周辺では先端技術産業の誘致が進む。日向市ではリチウムイオン電池の素材を生産。**[第3次産業]** 青島や日南海岸の景観に代表される南国情緒ある観光県。1960〜70年代は新婚旅行ブームでにぎわった。スポーツのキャンプ地としても有名。2019年はラグビーW杯の日本代表やイングランド代表も滞在。

■ あゆみ、ニュース
江戸時代は小さな藩に分かれていた。明治初期に鹿児島県に合併されたが、分県運動の結果、1883年に宮崎県が再び置かれた。西都原を中心に点在する古墳群、神話のふるさと高千穂などのある「神話の国」。「高千穂郷・椎葉山地域」は世界農業遺産。西都原古墳群や新田原古墳群は日本遺産。

■ 環境問題
高千穂町の土呂久公害は1973年に国が公害病に指定。慢性ヒ素中毒症患者は2021年3月現在、211人が認定され、42人が生存。航空自衛隊新田原基地の騒音被害に対し周辺住民が損害賠償などを国に求めた訴訟で、2021年、宮崎地裁は、国に賠償を命じる判決。夜間などの飛行差し止めと将来の賠償請求は認められず、原告も国も控訴。

トピックワード
- 伊東マンショ、小村寿太郎、若山牧水
- 高千穂峡、西都原古墳群、青島・鬼の洗濯板
- 延岡大師祭、高千穂の夜神楽
- 都城大弓、日向ハマグリ碁石、佐土原人形
- 地鶏、マンゴー、冷や汁、チキン南蛮

鹿児島県

面積／9186km²
人口／161万7850人
　うち外国人　1万2069人
市町村／19市20町4村
県庁／鹿児島市　　知事／塩田康一

■ 都道府県の花・木・鳥

ミヤマ
キリシマ

カイコウズ
（ほかにクスノキ）

ルリカケス

旧国名
薩摩、大隅

■ 自然
[地形] 九州本土と奄美群島など多くの離島からなる。北は九州山地の南西部で、北東に霧島連山。薩摩、大隅の両半島が鹿児島湾と桜島を抱く形で南にのびる。南の海上に、種子島、屋久島などの大隅諸島や奄美大島、徳之島などの奄美群島が広がる。県の象徴である火山・桜島は2011年に観測史上最多の爆発的噴火があり、19年11月には、噴煙が5500mに達する噴火。10〜13、15年は1000回以上の噴火。21年は145回。**[気候]** 屋久島は年間を通じて雨が多く、年間降水量が4000mmを超える。

■ 交通
11年の九州新幹線鹿児島ルート全通で、鹿児島中央〜博多間は最速1時間16分に。第3セクターの肥薩おれんじ鉄道は川内〜八代（熊本県）間を結ぶ。屋久島、奄美など離島へ鹿児島空港から定期便。鹿児島市に市電も。

■ 産業
製造品出荷額　1兆9940億円／農業産出額　4772億円（全国2位）
[農業] 姶良火山の噴出物（シラス）が広く堆積し、土壌はやせて水利も悪いため、畑作と畜産が中心。農業産出額は全国2位で、畜産で2位。そのうち肉用牛、豚、鶏は1位。サツマイモ、サヤエンドウ、そら豆の生産量は1位。ジャガイモ、かぼちゃ、卵は2位。20年の生茶葉の収穫量は1位に。**[水産業]** 枕崎や山川（指宿市）では鰹節生産が盛ん。養殖ブリ、養殖ウナギの生産量は全国一。**[工業]** 肉牛、デンプンなどを原料とした食品加工業が製造品出荷額でも多くを占める。**[第3次産業]** 離島や、指宿などの温泉に多くの人が訪れる。19年には県全体で宿泊者と日帰り客を合わせて2120万人、20年は1643万人だった。

■ あゆみ、ニュース
1543年に種子島に鉄砲が伝わる。また49年には、フランシスコ・ザビエルが県内から布教を開始。島津家第28代当主の島津斉彬は人材登用に優れ、幕末から明治にかけて西郷隆盛、大久保利通らが活躍した。屋久島や奄美大島・徳之島は特異な生態系、優れた自然景観で世界自然遺産に登録。種子島に種子島宇宙センター、大隅半島に内之浦宇宙空間観測所があり、ロケットが発射される。

■ 環境問題
川内原発は20年運転延長の申請に必要な特別点検を2021年10月から1号機で実施。22年2月から2号機も。21年8月から始まった小笠原諸島の海底火山の噴火で発生した大量の軽石により奄美群島の海域に漁業被害が出ている。

トピックワード
- 西郷隆盛、大久保利通、五代友厚、東郷平八郎
- 鶴丸城（鹿児島城）、仙巌園
- 屋久島、奄美大島・徳之島（自然遺産）、旧集成館反射炉跡（文化遺産）、藺牟田池、永田浜、出水ツルの越冬地（いずれもラムサール条約）
- おはら祭
- 本場大島紬、薩摩焼、川辺仏壇、薩摩切子、錫製品
- 鹿児島茶、桜島大根、いも焼酎、さつまあげ、黒砂糖
- 桜島・錦江湾ジオパーク

私たちの郷土 ｜ 九州　127

鹿児島県

奄美の自然が育んだもの

奄美大島は、九州と沖縄の中ほどにあり、国内では佐渡島の次に大きく、面積712km²の島。人口は6万人に満たない(2020年10月現在)。アマミブルーと言われる海にはサンゴ礁があり、海水と淡水がまざる汽水域のマングローブ、森には、固有種や絶滅危惧種の貴重な生き物がすむ。

そんな生き物の代表が、国の特別天然記念物・アマミノクロウサギ(写真a)だ。耳や脚が短く、ウサギの仲間で最も古い姿をしていることから「生きた化石」といわれる。奄美大島と徳之島のアマミノクロウサギは1属1種で近縁種は存在しない。アマミトゲネズミもわが国特産の哺乳類。また、鮮やかな瑠璃色の鳥・ルリカケスや、金色や黒の斑点のある「日本一美しいカエル」アマミイシカワガエル(写真b)、「幻の花」アマミスミレ(写真c)など、世界でここにしかいない種や絶滅危惧の生き物の数が多く、「オンリーワンの島」とも呼ばれる。暖かく、雨が多い温暖湿潤な気候が、「命のゆりかご」となる森を育んだ。

21年7月、奄美大島、徳之島(鹿児島県)とともに、沖縄島北部および西表島(沖縄県)がユネスコ(国連教育科学文化機関)の世界自然遺産に登録された。4島いずれも希少な動植物が多く、その生物多様性が評価された。

特異な自然の背景は、島の成り立ちにある。これらの島々は、かつてユーラシア大陸と陸続きだったが、約170万年前までに起こった地殻変動や海面上昇によって島として分離。そのため、大陸では絶滅してしまった生物が生き残り、島の環境が長い年月のなかで独自の植生、動物相を生んだ。なかでも奄美大島は、固有種や絶滅危惧種の数が多く、環境省などによると、奄美大島の固有種の数は、脊椎動物で52種、昆虫で838種、国内の絶滅危惧種の多くが集中している。

一方、ハブなどの対策で放たれた特定外来生物のマングースの被害が続いている。環境省は00年※からマングースの駆除を開始し、25年度までに根絶させる計画を進めている。野生化した猫(ノネコ)による被害や動物の交通事故も増えている。(※当時は環境庁)

17世紀に薩摩藩に支配され、さとうきびからとれる黒糖を専売して利益を求める薩摩藩に、島民は増産を強いられた。その苦難の中でも、島唄、島料理、大島紬、芭蕉布、群倉、焼酎など奄美独特の多彩な文化が培われた。自然環境と生き物、それらと共生した島人の文化、ともに普遍的な価値あるものとして守りたい。

写真a(上)
アマミノクロウサギ
写真b(下・左)
アマミイシカワガエル
写真c(下・右)
アマミスミレ

沖縄県

面積／2283km²
人口／148万5484人
　　うち外国人 1万9356人
市町村／11市11町19村
県庁／那覇市　知事／玉城デニー※

■ 都道府県の花・木・鳥

デイゴ

リュウキュウマツ

ノグチゲラ

旧国名　琉球王国

■ 自然
[地形] 琉球弧(九州から台湾まで1000kmにわたる弧状の列島)のほぼ南半分を占め、最大の沖縄本島を中心に沖縄諸島、宮古諸島、八重山諸島など多くの島々からなる。波照間島は、日本の有人島の最南端に位置。島々には亜熱帯植物、周囲にはサンゴ礁が発達。地理的に隔絶しており、特異な動物相がみられる。[気候] 四季の変化は小さく、年平均気温は20℃以上。台風の通り道でもある。

■ 交通
海に囲まれ、日本の本土と沖縄、県内の島々は船や飛行機で結ばれる。那覇空港は東京・羽田空港間の旅客数が多く、2019年は全国3位だった。国道58号や高速道路の沖縄道など県内移動は車が中心だが、03年にモノレール「ゆいレール」が開業。19年に延伸され、さらに延伸構想も。

■ 産業
製造品出荷額 4859億円／農業産出額 910億円
[農業] 主産物のサトウキビの生産量は全国の60%以上、マンゴー(18年)は50%以上、ゴーヤは40%以上を占める。キクの出荷量は2位。全国有数の子牛の産地で在来種のアグー豚も有名。[工業] 製糖、果実の食品加工など。製造業では小規模の事業所が多い。
[第3次産業] 観光客は、18年度は1000万人以上、19年度は950万人近くが訪れて好調だったが、20年度は約258万人に。

■ あゆみ、ニュース
太平洋戦争末期の沖縄戦では住民が巻き込まれ、県民の4人に1人が死亡したとされる。敗戦後は米国の占領下にあったが、1972年に本土復帰。2022年に本土復帰50年をむかえるが、今も国内にある米軍専用施設の70%以上(面積比)を抱える。19年2月、辺野古埋め立ての是非を問う県民投票が行われ、70%以上が反対した。同年10月、首里城の正殿などが焼失。出生率が高く20年の調査でも全国平均を大きく上回り1位。21年、鹿児島県の奄美大島や徳之島とともに沖縄島北部・西表島が世界自然遺産に登録された。

■ 環境問題
米軍普天間飛行場の移設について、06年に日米が名護市辺野古沿岸部にV字形滑走路を造る新移設案に合意。県内移設に住民が反発。14年、移設反対の翁長知事が就任し、翌年、埋め立て承認を取り消した。それに国が提訴、16年に最高裁で県が敗訴。18年、工事差し止め訴訟の上告直前に埋め立て土砂の投入開始。19年の県民投票で反対の民意が示されたが工事は続いた。軟弱地盤の問題、沖縄戦の戦没者の遺骨を含む土砂利用など問題が相次ぐ。

トピックワード
- 尚巴志、謝花昇、船越義珍
- 首里城、玉泉洞、今帰仁城跡、ひめゆりの塔
- 琉球王国のグスク及び関連遺産群(文化遺産)、沖縄島北部・西表島(自然遺産)、久米島の渓流・湿地、慶良間諸島海域など(ラムサール条約)
- エイサー、ハーリー
- 紅型染、芭蕉布、宮古上布、八重山上布
- 泡盛、黒糖、沖縄そば

※22年9月の任期満了にともなう知事選挙が予定されている。

統計編

統計編では、国や産業団体などが定期的に行っている統計調査を、人口、資源とエネルギー、工業、貿易など分野ごとに収録しました。さらに、統計を手がかりにした自由研究の例や、学年ごとに授業で活用できる統計の一覧も挙げました。統計は、いろいろなことを考えるきっかけになります。たとえば、P148の統計（右下のグラフ）からは、国民1人が1年間に食べるお米の量が50年前の約半分になっていることがわかります。それは、パンやパスタなど主食の選択肢が増えたからでしょうか？ ダイエットでご飯の量を控える人が増えたからでしょうか？ 答えは、ひとつとは限りません。みんなと意見を交換しながら、自分で考えてみましょう。

統計の見方・約束ごと

まず、P2～4の「もくじ」を見て、全体の構成と流れをつかんでください。
調べたい事柄がどの項目に入るかが分からないときは、P254から始まる「さくいん」で引いてみましょう。

グラフ、図表を見つけたら

❶ 年次は、ふつう1月から12月までを示しますが、「○○年度」というのは4月から翌年の3月までの12カ月のことです。
❷ 単位に注意してください。ただの「円」のときと「千円」「億円」のときでは、数字の意味がまったく違ってきます。
　たとえば、単位が「万台」で、グラフに800とあれば、800×10000で800万台を表しています。
❸【注】に注意してください。グラフを読むうえで大切なことが書いてありますから、見落とさないようにしましょう。
❹【資料】は、統計数字の出所を示しています。
　中身は同じでも出所が異なると、数字が違う場合もあります。
❺ 合計やパーセントの数字が内わけの合計と合わないことがあります。
　これは四捨五入によっておこる誤差です。
❻ かんれん のページには、関係の深いグラフや、図表、【注】などがあります。
❼「知っトク情報」「キーワード」のコラムが、ところどころにあります。
　最近のできごとや、用語の説明、調べ学習のヒントなどが載っています。
❽ 統計数字は、最新のものを使っています。
　公表が遅れるものや、数年に1回の調査のものもあります。

グラフの種類と使い方に注意

ここでは、折れ線グラフ、棒グラフ、帯グラフ、円グラフ、統計地図などを使っています。どのようなときに、どのようなグラフや図を使うのがよいか、参考にしてください。

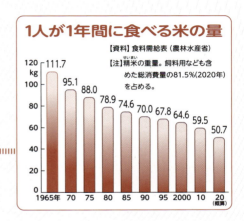

1人が1年間に食べる米の量

【資料】食料需給表（農林水産省）
【注】精米の重量。飼料用なども含めた総消費量の81.5%（2020年）を占める。

129

統計を手がかりに自由研究

統計の背景を探っていくと、いろいろな社会の姿が見えてきます。
ここでは、統計を手がかりにこんな自由研究ができるという例をいくつか挙げました。
テーマとポイントを提示しましたので、みなさんもぜひトライしてみてください。
ほかにも、「こんな自由研究をした」という例がありましたら、「朝日ジュニア学習年鑑」編集部までご報告ください。

▶ テーマとポイント

 ① 日本列島　列島のすがた ➡ (P100)

テーマ「日本の東西南北の端の緯度と経度は何度違うか調べてみよう」

「日本の周りと面積」には日本の北端、南端、東端、西端の地名と北緯、東経の表示があります。北端と南端は緯度の差を、東端と西端は経度の差を計算してみましょう。北端、南端、東端、西端がどのようなところなのか調べてみましょう。

 ② 私たちの郷土　都道府県 ➡ (P101〜128)

テーマ「都道府県トピック地図づくり」

それぞれの都道府県に「トピックワード」があります。人物・場所・世界遺産・祭りやイベント・伝統文化・特産物・特有なことなどが記述されています。都道府県の白地図にこれらのことを書き込んでみましょう。書き込みながら関心をもったことを、さらに調べてみましょう。

 ③ 国土と自然　川・湖・島 ➡ (P137)

テーマ「湖にはどのような産業・施設があるかを調べてみよう」

温泉で有名な神奈川県の箱根には芦ノ湖という湖があり、海賊船が就航しています。ホテルやレストラン、箱根神社などがあり観光客でにぎわっています。各地の湖にはどのような産業があるか調べ、「全国の湖　産業・施設パンフレット」を作成してみましょう。

 ④ 人口　人口構成 ➡ (P140〜142)

テーマ「18歳成人の誕生」

「年齢別人口ピラミッド」を見ると、20歳以下の人口は少ないですね。少子高齢化がはっきり読み取れます。2022年4月1日から、成人年齢は20歳から18歳に下がります。22年度は18、19歳が一挙に成人になります。日本では成人になるとどのようなことができるのか、また、まだできないのかを調べてみましょう。同時に、世界の国ぐにの成人年齢などを調べてみましょう。

 ⑤ 林業　木材 ➡ (P152)

テーマ「林業女子の働き方に目を向けてみよう」

「木材の自給率」のデータを見ると、2015年ぐらいから増えてきています。国内の木材が活用されてきているのでしょう。林業が見直されています。特に、林業女子の働き方が注目されています。インターネットで「林業女子」などをキーワードに検索して調べ、「林業女子に注目パンフレット」を作成してみましょう。

 ⑥ 資源とエネルギー　エネルギー ➡ (P156)

テーマ「ノルウェーのエネルギー自給率はなぜ高いのか」

「おもな国のエネルギー自給率」を見ると、ノルウェー、オーストラリア、カナダは100％を超えていますね。中でも、ノルウェーは他の国を引き離しています。どうしてノルウェーの自給率は高いのか、インターネットで「ノルウェー　エネルギー自給率」などをキーワードに検索して調べ、「ノルウェーエネルギー事情」としてまとめてみましょう。

⑦ 工業　化学工業➡(P168)

テーマ「新型コロナウイルス　日本の医薬品の進歩は？」

「医薬品の生産額」のデータを見ると2019年からおおむね伸びていますね。新型コロナウイルスの医薬品は21年まではアメリカのファイザー、モデルナ、イギリスのアストラゼネカの名前が出ていましたが、22年からは日本の製薬会社の医薬品も活用されていくと予想されます。日本が新型コロナウイルスに関するどのような医薬品を開発中かを探ってみましょう。

 ⑧ 環境　ごみとリサイクル➡(P173)

テーマ「プラスチックからの変身」

ここ数年、プラスチックごみを出さないようにする動きがあります。レジ袋を有料化したり、ストロー、スプーンやフォークなどを紙製や木製に変化させたりしています。マクドナルドやスターバックスでも紙製や木製に切り替えています。そんなプラスチックからの変身のようすを調べてみましょう。SDGs（持続可能な開発目標）にもつながります。

 ⑨ 貿易　空港と港➡(P174)

テーマ「日本の貿易 空港 VS 港」

「おもな空港の輸出入額」「おもな港の輸出入額」のデータがあります。輸出入額や「おもな活動ととくちょう」を参考にして、空港と港ではそれぞれどのようなものを輸出入しているのか調べてみましょう。関心をもった空港や港の貿易のようすを、ホームページで調べてみたり、実際に見学したりしてみましょう。

 ⑩ 交通　空の輸送➡(P185)

テーマ「国内線の航空旅客数はどのように変化したかを調べてみよう」

新型コロナウイルスの影響で国際線の旅客数は大幅に減少しましたが、国内線の旅客数にはどのような変化があるでしょうか。日本航空（JAL）や全日本空輸（ANA）では新型コロナウイルス対策とともに旅客数の変化にどのように対応しているのか調べてみましょう。

 ⑪ 政治　国の財政➡(P192)

テーマ「参議院議員選挙に関心をもとう」

国の財政や税金を決めるのは国会です。国会議員には衆議院議員と参議院議員がいます。2021年には衆議院議員選挙が行われ、22年7月には参議院議員選挙が行われる予定です。その選挙結果では、1947年に施行されてからは一度も改正されたことがない日本国憲法改正の動きが加速するかもしれません。参議院議員選挙に関心をもち、追いかけてみましょう。

 ⑫ 世界　世界の国ぐに➡(P219～241)

テーマ「世界の国ぐにの新型コロナウイルスの対策は」

2021年後半に新型コロナウイルスはデルタ株からオミクロン株への変化も見られ、感染者が急激に増加しました。22年はどうなるでしょうか。オミクロン株から新たな変化があるのでしょうか。日常で気をつけること、ワクチンや治療薬などそれぞれの国の感染対策の状況を調べるとともに、世界保健機関（WHO）の発表にも注目しましょう。

 ⑬ 世界　世界の国ぐに➡(P219～241)

テーマ「サッカーワールドカップから世界に目を向けよう」

2022年11月21日から、サッカーのワールドカップが開催されます。開催国は中東のカタールです。32カ国が出場します。カタールとはどのような国なのか、他の31カ国がどのような国なのか、活躍した選手はどんな人なのかなど、世界に目を向けてみましょう。

 ⑭ 世界　貿易➡(P251)

テーマ「円が弱いってどんなこと」

朝日新聞2021年12月28日朝刊に「弱る円　急激な円安　輸入品値上がり」という1面トップの記事が掲載されました。「通貨の購買力を示す国際指標で、日本円が約50年前の水準まで下がっていることが分かった」とあります。円高、円安とはどのような仕組みなのでしょうか。円安が進むことでどのような問題があるか調べてみましょう。

統計を学習に生かそう

社会科の授業ではいろいろな統計を読み取り、社会の実情について多様な角度から考えます。
統計編に載せたグラフや図表を普段の学習で活用していただくために、
小学3年生から中学3年生までの社会科の授業で活用できる統計を挙げてみました。

教科の単元名	関連する統計と載っているページ	
小学3年		
はたらく人々	商業	P180～181
くらしを守る	事故	P202
小学4年		
すんでいる県(都・道・府)	私たちの郷土	P101～128
	人口	P138～143
すみよいくらし	環境	P171～173
自然災害からくらしを守る	環境	P171～173
	国土と自然	P133～137
郷土の伝統・文化	私たちの郷土	P101～128
特色ある地いきと人々のくらし	私たちの郷土	P101～128
小学5年		
国土	私たちの郷土	P101～128
	国土と自然	P133～137
生活と産業	私たちの郷土	P101～128
	人口	P138～143
	産業	P144
	農業	P145～151
	水産業	P153～155
	資源とエネルギー	P156～159
	工業	P160～170
	貿易	P174～179
	商業	P180～181
	交通	P182～186
	労働	P201
	世界	P208～253
生活と情報	情報	P187～191
生活と環境	日本列島	P100
	私たちの郷土	P101～128
	国土と自然	P133～137
	人口	P138～143
	林業	P152
	環境	P171～173
小学6年		
生活と政治	政治	P192～194
	くらし	P195～197
	教育	P198
	社会保障	P199～200
	労働	P201
	保健と衛生	P203～204
世界の中の日本	スポーツ	P205～207
	世界	P208～253

教科の単元名	関連する統計と載っているページ	
中学1・2年		
地理的分野		
世界のさまざまな地域	各国の比較	P208
	世界の国ぐに	P210～241
	自然	P242～243
	国民総所得	P244
	人口・人の交流	P245
	農業	P246
	農林業・畜産・漁業	P247
	資源	P248
	エネルギー	P249
	工業	P250
	貿易	P251
日本のさまざまな地域	日本列島	P100
	私たちの郷土	P101～128
	国土と自然	P133～137
	人口	P138～143
	農業	P145～151
	林業	P152
	水産業	P153～155
	資源とエネルギー	P156～159
	工業	P160～170
	環境	P171～173
	貿易	P174～179
	商業	P180～181
	交通	P182～186
	情報	P187～191
中学3年		
公民的分野		
現代社会と私たち	情報	P187～191
	社会保障	P199～200
	保健と衛生	P203～204
個人の尊重と日本国憲法	政治	P192～194
現代の民主政治と社会	くらし	P195～197
	教育	P198
	社会保障	P199～200
私たちの暮らしと経済	商業	P180～181
	労働	P201
地球社会と私たち	世界	P208～253

(岸尾祐二／元聖心女子学院初等科教諭)

※社会科の単元名は教科書によって異なります。ここでの単元名は、みなさんが使っている教科書に載っている単元名と異なることがあります。

2021年の台風発生数は22個（平年値*25.1個）だった。日本に上陸したり接近したりした台風は、どんな経路をたどったか、また日本の地上気温の変化や2020年の気象災害の状況を確認しよう。

気候　国土と自然

台風の発生数と上陸個数（1962～2021年）

【資料】気象庁

【注】点線は3年ごとの移動平均値（各年の前後3年間の平均）。上陸個数には沖縄の台風通過は含まない。

日本の年平均気温の長期的変化

【資料】気象庁

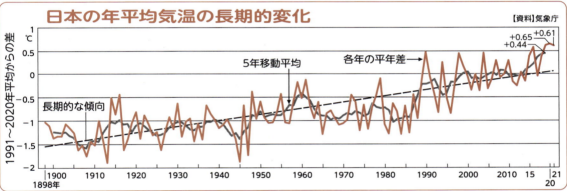

2021年日本に近づいたおもな台風の進路

【資料】気象庁

【注】経路上の・印は通過した日。→ は消滅を示す。
経路の実線は台風、破線は熱帯低気圧・温帯低気圧を示す。
○の数字は台風番号

おもな気象災害（2020年）

【資料】気象年鑑2021

月.日	被害地域	種別	死者・行方不明者（人）	家の損壊・流失（戸）	家屋の浸水（戸）	田畑の損害（ha）	船舶の損害（隻）
7.3～31	西日本から東日本、東北地方	前線による大雨（令和2年7月豪雨）	86	9,628	6,971	13,252	206
9.4～7	南西諸島や九州	台風10号による暴風、大雨等	6	1,437	127	24,906	126

*平年値：1991～2020年の30年平均

国土と自然 気候

全国155カ所（2018年4月現在）の気象台・測候所を含む約1300のアメダス観測所や南極などで気象観測を行っている。気温、風の強さ、雨や雪の降り方の地域による違いから、日本の気候の全体をとらえよう。

2021年の気象

【資料】気象庁

地点	年平均	最高	起きた日(月.日)	最低	起きた日(月.日)	最大風速(m/s)	起きた日(月.日)	最大瞬間(m/s)	起きた日(月.日)	年日照時間(h)	年降水量(mm)	日最大(mm)	起きた日(月.日)
札 幌	10.2	35.1	7.28	-12.6	1.2	17.3	9.13	28.7	9.13	2049	1089	58.0	11.9
仙 台	13.7	34.5	8.5	-7.6	1.9	14.9	12.13	28.1	12.13	1973	1183	69.5	3.13
東 京	16.6	36.8	8.10	-2.4	1.10	12.4	8.9	24.5	12.17	2090	2053	138.5	8.15
新 潟	14.5	38.2	8.7	-5.0	1.21	16.3	1.7	30.1	2.16	1827	1952	63.5	11.12
松 本	13.0	35.7	8.6	-8.6	1.20	12.0	8.9	21.9	8.9	2226	1216	135.5	8.14
名古屋	16.8	37.8	8.8	-3.7	1.1	13.3	8.9	24.4	8.9	2078	1999	101.5	8.13
大 阪	17.5	38.9	8.5	-1.5	1.8	10.8	5.1	21.4	5.1	2180	2015	105.0	4.29
広 島	17.1	38.0	8.6	-4.5	1.9	14.4	8.9	24.7	8.9	2087	2267	205.5	8.14
松 山	17.4	36.1	8.4	-2.5	1.8	10.9	4.9	19.7	5.1/8.9	2091	1546	95.5	5.20
福 岡	18.2	36.7	8.6	0.1	1.7	12.6	8.8	26.2	9.17	2043	1979	231.5	8.14
鹿児島	19.3	35.5	8.5	-0.6	1.9	12.9	2.17	22.7	12.17	2039	2782	152.0	8.16
那 覇	23.6	33.5	9.10	9.7	1.10	18.7	7.23	29.6	11.30	1867	2486	213.0	6.29

各地の積雪日数と最深積雪（2020年11月～2021年3月）

【資料】気象庁

地点	11月 10cm未満	11月 10cm以上	12月 10cm未満	12月 10cm以上	1月 10cm未満	1月 10cm以上	2月 10cm未満	2月 10cm以上	3月 10cm未満	3月 10cm以上	最深(cm)	起きた日(月.日)
稚 内	1	2	12	1	9	8	10	4	5	2	104	2.2
釧 路	2	0	4	0	4	2	4	0	5	3	45	1.30
札 幌	4	0	9	0	4	7	6	3	4	1	79	3.2
青 森	0	0	5	10	7	9	6	7	10	1	129	1.11
仙 台	0	0	3	0	2	1	1	0	0	0	10	12.17
秋 田	0	0	6	2	5	7	9	2	0	0	60	1.9
東 京	0	0	0	0	0	0	0	0	0	0	-	-
新 潟	0	0	2	0	5	7	2	0	0	0	64	1.11
金 沢	0	0	4	0	4	9	1	0	0	0	65	1.10
松 本	0	0	0	0	1	0	0	0	0	0	5	1.24
名古屋	0	0	0	0	2	0	0	0	0	0	2	1.30
大 阪	0	0	0	0	0	0	0	0	0	0	0	1.12
舞 鶴	0	0	1	3	3	1	0	0	0	0	34	12.31
松 江	0	0	0	2	4	2	0	0	0	0	26	12.31
広 島	0	0	2	0	0	0	0	0	0	0	1	1.1/2.17,18
高 松	0	0	0	0	0	0	0	0	0	0	-	-
福 岡	0	0	1	0	0	0	0	0	0	0	2	1.7,8
鹿児島	0	0	0	0	1	0	0	0	0	0	3	1.10

[注] 地面の半分以上が雪におおわれたときを積雪という。積雪0cmはその深さが1cm未満の場合。

気象の記録（2021年末現在）

【注】全国の気象台や測候所の観測値。閉鎖された測候所やアメダスの観測値も含む。

地名(都道府県)	最高気温	年・月・日
浜 松(静岡)	41.1℃	2020. 8.17
熊 谷(埼玉)	41.1	18. 7.23
美 濃(岐阜)	41.0	18. 8. 8
金 山(〃)	41.0	18. 8. 6
江川崎(高知)	41.0	13. 8.12

地名(都道府県)	日降水量	年・月・日
箱 根(神奈川)	922.5mm	2019.10.12
魚梁瀬(高知)	851.5	11. 7.19
日出岳(奈良)	844	1982. 8. 1
尾 鷲(三重)	806	68. 9.26
内 海(香川)	790	76. 9.11

地名(都道府県)	最大風速	年・月・日
富士山(静岡)	72.5m/s	1942. 4. 5
室戸岬(高知)	69.8	65. 9.10
宮古島(沖縄)	60.8	66. 9. 5
雲仙岳(長崎)	60.0	42. 8.27
伊吹山(滋賀)	56.7	61. 9.16

地名(都道府県)	最低気温	年・月・日
旭 川(北海道)	-41.0℃	1902. 1.25
帯 広(〃)	-38.2	02. 1.26
江丹別(〃)	-38.1	78. 2.17
富士山(静岡)	-38.0	81. 2.27
歌 登(北海道)	-37.9	78. 2.17

地名(都道府県)	1時間降水量	年・月・日
香 取(千葉)	153mm	1999.10.27
長浦岳(長崎)	153	82. 7.23
多良間(沖縄)	152	88. 4.28
甲 佐(熊本)	150	2016. 6.21
清 水(高知)	150	1944.10.17

地名(都道府県)	最大瞬間風速	年・月・日
富士山(静岡)	91.0m/s	1966. 9.25
宮古島(沖縄)	85.3	66. 9. 5
室戸岬(高知)	84.5	61. 9.16
与那国島(沖縄)	81.1	2015. 9.28
名 瀬(鹿児島)	78.9	1970. 8.13

地名(都道府県)	最深積雪	年・月・日
伊吹山(滋賀)	1182cm	1927. 2.14
酸ケ湯(青森)	566	2013. 2.26
守 門(新潟)	463	1981. 2. 9
肘 折(山形)	445	2018. 2.13
津 南(新潟)	416	06. 2. 5

気象の記録（非公式）

【資料】気象年鑑

最高気温	42.5℃	1923. 8. 6	徳島県鳴門市撫養
最低気温	-41.5℃	31. 1.27	北海道美深町
1時間降水量	187mm	82. 7.23	長崎県長与町
ひと月の降水量	3514mm	38. 8	奈良県大台ケ原山

【注】観測地点は気象庁以外のところである。

かんれん 世界の気候 →243ページ

建設 国土と自然

建設投資は、建設活動に対する政府と民間の投資額の総計だ。建設業は重要な産業のひとつなので、政府投資額も多い。建設投資額が多い年と少ない年の前後には、日本でどのようなことが起きているか調べてみよう。

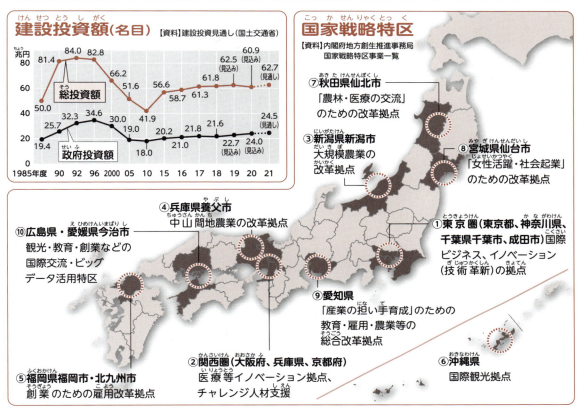

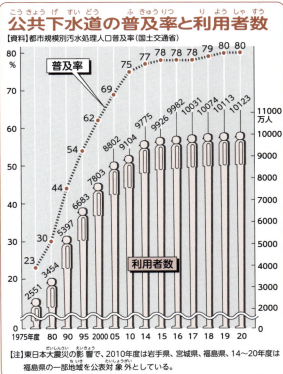

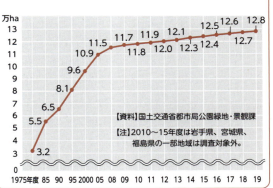

知っトク情報

国家戦略特区とは？

特定の地域や分野で規制・制度の緩和や税制面の優遇を行う規制改革制度。例えば、日本は原則として専門的・技術的分野以外の外国人労働者を受け入れていませんが、国家戦略特区の大阪市や東京都、神奈川県、愛知県では規制が緩和され、外国人の家事代行が認められています。

国土と自然 山

日本にある山の高さや場所を確認しよう。活火山は「おおむね過去1万年以内に噴火した火山および現在活発な噴気活動のある火山」で、日本に現在111ある（世界には1500以上）。富士山もそのひとつ。

【資料】日本の山岳標高一覧（国土地理院）、理科年表2022（国立天文台）ほか

おもな火山

	なまえ		場所	高さ(m)
北海道	大雪山〔旭岳〕	たいせつざん	上川	2291
	十勝岳	とかちだけ	十勝・上川	2077
	ニペソツ山	にぺそつやま	十勝	2013
	羊蹄山〔蝦夷富士〕	ようていざん	後志	1898
	ウペペサンケ山	うぺぺさんけやま	十勝	1848
	利尻山〔利尻富士〕	りしりざん	宗谷（利尻島）	1721
	羅臼岳	らうすだけ	根室・網走	1661
	斜里岳	しゃりだけ	オホーツク	1547
	雌阿寒岳	めあかんだけ	釧路	1499
	駒ケ岳〔剣ケ峯〕	こまがたけ	渡島	1131
	有珠山〔大有珠〕	うすざん	胆振	733
本州東北部	白根山〔日光白根山〕	しらねさん	栃木・群馬	2578
	浅間山	あさまやま	群馬・長野	2568
	男体山	なんたいさん	栃木	2486
	妙高山	みょうこうさん	新潟	2454
	焼山	やけやま	新潟	2400
	燧ケ岳〔柴安嵓〕	ひうちがたけ	福島	2356
	四阿山	あずまやさん	群馬・長野	2354
	鳥海山〔新山〕	ちょうかいざん	秋田・山形	2236
	本白根山	もとしらねさん	群馬	2171
	武尊山	ほたかやま	群馬	2158
	苗場山	なえばさん	新潟・長野	2145
	岩手山	いわてさん	岩手	2038
	西吾妻山	にしあづまやま	山形・福島	2035
	月山	がっさん	山形	1984
	那須岳〔茶臼岳〕	なすだけ	福島・栃木	1915
	蔵王山〔熊野岳〕	ざおうざん	宮城・山形	1841
	赤城山〔黒檜山〕	あかぎさん	群馬	1828
	磐梯山	ばんだいさん	福島	1816
	高原山〔釈迦ケ岳〕	たかはらやま	栃木	1795
	安達太良山〔鉄山〕	あだたらやま	福島	1709
	駒ケ岳〔男女岳〕	こまがたけ	秋田	1637
	栗駒山〔須川岳〕	くりこまやま	岩手・宮城・秋田	1626
	岩木山	いわきさん	青森	1625
	八幡平	はちまんたい	岩手・秋田	1613
	八甲田山〔大岳〕	はっこうださん	青森	1585
	守門岳	すもんだけ	新潟	1537
	榛名山〔掃部ケ岳〕	はるなさん	群馬	1449
	釜臥山・恐山山地	かまふせやま	青森	878
本州中央部	富士山〔剣ケ峯〕	ふじさん	山梨・静岡	3776
	御嶽山〔剣ケ峰〕	おんたけさん	長野・岐阜	3067
	乗鞍岳〔剣ケ峰〕	のりくらだけ	長野・岐阜	3026
	八ケ岳〔赤岳〕	やつがたけ	山梨・長野	2899
	白山〔御前峰〕	はくさん	石川・岐阜	2702
	国見岳	くにみだけ	富山	2621
	蓼科山	たてしなやま	長野	2531
	焼岳	やけだけ	長野・岐阜	2455
	岩菅山〔裏岩菅山〕	いわすげやま	長野	2341
	黒姫山	くろひめやま	長野	2053
	霧ケ峰〔車山〕	きりがみね	長野	1925
	飯縄山〔飯綱山〕	いいづなやま	長野	1917
	愛鷹山〔越前岳〕	あしたかやま	静岡	1504
	箱根山〔神山〕	はこねやま	神奈川・静岡	1438
	天城山〔万三郎岳〕	あまぎさん	静岡	1406
	三原山〔三原新山〕	みはらやま	東京（大島）	758

（火山つづき）

	なまえ		場所	高さ(m)
本州西部	大山〔剣ケ峰〕	だいせん	鳥取	1729
	三瓶山〔男三瓶山〕	さんべさん	島根	1126
九州	くじゅう連山〔中岳〕	くじゅうれんざん	大分	1791
	霧島山〔韓国岳〕	きりしまやま	宮崎・鹿児島	1700
	阿蘇山〔高岳〕	あそさん	熊本	1592
	由布岳〔豊後富士〕	ゆふだけ	大分	1583
	雲仙岳〔平成新山〕	うんぜんだけ	長崎	1483
	御岳〔北岳〕	おんたけ	鹿児島（桜島）	1117
	御岳	おんたけ	鹿児島（中之島）	979
	開聞岳	かいもんだけ	鹿児島	924

おもな山（火山以外）

	なまえ		場所	高さ(m)
北海道	幌尻岳	ぽろしりだけ	日高	2052
	石狩岳	いしかりだけ	十勝・上川	1967
	芦別岳	あしべつだけ	空知・上川	1726
	夕張岳	ゆうばりだけ	空知・上川	1668
本州東北部	白砂山	しらすなやま	群馬・長野	2140
	駒ケ岳〔会津駒ケ岳〕	こまがたけ	福島	2133
	飯豊山	いいでさん	福島	2105
	帝釈山	たいしゃくさん	福島・栃木	2060
	谷川岳〔茂倉岳〕	たにがわだけ	群馬・新潟	1978
	早池峰山	はやちねさん	岩手	1917
	朝日岳〔大朝日岳〕	あさひだけ	山形	1871
本州中央部	北岳	きただけ	山梨	3193
	奥穂高岳	おくほたかだけ	長野・岐阜	3190
	槍ケ岳	やりがたけ	長野	3180
	東岳〔悪沢岳〕	ひがしだけ	静岡	3141
	赤石岳	あかいしだけ	長野・静岡	3121
	荒川岳〔中岳〕	あらかわだけ	静岡	3084
	塩見岳	しおみだけ	長野・静岡	3052
	仙丈ケ岳	せんじょうがたけ	山梨・長野	3033
	立山〔大汝山〕	たてやま	富山	3015
	聖岳〔前聖岳〕	ひじりだけ	長野・静岡	3013
	剣岳	つるぎだけ	富山	2999
	駒ケ岳〔甲斐駒ケ岳〕	こまがたけ	山梨・長野	2967
	駒ケ岳〔木曽駒ケ岳〕	こまがたけ	長野	2956
	白馬岳	しろうまだけ	富山・長野	2932
	薬師岳	やくしだけ	富山	2926
	燕岳	つばくろだけ	長野	2763
	金峰山	きんぷさん	山梨・長野	2599
	甲武信ケ岳	こぶしがたけ	埼玉・山梨・長野	2475
	恵那山	えなさん	長野・岐阜	2191
	大菩薩嶺	だいぼさつれい	山梨	2057
	雲取山	くもとりやま	埼玉・東京	2017
	戸隠山	とがくしやま	長野	1904
	丹沢山	たんざわさん	神奈川	1567
南西部州四国	石鎚山〔天狗岳〕	いしづちさん	愛媛	1982
	剣山	つるぎさん	徳島	1955
	八経ケ岳	はっきょうがだけ	奈良	1915
	大台ケ原山〔日出ケ岳〕	おおだいがはらざん	三重・奈良	1695
九州	宮之浦岳	みやのうらだけ	鹿児島（屋久島）	1936
	祖母山	そぼさん	大分・宮崎	1756
	国見岳	くにみだけ	熊本・宮崎	1739

かんれん 世界の高い山 →242ページ　【注】山のなまえの後の（ ）の中は最高峰、〔 〕は別名。北海道の「場所」は総合振興局、振興局名。

川・湖・島 国土と自然

日本の川は、長さが短く、流れが速い。しかも降水量は梅雨や台風の時期に集中する。自分の住む地域の川の長さや流域面積を確かめ、防災についても考えよう。国を形づくる島や湖も確認しよう。

おもな川

【資料】一級河川の河川延長等調2020.4（国土交通省）

なまえ	読み	流域面積(km²)	長さ(km)	流域の都道府県
利根川	とねがわ	1万6840	❷322	茨城・栃木・群馬・埼玉・千葉・東京・長野
石狩川	いしかりがわ	1万4330	❸268	北海道
信濃川	しなのがわ	1万1900	❶367	群馬・新潟・長野
北上川	きたかみがわ	1万0150	❺249	岩手・宮城
木曽川	きそがわ※	9100	❼229	長野・岐阜・愛知・三重・滋賀
十勝川	とかちがわ	9010	156	北海道
淀川	よどがわ	8240	※※75	三重・滋賀・京都・大阪・兵庫・奈良
阿賀野川	あがのがわ	7710	❿210	福島・群馬・新潟
最上川	もがみがわ	7040	❼229	宮城・山形
天塩川	てしおがわ	5590	❹256	北海道
阿武隈川	あぶくまがわ	5400	❻239	宮城・山形・福島
天竜川	てんりゅうがわ	5090	❾213	長野・静岡・愛知
雄物川	おものがわ	4710	133	秋田
米代川	よねしろがわ	4100	136	青森・岩手・秋田
富士川	ふじがわ	3990	128	山梨・長野・静岡
江の川	ごうのかわ	3900	194	島根・広島
吉野川	よしのがわ	3750	194	徳島・香川・愛媛・高知
那珂川	なかがわ	3270	150	茨城・栃木・(福島)
荒川	あらかわ	2940	173	埼玉・東京
九頭竜川	くずりゅうがわ	2930	116	福井・岐阜
筑後川	ちくごがわ	2863	143	福岡・佐賀・熊本・大分
神通川	じんつうがわ	2720	120	富山・岐阜
高梁川	たかはしがわ	2670	111	岡山・広島
斐伊川	ひいかわ	2540	153	鳥取・島根
岩木川	いわきがわ	2540	102	青森
釧路川	くしろがわ	2510	154	北海道
新宮川	しんぐうがわ	2360	183	三重・奈良・和歌山
大淀川	おおよどがわ	2230	107	熊本・宮崎・鹿児島
四万十川	しまんとがわ	2270	196	愛媛・高知
吉井川	よしいがわ	2110	133	岡山
馬淵川	まべちがわ	2050	142	青森・岩手
常呂川	ところがわ	1930	120	北海道
由良川	ゆらがわ	1880	146	京都・兵庫
球磨川	くまがわ	1880	115	熊本・(宮崎・鹿児島)

【注】❶～❿は長さによる順位。※は長良川、揖斐川を含む。※※は琵琶湖およびその上流分を含まない長さ。（ ）は一部のみ含む。

おもな湖

【資料】全国都道府県市区町村別面積調2021.7（国土地理院）、理科年表2022（国立天文台）

なまえ	読み	都道府県	面積(km²)	もっとも深いところ(m)
琵琶湖	びわこ	滋賀	669.3	103.8
霞ケ浦	かすみがうら	茨城	168.2	11.9
サロマ湖※	さろまこ	北海道	151.6	19.6
猪苗代湖	いなわしろこ	福島	103.2	93.5
中海※	なかうみ	鳥取・島根	85.7	17.1
屈斜路湖	くっしゃろこ	北海道	79.5	117.5
宍道湖※	しんじこ	島根	79.2	6.0
支笏湖	しこつこ	北海道	78.5	360.1
洞爺湖	とうやこ	北海道	70.7	179.7
浜名湖※	はまなこ	静岡	64.9	13.1
小川原湖※	おがわらこ	青森	62.0	26.5
十和田湖	とわだこ	青森・秋田	61.1	326.8
風蓮湖※	ふうれんこ	北海道	59.0	13.0
能取湖※	のとろこ	北海道	58.2	23.1
北浦	きたうら	茨城	35.0	10.0
厚岸湖※	あっけしこ	北海道	32.3	11.0
網走湖※	あばしりこ	北海道	32.3	16.3
八郎潟調整池	はちろうがたちょうせいち	秋田	27.8	11.3
田沢湖	たざわこ	秋田	25.8	423.4
摩周湖	ましゅうこ	北海道	19.2	211.4
十三湖※	じゅうさんこ	青森	17.8	1.5
クッチャロ湖	くっちゃろこ	北海道	13.4	3.3
阿寒湖	あかんこ	北海道	13.3	44.8
諏訪湖	すわこ	長野	12.8	7.6
中禅寺湖	ちゅうぜんじこ	栃木	11.9	163.0
池田湖	いけだこ	鹿児島	10.9	233.0
檜原湖	ひばらこ	福島	10.9	30.5
印旛沼	いんばぬま	千葉	9.4	4.8
涸沼	ひぬま★	茨城	9.3	3.0
濤沸湖※	とうふつこ	北海道	8.2	2.4

【注】※は、海水と淡水とがまざっている汽水湖。浜名湖は猪鼻湖を含む。
★茨城県の湖沼や河川などの保全施設によると面積9.35km²、最大水深6.5m。

おもな島

【資料】全国都道府県市区町村別面積調2021.7（国土地理院）

なまえ	読み	都道府県	面積(km²)
本州	ほんしゅう		22万7939
北海道	ほっかいどう		7万7985
九州	きゅうしゅう		3万6782
四国	しこく		1万8298
択捉島	えとろふとう	北海道(北方領土)	3167
国後島	くなしりとう	北海道(北方領土)	1489
沖縄島	おきなわじま	沖縄	1208
佐渡島	さどしま	新潟	855
奄美大島	あまみおおしま	鹿児島	712
対馬	つしま	長崎	696
淡路島	あわじしま	兵庫	592
天草下島	あまくさしもしま	熊本	575
屋久島	やくしま	鹿児島	504
種子島	たねがしま	鹿児島	444
福江島	ふくえじま	長崎	326
西表島	いりおもてじま	沖縄	290
色丹島	しこたんとう	北海道(北方領土)	248
徳之島	とくのしま	鹿児島	248
島後(隠岐)	どうご(おき)	島根	242
天草上島	あまくさかみしま	熊本	226
石垣島	いしがきじま	沖縄	222
利尻島	りしりとう	北海道	182
中通島	なかどおりじま	長崎	168
平戸島	ひらどしま	長崎	163
宮古島	みやこじま	沖縄	159
小豆島	しょうどしま	香川	153
奥尻島	おくしりとう	北海道	143
壱岐	いきしま	長崎	135
屋代島	やしろじま	山口	128
沖永良部島	おきのえらぶじま	鹿児島	94
江田島・能美島	えたじま・のうみじま	広島	91
大島	おおしま	東京	91
長島	ながしま	鹿児島	91
礼文島	れぶんとう	北海道	81
加計呂麻島	かけろまじま	鹿児島	77
倉橋島	くらはしじま	広島	69
八丈島	はちじょうじま	東京	69
下甑島	しもこしきしま	鹿児島	66
大三島	おおみしま	愛媛	65
久米島	くめじま	沖縄	60
志発島	しぼつとう	北海道(北方領土)	58
喜界島	きかいしま	鹿児島	57
西ノ島(隠岐)	にしのしま(おき)	島根	56
三宅島	みやけじま	東京	55
能登島	のとじま	石川	47
上甑島	かみこしきしま	鹿児島	44
大島	おおしま	愛媛	42

かんれん 世界の長い川、大きな島 ➡242ページ

人口 都道府県

各都道府県の面積、人口、人口密度を確認し、さらに世帯数と1世帯あたり平均人員も考え合わせて都道府県の特徴をとらえよう。人口密度が最も低いのはどこか、また1000以上のところはどこだろうか。

面積・世帯数・人口

【資料】住民基本台帳ほか（総務省）

地方	都道府県	面積(km²)	世帯数	人口総数(人)	男	女	人口密度(人/km²)	1世帯あたり平均人員
	全 国	377,975.26	59,497,356	126,654,244	61,797,907	64,856,337	335	2.13
北海道	北 海 道	83,424.49	2,795,571	5,228,732	2,471,013	2,757,719	63	1.87
東北	青　森	9,645.63	594,459	1,260,067	597,036	663,031	131	2.12
	岩　手	15,275.01	530,800	1,221,205	588,436	632,769	80	2.30
	宮　城	*7,282.29	1,016,612	2,282,106	1,113,109	1,168,997	313	2.24
	秋　田	11,637.52	425,698	971,604	458,937	512,667	83	2.28
	山　形	*9,323.15	418,707	1,070,017	517,251	552,766	115	2.56
	福　島	13,784.14	792,044	1,862,777	914,498	948,279	135	2.35
関東	茨　城	6,097.41	1,272,765	2,907,678	1,458,519	1,449,159	477	2.28
	栃　木	6,408.09	848,315	1,955,402	978,577	976,825	305	2.31
	群　馬	6,362.28	862,320	1,958,185	971,459	986,726	308	2.27
	埼　玉	*3,797.75	3,397,969	7,393,849	3,696,693	3,697,156	1,947	2.18
	千　葉	*5,157.31	2,964,119	6,322,897	3,153,052	3,169,845	1,226	2.13
	東　京	*2,194.05	7,341,487	13,843,525	6,805,319	7,038,206	6,310	1.89
	神 奈 川	2,416.11	4,429,961	9,220,245	4,597,371	4,622,874	3,816	2.08
中部	新　潟	*12,583.95	907,659	2,213,353	1,075,668	1,137,685	176	2.44
	富　山	*4,247.58	427,568	1,047,713	509,223	538,490	247	2.45
	石　川	4,186.20	492,351	1,132,656	549,362	583,294	271	2.30
	福　井	4,190.52	299,489	774,596	376,740	397,856	185	2.59
	山　梨	*4,465.27	365,136	821,094	402,993	418,101	184	2.25
	長　野	*13,561.56	880,387	2,072,219	1,013,022	1,059,197	153	2.35
	岐　阜	*10,621.29	837,617	2,016,868	983,307	1,033,561	190	2.41
	静　岡	*7,777.28	1,612,307	3,686,335	1,823,189	1,863,146	474	2.29
	愛　知	*5,173.15	3,369,137	7,558,872	3,786,852	3,772,020	1,461	2.24
近畿	三　重	*5,774.47	806,290	1,800,756	882,675	918,081	312	2.23
	滋　賀	*4,017.38	596,167	1,418,886	701,072	717,814	353	2.38
	京　都	4,612.20	1,231,277	2,530,609	1,212,541	1,318,068	549	2.06
	大　阪	1,905.34	4,391,310	8,839,532	4,261,993	4,577,539	4,639	2.01
	兵　庫	8,400.94	2,574,868	5,523,627	2,646,646	2,876,981	658	2.15
	奈　良	3,690.94	601,195	1,344,952	638,190	706,762	364	2.24
	和 歌 山	4,724.68	442,178	944,750	447,493	497,257	200	2.14
中国	鳥　取	3,507.14	239,170	556,959	266,681	290,278	159	2.33
	島　根	6,707.90	292,968	672,979	323,755	349,224	100	2.30
	岡　山	*7,114.33	859,930	1,893,874	915,535	978,339	266	2.20
	広　島	8,479.22	1,329,862	2,812,477	1,366,170	1,446,307	332	2.11
	山　口	6,112.55	660,853	1,356,144	645,033	711,111	222	2.05
四国	徳　島	4,146.86	337,478	735,070	351,726	383,344	177	2.18
	香　川	*1,876.92	445,747	973,922	471,476	502,446	519	2.18
	愛　媛	5,676.16	656,649	1,356,343	644,546	711,797	239	2.07
	高　知	7,103.60	351,413	701,531	331,622	369,909	99	2.00
九州	福　岡	4,986.86	2,473,308	5,124,259	2,438,939	2,685,320	1,028	2.07
	佐　賀	2,440.67	339,161	818,251	389,236	429,015	335	2.41
	長　崎	4,130.98	633,550	1,336,023	630,044	705,979	323	2.11
	熊　本	*7,409.39	792,950	1,758,815	834,752	924,063	237	2.22
	大　分	*6,340.70	541,588	1,141,784	543,747	598,037	180	2.11
	宮　崎	*7,735.00	529,506	1,087,372	514,993	572,379	141	2.05
	鹿 児 島	*9,186.46	810,817	1,617,850	764,241	853,609	176	2.00
	沖　縄	2,282.52	676,643	1,485,484	733,175	752,309	651	2.20

【注】面積は「令和3年全国都道府県市区町村別面積調」（国土交通省国土地理院）で2021年7月1日現在。*印は、境界未定の地域がある都道府県で、数値は参考値。世帯数、人口は、2021年1月1日現在。人口密度、1世帯あたり平均人員は、それぞれの資料から算出。2012年7月の改正住民基本台帳法の施行により、外国人を含む数。

2010年10月1日の国勢調査で、日本の総人口は1億2800万人を超えたが、2015年調査では国勢調査が開始された1920(大正9)年以来、初めて減少に転じ、2020年調査でも引き続き減少した。

都道府県　人口

人口の移りかわり

【資料】国勢調査（総務省）

地方	都道府県	1920年	1950年	1970年	1990年	2000年	2010年	2015年	2020年
	全　　国	55,963,053	84,114,574	104,665,171	123,611,167	126,925,843	128,057,352	127,094,745	126,146,099
北海道	北　海　道	2,359,183	4,295,567	5,184,287	5,643,647	5,683,062	5,506,419	5,381,733	5,224,614
東北	青　　森	756,454	1,282,867	1,427,520	1,482,873	1,475,728	1,373,339	1,308,265	1,237,984
	岩　　手	845,540	1,346,728	1,371,383	1,416,928	1,416,180	1,330,147	1,279,594	1,210,534
	宮　　城	961,768	1,663,442	1,819,223	2,248,558	2,365,320	2,348,165	2,333,899	2,301,996
	秋　　田	898,537	1,309,031	1,241,376	1,227,478	1,189,279	1,085,997	1,023,119	959,502
	山　　形	968,925	1,357,347	1,225,618	1,258,390	1,244,147	1,168,924	1,123,891	1,068,027
	福　　島	1,362,750	2,062,394	1,946,077	2,104,058	2,126,935	2,029,064	1,914,039	1,833,152
関東	茨　　城	1,350,400	2,039,418	2,143,551	2,845,382	2,985,676	2,969,770	2,916,976	2,867,009
	栃　　木	1,046,479	1,550,462	1,580,021	1,935,168	2,004,817	2,007,683	1,974,255	1,933,146
	群　　馬	1,052,610	1,601,380	1,658,909	1,966,265	2,024,852	2,008,068	1,973,115	1,939,110
	埼　　玉	1,319,533	2,146,445	3,866,472	6,405,319	6,938,006	7,194,556	7,266,534	7,344,765
	千　　葉	1,336,155	2,139,037	3,366,624	5,555,429	5,926,285	6,216,289	6,222,666	6,284,480
	東　　京	3,699,428	6,277,500	11,408,071	11,855,563	12,064,101	13,159,388	13,515,271	14,047,594
	神 奈 川	1,323,390	2,487,665	5,472,247	7,980,391	8,489,974	9,048,331	9,126,214	9,237,337
中部	新　　潟	1,776,474	2,460,997	2,360,982	2,474,583	2,475,733	2,374,450	2,304,264	2,201,272
	富　　山	724,276	1,008,790	1,029,695	1,120,161	1,120,851	1,093,247	1,066,328	1,034,814
	石　　川	747,360	957,279	1,002,420	1,164,628	1,180,977	1,169,788	1,154,008	1,132,526
	福　　井	599,155	752,374	744,230	823,585	828,944	806,314	786,740	766,863
	山　　梨	583,453	811,369	762,029	852,966	888,172	863,075	834,930	809,974
	長　　野	1,562,722	2,060,831	1,956,917	2,156,627	2,215,168	2,152,449	2,098,804	2,048,011
	岐　　阜	1,070,407	1,544,538	1,758,954	2,066,569	2,107,700	2,080,773	2,031,903	1,978,742
	静　　岡	1,550,387	2,471,472	3,089,895	3,670,840	3,767,393	3,765,007	3,700,305	3,633,202
	愛　　知	2,089,762	3,390,585	5,386,163	6,690,603	7,043,300	7,410,719	7,483,128	7,542,415
近畿	三　　重	1,069,270	1,461,197	1,543,083	1,792,514	1,857,339	1,854,724	1,815,865	1,770,254
	滋　　賀	651,050	861,180	889,768	1,222,411	1,342,832	1,410,777	1,412,916	1,413,610
	京　　都	1,287,147	1,832,934	2,250,087	2,602,460	2,644,391	2,636,092	2,610,353	2,578,087
	大　　阪	2,587,847	3,857,047	7,620,480	8,734,516	8,805,081	8,865,245	8,839,469	8,837,685
	兵　　庫	2,301,799	3,309,935	4,667,928	5,405,040	5,550,574	5,588,133	5,534,800	5,465,002
	奈　　良	564,607	763,883	930,160	1,375,481	1,442,795	1,400,728	1,364,316	1,324,473
	和 歌 山	750,411	982,113	1,042,736	1,074,325	1,069,912	1,002,198	963,579	922,584
中国	鳥　　取	454,675	600,177	568,777	615,722	613,289	588,667	573,441	553,407
	島　　根	714,712	912,551	773,575	781,021	761,503	717,397	694,352	671,126
	岡　　山	1,217,698	1,661,099	1,707,026	1,925,877	1,950,828	1,945,276	1,921,525	1,888,432
	広　　島	1,541,905	2,081,967	2,436,135	2,849,847	2,878,915	2,860,750	2,843,990	2,799,702
	山　　口	1,041,013	1,540,882	1,511,448	1,572,616	1,527,964	1,451,338	1,404,729	1,342,059
四国	徳　　島	670,212	878,511	791,111	831,598	824,108	785,491	755,733	719,559
	香　　川	677,852	946,022	907,897	1,023,412	1,022,890	995,842	976,263	950,244
	愛　　媛	1,046,720	1,521,878	1,418,124	1,515,025	1,493,092	1,431,493	1,385,262	1,334,841
	高　　知	670,895	873,874	786,882	825,034	813,949	764,456	728,276	691,527
九州	福　　岡	2,188,249	3,530,169	4,027,416	4,811,050	5,015,699	5,071,968	5,101,556	5,135,214
	佐　　賀	673,895	945,082	838,468	877,851	876,654	849,788	832,832	811,442
	長　　崎	1,136,182	1,645,492	1,570,245	1,562,959	1,516,523	1,426,779	1,377,187	1,312,317
	熊　　本	1,233,233	1,827,582	1,700,229	1,840,326	1,859,344	1,817,426	1,786,170	1,738,301
	大　　分	860,282	1,252,999	1,155,566	1,236,942	1,221,140	1,196,529	1,166,338	1,123,852
	宮　　崎	651,097	1,091,427	1,051,105	1,168,907	1,170,007	1,135,233	1,104,069	1,069,576
	鹿 児 島	1,415,582	1,804,118	1,729,150	1,797,824	1,786,194	1,706,242	1,648,177	1,588,256
	沖　　縄	571,572	914,937	945,111	1,222,398	1,318,220	1,392,818	1,433,566	1,467,480

【注】各年とも10月1日現在。ただし、1950年の沖縄の人口は12月1日現在。

人口構成 (人口)

年齢別人口は、年少者が多く高齢者が少ないとピラミッド形になるが、医療の発達や少子化により、釣り鐘形からつぼ形へと変化する傾向がある。1920年から現在まで形が変化するようすを見てみよう。

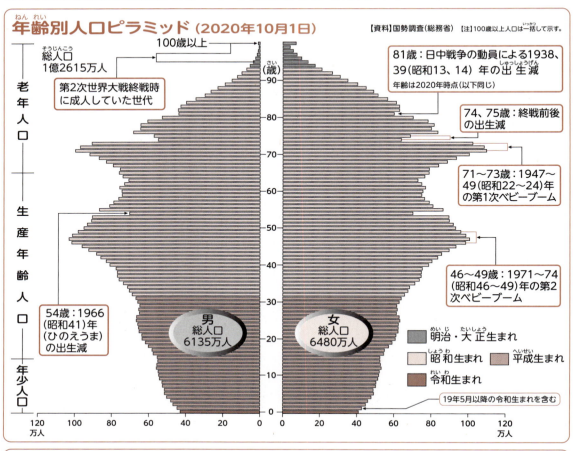

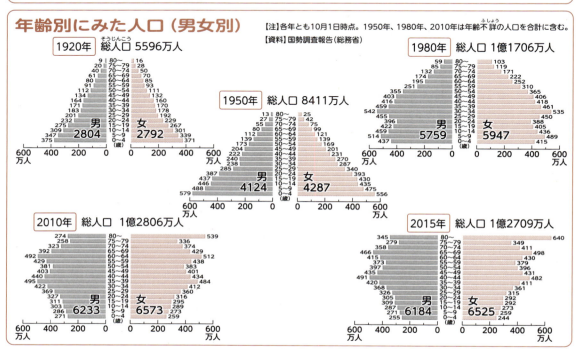

人口構成 人口

地域による年齢、性別の分布の違いをとらえよう。20～40代の人口が多いのはどこか、また2020年の外国人の人口や、どの国の人が多いかも確認しよう。都道府県別人口についてはP138～139を参照しよう。

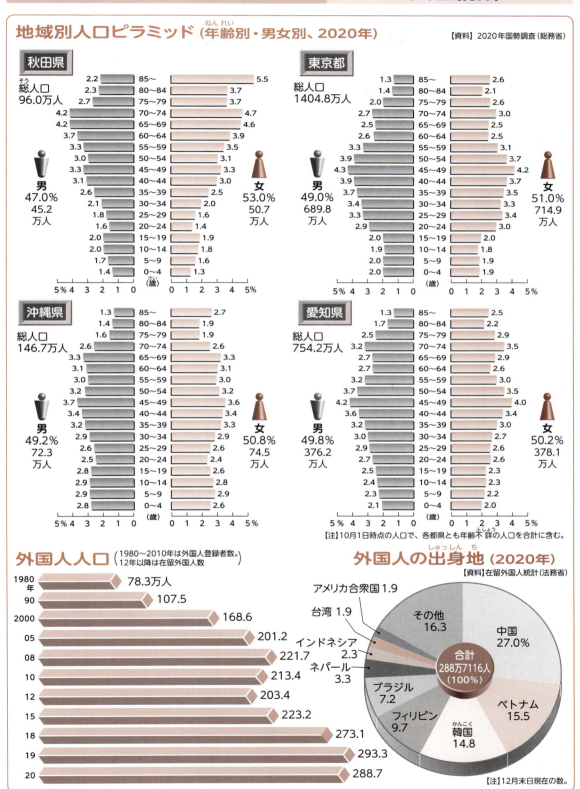

人口構成

人口

2021年11月に公表された20年の国勢調査結果で、人口は、15年に続き、20年でさらに減り、1世帯当たりの人員も減少した。総人口に占める15歳未満の割合(11.9%)は世界で最低水準、65歳以上の割合は世界で最高水準。

延びる平均寿命

高齢者人口の割合
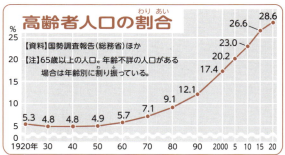

高齢者世帯の割合

おもな国の高齢者人口の割合
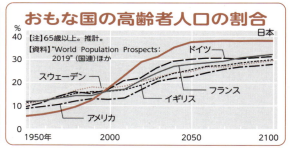

人口密度

100人で養う高齢者の数

女性が産む子どもの数

出生率・死亡率・自然増減率
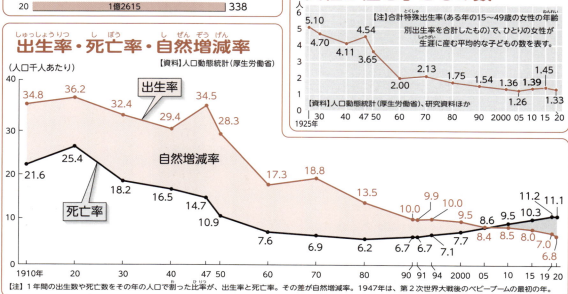

【注】1年間の出生数や死亡数をその年の人口で割った比率が、出生率と死亡率。その差が自然増減率。1947年は、第2次世界大戦後のベビーブームの最初の年。

1960～70年ごろの高度経済成長期に過疎・過密の問題が出てきたが、現在、全国的に過疎市町村がある。過疎市町村の割合と、人口や人口密度(P138-139)、住宅地の価格など、あわせて確認しよう。

過疎と過密　人口

都市別に見た住宅のようす

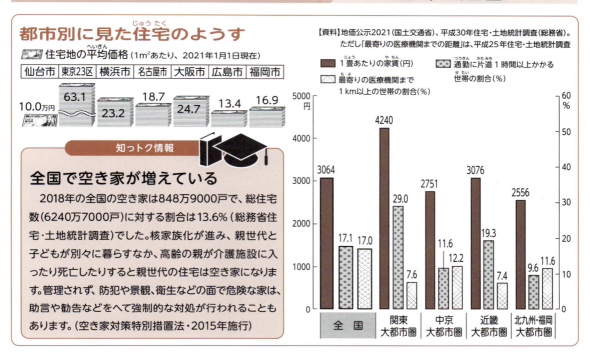

知っトク情報

全国で空き家が増えている

2018年の全国の空き家は848万9000戸で、総住宅数(6240万7000戸)に対する割合は13.6％(総務省住宅・土地統計調査)でした。核家族化が進み、親世代と子どもが別々に暮らすなか、高齢の親が介護施設に入ったり死亡したりすると親世代の住宅は空き家になります。管理されず、防犯や景観、衛生などの面で危険な家は、助言や勧告などをへて強制的な対処が行われることもあります。(空き家対策特別措置法・2015年施行)

過疎の市町村の数（都道府県別、2021年4月1日）

【資料】全国過疎地域連盟

都道府県	全市町村数	市	町	村	計	割合(%)
全　国	1719	278	421	121	820	47.7
北 海 道	179	21	115	12	148	82.7
青　森	40	6	17	5	28	70.0
岩　手	33	11	10	4	25	75.8
宮　城	35	6	6	0	12	34.3
秋　田	25	12	9	2	23	92.0
山　形	35	4	14	3	21	60.0
福　島	59	4	17	8	29	49.2
茨　城	44	4	3	0	7	15.9
栃　木	25	3	3	0	6	24.0
群　馬	35	4	6	2	12	34.3
埼　玉	63	1	2	1	4	6.3
千　葉	54	4	4	0	8	14.8
東　京	40	0	3	4	7	17.5
神奈川	33	0	1	0	1	3.0
新　潟	30	11	3	2	16	53.3
富　山	15	2	1	0	3	20.0
石　川	19	5	5	0	10	52.6
福　井	17	1	3	0	4	23.5
山　梨	27	6	5	3	14	51.9
長　野	77	6	10	20	36	46.8
岐　阜	42	9	5	2	16	38.1
静　岡	35	2	5	0	7	20.0
愛　知	54	1	2	1	4	7.4

都道府県	全市町村数	市	町	村	計	割合(%)
三　重	29	6	4	0	10	34.5
滋　賀	19	2	0	0	2	10.5
京　都	26	4	5	1	10	38.5
大　阪	43	0	1	1	2	4.7
兵　庫	41	8	5	0	13	31.7
奈　良	39	3	3	12	18	46.2
和歌山	30	4	15	1	20	66.7
鳥　取	19	2	13	0	15	78.9
島　根	19	8	10	1	19	100.0
岡　山	27	10	7	2	19	70.4
広　島	23	9	5	0	14	60.9
山　口	19	7	3	0	10	52.6
徳　島	24	3	8	1	12	50.0
香　川	17	4	6	0	10	58.8
愛　媛	20	6	8	0	14	70.0
高　知	34	8	16	4	28	82.4
福　岡	60	9	11	2	22	36.7
佐　賀	20	6	5	0	11	55.0
長　崎	21	12	2	0	14	66.7
熊　本	45	7	14	7	28	62.2
大　分	18	12	2	1	15	83.3
宮　崎	26	7	6	3	16	61.5
鹿児島	43	17	20	4	41	95.3
沖　縄	41	1	3	12	16	39.0

【注】割合は、全市町村数に対する過疎の市町村数の割合。過疎地域とは、高度経済成長などにより農村部から都市部へ激しく人口が移動したため、人口や産業が少なくなりすぎ、生産、防災、教育、医療など、その地域社会の維持が困難になった地域をいう。過疎地域自立促進特別措置法（2000年3月制定・10年3月改正）により公示された市町村で、過疎の市町村数には、市町村の一部の区域が過疎地域とみなされている市町村の数も合算している。東京23区は1市と数える。

産業のすがた

第1次、第2次、第3次の各産業で働く人の割合は、1950年からどのように変わったか。また、国内総生産額との関係はどうか。企業の海外進出は、どのような傾向があるか、確認しよう。

産業別の国内総生産額

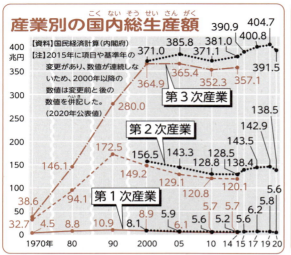

産業別の働く人の割合

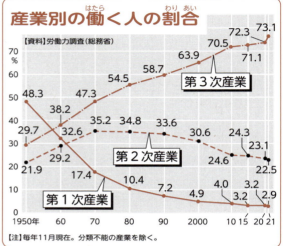

企業の海外進出 地域別現地法人数の割合
【資料】海外事業活動基本調査(経済産業省)

1995年度末 1万0416社
アジア 44.2%（うち中国 8.7%） 北米 24.8 ヨーロッパ 18.8 その他 12.2

2005年度末 1万5850社
アジア 57.9%（うち中国 25.6%） 北米 17.8 ヨーロッパ 15.0 その他 9.3

2010年度末 1万8599社
アジア 61.8%（うち中国 29.9%） 北米 15.4 ヨーロッパ 13.6 その他 9.2

2018年度末 2万6233社
アジア 67.4%（うち中国 29.6%） 北米 12.5 ヨーロッパ 11.2 その他 8.9

2019年度末 2万5693社
アジア 67.6%（うち中国 29.7%） 北米 12.7 ヨーロッパ 10.9 その他 8.7

最近の海外投資

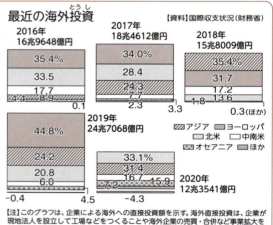

【注】このグラフは、企業による海外への直接投資額を示す。海外直接投資は、企業が現地法人を設立して工場などをつくることや海外企業の売買・合併など事業拡大を目的とした投資。

会社数と売上高

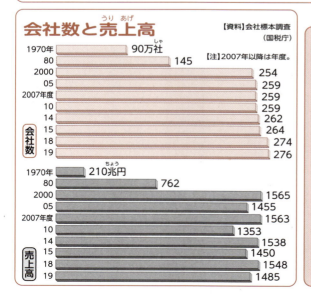

知っトク情報

産業界の3分類

　モノやサービスを生み出す産業界は、大きく三つに分けられます。第1次産業は、農業、水産業、林業など、山や海といった自然界のものをとったり栽培や養殖をしたりする仕事です。第2次産業は鉱業や建設業などです。自然界ではなく工場などでモノをつくる製造業を意味します。

　第3次産業は、商業や運輸、通信といった仕事で、モノではなくサービスを提供する仕事です。経済が発達すると、その中心が第1次産業から第3次産業へと移る傾向があります。日本も1950年には50%近くの人が第1次産業で働いていましたが、2021年には2.9%だけになり、逆に第3次産業に就く人は70%以上になっています。

日本で農家数が最も多いのは茨城県で、農家人口が最も多いのは新潟県。耕地面積が広く経営規模が大きいのは北海道だった。また、樹園地は静岡県が最も広い。住んでいる県の特色を調べよう。

農家と耕地面積　農業

農家数(2021年6月)・農家人口(2020年6月)・耕地面積(2021年7月)
【資料】耕地面積(農林水産省)ほか

地方	都道府県	農家数(万戸)	農家人口(万人)	耕地面積 合計(万ha)	田	普通畑	樹園地	牧草地	経営規模(ha)	耕地率(%)
	全国	102.8	349.0	434.9	236.6	112.6	26.3	59.3	4.2	11.7
北海道	北海道	3.2	10.9	114.3	22.2	41.8	0.3	50.0	35.7	14.6
東北	青森	2.8	9.8	15.0	7.9	3.5	2.2	1.3	5.3	15.5
	岩手	3.4	12.1	14.9	9.4	2.5	0.3	2.7	4.4	9.8
	宮城	2.9	10.7	12.6	10.3	1.5	0.1	0.6	4.4	17.2
	秋田	2.8	9.9	14.6	12.8	1.2	0.2	0.4	5.3	12.6
	山形	2.7	10.5	11.6	9.2	1.2	1.0	0.2	4.3	12.4
	福島	4.1	15.5	13.7	9.7	2.9	0.6	0.5	3.3	10.0
関東	茨城	4.4	15.4	16.2	9.5	6.1	0.6	0.04	3.7	26.6
	栃木	3.2	11.4	12.2	9.5	2.2	0.2	0.2	3.8	19.0
	群馬	1.9	6.2	6.6	2.5	3.7	0.3	0.1	3.4	10.4
	埼玉	2.8	9.2	7.4	4.1	3.0	0.3	0.01	2.6	19.4
	千葉	3.4	11.9	12.3	7.3	4.7	0.3	0.04	3.6	23.8
	東京	0.5	1.7	0.6	0.02	0.5	0.1	0.01	1.4	2.9
	神奈川	1.0	3.8	1.8	0.4	1.1	0.3	−	1.7	7.5
中部	新潟	4.2	15.6	16.8	14.9	1.6	0.2	0.1	4.0	13.4
	富山	1.1	4.2	5.8	5.5	0.2	0.1	0.02	5.1	13.7
	石川	0.9	3.2	4.1	3.4	0.5	0.1	0.1	4.4	9.7
	福井	1.0	3.8	4.0	3.6	0.3	0.1	0.03	4.1	9.5
	山梨	1.4	4.3	2.3	0.8	0.5	1.0	0.1	1.6	5.2
	長野	4.1	13.8	10.5	5.2	3.6	1.5	0.3	2.6	7.8
	岐阜	2.0	7.3	5.5	4.2	0.9	0.3	0.1	2.8	5.2
	静岡	2.4	9.2	6.2	2.2	1.5	2.4	0.1	2.5	7.9
	愛知	2.6	9.6	7.3	4.2	2.6	0.5	0.04	2.8	14.2
近畿	三重	1.8	6.1	5.8	4.4	0.8	0.5	0.003	3.2	10.0
	滋賀	1.4	5.1	5.1	4.7	0.3	0.1	0.01	3.7	12.7
	京都	1.4	4.3	3.0	2.3	0.4	0.3	0.01	2.2	6.4
	大阪	0.7	2.5	1.2	0.9	0.2	0.2	−	1.7	6.5
	兵庫	3.7	12.3	7.3	6.7	0.4	0.2	0.03	2.0	8.7
	奈良	1.1	3.6	2.0	1.4	0.2	0.3	0.004	1.9	5.4
	和歌山	1.7	5.6	3.2	0.9	0.2	2.0	0.003	1.8	6.7
中国	鳥取	1.4	4.9	3.4	2.3	0.9	0.1	0.1	2.5	9.7
	島根	1.4	4.9	3.6	2.9	0.5	0.1	0.1	2.2	5.4
	岡山	2.8	8.9	6.3	4.9	0.9	0.4	0.1	2.2	8.8
	広島	2.1	6.1	5.3	4.0	0.7	0.5	0.1	2.5	6.2
	山口	1.5	4.1	4.5	3.7	0.5	0.2	0.03	3.0	7.3
四国	徳島	1.4	4.6	2.8	1.9	0.5	0.4	0.01	2.0	6.8
	香川	1.6	5.1	2.9	2.4	0.2	0.3	0.002	1.8	15.6
	愛媛	2.1	6.0	4.6	2.2	0.5	1.9	0.02	2.2	8.1
	高知	1.2	3.6	2.6	1.9	0.4	0.3	0.02	2.2	3.7
九州	福岡	2.7	8.8	7.9	6.4	0.7	0.8	0.02	2.9	15.9
	佐賀	1.3	5.0	5.1	4.2	0.4	0.4	0.01	3.8	20.7
	長崎	1.7	5.8	4.6	2.1	1.9	0.5	0.03	2.6	11.1
	熊本	3.3	11.2	10.8	6.6	2.2	1.3	0.6	3.3	14.5
	大分	1.8	5.3	5.5	3.9	0.9	0.4	0.3	3.0	8.6
	宮崎	2.0	5.8	6.5	3.5	2.5	0.4	0.1	3.2	8.4
	鹿児島	2.8	6.8	11.3	3.5	6.2	1.3	0.3	4.0	12.3
	沖縄	1.1	2.6	3.7	0.1	2.8	0.2	0.6	3.4	16.0

【注】①農家数、農家人口とも2020年農林業センサスの数値に基づく。②樹園地とは、くだものや茶を栽培している土地。③経営規模は耕地面積の合計を農家数で割って出した。④色字は各項目の全国最高を示す。

統計一日本一産業・農業

農業 農家で働く人

農家数が減り、2020年では日本の総人口に占める農家人口は約3％にすぎない。また、高齢化がすすみ、農業に従事する人のうち約80％が60歳以上だ。また農家のうち販売農家は6割にすぎない。

農家人口と農家数

【資料】2020年農林業センサス（農林水産省）、国勢調査、住民基本台帳（総務省）
【注】2000年以降は販売農家だけの数字。

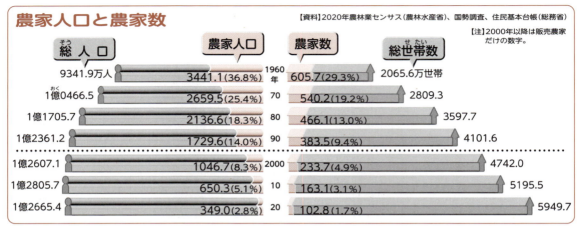

	総人口	農家人口		農家数	総世帯数
1960年	9341.9万人	3441.1 (36.8%)		605.7 (29.3%)	2065.6万世帯
70	1億0466.5	2659.5 (25.4%)		540.2 (19.2%)	2809.3
80	1億1705.7	2136.6 (18.3%)		466.1 (13.0%)	3597.7
90	1億2361.2	1729.6 (14.0%)		383.5 (9.4%)	4101.6
2000	1億2607.1	1046.7 (8.3%)		233.7 (4.9%)	4742.0
10	1億2805.7	650.3 (5.1%)		163.1 (3.1%)	5195.5
20	1億2665.4	349.0 (2.8%)		102.8 (1.7%)	5949.7

販売農家と自給的農家

【資料】2020年農林業センサス（農林水産省）

	専業	第1種兼業	第2種兼業	合計
1960年	208 (34%)	204 (34%)	194 (32%)	606万戸
70	85 (16)	181 (33)	274 (51)	540
80	62 (13)	100 (22)	304 (65)	466

	販売農家			自給的農家	
90	47 (12)	52 (14)	198 (52)	86 (22)	384
2000	43 (14)	35 (11)	156 (50)	78 (25)	312
10	45 (18)	23 (9)	96 (38)	90 (35)	253
20	103 (59)		72 (41)		175

【注】1990年から農家を販売農家と自給的農家とに分けた。自給的農家は、それまでの第2種兼業に入る農家。2020年から販売農家の種別がなくなった。

男女・年齢別の農業で働く人

【資料】2020年農林業センサス（農林水産省）

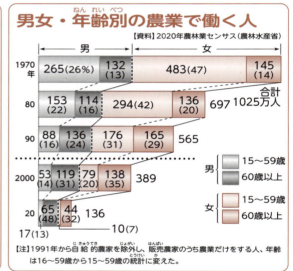

	男		女		合計
1970年	265 (26%)	132 (13)	483 (47)	145 (14)	1025万人
80	153 (22)	114 (16)	294 (42)	136 (20)	697
90	88 (16)	136 (24)	176 (31)	165 (29)	565
2000	53 (14)	119 (31)	79 (20)	138 (35)	389
20	17 (13)	65 (48)	10 (7)	44 (32)	136

男 { 15〜59歳 / 60歳以上
女 { 15〜59歳 / 60歳以上

【注】1991年から自給的農家を除外し、販売農家のうち農業だけをする人、年齢は16〜59歳から15〜59歳の統計に変えた。

耕地面積別の農家数

【資料】2020年農林業センサス（農林水産省）

販売農家 北海道 3.5万戸
販売農家 都府県 104.1万戸

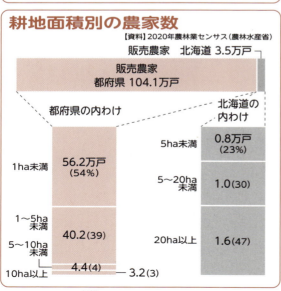

都府県の内わけ
- 1ha未満　56.2万戸 (54%)
- 1〜5ha未満　40.2 (39)
- 5〜10ha未満　4.4 (4)
- 10ha以上　3.2 (3)

北海道の内わけ
- 5ha未満　0.8万戸 (23)
- 5〜20ha未満　1.0 (30)
- 20ha以上　1.6 (47)

キーワード

「○○農家」って？

農家：10a以上の耕地を持って農業をしている世帯または、農産物販売金額が年間15万円以上ある世帯
兼業農家：兼業で働く人（1年間に30日以上やとわれて働くか、1年間に15万円以上の売り上げのある商売を営んでいる人）が1人以上いる農家
専業農家：兼業で働く人が1人もいない農家
販売農家：生産物を売る目的で農業を営む、耕地面積が30a以上、または農産物の販売額が50万円以上の農家
自給的農家：販売農家の条件に満たない農家

※兼業農家のうち、農業所得を主とするのが第1種兼業、農業以外の所得を主とするのが第2種兼業

農業からの所得は販売農家1戸あたり年間約174万円。畜産がさかんな北海道の農家の粗収益は全国平均の4倍以上で、ずばぬけて高い。米の生産額は1985年（3兆8299億円）の半分以下になっている。

農家のくらし　農業

農家1戸あたりの平均所得と農業所得に頼る割合

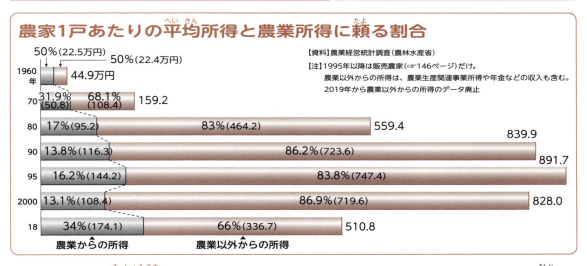

【資料】農業経営統計調査（農林水産省）
【注】1995年以降は販売農家（☞146ページ）だけ。
農業以外からの所得は、農業生産関連事業所得や年金などの収入も含む。
2019年から農業以外からの所得のデータ廃止

年	農業からの所得	農業以外からの所得	合計
1960	50%(22.5万円)	50%(22.4万円)	44.9万円
70	31.9%(50.8)	68.1%(108.4)	159.2
80	17%(95.2)	83%(464.2)	559.4
90	13.8%(116.3)	86.2%(723.6)	839.9
95	16.2%(144.2)	83.8%(747.4)	891.7
2000	13.1%(108.4)	86.9%(719.6)	828.0
18	34%(174.1)	66%(336.7)	510.8

農家の農業粗収益（販売農家1戸あたりの平均額、2019年）

単位　万円
【資料】農業経営統計調査（農林水産省）

作物	全国	北海道	東北	北陸	関東・山梨・長野	東海	近畿	中国	四国	九州	沖縄
米	115.3	459.2	171.6	254.3	91.5	59.9	71.4	55.9	41.0	61.5	1.0
野菜	167.6	449.1	99.5	61.8	234.0	255.7	78.8	46.1	107.8	266.6	59.4
くだもの	74.3	25.0	82.0	21.5	74.1	61.8	107.7	60.1	83.9	100.8	13.9
畜産	145.6	760.4	107.2	23.5	127.1	138.3	62.0	50.8	33.3	325.7	93.3
その他	86.1	575.4	31.4	25.7	77.3	167.8	35.5	11.5	18.1	146.4	156.9
総粗収益	661.7	2863.2	552.1	447.3	659.1	723.2	392.6	261.4	306.9	987.3	344.0

【注】北陸＝新潟、富山、石川、福井県。東海＝静岡、愛知、岐阜、三重県。総粗収益にはその他（花など）以外に補助金なども含むため、作物の粗収益の合計と総粗収益は一致しない。

農産物の生産額（2019年）

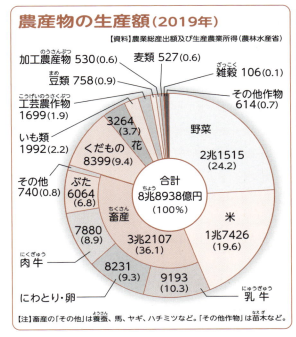

【資料】農業総産出額及び生産農業所得（農林水産省）

合計 8兆8938億円（100%）
野菜 2兆1515(24.2)
米 1兆7426(19.6)
畜産 3兆2107(36.1)
乳牛 9193(10.3)
にわとり・卵 8231(9.3)
肉牛 7880(8.9)
ぶた 6064(6.8)
その他 740(0.8)
いも類 1992(2.2)
工芸農作物 1699(1.9)
豆類 758(0.9)
加工農産物 530(0.6)
麦類 527(0.6)
雑穀 106(0.1)
その他作物 614(0.7)
くだもの 8399(9.4)
花 3264(3.7)

【注】畜産の「その他」は養蚕、馬、ヤギ、ハチミツなど。「その他作物」は苗木など。

農業機械の普及（農家100戸あたりの台数）

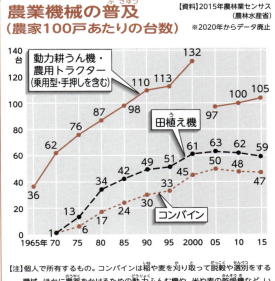

【資料】2015年農林業センサス（農林水産省）
※2020年からデータ廃止

動力耕うん機・農用トラクター（乗用型・手押しを含む）：36, 62, 76, 87, 98, 110, 113, 132, 97, 100, 105
田植え機：34, 42, 49, 51, 61, 63, 62, 59
コンバイン：1, 6, 13, 17, 24, 30, 33, 45, 50, 48, 47

1965年, 70, 75, 80, 85, 90, 95, 2000, 05, 10, 15

【注】個人で所有するもの。コンバインは稲や麦を刈り取って脱穀や選別をする機械。ほかに農薬をかけるための動力ふんむ機や、米や麦の乾燥機など、いろいろな機械が使われる。5年ごとの調査。2005年からの動力耕うん機・農用トラクターは乗用型トラクターのみの調査のため数値は連続しない。

農業 米

1人が1年間に食べる米の量は1965年の半分以下しかなく、米の作付面積は減りつづけている。ブランド米はコシヒカリが相変わらず人気だが、ひとめぼれ、ヒノヒカリも多く作られている。

米のとれ高と消費量(玄米)

【資料】米穀の需給及び価格の安定に関する基本指針、食料需給表(農林水産省)

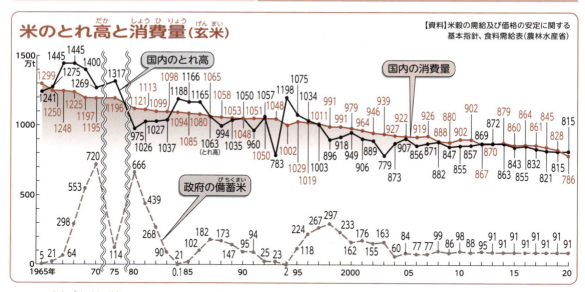

米の作付面積・とれ高 (2021年10月、都道府県別)

【資料】水陸稲の収穫量(農林水産省)
単位 面積=万ha とれ高=万t(玄米)

都道府県	1961年 面積	1961年 とれ高	2021年 面積	2021年 とれ高
全 国	330.1	1241.9	140.3	756.3
北海道	20.1	85.5	9.6	57.4
青 森	7.9	37.1	4.2	25.7
岩 手	8.0	35.5	4.8	26.9
宮 城	11.8	52.4	6.5	35.3
秋 田	11.9	53.2	8.5	50.1
山 形	10.2	48.1	6.3	39.4
福 島	11.2	46.6	6.1	33.6
茨 城	13.2	45.2	6.4	34.5
栃 木	10.6	33.7	5.5	30.1
群 馬	5.3	18.3	1.5	7.3
埼 玉	9.5	29.3	3.0	15.2
千 葉	10.9	47.4	5.1	27.8
東 京	1.3	2.8	0.01	0.05
神奈川	2.6	6.7	0.3	1.4

都道府県	1961年 面積	1961年 とれ高	2021年 面積	2021年 とれ高
新 潟	19.0	80.8	11.7	62.0
富 山	7.5	31.1	3.6	20.0
石 川	5.4	22.2	2.4	12.5
福 井	4.9	21.0	2.5	12.6
山 梨	1.9	8.2	0.5	2.6
長 野	7.6	39.2	3.2	19.0
岐 阜	6.6	19.5	2.2	10.3
静 岡	6.1	19.0	1.5	7.7
愛 知	9.0	24.5	2.6	13.1
三 重	7.1	21.7	2.6	13.0
滋 賀	6.3	22.8	3.0	15.6
京 都	3.9	12.9	1.4	7.2
大 阪	3.2	9.2	0.5	2.3
兵 庫	9.7	35.9	3.6	17.6
奈 良	2.9	10.2	0.6	4.3
和歌山	2.8	8.6	0.6	3.0

都道府県	1961年 面積	1961年 とれ高	2021年 面積	2021年 とれ高
鳥 取	3.2	11.5	1.3	6.4
島 根	5.0	18.2	1.7	8.8
岡 山	8.4	30.4	2.9	15.1
広 島	7.1	26.0	2.2	11.6
山 口	6.5	21.5	1.8	9.3
徳 島	3.2	9.4	1.0	4.8
香 川	3.7	14.0	1.1	5.7
愛 媛	4.2	15.7	1.3	6.7
高 知	4.0	12.4	1.1	5.0
福 岡	9.7	34.9	3.5	16.4
佐 賀	5.5	21.3	2.3	11.9
長 崎	3.3	10.2	1.1	5.1
熊 本	8.6	31.2	3.2	15.6
大 分	5.7	18.5	2.0	9.6
宮 崎	5.8	15.4	1.6	7.8
鹿児島	7.9	23.2	1.9	8.9
沖 縄	―	―	0.07	0.2

【注】水稲と陸稲の合計。沖縄は第2次世界大戦後、1972年までアメリカの支配下にあったため、61年の数字には含まれない。

1人が1年間に食べる米の量

【資料】食料需給表(農林水産省)
【注】精米の重量。飼料用なども含めた総消費量の81.5%(2020年)を占める。

年	kg
1965年	111.7
70	95.1
75	88.0
80	78.9
85	74.6
90	70.0
95	67.8
2000	64.6
10	59.5
20(概算)	50.7

おいしい米づくり(稲の種類)

2020年産 作付割合順位	品種名	作付割合(%)	主要産地	19年産の順位
1	コシヒカリ	33.7	新潟、茨城、栃木	1
2	ひとめぼれ	9.1	宮城、岩手、福島	2
3	ヒノヒカリ	8.3	熊本、大分、鹿児島	3
4	あきたこまち	6.8	秋田、茨城、岩手	4
5	ななつぼし	3.4	北海道	5
6	はえぬき	2.8	山形	6
7	まっしぐら	2.5	青森	7
8	キヌヒカリ	1.9	滋賀、兵庫、京都	8
9	きぬむすめ	1.6	島根、岡山、鳥取	11
10	ゆめぴりか	1.6	北海道	10
上位10品種の合計		71.7		

【資料】令和2年産水稲の品種別作付動向について(米穀安定供給確保支援機構)

かんれん 世界の米、小麦、大麦の生産量 → 246ページ

野菜、工芸作物 など 農業

順位①～⑤を見て、作物ごとの主産県を知っておこう。また、工芸作物には県の特産物が多い。い草は熊本県八代市、こんにゃくいもは群馬県下仁田町が主産地として有名だ。

野菜のとれ高と主要生産県（2020年）

【資料】野菜の作付面積、収穫量及び出荷量（農林水産省）

作物	全国	順位①	②	③	④	⑤
だいこん	125.40万t	千葉 14.81	北海道 14.77	青森 11.57	鹿児島 8.63	神奈川 7.36
かぶ	10.48	千葉 2.53	埼玉 1.61	青森 0.68	京都 0.47	滋賀 0.46
にんじん	58.59	北海道 18.32	千葉 10.54	徳島 4.97	青森 3.97	長崎 3.13
ごぼう	12.69	青森 4.80	茨城 1.28	北海道 1.15	宮崎 1.02	群馬 0.70
れんこん	5.50	茨城 2.86	佐賀 0.51	徳島 0.48	愛知 0.30	山口 0.27
さといも	13.95	埼玉 1.77	千葉 1.47	宮崎 1.34	愛媛 0.97	栃木・鹿児島 0.76
やまのいも	17.05	北海道 7.34	青森 5.79	長野 0.66	千葉 0.58	群馬 0.51
はくさい	89.23	茨城 24.39	長野 22.42	群馬 3.06	北海道 2.58	鹿児島 2.48
キャベツ	143.30	愛知 26.23	群馬 25.65	千葉 11.95	茨城 10.58	鹿児島 7.22
ほうれんそう	21.39	埼玉 2.27	群馬 2.24	千葉 1.94	茨城 1.65	宮崎 1.37
ねぎ	44.11	千葉 5.69	埼玉 5.06	茨城 4.90	北海道 2.20	群馬 1.96
たまねぎ	135.10	北海道 88.62	佐賀 12.46	兵庫 9.85	長崎 3.28	愛知 2.76
なす	29.70	高知 3.93	熊本 3.42	群馬 2.77	茨城 1.79	福岡 1.67
トマト	70.60	熊本 13.53	北海道 6.62	愛知 4.33	茨城 4.17	栃木 3.15
きゅうり	53.92	宮崎 6.07	群馬 5.58	埼玉 4.61	福島 3.85	千葉 2.77
かぼちゃ	18.66	北海道 9.23	鹿児島 0.75	長野 0.652	茨城 0.651	長崎 0.53
ピーマン	14.28	茨城 3.25	宮崎 2.68	高知 1.30	鹿児島 1.18	岩手 0.82
さやえんどう	1.95	鹿児島 0.45	愛知 0.12	福島 0.11	和歌山 0.08	広島 0.07
えだまめ	6.63	群馬 0.72	北海道 0.70	千葉 0.57	埼玉 0.55	山形 0.54
さやいんげん	3.89	千葉 0.60	北海道 0.51	福島 0.32	鹿児島 0.24	沖縄 0.21
いちご	15.92	栃木 2.27	福岡 1.64	熊本 1.22	長崎 1.05	静岡・愛知 1.04
すいか	31.09	熊本 4.99	千葉 3.78	山形 2.85	鳥取 1.81	新潟 1.76
メロン	14.79	茨城 3.35	熊本 2.44	北海道 2.18	山形 1.06	青森 1.04
レタス	56.39	長野 18.22	茨城 9.17	群馬 5.48	長崎 3.59	兵庫 2.93
カリフラワー	2.10	茨城 0.25	熊本 0.24	愛知 0.20	長野 0.184	埼玉 0.183
ブロッコリー	17.45	北海道 2.95	埼玉 1.61	愛知・香川 1.57		徳島 1.13

【注】「やまのいも」には、ながいも及びつくねいもを含むが、じねんじょは除く。

いも・豆類（2020年）

【資料】かんしょの収穫量（農林水産省）ほか

作物	全国	順位①	②	③	④	⑤
さつまいも	68.76万t	鹿児島 21.47	茨城 18.20	千葉 9.02	宮崎 6.91	徳島 2.71
じゃがいも	216.50	北海道 173.20	鹿児島 7.60	長崎 6.65	茨城 4.20	千葉 2.81
だいず	21.89	北海道 9.30	宮城 1.88	福岡 1.03	佐賀 1.01	秋田 0.87
あずき	5.19	北海道 4.86	兵庫 0.06	京都 0.03	滋賀 0.02	―
らっかせい	1.32	千葉 1.10	茨城 0.13	―	―	―
そば	4.48	北海道 1.93	長野 0.40	栃木 0.29	茨城 0.28	山形 0.22

工芸作物（2020年）

【資料】茶生産量（農林水産省）ほか

作物	全国	順位①	②	③	④	⑤
茶	32.88万t	鹿児島 11.84	静岡 11.26	三重 2.40	宮崎 1.46	京都 1.12
てんさい	391.20	北海道 391.20	―	―	―	―
さとうきび	133.60	沖縄 81.39	鹿児島 52.25	―	―	―
こんにゃくいも	5.37	群馬 5.02	―	―	―	―
い草	0.63	熊本 0.626	福岡 0.004	―	―	―
葉たばこ	1.37	熊本 0.22	沖縄 0.169	岩手 0.165	青森 0.15	宮崎 0.12

【注】工芸作物とは、収穫後、何回も加工の必要がある作物。茶は生葉収穫量で主産県のみの調査。――は、調査をしていないことを示す。てんさいは北海道のみの調査。さとうきび、い草は調査対象が2県のみ。葉たばこは全国たばこ耕作組合中央会しらべ。葉たばこのみ販売重量で、主産県のみの調査。

かんれん 世界のじゃがいも、だいず、わた、天然ゴムの生産量 → 246～247ページ

農業 麦・くだもの

どの都道府県でどんなくだものがたくさん取れるのかを知ろう。また、日本は小麦やくだものの多くを輸入しているため、円高・円安の影響が多くの食べ物に及ぶことも覚えておこう。

小麦のとれ高、輸入量、価格

【資料】小麦の収穫量（農林水産省）ほか 【注】小麦輸入量は年度の数値、政府売り渡し価格は年度平均の実績価格。

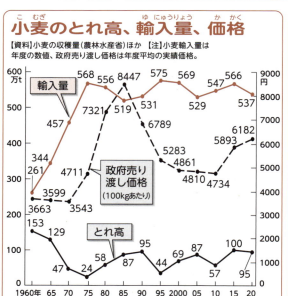

みかん、りんごのとれ高

【資料】りんごの収穫量及び出荷量（農林水産省）ほか

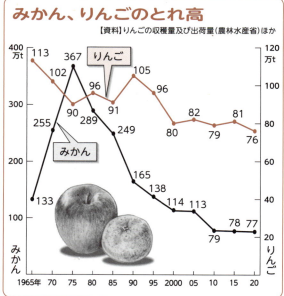

くだもののとれ高と主要生産県（2020年）

【資料】果樹生産出荷統計（農林水産省）

種類	全国	順位 ①	②	③	④	⑤
りんご	76.33万t	青森 46.30	長野 13.54	岩手 4.72	山形 4.15	秋田 2.52
みかん	76.58	和歌山 16.71	静岡 11.98	愛媛 11.25	熊本 8.25	長崎 4.76
ぶどう	16.34	山梨 3.50	長野 3.23	山形 1.55	岡山 1.39	北海道 0.69
日本なし	17.05	千葉 1.82	長野 1.37	茨城 1.35	福島 1.29	栃木 1.13
西洋なし	2.77	山形 1.91	新潟 0.20	青森 0.17	長野 0.15	北海道 0.09
もも	9.89	山梨 3.04	福島 2.28	長野 1.03	山形 0.85	和歌山 0.66
すもも	1.65	山梨 0.53	長野 0.25	山形 0.18	和歌山 0.16	青森 0.09
うめ	7.11	和歌山 4.13	群馬 0.52	福井 0.15	青森 0.144	神奈川 0.138
びわ	0.27	長崎 0.07	千葉 0.05	鹿児島 0.024	香川 0.022	兵庫 0.017
かき	19.32	和歌山 4.05	奈良 2.77	福岡 1.47	岐阜 1.17	愛知 1.11
くり	1.69	茨城 0.38	熊本 0.24	愛媛 0.15	岐阜 0.08	長野 0.06

くだものの輸入額と相手国（2020年）

合計 1052
【注】くだものは、特に表記がない場合は生鮮、乾燥を含む。
【資料】農林水産物輸出入概況（農林水産省） 単位 億円

フィリピン／チリ／アメリカ／その他

バナナ（生鮮）：エクアドル 118、メキシコ 73.1、48.9、812
グレープフルーツ：南アフリカ 29.2、27.6、イスラエル 11.6、82、13.6
レモン：ニュージーランド 3.6、51、35、92.1、2.5
オレンジ：オーストラリア 63、77、141.6、南アフリカ 0.3、1.3、インドネシア 0.7
パイナップル（生鮮）：129、134、台湾 3.4、1
ぶどう（生鮮）：60、36、35、141、オーストラリア 10
メロン（生鮮）：メキシコ 5.7、4.6、23、ホンジュラス 6.3、6.4

知っトク情報

小麦の政府売り渡し価格

日本に流通する小麦は、国産より価格が安い輸入小麦がほとんどで、おもな輸入相手国はアメリカやオーストラリアです。日本国内の小麦農家を守るため、日本政府は輸入小麦の全量を買い取り、小麦農家への補助金分などを上乗せした「政府売り渡し価格」を定めて製粉会社などに販売しています。輸入相手国が干ばつに見舞われると、中国やインドなどが経済的に発展して食料需要が増えたこともあり、小麦の値段が高騰しがちです。また、「円とドル」（P179）の関係も影響します。

かんれん 世界の米、小麦、大麦の生産量 → 246ページ

食肉や牛乳、卵のために飼われている家畜の数を都道府県別に確認しよう。牛と豚の飼養地域の大きな違いは何だろうか。また家畜のえさのうち国産の割合はどれくらいか。養蚕の歴史も調べてみよう。

畜産・養蚕　農業

家畜の数 (2021年2月現在)

【資料】畜産統計（農林水産省）
単位 万頭（にわとり、わかどりは万羽）

	乳牛	肉牛	ぶた	にわとり卵用	わかどり肉用
全　　国	135.6	260.5	929.0	1億8091.8	1億3965.8
北 海 道	83.0	53.6	72.5	665.2	508.7
青　　森	1.2	5.3	35.3	773.4	708.7
岩　　手	4.1	9.1	48.5	498.2	2260.0
宮　　城	1.8	8.0	19.9	375.4	199.0
秋　　田	0.4	1.9	27.9	239.3	x
山　　形	1.1	4.1	16.7	47.9	x
福　　島	1.2	5.1	12.6	528.6	85.0
茨　　城	2.4	5.0	51.3	1775.6	132.7
栃　　木	5.3	8.2	42.7	589.0	x
群　　馬	3.4	5.6	64.4	844.9	150.7
埼　　玉	0.8	1.7	8.1	397.2	x
千　　葉	2.8	4.0	61.5	1160.5	175.7
東　　京	0.2	0.1	0.3	5.7	―
神 奈 川	0.5	0.5	6.9	104.9	―
新　　潟	0.6	1.2	18.2	691.0	88.2
富　　山	0.2	0.4	2.3	91.7	―
石　　川	0.3	0.4	2.0	119.9	―
福　　井	0.1	0.2	0.1	66.5	6.4
山　　梨	0.3	0.5	1.7	53.4	40.9
長　　野	1.4	2.1	6.1	59.3	71.7
岐　　阜	0.6	3.3	8.0	466.9	88.1
静　　岡	1.4	1.9	9.2	534.5	111.8
愛　　知	2.2	4.2	29.2	885.4	85.0
三　　重	0.7	2.9	10.0	617.2	62.9
滋　　賀	0.3	2.0	0.5	26.2	x
京　　都	0.4	0.5	1.2	147.4	45.6
大　　阪	0.1	0.1	0.3	5.5	―
兵　　庫	1.3	5.7	2.0	631.9	246.6
奈　　良	0.3	0.4	0.5	24.3	x
和 歌 山	0.1	0.3	0.1	28.2	23.0
鳥　　取	0.9	2.1	6.4	44.5	322.2
島　　根	1.1	3.3	3.6	95.6	39.6
岡　　山	1.7	3.4	4.3	976.7	376.8
広　　島	0.9	2.6	11.3	998.9	60.6
山　　口	0.3	1.5	3.5	189.2	155.2
徳　　島	0.4	2.3	4.2	77.8	390.8
香　　川	0.5	2.1	3.3	419.6	216.0
愛　　媛	0.5	1.0	20.3	245.3	102.0
高　　知	0.3	0.6	2.6	26.1	38.5
福　　岡	1.2	2.3	8.0	336.4	120.6
佐　　賀	0.2	5.3	8.3	31.9	375.1
長　　崎	0.7	9.1	20.1	176.3	305.0
熊　　本	4.4	13.5	35.0	184.4	421.7
大　　分	1.2	5.1	14.8	126.5	265.9
宮　　崎	1.4	25.0	79.7	381.6	2801.2
鹿 児 島	1.4	35.1	123.4	1200.8	2708.5
沖　　縄	0.4	8.2	20.3	125.1	63.6

【注】①わかどりのxは非公表、―は計算できないことを示す。
②乳牛はメス。③色字は全国一。

牛肉の生産と輸入

【資料】食料需給表（農林水産省）

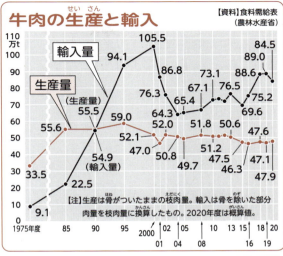

【注】生産は骨がついたままの枝肉量。輸入は骨を除いた部分肉量を枝肉量に換算したもの。2020年度は概算値。

飼料の供給量と自給率

【資料】飼料需給表（農林水産省）

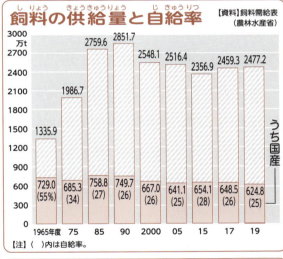

【注】（　）内は自給率。

生糸の生産高

【資料】農林水産物輸出入概況ほか（農林水産省）

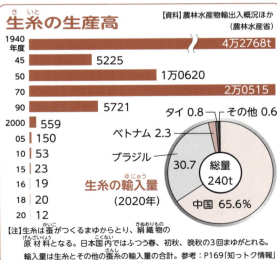

生糸の輸入量 (2020年)

【注】生糸は蚕がつくるまゆからとり、絹織物の原材料となる。日本国内ではふつう春、初秋、晩秋の3回まゆがとれる。
輸入量は生糸とその他の蚕糸の輸入量の合計。参考：P169「知っトク情報」

林業 木材

わが国の森林率は67％（2017年現在）。その面積や木材の種類、輸入状況などをみよう。2020年の林業経営体数は3万4001で5年前より6割以上減ったが、保有山林規模は10ha以上の経営体が50％を超えた（20年農林業センサス）。

木材のとれ高
【資料】木材統計ほか（農林水産省）

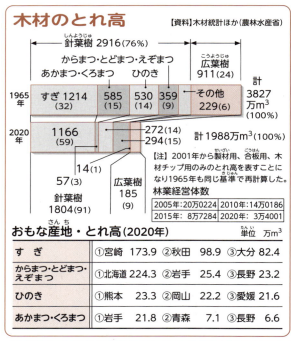

おもな産地・とれ高（2020年）　単位　万m³

すぎ	①宮崎 173.9	②秋田 98.9	③大分 82.4
からまつ・とどまつ・えぞまつ	①北海道 224.3	②岩手 25.4	③長野 23.2
ひのき	①熊本 23.3	②岡山 22.2	③愛媛 21.6
あかまつ・くろまつ	①岩手 21.8	②青森 7.1	③長野 6.6

木を切った面積・植えた面積
【資料】森林・林業統計要覧（林野庁）

民有林は2007年以降、国有林も2008年以降で算出方法を変更しているので、それ以前とは基準が異なる

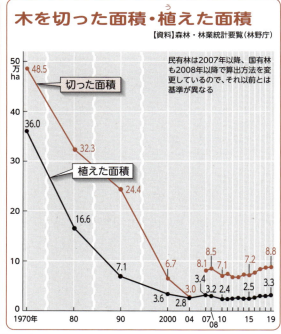

森林面積（2017年3月末現在）

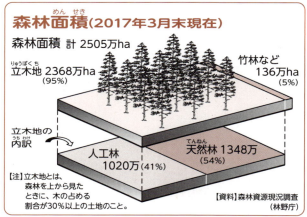

【注】立木地とは、森林を上から見たときに、木の占める割合が30％以上の土地のこと。

【資料】森林資源現況調査（林野庁）

木材の自給率
【資料】木材需給表（林野庁）

燃料やしいたけ原木用を除いたもの

木材と合板の輸入量
【注】木材は丸太と製材の合計。　【資料】木材輸入実績（林野庁）、農林水産物輸出入概況（農林水産省）

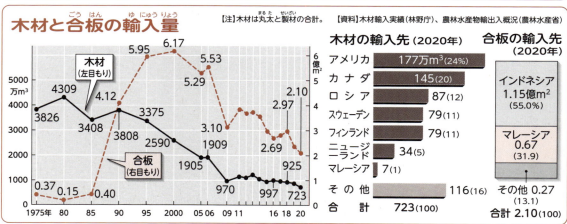

木材の輸入先（2020年）

アメリカ	177万m³	(24)
カナダ	145	(20)
ロシア	87	(12)
スウェーデン	79	(11)
フィンランド	79	(11)
ニュージーランド	34	(5)
マレーシア	7	(1)
その他	116	(16)
合計	723	(100)

合板の輸入先（2020年）

インドネシア 1.15億m² (55.0%)
マレーシア 0.67 (31.9)
その他 0.27 (13.1)
合計 2.10 (100)

かんれん　世界の木材の生産高 →247ページ

漁業　水産業

魚のとれ高は、1970年以降、どんな変化が見られるか。漁業別、魚種別、さらに養殖でのとれ高も確認しよう。とれ高は、魚を食べる量や漁業で働く人の状況とどのようにかかわっているだろうか。

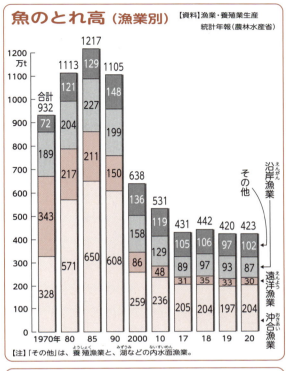

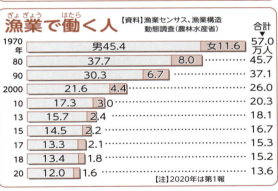

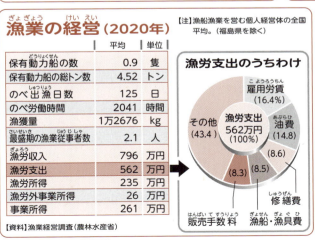

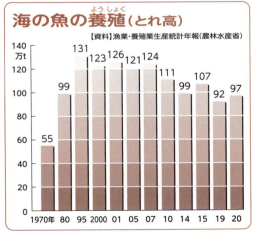

かんれん　世界の漁獲高 → 247ページ

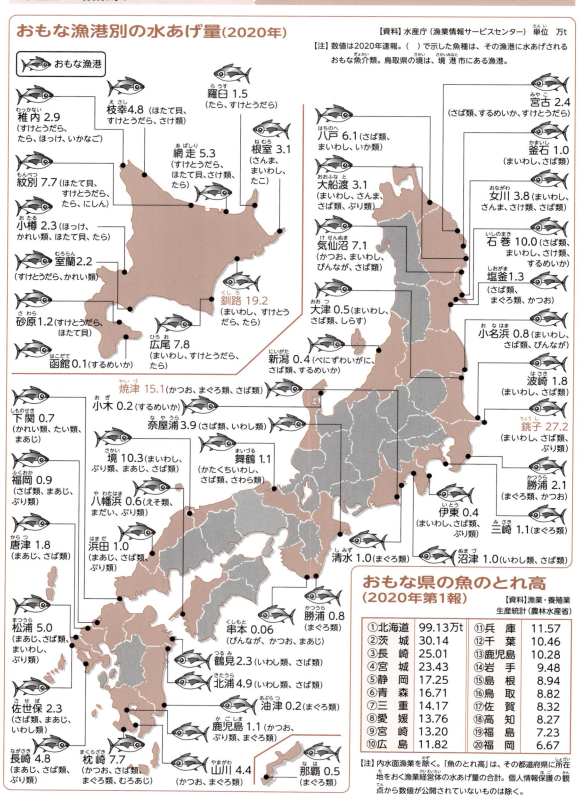

漁業水域と魚介類の輸入

水産業

わが国の魚介類（食用）の自給率は57％（2020年度概算値）。どの国から最も多額の輸入をしているか、20年に20万t以上輸入した魚介類は何か、また、どの海域で多くの魚をとっているか答えよう。

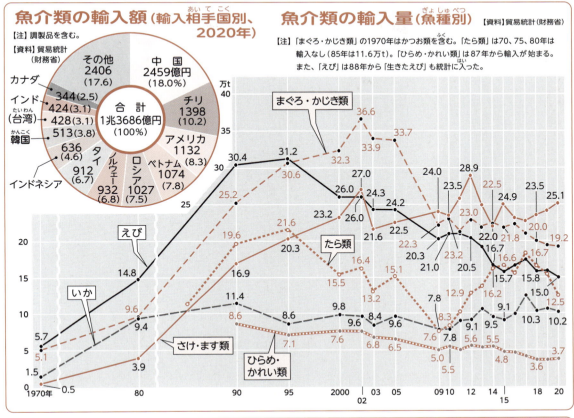

世界の海で日本漁船がとる魚介類（2019年）

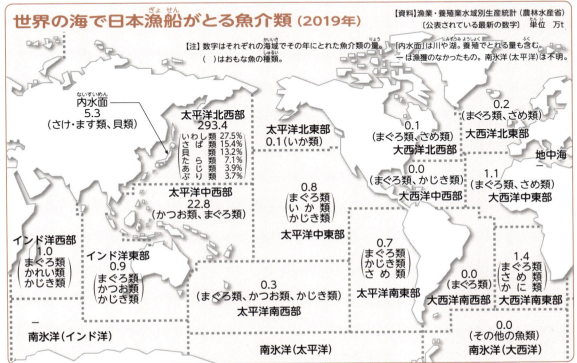

資源とエネルギー　エネルギー

節電や省エネが進んだため、エネルギー供給量は減少傾向にあるが、日本の産業や生活では今も大量のエネルギーを使い、多くを石油や石炭に頼る。その問題点と再生可能エネルギーの利点も調べよう。

エネルギー国内供給の割合

【資料】総合エネルギー統計（資源エネルギー庁）

【注1】1992年の計量法改定で、単位カロリー(cal)は国際単位ジュール(J)に切りかえられた。1カロリーは約4.2ジュール。1ペタジュールは10^{15}ジュール(10の後ろに0が14個つく大きさ)。水力発電には、河川の流れを利用するもの(再生可能)と揚水式がある。
【注2】再生可能エネルギー(水力を除く)には、太陽光発電、風力発電、バイオマスエネルギー、地熱発電などが含まれる。
【注3】未活用エネルギーには、廃棄物発電、廃タイヤ直接利用、廃プラスチック直接利用の「廃棄物エネルギー回収」、廃熱利用熱供給などが含まれる。

エネルギーの輸入と国産の割合

【資料】総合エネルギー統計（資源エネルギー庁）
【注】輸入されるのはおもに原油だが、石炭なども入っている。

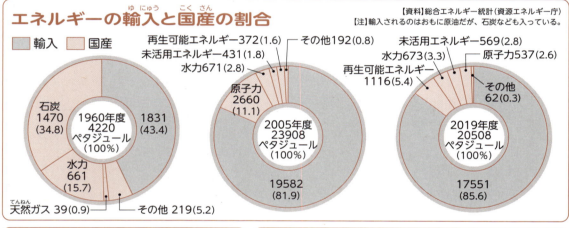

消費の割合（2019年度）

【資料】総合エネルギー統計（資源エネルギー庁）

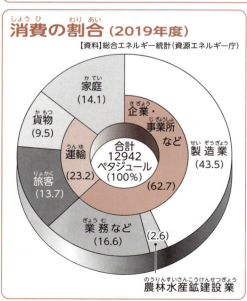

おもな国のエネルギー自給率（2018年）

【資料】国際エネルギー機関

【注1】エネルギー自給率＝一次エネルギー国内産出÷一次エネルギー国内供給×100
【注2】原子力は自給エネルギーとして計算する。

かんれん　世界のエネルギー → 249ページ

わが国は石油や石炭などの資源に乏しく、石油は中東から、石炭はオーストラリアから多く輸入している。エネルギー自給率は12.1%（2019年度）。石炭や石油についての問題や今後のあり方を考えよう。

石炭・石油　資源とエネルギー

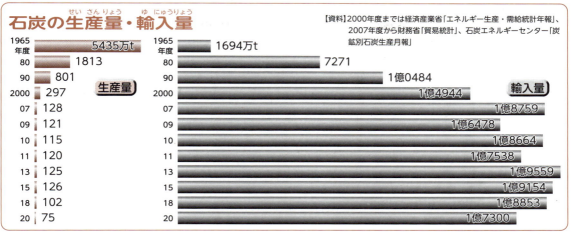

石炭の生産量・輸入量

【資料】2000年度までは経済産業省「エネルギー生産・需給統計年報」、2007年度から財務省「貿易統計」、石炭エネルギーセンター「炭鉱別石炭生産月報」

生産量（万t）
- 1965年度 5435
- 80 1813
- 90 801
- 2000 297
- 07 128
- 09 121
- 10 115
- 11 120
- 13 125
- 15 126
- 18 102
- 20 75

輸入量（万t）
- 1965年度 1694
- 80 7271
- 90 1億0484
- 2000 1億4944
- 07 1億8759
- 09 1億6478
- 10 1億8664
- 11 1億7538
- 13 1億9559
- 15 1億9154
- 18 1億8853
- 20 1億7300

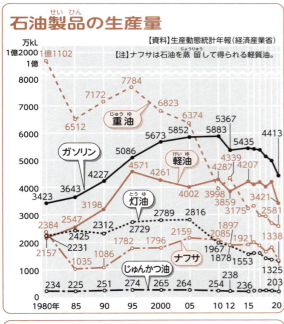

石油製品の生産量

原油の値段（1kLあたり）

原油の輸入量・生産量

【資料】資源・エネルギー統計年報（経済産業省）ほか

輸入量
- 1970年 1億9711万kL
- 80 2億6683
- 85 1億9833
- 90 2億2876
- 95 2億6692
- 2000 2億5058
- 05 2億4519
- 10 2億1538
- 11 2億0698
- 12 2億1254
- 15 1億9587
- 20 1億4388

生産量　単位 万kL
- 2003年 82.0（北海道19.2、秋田11.1、山形0.9、福島0.3、新潟50.6）
- 05 91.8（北海道24.9、秋田18.1、山形1.0、福島0.3、新潟47.6）
- 08 98.6（北海道×、秋田16.6、山形×、福島一、新潟54.9）
- 12 79.4（北海道×、秋田14.3、山形×、福島一、新潟43.9）
- 15 59.6　（道県別生産量は2013年以降、非公表）
- 18 49.9
- 19 52.2　一：実績なし
- 20 51.2　×：非公表

知っトク情報

日本人と石油

日本は重要なエネルギーである石油の99.6%（2020年・原油）を輸入に頼っています。しかし、日本でも石油がまったく採れないというわけではなく、現在でも、新潟県などの日本海沿岸や北海道で少しだけ原油が採掘されています。太平洋岸でも、静岡県の相良油田で昭和の中ごろまで石油が採られていました。日本における石油の記録も想像以上に古く、最初に現れるのは『日本書紀』で、天智天皇のころ（668年）に、越後の国（今の新潟）から「燃える水」が献上されたと記されています。自然にわき出た原油のようで、臭かったのか「臭水」と呼ばれていました。近年、秋田県でのシェールオイル（地中深くの岩盤に含まれる原油）生産や、石油に代わる藻類から作るオイルも研究されています。

かんれん　輸入品と相手国〈原油〉→177ページ。石油の産出国と輸入国→249ページ

資源とエネルギー　電力

1986年にウクライナ（当時はソ連）で、2011年には日本で原子力発電所（原発）の事故が起きた。原発を廃止する方針を打ち出している国や、再生可能エネルギーにはどんなものがあるか調べよう。

日本の発電電力量
単位 億kWh
【資料】資源エネルギー庁　水力　火力　原子力　風力、太陽光、地熱など

原子力発電所の設備容量（2021年1月現在）
【資料】世界の原子力発電開発の動向2021（日本原子力産業協会）　＊段階的廃止を発表

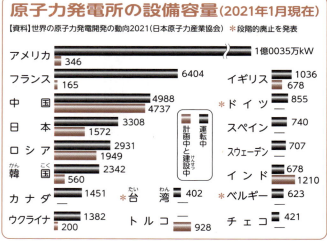

発電所の数と出力（2021年9月現在）
【資料】電力調査統計（資源エネルギー庁）　単位 万kW

		水力 発電所数	水力 最大出力	火力 発電所数	火力 最大出力	原子力 発電所数	原子力 最大出力	新エネルギー① 発電所数	新エネルギー① 最大出力	合計(自家発電などを除く) 発電所数	合計 最大出力
一般電気事業者	北海道電力	56	163.1	12	463.4	1	207.0	Ⓐ1 Ⓑ1	2.6	71	836.2
	東北電力	209	244.6	12	1137.3	2	275.0	Ⓐ4 Ⓑ4	19.4	231	1676.3
	東京電力	164	987.9	10 ②5.8	②6612.4	1	821.2	Ⓑ3 Ⓒ2	5.1	180	1820.0
	中部電力	198	546.6	2 ②23 4.9		1	361.7	Ⓑ3 Ⓒ1	3.9	205	917.1
	北陸電力	131	193.4	6	456.5	1	174.6	Ⓑ4	0.4	142	824.9
	関西電力	151	824.7	10	1456.6	3	657.8	Ⓑ3	1.1	167	2940.2
	中国電力	92	290.6	11	695.1	1	82.0	Ⓑ2	0.6	106	1068.3
	四国電力	57	115.3	4	339.1	1	89.0	Ⓑ1	0.2	63	543.6
	九州電力	143	358.4	40	1000.8	2	414.0	Ⓐ5 Ⓒ1	21.2	191	1974.5
	沖縄電力	—	—	25	215.7	—	—	Ⓒ5	0.2	30	215.9
その他		559	1237.1	316	4635.5	2	226.0	Ⓐ4 Ⓑ3682 Ⓒ341	1706.6	4929	1億4241.9
合計		1760	4961.7	471	1億7023.3	15	3308.3	Ⓐ14 Ⓑ3703 Ⓒ350	1761.3	6315	2億7058.9

【注】沖縄以外の各社はグループ会社分を含む合計値。①新エネルギーは地熱Ⓐ、太陽光Ⓑ、風力Ⓒなどの原動力。②東京電力と中部電力の火力は別会社に移行分合算も表示。

発電量の比率（2020年）
【資料】環境エネルギー政策研究所

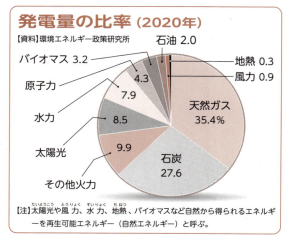

【注】太陽光や風力、水力、地熱、バイオマスなど自然から得られるエネルギーを再生可能エネルギー（自然エネルギー）と呼ぶ。

最大電力発生日の時間別電力使用
【資料】電気事業連合会

【注】1975年は9電力会社、1985～2015年は10電力会社、2016年以降は10エリアの合計。

かんれん　世界の発電量→249ページ

国内の鉱山でどんな鉱物資源が採れるか、また原油・天然ガスの国内生産量と、ガスの消費量も確認しよう。資源の少ない日本だが、石灰石は2020年度に1億2916万tが国内生産され、輸出もされている。

鉱産資源とガス

資源とエネルギー

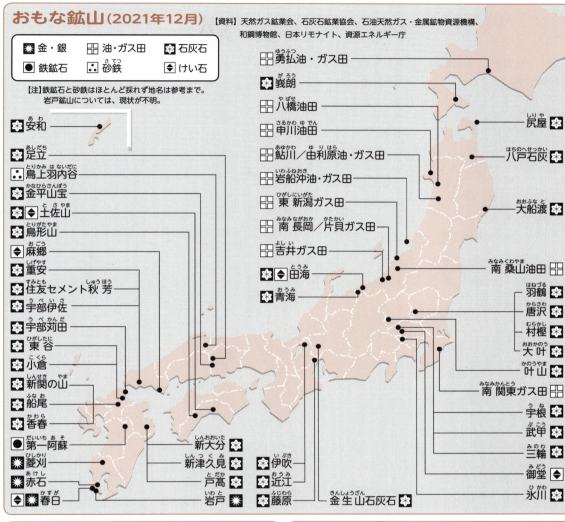

おもな鉱山（2021年12月）

【資料】天然ガス鉱業会、石灰石鉱業協会、石油天然ガス・金属鉱物資源機構、和鋼博物館、日本リモナイト、資源エネルギー庁

【注】鉄鉱石と砂鉄はほとんど採れず地名は参考まで。岩戸鉱山については、現状が不明。

わが国の原油・天然ガスの生産量

【資料】天然ガス鉱業会、資源エネルギー庁

年	原油(千kL)	天然ガス(百万m³)
1950	328	69
60	593	731
70	899	2359
80	503	2197
2000	740	2453
08	986	3735
15	596	2734
17	562	3008
18	499	2707
19	522	2524
20	512	2295

ガスの消費量

【資料】ガス事業便覧（日本ガス協会）統計年報（資源エネルギー庁）

年	億メガジュール
1970	1861.3
80	3826.5
90	6284.4
2000	10350.5
10	16329.0
12	17130.1
13	16554.8
14	16877.3
15	16751.9
17	17643.7
19	17146.0
20	16320.5

消費の内わけ（2020年）

- 家庭用 24.9%
- 工業用 57.9
- 商業用 9.5
- その他 7.7

【注】その他は、官公庁、学校、病院など。

工業地帯・工業地域

関東から東海、近畿、中国・四国、北九州の太平洋岸に、帯状に連なる工業地帯を太平洋ベルトという。その中でも出荷額が多く、三大工業地帯とよばれる地域はどこか。出荷額が最も多い製造業は何か。

工業地帯・地域別の出荷額の比率

【資料】工業統計表（経済産業省）
従業者4人以上の工場

年	京浜	中京	阪神	北九州	関東内陸	京葉	東海	北陸	瀬戸内	その他	出荷額合計
1980	(17.5%)	(11.7)	(14.1)	(2.7)	(8.4)	(4.6)	(4.4)	(4.0)	(9.7)	(22.8)	212兆1243億円
90	(15.7)	(13.6)	(12.4)	(2.4)	(10.3)	(3.8)	(5.0)	(4.0)	(8.2)	(24.6)	323兆3726億円
2000	(13.2)	(14.1)	(10.7)	(2.5)	(10.0)	(3.8)	(5.5)	(4.2)	(8.0)	(28.0)	300兆4776億円
05	(10.2)	(16.6)	(10.1)	(2.6)	(10.1)	(4.1)	(5.9)	(4.2)	(9.0)	(27.2)	295兆8003億円
07	(9.2)	(17.5)	(10.0)	(2.6)	(9.6)	(4.3)	(5.8)	(4.2)	(9.6)	(27.3)	336兆7566億円
10	(8.8)	(16.6)	(10.3)	(2.8)	(10.0)	(4.3)	(5.5)	(4.1)	(10.1)	(27.5)	289兆1077億円
15	(8.3)	(18.2)	(10.3)	(2.9)	(9.8)	(4.0)	(5.2)	(4.3)	(9.9)	(27.1)	313兆1286億円
19	(7.7)	(18.2)	(10.3)	(3.1)	(9.8)	(3.9)	(5.3)	(4.4)	(9.6)	(27.7)	322兆5334億円

- 京浜：東京・神奈川
- 中京：愛知・三重
- 阪神：大阪・兵庫
- 北九州：福岡
- 関東内陸：栃木・群馬・埼玉
- 京葉：千葉
- 東海：静岡
- 北陸：新潟・富山・石川・福井
- 瀬戸内：岡山・広島・山口・香川・愛媛

【注】2002年から新聞業、出版業をのぞく。工業地帯・地域の出荷額は、該当の都道府県の額を足したもので、工業地帯・地域のおおまかな傾向です。

太平洋ベルト（2019年）

【資料】工業統計表2020（経済産業省）

いろいろな製造業と出荷額

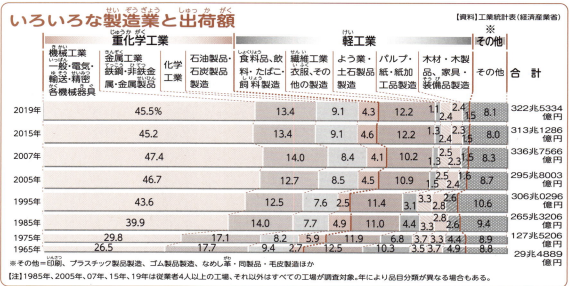

【資料】工業統計表（経済産業省）

重化学工業：機械工業（一般・電気・輸送・精密各機械器具）／金属工業（鉄鋼・非鉄金属・金属製品）／化学工業／石油製品・石炭製品製造

軽工業：食料品、飲料・たばこ・飼料製造／繊維工業・衣服、その他の製造／よう業・土石製品製造／パルプ・紙・紙加工品製造／木材・木製品、家具・装備品製造

その他※

年	機械	金属	化学	石油	食料	繊維	よう業	パルプ	木材	その他	合計
2019年	45.5%	13.4	9.1	4.3	12.2	1.1	2.4	2.4	1.5	8.1	322兆5334億円
2015年	45.2	13.4	9.1	4.6	12.2	1.3	2.3	2.4	1.5	8.0	313兆1286億円
2007年	47.4	14.0	8.4	4.1	10.2	2.5	1.3	2.3	1.5	8.3	336兆7566億円
2005年	46.7	12.7	8.5	4.5	10.9	2.5	1.5	2.4	1.6	8.7	295兆8003億円
1995年	43.6	12.5	7.6	2.5	11.4	3.1	3.3	2.8	2.6	10.6	306兆0296億円
1985年	39.9	14.0	7.7	4.9	11.0	4.4	3.3	2.8	2.6	9.4	265兆3206億円
1975年	29.8	17.1	8.2	5.9	11.9	6.8	3.7	3.3	4.4	8.9	127兆5206億円
1965年	26.5	17.7	9.4	2.7	12.5	10.3	3.5	3.7	4.9	8.8	29兆4889億円

※その他＝印刷、プラスチック製品製造、ゴム製品製造、なめし革・同製品・毛皮製造ほか

【注】1985年、2005年、07年、15年、19年は従業者4人以上の工場、それ以外はすべての工場が調査対象。年により品目分類が異なる場合もある。

工業地帯・工業地域　工業

高度経済成長期に進んだ重化学工業の鉄鋼業や石油化学工業の工場は港に近い場所に広がる。各工業地帯・地域の特徴も調べよう。29人以下の工場と300人以上の工場でその数と出荷額の関係はどうか。

工業地帯・地域のようす

【資料】工業統計表2020(経済産業省)　従業者4人以上の工場が調査対象
単位 ％

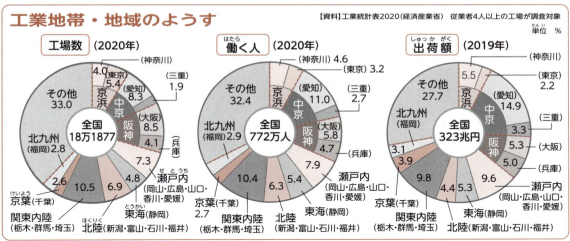

工場の大きさと生産力※

【資料】工業統計表2020(経済産業省)

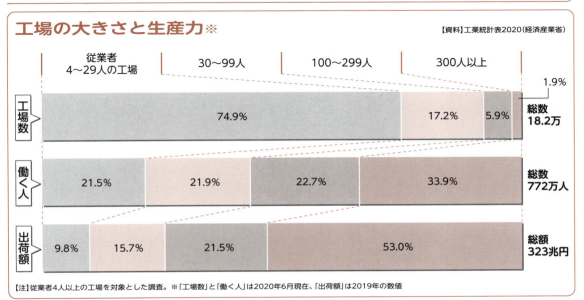

【注】従業者4人以上の工場を対象とした調査。※「工場数」と「働く人」は2020年6月現在、「出荷額」は2019年の数値

都道府県別の工業

工業

日本の工業の特徴を時代的な変化とともにとらえよう。工業全体で1960年と2019年では、工場数、働く人、出荷額でどんな変化が見られるか、また、この間、出荷額が最も大きく伸びた工業は何だろうか。

工場数・働く人・出荷額

【資料】工業統計表（経済産業省）
単位 働く人＝万人　出荷額＝兆円

都道府県	総数 工場数	総数 働く人	総数 出荷額	金属工業 工場数	金属工業 出荷額	機械工業 工場数	機械工業 出荷額	化学工業 工場数	化学工業 出荷額
1960年	23万8320	760.2	15.294	4761	1.651	3万6812	4.114	4702	1.458
70	40万5515	1116.4	68.376	6423	6.560	7万3327	22.936	5169	5.535
80	42万9336	1029.2	212.124	7199	17.864	8万8704	69.292	5044	17.961
90	43万5997	1117.3	323.373	6477	18.269	10万5520	141.331	5352	23.503
2000	34万1421	918.4	300.478	5154	11.927	8万6048	138.022	5263	23.762
10	22万4403	766.4	289.108	4486	18.146	6万0074	129.170	4742	26.212
19	18万1877	771.8	322.533	3万1584	43.327	5万1431	146.827	4650	29.253
北海道	4982	16.9	6.049	659	0.727	569	0.808	93	0.189
青森	1342	5.7	1.727	168	0.426	248	0.540	12	0.036
岩手	2055	8.8	2.626	256	0.246	476	1.447	21	0.053
宮城	2528	11.7	4.534	325	0.473	575	1.836	42	0.084
秋田	1648	6.2	1.286	182	0.161	375	0.683	15	0.060
山形	2339	9.8	2.846	306	0.191	791	1.479	33	0.268
福島	3485	15.9	5.089	485	0.593	1062	2.392	101	0.545
茨城	4927	27.2	12.581	903	2.332	1328	4.405	197	1.680
栃木	4039	20.3	8.966	711	1.138	1213	3.968	90	0.698
群馬	4480	21.1	8.982	830	0.860	1616	5.040	85	0.775
埼玉	1万0490	38.9	13.758	2184	1.752	3048	5.096	355	1.736
千葉	4753	20.8	12.518	1108	2.661	1024	1.580	247	2.201
東京	9887	24.6	7.161	1612	0.583	2963	3.662	199	0.383
神奈川	7267	35.7	17.746	1413	1.710	3190	8.096	245	1.965
新潟	5053	18.7	4.959	1289	0.866	1432	1.757	71	0.639
富山	2645	12.7	3.912	601	0.990	679	1.164	116	0.778
石川	2748	10.3	3.006	370	0.247	798	1.829	33	0.174
福井	2032	7.3	2.259	213	0.279	334	0.890	52	0.247
山梨	1674	7.4	2.482	193	0.160	555	1.529	19	0.049
長野	4767	20.2	6.158	668	0.521	2070	4.090	48	0.095
岐阜	5415	20.4	5.914	858	0.834	1381	2.663	92	0.281
静岡	8786	41.3	17.154	1271	1.305	3061	8.828	185	1.902
愛知	1万5063	84.9	47.924	2826	4.587	5530	34.377	226	1.313
三重	3398	20.8	10.717	590	0.946	1059	5.942	120	1.288
滋賀	2622	16.4	8.048	374	0.687	780	3.846	102	1.037
京都	4126	14.5	5.659	510	0.387	1067	2.221	106	0.211
大阪	1万5522	44.4	16.938	4246	3.795	4321	5.837	523	1.657
兵庫	7510	36.3	16.263	1534	3.126	2185	6.793	287	2.158
奈良	1783	6.2	2.122	232	0.228	255	0.578	72	0.120
和歌山	1664	5.3	2.648	205	0.633	247	0.546	74	0.380
鳥取	814	3.3	0.782	74	0.062	237	0.331	6	0.005
島根	1111	4.2	1.237	122	0.226	223	0.690	9	0.033
岡山	3147	15.1	7.704	432	1.302	800	2.105	112	1.102
広島	4577	21.9	9.742	802	1.801	1502	5.364	91	0.434
山口	1671	9.6	6.553	256	0.934	412	1.625	88	1.978
徳島	1089	4.7	1.908	115	0.117	183	0.648	45	0.630
香川	1774	7.0	2.712	278	0.650	375	0.822	43	0.167
愛媛	2055	7.8	4.309	218	0.926	472	0.999	49	0.344
高知	1084	2.5	0.586	106	0.062	211	0.160	14	0.011
福岡	5009	22.2	9.912	915	1.687	1048	4.534	138	0.498
佐賀	1303	6.2	2.070	143	0.264	261	0.767	36	0.160
長崎	1581	5.5	1.719	198	0.104	299	1.062	16	0.022
熊本	1922	9.4	2.852	221	0.275	383	1.389	40	0.133
大分	1371	6.6	4.299	167	1.221	303	1.358	34	0.550
宮崎	1337	5.5	1.635	114	0.064	191	0.444	21	0.152
鹿児島	1944	7.0	1.994	146	0.096	247	0.480	20	0.025
沖縄	1058	2.5	0.486	155	0.079	52	0.018	27	0.008

都道府県別の 工業　工業

どの工業が、どの都道府県で多いかを工場数や出荷額で比較し、日本の製造業の地域的特徴を確認しよう。工場数1位のところと、出荷額1位のところが異なるのは、どの工業か。理由も考えよう。

【注】①総数とは工業全体の合計。②金属工業は、鉄鋼業、非鉄金属、金属製品を含む。③機械工業は、はん用機械、生産用機械、業務用機械、電気機械、輸送用機械、情報通信機械、電子部品・デバイスを含む。④食料品工業は、飲料・たばこ・飼料を含む。⑤このほか木材、家具、印刷、石油・石炭、ゴムなどがある。2000年以前は新聞・出版を含む。繊維工業は、1994年から一部が分類替えされたが、2008年に、また統合されたり、化学工業などから一部移設されたりして、数字の連続性がない場合がある。⑥色字は全国1位。

繊維工業		食料品工業		パルプ・紙工業		よう業など		都道府県
工場数	出荷額	工場数	出荷額	工場数	出荷額	工場数	出荷額	
3万8773	1.705	3万8772	1.829	7483	0.595	1万3459	0.527	1960年
5万2671	4.283	5万4570	7.028	1万2237	2.255	2万1561	2.448	70
3万9741	7.781	5万2455	22.196	1万2108	6.751	2万2494	8.304	80
3万0515	7.838	5万0776	33.074	1万1405	8.812	2万0753	10.724	90
1万1384	3.008	4万7771	34.821	9589	7.934	1万7388	8.860	2000
1万5902	3.790	3万4673	33.728	6685	7.111	1万1055	7.101	10
1万0586	3.694	2万7546	39.459	5338	7.688	9024	7.653	19
132	0.028	1873	2.451	101	0.387	392	0.199	北海道
119	0.020	426	0.487	32	0.101	97	0.042	青森
150	0.027	536	0.437	28	0.056	131	0.101	岩手
102	0.018	725	0.846	61	0.189	145	0.121	宮城
243	0.036	346	0.134	18	0.039	87	0.034	秋田
220	0.047	443	0.372	37	0.024	102	0.110	山形
264	0.044	523	0.447	73	0.209	221	0.198	福島
136	0.059	750	1.994	128	0.247	349	0.337	茨城
194	0.057	459	1.594	111	0.276	227	0.168	栃木
242	0.047	465	1.191	86	0.091	152	0.096	群馬
293	0.085	929	2.253	436	0.504	322	0.280	埼玉
121	0.024	885	2.014	115	0.142	231	0.302	千葉
365	0.054	721	0.833	371	0.137	181	0.160	東京
122	0.040	656	2.089	166	0.223	219	0.294	神奈川
325	0.073	765	0.891	94	0.212	211	0.102	新潟
135	0.056	347	0.219	77	0.152	142	0.101	富山
437	0.193	403	0.200	61	0.025	155	0.074	石川
488	0.231	209	0.064	81	0.088	71	0.057	福井
87	0.034	269	0.403	43	0.023	69	0.075	山梨
80	0.018	712	0.736	95	0.082	190	0.146	長野
401	0.141	499	0.455	198	0.225	690	0.385	岐阜
227	0.111	1552	2.335	463	0.871	204	0.158	静岡
862	0.353	1227	2.156	409	0.453	671	0.841	愛知
124	0.048	513	0.594	69	0.092	244	0.275	三重
244	0.222	256	0.553	88	0.184	210	0.382	滋賀
609	0.097	622	1.409	143	0.131	155	0.207	京都
837	0.281	814	1.559	574	0.351	284	0.231	大阪
296	0.121	1168	2.144	191	0.320	303	0.316	兵庫
252	0.064	226	0.273	55	0.063	79	0.032	奈良
219	0.069	397	0.239	29	0.039	80	0.044	和歌山
70	0.017	208	0.182	35	0.099	37	0.009	鳥取
105	0.033	299	0.084	37	0.031	103	0.037	島根
428	0.232	388	0.715	69	0.120	240	0.245	岡山
297	0.126	592	0.699	90	0.110	177	0.136	広島
66	0.056	363	0.271	39	0.096	131	0.234	山口
100	0.024	268	0.178	35	0.120	58	0.020	徳島
114	0.041	399	0.366	70	0.132	113	0.068	香川
246	0.190	391	0.366	223	0.570	111	0.041	愛媛
58	0.014	315	0.120	58	0.065	95	0.061	高知
225	0.055	988	1.643	117	0.094	305	0.379	福岡
67	0.024	319	0.465	37	0.081	185	0.044	佐賀
96	0.028	587	0.331	15	0.005	168	0.044	長崎
122	0.029	546	0.518	23	0.096	151	0.082	熊本
60	0.020	321	0.281	16	0.036	119	0.114	大分
87	0.089	459	0.532	15	0.041	103	0.035	宮崎
77	0.013	949	1.077	20	0.051	165	0.169	鹿児島
42	0.004	438	0.255	6	0.006	149	0.068	沖縄

統計—日本—工業

鉄鋼業と金属工業

工業

鉄鋼の原料になる鉄鉱石と原料炭はほぼ100％輸入だが、どの国からか。銅や亜鉛、なまり、ニッケルなどの金属も電子機器や石油精製、日用品など用途が多い。その生産と輸入の状況も確認しよう。

工場数・働く人・生産額

30人以上の工場　【資料】工業統計2020（経済産業省）

		工場数(2020)	働く人(万人)(2020)	生産額(億円)(2019)
鉄鋼業	製鉄業	14	4.0	5兆9084
	その他	1242	14.7	9兆5071
金属工業	アルミ製造業	45	0.4	3998
	非鉄金属製造業（アルミ製造業以外）	772	11.5	8兆2068
	金属製品製造業	4451	36.9	10兆8268

鉄鋼原料のおもな輸入先（2020年）

【資料】貿易統計（財務省）

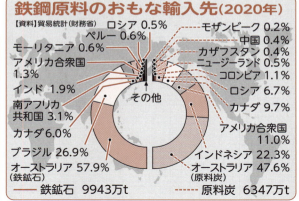

鉄鉱石：ロシア 0.5%、ペルー 0.6%、モーリタニア 0.6%、アメリカ合衆国 1.3%、インド 1.9%、南アフリカ共和国 3.1%、カナダ 6.0%、ブラジル 26.9%、オーストラリア 57.9%　鉄鉱石 9943万t

原料炭：モザンビーク 0.2%、中国 0.4%、カザフスタン 0.4%、ニュージーランド 0.5%、コロンビア 1.1%、ロシア 6.7%、カナダ 9.7%、アメリカ合衆国 11.0%、インドネシア 22.3%、オーストラリア 47.6%　原料炭 6347万t

金の生産と輸入

【資料】生産動態統計年報（経済産業省）
【注】金は地金。1994年以降、輸入量の資料なし

銀の生産と輸入

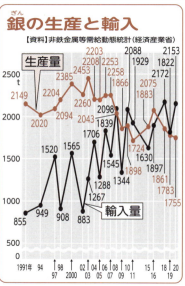

【資料】非鉄金属等需給動態統計（経済産業省）

銅の生産と輸入

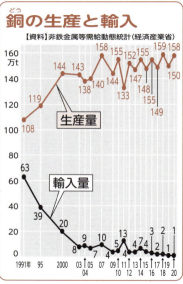

【資料】非鉄金属等需給動態統計（経済産業省）

なまりの生産と輸入

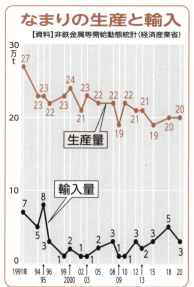

【資料】非鉄金属等需給動態統計（経済産業省）

ニッケルの生産と輸入

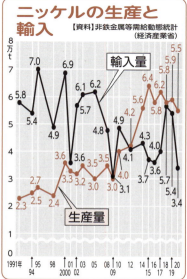

【資料】非鉄金属等需給動態統計（経済産業省）

知っトク情報

人を狂わせた金

金ほど人類を魅了した金属はほかにありません。コロンブスがアメリカ大陸に到達したのも、マルコ・ポーロの『東方見聞録』の中に、黄金の国として出てくるジパング（日本）を探すのがそもそもの目的でした。16世紀に多くのスペイン人が南アメリカに出かけて多くの現地人を殺したのも、そこにあるとされた「エルドラド（黄金郷）」探しのためでした。結局はいずれも幻で、黄金郷などどこにもありませんでした。

機械工業では、用途の違う多くの機械をつくるが、身の回りのものや工場で使うものなど、どんなものがあるだろうか。1990年から現在までの生産額や生産量の移り変わりも見てみよう。

機械工業 工業

工場数・働く人・生産額

30人以上の工場　【資料】工業統計2020（経済産業省）

	工場数 (2020)	働く人(万人) (2020)	生産額(億円) (2019)
一般機械	5761	72.5	27兆2897
電気機械 (含、情報・電子)	4907	92.3	34兆5306
輸送機械	3764	98.7	57兆1051
精密機械	930	13.1	3兆4117

キーワード

機械工業は、大きく次の四つに分類されている

- **一般機械**　ボイラー、モーター、エレベーター、ミシン、農業用・建設・繊維機械など。
- **電気機械**　電気機械＝発電・送電用機械、冷蔵庫・洗濯機など家庭用電気製品、電球など照明器具。
情報通信機械＝電話、ファクシミリ、コンピューターなど。
電子部品・デバイス＝IC、LSI、コンデンサー、液晶素子など。
- **輸送機械**　自動車、鉄道車両、自転車、船、飛行機など。
- **精密機械**　計量器、測定器（はかり、温度計ほか）、測量機械、医療用機械、理化学機械、光学機械（けんび鏡、カメラ、映写機ほか）、時計など。

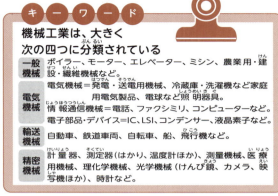

一般機械の生産額

【注】上の表とは、調査の対象になった工場の規模が異なる。電気機械、輸送機械、精密機械についても同じ。2001年から金型と機械工具を含む。

電気機械と輸送機械の生産額　【資料】生産動態統計年報（経済産業省）　【注】船は含まない。

精密機械の生産額

カメラと時計の生産量　【資料】生産動態統計年報（経済産業省）
【注】カメラの生産量は、1998年から海外の工場生産分は含まない。
単位 カメラ＝万台　時計＝億個

自転車・オートバイの生産量

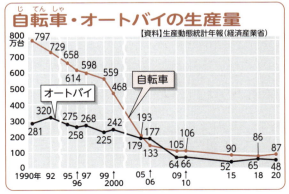

船の生産量　【資料】"World Fleet Statistics"（IHS、旧Lloyd's Register）、日本舶用工業会
【注】タンカーには化学製品運搬、ガス輸送船は含まない。

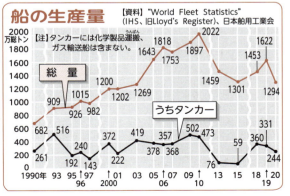

工業 自動車工業

2020年の自動車国内生産台数は806万7943台。うち、乗用車が696万0411台、トラックが103万7731台、バスが6万9801台。生産額や輸出入、保有台数、国内工場の場所などを確認しよう。

工場数・働く人・生産額
30人以上の工場 【資料】工業統計2020（経済産業省）

	工場数(2020)	働く人(万人)(2020)	生産額(億円)(2019)
自動車製造業（二輪車ふくむ）	73	19.8	24兆2511
自動車車体・付随車製造業	149	1.9	6779
自動車部分品・付属品製造業	2758	62.1	25兆0138

外国車の輸入
◆乗用車の輸入車販売台数　　普通車(2001cc以上)／小型車(551〜2000cc)　【資料】輸入車新規登録台数速報（日本自動車輸入組合）

年	普通車	小型車	計
1980	1万9859台	2万5012	4万4871
90	11万2010	10万9696	22万1706
95	25万7441	10万4824	36万2265
2000	23万0151	3万7616	26万7767
09	13万7601	3万0288	16万7889
10	14万9387	6万3896	21万3283
15	26万3791	4万9290	31万3081
18	31万0232	3万2538	34万2770
20	27万7160	2万0153	29万7313
21	29万2485	2万2504	31万4989

◆メーカー別トップ10（乗用車、2021年）
① メルセデス・ベンツ（ドイツ）5万1678台
② BMW（ドイツ）3万5905
③ VW フォルクスワーゲン（ドイツ）3万5213
④ アウディ（ドイツ）2万2535
⑤ BMWミニ（ドイツ）1万8211
⑥ ボルボ（スウェーデン）1万6638
⑦ ジープ（アメリカ）1万4271
⑧ プジョー（フランス）1万2072
⑨ ルノー（フランス）7666
⑩ ポルシェ（ドイツ）7009

自動車の輸出
【資料】日本の自動車産業（日本自動車工業会）
凡例：乗用車／トラック／バス

年	乗用車	トラック	バス	計
1970				109万台
85	673			
90	583			
95	290	85	4	379
2000	380	62	4	446
08	592	66	15	673
09	321	32	9	362
10	427	45	12	484
19	437	32	12	482
20	341	26	7	374

国内の自動車保有台数
【資料】自動車保有車両数月報（国土交通省）。8月末時点。2021年は9月末
凡例：乗用車／トラック／バス／二輪車／その他

年	乗用車	トラック	バス	二輪車	計
1970	878	852	19	74・33	1856万台
80	2366	1319	23	101・79	3888
90	3492	2132	25	286・121	6056
2000	5188	1841	24	306・173	7532
05	5674	1688	23	334・163	7883
10	5824	1547	23	356・150	7900
15	6079	1467	23	370・169	8103
19	6210	1447	23	377・365	8226
20	6198	1442	23	387・176	8217
21	6214	1448	22	・177・179	8250

おもな自動車工場（2020年）
【資料】日本自動車工業会、自動車メーカー各社

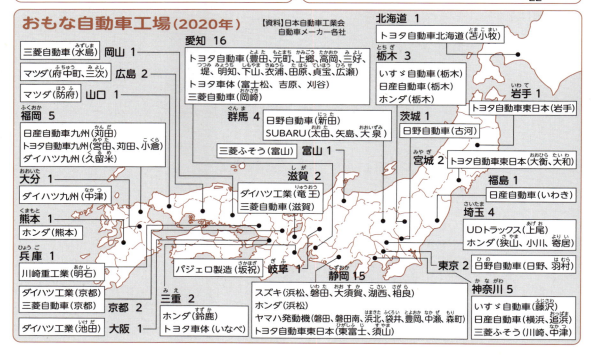

北海道 1：トヨタ自動車北海道（苫小牧）
岩手 1：トヨタ自動車東日本（岩手）
宮城 2：トヨタ自動車東日本（大衡、大和）
福島 1：日産自動車（いわき）
栃木 3：いすゞ自動車（栃木）、日産自動車（栃木）、ホンダ（栃木）
茨城 1：日野自動車（古河）
埼玉 4：UDトラックス（上尾）、ホンダ（狭山、小川、寄居）
東京 2：日野自動車（日野、羽村）
神奈川 5：いすゞ自動車（藤沢）、日産自動車（横浜、追浜）、三菱ふそう（川崎、中津）
群馬 4：日野自動車（新田）、SUBARU（太田、矢島、大泉）
富山 1：三菱ふそう（富山）
滋賀 2：ダイハツ工業（竜王）、三菱自動車（滋賀）
岐阜 1：パジェロ製造（坂祝）
静岡 15：スズキ（浜松、磐田、大須賀、湖西、相良）、ホンダ（浜松）、ヤマハ発動機（磐田、磐田南、浜北、袋井、豊岡、中瀬、森町）、トヨタ自動車東日本（東富士、須山）
三重 2：ホンダ（鈴鹿）、トヨタ車体（いなべ）
京都 2：ダイハツ工業（京都）、三菱自動車（京都）
大阪 1：ダイハツ工業（池田）
兵庫 1：川崎重工業（明石）
愛知 16：トヨタ自動車（豊田、元町、上郷、高岡、三好、堤、明知、下山、衣浦、田原、貞宝、広瀬）、トヨタ車体（富士松、吉原、刈谷）、三菱自動車（岡崎）
岡山 1：三菱自動車（水島）
広島 2：マツダ（府中町、三次）
山口 1：マツダ（防府）
福岡 5：日産自動車九州（苅田）、トヨタ自動車九州（宮田、苅田、小倉）、ダイハツ九州（久留米）
大分 1：ダイハツ九州（中津）
熊本 1：ホンダ（熊本）

166

電気機械・電子工業　工業

電気機械・電子工業で生産されるものは、身近な家電、通信や映像機器をはじめ、医療や産業機器など多様。日本の技術は高く、普及率も高い。輸出の変化や生活で使う製品の普及状況も見てみよう。

工場数・働く人・生産額

30人以上の工場　【資料】工業統計2020（経済産業省）

	工場数(2020)	働く人(万人)(2020)	生産額(億円)(2019)
電気機械器具	2651	42.8	15兆8897
情報通信機械器具	526	11.3	5兆4963
電子部品・デバイス・電子回路	1730	38.2	13兆1447

パソコンの生産

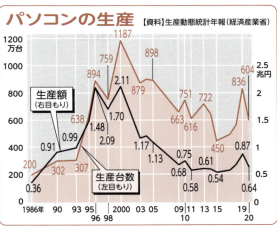

【資料】生産動態統計年報（経済産業省）

電気製品の輸出

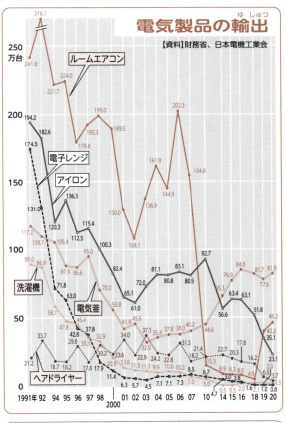

【資料】財務省、日本電機工業会

知っトク情報

テレビの父

ブラウン管を使った世界最初のテレビを発明したのは、浜松高等工業学校（現在の静岡大学工学部）で助教授をしていた高柳健次郎という日本人です。「テレビの父」と呼ばれる彼がブラウン管に最初に映し出したのは、カタカナの「イ」。イを選んだ理由は、いろはの最初の文字だからだそうです。この実験に成功したのが、大正15年12月25日。大正天皇が亡くなった日であり、昭和が始まった日です。

集積回路の生産量

【資料】生産動態統計年報（経済産業省）

年	生産量
1975年	3億2963万個
80	26億6017万
90	160億5392万
2000	353億3537万
05	310億2328万
08	382億8712万
09	307億0085万
10	405億7432万
15	270億6361万
17	308億7941万
19	246億6236万
20	251億3414万

生活のなかの電気・電子製品の普及率

電気冷蔵庫：1971年－91.2%
電気洗濯機：1970年－91.4%
電子レンジ：1997年－90.8%

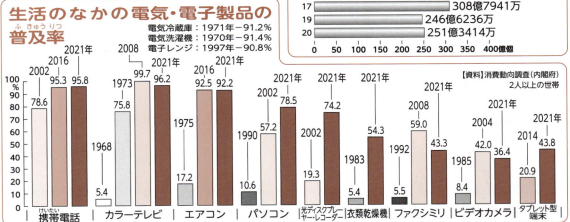

【資料】消費動向調査（内閣府）
2人以上の世帯

工業 化学工業

化学工業では、プラスチックや合成ゴムなど原料になるものから、洗剤、医薬品、塗料など生活用品まで幅広く生産される。特に医薬品は化学工業出荷額の約3割を占める(2019年：29.0%)。

工場数・働く人・生産額

30人以上の工場　【資料】工業統計2020（経済産業省）

	工場数(2020)	働く人(万人)(2020)	生産額(億円)(2019)
化学肥料	43	0.2	1611
ソーダ	13	0.3	1858
化学繊維	36	0.8	2910
医薬品	519	9.8	8兆1467
プラスチック	164	3.3	3兆2125
化粧品・歯みがきなど	259	4.3	2兆0134
石けん・合成洗剤	59	0.8	7902

プラスチック製品の生産

複合肥料の生産

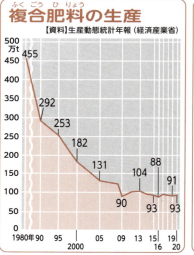

合成ゴムの生産

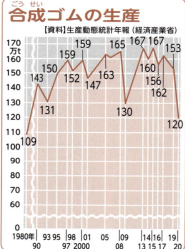

医薬品の生産額

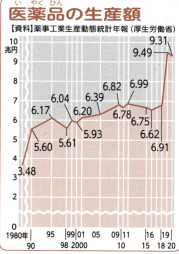

石油化学コンビナート（2020年7月）

【資料】石油化学コンビナート所在地（石油化学工業協会）

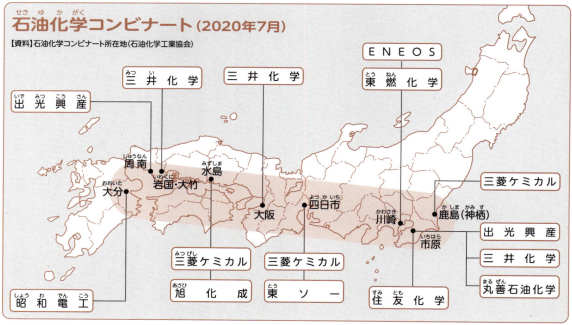

繊維工業 工業

繊維工業には、糸などを作る部門、織りや染め・加工の部門、製品を作る部門がある。工場数や生産額、天然繊維と合成繊維の生産割合、盛んな地域を確認し、各地の織物産地の特徴なども調べてみよう。

工場数・働く人・生産額

30人以上の工場　【資料】工業統計2020(経済産業省)

	工場数 (2020)	働く人(千人) (2020)	生産額(億円) (2019)
製　　　糸	—	—	—
紡　績	40	2.9	312
綿　紡　績	14	1.1	178
化学繊維紡績	16	1.1	134
毛　紡　績	10	0.7	x
ねん糸製造	32	2.0	406
織　物	96	7.6	1652
綿・スフ織物	32	2.4	435
絹・人絹織物	53	4.0	821
毛　織　物	11	1.2	396
ニット生地製造	33	1.9	437
衣服その他の製品	1197	85.0	1兆1277

【注】製糸：30人未満の工場はある。

輸出・輸入(2020年)

【資料】貿易統計(財務省)　単位 億円

輸入総額 3兆0160.8
輸出総額 7544.9

原料　525.2 / 895.8
糸　856.1 / 906.3
織物　743.5 / 2551.9
製品　2兆8036.1 / 3190.9

知っトク情報

新たな絹の道ができるかも？

スカーフや和服に使われる、しなやかで光沢があり肌ざわりがよい絹織物は、蛾の仲間の蚕という昆虫の繭からとる生糸で作ります。絹織物は、その美しさで古くから世界の人を魅了、古代ローマやペルシャの商人が絹を求めて中国を訪れた交易路が「シルクロード（絹の道）」です。日本では明治時代に重要な輸出品となり、1909（明治42）年に生糸生産高世界一に。しかし昭和初期の世界恐慌や戦争、安価なナイロンの普及、輸入品の増加などが重なり、養蚕農家も減少、戦後は斜陽産業と言われました。しかし近年、新しい高機能シルクや医薬品、化粧品も登場。人工血管の研究も行われています。北上市（岩手）や鶴岡市（山形）では、衰退する養蚕業を再興する取り組みがされ、日本はシルクロードの要衝だったウズベキスタンで技術支援も行っています。

糸の生産量

【資料】生産動態統計年報(経済産業省)、農林水産省

年	天然繊維	再生・半合成繊維	合成繊維	合計
1965	81	47	38	166万t
70	86	40	90	216
90	54	19	110	183
2000	19	8	82	109
05	11	4	58	73
09	6	2	37	45
10	5	1	48	54
15	5	44	49	(参考：再生・半合成繊維は0.4)
20	3	32	34	(参考：再生・半合成繊維は0.2)

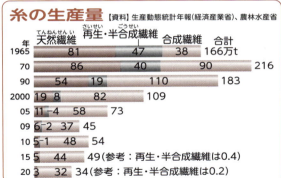

繊維工場の分布 (染色は除く)

■ 101〜
■ 51〜100
□ 50以下
（30人以上の工場の数）

【資料】工場数：工業統計2020（経済産業省）　工場位置：日本化学繊維協会調べ
【注】都道府県別の工場数別色分けは2020年。おもに各社の事業所名を表示。

◎ 合成繊維
◎ 再生・半合成繊維
（マークの数はおもな化学繊維工場数）

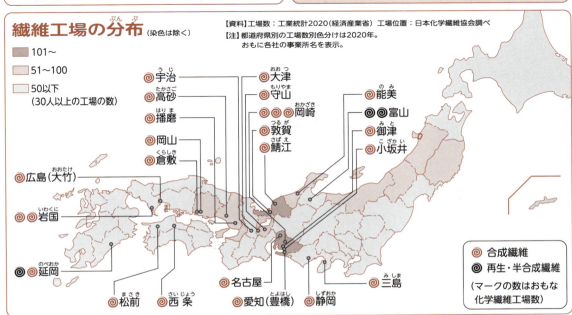

主な地名：宇治、大津、高砂、守山、能美、播磨、岡崎、富山、岡山、敦賀、御津、倉敷、鯖江、小坂井、広島（大竹）、岩国、延岡、松前、西条、愛知（豊橋）、静岡、名古屋、三島

食料品・その他の工業

工業

食料品工業の生産工場は中小メーカーが多い。どんな食品の生産額が多いか確認してみよう。ほかの産業の原材料を作るパルプ・紙工業、よう業は、景気に大きく左右され、市況産業といわれる。

食料品工業の工場数・働く人・生産額

30人以上の工場
【資料】工業統計2020（経済産業省）

	工場数(2020)	働く人(万人)(2020)	生産額(億円)(2019)
肉製品	537	6.9	2兆4762
乳製品	316	4.0	2兆7373
水産食料品	1109	8.9	2兆2271
野菜・果物・かんづめ	163	1.4	3308
みそ	32	0.2	878

	工場数(2020)	働く人(万人)(2020)	生産額(億円)(2019)
しょうゆ	50	0.4	1122
精穀・製粉	140	0.9	8887
砂糖	20	0.2	1601
パン・菓子	1463	21.3	4兆8719
飲料	588	5.5	5兆6010

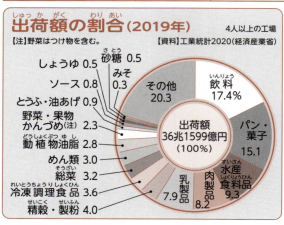

出荷額の割合（2019年） 4人以上の工場
【注】野菜はつけ物を含む。
【資料】工業統計2020（経済産業省）

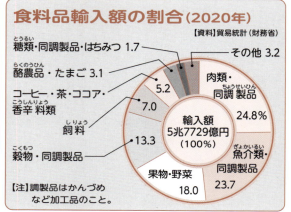

食料品輸入額の割合（2020年）
【資料】貿易統計（財務省）
【注】調製品はかんづめなど加工品のこと。

パルプ・紙工業

30人以上の工場
【資料】工業統計2020（経済産業省）

	工場数(2020)	働く人(万人)(2020)	生産額(億円)(2019)
紙製造業	195	2.8	2兆6297
紙製容器製造業	798	6.0	1兆8616
塗工紙製造業	71	0.7	3476
学用・事務用紙製造業	87	0.7	1689
段ボール製造業	25	0.1	473
パルプ製造業	14	0.2	431

よう業

30人以上の工場
【資料】工業統計2020（経済産業省）

	工場数(2020)	働く人(万人)(2020)	生産額(億円)(2019)
セメント製造業	37	0.4	3704
セメント製品製造業	467	2.7	7781
陶磁器製造業	183	2.8	6156
板ガラス製造・加工業	105	1.5	5482
ガラス製品製造業	190	2.3	7390
骨材・石工品等製造業	85	0.6	1310

パルプ・紙の生産量

【注】化繊用溶解パルプの統計は2002年以降廃止された。
【資料】生産動態統計年報（経済産業省）

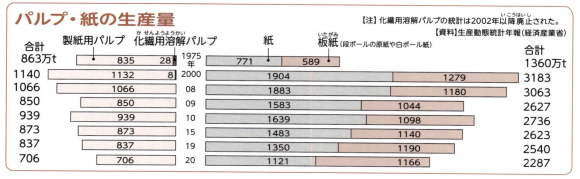

かんれん 世界のパルプの生産量 → 250ページ

有害な紫外線から生物を守るオゾン層は1979年から現在までどんな変化をしているか。世界の国の二酸化炭素排出量や酸性雨の状況を確認しよう。

大気・水の汚染
環境

世界の二酸化炭素排出量（2019年）
【資料】環境省

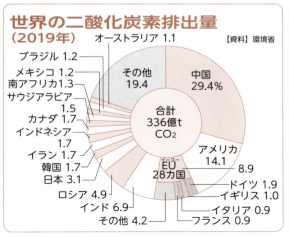

- 中国 29.4%
- アメリカ 14.1
- EU 28カ国 8.9
  - ドイツ 1.9
  - イギリス 1.0
  - イタリア 0.9
  - フランス 0.9
  - その他 4.2
- インド 6.9
- ロシア 4.9
- 日本 3.1
- 韓国 1.7
- イラン 1.7
- インドネシア 1.7
- カナダ 1.7
- サウジアラビア 1.5
- 南アフリカ 1.3
- メキシコ 1.2
- ブラジル 1.2
- オーストラリア 1.1
- その他 19.4

合計 336億t CO₂

南極上空のオゾンホールの最大面積の移り変わり
【資料】気象庁

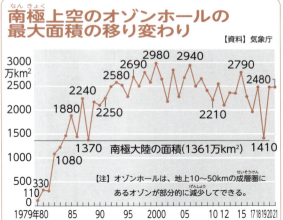

【注】オゾンホールは、地上10～50kmの成層圏にあるオゾンが部分的に減少してできる。

東アジアにおける酸性雨の状況
各測定地点における年平均pH（2019年）（一部、2018年の値）
【資料】東アジア酸性雨モニタリングネットワーク

日本	利尻	4.82	ロシア	イルクーツク	4.82
	竜飛岬(2018)	4.96		プリモルスカヤ	5.44
	東京	5.00		リストヴャンカ	4.73
	伊自良湖	4.79	ベトナム	ハノイ	4.95
	隠岐※	4.81	タイ	バンコク	6.06
	小笠原※	5.23		マエハエア	5.15
中国	西安地域	6.82・6.76	ミャンマー	ヤンゴン	6.53
	重慶地域	4.76・5.43	マレーシア(2018)	ペタリンジャヤ	4.50
	厦門地域	6.07・4.73		タナラタ	4.86
	珠海地域	5.02・4.95		クチン	5.25
韓国	カンファ	4.68	インドネシア	ジャカルタ	4.83
	チェジュ	5.60		スルポン	4.98

pHとは水素イオン指数により酸性度を表し、酸性雨を調べる指標。pHが低いほど酸性は強く、水素イオン濃度が高い（中性はpH7、一般にpH5.6以下を酸性雨と呼ぶ。ここでは、5.7以上の場合も表示）。数値が二つのところは2地点での観測値。
※隠岐と小笠原については測定できない期間を含む。

キーワード

「CO₂、SPM、BOD、COD」って？

二酸化炭素（CO₂）：大気中にもあるが、石油や石炭を燃やすと濃度が高くなる。地表からの赤外線を吸収して蓄えるため、温室効果ガスともいわれ、地球温暖化の原因とされる。

浮遊粒子状物質（SPM）：粒の直径が10μm以下の、大気中に浮かぶ物質。ディーゼル車の排ガス、工場のばい煙、道路の粉じんなどが原因。近年、より小さいPM2.5（微小粒子状物質）も問題に。発生源はSPMと同様だが、土壌など自然のものも。

生物化学的酸素要求量（BOD）：水中の有機物が、微生物によって酸化分解される時に必要な酸素量。水がよごれていれば有機物は多く、酸素が多く必要になる。単位はppm。

化学的酸素要求量（COD）：水中の有機物を酸化剤で酸化するのに消費される酸素の量。有機物が多いほど、酸素の量も多くなり、水のよごれの程度を示す数値になる。単位はppm。

大気汚染の移り変わり（二酸化イオウ、二酸化窒素、浮遊粒子状物質）
【資料】環境省

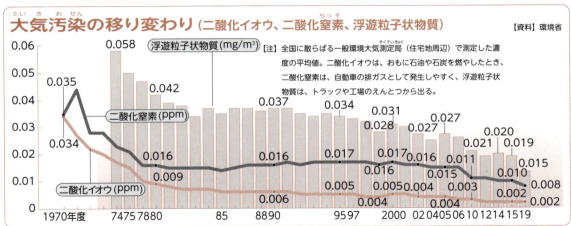

【注】全国に散らばる一般環境大気測定局（住宅地周辺）で測定した濃度の平均値。二酸化イオウは、おもに石油や石炭を燃やしたとき、二酸化窒素は、自動車の排ガスとして発生しやすく、浮遊粒子状物質は、トラックや工場のえんとつから出る。

環境

大気・水の汚染

二酸化炭素排出量の変化や、川や湖、住宅地や道路沿いの環境について確認しよう。近年、問題となっているPM2.5は非常に小さく、肺の奥深くまで入りやすいため、呼吸器や循環器への影響が心配される。

日本の二酸化炭素排出量の移り変わり

【資料】環境省（20年度速報値）
（1人あたり排出量は19年度確報値）

微小粒子状物質（PM2.5）の状況

【資料】環境省

一般環境大気測定局（住宅地）

年度	2015	2016	2017	2019
測定局数	788	816	827	860
有効測定局数	765	785	814	835
環境基準達成局（達成率）	570 (74.5%)	696 (88.7%)	732 (89.9%)	824 (98.7%)
黄砂による不達成局数	21	8	16	2

自動車排出ガス測定局（幹線道路沿い）

年度	2015	2016	2017	2019
測定局数	227	229	233	240
有効測定局数	219	223	224	238
環境基準達成局（達成率）	128 (58.4%)	197 (88.3%)	193 (86.2%)	234 (98.3%)
黄砂による不達成局数	7	2	6	0

光化学スモッグ注意報が出た日数と被害者数（全国）

【資料】環境省

日数	年	被害者数
266日	1975	4万6081人
86	80	1420
242	90	58
71	93	93
139	95	192
259	2000	1479
108	03	254
185	05	1495
177	06	289
220	07	1910
182	10	128
101	15	2
46	16	46
80	18	13
99	19	337
45	20	4

（注）日数は都道府県別の日数を足しあわせたもの。

BODが高濃度の川（ワースト5）

【資料】環境省

2020年度

順位	あてはめ水域名	都道府県	年間平均値 (mg/L)
1	塩田川下流	佐賀	9.2
2	福所江	佐賀	8.4
3	早戸川(2)注(2)は、水域区分。	茨城	7.7
4	花宗川	福岡	7.3
5	糸貫川	岐阜	6.9

汚染のひどい湖沼の水質の推移

【資料】環境省

水域全体のBODやCODの環境基準達成率
- 2010年度 87.8%　2016年度 90.3%
- 2012年度 88.6%　2017年度 89.0%
- 2013年度 87.3%　2018年度 89.6%
- 2015年度 91.1%　2019年度 89.2%
- 　　　　　　　　2020年度 88.8%

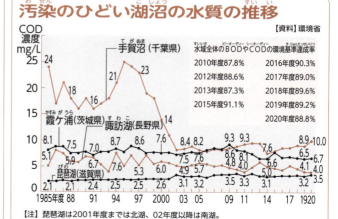

【注】琵琶湖は2001年度までは北湖、02年度以降は南湖。

世界的問題のプラスチックや食品ロスなど生活に密着するごみの状況を知ろう。また、産業廃棄物（21年度速報値）として、汚泥（1億6692万t）、動物のふん尿（8108万t）、がれき（5695万t）などが排出されている。

ごみとリサイクル　環境

1人が1日に出す「ごみ量」（2019年度）
【資料】環境省
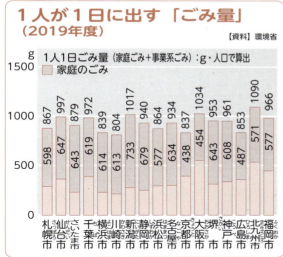

ごみ排出量
【資料】環境省

食品ロス発生量の推計
【資料】環境省　単位万t

年	事業系	家庭	計
2012	331	312	642
2014	339	282	621
2015	357	289	646
2016	352	291	643
2017	328	284	612
2019	309	261	570

2030年度目標

世界のプラスチック廃棄量(2019年)
【資料】日本エシカル推進協議会　単位万t

年間総廃棄量
- 中国　2536
- アメリカ　1719
- インド　558
- 日本　471
- イギリス　289
- ブラジル　281
- フランス　232
- ロシア　230
- インドネシア　226
- 韓国　225
- ベトナム　190
- ドイツ　182
- スペイン　159
- オーストラリア　145
- イタリア　139
- タイ　126
- サウジアラビア　116

1人あたり年間廃棄量
- シンガポール　76
- オーストラリア　59
- オマーン　56
- オランダ　55
- イスラエル　55
- スイス　53
- アメリカ　53
- UAE　52
- 韓国　44
- イギリス　44
- クウェート　40
- アイルランド　39
- 日本　37
- フランス　36
- スロベニア　35

公害別の苦情件数(2020年度)
【資料】公害苦情調査(総務省)

焼却(野焼き)	1万5987(19.6%)	飲食店営業・カラオケ	2787(3.4%)
工事・建設作業	1万1865(14.5%)	移動発生源	2238(2.7%)
廃棄物投棄	1万1058(13.6%)	焼却(施設)	1342(1.6%)
自然系	8000(9.8%)	産業排水	1065(1.3%)
家庭生活	5387(6.6%)	その他	9111(11.2%)
産業用機械作動	5134(6.3%)	不明	4390(5.4%)
流出・漏洩	3193(3.9%)	全国(100%)	8万1557

ペットボトルのリサイクル率
【資料】PETボトルリサイクル推進協議会

年度	指定ペットボトル販売量	海外再資源化/国内再資源化	リサイクル率	年度	指定ペットボトル販売量	海外再資源化/国内再資源化	リサイクル率
2006	544千t	175/234千t	75.1%	2015	563	227/261	86.7
2011	604	253/265	85.8	2018	626	195/334	84.6
2014	569	199/271	82.6	2020	551	144/344	88.5

家庭や商店から出たごみのゆくえ
【資料】環境省
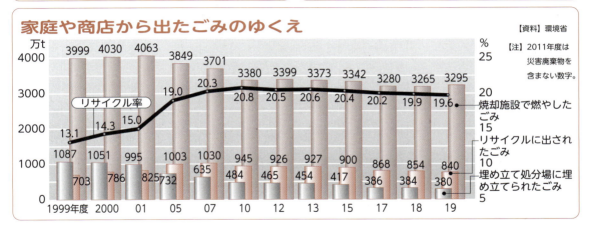

注：2011年度は災害廃棄物を含まない数字。

貿易 空港と港

どのようなところに国際戦略港湾・国際拠点港湾があるかを調べてみよう。外航商船とは、外国と貿易をするため、日本と外国の間を行き来する船舶をいう。どの港や空港で貿易が盛んかを調べてみよう。

おもな貿易港（2021年）

【資料】各空港における国際線就航状況調べ（国土交通省）など

✈ は国際空港　▣ は国際戦略港湾　● は国際拠点港湾

【注】貿易港とは、税関が外国との貿易を認めている空港と港。国際空港とは、国際間の航空輸送に用いる航空機の発着が可能で、税関・検疫・出入国管理の施設をもち、現在も国際便の発着があるものを指す。2021年は新型コロナウイルス感染拡大防止のため、日本の国際便は成田・羽田・中部・関西・福岡空港のみの発着。地図にはコロナ禍前の19年に国際便が発着していた国際空港も記載する。国際戦略港湾・国際拠点港湾とは、外国との貿易上特に重要な港湾として政令で定めるもの。全国で計23港。

おもな港の輸出入額（2020年）

【資料】国土交通省、財務省

港名	入港した外航商船（隻）	（トン）	輸出額（円）	輸入額（円）	おもな活動ととくちょう
東　　京	4943	1億2302万	5兆2332億	10兆9859億	1941年、貿易港として開港。海面の埋め立てで建設された人工港。
名　古　屋	7168	1億7221万	10兆4138億	4兆3160億	中京工業地帯の中心。自動車の輸出が多い。
横　　浜	8435	2億2674万	5兆8200億	4兆0459億	京浜工業地帯があり、輸出が多い。
大　　阪	4632	6424万	3兆8087億	4兆5149億	阪神工業地帯の中心。鉄鋼、機械などの輸出が多い。
神　　戸	6181	1億3076万	4兆9017億	3兆0018億	日本の代表的港。繊維製品、機械の輸出入が多い。
博　　多	3070	3579万	2兆8109億	9948億	福岡市にあり、遣隋使、遣唐使のころからの古い港。
千　　葉	3646	8503万	5903億	2兆4778億	1954年開港。輸出は鉄鋼、自動車、輸入は石油、自動車が多い。
川　　崎	2519	6625万	8939億	1兆8198億	1951年、横浜港から独立。輸出は自動車、輸入は石油、肉類が多い。
三　河	982	2056万	2兆0576億	6531億	自動車の輸入・輸出が多い。田原、豊橋、蒲郡の3港が併合された。
清　　水	1790	3315万	1兆6684億	9190億	富士山を仰ぎ、三保松原に囲まれた港。自動車部品の輸出が多い。
四日市	1627	4577万	7252億	1兆0763億	石油化学コンビナートの中心港。輸入は石油、輸出は自動車が多い。
水　　島	3018	5374万	7332億	9552億	水島臨海工業地帯が発達。石油化学などの工場が並ぶ。
北　九　州	3681	4703万	8748億	6856億	中国、韓国、台湾に近く、輸入は石炭や鉄鉱石、輸出は鋼材などが多い。

【注】トンは、入港した外航船の容積の合計。（輸出入額の上位13港）

おもな空港の輸出入額（2020年）

【資料】国土交通省、財務省

空港名	入港した国際線（機）	（トン）	輸出額（円）	輸入額（円）	おもな活動ととくちょう
成田国際空港	5万2986	195万8505	10兆1589億	12兆7436億	1978年開港。電子部品、電気機器の輸出入が多い。
関西国際空港	2万5353	70万1220	4兆9899億	3兆7248億	1994年開港。関西地方の空の玄関口。
中部国際空港	6193	11万0759	8050億	8239億	2005年開港。中部の「Central」と空の「Air」を合わせた「セントレア」が愛称。
東京国際空港	1万5704	33万3629	2430億	5490億	1931年に日本最初の国営飛行場として開港。半導体の輸入が多い。

【注】トンは荷の積み下ろしの総量。（輸出入額の上位4空港）

輸出入品の種類　貿易

日本が輸入しているもの、輸出しているものを、それぞれ確認して、わが国の貿易の特徴をとらえよう。また1960年以降、どんな変化がみられるか。総額と割合の違いに注意しながら考えよう。

輸入品の種類と割合

【資料】通商白書（経済産業省）、貿易統計（財務省）
輸入の総額を100とした場合の品物別の割合（％）

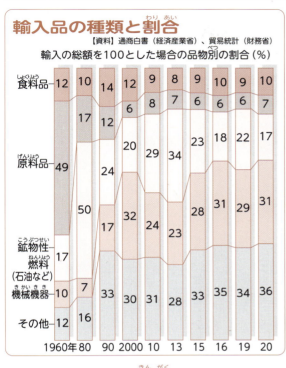

輸出品の種類と割合

【資料】通商白書（経済産業省）、貿易統計（財務省）
輸出の総額を100とした場合の品物別の割合（％）

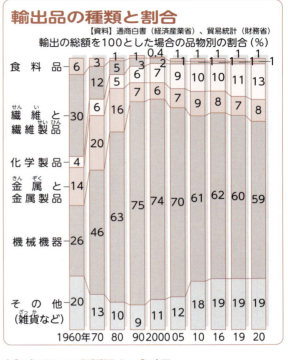

輸入品の種類と金額（2020年）

単位　億円【資料】財務省

種類	金額
食料品	6兆6782
おもな商品　肉類	1兆4311
魚介類	1兆3678
穀物類	7661
果実	5368
野菜	5039
原料品	4兆5953
おもな商品　非鉄金属鉱	1兆4397
鉄鉱石	1兆0308
木材	2790
大豆	1592
鉱物性燃料	11兆2549
おもな商品　原油及び粗油	4兆6466
液化天然ガス	3兆2089
石炭	1兆7043
石油製品	1兆2454
液化石油ガス	4304
原料別製品	6兆5614
おもな商品　非鉄金属	1兆7227
織物用糸・繊維製品	1兆2456
金属製品	1兆1358
鉄鋼	7058
木製品等（除家具）	6162
非金属鉱物製品	5701

種類	金額
化学製品	7兆7939
おもな商品　医薬品	3兆1548
有機化合物	1兆6481
一般機械	7兆0350
おもな商品　電算機類（含周辺機器）	2兆4003
原動機	8972
電算機類の部分品	4128
電気機器	11兆3497
おもな商品　通信機	2兆8494
半導体等電子部品	2兆5056
音響映像機器（含部品）	1兆2765
電気計測機器	6367
重電機器	6046
輸送用機器	2兆5990
おもな商品　自動車	1兆1652
自動車の部分品	6743
航空機類	4411
その他	9兆9697
おもな商品　衣類・同付属品	2兆7233
科学光学機器	1兆7101
家具	7479
バッグ類	5056
合計	67兆8371

【参考】2019年　78兆5995

輸出品の種類と金額（2020年）

単位　億円【資料】財務省

種類	金額
食料品	7902
原料品	1兆0198
鉱物性燃料	7228
化学製品	8兆5336
おもな商品　プラスチック	2兆4198
有機化合物	1兆5556
医薬品	8360
原料別製品	7兆5051
おもな商品　鉄鋼	2兆5737
非鉄金属	1兆5895
金属製品	1兆0422
非金属鉱物製品	7300
ゴム製品	7025
織物用糸・繊維製品	5909
紙類・紙製品	2576
輸送用機器	14兆4562
おもな商品　自動車	9兆5796
自動車の部分品	2兆9124
船舶	1兆1420
二輪自動車	2246

種類	金額
一般機械	13兆1401
おもな商品　半導体等製造装置	2兆5170
原動機	2兆1692
ポンプ遠心分離機	1兆1732
建設用・鉱山用機械	8965
電算機類の部分品	8682
金属加工機械	7771
荷役機械	4979
加熱用冷却用機器	3700
ベアリング	3688
電算機類（含周辺機器）	3054
繊維機械	1812
電気機器	12兆8199
おもな商品　半導体等電子部品	4兆0771
電気回路等の機器	1兆7410
電気計測機器	1兆5303
重電機器	9923
音響・映像機器（含部品）	5686
通信機	3769
その他	9兆4127
合計	68兆4005

【参考】2019年　76兆9317

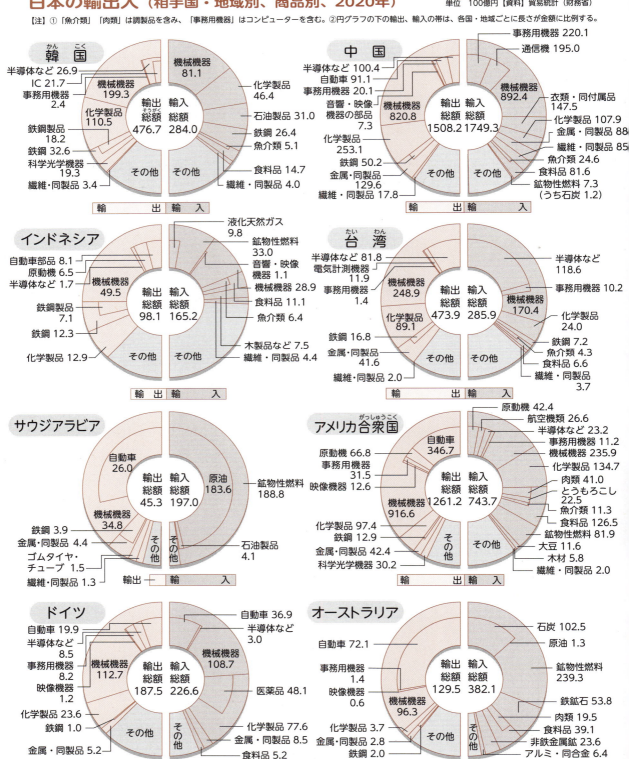

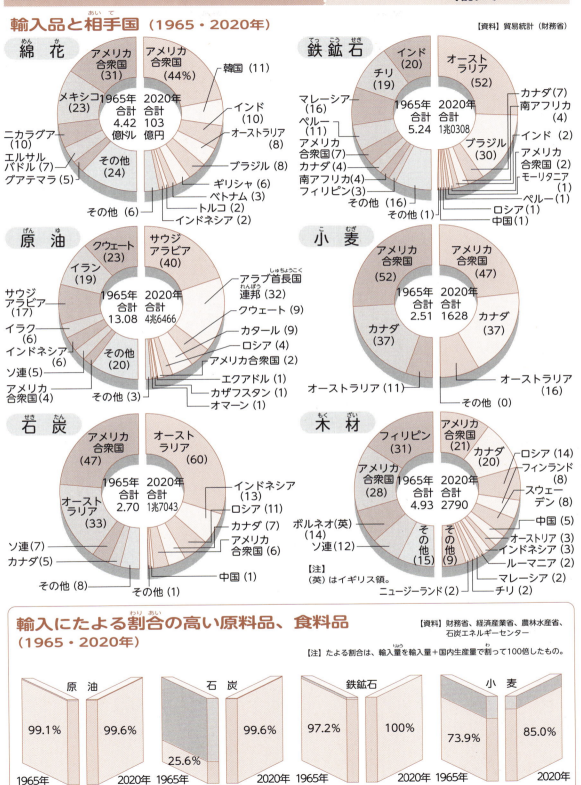

貿易 輸出

2020年の輸出総額は、約68.4兆円。中国とアメリカ合衆国の2国で、40％以上を占める。20年は前年比で−10％以上の輸出減となり、特に輸送機器や音響・映像機器など機械類の減少が大きかった。

輸出品と相手国・地域（1965・2020年）

【資料】貿易統計（財務省）

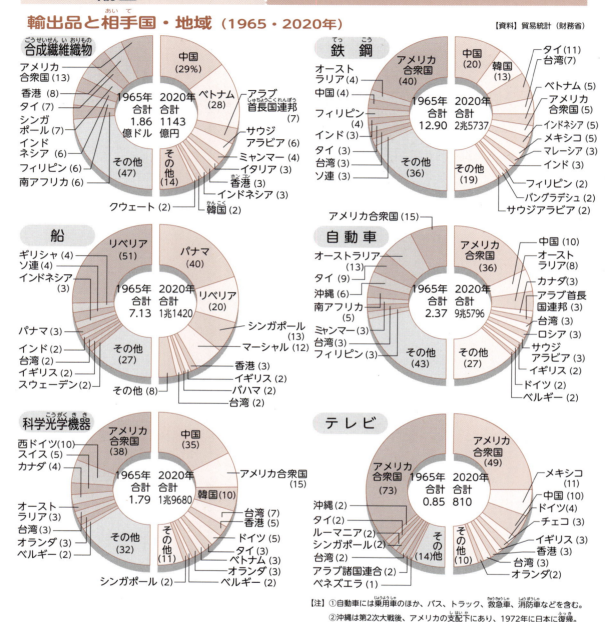

【注】①自動車には乗用車のほか、バス、トラック、救急車、消防車などを含む。
②沖縄は第2次大戦後、アメリカの支配下にあり、1972年に日本に復帰。
③香港は1997年から中国の特別行政区。

生産量に占める輸出の割合

【資料】財務省、経済産業省ほか

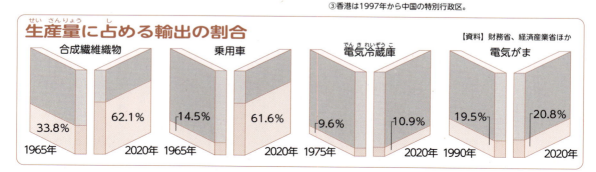

かんれん 世界の貿易の相手国・地域 → 251ページ

経常収支や貿易収支が増えたり減ったりする原因は様々だが、円高・円安とも関係していることをグラフから読み取ろう。また、2014年の貿易収支が過去最大の赤字になった理由を考えてみよう。

貿易と国際収支　貿易

貿易収支

【資料】国際収支状況（暦年）（財務省）
単位 億円

年	輸出	輸入	貿易収支
1985年	41兆5719	28兆6202	12兆9517
95	40兆2596	27兆9153	12兆3445
2000	48兆9635	36兆2652	12兆6983
05	63兆0094	51兆2382	11兆7712
10	64兆3914	54兆8754	9兆5160
14	74兆0747	84兆5400	-10兆4653
20	67兆3701	64兆3595	3兆0106

【注】貿易収支は、「輸出」から「輸入」を引いて算出する。東日本大震災による原発停止で需要が増えた火力発電燃料の輸入量の伸びは落ち着いたが、円安ドル高が進んだため、2014年の貿易収支は過去最大の赤字となった。

経常収支

【資料】国際収支状況（暦年）（財務省）
単位 億円

貿易・サービス収支／第一次所得収支／第二次所得収支

年	貿易・サービス収支	第一次所得収支	第二次所得収支	経常収支
1990年	3兆8628	3兆2874	-6768	6兆4736
92	10兆2054	4兆5125	-4833	14兆2349
94	9兆8345	4兆1307	-6225	13兆3425
96	2兆3174	6兆1544	-9775	7兆4943
98	9兆5299	6兆6146	-1兆1463	14兆9981
2000	7兆4298	7兆6914	-1兆0596	14兆0616
02	6兆4690	7兆8105	-5958	13兆6837
04	10兆1961	10兆3488	-8509	19兆6941
06	7兆3460	14兆2277	-1兆2429	20兆3307
08	1兆8899	14兆3402	-1兆3515	14兆8786
20	-7250	19兆1532	-2兆5492	15兆8790

【注】サービス収支＝旅行代金や情報などに支払われた代金の合計。海外旅行者や貿易量が増えると運送費の支払いも増えるので、サービス収支は赤字になることが多い。第一次所得収支＝海外にある資産などから生まれる利子や配当（収入）と海外からの出稼ぎ労働者などへの報酬（支出）の合計。第二次所得収支＝外国に対する援助などの無償資金協力や国際機関への分担金など。経常収支はこの三つの合計。

円とドル

アメリカの1ドルと交換できる円
【資料】金融経済統計月報（日本銀行）

200.60 / 160.10 / 122.00 / 135.40 / 143.40 / 124.65 / 125.25 / 111.89 / 99.83 / 115.98 / 102.91 / 115.20 / 129.92 / 102.08 / 114.90 / 120.42 / 81.51 / 77.57 / 109.15 / 110.40 / 103.33 / 115.12

【注】たとえば1ドルのおもちゃを買うのに、1985年は約200円必要だったのが、2015年には約120円になった。この場合、1985年より2015年のほうが「円が強い（高い）」といういい方をする。

●キーワード●

「国際収支」って？

日本と外国のおかねのやりとりをまとめたものが国際収支です。モノの輸出入の代金や、旅行やサービスの代金などをまとめた「経常収支」と、土地の所有権の移転などをまとめた「資本移転等収支」、外国への投資などをまとめた「金融収支」に分けられます。

おもな国の貿易額と製品の占める割合（2019年）

【資料】商品分類別輸出入額（総務省）

輸入	国	輸出
7211億ドル　61.1%	日本　88.3%	7057億ドル
2兆0690億　62.3	中国　94.1	2兆4986億
2兆5675億　79.5	アメリカ　64.6	1兆6443億
1兆2399億　76.2	ドイツ　87.0	1兆4933億
6925億　68.8	イギリス　74.6	4683億

【注】色の濃い部分が、輸入額、輸出額に占める化学・工業製品、機械類、輸送用機器、雑品の合計の割合（％）。日本は原材料を輸入し、加工して製品に仕上げ、輸出するという「加工貿易」で、経済大国になった。2010年までの日本は輸入よりも輸出の貿易額が多かったが、11年から5年連続で貿易収支が赤字になった。16年に6年ぶりに黒字となった後、20年まで5年連続で黒字となっている。なお、日本、アメリカ、イギリス、中国は「一般貿易方式」（再輸出を含むすべての輸出入を記録）だが、ドイツは「特別貿易方式」（税関を通過した輸出入のみ記録）での数値。

統計｜日本｜貿易

179

小売店・デパート・スーパー

商業

コンビニエンスストアは、24時間営業で手軽に商品を購入できることから人気を集めている。コンビニエンスストアで、食品以外の商品の売上高が約30％あることに注目しよう。

商店の数、働く人、売上高（2016年）

【資料】経済センサス（経済産業省）

分類	商店数	働く人	年間売上高
合計	135万5060	1159.6万人	581兆6263億円
おろし売店 総合商社など	1410	3.9	30兆1266
せんい、衣服	2万2883	24.5	12兆4209
飲食料品	7万0613	77.2	88兆8965
建築材料、鉱物、金属材料など	8万5388	75.8	115兆6454
機械器具	9万8974	121.8	116兆0704
その他	8万5163	90.7	73兆2421
小売店 デパート、総合スーパー	1590	33.1	12兆6348
織物、衣服	14万0465	69.8	9兆9869
飲食料品	29万9120	301.4	41兆5683
機械器具など	14万2223	88.4	27兆1135
その他	36万9061	239.1	43兆5288

おろし売店・小売店の数（働く人の数別、2016年）

【資料】経済産業省

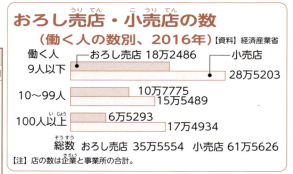

働く人
9人以下　おろし売店 18万2486　小売店 28万5203
10～99人　10万7775　15万5489
100人以上　6万5293　17万4934

総数　おろし売店 35万5554　小売店 61万5626
【注】店の数は企業と事業所の合計。

生活協同組合

【資料】厚生労働省

年度	組合数	組合員数	供給・利用事業高
1970	1248	1266万人	2445億円
80	1335	2317	1兆2348
90	1259	3700	2兆9712
95	1191	4518	3兆4422
2000	1167	5354	3兆3752
20	1081	6767	3兆0676

デパートとスーパーの売上高（2020年）

【資料】商業動態統計年報（経済産業省）

デパート 合計4兆6938億円（100％）
- 衣料品・身の回り品　1兆8687億（40）
- 飲食料品　1兆4899億（32）
- その他　1兆3352億（28）

スーパー 合計14兆8112億円（100％）
- 衣料品・身の回り品　8939億（6）
- 飲食料品　11兆6268億（79）
- その他　2兆2905億（16）

【注】「その他」は家具、電気製品、家庭用品、食堂など。

おもなコンビニエンスストアの売上高と店舗数

【資料】各社広報室

セブン-イレブン・ジャパン
- 1981　2021億円（1306店）
- 91　1兆0818億（4629）
- 2001　2兆1140億（9060）
- 20　4兆7875億（2万1085）

ファミリーマート
- 1981　135億（113）
- 91　3767億（2450）
- 2001　8987億（5856）
- 20　2兆8100億（1万6634）

ローソン
- 1981　766億（767）
- 91　5990億（4070）
- 2001　1兆2823億（7734）
- 20　2兆3497億（1万4476）

【注】売上高の多い方からベスト3。

おもな外食産業の売上高

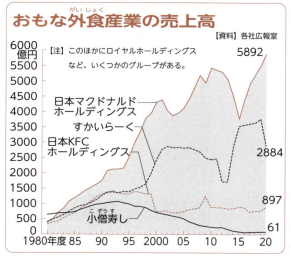

【資料】各社広報室
【注】このほかにロイヤルホールディングスなど、いくつかのグループがある。

日本マクドナルドホールディングス　5892
すかいらーく　2884
日本KFCホールディングス　897
小僧寿し　61

（1980年度～20）

コンビニエンスストアの商品販売額

【資料】商業動態統計年報（経済産業省）

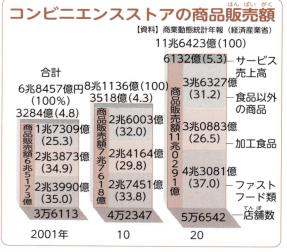

2001年　合計 6兆8457億円（100％）
- 商品販売額 1兆7309億（25.3）サービス売上高
- 2兆3873億（34.9）
- 2兆3990億（35.0）
- 3284億（4.8）
- 店舗数 3万6113

2010年　8兆1136億（100）
- 3518億（4.3）
- 商品販売額 2兆6003億（32.0）
- 2兆4164億（29.8）
- 2兆7451億（33.8）
- 4万2347

2020年　11兆6423億（100）
- 6132億（5.3）サービス売上高
- 3兆6327億（31.2）食品以外の商品
- 3兆0883億（26.5）加工食品
- 4兆3081億（37.0）ファストフード類
- 商品販売額 11兆0291億
- 店舗数 5万6542

通貨の出回り高は増え続け、1万円札の出回り高は130兆円を超えた。また、景気は低迷しているが、個人の預金額は増えており、銀行の貸しつけ先も個人が最も多い。

お金の動き　商業

通貨の出回り高

各年とも12月末
【資料】金融経済統計月報（日本銀行）

日本銀行券（お札）
貨幣（硬貨）

日本銀行券と貨幣の出回り高（2021年12月末）

【資料】金融経済統計月報（日本銀行）

日本銀行券	1万円札	130兆6877億円
	5000円札	4兆2185億
	2000円札	2308億
	1000円札	5兆1981億
	500円札	1194億
貨幣	500円硬貨	3兆0056億
	100円硬貨	1兆3285億
	50円硬貨	2676億
	10円硬貨	2322億
	5円硬貨	631億
	1円硬貨	447億

※記念貨幣を含む。

国内銀行の預金額

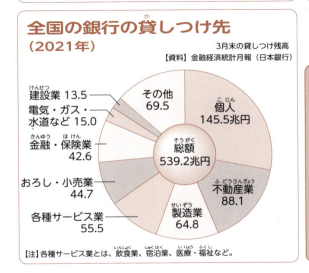

各年とも3月末
【資料】預金者別預金（日本銀行）

会社など　個人　公金など

個人の預貯金額の移り変わり

各年とも3月末
【資料】家計の金融機関別預金残高（日本銀行）

銀行　郵便局　信用金庫　農協　その他
国内銀行　中小企業金融機関など　在日外国銀行
農林水産金融機関

【注】2021年の「中小企業金融機関など」には、ゆうちょ銀行を含む。

全国の銀行の貸しつけ先（2021年）

3月末の貸しつけ残高
【資料】金融経済統計月報（日本銀行）

- 建設業　13.5
- 電気・ガス・水道など　15.0
- 金融・保険業　42.6
- おろし・小売業　44.7
- 各種サービス業　55.5
- 製造業　64.8
- 不動産業　88.1
- 個人　145.5兆円
- その他　69.5
- 総額　539.2兆円

【注】各種サービス業とは、飲食業、宿泊業、医療・福祉など。

キーワード

「日本銀行」って？

「日本銀行」（日銀）は日本で唯一、お札を発行できる「発券銀行」です。また、日銀は「銀行の銀行」で、一般の銀行は日銀にお金を預けたり、日銀からお金を借りたりしています。さらに、日銀は「政府の銀行」で、国のお金の出し入れを扱います。日銀は個人や会社などとは取引をしませんが、景気に合わせて金利を調整して物価を安定させたり、銀行の経営状態をチェックしてお金の流れを守ったりする役割を担っています。

交通 高速道路

2021年3月現在、高速道路の総延長は、9071km（供用中）。首都高速の1日交通量（20年度平均）は、約90万台。高速道路利用車両のETC（自動料金収受システム）利用率は9割以上。各地域の高速道路の現状（供用中・建設中・計画）を見よう。

高速自動車国道（2021年3月）おもな路線

【資料】国土交通省

北海道縦貫自動車道	北関東自動車道	関西国際空港線	四国縦貫自動車道
北海道横断自動車道	成田国際空港線	中国縦貫自動車道	四国横断自動車道
東北縦貫自動車道	中央自動車道	山陽自動車道	九州縦貫自動車道
東北横断自動車道	第一東海自動車道（東名）	中国横断自動車道	九州横断自動車道
日本海沿岸東北自動車道	東海北陸自動車道	山陰自動車道	東九州自動車道
東北中央自動車道	第二東海自動車道（新東名）	関門自動車道	沖縄自動車道
関越自動車道	中部横断自動車道		
常磐自動車道	北陸自動車道		
東関東自動車道	近畿自動車道		

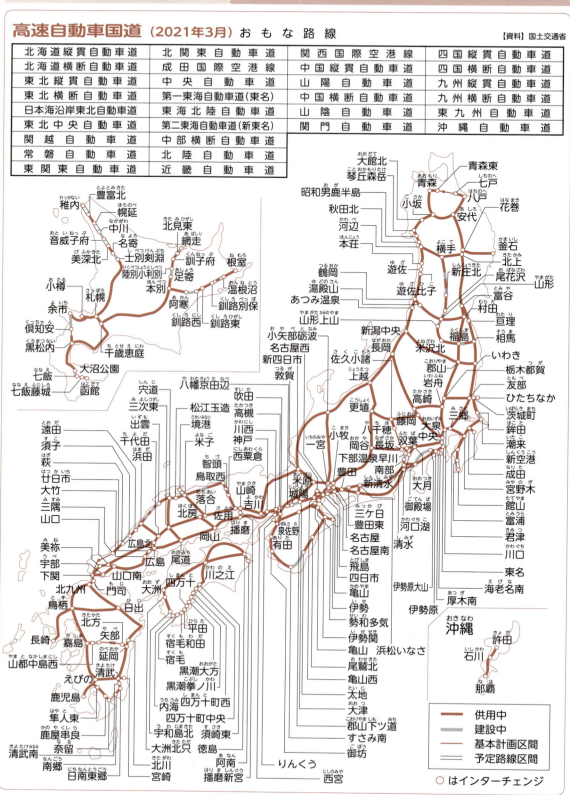

道路・高速バス　交通

日本の道路の総延長や交通量を確認しよう。長い橋やトンネルについても調べよう。国道のアスファルト舗装が始まったのは1919年だが、現在はどのくらい舗装されているだろうか。

道路の舗装率（2020年3月末現在）

【資料】道路統計年報2021（国土交通省）

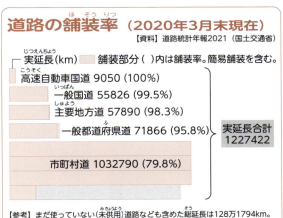

- 高速自動車国道 9050 (100%)
- 一般国道 55826 (99.5%)
- 主要地方道 57890 (98.3%)
- 一般都道府県道 71866 (95.8%)
- 市町村道 1032790 (79.8%)

実延長合計 1227422

【参考】まだ使っていない（未供用）道路なども含めた総延長は128万1794km。主要地方道は、とくに重要な都道府県道と市道。

高速バスの利用

【資料】国土交通省自動車局旅客課

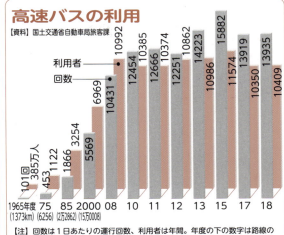

【注】回数は1日あたりの運行回数、利用者は年間。年度の下の数字は路線の長さの合計。2002年で統計中止。2006年度以降、統計範囲を変更。

道路の平均交通量

【資料】道路交通センサス（国土交通省）

高速道路: 8557 (1965), 16059, 24461 (1971), 21607, 17976, 17375, 17663, 17477, 19156, 21382, 22278, 19935, 21168, 20138

一般道路: 556, 1098, 1708, 2895, 3509, 3938, 4004, 4670, 5329, 5415, 5463, 5267, 5242

【注】朝7時から夜7時までの12時間に通った車の台数。1958年度、62年度の数値には自動二輪車が含まれる。

交通量の多い一般道路（2015年度）

【資料】道路交通センサス（国土交通省）

順位	交通量(台/12h)	観測地点名	路線名
1	103633	神奈川県横浜市旭区桐が作	一般国道16号（保土ケ谷バイパス）
2	103616	新潟県新潟市中央区紫竹山	一般国道8号（新潟バイパス）
3	90895	大阪府大阪市北区豊崎	一般国道423号（新御堂筋）
4	85478	新潟県新潟市東区紫竹	一般国道7号
5	80145	大阪府東大阪市本庄西	大阪中央環状線
6	79159	愛知県大府市北崎町大根	一般国道23号
7	68860	新潟県新潟市西区立仏	一般国道116号
8	62481	兵庫県加古川市東神吉町砂部	一般国道2号（加古川バイパス）
9	60264	宮城県仙台市宮城野区小鶴字黒須	一般国道4号
10	59502	大阪府堺市南区竹城台	富田林泉大津線

【注】平日の朝7時から夜7時までの調査。一般国道の有料区間を除く。1路線につき1区間のみ対象。

長い橋とトンネルのベスト10

橋（2021年12月現在）

順位	名称	中央支間長(m)①	所在都道府県
1	明石海峡大橋	1991	兵庫
2	南備讃瀬戸大橋	1100	香川
3	来島海峡第三大橋	1030	愛媛
4	来島海峡第二大橋	1020	愛媛
5	北備讃瀬戸大橋	990	香川
6	下津井瀬戸大橋	940	岡山～香川
7	多々羅大橋	890	広島～愛媛
8	大鳴門橋	876	兵庫～徳島
9	因島大橋	770	広島
10	安芸灘大橋	750	広島

道路トンネル②（2021年12月現在）

【資料】（一社）日本トンネル技術協会、本州四国連絡高速道路（株）

順位	名称	延長(m)	所在都道府県
1	関越トンネル	11055	群馬～新潟
2	飛驒トンネル	10710	岐阜
3	東京湾アクアトンネル	9547	神奈川～千葉
4	栗子トンネル	8972	山形～福島
5	恵那山トンネル	8649	長野～岐阜
6	新神戸トンネル	8060	兵庫
7	雁坂トンネル	6625	山梨～埼玉
8	肥後トンネル	6340	熊本
9	加久藤トンネル	6265	熊本～宮崎
10	温海トンネル	6022	山形

【注】①塔と塔の間の距離　②首都高速道路など都市トンネルは除く。

183

交通　鉄道

鉄道は、省エネの交通手段（1人1kmあたりCO_2排出量・鉄道17g、バス57g、自家用乗用車130g＝2019年度）だが、国内で利用されている距離や人数はどれくらいか、3大都市圏の利用状況も見てみよう。

JRと私鉄の旅客数

【資料】鉄道輸送統計年報（国土交通省）

単位：億人　JR（国鉄）／私鉄／普通・定期・定期・普通

年度	JR普通	JR定期	私鉄定期	私鉄普通
1950	13	18	26	27
60	18	33	42	30
70	22	44	62	36
90	31	53	84	55
2000	33	54	75	55
10	33	55	77	62
18	37	58	88	69
19	36	59	89	68
20	21	46	66	43

JRと私鉄の営業キロ数

【資料】鉄道輸送統計年報（国土交通省）

年度末	JR(国鉄)	私鉄
1960	2万0482	7420km
80	2万1322	5594
90	2万0166	6630
2000	2万0057（うち新幹線2154）	7444
05	2万0011（うち新幹線2387）	7623
15	2万0132（うち新幹線2997）	7784
19	1万9949（うち新幹線2997）	7840
20	1万9901（うち新幹線2997）	7840

【注】私鉄には、路面電車を含む。JRは1987年から。

JRの車両数

【資料】国土交通省

車種	1965年度末	2021年3月
蒸気機関車	3164両	12両
電気機関車	1369	461
ディーゼル機関車	582	267
電車	8569	1万7634
新幹線電車	488	4787
気動車	4595	2150
客車	1万0362	91
貨車	14万2258	9830

【注】2021年3月現在のJRの電化区間は1万2503.4kmで、総営業キロの63.2%。

JRの主な駅の1日平均乗客数（2020年度）

【資料】JR東日本、JR東海、JR西日本

駅名	都府県	乗客数(人)
新宿　しんじゅく	東京	47万7073
池袋　いけぶくろ	〃	37万6350
東京　とうきょう	〃	30万4913
横浜　よこはま	神奈川	29万0376
大阪　おおさか	大阪	29万0317
渋谷　しぶや	東京	22万2150
品川　しながわ	〃	22万0930*
大宮　おおみや	埼玉	18万8576
新橋　しんばし	東京	17万5368
北千住　きたせんじゅ	〃	16万1271
川崎　かわさき	神奈川	15万9802
秋葉原　あきはばら	東京	15万6102
高田馬場　たかだのばば	〃	13万9544
名古屋　なごや	愛知	12万8173
京都　きょうと	京都	12万7178*
立川　たちかわ	東京	12万2033
上野　うえの	〃	11万4064
大崎　おおさき	〃	10万8842
天王寺　てんのうじ	大阪	10万8718
西船橋　にしふなばし	千葉	10万3947

【注】新幹線を含む。ただし*は東海道新幹線分を含まず。3社の数値からの概算。

地下鉄の営業キロ数

【資料】1965～80年度 都市交通年報（国土交通省）、1990～2020年度 日本地下鉄協会、9都市（※）の地下鉄を集計。

年度	営業キロ	輸送人員
1965	123km	
70	236	
80	373	
90	516	46億6100万人
2000	656	46億7900万人
10	743	52億3700万人
19	757	62億1400万人
20	764	42億4500万人

【注】1927（昭和2）年、東京の浅草―上野間に、初の地下鉄が開通。※札幌、仙台、東京、横浜、名古屋、京都、大阪、神戸、福岡の9都市（10社局）。ほかに千葉県、埼玉県、広島県や横浜市にも5つの地下鉄があり、それを含めると2020年度で、営業キロ851km、輸送人員44億2198万人。

知っトク情報

新幹線は環境に優しい？

江戸から京都まで約500km。今なら新幹線で2時間20分ほどだが、昔は東海道を15日ほどかけて歩きました。『大江戸えねるぎー事情』（講談社文庫）という本によると、この間を歩くのに必要なエネルギーは約3万kcalで、石油換算だと約3リットル分。一方、約3万500kcalあれば、この間を新幹線で人1人運べます。つまりエネルギーは歩行者並みで、時間は150分の1ですむのです。新幹線がいかにエコロジカルな乗り物かがわかりますね。

3大都市圏の旅客輸送量（2015年度）

【資料】都市交通年報（国土交通省）

単位 百万人

首都交通圏：JR 5850、私鉄 5778、地下鉄 3769、バス 952　合計 16939

中京交通圏：1419（JR 255、私鉄 493、地下鉄 466、バス 132、タクシー・ハイヤー 73、路面電車 －）　タクシー・ハイヤー 553、路面電車 37

京阪神交通圏：5447（JR 1422、私鉄 2172、地下鉄 1102、バス 492、タクシー・ハイヤー 234、路面電車 25）

【注】自家用車を除いた数値。首都交通圏は東京駅中心半径50km、中京交通圏は名古屋駅中心半径40km、京阪神交通圏は大阪駅中心半径50kmの範囲。

2019年度に航空機を利用した日本の旅行客は、国内線で1億0187万人、国際線で2143万人だったが、20年度は国内線：3377万人、国際線：81万人と大幅に減少。航空輸送は、新型コロナウイルスの影響を大きく受けた。

空の輸送　交通

おもな国内線の航空旅客数（2020年度）

【資料】航空輸送統計（国土交通省）

順位	路線	旅客数	座席利用率
1	東京（羽田）〜福岡	300万人	49.8%
2	〃 〜札幌（新千歳）	292	49.6
3	〃 〜沖縄（那覇）	225	47.3
4	〃 〜大阪	205	51.1
5	福岡 〜沖縄（那覇）	74	50.2
6	東京（羽田）〜鹿児島	66	41.7
7	〃 〜広島	54	48.4
8	〃 〜熊本	52	42.9
9	沖縄（那覇）〜宮古島	50	46.0
10	〃 〜石垣	49	42.9
11	中部 〜札幌（新千歳）	48	47.6
12	東京（成田）〜 〃	48	60.3
13	大阪 〜 〃	47	54.9
14	〃 〜沖縄（那覇）	46	41.1
15	東京（成田）〜福岡	44	61.9

空港（2021年4月現在）

【資料】空港分布図（国土交通省）

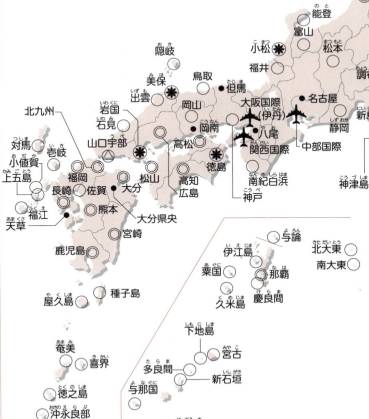

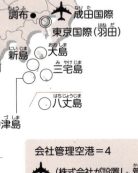

会社管理空港＝4
✈（株式会社が設置し、管理する空港）

国管理空港＝19
◎（国が設置し、管理する空港）

特定地方管理空港＝5
△（国が設置し、地方公共団体が管理する空港）

地方管理空港＝54
○（地方公共団体が設置し、管理する空港）

共用空港＝8
✳（自衛隊等が設置し、管理する飛行場）

● その他の空港＝7

【注】使用中の空港の数。ただし礼文空港は休止中。

かんれん　外国に行った日本人と、日本に来た外国人 ➡ 245ページ

交通　**輸送量**

人や物は、どんな交通手段で、どれくらいの数や量が運ばれているだろうか。乗り物別の輸送の特徴や1970年度からの変化をとらえてみよう。小口貨物量が伸びているのはなぜか考えてみよう。

乗り物別の旅客の数と輸送量

【資料】鉄道輸送統計年報ほか交通関係統計（国土交通省）

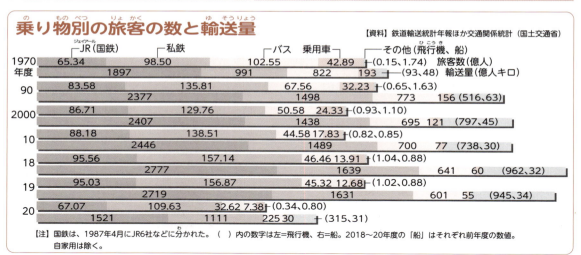

【注】国鉄は、1987年4月にJR6社などに分かれた。（　）内の数字は左＝飛行機、右＝船。2018～20年度の「船」はそれぞれ前年度の数値。自家用は除く。

小口貨物の輸送

【資料】宅配便等取扱実績（国土交通省）

【注】宅配便は1981年から本格的に始まった。郵便小包は、日本郵政公社の民営化に伴い、2007年度から宅配便数量に含める。またの7年度からメール便の数量を示す。17年10月からメール便の一部を宅配便として集計。17年度には一部、集計期間が異なるものを含む。

貨物の輸送量

【資料】鉄道輸送統計年報（国土交通省）ほか

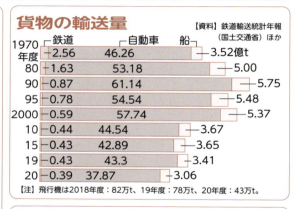

【注】飛行機は2018年度：82万t、19年度：78万t、20年度：43万t。

国内船の輸送量

【資料】内航船舶輸送統計年報（国土交通省）

知っトク情報
パナマ船籍の船はどうして多いの？

パナマは、南北アメリカ大陸の間に位置している北海道より小さな国ですが、船の数でいえば世界一。

そんな小さな国が、どうして多くの船を持っているのでしょうか。それは、本当の船の持ち主である船主が他国の会社であっても、船の国籍（船籍）をパナマに置いておく船が世界中にたくさんあるからです。なぜパナマに船籍を置くのかというと、パナマの制度に従い、パナマ船籍にしておくと、税金がかからないという特典があるからです。一方で、パナマには登録料が入ります。日本の船舶全体の7割がパナマ船籍になっています。

おもな国・地域の貨物船の船腹量
（2020年）　【資料】"World Fleet Statistics" Lloyd's Register

国　名	万総t	隻		万総t	隻
日　本	2790	3343	ギリシャ	3706	982
パナマ	2億2140	6698	マルタ	7940	1926
リベリア	1億8403	3800	シンガポール	8487	2185
マーシャル諸島	1億5957	3534	キプロス	2248	851
バハマ	5721	3539	香　港	1億2877	2493
			中　国	5332	1085
			世界合計	13億5380	6万1910

【注】100総t以上の鉄鋼船。

情報の利用・国際通信

情報

世界のインターネット利用率は、2021年には63％となり、世界人口の6割以上の人が利用するようになったが、国により普及率は異なる。国際電話についても、日本からどこの国にどのくらいかけているか、利用状況を確認しよう。

世界のインターネット利用率

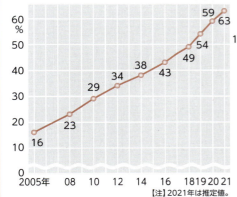

各国のインターネット普及率（2020年）

（人口あたりの割合）
【資料】International Telecommunication Union

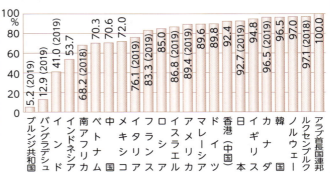

日本のインターネット普及状況

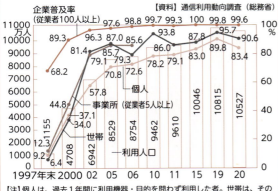

【注】個人は、過去1年間に利用機器・目的を問わず利用した者。世帯は、その中の誰かが過去1年に利用した世帯。企業の1997年は従業者300人以上の企業。事業所は2007年以降、調査なし。01年以降の利用人口は推計（6歳以上）。17年以降は公表がなく、推計人口から編集部で概算した。

キーワード

「ブロードバンド」って？

文字、画像などの大量のデータを、一度に高速で送るシステムのことです。光ファイバーやDSL（デジタル加入者線）、ケーブルテレビ回線などが使われます。これまでの電話回線（ナローバンド）にくらべ、スピードが速く、音楽や動画もスムーズに送れます。

ブロードバンド回線の契約数

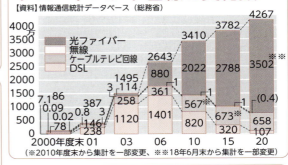

（※2010年度末から集計を一部変更。※※18年6月末から集計を一部変更）

国際電話の量
（日本からの発信時間、2020年度）

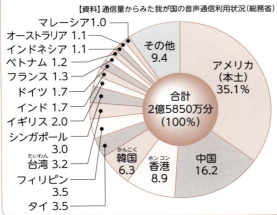

国際電話の利用回数

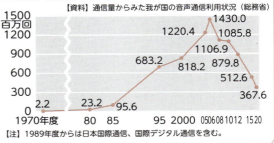

【注】1989年度からは日本国際通信、国際デジタル通信を含む。

情報 電話・郵便

電話や郵便は重要な通信手段であるが、固定電話と移動電話の利用状況はどう変わったか。通常郵便と小包郵便の変化もとらえよう。インターネット回線を使うIP電話は2021年3月末で4467万件の利用。無料通話アプリも普及。

電話の加入数

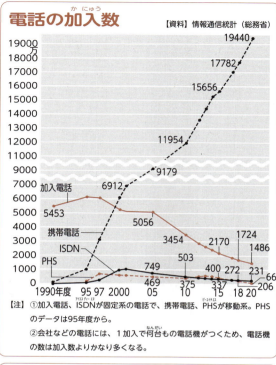

【注】①加入電話、ISDNが固定系の電話で、携帯電話、PHSが移動系。PHSのデータは95年度から。
②会社などの電話には、1加入で何台もの電話機がつくため、電話機の数は加入数よりかなり多くなる。

電話機の生産台数

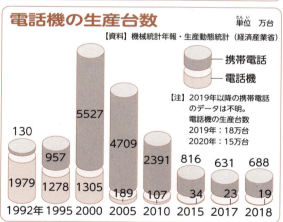

電話通信料の変化

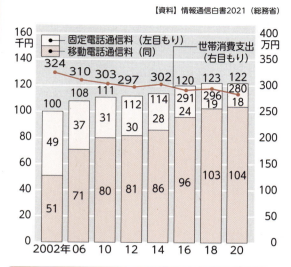

郵便局の数

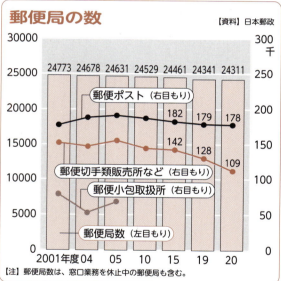

郵便の数

新聞　情報

日本では、現在、電子新聞などのデジタルサービスも普及してきているが、紙の新聞がどれくらい発行されているか、1950年からの推移や日本各地の新聞、世界の状況も確認し、新聞の役割も考えてみよう。

日本の新聞の販売部数（2021年11月）

【資料】日本ABC協会

新聞名	販売部数	新聞名	販売部数	新聞名	販売部数	新聞名	販売部数	新聞名	販売部数
読売新聞	704万部	信濃毎日新聞	42	南日本新聞	25	岩手日報	18	神奈川新聞	14
朝日新聞	449	神戸新聞	41	熊本日日新聞	24	山梨日日新聞	17	岐阜新聞	13
毎日新聞	197	東京新聞	40	福島民報	22	山陰中央新報	17	茨城新聞	12
中日新聞	196	新潟日報	39	北日本新聞	21	福井新聞	17	佐賀新聞	12
日本経済新聞	180	河北新報	38	秋田魁新報	21	大分合同新聞	17	デーリー東北	9
産経新聞	106	京都新聞	35	東奥日報	20	長崎新聞	16	北陸中日新聞	8
北海道新聞	87	北國（富山）新聞	32	山形新聞	19	四国新聞	16	日本農業新聞	31
静岡新聞	55	山陽新聞	30	愛媛新聞	19	福島民友	16		
中国新聞	52	信濃（長野）新聞	28	徳島新聞	18	高知新聞	15	沖縄タイムス	14
西日本新聞	45	上毛新聞	27	宮崎日日新聞	18	日本海新聞	14	琉球新報	14

【注】日本ABC協会加盟の主要日刊紙の朝刊部数。琉球新報と沖縄タイムスは広告会社資料による（2021年10月現在）。

世界各国・地域の日刊紙の発行部数

【資料】日本新聞年鑑2022

（単位：千部）　2018／2019／2020

- フィンランド：1020／906／682
- フランス：4982／4689／3793
- ドイツ：19024／18376／15504
- オランダ：2384／2269／2017
- ロシア：7300／7002／5051
- イギリス：8864／8274／6656
- アメリカ：35688／33958／28262
- ブラジル：7940／7783／6240
- 中国：158497／162191／146630
- 香港：3853／3708／3105
- インド：144242／146147／129803
- 韓国：7781／7229／5818
- オーストラリア：1083／943／697
- エジプト：4713／4739／4330
- トルコ：4835／4781／4153
- 南アフリカ：1046／947／740

知っトク情報

世界の新聞の状況

【資料】日本新聞年鑑2022

多くの国で、引き続き、紙の新聞の部数や広告収入は減少し、新聞社経営は厳しさを増しています。アメリカなどの大手新聞社がデジタル化により購読者数をのばす一方で、資金力がない多くの地方紙は廃刊となりました。コロナ禍で正確な情報を求めてデジタル版購読者が増える国と、経済状況が厳しく、無料サイトやSNSなど信憑性の乏しい情報に依存する人が多い国があります。アメリカのグーグルは各国の報道機関の信頼性の高い記事に対価を払って配信するサービス「ニュースショーケース」を開始。2021年に日本の報道機関とも契約して、12カ国以上、1000社を超える報道機関の記事を配信。香港では中国政府に批判的な「リンゴ日報」が廃刊。ミャンマーでは軍政を批判する記者が多数拘束され、アフガニスタンでは報道関係者の殺害が続くなど、報道は経済と政治から大きく影響を受けています。

報道の自由度ランキング

1位：ノルウェー／13位：ドイツ／25位：オーストラリア／42位：韓国／44位：アメリカ／67位：日本／80位：香港／122位：アフガニスタン／140位：ミャンマー／142位：インド／150位：ロシア／160位：シンガポール／177位：中国／179位：北朝鮮

（国際ジャーナリスト組織「国境なき記者団」2021年発表）

日刊紙の発行部数（日本）

【資料】日本新聞協会

朝夕刊セットを2部とし、朝刊単独紙、夕刊単独紙を合算した場合の1日あたり部数。（　）は1部あたり人口。

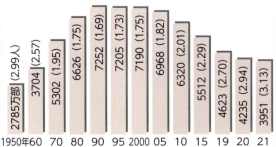

年	部数	（1部あたり人口）
1950	2785万部	(2.99人)
60	3704	(2.57)
70	5302	(1.95)
80	6626	(1.75)
90	7252	(1.69)
95	7205	(1.73)
2000	7190	(1.75)
05	6968	(1.82)
10	6320	(2.01)
15	5512	(2.29)
19	4623	(2.70)
20	4235	(2.94)
21	3951	(3.13)

情報 放送

自分が見るテレビ番組について、全国のどのテレビ局で放送されているかを確認し、その番組を報道、教養、娯楽などに分けてみよう。現在、4Kや8Kなど、立体感や臨場感のある映像の高度化が進められている。

おもな民間テレビ局（2021年）

【資料】日本民間放送連盟

都道府県ほか	テレビ局
北海道	北海道放送※、札幌テレビ放送、北海道テレビ放送、北海道文化放送、テレビ北海道
青森	青森放送※、青森テレビ、青森朝日放送
岩手	IBC岩手放送※、テレビ岩手、岩手めんこいテレビ、岩手朝日テレビ
宮城	東北放送※、仙台放送、宮城テレビ放送、東日本放送
秋田	秋田放送※、秋田テレビ、秋田朝日放送
山形	山形放送※、山形テレビ、テレビユー山形、さくらんぼテレビジョン
福島	福島テレビ、福島中央テレビ、福島放送、テレビユー福島
栃木	とちぎテレビ
群馬	群馬テレビ
埼玉	テレビ埼玉
千葉	千葉テレビ放送
東京	TBSテレビ、日本テレビ放送網、テレビ朝日、フジテレビジョン、テレビ東京、東京メトロポリタンテレビジョン
神奈川	テレビ神奈川
新潟	新潟放送※、NST新潟総合テレビ、テレビ新潟放送網、新潟テレビ21
富山	北日本放送※、富山テレビ放送、チューリップテレビ
石川	北陸放送※、石川テレビ放送、テレビ金沢、北陸朝日放送
福井	福井放送※、福井テレビジョン放送
山梨	山梨放送※、テレビ山梨
長野	信越放送※、長野放送、テレビ信州、長野朝日放送
岐阜	岐阜放送※
静岡	静岡放送※、テレビ静岡、静岡朝日テレビ、静岡第一テレビ
愛知	CBCテレビ、東海テレビ放送、名古屋テレビ放送、中京テレビ放送、テレビ愛知
三重	三重テレビ放送
滋賀	びわ湖放送
京都	京都放送※
大阪	毎日放送、朝日放送テレビ、読売テレビ放送、関西テレビ放送、テレビ大阪
兵庫	サンテレビジョン
奈良	奈良テレビ放送
和歌山	テレビ和歌山
鳥取	山陰放送※、日本海テレビ
島根	TSKさんいん中央テレビ
岡山	RSK山陽放送※、岡山放送、テレビせとうち
広島	中国放送※、広島テレビ放送、広島ホームテレビ、テレビ新広島
山口	山口放送※、テレビ山口、山口朝日放送
徳島	四国放送※
香川	西日本放送※、瀬戸内海放送
愛媛	南海放送※、テレビ愛媛、あいテレビ、愛媛朝日テレビ
高知	高知放送※、テレビ高知、高知さんさんテレビ
福岡	RKB毎日放送※、九州朝日放送※、テレビ西日本、福岡放送、TVQ九州放送
佐賀	サガテレビ
長崎	長崎放送※、テレビ長崎、長崎文化放送、長崎国際テレビ
熊本	熊本放送※、テレビ熊本、熊本県民テレビ、熊本朝日放送
大分	大分放送※、テレビ大分、大分朝日放送
宮崎	宮崎放送※、テレビ宮崎
鹿児島	南日本放送※、鹿児島テレビ放送、鹿児島放送、鹿児島読売テレビ
沖縄	琉球放送※、沖縄テレビ放送、琉球朝日放送
BS局	WOWOW、BS日本、BS-TBS、ビーエスフジ、BS朝日、BSテレビ東京、日本BS放送、ジェイ・スポーツ、ブロードキャスト・サテライト・ディズニー、ワールド・ハイビジョン・チャンネル

【注】日本民間放送連盟加入の会社。※はラジオ・テレビ兼営。12月1日現在。

テレビの受信契約数

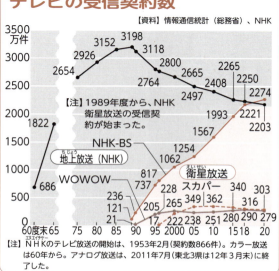

【資料】情報通信統計（総務省）、NHK

【注】1989年度から、NHK衛星放送の受信契約が始まった。

【注】NHKのテレビ放送の開始は、1953年2月（契約数866件）。カラー放送は60年から。アナログ放送は、2011年7月（東北3県は12年3月末）に終了した。

テレビ番組のうちわけ（2021年）

【資料】NHK（ことしの仕事2021）、テレビ朝日、TBSテレビ、日本テレビ、フジテレビ、テレビ東京

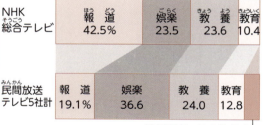

| NHK総合テレビ | 報道 42.5% | 娯楽 23.5 | 教養 23.6 | 教育 10.4 |
| 民間放送テレビ5社計 | 報道 19.1% | 娯楽 36.6 | 教養 24.0 | 教育 12.8 |

通信販売・その他 7.4

【注】民間放送は2021年度上半期の割合。NHKは2021年度（予定も含む）。スポーツは娯楽、または教養に入る。

2020年の出版物刊行総部数は約24.0億冊（本＋雑誌）だが、1970年、1997年、2020年の刊行部数を比べると、どんな変化があるか、また電子出版では、コミックがどれくらいの割合を占めているか、確認しよう。

出版　情報

出版物の刊行部数

【資料】出版指標年報（出版科学研究所）

電子出版市場の進行状況

【資料】出版指標年報（出版科学研究所）

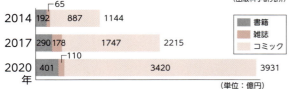

（単位：億円）

凡例：書籍／雑誌／コミック

年	書籍	雑誌	コミック	合計
2014	192	65	887	1144
2017	290	178	1747	2215
2020	401	110	3420	3931

各国の本の出版点数

【資料】国際出版連合（IPA）、世界知的所有権機関（WIPO）

国名	一般書の点数	調査年	国名	一般書の点数	調査年
イタリア	12万6196	2018	カナダ	9185	2016
フランス	7万7221	2018	メキシコ	9549	2017
ベルギー	1万4761	2018	ブラジル	2万3669	2018
トルコ	5万6991	2018	日本	7万1661	2018
ポルトガル	2万1880	2017	韓国	6万3476	2018
サウジアラビア	2万5200	2017	タイ	6750	2017
ギリシャ	8000	2018	オーストラリア	6441	2018

【注】一般書のみの点数。データがない国もある。

日本の本の出版点数（2020年）

【資料】出版指標年報2021（出版科学研究所）

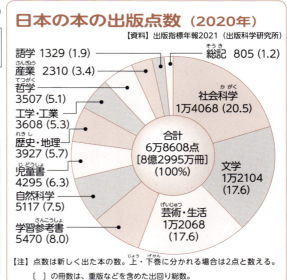

合計 6万8608点 [8億2995万冊]（100%）

- 語学 1329 (1.9)
- 産業 2310 (3.4)
- 哲学 3507 (5.1)
- 工学・工業 3608 (5.3)
- 歴史・地理 3927 (5.7)
- 児童書 4295 (6.3)
- 自然科学 5117 (7.5)
- 学習参考書 5470 (8.0)
- 総記 805 (1.2)
- 社会科学 1万4068 (20.5)
- 文学 1万2104 (17.6)
- 芸術・生活 1万2068 (17.6)

【注】点数は新しく出た本の数。上・下巻に分かれる場合は2点と数える。
[　] の冊数は、重版などを含めた出回り総数。

政治 国の財政

国や地方自治体が行う経済活動を財政という。国は国民が納める税金を使って、公共事業や公的サービスを行う。コロナショックの影響で、2020年から国の予算や国債発行額が大幅に増えている。

国の予算
単位：億円　【資料】財務省
【注】一般会計の補正後予算。

年度	金額
1965年度	3兆7447
70	8兆2131
75	20兆8372
80	43兆6814
85	53兆2229
90	69兆6512
95	78兆0340
2000	89兆7702
05	86兆7048
11	107兆5105
21	142兆5992

国の歳入（2021年度予算）
単位：億円
【資料】令和3年度一般会計補正予算第1号（財務省）
【注】一般会計の補正後予算。

総額 142兆5992（100％）

- 公債金収入 65兆6550（46.0）
- 税と印紙収入
  - 消費税 21兆1080（14.8）
  - 所得税 20兆0270（14.0）
  - 法人税 12兆8870（9.0）
  - 相続税 2兆5550（1.8）
  - きはつ油税 2兆1280（1.5）
  - 酒税 1兆1760（0.8）
  - たばこ税 9120（0.6）
  - 印紙収入 8940（0.6）
  - 関税 8460（0.6）
  - 自動車重量税 3820（0.3）
  - その他の税 9650（0.7）
- その他の収入 13兆0642（9.2）

キーワード

「赤字国債、建設国債」って？

家庭で、毎月の収入以上におかねが必要になった場合は、銀行などから借ります。国も同じで、収入（歳入）より、支出（歳出）が多い場合、おかねを貸してくれるところをさがします。国債は「これだけ、おかねを借りました」という借金の証拠です。国を運営していくための費用は、税金でまかなうのが原則です。でも、道路や空港をつくるには、たくさんのおかねが必要です。こうしたものをつくるための借金を「建設国債」といい、あとに道路などの施設が残ります。税金でまかなうべき費用が足りなくなって借金をするのが「赤字国債」です。こちらは、施設等は残らず、あとの世代に負担を残します。

国の歳出（2021年度予算）
単位：億円
【資料】令和3年度一般会計補正予算第1号（財務省）
【注】一般会計の補正後予算。

総額 142兆5992（100％）

- 社会保障関係費 46兆9500（32.9）
- 国債費 24兆7051（17.3）
- 地方交付税交付金 19兆1029（13.4）
- その他 16兆8832（11.8）
- 文教及び科学振興費 8兆1143（5.7）
- 公共事業関係費 8兆0663（5.7）
- 防衛関係費 6兆0891（4.3）
- 新型コロナウイルス感染症対策予備費 5兆0000（3.5）
- 中小企業対策費 4兆1469（2.9）
- 食料安定供給関係費 1兆7750（1.2）
- エネルギー対策費 1兆2664（0.9）
- 予備費 5000（0.4）

国債の発行額と残高
【資料】財務省

単位：億円　建設国債／赤字国債
【注】（）は、一般会計の予算にしめる国債の割合。2010年度までは決算額。15、21年度は補正後予算。

年度	建設国債	赤字国債	合計
1975年度	3兆1900	2兆0905	5兆2805（25.3％）
80	6兆9550	7兆2152	14兆1702（32.6）
85	6兆3030	6兆0050	12兆3080（23.2）
90	6兆3432	9689	7兆3120（10.6）
95	16兆4401	4兆8069	21兆2470（28.0）
2000	11兆1380	21兆8660	33兆0040（36.9）
05	7兆7620	23兆5070	31兆2690（36.6）
10	7兆6030	34兆7000	42兆3030（44.4）
15	6兆4790	29兆9393	36兆4183（36.5）
21	9兆1680	56兆4870	65兆6550（46.0）

国債残高
【注】残高は各年度末の実績。（21年度は見込み）

年度	残高
1975年度	15兆円
80	71兆円
85	134兆円
90	166兆円
95	225兆円
2000	368兆円
05	527兆円
10	636兆円
15	805兆円
21	990兆円

地方自治体が仕事をするためのおかねには、住んでいる人や会社が支払う地方税と、国から出る地方交付税や国庫支出金の2種類がある。47都道府県合計、市町村合計の決算は黒字だ。

地方の財政・税金　政治

都道府県と市町村の歳入と歳出（2020年度決算）

【資料】都道府県・市町村普通会計決算の概要（総務省）

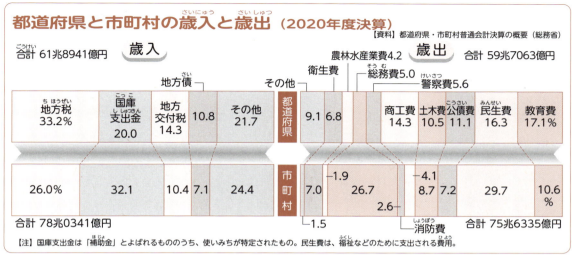

歳入 合計 61兆8941億円

| 都道府県 | 地方税 33.2% | 国庫支出金 20.0 | 地方交付税 14.3 | 地方債 10.8 | その他 21.7 |

歳出 合計 59兆7063億円

都道府県：その他 9.1／衛生費 6.8／農林水産業費 4.2／総務費 5.0／警察費 5.6／商工費 14.3／土木費 10.5／公債費 11.1／民生費 16.3／教育費 17.1%

市町村 歳入：26.0%／32.1／10.4／7.1／24.4　合計 78兆0341億円

市町村 歳出：7.0／1.5／1.9／26.7／2.6／4.1／8.7／7.2／29.7／10.6%　消防費　合計 75兆6335億円

【注】国庫支出金は「補助金」とよばれるもののうち、使いみちが特定されたもの。民生費は、福祉などのために支出される費用。

国税と地方税の割合
（2021年度当初予算）
【資料】地方税収等の推移（総務省）

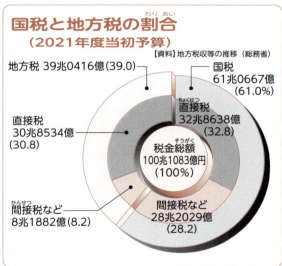

地方税 39兆0416億（39.0）
国税 61兆0667億（61.0%）
直接税 32兆8638億（32.8）
直接税 30兆8534億（30.8）
間接税など 8兆1882億（8.2）
間接税など 28兆2029億（28.2）
税金総額 100兆1083億円（100%）

知っトク情報

地方財政の課題

都道府県や市町村の財政全体が地方財政です。現在、日本の財政はとても厳しい状況にありますが、地方財政も例外ではありません。一方で、地方分権や高齢化の進展などにともない、地方自治体の役割はますます大きくなっていくと考えられます。このため、行政・財政改革の推進などによって地方財政の健全化を進めるとともに、地方自治体が地域の実情に応じた自主的な財政運営を行うことができるよう、地方税財源の充実強化をはかる必要があります。

所得に対する税金と社会保障の負担率
【資料】国際比較に関する資料（財務省）

税金の負担率／社会保障の負担率
日本（2018年度） 26.1／18.2　計（国民負担率）44.3%
アメリカ（2018年） 23.4／8.4　31.8
イギリス（2018年） 37.0／10.8　47.8
ドイツ（2018年） 32.1／22.8　54.9
フランス（2018年） 42.7／25.6　68.3

【注】国民負担率＝国民所得に対する税金総額の割合と社会保障負担額の割合を合計したもの。

直接税と間接税などの比率
（国税＋地方税）
【資料】国際比較に関する資料（財務省）

	直接税	間接税など
日本（2021年度）	64%	36%
アメリカ（2018年）	76	24
イギリス（2018年）	57	43
ドイツ（2018年）	55	45
フランス（2018年）	55	45

【注】①「直接税」は、個人の収入から払う所得税や会社が払う法人税など。「間接税など」は、消費税（国によっては付加価値税ともよぶ）や酒税、たばこ税、きはつ油税など。②日本は当初予算。

政治 防衛

1951年に(旧)日米安全保障条約が結ばれ、以降、日本はアメリカ軍に基地や施設を提供している。おもな基地の位置を見てみよう。また、なぜ沖縄県にアメリカ軍専用基地が集中しているかを考えよう。

自衛隊とアメリカ軍のおもな基地（2020年末）

【資料】防衛白書（防衛省）

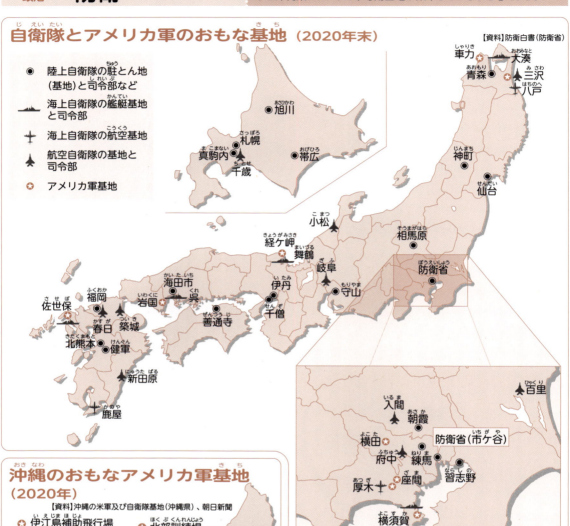

沖縄のおもなアメリカ軍基地（2020年）

【資料】沖縄の米軍及び自衛隊基地（沖縄県）、朝日新聞

知っトク情報

アメリカ軍基地の沖縄集中

第2次世界大戦後、1951年にサンフランシスコ平和条約が結ばれ、日本は52年に独立を回復しました。しかし、沖縄はアメリカの占領下だったので、アメリカ政府は本土（北海道・本州・四国・九州）にあったアメリカ軍基地などを沖縄に移転しました。72年5月15日に沖縄が日本に返還され、2016年12月には北部訓練場の約半分が返還されました。しかし、今も日本にあるアメリカ軍の専用基地や施設の面積の約70％が沖縄に集中しています。

家庭では、どれくらいの収入があり、それをどのように使っているのだろうか。収入とエンゲル係数にはどのような関係があるか。収入、貯蓄、借金の変化を確認し、その背景も考えてみよう。

家計 くらし

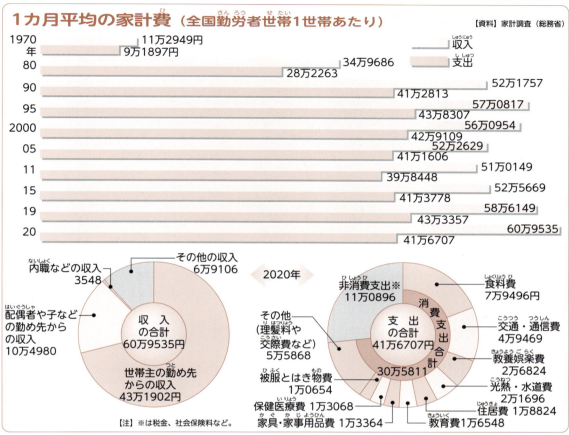

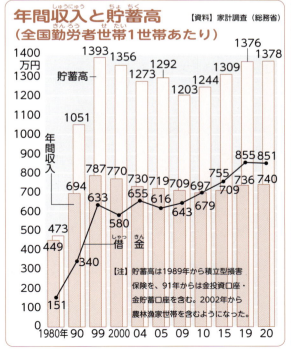

くらし　物価・住宅と土地

モノの値段と、私たちのくらしはどのように関係しているだろうか。土地や肉・野菜などの値段の変化を見て、物価に影響を及ぼすものの例を考えてみよう。また、各国の物価の変化と日本の状況を比べよう。

小売物価（東京）
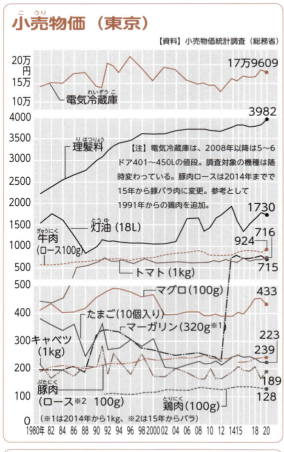

住宅の広さ
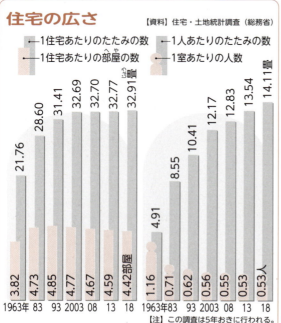

消費者物価
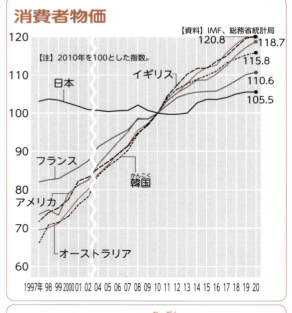

都市の住宅地の値段
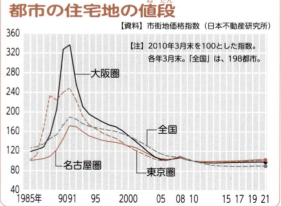

キーワード

「消費者物価指数」って？

消費者が買うモノやサービスの値段の状況を示すのが消費者物価指数（CPI）。毎月1回、約600品目の小売価格を調べ、基準年（最近は2015年）を100とした指数で総務省が発表。総合指数は1999年から5年連続で下落（デフレ）傾向が続き、その後も前年より1ポイント以上上がったのは2008年だけでしたが、消費税が8％になった14年は、実際の支払価格で指数を出すため+2.7に。17〜19年は上昇傾向、20年は0に。光熱・水道は18年：前年比4％上昇、19年：同2.3％上昇、20年：同2.4％下落。

国内総生産と国民所得

くらし

日本全体の収入ともいえる国内総生産は、各産業がどんな割合で生み出しているのだろうか。国民1人あたりの所得は、年間どれくらいか。また、都道府県による違いと産業の関係も考えよう。

国内総生産

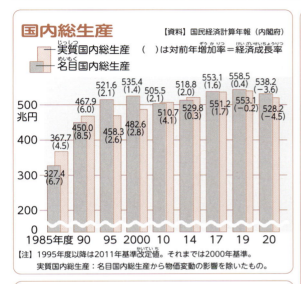

【資料】国民経済計算年報（内閣府）

【注】1995年度以降は2011年基準改定値。それまでは2000年基準。
実質国内総生産：名目国内総生産から物価変動の影響を除いたもの。

国民所得

【資料】国民経済計算年報（内閣府）
【注】1995年度以降は2011年基準改定値。

国内総生産（産業別）

【資料】国民経済計算年報（内閣府）

産業	1995年	2020年
農林水産業	1.5	0.9
鉱業	0.2	（参考0.07）
製造業	19.4	20.5
電気・ガス・水道・廃棄物処理業	3.3	3.1
建設業	9.2	5.7
卸売・小売業	15.2	12.2
運輸・郵便業		4.1
宿泊・飲食サービス業		1.7
情報通信	6.4	5.3
金融・保険業	4.0	4.6
不動産業	2.6	
	5.1	12.5
専門・科学技術、業務支援サービス業	11.3	8.0
公務	4.5	5.2
教育	5.0	3.6
保健衛生・社会事業	3.7	8.3
その他のサービス	4.7	3.7%
合計	458兆円	528兆円

【注】国内総生産（GDP）は、国民総所得から海外からの純所得を引いたもの。統計上の都合により100％にならない。実質値。

1人あたり県民所得（2018年度）

単位 万円　【資料】県民経済計算（内閣府）

都道府県	金額	都道府県	金額
北海道	274	滋賀	332
青森	251	京都	298
岩手	284	大阪	319
宮城	295	兵庫	297
秋田	270	奈良	263
山形	290	和歌山	291
福島	294	鳥取	252
茨城	333	島根	267
栃木	348	岡山	277
群馬	328	広島	311
埼玉	305	山口	320
千葉	312	徳島	309
東京	542	香川	301
神奈川	327	愛媛	266
新潟	292	高知	264
富山	340	福岡	289
石川	302	佐賀	275
福井	328	長崎	263
山梨	316	熊本	267
長野	301	大分	271
岐阜	292	宮崎	247
静岡	343	鹿児島	251
愛知	373	沖縄	239
三重	312	全国	332

キーワード

GNP、GDP、GNI

GNP（国民総生産）は、その国に1年以上住んでいる人や企業が国内外で生産したモノやサービスなどの総額。日本では1993年から、GDP（国内総生産）を使うようになりました。GDPは、国内で生産されたモノやサービスなどの総額で、国内の外国人や外国系企業の所得も含みますが、海外の日本企業の所得は含みません。2000年からはGNI（国民総所得）も用いられています。これはGNPとほぼ同じですが、GDPに海外投資で得た収益なども加えた「所得」の合計です。

【注】このページの15年度以降の数値は、「毎月勤労統計」の再集計に伴う改定がされたもので、それ以前の期間と連続性がない場合がある。

学校と進学率

教育

少子化が進み、1982年度からは小学校の児童数が減少傾向にある。2021年度は20年度より7万7000人減少し、過去最低を更新した。進学率の移り変わりなどを確認しよう。

学校、教員、在学者の数（2021年5月）

【資料】学校基本調査（文部科学省）

	学校数	教員数	在学者数
幼稚園	1万5688	21万9273	180万5890
小学校	1万9336	42万2864	622万3394
中学校	1万0076	24万8253	322万9698
義務教育学校	151	5382	5万8568
高等学校	4856	22万6721	300万8172
中等教育学校	56	2721	3万2756
特別支援学校	1160	8万6141	14万6285
高等専門学校	57	4085	5万6905
短期大学	315	7015	10万2232
大学	803	19万0448	291万7998
専修学校	3083	4万0620	66万2135
各種学校	1070	8668	10万2469

【注】学校数は本校と分校、および国立、公立、私立の合計。教員数は本務者のみ。幼稚園には幼保連携型認定こども園を含む。義務教育学校は小中一貫校。中等教育学校は中高一貫教育を行う6年制の学校を指す。

児童、生徒、学生の数

単位 万人　【資料】学校基本調査（文部科学省）

年度	小学校	中学校	高等学校	中等教育学校	大学	短期大学
1960	1259	590	324	—	63	8.3
70	949	472	423	—	141	26.3
80	1183	509	462	—	184	37.1
90	937	537	562	—	213	47.9
2000	737	410	417	0.2	274	32.8
21	622	323	301	3.3	292	10.2

進学率

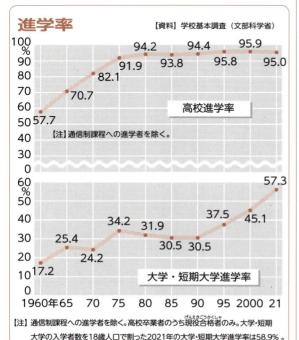

高校進学率: 57.7 / 70.7 / 82.1 / 91.9 / 93.8 / 94.2 / 94.4 / 95.8 / 95.9 / 95.0
【注】通信制課程への進学者を除く。

大学・短期大学進学率: 17.2 / 25.4 / 24.2 / 34.2 / 31.9 / 30.5 / 30.5 / 37.5 / 45.1 / 57.3

【注】通信制課程への進学者を除く。高校卒業者のうち現役合格者のみ。大学・短期大学の入学者数を18歳人口で割った2021年の大学・短期大学進学率は58.9％。

在学者1人あたりの学校教育費（年間）

公立学校

【資料】国、地方自治体の支出：地方教育費調査（2019年度）
親の支出：子供の学習費調査（2018年度）（ともに文部科学省）

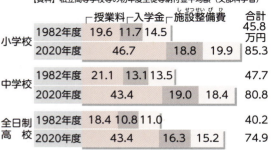

	国、地方自治体の支出	親の支出	合計
小学校	98.9	6.3	105.2万円
中学校	116.8	13.9	130.7
全日制高校	123.1	28.0	151.1

私立学校の授業料など（全国平均）

【資料】私立高等学校等の初年度生徒等納付金平均額（文部科学省）

		授業料	入学金	施設整備費	合計
小学校	1982年度	19.6	11.7	14.5	45.8万円
小学校	2020年度	46.7	18.8	19.9	85.3
中学校	1982年度	21.1	13.1	13.5	47.7
中学校	2020年度	43.4	19.0	18.4	80.8
全日制高校	1982年度	18.4	10.8	11.0	40.2
全日制高校	2020年度	43.4	16.3	15.2	74.9

世界の大学型高等教育への進学率（2016年）

【資料】データブック国際労働比較2019（労働政策研究・研修機構）

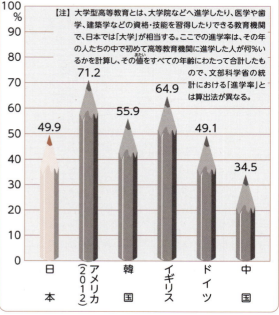

国	進学率(%)
日本	49.9
アメリカ（2012）	71.2
韓国	55.9
イギリス	64.9
ドイツ	49.1
中国	34.5

【注】大学型高等教育とは、大学院などへ進学したり、医学や歯学、建築学などの資格・技能を習得したりできる教育機関で、日本では「大学」が相当する。ここでの進学率は、その年の人たちの中で初めて高等教育機関に進学した人が何％いるかを計算し、その値をすべての年齢にわたって合計したもので、文部科学省の統計における「進学率」とは算出法が異なる。

病気になったり、職を失ったり、年をとったりしても、安心して暮らせるしくみが社会保障制度だ。社会保障制度にはどのようなものがあり、税金がいくら使われているかを知ろう。

しくみと費用
社会保障

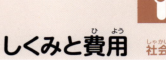

おもな社会保障のしくみ

社会保険

医療保険 毎月一定のお金を積み立てておいて、病気やけがをした時に必要な治療費や入院費をその中から支払う制度。積み立ては、働いている人、会社、地方自治体、政府などが分担する。病気になってもだれもが医療費の心配をせずにお医者さんにかかれるように、日本では国民皆保険制度で、1961年からすべての人が医療保険に入るように定められている。

年金保険 高齢や体の障害のために収入がなくなったり、少なくなったりした時に、生活費が支給される制度。国家公務員、地方公務員、会社員、私立学校の教職員など職種によって五つの保険に分かれていたが、それぞれ少しずつ制度が違うため、政府はこれをそろえる手始めとして、1986年4月から全国民共通の「基礎年金」を支給する国民年金制度を導入した。

雇用保険 失業して収入がなくなった時に、手当を一定の期間支給して、次の仕事を落ちついて探せるようにするのがねらい。全産業に適用される。

労働者災害補償保険 仕事中にけがをした時や、仕事が原因で病気になった時に、医療費や生活費が支給される。死亡の場合には、遺族に一時金や年金を支給。

介護保険 40歳以上が加入。介護が必要と認定されると、費用の一部を支払って介護サービスを利用できる。

社会福祉など

児童手当 「次代の社会を担う児童の健やかな成長に資する」目的で、3歳未満の子と第3子以降(小学生まで)が月1万5000円、3歳から小学生までの第1子、第2子と中学生は月1万円が支給される手当。親の所得制限がある。

生活保護 収入がないか非常に少ない人たちの生活を、困っている程度に応じて保護し、助ける制度。

社会保障関係費

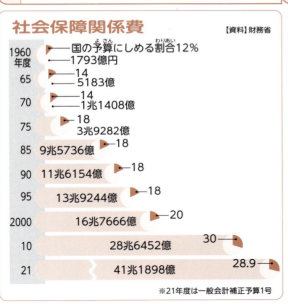

※21年度は一般会計補正予算1号

社会保障関係費の使いみち (2021年度予算)

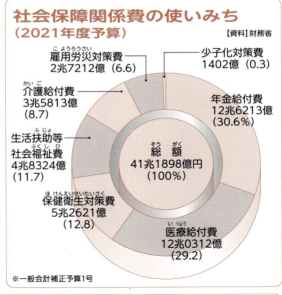

※一般会計補正予算1号

社会保障費 (世界、2017〜19年度)

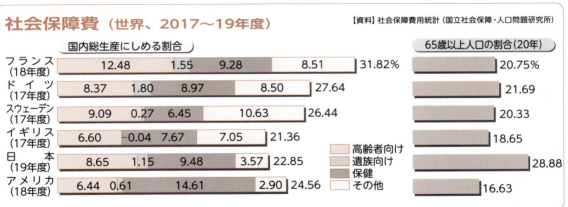

社会保障 保険と福祉

介護を認められた人の数は年々増加している。社会福祉費で一番大きな割合を占める支出をグラフから読み取ろう。また、日本で生活保護を受けている人のうち、約半数は65歳以上の高齢者だ。

医療保険が適用される人の数（2020年3月末）
【資料】医療保険に関する基礎資料（厚生労働省）

- 生活保護 207万
- 船員保険その他 14万
- 各種共済組合 854万
- 後期高齢者医療制度 1803万
- 全国健康保険協会管掌健康保険 4044万人
- 組合管掌健康保険 2884万
- 国民健康保険 2932万
- 合計 1億2738万人

【注】保険の適用を受ける家族を含んだ数。政府管掌健康保険は2008年10月から全国健康保険協会管掌健康保険（協会けんぽ）に移行した。

介護を認められた人の数
【資料】介護保険事業状況報告 月報 暫定版（厚生労働省）

年	人数（万人）
2000年4月末	218
01	258
05	411
10	487
21	684

区分：要支援／要介護1／要介護2／要介護3／要介護4／要介護5

【注】介護が必要な人が受ける介護サービスの料金は、要介護度（要支援度）に応じて介護保険から支払われる。要介護認定は市町村が行う。2006年4月から「要支援」「要介護1」が「要支援1」「要支援2」「要介護1」に再編された。10年、21年の要支援は、「要支援1」「要支援2」の合計。

生活扶助等社会福祉費の使いみち（2020年度予算）
【資料】厚生労働省

- 高齢者日常生活支援等推進費 53億（0.1）
- 児童自立支援施設等運営費 86億（0.2）
- 児童虐待等防止対策費 210億（0.5）
- 社会・児童福祉施設整備費 344億（0.9）
- 子育て支援対策費 1379億（3.5）
- 社会保険費 1755億（4.4）
- 母子家庭等対策費 1755億（4.4）
- その他 1871億（4.7）
- 障害保健福祉費 1兆8369億（46.1）
- 生活保護等対策費 1兆4009億（35.2）
- 総額 3兆9832億円（100%）

【注】子育て支援対策費は、保育対策費、母子保健衛生対策費などの合計。児童自立支援施設等運営費は、国立更生援護機関共通費、国立更生援護所運営費などの合計。社会保険費は医療保険給付諸費、介護保険制度運営推進費などの合計。

生活保護を受けた人（1カ月平均）
【資料】被保護者調査（厚生労働省）

（　）は被保護世帯数（万世帯）

年度	万人	（万世帯）
1965	160	(65)
75	135	(71)
80	143	(75)
85	143	(78)
90	101	(62)
95	88	(60)
2000	107	(75)
10	195	(141)
21年3月	204	(164)

社会福祉施設の数
【資料】社会福祉施設等調査の概況（厚生労働省）

凡例：児童福祉施設／老人福祉施設／その他の施設

年	児童福祉施設	老人福祉施設	その他	合計
1965	1万4020	795		1万6453
75	2万6546	2155		3万3096
80	3万1980	3354		4万1931
85	3万3309	4610		4万7943
90	3万3176	6506		5万1006
95	3万3231	1万2904		5万8768
2000	3万3089	1万1628		5万8860
10	3万1623	4858		5万0343
19	4万4616	5262		7万8724

【注】その他の施設には、身体障害者や知的障害者の暮らしを助ける施設など、いろいろな福祉施設が含まれる。

キーワード

児童福祉施設とは？

児童とは、0〜17歳の男女です。児童福祉法という法律で、保育所（保育園）など12種類の児童福祉施設が定められています。乳幼児を保護する乳児院、保護者がいない子どもなどを養護する児童養護施設、学校などで集団生活を送れるように指導する児童発達支援センターなどがあります。生活指導を必要とする子どもを保護して導く児童自立支援施設、お金がない妊婦のための助産施設、みんなが遊ぶ児童館や児童遊園などの児童厚生施設も児童福祉施設です。

日本には6860万人の労働者がいる（2021年調べ）。賃金の平均は男性が33.9万円、女性は25.2万円だ（20年調べ）。なぜ、女性の労働者は男性より賃金が少ないか考えてみよう。

働く人・賃金
労働

仕事についている人の数（その年の平均）
【資料】労働力調査（基本集計）（総務省）

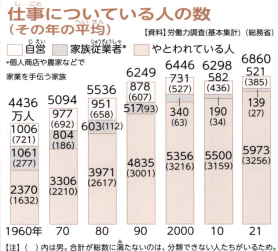

【注】（ ）内は男。合計が総数に満たないのは、分類できない人たちがいるためである。

労働時間（世界、2017年）
【資料】データブック国際労働比較2019（労働政策研究・研修機構）

国	時間
日本	39.5時間
アメリカ	43.0
イギリス	41.2
ドイツ	39.8
フランス	38.1
シンガポール	48.5
オーストラリア	36.7
韓国（2016）	42.9

【注】1人1週間あたりの平均。製造業の週あたりの労働時間。国によって調べ方がちがうので、だいたいの目安。

賃金（年齢別・男女別、2020年）
【資料】賃金構造基本統計調査（厚生労働省）
【注】10人以上の会社に勤める労働者1人1カ月あたりの賃金。

【注】金額はキーワード①の賃金（所定内賃金）。

賃金（全産業）
【資料】毎月勤労統計調査年報（厚生労働省）
【注】つねに30人以上（2020年は5人以上）をやとっている事業所に勤める労働者1人1カ月あたりの平均賃金。1965、70年はキーワード③の賃金のみ。

キーワード

「賃金・手当」って？

会社などで働く人たちは、ふつうは月1回、賃金（給料）をもらいます。厚生労働省が発表している賃金の統計では、
① だれにでも支払われる基本賃金（所定内賃金）
② ①＋所定外賃金（決められた時間以上に働いたときの時間外手当）
③ ②＋臨時に支払われるボーナス（賞与）など
以上の①〜③が使われています。

賃金（世界、2017年）
【資料】データブック国際労働比較2019（労働政策研究・研修機構）

国	比率	賃金	換算
日本	100	2358円	
ドイツ	166	30.90ユーロ	(3906円)
アメリカ	145	30.52ドル	(3423円)
フランス	139	25.90ユーロ	(3274円)
イギリス	111	18.10ポンド	(2613円)

【注】左はしの数字は日本を100とした比率。製造業労働者の1時間あたりの賃金。各国の比率、日本円への換算は調査年のレート（1ドル112.17円、1ユーロ126.40円、1ポンド144.36円）で計算。

交通事故・水の事故など

事故

2020年の交通事故による死者数は2839人で、1970年の17％程度だ。死者は2009年に1952年（死者数4696人）以来57年ぶりに4000人台となり、2016～20年は4000人を下回った。

交通事故の発生状況

【資料】交通事故発生状況の推移（警察庁）、交通安全白書（内閣府）

年	事故件数	死者	けが	自動車の台数
1970	71万8080件	＊1万6765人	98万1096人	1653万台
75	47万2938	1万0792	62万2467	2787万
80	47万6677	8760	59万8719	3733万
85	55万2788	9261	68万1346	4636万
90	64万3097	1万1227	79万0295	5799万
95	76万1794	1万0684	92万2677	6810万
2000	93万1950	9073	115万5707	7458万
04	＊95万2709	7425	＊118万3616	7739万
07	83万2691	5782	103万4653	7924万
20	30万9178	2839	36万9476	＊8185万

【注】人間にけがなどの被害があった事故の件数だけをあげている。死者は事故後24時間以内に死亡した人の数。自動車の台数は各年3月末現在、(一財)自動車検査登録情報協会しらべ。1975年から沖縄県を含む。＊は最高値。

交通事故死の違反別件数（2020年）

【資料】交通安全白書（内閣府）

合計 2784件（100％）
運転者の不注意 2628（94.4）

- 歩行者の不注意 154 (5.5)
- 当事者不明（ひき逃げなど）2 (0.1)
- スピード違反 157件 (5.6％)
- 運転のあやまり 403 (14.5)
- わき見運転 245 (8.8)
- 安全の不確認 322 (11.6)
- 安全運転義務違反 1512 (54.3)
- その他の前方不注意 542 (19.5)
- 信号無視 112 (4.0)
- 一時不停止など 86 (3.1)
- よっぱらい運転 21 (0.8)
- その他 740 (26.6)

水の事故

【資料】水難の概況、夏期における水難の概況（警察庁）

年	1年間の水死者	夏(6～8月)の事故※ 死者〈行方不明を含む〉	助けられた人	合計
1980	2426人	1060 (447)人	1180 (590)人	2240人
85	2004	1015 (316)	933 (452)	1948
90	1479	703 (158)	767 (331)	1470
95	1214	588 (126)	518 (225)	1106
2000	1034	561 (75)	694 (245)	1255
05	825	403 (48)	401 (109)	804
10	877	443 (49)	411 (167)	854
20	722	262 (16)	281 (70)	543

【注】1年間の水死者は行方不明を含む。(　)は中学生以下の数。※2020年は7～8月。

火事

【資料】火災の状況（消防庁）

年	件数	建物の焼けた面積	死者	けがをした人
1960	4万3679件	206万m²	780人	8113人
70	6万3905	271万	1595	9725
80	5万9885	213万	1947	8049
90	5万6505	167万	1828	7097
2000	6万2454	159万	2034	8281
10	4万6620	119万	1738	7305
20	3万4691	102万	1326	5583

自殺者の数

【資料】自殺の状況（警察庁）

年	人数
1994	2万1679人
95	2万2445
96	2万3104
97	2万4391
98	3万2863
99	3万3048
2000	3万1957
03	3万4427（最悪値）
10	3万1690
20	2万1081

内訳は男性1万4055人、女性7026人

年代別自殺者数（2020年）

【資料】警察庁

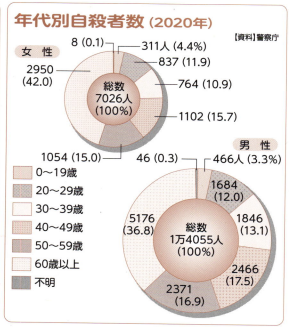

女性 総数 7026人（100％）
- 8 (0.1)
- 311人 (4.4％)
- 837 (11.9)
- 764 (10.9)
- 1102 (15.7)
- 1054 (15.0)
- 2950 (42.0)
- 46 (0.3)

男性 総数 1万4055人（100％）
- 466人 (3.3％)
- 1684 (12.0)
- 1846 (13.1)
- 2466 (17.5)
- 2371 (16.9)
- 5176 (36.8)

0～19歳／20～29歳／30～39歳／40～49歳／50～59歳／60歳以上／不明

小・中学生の体格は、1950年と比べると向上しているが、最近はほとんど横ばいだ。また、小学生の体力・基礎的な運動能力は、体力水準が高かった1985年ごろと比べると男女ともに低い水準にある。

子どもの健康　保健と衛生

小学生、中学生の体格

【資料】学校保健統計調査（文部科学省）

	年度	小学1年 男	小学1年 女	小学2年 男	小学2年 女	小学3年 男	小学3年 女	小学4年 男	小学4年 女	小学5年 男	小学5年 女	小学6年 男	小学6年 女	中学1年 男	中学1年 女	中学2年 男	中学2年 女	中学3年 男	中学3年 女
身長(cm)	1920	107.0	105.8	112.1	110.3	116.4	115.2	120.9	119.7	125.5	124.2	129.4	129.7	134.8	136.1	140.6	141.5	148.2	146.4
	30	108.1	106.9	113.2	111.9	118.0	116.7	122.6	121.3	127.0	126.0	131.4	131.3	137.1	138.4	143.3	143.5	150.7	147.7
	50	108.6	107.8	113.6	112.8	118.4	117.6	122.9	122.1	127.1	126.6	131.1	131.7	136.0	137.3	141.2	142.5	147.3	146.6
	60	111.7	110.6	117.0	115.9	121.9	121.1	126.8	126.3	131.6	132.0	136.2	138.1	141.9	144.0	148.1	148.1	155.1	150.7
	70	114.5	113.6	120.2	119.3	125.5	124.6	130.4	130.1	135.3	136.2	140.5	142.9	147.1	148.4	154.0	152.1	160.5	154.2
	80	115.8	114.9	121.4	120.6	126.9	126.2	132.0	131.9	137.3	138.3	142.9	144.9	149.8	150.6	156.9	154.0	163.6	156.0
	90	116.8	116.0	122.5	121.8	127.4	127.0	133.2	133.1	138.6	139.5	144.4	146.3	151.4	151.5	158.8	154.7	164.5	156.4
	2000	116.7	115.8	122.5	121.7	128.2	127.5	133.6	133.5	139.1	140.3	145.3	147.1	152.9	152.1	160.0	155.1	165.5	156.8
	20	117.5	116.7	123.5	122.6	129.1	128.5	134.5	134.8	140.1	141.5	146.6	148.0	154.3	152.6	161.4	155.2	166.1	156.7
体重(kg)	1920	17.6	17.0	19.4	18.6	21.2	20.0	23.2	22.4	25.3	24.6	27.5	27.4	30.5	31.3	34.6	35.7	39.9	40.1
	30	17.9	17.3	19.8	19.0	21.8	20.9	23.8	23.0	25.9	25.4	28.4	28.5	31.8	33.2	36.2	37.7	42.0	42.1
	50	18.5	17.9	20.4	19.8	22.4	21.8	24.4	23.8	26.4	26.0	28.7	28.8	31.5	32.6	35.1	36.9	39.7	41.2
	60	19.1	18.5	21.0	20.5	23.2	22.7	25.5	25.2	28.0	28.2	30.7	32.3	34.6	36.9	39.3	41.5	45.3	45.3
	70	20.1	19.5	22.4	21.8	25.0	24.4	27.6	27.2	30.5	31.0	33.8	35.7	38.5	40.6	43.7	44.9	49.6	48.3
	80	20.8	20.3	23.2	22.6	26.0	25.5	28.9	28.5	32.4	32.6	36.2	37.3	41.4	42.6	46.7	46.5	52.4	49.6
	90	21.5	21.1	24.0	23.6	27.2	26.6	30.3	29.9	33.9	34.0	38.0	38.9	43.5	43.9	49.0	47.5	54.2	50.2
	2000	21.8	21.3	24.4	23.8	27.7	27.0	31.2	30.7	35.1	34.9	39.4	40.1	45.4	45.0	50.4	48.3	55.4	50.7
	20	22.0	21.5	24.9	24.3	28.4	27.4	32.0	31.1	35.9	35.4	40.4	40.6	45.8	44.5	50.9	47.3	55.3	50.2
肥満傾向児の出現率(%)	1980	2.64	2.73	3.55	3.45	4.90	5.03	5.71	5.54	6.86	6.78	7.65	7.03	7.48	7.30	6.93	6.48	6.07	5.75
	90	3.98	4.32	4.65	4.43	6.46	6.26	7.74	7.33	8.93	7.38	9.43	7.57	9.64	8.34	8.80	7.61	8.64	6.77
	2000	5.04	4.57	5.83	5.48	8.08	7.27	9.54	8.79	10.43	9.45	11.21	9.78	11.28	10.05	10.36	8.74	9.33	7.86
	10	4.46	4.23	5.62	5.13	7.20	6.90	9.06	7.51	10.37	8.13	11.09	8.83	10.99	8.92	9.41	7.96	9.37	7.89
	20	5.85	5.16	8.77	7.25	11.67	8.89	13.58	9.32	14.24	9.47	13.31	9.36	12.71	8.89	12.18	8.53	10.94	8.29

【注】中学校には中等教育学校（中高一貫校）の前期課程（中学校に相当）を含む。2020年度は速報値。肥満傾向児とは、1980〜2000年度は性・年別平均体重の120%以上の体重の児童。10、20年度は、以下の式から肥満度を算出し、これが20%以上の者を肥満傾向児としている。
肥満度＝（実測体重－身長別標準体重）÷身長別標準体重×100

小学生、中学生の体力と運動能力（2020年）

【資料】令和2年度体力・運動能力調査（文部科学省）

	反復横とび（点） 男	女	上体起こし（回） 男	女	にぎる力（kg） 男	女	座って前に体を曲げる（cm） 男	女
小学5年	44.40	42.80	20.75	19.20	17.48	17.35	34.09	39.88
小学6年	45.87	44.05	21.38	19.67	20.42	19.86	36.02	40.55
中学1年	50.49	46.83	24.25	21.32	25.19	22.17	40.85	43.28
中学2年	54.13	48.57	27.57	22.63	30.58	24.17	44.99	47.61

	50mを走る（秒） 男	女	立ち幅とび（cm） 男	女	ボール投げ（m） 男	女	20mシャトルラン（回） 男	女
小学5年	9.15	9.47	156.87	149.20	23.12	14.21	53.60	41.89
小学6年	8.91	9.17	166.85	158.10	26.61	16.55	56.54	46.49
中学1年	8.50	9.06	185.27	166.70	18.44	11.95	69.90	51.78
中学2年	7.90	8.79	203.32	173.87	21.34	13.37	81.40	58.67

【注】①「反復横とび」は、20秒間で1mはなれた左右と中央の3本の線をまたいだ回数。②「座って前に体を曲げる」は、ひざを伸ばしたまま座り、上体を前に曲げ、机状の台をどれくらい押しやれるかを測定。③「ボール投げ」のボールは、小学生はソフトボール、中学生はハンドボール。④「20mシャトルラン」は、20m間隔の2本の平行線の間をCD（テープ）の信号音に合わせて折り返す。信号音はだんだん速くなり、音についていけなくなるまで続ける。⑤中学校には中等教育学校の前期課程を含む。

保健と衛生 病気

死亡の原因の1位はがんで、死亡者全体の約30％を占める。また、自殺も多く、2020年は2万人を超えた。老人1人あたりの医療費は上昇しており、2014～19年度は80万円を超えた。

死亡者数の変化

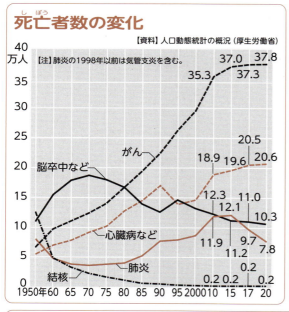

【資料】人口動態統計の概況（厚生労働省）
【注】肺炎の1998年以前は気管支炎を含む。

医療費（国民1人あたり・老人1人あたり）

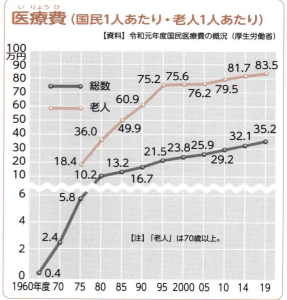

【資料】令和元年度国民医療費の概況（厚生労働省）
【注】「老人」は70歳以上。

死亡者の数（原因別、2020年）

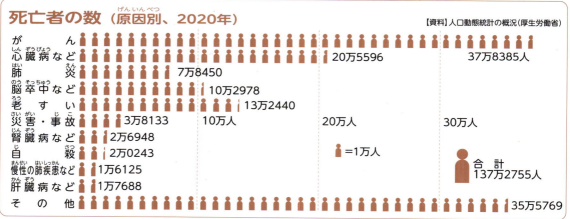

【資料】人口動態統計の概況（厚生労働省）

がん	37万8385人
心臓病など	20万5596
肺炎	7万8450
脳卒中など	10万2978
老すい	13万2440
災害・事故	3万8133
腎臓病など	2万6948
自殺	2万0243
慢性の肺疾患など	1万6125
肝臓病など	1万7688
その他	35万5769

合計 137万2755人

各国の保健のようす（2018年）

【資料】OECD Health Data

国　名	国民1人あたりの医療・保険支出	医師数（1000人あたり）	病院のベッド数（1000人あたり）	平均入院日数	1人あたりの外来受診回数（年間）
日　本	4504ドル	2.5人	13.0床	16.1日	12.6回（2017年）
韓　国	3085	2.4	12.4	7.5	16.9
フィンランド	4332	3.2（2014年）	3.6	6.4	4.4
イギリス	4290	2.8	2.5	5.9	5.0（2009年）
ドイツ	6224	4.3	8.0（2017年）	7.5（2017年）	9.9
スイス	7280	4.3	4.6	6.9	4.3（2017年）
スウェーデン	5434	4.3（2017年）	2.1	5.5	2.7
アメリカ	10637	2.6	2.9（2017年）	5.5（2017年）	4.0（2011年）
メキシコ	1145	2.4	1.0	―	2.8

世界記録と日本記録　スポーツ

マラソンが今と同じ距離（42.195km）で正式採用されたのは1924年パリ五輪。その時の男子マラソンの優勝タイムは2時間41分22秒だった。世界と日本の記録の差を読みとろう。

陸上競技（2022年1月）

記録(年) 選手名（国籍、所属）

【資料】ワールドアスレティックス、日本陸上競技連盟

種目	世界記録（男）	世界記録（女）	日本記録（男）	日本記録（女）
100m	9秒58(09) U.ボルト（ジャマイカ）	10秒49(88) F.ジョイナー（アメリカ）	9秒95(21) 山縣亮太（セイコー）	11秒21(10) 福島千里（北海道ハイテクAC）
200m	19秒19(09) U.ボルト（ジャマイカ）	21秒34(88) F.ジョイナー（アメリカ）	20秒03(03) 末續慎吾（ミズノ）	22秒88(16) 福島千里（北海道ハイテクAC）
400m	43秒03(16) W.ファンニーケルク（南アフリカ）	47秒60(85) M.コッホ（東ドイツ）	44秒78(91) 高野 進（東海大クラブ）	51秒75(08) 丹野麻美（ナチュリル）
800m	1分40秒91(12) D.ルディシャ（ケニア）	1分53秒28(83) J.クラトフビロバ（チェコスロバキア）	1分45秒75(14,21) 川元 奨(日本大)、源 裕貴(環太平大)	2分00秒45(05) 杉森美保（京セラ）
1000m	2分11秒96(99) N.ヌゲニ（ケニア）	2分28秒98(96) S.マステルコワ（ロシア）	2分19秒65(05) 小林史和（NTN）	2分37秒72(21) 田中希実（豊田自動織機TC）
1500m	3分26秒00(98) H.エルゲルージ（モロッコ）	3分50秒07(15) G.ディババ（エチオピア）	3分35秒42(21) 河村一輝（トーエネック）	3分59秒19(21) 田中希実（豊田自動織機TC）
2000m	4分44秒79(99) H.エルゲルージ（モロッコ）	5分21秒56(21) F.ニヨンサバ（ブルンジ）	5分07秒24(06) 小林史和（NTN）	5分47秒17(16) 木村友香（ユニバーサルエンターテインメント）
3000m	7分20秒67(96) D.コメン（ケニア）	8分06秒11(93) 王軍霞（中国）	7分40秒09(14) 大迫 傑（日清食品グループ）	8分40秒84(21) 田中希実（豊田自動織機TC）
5000m	12分35秒36(20) J.チェプテゲイ（ウガンダ）	14分06秒62(20) L.ギデイ（エチオピア）	13分08秒40(15) 大迫 傑（ナイキ オレゴンプロジェクト）	14分52秒84(21) 広中璃梨佳（日本郵政グループ）
10000m	26分11秒00(20) J.チェプテゲイ（ウガンダ）	29分01秒03(21) L.ギデイ（エチオピア）	27分18秒75(20) 相澤 晃（旭化成）	30分20秒44(20) 新谷仁美（積水化学）
マラソン	2時間01分39秒(18) E.キプチョゲ（ケニア）	2時間14分04秒(19) B.コスゲイ（ケニア）	2時間04分56秒(21) 鈴木健吾（富士通）	2時間19分12秒(05) 野口みずき（グローバリー）
100mハードル		12秒20(16) K.ハリソン（アメリカ）		12秒87(21) 寺田明日香（ジャパンクリエイト）、青木益未（七十七銀行）
110mハードル	12秒80(12) A.メリット（アメリカ）		13秒06(21) 泉谷駿介（順天堂大）	
400mハードル	45秒94(21) K.ワーホルム（ノルウェー）	51秒46(21) S.マクラフリン（アメリカ）	47秒89(01) 為末 大（法政大）	55秒34(11) 久保倉里美（新潟アルビレックスRC）
3000m障害	7分53秒63(04) S.シャヒーン（カタール）	8分44秒32(18) B.チェプコエチ（ケニア）	8分09秒92(21) 三浦龍司（順天堂大）	9分33秒93(08) 早狩実紀（京都光華AC）
400mリレー	36秒84(12) ジャマイカチーム（ジャマイカ）	40秒82(12) アメリカチーム（アメリカ）	37秒43(19) 多田・白石 桐生・サニブラウン（日本）	43秒39(11) 北風・高橋 福島・市川（日本）
800mリレー	1分18秒63(14) ジャマイカチーム（ジャマイカ）	1分27秒46(00) アメリカチーム（アメリカ）	1分21秒91(19) 南山・三浦 伊東・小久保（早稲田大）	1分34秒57(19) 山田・三宅 児玉・青野（日本）
1600mリレー	2分54秒29(93) アメリカチーム（アメリカ）	3分15秒17(88) ナショナルチーム（ソ連）	3分00秒76(96,21) 苅部・伊東・川端 小坂田・大森（日本）、佐藤・鈴木	3分28秒91(15) 青山・市川 千葉・青木
20km競歩	1時間16分36秒(15) 鈴木雄介（日本）	1時間23分49秒(21) 楊家玉（中国）	1時間16分36秒(15) 鈴木雄介（富士通）	1時間27分41秒(19) 岡田久美子（ビックカメラ）
50km競歩	3時間32分33秒(14) Y.ディニ（フランス）	3時間59分15秒(19) 劉虹（中国）	3時間36分45秒(19) 川野将虎（東洋大学）	4時間19分56秒(19) 渕瀬真寿美（建装工業陸上部）
走り高とび	2m45(93) J.ソトマヨル（キューバ）	2m09(87) S.コスタディノワ（ブルガリア）	2m35(19) 戸邉直人（つくばツインピークス）	1m96(01) 今井美希（ミズノ）
走り幅とび	8m95(91) M.パウエル（アメリカ）	7m52(88) G.チスチャコワ（ソ連）	8m40(19) 城山正太郎（ゼンリン）	6m86(06) 池田久美子（スズキ）
三段とび	18m29(95) J.エドワーズ（イギリス）	15m67(21) Y.ロハス（ベネズエラ）	17m15(86) 山下訓史（日本電気）	14m04(99) 花岡麻帆（三英社）
棒高とび	6m18(20) A.デュプランティス（スウェーデン）	5m06(09) Y.イシンバエワ（ロシア）	5m83(05) 沢野大地（ニシ・スポーツ）	4m40(12) 我孫子智美（滋賀レイクスターズ）
砲丸投げ	23m37(21) R.クラウザー（アメリカ）	22m63(87) N.リソフスカヤ（ソ連）	18m85(18) 中村太地（チームミズノ）	18m22(04) 森 千夏（スズキ）
円盤投げ	74m08(86) J.シュルト（東ドイツ）	76m80(88) G.ラインシュ（東ドイツ）	62m59(20) 堤 雄司（ALSOK群馬）	59m03(19) 郡 菜々佳（九州共立大）
やり投げ	98m48(96) J.ゼレズニー（チェコ）	72m28(08) B.シュポタコバ（チェコ）	87m60(89) 溝口和洋（ゴールドウイン）	66m00(19) 北口榛花（日本大）
ハンマー投げ	86m74(86) Y.セディフ（ソ連）	82m98(16) A.ブウォダルチク（ポーランド）	84m86(03) 室伏広治（ミズノ）	67m77(04) 室伏由佳（ミズノ）
7種競技		7291点(88) J.カーシー（アメリカ）		5975点(04) 山崎有紀（スズキ）
10種競技	9126点(18) K.メイエール（フランス）		8308点(14) 右代啓祐（スズキ浜松AC）	7244点(18) 山崎有紀（スズキ浜松AC）

【注】選手の国籍、所属は大会出場時の届け出による。競歩は道路の記録。10種競技は100m、走り幅とび、砲丸投げ、走り高とび、400m、110mハードル、円盤投げ、棒高とび、やり投げ、1500m。7種競技は100mハードル、走り高とび、砲丸投げ、200m、走り幅とび、やり投げ、800m。

はみ出し情報　日本陸上競技連盟　https://www.jaaf.or.jp　日本オリンピック委員会　https://www.joc.or.jp

世界記録と日本記録

スポーツ

2009年に驚異的な記録が出て注目された、英スピード社製「レーザー・レーサー」などの「高速水着」が、10年から禁止になり、織物素材のみとなった。しかしその後も、記録は次々と更新されている。

水泳競技（2022年1月） 記録(年) 選手名（国籍、所属）

【資料】日本水泳連盟

種目	世界記録（男）	世界記録（女）	日本記録（男）	日本記録（女）
50m 自由形	20秒91(09) C. シエロフィリョ（ブラジル）	23秒67(17) S. シェーストレム（スウェーデン）	21秒67(19) 塩浦慎理（イトマン東進）	24秒21(18) 池江璃花子（ルネサンス亀戸）
100m 自由形	46秒91(09) C. シエロフィリョ（ブラジル）	51秒71(17) S. シェーストレム（スウェーデン）	47秒87(18) 中村 克（イトマン東進）	52秒79(18) 池江璃花子（ルネサンス）
200m 自由形	1分42秒00(09) P. ビーデルマン（ドイツ）	1分52秒98(09) F. ペレグリニ（イタリア）	1分44秒65(21) 松元克央（日本）	1分54秒85(18) 池江璃花子（日本）
400m 自由形	3分40秒07(09) P. ビーデルマン（ドイツ）	3分56秒46(16) K. レデッキー（アメリカ）	3分43秒90(14) 萩野公介（東洋大）	4分05秒19(07) 柴田亜衣（日本）
800m 自由形	7分32秒12(09) 張琳（中国）	8分04秒79(16) K. レデッキー（アメリカ）	7分49秒55(21) 黒川紫唯（イトマン富田林／近畿大）	8分23秒68(04) 山田沙知子（コナミ）
1500m 自由形	14分31秒02(12) 孫楊（中国）	15分20秒48(18) K. レデッキー（アメリカ）	14分54秒80(14) 山本耕平（ミズノ）	15分58秒55(07) 柴田亜衣（日本）
50m 平泳ぎ	25秒95(17) A. ピーティ（イギリス）	29秒40(17) L. キング（アメリカ）	26秒94(18) 小関也朱篤（日本）	30秒64(18) 鈴木聡美（ミキハウス）
100m 平泳ぎ	56秒88(19) A. ピーティ（イギリス）	1分04秒13(17) L. キング（アメリカ）	58秒78(18) 小関也朱篤（日本）	1分05秒88(14) 渡部香生子（JSS立石）
200m 平泳ぎ	2分06秒12(19) A. チェプコフ（ロシア）	2分18秒95(21) T. スクンマカー（南アフリカ）	2分06秒40(21) 佐藤翔馬（東京SC／慶應義塾大）	2分19秒65(16) 金藤理絵（Jaked/ぎふ瑞穂SG）
50m バタフライ	22秒27(18) A. ゴボロフ（ウクライナ）	24秒43(14) S. シェーストレム（スウェーデン）	23秒17(21) 川本武史（TOYOTA）	25秒11(18) 池江璃花子（日本）
100m バタフライ	49秒45(21) C. ドレッセル（アメリカ）	55秒48(16) S. シェーストレム（スウェーデン）	51秒00(09、21) 河本耕平（新潟）、川本武史（TOYOTA）	56秒08(18) 池江璃花子（日本）
200m バタフライ	1分50秒73(19) K. ミラーク（ハンガリー）	2分01秒81(09) 劉子歌（中国）	1分52秒53(20) 瀬戸大也（日本）	2分04秒69(12) 星 奈津美（スウィン大教）
50m 背泳ぎ	24秒00(18) K. コレスニコフ（ロシア）	26秒98(18) 劉湘（中国）	24秒24(09) 古賀淳也（日本）	27秒51(13) 寺川 綾（ミズノ）
100m 背泳ぎ	51秒85(16) R. マーフィー（アメリカ）	57秒45(21) K. マックイーン（オーストラリア）	52秒24(09) 入江陵介（近畿大）	58秒70(13) 寺川 綾（日本）
200m 背泳ぎ	1分51秒92(09) A. ピアソル（アメリカ）	2分03秒35(19) R. スミス（アメリカ）	1分52秒51(09) 入江陵介（日本）	2分07秒13(08) 中村礼子（日本）
200m 個人メドレー	1分54秒00(11) R. ロクテ（アメリカ）	2分06秒12(15) K. ホッスー（ハンガリー）	1分55秒07(16) 萩野公介（東洋大）	2分07秒91(17) 大橋悠依（日本）
400m 個人メドレー	4分03秒84(08) M. フェルプス（アメリカ）	4分26秒36(16) K. ホッスー（ハンガリー）	4分06秒05(16) 萩野公介（日本）	4分30秒82(18) 大橋悠依（イトマン東進）
200m リレー			1分27秒48(21) 塩浦・難波 関・中村(JAPAN)	1分39秒67(21) 五十嵐・池江 酒井・大本(JAPAN)
400m リレー	3分08秒24(08) M. フェルプス・G. ウェーバーゲール C. ジョーンズ・J. レザ（アメリカ）	3分29秒69(21) B. キャンベル・M. ハリス E. マキオン・C. キャンベル（オーストラリア）	3分12秒54(18) 中村・塩浦 松元・溝畑（日本）	3分36秒17(19) 大本・青木 佐藤・白井（日本）
800m リレー	6分58秒55(09) M. フェルプス・R. ベレンズ D. ウォルターズ・R. ロクテ（アメリカ）	7分40秒33(21) 楊浚瑄・湯慕涵 張雨霏・李氷潔（中国）	7分02秒26(09) 内田・奥村 日原・松田（日本）	7分48秒96(18) 五十嵐・池江 白井・大橋（日本）
200m メドレーリレー			1分37秒64(21) 宇野・谷口 阪本・難波（三重県選抜）	1分51秒33(15) 諸貫・鈴木 山口・青木（日本）
400m メドレーリレー	3分26秒78(21) R. マーフィー・M. アンドルー C. ドレッセル・Z. アップル（アメリカ）	3分50秒40(19) R. スミス・L. キング K. ダーリア・S. マニュエル（アメリカ）	3分29秒91(21) 入江・武良 水沼・中村（日本）	3分54秒73(18) 酒井・鈴木 池江・青木（日本）

【注】選手の国籍、所属は大会出場時の届け出による。国際水泳連盟未公認の記録は含まない。

はみ出し情報　➡　日本水泳連盟 https://swim.or.jp　国際水泳連盟 https://www.fina.org

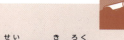

中学生の記録　スポーツ

50・100・200m自由形、50・100mバタフライで中学記録を持っている池江璃花子選手は、100m・200m自由形や50m・100mバタフライ、800mリレー、400mメドレーリレーで日本記録を更新している。

中学記録（陸上競技、2021年12月）　記録(年)　選手名(学校名)

【資料】日本中学校体育連盟

種目	男			女		
100m	10秒56 (14)	宮本大輔	(山口・周陽)	11秒61 (10)	土井杏南	(埼玉・朝霞一)
200m	21秒18 (10)	日吉克実	(静岡・伊豆修善寺)	23秒99 (19)	ハッサン・ナワール	(千葉・松戸五)
400m	48秒18 (09)	谷川鈴扇	(群馬・邑楽)	56秒64 (16)*	井戸アビゲイル風果	(岐阜・美濃加茂西)
800m	1分52秒43 (16)	馬場勇一郎	(愛知・上郷)	2分07秒19 (13)	髙橋ひな	(兵庫・山陽)
1500m	3分49秒02 (21)	川口峻太朗	(岡山・京山)	4分19秒46 (10)	福田有以	(兵庫・稲美北)
3000m	8分17秒84 (17)	石田洸介	(福岡・浅川)	9分10秒18 (93)*	山中美和子	(奈良・香芝)
100mハードル				13秒47 (21)	谷中天架	(福岡・シュブスタンス北九州)
110mハードル	13秒74 (19)	田原歩睦	(奈良・平城東)			
400mリレー	42秒25 (19)	斉藤・田村　内屋・大石	(静岡・吉田)	47秒04 (19)	岡・福井　稲荷・藤木	(和歌山・桐蔭)
同・選抜	41秒26 (08)	小池・綱川　梨本・田子	(千葉・選抜)	46秒34 (18)	森澤・渡辺　佐藤・ハッサン	(千葉・選抜)
走り高とび	2m10 (86)	境田裕之	(北海道・春光台)	1m87 (81)	佐藤　恵	(新潟・木戸)
走り幅とび	7m40 (16)	和田晃輝	(大阪・楠葉西)	6m20 (16)	藤山有希	(神奈川・足柄台)
棒高とび	5m05 (18)	古沢一生	(群馬・新町)	3m90 (20)*	柳川美空	(群馬・南橘)
砲丸投げ	17m85 (15)	奥村仁志	(福井・和泉)	17m45 (19)	奥山琴未	(岡山・上道)
4種競技	3091点 (20)	髙橋大史	(山形・上山南)	3233点 (20)	林　美希	(愛知・翔南)

【注】100m～400m、ハードル、リレーは電気計時。ハードル、砲丸（男は5kg、女は2.721kg）は中学用。4種競技の男は110mハードル、砲丸投げ（砲丸は4kg）、走り高とび、400m。女は100mハードル、砲丸投げ、走り高とび、200m。*全日本中学陸上選手権では実施していない種目での記録。

中学記録（水泳競技、2021年12月）　記録(年)　選手名(所属チーム名)

【資料】日本水泳連盟

種目	男			女		
50m自由形	23秒51 (17)	熊澤将大	(スウィン東松山)	24秒74 (16)	池江璃花子	(ルネサンス亀戸)
100m自由形	50秒66 (09)	小堀勇気	(日本)	53秒99 (16)	池江璃花子	(ルネサンス亀戸)
200m自由形	1分49秒25 (10)	萩野公介	(御幸ケ原SS)	1分58秒01 (15)	池江璃花子	(日本)
400m自由形	3分53秒84 (19)	高木　陸	(大阪府)	4分10秒56 (21)	竹澤瑠珂	(武蔵野中学校)
800m自由形	8分05秒28 (19)	高木　陸	(KTV豊中)	8分35秒45 (00)	溝口　愛	(大阪・箕面第四中)
1500m自由形	15分26秒47 (16)	菖池竜輝	(コナミ三田)	16分25秒62 (21)	青木虹光	(県央SS)
50m平泳ぎ	28秒30 (21)	岡留大和	(稲毛インター)	31秒15 (15)	宮坂倖乃	(コナミ北浦和)
100m平泳ぎ	1分01秒97 (21)	岡留大和	(稲毛インター)	1分07秒10 (11)	渡部香生子	(JSS立石)
200m平泳ぎ	2分11秒95 (09)	山口観弘	(志布志DC)	2分23秒43 (15)	今井　月	(日本)
50mバタフライ	24秒41 (21)	光永翔音	(ダンロップS松戸)	26秒17 (15)	池江璃花子	(ルネサンス亀戸)
100mバタフライ	53秒13 (08)	小堀勇気	(能美SC)	57秒56 (15)	池江璃花子	(ルネサンス亀戸)
200mバタフライ	1分57秒66 (09)	小堀勇気	(日本)	2分07秒89 (15)	長谷川涼香	(日本)
50m背泳ぎ	25秒96 (21)	寺川琉之介	(ビート伊万里)	28秒43 (16)	酒井夏海	(スウィン南越谷)
100m背泳ぎ	55秒33 (09)	萩野公介	(栃木県)	1分00秒12 (16)	酒井夏海	(スウィン南越谷)
200m背泳ぎ	1分59秒71 (09)	萩野公介	(御幸ケ原SS)	2分09秒52 (09)	神村万里恵	(セントラル成瀬)
200m個人メドレー	1分59秒26 (09)	萩野公介	(栃木県)	2分11秒45 (15)	今井　月	(日本)
400m個人メドレー	4分16秒50 (09)	萩野公介	(栃木・作新学院中)	4分40秒88 (21)	成田実生	(金町SC)
200mリレー	1分36秒24 (19)	重藤・錦織　髙嶋・伊藤	(イトマン選抜)	1分44秒14 (17)	大内・佐々木　城戸・栗山	(ダンロップSC)
400mリレー	3分29秒83 (09)	萩野・浦　田口・瀬戸	(日本)	3分43秒79 (15)	池江・牧野　今井・持田	(日本)
800mリレー	7分39秒53 (09)	萩野・浦　渋谷・瀬戸	(日本)	8分09秒26 (14)	持田・池江　佐藤・牧野	(日本)
200mメドレー	1分45秒92 (05)	入江・山田　前田・小西	(日本)	1分56秒05 (96)	池田・林　青山・中山	(イトマンSS選抜)
400mメドレー	3分45秒71 (09)	萩野・山口　瀬戸・浦	(日本)	4分04秒11 (14)	白井・今井　長谷川・池江	(日本)

【注】選手の所属は大会出場時の届け出による。

世界 各国の比較

世界の国ぐにの暮らしの違いを確認しよう。人口、人口密度、所得、貿易、学校、医師、電話などの生活用品から、各国の特徴と問題点をとらえて、わが国や世界にどのような課題があるかを考えてみよう。

各国の暮らし

【資料】世界銀行、国連、ITU、ILO、総務省、OECD、日本自動車工業会

	日本	アメリカ	インドネシア	エチオピア
人口（2020年）	1億2648万人	3億3100万人	2億7352万人	1億1496万人
人口増加率（2019－2020年）	-0.3%	0.6%	1.1%	2.6%
人口密度（1km²あたり・2020年）	345.2人	36.0人	145.7人	101.8人
GNI（国民総所得・2020年）	5兆0790億ドル	21兆2668億ドル	1兆0595億ドル	1027億ドル
1人あたりGNI（2020年）【注】	4万0360ドル	6万4550ドル	3870ドル	890ドル
輸入額（2020年）	6354億ドル	2兆4054億ドル	1416億ドル	141億ドル
輸出額（2020年）	6413億ドル	1兆4303億ドル	1633億ドル	25億ドル
学校で学ぶ年数（2019年）	15.2（2018年）	16.3	13.6（2018年）	8.4（2012年）
教師1人あたりの子どもの数（小学校・2018年）	15.7人（2017年）	14.2人（2017年）	17.0人	55.1人（2011年）
衛生的な水供給（100人あたり・2020年）	99%	100%	93%	76%
医師の数（1万人あたり・2018年）	24.9人	26.1人	4.3人	1人
5歳未満で亡くなる人数（出生1000人中・2020年）	2.5人	6.3人	23.0人	48.7人
電話保有数（100人あたり・2020年）	201.2台	165.6台	133.5台	38.3台
固定電話/移動電話（100人あたり・2020年）	49.2台 / 152.0台	31.1台 / 134.5台（2019）	3.4台 / 130.1台	1.1台（2017） / 37.2台（2017）
産業別人口（2020年）	第1次産業 3% 第2次産業 24% 第3次産業 72%	第1次産業 2% 第2次産業 19% 第3次産業 79%	第1次産業 30% 第2次産業 22% 第3次産業 49%	第1次産業 71% 第2次産業 8% 第3次産業 21%（2013年）
乗用車の保有台数（1000人あたり・2019年）	488台	360台	57台	0.8台

【注】世界銀行（国際復興開発銀行）は、世界の国・地域を1人あたりGNIによって分け、1人あたりGNI（2020年）が1045ドル以下の国を低所得国（27カ国）、1046～4095ドルを低位中所得国（55カ国）、4096～1万2695ドルを高位中所得国（55カ国）、1万2696ドル以上を高所得国（80カ国）と呼んでいる。先進国の多くが高所得国にあたり、産油国も少し含まれる。発展途上国はだいたい低所得国と中所得国にあたる。ただし、この分類にはデータ不明の国は含まれていない。

世界大図鑑

国連に加盟している193カ国に
日本政府が承認している国連非加盟国のクック諸島、バチカン、
コソボ、ニウエを加えると、197カ国になります。
それぞれの国の人口や面積、首都、通貨、国民総所得、
宗教、使われている言語などをまとめた「世界の国ぐに」や
産業の統計などから、
世界各国の現在の姿を学びましょう。

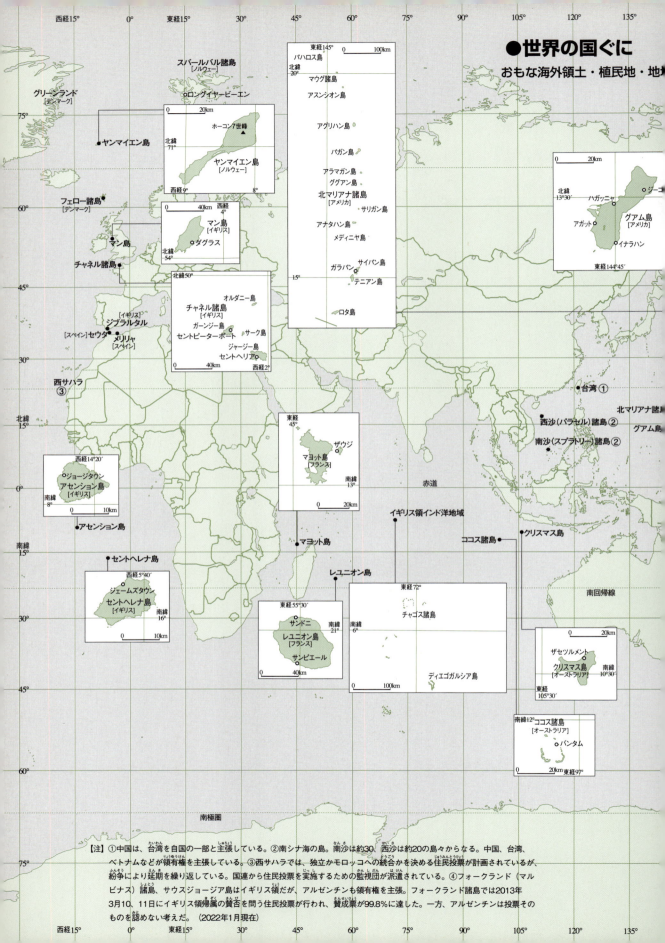

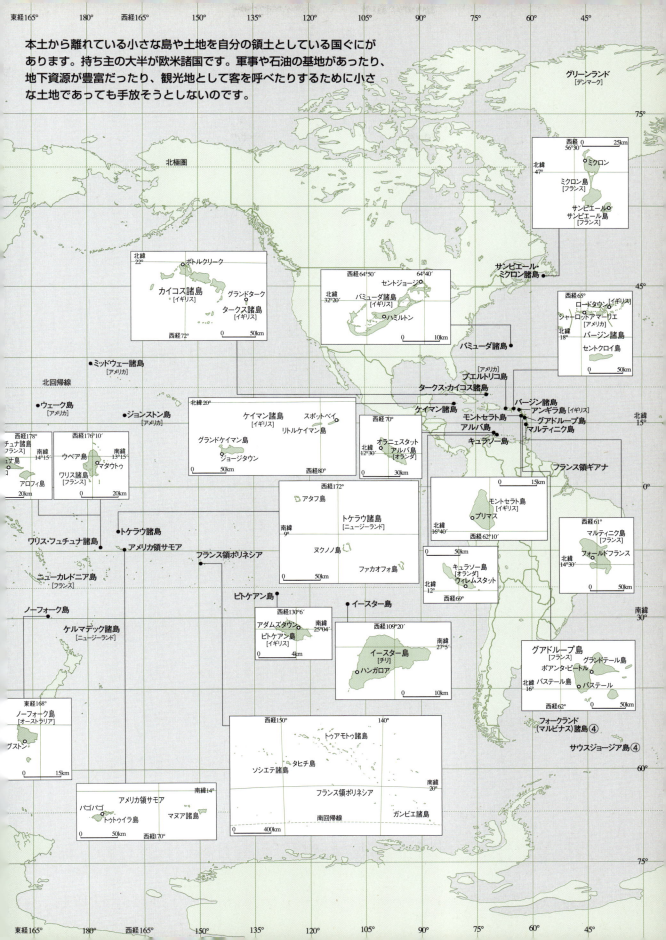

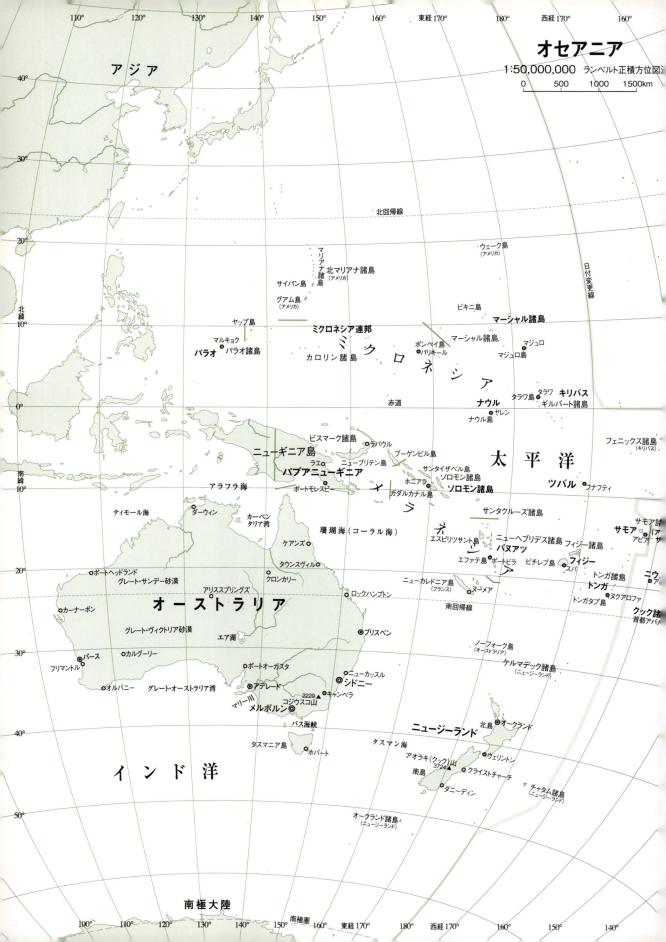

アイスランド〜アフガニスタン

世界の国ぐに

「世界の国ぐに」では国連加盟国の193カ国に加え、日本政府が承認している国連非加盟国のクック諸島（P226）、コソボ（P226）、ニウエ（P233）、バチカン（P234）を加えた197カ国を紹介しています。
197カ国の地理・経済・その国の時事問題などについてまとめていますので、学習の参考にしてください。

※「朝鮮民主主義人民共和国」（北朝鮮・P231）は国連加盟国ですが、日本政府は承認していません。

表の見方

❶❷ Japan
日本

面積 38　人口 12617　首都 東京
通貨 円（1ドル=115.84円）　❻
所得 40360ドル　❼
宗教 仏教、神道、キリスト教など　❽
住民 日本人。少数民族としてアイヌなど　❾
言語 日本語　独立 —　❿⓫

高い技術力を持つ工業先進国。GDPは米国、中国に次ぐ世界3位。自然災害が頻繁に発生する災害大国でもある。2020年1月以降、新型コロナウイルスの感染が広がり、緊急事態宣言が繰り返し発令された。これまで約174万人が感染し、約1万8000人が死亡した。21年、前年から延期された夏季五輪・パラリンピックが東京で開催。多くの競技を無観客で実施した。

---

❶国名（五十音順・一部例外あり）
❷英語表記 ❶の英語表記です。本書では「Republic of」（共和国）を略すなど、簡略化している場合があります
❸面積 外務省ウェブサイトの2022年1月時点での掲載の値。単位＝万km²。1万km²以上の国は小数点以下第1位を四捨五入、それ以下の国は小数点以下で0の次の数字1〜2桁まで掲載
❹人口 外務省ウェブサイトの2022年1月時点での掲載の値。単位＝万人。小数点以下第1位を四捨五入。日本のみ総務省しらべ
❺首都 2022年しらべ。地図上の●は首都の位置
❻通貨 レートは2022年1月4日のもの
❼所得 一人あたりの国民総所得（GNI）。GDPベースとある場合は一人あたりの国内総生産。世界銀行ウェブサイトの2022年1月時点での掲載の値と、掲載がなかった場合は外務省ウェブサイトの2022年1月時点での掲載の値。この数字で、経済的に富める国なのか、貧しい国なのかがわかります。単位＝米ドル。米ドル以外の貨幣で掲載されている場合は、日本銀行報告省令レートの当該年12月分レートに基づき米ドル換算。データが不明の場合は「—」の表示をしています
❽宗教 おもな宗教
❾住民 おもに住んでいる民族
❿言語 おもに使われている言葉
⓫独立 1943年以降に独立した国の独立年。ここをみることで比較的最近独立した新しい国なのか、または昔からあった国なのかがわかります。決まった独立年のない国も「—」の表示をしてあります

※国際連合安全保障理事会常任理事国のアメリカ、イギリス、中国、フランス、ロシアについては大きな枠で解説しています

【資料】世界銀行、外務省、総務省、日本銀行、朝日新聞出版しらべ
※新型コロナウイルス感染者・死者数は21年末のもの

アイスランド Iceland

面積 10　人口 36
首都 レイキャビク
通貨 1アイスランド・クローナ=0.89円
所得 62420ドル　宗教 福音ルーテル派
住民 アイスランド人（北方ゲルマン系）
言語 アイスランド語　独立 1944

北端が北極圏に接する世界最北の島国。バイキングが9世紀に建てた。夏は夜でも太陽が沈まない白夜で知られる。世界金融危機（P98）の影響で経済危機に陥ったが、IMFや北欧諸国の支援を受けて回復。主産業はアルミニウム精錬と観光業。漁場に恵まれており、漁業も盛ん。

アイルランド Ireland

面積 7　人口 501　首都 ダブリン
通貨 1ユーロ=130.92円
所得 65620ドル　宗教 カトリック
住民 アイルランド人（ケルト系）
言語 アイルランド語、英語
独立 —

グレートブリテン島などとイギリス諸島を形成する、アイルランド島の大部分を占める国。一年中美しい緑が絶えないことから「エメラルドの島」とも呼ばれる。ウイスキー発祥の地。1937年にアイルランド共和国として英国から独立。英国のEU離脱をめぐり同国との間で国境管理が争点になった。

アゼルバイジャン Azerbaijan

面積 9　人口 1020　首都 バクー
通貨 1アゼルバイジャン・マナト=68.14円
所得 4480ドル　宗教 イスラム教シーア派
住民 アゼルバイジャン人。ほかにレズギン人など
言語 アゼルバイジャン語　独立 1991

かつては世界の原油の半分を生産していた産油国。カスピ海沿岸で産出した石油を輸出するための長距離パイプラインが経済を支えている。原油価格の変動を受けて経済は不安定。2020年、同国西部に位置するナゴルノ・カラバフ自治州の帰属をめぐりアルメニアと武力衝突した。

アフガニスタン Afghanistan

面積 65　人口 3890
首都 カブール　通貨 1アフガニ=1.11円
所得 500ドル　宗教 イスラム教
住民 パシュトゥーン人、タジク人、ウズベク人など
言語 パシュトゥー語、ダリ語　独立 —

大半が岩山と乾いた高原の国。シルクロードが通り、多数の民族が行き交ったことから、かつては「文明の交差点」と呼ばれた。2001年、欧米などの多国籍軍との戦争を経て武装勢力タリバンによる政権が崩壊。21年、駐留米軍撤退と同時にタリバンが再び実権を掌握した。

世界の国ぐに

世界

アメリカ合衆国
United States of America

POINT
★1492年にコロンブスがアメリカ大陸に到達
★初代大統領はジョージ・ワシントン（1789年就任）
★2001年9月11日に同時多発テロ発生

2021年1月、首都ワシントンの連邦議会議事堂に20年に行われた米大統領選挙の結果に不満を持つトランプ大統領（当時）の支持者ら多数が乱入し、一時占拠。バイデン氏当選の議会認定を阻止しようとした。この暴動で警察官1人を含む5人が死亡している。近年は貿易や知的財産権、ハイテク技術の移転をめぐる摩擦や軍備増強に対する懸念などから中国と対立。バイデン大統領はトランプ前大統領に引き続き対中問題に強硬姿勢で臨んでいる。2020年以降、新型コロナウイルスの感染が拡大。死者数80万人以上は世界最多。

面積 963　人口 33006　首都 ワシントン
通貨 1ドル=115.84円
所得 64550ドル　宗教 プロテスタント、カトリック
住民 ヨーロッパ系。ほかにアフリカ系、アジア系など
言語 英語　独立 —

経済力と軍事力が世界一の超大国。多様な民族で構成される多民族国家。ＧＤＰは2位中国を大きく上回る。国際社会で強い発言力を持ち、軍事的影響力を全世界で発揮。シリアやウクライナをめぐるロシアとの確執、イラン、トルコとの対立関係など、いくつもの外交問題を抱え

アラブ首長国連邦
United Arab Emirates

面積 8　人口 989
首都 アブダビ
通貨 1UAEディルハム=31.54円
所得 39410ドル
宗教 イスラム教　住民 アラブ人
言語 アラビア語　独立 1971

七つの首長国がつくるペルシャ湾入り口の連邦国。石油輸出が国の収入の多くを占める。日本にとって重要な石油輸入相手国。首長国のひとつドバイは中東経済の中心地で、観光地としても人気が高い。2020年、対立関係にあったイスラエルと国交正常化で合意した。

アルジェリア
Algeria

面積 238　人口 4390　首都 アルジェ
通貨 1アルジェリア・ディナール=0.83円
所得 3570ドル　宗教 イスラム教スンニ派
住民 アラブ人。ほかにベルベル人など
言語 アラビア語、ベルベル語、フランス語
独立 1962

アフリカで最も広い国。サハラ砂漠が国土の9割を覆っている。石油や天然ガスが豊富。首都アルジェは、カミュの名作『異邦人』の舞台。オスマン帝国の歴史を今に伝える旧市街カスバが世界遺産に登録されている。西サハラをめぐる問題から隣国モロッコと対立している。

アルゼンチン
Argentina

面積 278　人口 4538
首都 ブエノスアイレス
通貨 1アルゼンチン・ペソ=1.13円
所得 9070ドル　宗教 カトリック
住民 ヨーロッパ系。ほかに先住民系
言語 スペイン語　独立 —

かつて「世界の食糧庫」と呼ばれた国。見渡す限りの草原パンパで小麦や大豆を生産する。20世紀前半にはヨーロッパ各国からの移民が「南米のヨーロッパ」と呼ばれる欧風都市を築き上げた。経済の危機的状況が続く。2020年以降、新型コロナウイルス感染症によって11万人以上が死亡。

アルバニア
Albania

面積 3　人口 284　首都 ティラナ
通貨 1レク=1.09円
所得 5210ドル
宗教 イスラム教、アルバニア正教
住民 アルバニア人
言語 アルバニア語　独立 —

四国の1.5倍ほどの国土がほとんど山と高原という、山あいの小国。20世紀半ばから社会主義政策をとるが、他の社会主義国家と思想的に対立、鎖国状態を長年続けてきた。冷戦終結後、鎖国状態は解消したが、経済基盤は脆弱。主産業は農業と、衣類などの製造業。

アルメニア
Armenia

面積 3　人口 300　首都 エレバン
通貨 1ドラム=0.24円
所得 4220ドル　宗教 アルメニア教会
住民 アルメニア人。ほかにクルド人、ロシア人など
言語 アルメニア語　独立 1991

世界で初めてキリスト教を国教にした国。アジアとヨーロッパ、ロシアを結ぶ場所にあり、常に隣国の支配を受けてきた。ブドウの栽培が盛んで、ワインやブランデーを生産する。2020年、アゼルバイジャンのナゴルノ・カラバフ自治州の帰属をめぐり同国と武力衝突した。

アンゴラ
Angola

面積 125　人口 3080　首都 ルアンダ
通貨 1クワンザ=0.21円
所得 2140ドル　宗教 伝統宗教など
住民 オビンブンドゥ族、キンブンドゥ族、バコンゴ族など
言語 ポルトガル語　独立 1975

独立以来、27年もの間内戦が続いた国。内戦は、対立する国内の組織を米国と旧ソ連がそれぞれ支援し、冷戦の代理戦争といわれた。石油、ダイヤモンドを輸出。産油量はアフリカ有数。2017年、38年にわたる長期政権が終わり、ロウレンソ大統領による政権運営がスタートした。

アンティグア・バーブーダ
Antigua and Barbuda

面積 0.04　人口 10
首都 セントジョンズ
通貨 1東カリブ・ドル=42.86円
所得 13750ドル　宗教 英国国教会、カトリック
住民 アフリカ系
言語 英語　独立 1981

海岸線が美しいリゾート地として知られるカリブの小国。三つの島からなる。首都があるアンティグア島は東西が20kmほどの小さな島。平均気温が25℃を超える常夏の国。ハリケーン被害が頻発し、経済基盤は脆弱。観光業依存脱却を目指し、産業の多角化に取り組んでいる。

220

アメリカ合衆国～インド

アンドラ Andorra

面積 0.05　人口 8
首都 アンドラ・ラ・ベリャ　通貨 1ユーロ＝130.92円
所得 38257ドル（19年・GDPベース）*1　宗教 カトリック
住民 スペイン人（カタルーニャ系）など
言語 カタルーニャ語、スペイン語、フランス語など
独立 1993

フランスとスペインの国境沿い、ピレネー山脈の谷間にあるとても小さな国。かつて鉄鉱石の産地として栄えた。現在は、観光業が経済の柱。スキーリゾートとして知られる。タックスヘイブン（租税回避地）だったが方針転換。近年、法人税や付加価値税などを次々導入した。

イエメン Yemen

面積 56　人口 2983
首都 サヌア
通貨 1イエメン・リアル＝0.46円
所得 910ドル　宗教 イスラム教
住民 アラブ人。ほかにインド系
言語 アラビア語　独立 ―

紀元前には海洋貿易の中継地として栄えた国。石油生産力が低く、アラブの最貧国。モカ・コーヒーの原産地。2015年に反政府勢力が実権を掌握し、これを認めないサウジアラビアらアラブ連合軍が軍事介入して内戦状態に。停戦に向けた動きもあるが不透明な情勢が続いている。

イスラエル Israel

面積 2　人口 934　首都 エルサレム*2
通貨 1新シェケル＝37.43円
所得 42600ドル
宗教 ユダヤ教、イスラム教など
住民 ユダヤ人。ほかにアラブ人など
言語 ヘブライ語、アラビア語　独立 1948

ユダヤ教、キリスト教、イスラム教の聖地とされるエルサレムがある国。1948年にユダヤ人が建国。これに反対するアラブ諸国と衝突し、4度にわたる戦争を経験。パレスチナと紛争状態にあり、イランとも対立。2020年、世界で初めて新型コロナワクチンの接種を開始した。

イギリス United Kingdom

POINT
★ 18世紀に世界に先駆けて産業革命が起こる
★ 20世紀初頭まで、イギリス帝国として世界に君臨
★ 2012年に女王の即位60年を記念する祝賀行事を実施。日本の天皇・皇后両陛下も出席された

新型コロナウイルスの変異株「オミクロン株」が世界中に広がっている。英国は2021年12月18日、オミクロン株の累計感染者数を2万4968人と発表。同日、首都ロンドンで「重大事態」が宣言された

面積 24　人口 6708
首都 ロンドン
通貨 1イギリス・ポンド＝156.48円
所得 39700ドル　宗教 英国国教会
住民 アングロサクソン系、ケルト系
言語 英語　独立 ―

伝統を守る立憲君主国であると同時に、産業が発達した先進国。18世紀、世界に先駆けて起こった産業革命によって国力を増強。19世紀には世界中に植民地を築き、イギリス（大英）帝国と呼ばれた。工業で先端的な技術力を持ち、石油など資源も豊富。ロンドンは世界最大級の金融センター。2008年の世界金融危機（P98）によって経済が大打撃を受けたが回復。2017年にEUとの離脱交渉を開始。20年に離脱が成立した。今後新たなルールの下でEUとの関係構築を進めていく。20年以降、新型コロナウイルス感染症によって14万人以上が死亡した。

イタリア Italy

面積 30　人口 6046
首都 ローマ
通貨 1ユーロ＝130.92円
所得 32290ドル　宗教 カトリック
住民 イタリア人
言語 イタリア語　独立 ―

芸術とファッション、サッカーの国。国のあちこちに古代ローマ時代の遺跡が点在する。かつては絵画や彫刻で、現在はファッションで世界中に影響を与えている。世界金融危機（P98）の影響で経済は長期低迷。2020年以降、新型コロナウイルス感染症によって13万人以上が死亡。

イラク Iraq

面積 44　人口 3965
首都 バグダッド
通貨 1イラク・ディナール＝0.079円
所得 4680ドル　宗教 イスラム教
住民 アラブ人。ほかにクルド人など
言語 アラビア語　独立 ―

世界5位の石油埋蔵国。古代メソポタミア文明が栄えたチグリス川が中央を流れ、国土の大部分は砂漠。2003年に起きた米国との戦争により独裁政治体制が崩壊した。近年は、「イスラム国」（IS）の侵攻により混乱。不安定な情勢が続く。2021年には首相暗殺未遂事件が発生した。

イラン Iran

面積 165　人口 8399　首都 テヘラン
通貨 1イラン・リアル＝0.0027円
所得 2960ドル
宗教 イスラム教シーア派
住民 ペルシャ人。ほかに少数民族
言語 ペルシャ語　独立 ―

中東諸国の中でも南アジアに近い国。石油埋蔵量は世界4位。20世紀初頭までペルシャと呼ばれていた。核開発疑惑で米国と対立。経済制裁を受けている。米国の離脱によって無効化された核合意の再建を模索中。2020年以降、新型コロナウイルス感染症によって約13万人が死亡。

インド India

面積 329　人口 138000　首都 ニューデリー
通貨 1インド・ルピー＝1.55円　所得 1920ドル
宗教 ヒンドゥー教、イスラム教、キリスト教、シーク教
住民 インド・アーリア族、ドラビダ族など
言語 ヒンディー語、英語　独立 1947

世界2位となる13億人以上の人口を抱える国。844の方言があり、憲法記載の地方言語が21ある。仏教発祥の地だが、宗教はヒンドゥー教が中心。差別的身分制度がいまだに残っている。主力はIT産業と製造業。2020年以降、新型コロナウイルス感染症によって約48万人が死亡。

*1 日本銀行報告省令レート19年12月分に基づきユーロを米ドル換算　*2 首都エルサレムは日本を含め国際的には認められていない

世界の国ぐに

インドネシア Indonesia

- 面積 192　人口 27000
- 首都 ジャカルタ
- 通貨 1ルピア=0.0081円
- 所得 3870ドル　宗教 イスラム教など
- 住民 マレー系。ほかに中国系
- 言語 インドネシア語　独立 1945

赤道付近の太平洋上に浮かぶ1万4572もの島々からなる国。首都ジャカルタがあるジャワ島や、リゾート地のバリ島など、島ごとの個性が豊か。2020年に新型コロナウイルスの感染が拡大。21年には1日の感染者数が5万人を超える深刻な感染爆発を経験。死者数は14万人以上。

ウガンダ Uganda

- 面積 24　人口 4427　首都 カンパラ
- 通貨 1ウガンダ・シリング=0.033円
- 所得 800ドル　宗教 キリスト教など
- 住民 バガンダ族、ランゴ族、アチョリ族など
- 言語 英語、スワヒリ語、ルガンダ語
- 独立 1962

絶滅危惧種マウンテンゴリラが400頭ほどいる国。南西部にあるブウィンディ原生国立公園にマウンテンゴリラが生息し、観察ツアーが組まれている。主力産業はコーヒーや紅茶、綿花、砂糖などの農業。難民受け入れに積極的。現在、近隣国から約150万人の難民を受け入れている。

ウクライナ Ukraine

- 面積 60　人口 4159
- 首都 キエフ
- 通貨 1グリブナ=4.23円
- 所得 3540ドル　宗教 ウクライナ正教など
- 住民 ウクライナ人。ほかにロシア人など
- 言語 ウクライナ語　独立 1991

国土の半分が肥沃な黒土に覆われた農業国。1986年に史上最悪の原発事故がチェルノブイリ原発で起こった。クリミア半島や東部ドネツクの分離独立をめぐって政府軍と親ロシア派が対立し、2014年に紛争化。20年に停戦が実現したが、一触即発の状態が続いている。

ウズベキスタン Uzbekistan

- 面積 45　人口 3390　首都 タシケント
- 通貨 1スム=0.011円　所得 1740ドル
- 宗教 イスラム教スンニ派
- 住民 ウズベク人。ほかにロシア系、タジク系など
- 言語 ウズベク語、ロシア語　独立 1991

アジアとヨーロッパを結ぶ貿易路シルクロードの中継地として栄えた国。中世に建てられたイスラム建築が立ち並ぶ旧市街地など、4カ所の世界文化遺産がある。旧ソ連の構成国。米ＧＭの工場があり、自動車を製造、輸出するほか、伝統産業の繊維や天然ガス、ウランを輸出する。

ウルグアイ Uruguay

- 面積 18　人口 346　首都 モンテビデオ
- 通貨 1ウルグアイ・ペソ=2.59円
- 所得 15790ドル　宗教 カトリック
- 住民 ヨーロッパ系、ヨーロッパ系と先住民の混血など
- 言語 スペイン語　独立 —

アルゼンチンとブラジルに挟まれ、常に両国と深い関わりを持ってきた国。国土の大半が肥沃な草原パンパに覆われている。主産業は農牧業で、牛肉、小麦を輸出する。スペイン植民地時代の雰囲気を残す、古い街並みのコロニア・デル・サクラメントが世界遺産に登録されている。

エクアドル Ecuador

- 面積 26　人口 1751　首都 キト
- 通貨 1ドル=115.84円
- 所得 5530ドル　宗教 カトリック
- 住民 ヨーロッパ系と先住民の混血、ヨーロッパ系など
- 言語 スペイン語　独立 —

スペイン語で「赤道」を意味する国名の通り、赤道直下に位置する国。ダーウィンの進化論ゆかりの地であり、世界遺産登録第1号のガラパゴス諸島は、この国に属している。近年は財政難を背景に社会不安が拡大。2020年以降、新型コロナウイルス感染症によって約3万4000人が死亡。

エジプト Egypt

- 面積 100　人口 9842
- 首都 カイロ
- 通貨 1エジプト・ポンド=7.36円
- 所得 3000ドル　宗教 イスラム教
- 住民 アラブ人
- 言語 アラビア語　独立 —

ピラミッドなどの巨大遺跡が、紀元前の王朝の栄華を今に伝える国。国土の大半が砂漠だが、世界1位の長さを誇るナイル川流域は土壌豊か。首都カイロの過密を解消するため、新首都への機能移転が予定されている。ナイル川上流にダムを建設したエチオピアと激しく対立している。

エストニア Estonia

- 面積 5　人口 133　首都 タリン
- 通貨 1ユーロ=130.92円　所得 23170ドル
- 宗教 プロテスタント、ロシア正教
- 住民 エストニア人(フィン系)。ほかにロシア人など
- 言語 エストニア語　独立 1991

バルト三国の一国。ドイツ、ロシアなど、周辺諸国の支配と影響を受け続けてきた。首都タリンの旧市街には中世の街がそのまま保存されており、白夜の時期には多数の観光客が訪れる。ＩＴ産業が盛ん。「Skype」はこの国生まれ。行政サービスの電子化で世界の先頭を行く。

エスワティニ Eswatini

- 面積 2　人口 113　首都 ムババーネ
- 通貨 1リランゲニ=7.30円
- 所得 3410ドル　宗教 伝統宗教、キリスト教
- 住民 スワジ族。ほかにズールー族、トンガ族など
- 言語 英語、スワジ語　独立 1968

南アフリカ共和国とモザンビークの国境沿いにある国。国王が強い権限を持つ絶対君主国。砂糖、木材、柑橘類を生産する。南アと経済的に密接。ＨＩＶ／エイズの蔓延が深刻。2021年、絶対君主制に反対し、民主化を求めるデモが拡大。治安部隊との衝突が繰り返された。

インドネシア～カザフスタン

エチオピア Ethiopia

面積 110　人口 11207
首都 アディスアベバ
通貨 1ブル=2.33円　所得 890ドル
宗教 イスラム教、エチオピア正教、キリスト教
住民 アムハラ族、オロモ族など約80民族
言語 アムハラ語、英語　独立 ―

5000m走以上の陸上競技ではめっぽう強い長距離王国。19世紀からアフリカの植民地化が進むなか独立を保ったことが誇り。2019年、隣国エリトリアとの関係回復に尽力したアビー首相がノーベル平和賞受賞。一方、国内では政府と少数民族が激しく対立し、内戦状態に。

エリトリア Eritrea

面積 12　人口 550　首都 アスマラ
通貨 1ナクファ=7.72円　所得 600ドル
宗教 キリスト教、イスラム教
住民 ティグライ族、アファール族など
言語 ティグリニャ語、アラビア語
独立 1993

酷暑で世界一といわれる国。低地では50℃を超えることも。20世紀半ばに隣国エチオピアからの独立を目指し、30年におよぶ闘争を続けた。独立後も敵対していたエチオピアと2018年に関係改善。20年から続く同国の内戦では政府軍を支援し、反政府軍の拠点を攻撃した。

エルサルバドル El Salvador

面積 2　人口 649
首都 サンサルバドル
通貨 1ドル=115.84円
所得 3630ドル　宗教 カトリック
住民 先住民とスペイン系の混血など
言語 スペイン語　独立 ―

九州の半分程度という中米最小国。小さな国土に火山性の山脈があり、大規模な地震にたびたび見舞われている。独立以来、クーデターが繰り返された。現在も社会情勢は不安定。貧困や暴力の蔓延など深刻な社会問題を抱える。2021年に仮想通貨を法定通貨としたことが話題に。

オーストラリア Australia

面積 769　人口 2569
首都 キャンベラ
通貨 1オーストラリア・ドル=83.58円
所得 53690ドル　宗教 キリスト教
住民 ヨーロッパ系。ほかに先住民など
言語 英語　独立 ―

ひとつの大陸を一国が統治している唯一の国。他の大陸から遠く離れているため、動植物の生態系は個性的。カンガルーやコアラなど、原始的な哺乳類が国のシンボル。経済で密接な中国との関係が悪化。一方で、中国に厳しい態度を示している米国や英国との関係を強めている。

オーストリア Austria

面積 8　人口 892
首都 ウィーン
通貨 1ユーロ=130.92円
所得 48350ドル　宗教 カトリック
住民 ほとんどがドイツ系
言語 ドイツ語　独立 ―

ウィーン交響楽団やウィーン少年合唱団で世界的に有名な、クラシック音楽の中心国。首都ウィーンは音楽の都と呼ばれる。13世紀から数百年にわたるハプスブルク家の統治下で、独自の芸術が発展。永世中立国。2020年以降、新型コロナウイルス感染症によって約1万3000人が死亡した。

オマーン Oman

面積 31　人口 448
首都 マスカット
通貨 1オマーン・リアル=301.24円
所得 14170ドル　宗教 イスラム教
住民 アラブ人
言語 アラビア語　独立 ―

アラビア海に面する産油国で、主要産業は石油関連業のほか農漁業など。日本にとっては生インゲンの主要輸入先でもある。この国にとって日本は輸出入とも最上位国のひとつ。2020年、約50年にわたって国王を務めてきたカブース国王が死去。新たにハイサム国王が即位した。

オランダ Netherlands

面積 4　人口 1755　首都 アムステルダム
通貨 1ユーロ=130.92円
所得 51060ドル
宗教 カトリック、プロテスタント
住民 オランダ人（ゲルマン系）
言語 オランダ語　独立 ―

海抜0m以下の干拓地が国土の4分の1を占める国。鎖国時代の日本と交流していた数少ない国のひとつ。ポンプ、ペンキ、ホースの語源はオランダ語。チューリップ栽培に代表される園芸、農業が干拓地で行われている。石油精製のシェルなど、多数の多国籍企業の拠点。

ガイアナ Guyana

面積 22　人口 79　首都 ジョージタウン
通貨 1ガイアナ・ドル=0.55円
所得 7130ドル
宗教 キリスト教、ヒンドゥー教
住民 インド系、アフリカ系など
言語 英語、クレオール語など　独立 1966

国土の5分の4を密林が覆う熱帯の国。ベネズエラおよびブラジルとの国境周辺には、岩盤がむき出しの台形状の山々が立ち並ぶギアナ高地がある。砂糖、米、金、ボーキサイトなどを輸出している。新たに発見された油田で石油生産がはじまり、経済の飛躍的成長が見込まれている。

カザフスタン Kazakhstan

面積 272　人口 1900　首都 ヌルスルタン
通貨 1テンゲ=0.27円
所得 8710ドル　宗教 イスラム教スンニ派
住民 カザフ人。ほかにロシア系、ウズベク系など
言語 カザフ語、ロシア語　独立 1991

旧ソ連構成国による独立国家共同体（ＣＩＳ）の中でロシアの次に広い国。面積は日本の約7倍。鉱業や金属加工業が盛ん。世界最大級のカシャガン油田など巨大油田が多い。2022年1月、燃料費値上がりへの抗議デモが拡大。ロシア軍の協力を得た政府側がこれを武力鎮圧した。

世界の国ぐに

カタール Qatar

面積 1　人口 280　首都 ドーハ
通貨 1カタール・リヤル=31.82円
所得 55990ドル
宗教 イスラム教
住民 アラブ人
言語 アラビア語　独立 1971

石油と天然ガスの輸出益を財源に充実した社会保障を実現している国。医療や教育は無料。2022年サッカー・ワールドカップの開催国。19年、OPEC(石油輸出国機構)を脱退。イランとの親交をめぐりサウジアラビアやアラブ首長国連邦などと断交していたが、21年に関係を回復した。

ガーナ Ghana

面積 24　人口 3042　首都 アクラ
通貨 1ガーナ・セディ=18.76円　所得 2340ドル
宗教 伝統宗教、キリスト教、イスラム教
住民 アカン族、ガ族、エベ族、ダゴンバ族など
言語 英語　独立 1957

チョコレートの原料になるカカオ豆の生産で知られる国。内陸部では金やダイヤモンドが採掘される。中世にはゴールドコーストと呼ばれ、金目当てのヨーロッパ人が押し寄せた。2010年からは石油生産も始まった。「西アフリカの優等生」と呼ばれ、投資先国として注目されている。

カナダ Canada

面積 999　人口 3789　首都 オタワ
通貨 1カナダ・ドル=90.92円
所得 43530ドル　宗教 カトリック
住民 イギリス系、フランス系、先住民イヌイットなど
言語 英語、フランス語　独立 ―

世界で2番目に広い国。面積は日本の26倍。カナディアンロッキーやナイアガラの滝など雄大な景観地が有名。200以上の民族が住む多民族国家。金融や工業が発達した先進国。石油埋蔵量世界3位。2020年以降、新型コロナウイルスの感染が拡大し、約3万人が死亡した。

カボベルデ Cabo Verde

面積 0.4　人口 55　首都 プライア
通貨 1カボベルデ・エスクード=1.19円
所得 3060ドル　宗教 カトリック
住民 ほとんどがポルトガル人とアフリカ系の混血
言語 ポルトガル語、クレオール語　独立 1975

アフリカ大陸から西側に500km以上離れた大西洋上の島々からなる国。年間を通じて降水量が少なく、サハラ砂漠からは砂嵐が吹きつける。地形や天候に恵まれないため、農業には不向き。マグロやエビなどの漁業が中心。外国への出稼ぎ労働者からの送金も大切な収入源。

ガボン Gabon

面積 27　人口 217　首都 リーブルビル
通貨 1CFAフラン=0.20円
所得 7030ドル
宗教 キリスト教、伝統宗教
住民 ファン族、プヌ族、ミエネ族、テケ族、コタ族
言語 フランス語　独立 1960

中部アフリカ有数の産油国。石油以外にマンガン、木材を輸出する。石油の生産量が減っており、石油に頼らない経済構造の構築が課題。国民の政権に対する不信が高まっている。2019年にはクーデター未遂が発生した。ノーベル平和賞を受賞した医師シュバイツァーが赴任した国。

カメルーン Cameroon

面積 48　人口 2654　首都 ヤウンデ
通貨 1CFAフラン=0.20円
所得 1520ドル
宗教 伝統宗教、キリスト教、イスラム教
住民 ドゥアラ族、バミレケ族、バム族、フルベ族など
言語 フランス語、英語　独立 1960

気候が地域ごとに多様であることや、200以上の民族が存在し、言語、文化、宗教が多岐にわたることから、アフリカの縮図と呼ばれる国。圧倒的多数を占める仏語圏と、分離独立を求める英語圏が激しく対立している。テロも頻発。干ばつに起因する食糧危機に直面している。

ガンビア Gambia

面積 1　人口 228
首都 バンジュール
通貨 1ダラシ=2.19円
所得 750ドル　宗教 イスラム教など
住民 マンディンゴ族、ウォロフ族など
言語 英語、マンディンゴ語　独立 1965

大西洋沿岸を除く三方をセネガルに囲まれている国。労働人口の約75%が農業従事者という農業国。1976年にベストセラーになった小説『ルーツ』のモデル国。2016年の大統領選挙後、前大統領が退陣を拒否して混乱。その後、政府資金を持ち出して亡命したとされる。

カンボジア Cambodia

面積 18　人口 1530
首都 プノンペン
通貨 1リエル=0.028円
所得 1500ドル　宗教 上座部仏教
住民 ほとんどがカンボジア(クメール)人
言語 カンボジア語　独立 1953

大河メコン川の恵みを受ける農業国。1970年代に、ポル・ポト政権下で170万人が虐殺されるという不幸な歴史を経験。アンコール朝の栄華を伝える寺院アンコールワットが有名。縫製業がけん引役となり経済が急成長。政治経済で中国と密接な関係を築いている。

北マケドニア North Macedonia

面積 3　人口 208　首都 スコピエ
通貨 1マケドニア・デナル=2.12円
所得 5750ドル
宗教 マケドニア正教、イスラム教
住民 マケドニア人、アルバニア人
言語 マケドニア語など　独立 1991

旧ユーゴスラビア構成国。紀元前に存在したマケドニア王国が国名の由来だが、民族的なつながりはない。旧名称マケドニアにギリシャが異を唱え不仲に。2018年、国名を「北マケドニア共和国」にすることでギリシャと合意。国会承認を経て、19年に新国名の使用を始めた。

カタール〜クウェート

ギニア Guinea

面積 25 人口 1277 首都 コナクリ
通貨 1ギニア・フラン=0.013円
所得 4490ドル 宗教 イスラム教など
住民 マリンケ族、プル族、スース一族など
言語 フランス語 独立 1958

埋蔵量が世界の3分の1を占めるボーキサイトをはじめ、金やダイヤモンドなど地下資源に恵まれた国。しかし政情不安から経済は未発達。首都コナクリは、国の首都として最も雨量が多い。2021年、軍によるクーデターが発生し、軍事政権が発足した。背景には長期政権への反発があった。

ギニアビサウ Guinea-Bissau

面積 4 人口 192 首都 ビサウ
通貨 1CFAフラン=0.20円
所得 760ドル
宗教 伝統宗教、イスラム教、キリスト教
住民 バランテ族、フラ族、マンディンゴ族など
言語 ポルトガル語 独立 1973

西アフリカ西岸に位置し、セネガルとギニアに挟まれた国。主要産業は農林水産業で、カシューナッツ、落花生、エビ、イカを輸出。経済基盤は極めて脆弱で、世界最貧国のひとつ。2009年の大統領暗殺をきっかけに政情が混乱。政治体制の安定化に向けた努力が続く。

キプロス Cyprus

面積 0.93 人口 120 首都 ニコシア
通貨 1ユーロ=130.92円
所得 26110ドル
宗教 ギリシャ正教、イスラム教
住民 ギリシャ系、トルコ系など
言語 ギリシャ語、トルコ語 独立 1960

女神アフロディーテ（ビーナス）誕生伝説のある島、キプロス島からなる国。南部はギリシャ系住民、北部はトルコ系住民による政府が支配する分断状態。統一に向けて両者および関係国間で話し合いが行われてきたが、解決のめどはたっていない。主力産業は観光業、海運業。

キューバ Cuba

面積 11 人口 1148 首都 ハバナ
通貨 1キューバ・ペソ=4.81円
所得 8630ドル 宗教 カトリック
住民 スペイン系とアフリカ系の混血、ヨーロッパ系など
言語 スペイン語 独立 —

ラム酒や葉巻の生産で知られる国。1959年の革命以来、社会主義国家の道をとったことで米国と激しく対立。61年から54年にわたり両国は断交状態に。2015年に国交が回復したが再び後退。21年には経済困窮を背景に、社会主義国家としては異例の反政府デモが発生、拡大した。

ギリシャ Greece

面積 13 人口 1071 首都 アテネ
通貨 1ユーロ=130.92円
所得 17930ドル
宗教 ギリシャ正教
住民 ギリシャ人
言語 ギリシャ語 独立 —

ヨーロッパの揺りかごと呼ばれる国。古代ギリシャ文明が欧州全体に影響を与えた。パルテノン神殿などの古代遺跡を目当てに訪れる外国人観光客は3200万人以上(2019年)だった。10年に財政難から一時、国家破綻の危機に陥った。21年夏、猛烈な熱波の影響で多数の山火事が発生。

キリバス Kiribati

面積 0.07 人口 12 首都 タラワ
通貨 1オーストラリア・ドル=83.58円
所得 2960ドル 宗教 キリスト教
住民 ミクロネシア系、ポリネシア系など
言語 キリバス語、英語 独立 1979

世界で最初に日付が変わるミレニアム島など、多数の島々からなる国。排他的経済水域の面積は世界有数で、入漁料が貴重な収入源になっている。そのほか観光やコプラ*の生産など。後発開発途上国のひとつ。地球温暖化による海面上昇によって、国土水没の危機にある。

キルギス Kyrgyz

面積 20 人口 650 首都 ビシケク
通貨 1ソム=1.37円 所得 1160ドル
宗教 イスラム教スンニ派など
住民 キルギス系。ほかにウズベク系、ロシア系など
言語 キルギス語 独立 1991

万年雪をいただくテンシャン山脈や、平均標高5000mのパミール高原、広く透明度の高いイシク・クル湖など自然に恵まれ、中央アジアのスイスと呼ばれる国。2020年、議会選挙の不正追及をきっかけに大統領が辞任。21年、議会共和制から大統領制への移行が決まった。

グアテマラ Guatemala

面積 11 人口 1660
首都 グアテマラ市
通貨 1ケツァル=14.96円
所得 4490ドル 宗教 キリスト教
住民 先住民とスペイン系の混血など
言語 スペイン語 独立 —

古代マヤ文明とコーヒーの国。密林に巨大なピラミッドが点在するティカルに代表される、神秘的な遺跡群が観光資源になっている。コーヒー、バナナ、砂糖を生産する。国民の半数が貧困層。2020年、政府の予算方針に反対するデモが拡大。一部が暴徒化するなど大混乱した。

クウェート Kuwait

面積 2 人口 467
首都 クウェート市
通貨 1クウェート・ディナール=382.76円
所得 36290ドル 宗教 イスラム教
住民 アラブ人
言語 アラビア語 独立 1961

豊富な石油によって豊かになった国。砂漠の国だが、都市部には近代的なビルが立ち並ぶ。公的医療機関の医療費や教育費は無料。国土面積は日本の四国と同程度。1990年に隣国イラクに侵略されたが、湾岸戦争終結後、急速に復興。脱石油依存が今後の課題。

*ココナツの加工品

世界の国ぐに

クック諸島 Cook Islands

面積 0.02　人口 2　首都 アバルア
通貨 1ニュージーランド・ドル=78.68円
所得 18060ドル(19年・GDPベース)*
宗教 キリスト教
住民 マオリ族。ほかにポリネシア系など
言語 マオリ語、英語　独立 ―

太平洋の探索で功績を挙げた探検家、ジェームズ・クックが調査をした国。南太平洋に浮かぶ15の島々からなる。国を運営する権限の一部を相手国に委ねる自由連合関係をニュージーランドと結んでいる。美しいビーチリゾートを求めて、世界中から旅行者が訪れる。

グレナダ Grenada

面積 0.03　人口 11
首都 セントジョージズ
通貨 1東カリブ・ドル=42.86円　所得 9410ドル
宗教 キリスト教など
住民 アフリカ系、インド系、ヨーロッパ系
言語 英語　独立 1974

香辛料の島と呼ばれるカリブの島国。ナツメグやシナモン、クローブ、バニラなどの生産量は世界屈指。国旗にはナツメグの実が描かれている。年間の最高気温の平均は30℃近いが、海から風が吹きつけて過ごしやすい。自然豊かなリゾート地として観光客が多い。

クロアチア Croatia

面積 6　人口 407　首都 ザグレブ
通貨 1クーナ=17.41円
所得 14530ドル
宗教 カトリック、セルビア正教
住民 クロアチア人。ほかにセルビア人など
言語 クロアチア語　独立 1991

旧ユーゴスラビアに属していた。周辺国との間に民族問題を抱え、1990年代には紛争が繰り返された。繊維、船舶などの製造業、観光業が盛ん。アドリア海沿岸のビーチリゾートや、中世さながらの城壁の街ドブロブニクが人気。北部には多数の温泉がある。ワイン造りも重要産業。

ケニア Kenya

面積 58　人口 4760　首都 ナイロビ
通貨 1ケニア・シリング=1.02円
所得 1840ドル
宗教 伝統宗教、キリスト教、イスラム教
住民 キクユ族、ルイア族など
言語 スワヒリ語、英語　独立 1963

ゾウやライオンを間近に見られる、アフリカ随一の観光スポットとして知られる国。赤道直下に位置するが、首都ナイロビは標高1700mにあり、涼しい。5000m級のケニア山は万年雪に覆われている。コーヒーや紅茶を生産する農業国。工業化推進による産業構造の転換が今後の課題。

コスタリカ Costa Rica

面積 5　人口 509　首都 サンホセ
通貨 1コロン=0.18円
所得 11530ドル　宗教 カトリック
住民 スペイン系と先住民の混血。ほかにアフリカ系など
言語 スペイン語　独立 ―

地球上の動植物のうち約5％の種が生息し、生物の宝庫といわれる国。豊かな自然を求めて多数の人が訪れる。コーヒーやバナナ、パイナップルの生産が盛ん。脱化石燃料に積極的。新型コロナウイルス感染症の世界的流行が主力の観光業に打撃。財政危機に直面している。

コソボ Kosovo

面積 1　人口 178　首都 プリシュティナ
通貨 1ユーロ=130.92円　所得 4480ドル
宗教 イスラム教、セルビア正教など
住民 アルバニア人、セルビア人、トルコ人など
言語 アルバニア語、セルビア語など
独立 2008

2008年に独立したバルカン半島の内陸国。かつてはセルビア国内の自治州だった。住民の多数をアルバニア人が占めることから、セルビア人が多数を占めるセルビアからの分離独立を強く望んでいた。独立後もセルビアとは対立。20年に経済関係正常化で合意したが、交渉は停滞。

コートジボワール Cote d'Ivoire

面積 32　人口 2638
首都 ヤムスクロ(実質的首都機能はアビジャン)
通貨 1CFAフラン=0.20円　所得 2280ドル
宗教 伝統宗教、イスラム教、キリスト教
住民 セヌフォ族、バウレ族、グロ族など
言語 フランス語　独立 1960

世界一のカカオ豆輸出国。人口の50％が農業に従事している。中世には奴隷と象牙の貿易拠点として栄えた。日本では国名を訳して象牙海岸と呼ばれていた。近年は高度成長が続いている。2020年の大統領選をめぐり与野党が対立。支持者間の衝突で多数が犠牲になった。

コモロ Comoros

面積 0.22　人口 87　首都 モロニ
通貨 1コモロ・フラン=0.27円
所得 1400ドル　宗教 イスラム教
住民 バンツー系。ほかにアラブ人、マダガスカル人、インド人など
言語 フランス語、アラビア語など　独立 1975

「生きた化石」シーラカンスがいる国。1980年代には近海でビデオ撮影されている。アフリカ大陸とマダガスカル島に挟まれた洋上の3島からなる。香水の原料イランイランの生産量で世界一。バニラ、クローブも生産するが、価格が不安定で経済は困窮している。

コロンビア Colombia

面積 114　人口 5034　首都 ボゴタ
通貨 1コロンビア・ペソ=0.028円
所得 5790ドル　宗教 カトリック
住民 ヨーロッパ系と先住民の混血、アフリカ系など
言語 スペイン語　独立 ―

かつて麻薬組織や左翼ゲリラの活動が活発で危険地帯とされていた国。軍事措置によって麻薬組織の活動は沈静化。政府と左翼ゲリラとの和平交渉を主導したサントス大統領(当時)がノーベル平和賞を受賞した。2020年以降、新型コロナウイルス感染症によって約13万人が死亡。

*日本銀行報告省令レート19年12月分に基づきニュージーランド・ドルを米ドル換算

クック諸島〜ジブチ

コンゴ共和国
Republic of Congo

面積 34　人口 552　首都 ブラザビル
通貨 1CFAフラン=0.20円
所得 1770ドル
宗教 伝統宗教、キリスト教
住民 コンゴ族、テケ族、ブバンギ族など
言語 フランス語など　独立 1960

国土の半分を密林が覆う赤道直下の国。貿易収入は石油が大半を占める。13〜15世紀に栄えたコンゴ王国が起源。植民地時代を経て隣国のコンゴ民主共和国(旧ザイール)と二分された。1997年から内戦が始まり2003年まで続いた。石油生産の拡大によって経済は順調。

コンゴ民主共和国
Democratic Republic of the Congo

面積 235　人口 8679　首都 キンシャサ
通貨 1コンゴ・フラン=0.058円
所得 550ドル
宗教 キリスト教、イスラム教、伝統宗教
住民 バンツー系、ナイル系など
言語 フランス語など　独立 1960

アフリカ中央部に位置する国。コンゴ共和国同様、コンゴ王国が起源。1971年から97年まではザイール共和国と呼ばれた。97年に当時の反政府組織が国権を掌握し、この国を興した。武装勢力が跋扈し、国内情勢は不安定。多くの地域で住民が危険な状況にさらされている。

サウジアラビア
Saudi Arabia

面積 215　人口 3427　首都 リヤド
通貨 1サウジアラビア・リヤル=30.85円
所得 21930ドル
宗教 イスラム教ワッハーブ派
住民 アラブ人
言語 アラビア語　独立 ―

世界有数の石油産出国。埋蔵量は世界全体の約6分の1。日本が輸入している石油の3分の1は同国産。アラブ・イスラム諸国の中心的存在であり、地域の政治経済を主導する。一方、宗派対立に起因してイランと敵対。イエメンの内戦に介入し、親イラン勢力と交戦している。

サモア
Samoa

面積 0.28　人口 20　首都 アピア
通貨 1タラ=43.46円
所得 4050ドル　宗教 キリスト教
住民 サモア人(ポリネシア系)。ほかにヨーロッパ系の混血など
言語 サモア語、英語　独立 1962

日付変更線近くの南太平洋上に浮かぶ九つの島からなる国。年間平均気温が25℃以上の常夏の島。欧米に統治されるまでサモア人が統治する王国があり、その伝統が今も色濃く残っている。主産業は観光業と農業、漁業。2021年、政権が交代し、同国初となる女性首相が就任した。

サントメ・プリンシペ
Sao Tome and Principe

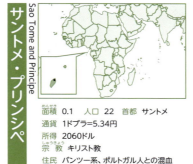

面積 0.1　人口 22　首都 サントメ
通貨 1ドブラ=5.34円
所得 2060ドル
宗教 キリスト教
住民 バンツー系、ポルトガル人との混血
言語 ポルトガル語　独立 1975

国土面積が東京都の半分ほどの小さな国。大西洋上にあるサントメ島とプリンシペ島、そのほか四つの島からなる。輸出はほぼすべてがカカオ豆。最貧国のひとつで国際社会から経済援助を受けている。2000年代に近海で油田が発見されたが、開発が遅れ生産のめどは立っていない。

ザンビア
Zambia

面積 75　人口 1838　首都 ルサカ
通貨 1クワチャ=6.38円
所得 1160ドル
宗教 キリスト教、伝統宗教など
住民 トンガ系、ニャンジャ系など73部族
言語 英語、ベンバ語など　独立 1964

世界三大瀑布(滝)のひとつ、ビクトリアの滝がある国。アフリカ南部の内陸国で、八つの国と国境を接する。銅、コバルトを輸出する。2020年、深刻な経済不振から債務不履行に陥った。政府への不信感を背景に、21年の大統領選では現職大統領が敗北。政権交代した。

サンマリノ
San Marino

面積 0.006　人口 3　首都 サンマリノ
通貨 1ユーロ=130.92円
所得 47731ドル (19年・GDPベース)
宗教 カトリック
住民 ほとんどがイタリア人
言語 イタリア語　独立 ―

四方をイタリアに囲まれている、世界で5番目に小さな国。標高約740mのティターノ山の山頂に築かれた旧市街には、中世の風情が今も色濃く残る。年間数百万人の観光客が訪れ、重要な収入源になっている。2008年に歴史地区とティターノ山が世界遺産に登録された。

シエラレオネ
Sierra Leone

面積 7　人口 781
首都 フリータウン
通貨 1レオン=0.010円　所得 510ドル
宗教 イスラム教、キリスト教、伝統宗教
住民 メンデ族、テムネ族、リンバ族など
言語 英語など　独立 1961

ダイヤモンドの産地として知られる西アフリカの国。独立以降、内紛が繰り返された。特に1991年にダイヤモンドの利権をめぐって勃発した内戦では10年間で5万人が死亡。多数の若年者が犠牲になった影響で、当時、平均寿命は35歳前後だった。現在も最短命国のひとつ。

ジブチ
Djibouti

面積 2　人口 97　首都 ジブチ
通貨 1ジブチ・フラン=0.65円
所得 3310ドル　宗教 イスラム教
住民 ソマリア系イッサ族、エチオピア系アファール族など
言語 アラビア語、フランス語　独立 1977

インド洋と紅海がぶつかる地点にあり、貿易に最適な環境にある国。港湾施設の利用料金が収入源。夏は50℃を超える酷暑暑地帯。隣国エリトリアと領土問題で対立していたが、近年は関係改善の動きがみられる。ソマリア沖の海賊を監視警戒している自衛隊の拠点がある。

世界　世界の国ぐに

ジャマイカ Jamaica

- 面積 1　人口 296　首都 キングストン
- 通貨 1ジャマイカ・ドル＝0.75円
- 所得 4670ドル
- 宗教 プロテスタントなど
- 住民 アフリカ系など
- 言語 英語　独立 1962

高級コーヒー豆・ブルーマウンテンの生産国。ボーキサイトの産出量は世界有数。ただし国際価格変動の影響を受けて生産は安定しない。また、ハリケーンによる被害が頻発し、経済基盤は脆弱。2018年、この国固有の音楽レゲエが、ユネスコ無形文化遺産に選ばれた。

ジョージア Georgia

- 面積 7　人口 400　首都 トビリシ
- 通貨 1ラリ＝37.64円
- 所得 4270ドル　宗教 ジョージア正教
- 住民 ジョージア系。ほかにアゼルバイジャン系、アルメニア系、ロシア系など
- 言語 ジョージア語　独立 1991

ロシア、中東、ヨーロッパ人が行き交う東西文化の交差点に位置する国。ワイン発祥の地と言われている。2015年に日本での国名呼称が「グルジア」から「ジョージア」に変更された。ロシアとの国境沿いにある地域の分離独立問題をめぐり、独立を支援するロシアと対立している。

シリア Syria

- 面積 19　人口 1939　首都 ダマスカス
- 通貨 1シリア・ポンド＝0.09円
- 所得 1170ドル　宗教 イスラム教
- 住民 アラブ人。ほかにアルメニア人、クルド人など
- 言語 アラビア語　独立 1946

先史から中世の遺跡が点在する歴史ある国。2011年から、アサド政権と過激派組織「イスラム国」（IS）、反体制派が激しい内戦を繰り広げている。10年間で50万人以上が犠牲に。IS勢力の活動が沈静化する一方、アサド政権と反体制派との攻防は、いまだに繰り返されている。

シンガポール Singapore

- 面積 0.07　人口 569　首都 シンガポール
- 通貨 1シンガポール・ドル＝85.67円
- 所得 54920ドル　独立 1965
- 宗教 仏教、イスラム教、道教、ヒンドゥー教
- 住民 中国系。ほかにマレー系、インド系など
- 言語 マレー語、中国語、英語、タミル語

マレー半島の南端に接するシンガポール島を中心とする島国。1965年にマレーシアから分離独立した。IT機器や化学工業品など製造業が盛ん。東南アジア随一の経済先進国で国際金融センターとしての地位を確立。公共の場での喫煙やゴミのポイ捨てを厳しく禁じている。

ジンバブエ Zimbabwe

- 面積 39　人口 1465　首都 ハラレ
- 通貨 1ドル＝115.84円
- 所得 1140ドル　宗教 伝統宗教、キリスト教
- 住民 ショナ族、ンデベレ族など
- 言語 英語、ショナ語、ンデベレ語
- 独立 1980

アフリカ南部の内陸国。中世に建造されたジンバブエ遺跡がある。世界有数のダイヤモンド生産国。2008年、経済政策の失敗で極度のインフレーションになり、経済が崩壊。現在も極度のインフレ状態。新型コロナウイルス感染症の世界的流行が経済危機に拍車をかけている。

スイス Switzerland

- 面積 4　人口 867　首都 ベルン
- 通貨 1スイス・フラン＝126.60円
- 所得 82620ドル
- 宗教 カトリック、プロテスタント
- 住民 ドイツ系、フランス系、イタリア系など
- 言語 ドイツ語など　独立 —

ヨーロッパの屋根、アルプス山脈とジュラ山脈が国土の70％を占める山岳国。多数の観光客が避暑やウィンタースポーツに訪れ、重要な収入源になっている。高級時計やカメラなど、精密機器の製造で知られる。中立政策をとっているが、軍備を持ち、国民には兵役がある。

スウェーデン Sweden

- 面積 45　人口 1022
- 首都 ストックホルム
- 通貨 1クローナ＝12.76円
- 所得 54050ドル　宗教 福音ルーテル派
- 住民 スウェーデン人（北方ゲルマン系）など
- 言語 スウェーデン語　独立 —

高度な社会福祉を高額な税負担で実現している国。製造業を中心に高い国際競争力を有している。ダイナマイトの発明者、アルフレッド・ノーベルの出身国。電子マネーの普及に積極的。新型コロナウイルス感染症に対して、他国に比べ積極的な対策をとらなかったことが注目された。

スーダン Sudan

- 面積 188　人口 4281　首都 ハルツーム
- 通貨 1スーダン・ポンド＝0.27円
- 所得 650ドル
- 宗教 イスラム教、キリスト教、伝統宗教
- 住民 アラブ系、アフリカ系、ベジャ族など
- 言語 アラビア語、英語　独立 1956

北部のアラブ系民族と南部のアフリカ系民族が対立し、内戦を繰り返してきた国。2011年に南スーダンが分離独立。19年、軍のクーデターによって30年にわたる長期独裁政権が崩壊。以降、民主化が進められていたが、21年に再び軍によるクーデターが発生して混乱に陥った。

スペイン Spain

- 面積 51　人口 4708　首都 マドリード
- 通貨 1ユーロ＝130.92円
- 所得 27360ドル　宗教 カトリック
- 住民 スペイン人。ほかにバスク人
- 言語 スペイン語、カタルーニャ語、バスク語など
- 独立 —

闘牛、フラメンコなどの伝統文化が生活に根づいている国。ピカソ、ダリ、ガウディら独創的な芸術家の出身地。新型コロナウイルス感染症の世界的流行が経済に打撃。失業者が急増したことから、困窮者の救済を目的としてベーシックインカム（最低所得保障）制度を導入した。

ジャマイカ〜セントクリストファー・ネビス

スリナム (Suriname)

面積 16　人口 59　首都 パラマリボ
通貨 1スリナム・ドル＝5.51円
所得 4620ドル
宗教 キリスト教、ヒンドゥー教
住民 インド系、クレオール系など
言語 オランダ語など　独立 1975

人種構成が多彩な国。インド系とクレオール系黒人を中心に、インドネシア系や中国系もいる。植民地時代、労働力を世界各国に求めたことが、特殊な人種構成の要因。ボーキサイトや金を輸出する。農産物は砂糖、米、バナナなど。経済基盤は脆弱で、危機的状況が続いている。

スリランカ (Sri Lanka)

面積 7　人口 2192
首都 スリジャヤワルデネプラ・コッテ
通貨 1スリランカ・ルピー＝0.57円　所得 3720ドル
宗教 上座部仏教、ヒンドゥー教
住民 シンハラ人、ほかにタミル人、ムーア人
言語 シンハラ語、タミル語、英語　独立 1948

インド半島南端のインド洋上に浮かぶ島国で、セイロンティーと呼ばれる紅茶が特産品。お茶の生産量は世界4位。サファイア、ルビーの産地でもある。26年にわたって続いてきた内戦が2009年に終結したことで経済が急成長した。産業の中心は、農業や繊維業などの軽工業。

スロバキア (Slovakia)

面積 5　人口 545
首都 ブラチスラバ
通貨 1ユーロ＝130.92円
所得 18920ドル　宗教 カトリック
住民 スロバキア人、ほかにハンガリー人
言語 スロバキア語　独立 1993

かつて隣国チェコとひとつの国家を形成していた国。1993年に分離独立した。高地が多く、ドナウ川流域の首都ブラチスラバ周辺に、わずかに平野がある。市街には中世の教会や城など、歴史的な建造物が残っている。自動車、電気機器などの製造業が発達。カヌー競技が盛ん。

スロベニア (Slovenia)

面積 2　人口 209
首都 リュブリャナ
通貨 1ユーロ＝130.92円
所得 25360ドル　宗教 カトリック
住民 スロベニア人
言語 スロベニア語　独立 1991

バルカン半島の付け根に位置する国。アルプス山脈、アドリア海、ヨーロッパ最大のポストイナ鍾乳洞などの景勝地があり、多数の観光客が訪れる。旧ユーゴスラビア時代から工業が発達。自動車や電気機器の製造、金属加工が主産業。ビールの原料となるホップの生産が盛ん。

赤道ギニア (Equatorial Guinea)

面積 3　人口 136　首都 マラボ
通貨 1CFAフラン＝0.20円　所得 5810ドル
宗教 キリスト教、伝統宗教
住民 ブビ族、ファン族、コンベ族、ベレンゲ族など
言語 スペイン語など　独立 1968

アフリカ中部、赤道近くに位置する国。大西洋沿岸の陸地と、ビオコ島などの島々からなる。農業国だったが、大規模な海底油田が発見されたことにより、飛躍的な経済成長を遂げた。一方で国民は貧困に苦しんでいる。ンゲマ大統領による独裁政権は42年に及ぶ。

セーシェル (Seychelles)

面積 0.05　人口 10　首都 ビクトリア
通貨 1セーシェル・ルピー＝8.68円
所得 12200ドル　宗教 キリスト教
住民 ほとんどがクレオール系（ヨーロッパ系とアフリカ系の混血）
言語 英語、フランス語、クレオール語　独立 1976

リクガメとして世界最大のゾウガメが生息する国。インド洋上に浮かぶ115の島々からなり、島ごとに珍しい動植物を見ることができる。観光が産業の中心。冷凍魚や加工品を輸出する。新型コロナウイルス感染症の世界的流行の影響を受けて経済不振が深刻化。

セネガル (Senegal)

面積 20　人口 1674
首都 ダカール
通貨 1CFAフラン＝0.20円
所得 1430ドル　宗教 イスラム教
住民 ウォロフ族、プル族、セレール族など
言語 フランス語、ウォロフ語　独立 1960

世界的なオフロードレース、ダカール・ラリーのゴール地点になったことで知られる国。広大なサハラ砂漠の西南側の端に位置する。漁業が盛ん。魚介類の消費量も多い。構造改革によって経済基盤は安定。一方で、都市と地方の格差、貧富の格差などさまざまな問題を抱えている。

セルビア (Serbia)

面積 8　人口 693
首都 ベオグラード
通貨 1セルビア・ディナール＝1.12円
所得 7420ドル　宗教 セルビア正教
住民 セルビア人、ハンガリー人
言語 セルビア語　独立 1992*

国家連合セルビア・モンテネグロから2006年にモンテネグロが分離し、残るセルビアが従来の国家体制を引き継いだ。主力は金属、電気機器など。08年にコソボ自治州が独立を宣言（P226）。コソボとは現在も対立。20年に経済関係正常化で合意したが、交渉は停滞。

セントクリストファー・ネビス (St. Christopher and Nevis)

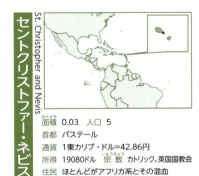

面積 0.03　人口 5
首都 バセテール
通貨 1東カリブ・ドル＝42.86円
所得 19080ドル　宗教 カトリック、英国国教会
住民 ほとんどがアフリカ系とその混血
言語 英語　独立 1983

カリブ海に浮かぶセントクリストファー島とネビス島からなり、両島あわせても淡路島の半分ほどの小さな島国。2005年に、それまで経済の中心だった砂糖産業を閉鎖。現在は観光業が柱。砂糖産業多様化基金（SIDF）に25万ドルを寄付すれば市民権を得られることで知られる。

*ユーゴスラビア社会主義連邦共和国が解体した年

世界の国ぐに

セントビンセント・グレナディーン (St. Vincent and the Grenadines)

面積 0.04　人口 11　首都 キングズタウン
通貨 1東カリブ・ドル=42.86円
所得 7310ドル
宗教 カトリック、英国国教会
住民 ほとんどがアフリカ系とその混血
言語 英語　独立 1979

セントビンセント島と600もの島々で構成されるグレナディーン諸島からなる国。グレナディーン諸島はリゾート地として人気。セントビンセント島は火山島。20世紀初頭に噴火し、犠牲者が多数出た。2021年にも火山が噴火。島中が灰に覆われた。観光業とバナナの輸出が経済の柱。

セントルシア (St. Lucia)

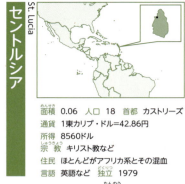

面積 0.06　人口 18　首都 カストリーズ
通貨 1東カリブ・ドル=42.86円
所得 8560ドル
宗教 キリスト教など
住民 ほとんどがアフリカ系とその混血
言語 英語など　独立 1979

カリブ海と熱帯の自然を堪能できるリゾートの国。年間平均気温26℃以上の常夏の島。バナナやココナツなどの伝統作物が経済の要だったが、近年は観光に力を入れている。双子の火山を取り巻くように雄大な自然が広がるピトン管理地域が、世界遺産に指定されている。

ソマリア (Somalia)

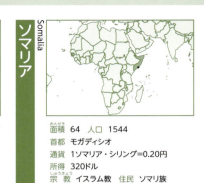

面積 64　人口 1544
首都 モガディシオ
通貨 1ソマリア・シリング=0.20円
所得 320ドル
宗教 イスラム教　住民 ソマリ族
言語 ソマリ語、アラビア語、英語など　独立 1960

インド洋に突き出た「アフリカの角」と呼ばれる地域に位置する国。クーデターや戦争が絶えず、多数の難民が近国に流出した。1991年の内戦開始以降、一時、無政府状態に陥った。現在もテロが頻発する不安定な情勢が続いている。2017年10月の爆弾テロでは500人以上が死亡。

ソロモン諸島 (Solomon Islands)

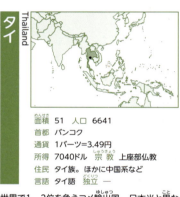

面積 3　人口 67　首都 ホニアラ
通貨 1ソロモン・ドル=14.38円
所得 2300ドル　宗教 キリスト教
住民 メラネシア系。ほかにポリネシア系など
言語 英語、ピジン英語　独立 1978

第2次大戦で旧日本軍と連合軍が熾烈な戦闘を繰り広げたガダルカナル島を含む、100以上の島からなる国。気候は熱帯性で、一年中暑い。日本に魚類や木材を輸出。特殊な鋼材や蓄電池に使用されるニッケル鉱床の開発が進められているが、大きな経済効果は得られていない。

タイ (Thailand)

面積 51　人口 6641
首都 バンコク
通貨 1バーツ=3.49円
所得 7040ドル　宗教 上座部仏教
住民 タイ族。ほかに中国系など
言語 タイ語　独立 ―

世界で1、2位を争うコメ輸出国。日本米と異なる細長いコメを作る。第2次大戦前は、周辺国が植民地化するなか、独立を保った。2014年以来続く軍政から民政への復帰を目指している。19年の総選挙では親軍政派が躍進。近年、改憲や王政改革を求める国民の声が高まっている。

大韓民国 (Republic of Korea)

面積 10　人口 5178　首都 ソウル
通貨 1ウォン=0.097円
所得 32960ドル
宗教 キリスト教、仏教など
住民 韓民族　言語 韓国語(朝鮮語)
独立 1948

日本からとても近い外国。対馬と釜山の距離は、約50km。日本と政治経済、文化で密接に関係するが、日本の植民地支配を経験し、反日感情が残る。近年、元徴用工問題や日本の輸出管理問題に起因して、両国関係は悪化している。2022年に実施される大統領選の行方が注目される。

タジキスタン (Tajikistan)

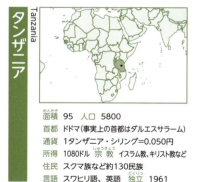

面積 14　人口 970
首都 ドゥシャンベ
通貨 1ソモニ=10.30円　所得 1060ドル
宗教 イスラム教スンニ派
住民 タジク系。ほかにウズベク系など
言語 タジク語など　独立 1991

国土の標高が世界一高い国。平均標高5000mという「世界の屋根」パミール高原が東側に広がる。主な産業は綿花の栽培と繊維製造。旧ソ連時代から貧困国。生活の随所にイスラム文化が浸透している。隣国アフガニスタンの動静に神経をとがらせている。

タンザニア (Tanzania)

面積 95　人口 5800
首都 ドドマ(事実上の首都はダルエスサラーム)
通貨 1タンザニア・シリング=0.050円
所得 1080ドル　宗教 イスラム教、キリスト教など
住民 スクマ族など約130民族
言語 スワヒリ語、英語　独立 1961

野生動物の宝庫として知られる国。標高1000mの高地に広がる草原に、キリンやライオンなど、アフリカを代表する動物が生息する。アフリカ最高峰のキリマンジャロとアフリカ最大の湖、ビクトリア湖がある。2021年、現職大統領が死去。新型コロナウイルス感染が疑われていた。

チェコ (Czech Republic)

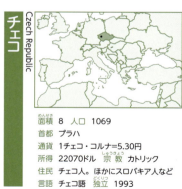

面積 8　人口 1069
首都 プラハ
通貨 1チェコ・コルナ=5.30円
所得 22070ドル　宗教 カトリック
住民 チェコ人。ほかにスロバキア人など
言語 チェコ語　独立 1993

1993年にチェコスロバキアから分かれた国。分離前から工業が発達。自動車や機械、化学製品を輸出している。ガラス細工などの伝統的産業が有名。首都プラハは小説『変身』の舞台で、作者カフカの出身地。プラハ歴史地区をはじめ、中世の歴史を今に伝える世界遺産が多数ある。

セントビンセント・グレナディーン〜デンマーク

チャド Chad

面積 128　人口 1643　首都 ンジャメナ
通貨 1CFAフラン=0.20円
所得 630ドル
宗教 イスラム教、キリスト教など
住民 サラ族、チャド・アラブ族など
言語 フランス語、アラビア語　独立 1960

北にサハラ砂漠、西にチャド湖があるアフリカ中央部の国。チャド湖は、1960年代には四国よりも大きい湖だったが、干ばつの影響で現在の面積は20分の1に。最貧国のひとつ。反政府勢力が活発に活動。2021年、反政府勢力との戦闘を視察していた大統領が負傷し、死亡した。

中央アフリカ Central African Republic

面積 62　人口 483　首都 バンギ
通貨 1CFAフラン=0.20円
所得 500ドル
宗教 キリスト教、伝統宗教など
住民 バンダ族、バヤ族、サラ族など
言語 フランス語、サンゴ語など　独立 1960

アフリカ大陸の中央部に位置する国。原生林にはゴリラやチンパンジーが、サバンナ地帯にはライオンやゾウが生息する。主な産業は綿花、コーヒーなどの農業と林業、ダイヤモンド、金などの鉱業。武装勢力が跋扈。2019年に政府と14の武装勢力が和平に合意したが、先行きは不透明。

チュニジア Tunisia

面積 16　人口 1169
首都 チュニス
通貨 1チュニジア・ディナール=40.31円
所得 3300ドル　宗教 イスラム教スンニ派
住民 アラブ人など
言語 アラビア語、フランス語　独立 1956

地中海に面し、紀元前から貿易港として栄えてきた北アフリカの国。イスラム様式に彩られた街並みは中世の姿を残す。2011年、市民デモをきっかけに長期政権が崩壊。「アラブの春」のきっかけとなった。21年、大統領が首相の解任や議会の一時停止を宣言。内政が混乱に陥った。

中華人民共和国 People's Republic of China

面積 960　人口 140000
首都 北京　通貨 1元=18.30円
所得 10550ドル
宗教 仏教、キリスト教、イスラム教など
住民 漢民族。政府認定の少数民族が55族
言語 中国語　独立 ―

世界で最も人口が多い国。人口は約14億人で世界全体の5分の1。社会主義国家だが、市場経済化で経済が発展。広域経済圏構想「一帯一路」を推進。国際社会における存在感を着実に高めている。一方で、貿易やアジア太平洋地域の安全保障をめぐって米国と激しく対立している。

POINT
★辛亥革命を経て1912年に中華民国誕生
★1949年に社会主義国家、中華人民共和国成立
★1989年6月4日に天安門事件発生

2021年6月のG7サミット(主要7カ国首脳会議)は、首脳宣言で新疆ウイグル自治区や香港の人権問題に触れ、台湾海峡の平和と安定の重要性を強調するなど中国を牽制した。

台湾 東シナ海に浮かぶ島。九州より少し小さい。主要都市は台北、高雄などで、人口は約2360万。第2次世界大戦後、共産党との内戦に敗れた中華民国総統、蒋介石が移住したのが現在の台湾のはじまり。中国は、台湾は中国の一部であると主張。経済が発展。産業の柱はハイテク機器の製造。

朝鮮民主主義人民共和国 Democratic People's Republic of Korea

面積 12　人口 2515　首都 平壌
通貨 1ウォン=1.16円
所得 1307ドル(14年)*
宗教 仏教徒やキリスト教徒がいるとされるが、詳細は不明
住民 朝鮮民族　言語 朝鮮語　独立 1948

第2次世界大戦後、朝鮮半島にあった国が分裂してできた二つの国のうち、北半分を占める国。核実験とミサイル発射実験を繰り返し、国際社会と激しく対立。史上初となる米朝首脳会談開催(2018年)を経てスタートした非核化交渉は頓挫。交渉の早期再開が望まれている。

チリ Chile

面積 76　人口 1895
首都 サンティアゴ
通貨 1チリ・ペソ=0.14円
所得 13470ドル　宗教 カトリック
住民 ヨーロッパ系。ほかに先住民系
言語 スペイン語　独立 ―

世界で最も細長い国。国土の東西距離は平均約170km、南北距離は東京ーシンガポール間に匹敵する4300km。モアイ像があるイースター島はこの国の領土。主力産業は銅生産。銅、魚類、ワインを輸出する。2020年に実施した国民投票の結果、新憲法制定が決定した。

ツバル Tuvalu

面積 0.003　人口 1
首都 フナフティ
通貨 1オーストラリア・ドル=83.58円
所得 5820ドル　宗教 キリスト教
住民 ほとんどがポリネシア系
言語 英語、ツバル語　独立 1978

南太平洋に浮かぶ九つの島々からなる国。国旗にも九つの星が並ぶ。国土の標高が低いことから、地球温暖化による水没が問題になっている。資源に恵まれず、漁業と農業以外にめぼしい産業はない。出稼ぎ労働者からの送金や、支援国が設置した信託基金の運用益が収入源。

デンマーク Denmark

面積 4　人口 581
首都 コペンハーゲン
通貨 1デンマーク・クローネ=17.63円
所得 63010ドル　宗教 福音ルーテル派
住民 デンマーク人(北方ゲルマン系)
言語 デンマーク語　独立 ―

童話と福祉の国。『人魚姫』の作者、アンデルセンの出身国で、首都コペンハーゲンには人魚姫の像がある。社会福祉制度は世界最高水準で、医療費は無料。国連の関連団体が発表した2021年の幸福度ランキング2位。北極圏にある世界最大の島グリーンランドは、この国に属する。

＊日本銀行報告省令レート14年12月分に基づき韓国ウォンを米ドル換算

世界の国ぐに

ドイツ (Germany)

- 面積 36　人口 8319　首都 ベルリン
- 通貨 1ユーロ=130.92円
- 所得 47470ドル
- 宗教 プロテスタント、カトリックなど
- 住民 ドイツ人（ゲルマン系）
- 言語 ドイツ語　独立 ―

世界屈指の工業国。ＧＮＩ（国民総所得）は世界4位。自動車、電気、化学などの製造業が経済をけん引。ベートーベンやバッハなどの音楽家、ニーチェ、マルクスなどの思想家が輩出。2021年、長年にわたりＥＵのリーダーを務めてきたメルケル首相が16年の任期を終えた。

トーゴ (Togo)

- 面積 5　人口 828
- 首都 ロメ
- 通貨 1CFAフラン=0.20円
- 所得 920ドル　宗教 伝統宗教など
- 住民 エヴェ族。ほかに約40の部族
- 言語 フランス語など　独立 1960

ギニア湾に面する西アフリカの国。ガーナとベナンの間に挟まるように、南北に細長い国土を持つ。労働人口の7割が農業に従事する農業国で、主産品はカカオ、コーヒー豆、綿花など。そのほか、リン鉱石やセメントを輸出する。後発開発途上国のひとつ。経済基盤の強化が課題。

ドミニカ共和国 (Dominican Republic)

- 面積 5　人口 1073　首都 サントドミンゴ
- 通貨 1ドミニカ共和国・ペソ=2.03円
- 所得 7260ドル　宗教 カトリック
- 住民 アフリカ系とヨーロッパ系の混血。ほかにアフリカ系など
- 言語 スペイン語　独立 ―

多数の米大リーグ選手が輩出している野球大国。15世紀にコロンブスが発見した西インド諸島イスパニョーラ島の東側3分の2を占める。主産業は観光業。邸宅や墓など、コロンブスにまつわる史跡が人気。そのほか、砂糖やコーヒー豆、カカオなどの農業、繊維工業など。

ドミニカ国 (Commonwealth of Dominica)

- 面積 0.08　人口 7　首都 ロゾー
- 通貨 1東カリブ・ドル=42.86円
- 所得 7270ドル
- 宗教 カトリック、プロテスタント
- 住民 アフリカ系など
- 言語 英語など　独立 1978

多数の島々が浮かぶ、カリブ海の小アンティル諸島にある島国。熱帯雨林に覆われ、多種多様な植物が原生していることから、「カリブ海の植物園」と呼ばれる。バナナ、ココナツ、ライムを生産する。巨大ハリケーンが頻繁に襲来。2017年にはＧＤＰ比200％以上の被害が発生した。

トリニダード・トバゴ (Trinidad and Tobago)

- 面積 0.5　人口 140
- 首都 ポートオブスペイン
- 通貨 1トリニダード・トバゴ・ドル=17.13円
- 所得 15420ドル　宗教 キリスト教など
- 住民 インド系、アフリカ系など
- 言語 英語など　独立 1962

カリブ海諸国の代表的な産油国。小アンティル諸島の南端に位置し、トリニダード島とトバゴ島の2島からなる。アンモニア生産国としても世界屈指。国際原油価格変動の影響を受けるため経済は不安定。ヨーロッパから伝わったカーニバルでは、スチールパンのリズムに乗り人々が熱狂する。

トルクメニスタン (Turkmenistan)

- 面積 49　人口 610　首都 アシガバート
- 通貨 1トルクメニスタン・マナト=33.29円
- 所得 7220ドル
- 宗教 イスラム教スンニ派
- 住民 トルクメン人。ほかにロシア系、ウズベク系など
- 言語 トルクメン語　独立 1991

中央アジア諸国の中で、最も乾燥した国。国土はカラクム砂漠に覆われている。全長1100kmに及ぶカラクム運河による灌漑農業で綿花を生産。世界4位の埋蔵量を誇る天然ガスの輸出を通じて中国との関係を強化。イスラム教徒の国。2代目大統領による独裁体制が続く。

トルコ (Turkey)

- 面積 78　人口 8361　首都 アンカラ
- 通貨 1トルコ・リラ=8.67円
- 所得 9050ドル　宗教 イスラム教スンニ派
- 住民 トルコ人。ほかにクルド人、アルメニア人など
- 言語 トルコ語、クルド語　独立 ―

国土の大部分がアジア大陸に位置するが、政治経済ではヨーロッパとの関係が強い。中世にはオスマン帝国が欧州、アジア、アフリカまで勢力を伸ばした。国民の99％がイスラム教徒。外交に課題。近年、シリア問題や人権問題などで米国やＥＵとたびたび対立している。

トンガ (Tonga)

- 面積 0.07　人口 10
- 首都 ヌクアロファ
- 通貨 1パアンガ=51.05円
- 所得 5190ドル　宗教 キリスト教
- 住民 ほとんどがポリネシア系
- 言語 英語、トンガ語　独立 1970

日本向けのカボチャが最大の輸出品という南太平洋の島国。漁業も盛んで、日本にマグロを輸出する。経済力は弱く、海外からの援助に頼っている。国王が強い政治権限を持つ。2022年1月、同国付近の海底火山で大規模な噴火が発生。大量降灰や津波による被害が発生した。

ナイジェリア (Nigeria)

- 面積 92　人口 20614　首都 アブジャ
- 通貨 1ナイラ=0.28円　所得 2000ドル
- 宗教 イスラム教、キリスト教、伝統宗教
- 住民 ハウサ人、ヨルバ人、イボ人など約250の民族
- 言語 英語など　独立 1960

人口と石油生産量、ＧＤＰでアフリカーの国。人口約2億人は、2位のエチオピアの約1.8倍。アフリカ有数の埋蔵量を誇る石油の輸出で経済発展を遂げたが、近年は原油価格の変動を受けて不安定。イスラム過激派など武装集団による襲撃事件が多発。治安対策が課題。

ドイツ～ハイチ

ナウル Nauru

- 面積 0.002　人口 1
- 首都 ヤレン
- 通貨 1オーストラリア・ドル=83.58円
- 所得 15990ドル
- 宗教 キリスト教　住民 ミクロネシア系
- 言語 英語、ナウル語　独立 1968

島の中央にある台地から採掘されるリン鉱石の輸出で豊かな社会を築いた国。近年はリン鉱石が枯渇。他に産業もなく、経済は破綻状態。失業率は90％以上といわれている。オーストラリアから経済支援を受けている。島は周囲19km、面積21km²と、品川区ほどの大きさ。

ナミビア Namibia

- 面積 82　人口 245　首都 ウィントフーク
- 通貨 1ナミビア・ドル=7.81円
- 所得 4500ドル　宗教 伝統宗教、キリスト教
- 住民 オバンボ族。ほかにカバンゴ族、ダマラ族など
- 言語 英語、アフリカーンス語　独立 1990

世界最古といわれるナミブ砂漠が広がる国。オレンジ色の砂地が無限に広がる様子から、世界一美しい砂漠ともいわれる。1945年から90年まで南アフリカが不法統治していた。ダイヤモンド、ウラン、銅、天然ガスなど地下資源が豊富。環境にも恵まれ、漁業や牧畜業が盛ん。

ニウエ Niue

- 面積 0.03　人口 0.19　首都 アロフィ
- 通貨 1ニュージーランド・ドル=78.69円
- 所得 15646ドル（19年・GDPベース）*
- 宗教 キリスト教など
- 住民 ニウエ人（ポリネシア系）など
- 言語 ニウエ語（ポリネシア語系）、英語　独立 ―

ニュージーランドの北東2400kmの南太平洋上に浮かぶ島国。世界で2番目に人口が少ない（約1600人）。面積は日本の徳之島と同程度。かつてはニュージーランド属領だった。現在は同国と自由連合関係を結び、防衛や外交を委ねている。産業はココナツ、タロイモなどの農業や観光業。

ニカラグア Nicaragua

- 面積 13　人口 662
- 首都 マナグア
- 通貨 1コルドバ=3.29円
- 所得 1850ドル　宗教 カトリック
- 住民 先住民とスペイン系の混血など
- 言語 スペイン語　独立 ―

中米の真ん中に位置する高温多湿の国。カリブ海側は熱帯雨林地帯、太平洋側は火山地帯で、世界でも珍しい淡水産のサメがすむニカラグア湖がある。コーヒー豆や砂糖、牛肉を輸出する。貧困問題が深刻。オルテガ大統領の独裁政治に対し、国際社会の非難が高まっている。

ニジェール Niger

- 面積 127　人口 2421　首都 ニアメー
- 通貨 1CFAフラン=0.20円
- 所得 550ドル　宗教 イスラム教など
- 住民 ハウサ族、ジェルマ・ソンガイ族、カヌーリ族など
- 言語 フランス語、ハウサ語　独立 1960

国土の大部分がサハラ砂漠に覆われた国。ウランの生産量は世界有数。ウランの需要低迷で経済が一時困窮したが、近年は価格が再び上昇し、採掘が活発化。後発開発途上国のひとつで、農村開発が課題。イスラム武装勢力の活動が活発。テロや襲撃事件が多発している。

ニュージーランド New Zealand

- 面積 27　人口 504　首都 ウェリントン
- 通貨 1ニュージーランド・ドル=78.69円
- 所得 41550ドル　宗教 キリスト教
- 住民 ヨーロッパ系。ほかに先住民マオリなど
- 言語 英語など　独立 1947

日本の4分の3ほどの国土に約480万人が住む、人口密度が低い国。羊や牛の牧畜が盛んで、羊毛や牛肉、乳製品が輸出品の要。当地特有の飛べない鳥、キウイが国鳥。ラグビー強国。厳格な行動制限によって新型コロナウイルスの感染拡大を防いだことが注目された。

ネパール Nepal

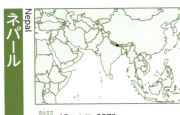

- 面積 15　人口 2970
- 首都 カトマンズ
- 通貨 1ネパール・ルピー=0.98円
- 所得 1190ドル　宗教 ヒンドゥー教など
- 住民 グルン族、ネワール族など
- 言語 ネパール語　独立 ―

8000m超級の山々を見上げる山岳国家。ヒマラヤ山脈の南側に位置し、国境沿いには世界の最高峰エベレストがそびえる。主産業は米、トウモロコシ、小麦などの農業。後発開発途上国。2015年に巨大地震が発生し、国内外で約9000人が死亡。世界遺産の歴史的建造物も倒壊した。

ノルウェー Norway

- 面積 39　人口 532　首都 オスロ
- 通貨 1ノルウェー・クローネ=13.11円
- 所得 78290ドル
- 宗教 福音ルーテル派
- 住民 ノルウェー人（北方ゲルマン系）
- 言語 ノルウェー語　独立 ―

氷河に浸食されてできた複雑な地形、フィヨルドが大西洋沿岸を覆う国。北海に油田があり、欧州を中心に石油・天然ガスを輸出。日本ではサーモンなど魚介類が有名。現代スキー発祥の地。EUには加盟していない。国連の関連団体が発表した2021年の幸福度ランキング6位。

ハイチ Haiti

- 面積 3　人口 1140
- 首都 ポルトープランス
- 通貨 1グルド=1.18円　所得 1320ドル
- 宗教 キリスト教、ブードゥー教
- 住民 アフリカ系など
- 言語 フランス語、クレオール語　独立 ―

世界で初めて黒人が築いた独立国。カリブ海に浮かぶイスパニョーラ島の西側3分の1を占める。1990年代から政情不安に陥り、経済は極度に困窮。2010年の大地震で30万人以上が死亡。21年、モイーズ大統領が襲撃を受け死亡。同年、再び大地震が発生し2000人以上が死亡した。

*日本銀行報告省令レート19年12月分に基づきニュージーランド・ドルを米ドル換算

世界　世界の国ぐに

パキスタン Pakistan

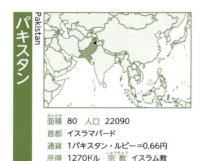

- 面積 80　人口 22090
- 首都 イスラマバード
- 通貨 1パキスタン・ルピー=0.66円
- 所得 1270ドル　宗教 イスラム教
- 住民 パンジャブ人など
- 言語 ウルドゥー語、英語　独立 1947

インダス文明発祥の地にある国。モヘンジョダロ、ハラッパなど、古代都市遺跡がある。1947年にイギリス領インド帝国から独立。インドとは政治的に対立。カシミール地方の領有権をめぐってたびたび衝突している。経済基盤は脆弱。イスラム武装勢力によるテロが頻発している。

バチカン Vatican

- 面積 0.000044　人口 0.06
- 首都 バチカン
- 通貨 1ユーロ=130.92円
- 所得 ―　宗教 カトリック
- 住民 イタリア人が多い
- 言語 イタリア語、ラテン語　独立 ―

イタリアのローマ市内に位置する世界最小の独立国家。ローマ教皇を元首とし、国民はカトリック教会の聖職者か衛兵という、世界でも珍しい、宗教のために存在する国家。国土全体が世界遺産。新型コロナウイルス感染症流行の影響で観光業が低迷。財政難に陥っている。

パナマ Panama

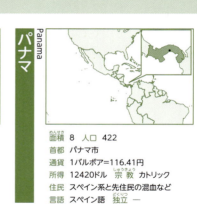

- 面積 8　人口 422
- 首都 パナマ市
- 通貨 1バルボア=116.41円
- 所得 12420ドル　宗教 カトリック
- 住民 スペイン系と先住民の混血など
- 言語 スペイン語　独立 ―

太平洋とカリブ海を結ぶ、全長約80kmのパナマ運河がある国。一般的な船の場合、9時間ほどでパナマを通り抜けられる。2016年には拡張工事が完了。運河を通る船は年間約1万4000隻。20年は新型コロナウイルス感染症流行の影響で通航船舶数が激減。通航料が値上げされた。

バヌアツ Vanuatu

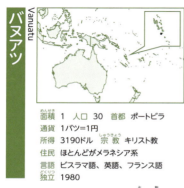

- 面積 1　人口 30　首都 ポートビラ
- 通貨 1バツ=1円
- 所得 3190ドル　宗教 キリスト教
- 住民 ほとんどがメラネシア系
- 言語 ビスラマ語、英語、フランス語
- 独立 1980

足にゴムひもを結びつけて高所から飛び降りる、バンジージャンプが生まれた国。現地の成人の儀式がその起源といわれる。南太平洋に浮かぶ83の島々からなる。産業は観光業と農業。コプラ*や木材を生産する。ダイビングスポットとして知られ、一部の島ではリゾート開発が進んでいる。

バハマ Bahamas

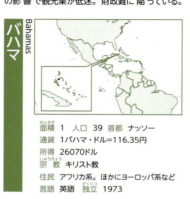

- 面積 1　人口 39　首都 ナッソー
- 通貨 1バハマ・ドル=116.35円
- 所得 26070ドル
- 宗教 キリスト教
- 住民 アフリカ系、ほかにヨーロッパ系など
- 言語 英語　独立 1973

米フロリダ半島にほど近い大西洋上の島国。カリブ海諸国の中でも指折りのリゾート地。街にはパステルカラーの建物が並び、独特の景観をつくり出している。観光客は、昼はビーチで、夜はカジノで休暇を楽しむ。中央銀行が世界で初めてデジタル通貨を発行し、注目されている。

パプアニューギニア Papua New Guinea

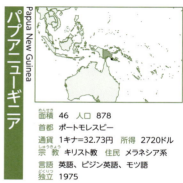

- 面積 46　人口 878
- 首都 ポートモレスビー
- 通貨 1キナ=32.73円　所得 2720ドル
- 宗教 キリスト教　住民 メラネシア系
- 言語 英語、ピジン英語、モツ語
- 独立 1975

最後の秘境といわれる、原生林に覆われた島国。太平洋に浮かぶニューギニア島の東半分と周辺の島からなる。極楽鳥など珍しい動物の宝庫。豊富な原生林を伐採、輸出しているほか、金、原油などの地下資源にも恵まれている。東部の自治州に独立を目指す動きがある。

パラオ Palau

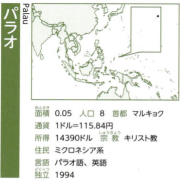

- 面積 0.05　人口 8　首都 マルキョク
- 通貨 1ドル=115.84円
- 所得 14390ドル　宗教 キリスト教
- 住民 ミクロネシア系
- 言語 パラオ語、英語
- 独立 1994

日の丸にそっくりな、青地に黄色の丸が描かれた国旗を有する国。親日国として知られ、日本語を話す年配者も多い。太平洋に浮かぶ200以上の島々からなるが、人が住んでいる島は九つだけ。商業用漁業は禁止。海洋保護に力を入れることで、ダイビング客増を目指したい考え。

パラグアイ Paraguay

- 面積 41　人口 704
- 首都 アスンシオン
- 通貨 1グアラニー=0.017円
- 所得 5180ドル　宗教 カトリック
- 住民 ヨーロッパ系と先住民の混血など
- 言語 スペイン語、グアラニー語　独立 ―

ブラジルとアルゼンチン、ボリビアに囲まれた内陸国。国民の多くが白人と先住民の混血。1930年代から日本人が移住し、農業に従事。大豆の生産拡大に貢献し、その輸出量は世界4位。牧畜も盛んで、牛肉輸出量は世界有数。天候の影響を受けやすい第1次産業中心で経済が不安定。

バルバドス Barbados

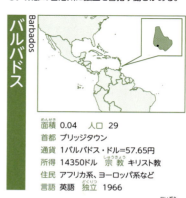

- 面積 0.04　人口 29
- 首都 ブリッジタウン
- 通貨 1バルバドス・ドル=57.65円
- 所得 14350ドル　宗教 キリスト教
- 住民 アフリカ系、ヨーロッパ系など
- 言語 英語　独立 1966

カリブ海の小国ながら、観光業や電子部品の製造、輸出で豊かな生活を築いた国。サトウキビの生産が盛んで、高級ラム酒の産地として知られる。2021年、エリザベス英国女王を元首とする立憲君主制から共和制へと移行。これまで総督を務めていたメイソン氏が初代大統領に就任した。

*ココナツの加工品

パキスタン〜ブラジル

バーレーン Bahrain

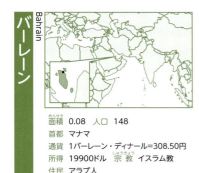

- 面積 0.08　人口 148
- 首都 マナマ
- 通貨 1バーレーン・ディナール=308.50円
- 所得 19900ドル　宗教 イスラム教
- 住民 アラブ人
- 言語 アラビア語　独立 1971

サウジアラビアと橋で結ばれているペルシャ湾の島国。主産業は石油の輸出だが、資源の枯渇をにらみ、工業、金融、観光に力を入れる。2011年、「アラブの春」をきっかけに民主化を推進したが政治体制の革新にはいたらなかった。新型コロナウイルス感染拡大が経済に打撃。

ハンガリー Hungary

- 面積 9　人口 970　首都 ブダペスト
- 通貨 1フォリント=0.36円
- 所得 15890ドル　宗教 カトリックなど
- 住民 ハンガリー人など
- 言語 ハンガリー語　独立 ―

ヨーロッパ随一の温泉大国。全国に135の温泉地がある。首都ブダペストは「ドナウの真珠」と呼ばれ、世界遺産に登録されている。ノーベル賞受賞者など、有能な科学者が大勢輩出。流入する難民への対処が課題。オルバン首相は反移民を強固に主張して支持を集めている。

バングラデシュ Bangladesh

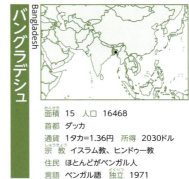

- 面積 15　人口 16468
- 首都 ダッカ
- 通貨 1タカ=1.36円　所得 2030ドル
- 宗教 イスラム教、ヒンドゥー教
- 住民 ほとんどがベンガル人
- 言語 ベンガル語　独立 1971

人口密度がとても高い国。人口は日本より3800万人ほど多く、国土面積は日本の5分の2。ガンジス川とブラマプトラ川の恵みを受け、土壌は肥沃。衣料品の輸出が経済成長の牽引役。隣国ミャンマーで迫害を受け、この国に逃れてきた少数民族ロヒンギャ難民の帰還問題を抱える。

東ティモール East Timor

- 面積 1　人口 126　首都 ディリ
- 通貨 1ドル=115.84円
- 所得 1990ドル　宗教 キリスト教
- 住民 メラネシア系。ほかにマレー系など
- 言語 テトゥン語、ポルトガル語、インドネシア語、英語
- 独立 2002

いくつもの国に支配を受けた歴史を持つ国。1976年から独立まではインドネシアに併合されていた。独立後にも騒乱が続いたことから、国連東ティモール統合ミッションが治安維持にあたった。資源に恵まれ、石油と天然ガスの収入が経済の柱。経済の多角化が今後の課題。

フィジー Fiji

- 面積 2　人口 89　首都 スバ
- 通貨 1フィジー・ドル=54.66円
- 所得 4890ドル
- 宗教 キリスト教、ヒンドゥー教
- 住民 フィジー系、インド系など
- 言語 英語、フィジー語など　独立 1970

サンゴ礁に囲まれた島々からなる国。マリンリゾート地として知られている。産業の中心は観光、衣料、砂糖だが、砂糖産業は衰退が著しい。ラグビーが盛ん。インド系住民とフィジー系住民との対立を背景に、長年、政情不安が続いた。コロナ禍が経済に深刻な影響を及ぼしている。

フィリピン Philippines

- 面積 30　人口 10903　首都 マニラ
- 通貨 1フィリピン・ペソ=2.26円
- 所得 3430ドル　宗教 キリスト教
- 住民 マレー系。ほかにスペイン系、中国系など
- 言語 フィリピノ語、英語　独立 1946

アジアのキリスト教国。スペイン植民統治と米国統治を経験。言語や現代文化は米国の影響を受けている。コメ、バナナなどを生産。近年は電子部品などの製造業や、コールセンターなどビジネス関連の業務請負も拡大。2020年、大型台風の影響でマニラが洪水に見舞われた。

フィンランド Finland

- 面積 34　人口 551　首都 ヘルシンキ
- 通貨 1ユーロ=130.92円　所得 49780ドル
- 宗教 福音ルーテル派など
- 住民 フィン人。ほかにサーミ人など
- 言語 フィンランド語、スウェーデン語
- 独立 ―

有名な「ムーミン」が生まれた国。国土の4分の1が北極圏。森林に覆われ、湖や沼も多いことから「森と湖の国」といわれる。国連の関連団体が発表した2021年の幸福度ランキング1位。19年、サンナ・マリン氏が34歳で首相に就任。当時、現職で世界最年少の首相だった。

ブータン Bhutan

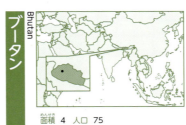

- 面積 4　人口 75
- 首都 ティンプー
- 通貨 1ヌルタム=1.56円
- 所得 2840ドル　宗教 チベット仏教など
- 住民 チベット系。ほかにネパール系など
- 言語 ゾンカ語　独立 ―

ヒマラヤ山脈東端の農業国。水力発電で得た電力を輸出しているのをはじめ、インドと経済的に強く結びついている。1970年まで鎖国状態にあった。国民の幸福を尊重する国として知られる。国民は伝統や精神性を大切にしている。人々は和服によく似た民族衣装を着用している。

ブラジル Brazil

- 面積 851　人口 20947
- 首都 ブラジリア
- 通貨 1レアル=20.41円
- 所得 7850ドル　宗教 カトリックなど
- 住民 ヨーロッパ系、混血、アフリカ系など
- 言語 ポルトガル語　独立 ―

南米一の経済大国。近年はマイナス成長を経験するなど停滞気味。人種のるつぼといわれる。多数の日系人が在住。コーヒー豆の生産量世界一。2020年以降、新型コロナウイルスの感染拡大が深刻。死者数約61万人は世界で2番目に多い。大統領の新型コロナウイルス軽視が背景にある。

世界　世界の国ぐに

フランス France

面積 54　人口 6706　首都 パリ
通貨 1ユーロ=130.92円
所得 39480ドル　宗教 カトリックなど
住民 フランス人（ケルト系、ゲルマン系などの混血）など
言語 フランス語　独立 —

高い技術力を持つ先進工業国。ＧＤＰで世界7位の経済大国。ＥＵでは常に主導的役割を果たしている。16～18世紀には華やかな王朝文化が花開いた。第2次世界大戦頃まで、世界各地に植民地を築く。現在もかつての植民地に影響力を持つ。平野が広がり、いく筋もの大河が流れる恵まれた地形から、西欧最大の農業国となっている。近年、テロが多発。2015年に発生したパリ同時多発テロでは130人が死亡した。20年以降、新型コロナウイルスの感染拡大が深刻化。ワクチン接種が進んだ21年後半も感染が拡大し、対策に苦心。2年間に約12万人が死亡した。

POINT
★ 18世紀のフランス革命で旧体制が崩壊し、共和制成立
★ 19世紀初頭、ナポレオンが欧州を席巻
★ 1940年、ドイツ軍に占領される。44年に解放

2024年パリ五輪組織委員会はパリ中心部を流れるセーヌ川で開会式を開催すると発表。選手団は約160隻の船に乗り、セーヌ川を約6キロ航行。川沿いで60万人以上が開会式を観覧するという

ブルガリア Bulgaria

面積 11　人口 693　首都 ソフィア
通貨 1レフ=67.14円
所得 9630ドル　宗教 ブルガリア正教など
住民 ブルガリア人。ほかにトルコ系、ロマなど
言語 ブルガリア語　独立 —

ヨーグルトで有名な国。その起源は5000年前にさかのぼる。農業が盛んで、小麦、大麦、トウモロコシ、タバコ、ブドウなど多様な作物を生産する。国花のバラは、この国の特産品。高級なローズオイルの生産量で世界1位。機械、石油化学などの工業が発達している。

ブルキナファソ Burkina Faso

面積 27　人口 2090　首都 ワガドゥグ
通貨 1CFAフラン=0.20円
所得 770ドル
宗教 イスラム教、伝統宗教、キリスト教
住民 モシ族、グルマンチェ族、ヤルセ族など
言語 フランス語など　独立 1960

サハラ砂漠の南部に位置し、マリ、ガーナ、トーゴなど6カ国と国境を接する。粟やタロイモ、綿花を生産する農業国。隣国に出稼ぎに行く労働者が多い。国軍と武装勢力が長年にわたり対立。2022年1月、軍の一部がクーデターを起こし、全権を掌握したと発表した。

ブルネイ Brunei

面積 0.58　人口 46
首都 バンダルスリブガワン
通貨 1ブルネイ・ドル=87.74円
所得 31510ドル　宗教 イスラム教など
住民 マレー系。ほかに中国系など
言語 マレー語、英語、中国語　独立 1984

マレーシアに三方を囲まれる小さな国。国王が世界屈指の金持ちとして知られる。収入源は石油と天然ガス。日本は同国の石油輸出量の約5％、天然ガスの約6割を輸入している。資源の枯渇を見越し、産業の多角化を推進。イスラム教を国教とし、飲酒や男女共学は禁止。

ブルンジ Burundi

面積 3　人口 1153　首都 ブジュンブラ
通貨 1ブルンジ・フラン=0.058円
所得 230ドル
宗教 キリスト教、伝統宗教
住民 フツ族。ほかにツチ族、トゥワ族
言語 キルンジ語、フランス語　独立 1962

コンゴ民主共和国とルワンダ、タンザニアの3国に囲まれた国。独立以来、国民の大多数を占めるフツ族と少数派のツチ族が激しく対立し、多数が死亡した。国土のほとんどが標高1500m以上の高原。強権政治が国際社会から非難されていたヌクルンジザ大統領が、2020年に死亡した。

ベトナム Viet Nam

面積 33　人口 9762
首都 ハノイ
通貨 1ドン=0.0051円
所得 2650ドル　宗教 大乗仏教など
住民 キン族。ほかに53の少数民族
言語 ベトナム語　独立 1945

インドシナ半島東部の海岸沿いに細長く続く国土を有する。南北に分裂した国家は、1960年代のベトナム戦争を経て統一され、社会主義国家になった。衣料品から携帯電話まで、さまざまな製品の生産拠点として発展。当初、抑え込んでいた新型コロナウイルス感染症が2021年に急拡大した。

ベナン Benin

面積 11　人口 1212　首都 ポルトノボ
通貨 1CFAフラン=0.20円　所得 1280ドル
宗教 伝統宗教、キリスト教、イスラム教
住民 フォン族、ヨルバ族、アジャ族、バリタ族など46部族
言語 フランス語　独立 1960

ギニア湾に面する西アフリカの国。国土は東西に100km、南北は670km以上と細長い。かつて奴隷貿易の拠点があり、沿岸は奴隷海岸と呼ばれた。1989年に社会主義政策から自由経済に転身した。主要産物は綿花やパーム油など。貿易港コトヌーの港湾サービスも重要な収入源。

ベネズエラ Venezuela

面積 91　人口 2795
首都 カラカス
通貨 1ボリバル・デジタル=25.39円
所得 13080ドル　宗教 カトリック
住民 ヨーロッパ系、先住民など
言語 スペイン語　独立 —

南米を代表する産油国。石油埋蔵量は世界1位。原油高を背景に豊かな社会を築いたが、長期政権を維持してきたチャベス大統領が2013年に死去してから状況が一変。国際原油価格の下落によって経済危機に陥った。ハイパーインフレや物不足など、社会情勢は混乱を極めている。

ブルガリア～ポルトガル

ベラルーシ Belarus

面積 21　人口 940　首都 ミンスク
通貨 1ベラルーシ・ルーブル=45.10円
所得 6360ドル　宗教 ロシア正教など
住民 ベラルーシ人。ほかにロシア人、ポーランド人など
言語 ベラルーシ語、ロシア語　独立 1991

ヨーロッパ東端の内陸国。旧ソ連構成国。街には旧ソ連風の建物が立ち並ぶ。主力産業は化学肥料や自動車など。1986年のチェルノブイリ原発事故によって200万人が被曝。ルカシェンコ大統領が長期にわたり独裁体制を敷いている。これを非難するＥＵと激しく対立している。

ベリーズ Belize

面積 2　人口 40　首都 ベルモパン
通貨 1ベリーズ・ドル=57.76円
所得 4110ドル
宗教 カトリック、英国国教会など
住民 先住民とスペイン系の混血など
言語 英語、スペイン語など　独立 1981

かつてマヤ文明が栄えた地にある国。ユカタン半島の付け根に位置し、カリブ海に面している。国土の3分の2が森林。その中に壁面の装飾が美しいマヤ文明の遺跡が点在する。森林は観光資源としても活用され、家具の材料に最適なマホガニー材が特産物。主産業は農業と観光業。

ペルー Peru

面積 129　人口 3297　首都 リマ
通貨 1ソル=29.19円
所得 6030ドル　宗教 カトリック
住民 先住民、ヨーロッパ系など
言語 スペイン語、ケチュア語、アイマラ語
独立 —

黄金仮面で知られるインカ帝国が栄えた地。空中遺跡マチュピチュやナスカの地上絵など、遺跡が多数あり、観光資源になっている。銅、金、亜鉛の埋蔵量が豊富。2020年、新大統領が就任直後に辞任する事態に。同年以降、新型コロナウイルス感染症で約20万人が死亡。

ベルギー Belgium

面積 3　人口 1149　首都 ブリュッセル
通貨 1ユーロ=130.92円
所得 45750ドル　宗教 カトリック
住民 フラマン人(オランダ系)、ワロン人(フランス系)など
言語 フランス語、オランダ語、ドイツ語　独立 —

レストラン数が多いことや、ワッフル、生チョコレートなどのお菓子で知られるグルメの国。小便小僧発祥の地。自動車や石油製品を輸出する。北部のオランダ語圏と南部のフランス語圏に政治的対立がある。2019年、ソフィー・ウィルメス氏が同国初の女性首相に就任した。

ボスニア・ヘルツェゴビナ Bosnia and Herzegovina

面積 5　人口 332　首都 サラエボ
通貨 1コンベルティビルナ・マルカ=67.09円
所得 6080ドル
宗教 イスラム教、セルビア正教、カトリック
住民 イスラム系、セルビア人、クロアチア人
言語 ボスニア語、セルビア語、クロアチア語　独立 1992

旧ユーゴスラビア構成国。イスラム系とクロアチア人中心のボスニア・ヘルツェゴビナ連邦と、セルビア人中心のスルプスカ共和国からなる。3民族は1990年代に激しい紛争を繰り広げた。現在も民族間に対立が存在する。主産業は鉱業と林業、繊維工業など。経済基盤の強化が課題。

ボツワナ Botswana

面積 57　人口 235　首都 ハボローネ
通貨 1プラ=9.90円　所得 6640ドル
宗教 伝統宗教、キリスト教
住民 ツワナ族、カランガ族、ムブクシュ族など
言語 英語、ツワナ語　独立 1966

世界屈指のダイヤモンド生産国であり、銅、ニッケル、石炭など、地下資源に恵まれた豊かな国。北部には巨大湿原が広がる。カラハリ砂漠に覆われた南部には、その生活が映画に取り上げられたことで注目を集めた先住民のサン族(ブッシュマン)が暮らしている。

ポーランド Poland

面積 32　人口 3827
首都 ワルシャワ
通貨 1ズロチ=28.74円
所得 15240ドル　宗教 カトリック
住民 ほとんどがポーランド人(スラブ系)
言語 ポーランド語　独立 —

東ヨーロッパ諸国の中で、いち早く民主化の道を進んだ国。国名が野原を意味する「pole」に由来するという説があるように、国土には平原が多い。主産業は鉄鋼、機械工業など。音楽家ショパンの出身地。2021年、ベラルーシとの国境に越境を目的とする難民が押し寄せ大混乱した。

ボリビア Bolivia

面積 110　人口 1151
首都 ラパス(憲法上の首都はスクレ)
通貨 1ボリビアーノ=16.89円
所得 3180ドル　宗教 カトリック
住民 先住民、ヨーロッパ系など
言語 スペイン語、ケチュア語、アイマラ語　独立 —

世界最高地点の首都(ラパス)がある国。スズ、亜鉛、銀、天然ガスを輸出する。リチウムの埋蔵量も豊富。ウユニ塩湖に世界の50%のリチウムがあるといわれる。2019年、モラレス大統領(当時)が不正選挙疑惑を追及され亡命。新型コロナウイルス感染症の影響で経済不振が深刻。

ポルトガル Portugal

面積 9　人口 1029
首都 リスボン
通貨 1ユーロ=130.92円
所得 21790ドル　宗教 カトリック
住民 ポルトガル人
言語 ポルトガル語　独立 —

ヨーロッパ大陸最西端にある国。大航海時代の主役の一国で、南米やアフリカ、アジアに多数の植民地を築いた。観光が重要な産業。ポートワインが有名。コルクの生産で世界一。経済の長期低迷から財政破綻の危機に陥ったが、ＥＵやＩＭＦ(国際通貨基金)の支援を受けて景気回復。

世界の国ぐに

ホンジュラス (Honduras)

- 面積 11　人口 959
- 首都 テグシガルパ
- 通貨 1レンピラ=4.75円
- 所得 2180ドル　宗教 カトリック
- 住民 先住民とスペイン系の混血など
- 言語 スペイン語　独立 —

紀元前から16世紀まで中米に存在したマヤ文明の遺跡がある国。サッカー・ワールドカップ予選を機に、隣国エルサルバドルとの戦争に発展した1969年のサッカー戦争が有名。主産業は農業と水産業。治安悪化が深刻。近年、この国を脱出し、米国に向かう移民集団が発生している。

マーシャル諸島 (Marshall Islands)

- 面積 0.02*1　人口 6
- 首都 マジュロ
- 通貨 1ドル=115.84円
- 所得 4940ドル　宗教 キリスト教
- 住民 ミクロネシア系
- 言語 英語、マーシャル語　独立 1986

国土がすべて珊瑚環礁の島々という南太平洋の国。カヌーで島間を航海する先住民が暮らす。コプラ*2の生産と漁業が中心で、経済力は低い。国防と安全保障を米国に委ねる代わりに財政支援を受けている。1954年に同国のビキニ環礁で米国が水爆実験を行い、日本漁船が被曝した。

マダガスカル (Madagascar)

- 面積 59　人口 2769
- 首都 アンタナナリボ
- 通貨 1アリアリ=0.029円　所得 470ドル
- 宗教 キリスト教、伝統宗教、イスラム教
- 住民 マレー系メリナ族など約18部族
- 言語 マダガスカル語など　独立 1960

アフリカのアジアと呼ばれる島国。アフリカ大陸から500km程のインド洋上にあるが、生態系はアフリカと異なる。この島だけにすむアイアイ、インドネシア原産のキツネザルが生息する。香料の原料となるバニラの生産は世界トップクラス。近年、干ばつによって深刻な飢餓が起きている。

マラウイ (Malawi)

- 面積 12　人口 1862　首都 リロングウェ
- 通貨 1マラウイ・クワチャ=0.14円
- 所得 580ドル
- 宗教 キリスト教、イスラム教、伝統宗教
- 住民 バンツー系チェワ族、トゥンブーカ族など
- 言語 チェワ語、英語など　独立 1964

国土の5分の1をマラウイ湖が占める国。マラウイ湖は東西に80km、南北に600kmと細長く、国土もこれに沿うように細長い。労働者の大半が農業に従事。紅茶、タバコ、砂糖、コーヒー、ナッツを生産、輸出する。最貧国のひとつ。マラウイ湖の氾濫による水害がたびたび発生している。

マリ (Mali)

- 面積 124　人口 2025　首都 バマコ
- 通貨 1CFAフラン=0.20円
- 所得 830ドル　宗教 イスラム教など
- 住民 バンバラ族が最大。ほか22以上の少数民族
- 言語 フランス語、バンバラ語など　独立 1960

サハラ砂漠を往来するラクダ隊商の基地として栄え、数々の王国が盛衰を繰り返した場所にある国。主産業は農業と鉱業。2012年、リビア情勢の影響で政情不安に陥り、13年、フランス軍が介入した。20年と21年には2年連続でクーデターが発生。政情不安が続いている。

マルタ (Malta)

- 面積 0.03　人口 51
- 首都 バレッタ　通貨 1ユーロ=130.92円
- 所得 25370ドル　宗教 カトリック
- 住民 北アフリカ系、中近東系、ヨーロッパ系
- 言語 マルタ語、英語　独立 1964

ヨーロッパとアフリカを結ぶ地中海の中継拠点として栄えた島国。中世のマルタ騎士団ゆかりの砦や紀元前の神殿などの歴史的建造物がある。主産業は観光業と造船などの製造業。政権幹部が関与したとされる2017年のジャーナリスト殺害事件の対応をめぐり、20年に首相が辞任した。

マレーシア (Malaysia)

- 面積 33　人口 3270
- 首都 クアラルンプール
- 通貨 1リンギ=27.79円　所得 10570ドル
- 宗教 イスラム教、仏教、儒教、ヒンドゥー教など
- 住民 マレー系、中国系、インド系など
- 言語 マレー語など　独立 1957

外国企業の誘致で発展した東南アジアの国。天然ゴムやスズなど、植民地時代の産業から、エレクトロニクス製品の製造へと移行して成長を遂げた。現在も安定成長を維持。かつてはシンガポールとひとつの国だった。国土面積は日本と同程度。その7割が熱帯雨林に覆われている。

ミクロネシア連邦 (Federated States of Micronesia)

- 面積 0.07　人口 11　首都 パリキール
- 通貨 1ドル=115.84円
- 所得 3950ドル　宗教 キリスト教
- 住民 ミクロネシア系
- 言語 英語、現地の8言語
- 独立 1986

西太平洋の赤道近くに点在する600以上の島々からなる国。総面積は奄美大島と同程度。世界最大の環礁チュークラグーンに世界中からダイバーが訪れる。コプラ*2やバナナ、魚類を輸出。国防と安全保障を米国に委ねる代わりに受けている財政援助が収入の4割以上を占める。

南アフリカ共和国 (South Africa)

- 面積 122　人口 5778
- 首都 プレトリア　通貨 1ランド=7.25円
- 所得 6010ドル　宗教 キリスト教など
- 住民 バンツー系アフリカ人、ヨーロッパ系など
- 言語 英語、アフリカーンス語など　独立 —

製造業や金融業が発展したアフリカ屈指の経済大国。アフリカ大陸のリーダー的存在。ダイヤモンド、金など鉱物資源が豊富。悪名高い人種隔離政策、アパルトヘイトを実施していたことで知られる。1991年に差別政策撤廃。2021年、前大統領の収監をきっかけに暴動が発生し混乱した。

*1 ビキニ環礁、エニウェトク環礁、クエゼリン環礁、マジュロ環礁、ロンゲラップ環礁、ウトリック環礁を含むラグーン(内海)の面積は12　*2 ココナツの加工品

ホンジュラス〜モルドバ

南スーダン South Sudan

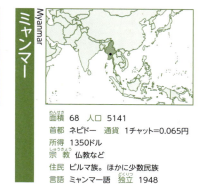

- 面積 64　人口 1106　首都 ジュバ
- 通貨 1南スーダン・ポンド=0.65円
- 所得 1090ドル
- 宗教 キリスト教、伝統宗教
- 住民 ディンカ族、シルク族、ヌエル族など数十の部族
- 言語 英語など　独立 2011

南北に分かれて内戦を繰り返してきたスーダンの南部地域が、2011年に分離独立してできた国。13年に政府軍と反政府勢力の戦闘が内戦に発展。両者は18年に和平合意し、現在は暫定政府が政権を担う。部族間紛争が頻発するなど、独立10年を経た現在も政情は不安定。

ミャンマー Myanmar

- 面積 68　人口 5141
- 首都 ネピドー　通貨 1チャット=0.065円
- 所得 1350ドル
- 宗教 仏教など
- 住民 ビルマ族。ほかに少数民族
- 言語 ミャンマー語　独立 1948

27年にわたり軍事政権が続いてきた国。2015年の総選挙で民主化指導者、アウンサンスーチー氏率いる政党が大勝し、16年に民主的な新政権が誕生した。しかし、21年のクーデターによって再び軍政に。抗議デモは武力鎮圧された。民主化勢力に対する軍の弾圧が続いている。

メキシコ Mexico

- 面積 196　人口 12601
- 首都 メキシコ市
- 通貨 1メキシコ・ペソ=5.66円
- 所得 8480ドル　宗教 カトリック
- 住民 スペイン系と先住民の混血など
- 言語 スペイン語　独立 ―

太陽の国と呼ばれる国。太陽を信仰するアステカ帝国が栄えた地にある。米国との国境沿いは乾燥地帯。太平洋沿岸は高温多湿。銀の産出量は世界有数。麻薬組織の犯罪が深刻。2020年以降、新型コロナウイルス感染症で約30万人が死亡。経済に大きな打撃となっている。

モザンビーク Mozambique

- 面積 80　人口 3036
- 首都 マプト
- 通貨 1メティカル=1.82円
- 所得 460ドル　宗教 キリスト教など
- 住民 マクア・ロムウェ族など43部族
- 言語 ポルトガル語　独立 1975

アフリカ大陸の南東部にあり、海峡を挟んでマダガスカル島と向かい合う国。1975年にポルトガルから独立した後、内戦が繰り広げられた。現在は、豊富な資源と海外からの投資を背景に、経済が拡大。しかし一方、武装勢力が活発に活動。ガス田開発への影響が懸念されている。

モナコ Monaco

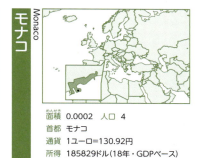

- 面積 0.0002　人口 4
- 首都 モナコ
- 通貨 1ユーロ=130.92円
- 所得 185829ドル（18年・GDPベース）
- 宗教 カトリック　住民 フランス系など
- 言語 フランス語　独立 ―

F1モナコ・グランプリが開催される国。世界で2番目に小さな国で、面積は約2km²と、皇居の2倍程度。観光が最大の産業。豪華なカジノ施設、グランカジノが世界的に有名。市街地ではF1レースが実施される。元首のアルベール2世は環境保護に熱心なことで知られている。

モーリシャス Mauritius

- 面積 0.2　人口 127　首都 ポートルイス
- 通貨 1モーリシャス・ルピー=2.70円
- 所得 10230ドル
- 宗教 ヒンドゥー教、キリスト教、イスラム教など
- 住民 インド系、クレオール系、中国系など
- 言語 英語など　独立 1968

アフリカ大陸東部のインド洋上に浮かぶマダガスカル島の、さらに東側にある島国。大航海時代にドードー鳥という珍種の鳥が乱獲され、絶滅したことで知られる。同時代から各国王室御用達のリゾート地。2020年、同国沖で日本の貨物船が座礁。重油流出により深刻な環境汚染が発生。

モーリタニア Mauritania

- 面積 103　人口 453
- 首都 ヌアクショット
- 通貨 1ウギア=3.19円
- 所得 1670ドル　宗教 イスラム教
- 住民 モール人、アフリカ系
- 言語 アラビア語、フランス語など　独立 1960

砂漠の中に人々が暮らす国。国土の4分の3以上をサハラ砂漠が占める。首都ヌアクショットはサハラ砂漠の中で最大の都市。砂漠の中の旧市街が、地の果てをイメージさせる。主産業は農牧業と漁業。特産のタコを日本に輸出する。2017年、憲法改正に伴い国旗のデザインを変更した。

モルディブ Maldives

- 面積 0.03　人口 53
- 首都 マレ
- 通貨 1ルフィア=7.53円
- 所得 6490ドル　宗教 イスラム教
- 住民 モルディブ人
- 言語 ディベヒ語　独立 1965

ダイバー憧れの美しいダイビングスポットで知られる国。1000以上の島からなる。海中には数百種の珊瑚と数千種の魚類が生息するという。標高が低く、最高地点は2.5m。国土水没の恐れがある。新型コロナウイルスの影響で一時、主産業の観光が低迷したが、現在は回復しつつある。

モルドバ Moldova

- 面積 3　人口 264　首都 キシニョフ
- 通貨 1モルドバ・レイ=6.52円
- 所得 4560ドル　宗教 キリスト教（正教）
- 住民 モルドバ人。ほかにウクライナ人、ロシア人など
- 言語 モルドバ語　独立 1991

ウクライナとルーマニアに挟まれた、旧ソ連構成国。国土は肥沃な黒土に覆われ、農業が産業の中心。特産物はワイン。ヨーロッパ最貧国のひとつ。ロシア系住民が多い沿ドニエストル地域の独立問題がある。2020年の大統領選挙でマイア・サンドゥ氏が勝利。同国初の女性大統領に。

世界の国ぐに

モロッコ Morocco

面積 45　人口 3603　首都 ラバト
通貨 1モロッコ・ディルハム=12.55円
所得 2980ドル　宗教 イスラム教
住民 アラブ人。ほかにベルベル人
言語 アラビア語、ベルベル語、フランス語
独立 1956

ヨーロッパに最も近いアフリカの国。スペインとは海を挟んで14kmの距離。アラブとアフリカ、ヨーロッパの三方から影響を受け、独自の混合文化が発展。モロッコじゅうたんが有名。同国が8割を実効支配する西サハラをめぐり、アルジェリアと長年にわたり激しく対立している。

モンゴル Mongolia

面積 156　人口 336
首都 ウランバートル
通貨 1ツグリク=0.04円　所得 3740ドル
宗教 チベット仏教
住民 モンゴル人。ほかにカザフ人など
言語 モンゴル語、カザフ語　独立 ―

遊牧民族が伝統を守って暮らす国。ゲルと呼ばれる移動式住居で暮らす遊牧民が多い。日本の大相撲でモンゴル出身者が活躍。石炭や銅、蛍石を輸出。金やウラン、レアメタルの開発にも積極的。2020年、新型コロナウイルス流行の影響で経済が悪化。IMFの緊急融資を受けた。

モンテネグロ Montenegro

面積 1　人口 62　首都 ポドゴリツァ
通貨 1ユーロ=130.92円　所得 7900ドル
宗教 キリスト教(正教)、イスラム教など
住民 モンテネグロ人、セルビア人、ボスニア系イスラム教徒など
言語 モンテネグロ語　独立 2006

2006年に旧セルビア・モンテネグロから独立して生まれた新しい国。「黒い山」を意味する国名の通り、国土は険しい山々に覆われている。アドリア海沿岸には中世の面影が残る城塞都市があり、年間約200万人の観光客が訪れる。主産業は観光業、アルミニウムの製造、農業など。

ヨルダン Jordan

面積 9　人口 1010　首都 アンマン
通貨 1ヨルダン・ディナール=163.99円
所得 4310ドル
宗教 イスラム教スンニ派
住民 ほとんどがアラブ人(パレスチナ系)
言語 アラビア語、英語　独立 1946

イスラエルやサウジアラビアなどと国境を接する国。古代遺跡をめぐる観光が重要な収入源。リン鉱石の産地として知られ、これを原料とする化学肥料を製造する。塩分が濃く、体が簡単に浮いてしまう湖、死海がある。経済低迷が続く。新型コロナウイルス感染症流行がさらなる打撃に。

ラオス Laos

面積 24　人口 710
首都 ビエンチャン
通貨 1キップ=0.010円
所得 2520ドル　宗教 仏教、伝統宗教
住民 ラオ族。ほかに48の少数民族
言語 ラオス語　独立 1953

密林に覆われ、東南アジア最後の秘境といわれる国。国民の65%が仏教徒。山がちな環境や多雨を生かし、巨大ダムを次々と建設。水力発電による電力を隣国に売り、「東南アジアのバッテリー」と呼ばれている。中国との経済関係を深めている。2021年には両国を結ぶ鉄道が開通。

ラトビア Latvia

面積 7　人口 189　首都 リガ
通貨 1ユーロ=130.92円　所得 17880ドル
宗教 プロテスタント、カトリック
住民 ラトビア人。ほかにロシア人、ベラルーシ人など
言語 ラトビア語　独立 1991

バルト海を望む、バルト三国の一国。首都リガは、中世の教会や城壁、アールヌーボー建築など、時の流れを感じさせる街並みから「バルトのパリ」と呼ばれ、世界遺産である。森林資源に恵まれ木材産業が盛んなほか、化学、製薬などの分野に強みを持つ。近年はIT産業も成長。

リトアニア Lithuania

面積 7　人口 279　首都 ビリニュス
通貨 1ユーロ=130.92円
所得 19620ドル　宗教 カトリック
住民 リトアニア人。ほかにロシア人、ポーランド人など
言語 リトアニア語　独立 1991

バルト三国の一国。中世にバルト海から黒海にかけて勢力を広げたリトアニア大公国が起源。4000以上の湖と森林が独特の景観を織りなす。天然琥珀の名産地。バスケットボールが国技。産業は製造業、木材加工、ITなど。台湾と関係を深めていることに中国が反発している。

リビア Libya

面積 176　人口 687
首都 トリポリ
通貨 1リビア・ディナール=25.33円
所得 4960ドル
宗教 イスラム教　住民 アラブ人
言語 アラビア語　独立 1951

エジプトとアルジェリアの間に挟まれた国。1969年の革命以来、カダフィ大佐が国を主導してきたが、2011年、反政府デモをきっかけに内戦化。近年は暫定政府と反政府勢力の内戦が続いていたが、20年に両者が停戦で合意。現在は政情安定化に向けた取り組みが進められている。

リヒテンシュタイン Liechtenstein

面積 0.02　人口 4
首都 ファドゥーツ
通貨 1スイス・フラン=126.60円
所得 116440ドル
宗教 カトリック　住民 ドイツ系
言語 ドイツ語　独立 ―

アルプスの麓にある国。スイスとオーストリアに挟まれている。面積は世界で6番目に狭い。山間に小さな町々が点在し、落ち着きのある欧州の田舎といった風情だが、精密機械や歯科用機器の分野では世界屈指の技術力をもつ。19世紀から軍をもたない中立政策を続けている。

240

モロッコ～ロシア

リベリア Liberia

面積 11　人口 482　首都 モンロビア
通貨 1リベリア・ドル=0.80円
所得 570ドル
宗教 キリスト教、イスラム教
住民 クペレ族、バサ族、グレボ族など16部族
言語 英語　独立 ―

米国で解放された奴隷が西アフリカにつくった国。自由を意味するlibertyが国名の由来。この国の船として船籍を登録する他国の船が多いため、商船の船舶保有船腹量は世界2位(1位はパナマ)。2014年、致死率が高いエボラ出血熱が大流行し、4800人以上が死亡した。

ルクセンブルク Luxembourg

面積 0.26　人口 63　首都 ルクセンブルク
通貨 1ユーロ=130.92円
所得 80860ドル　宗教 カトリック
住民 ルクセンブルク人(ゲルマン系)
言語 ルクセンブルク語、フランス語、ドイツ語
独立 ―

切り立つ岩の上に多くの要塞が築かれ、城塞都市として発展したヨーロッパの小国。国民1人あたりのGNI(国民総所得)は世界最高水準。2020年に世界で初めて全国で公共交通機関の運賃を無料化。同年、新型コロナウイルスの流行を受け、全国民対象のウイルス感染検査を実施。

ルーマニア Romania

面積 24　人口 1941
首都 ブカレスト
通貨 1ルーマニア・レイ=26.50円
所得 12580ドル　宗教 ルーマニア正教
住民 ルーマニア人。ほかにハンガリー人
言語 ルーマニア語　独立 ―

15世紀のルーマニアに実在したドラキュラ公が、敵兵を残忍に殺害した史実が吸血鬼物語のモデル。東欧で唯一、ラテン民族によって構成される。石油などの資源に恵まれ工業も発達。世界金融危機(P98)後にIMF(国際通貨基金)などの支援を受けたが、構造改革で経済は回復。

ルワンダ Rwanda

面積 3　人口 1263　首都 キガリ
通貨 1ルワンダ・フラン=0.11円
所得 780ドル　宗教 キリスト教、イスラム教
住民 フツ族。ほかにツチ族、トゥワ族
言語 キニヤルワンダ語、フランス語、英語
独立 1962

赤道の南側に位置する東アフリカの国。起伏が激しく、千の丘の国といわれる。多数部族のフツ族と少数のツチ族が激しく対立。1994年にはフツ族による大量虐殺が発生した。一時、経済破綻したが、近年になり急成長を遂げた。国会議員に女性が占める割合が世界一高い。

レソト Lesotho

面積 3　人口 210
首都 マセル
通貨 1ロチ=7.26円
所得 1100ドル　宗教 キリスト教
住民 バント族
言語 英語、セソト語　独立 1966

南アフリカに四方を囲まれた国。大部分が標高2000m以上の高地にあり、最も低い場所でも1300m以上。涼しく過ごしやすいため、観光客が多い。産業は衣類、靴などの軽工業。穀物を生産するが、土壌に恵まれず生産能力は低い。後発開発途上国。HIV対策が課題。

レバノン Lebanon

面積 1　人口 610　首都 ベイルート
通貨 1レバノン・ポンド=0.077円
所得 5370ドル
宗教 キリスト教、イスラム教など
住民 アラブ人
言語 アラビア語　独立 1943

地中海に面し、イスラエル、シリアと国境を接する国。アフリカ、中東とヨーロッパの交易拠点にある。1975年から15年にわたる内戦で国内は荒廃。政情不安が続いており、経済も危機に直面している。2020年、ベイルートで大規模な爆発が発生。首都の半分以上に被害が及んだ。

ロシア連邦 Russia

POINT
★18～20世紀にロシア帝国が繁栄
★ロシア革命を経て1922年にソビエト連邦建国
★1991年、ソビエト連邦が崩壊し、ロシア連邦成立

面積 1710　人口 14680
首都 モスクワ　通貨 1ルーブル=1.54円
所得 10690ドル　宗教 ロシア正教
住民 ロシア人。ほかにタタール人など少数民族
言語 ロシア語　独立 右欄★印参照

最も面積が広い国。アジアから東欧にかけ、14の国と地続きで国境を接する。かつては米国と並ぶ超大国だったソビエト連邦の一構成国だった。冷戦時代、世界初の有人宇宙飛行を達成。バレエやクラシック音楽、文学など、芸術・文化が独自に発展。石油生産量は世界有数。巨大な軍事力を背景に国際社会に影響を及ぼす。ウクライナおよびシリア情勢をめぐって欧米と対立。米国から厳しい経済制裁を受けている。欧州とは天然ガスの供給をめぐっても摩擦がある。新型コロナウイルス感染症の拡大が深刻。2020年以降、約30万人が死亡した。

2021年4月以降、ロシア軍がウクライナ国境付近の兵力を増強。10万人規模とみられる。14年にウクライナのクリミア半島をロシアが併合した際と動きが近いと米国は警戒。21年12月の米首脳協議で米国のバイデン大統領は経済制裁の可能性に言及し、ロシアのプーチン大統領に強い懸念を伝えた。

世界 自然

地球は「水の惑星」といわれるが、大きさや海と陸の割合はどうか。また地球上にはどのような山や海、川、島、砂漠、海溝（海底の特に深いところ）があるか。どこにあるかも確認しよう。

地球の大きさ
【資料】天文年鑑2022、理科年表2022（国立天文台）ほか

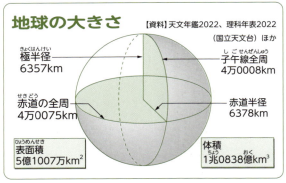

- 極半径 6357km
- 子午線全周 4万0008km
- 赤道の全周 4万0075km
- 赤道半径 6378km
- 表面積 5億1007万km²
- 体積 1兆0838億km³

海と陸地の割合
【資料】理科年表2022（国立天文台）

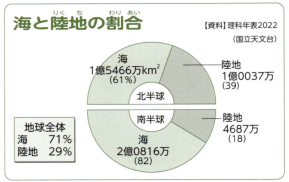

- 海 1億5466万km²（61%）
- 陸地 1億0037万（39）
- 北半球
- 南半球
- 海 2億0816万（82）
- 陸地 4687万（18）
- 地球全体 海71% 陸地29%

海の広さ
【資料】理科年表2022（国立天文台）

- その他 3581万（10）
- 北極海 949万
- 地中海 251万
- ベーリング海 226万 など
- インド洋 7343万（20）
- 合計 3億6203万km²（100%）
- 太平洋 1億6624万km²（46）
- 大西洋 8656万（24）

深い海溝
【資料】理科年表2022（国立天文台）

な　ま　え	深さ(m)	長さ(km)	幅(km)
①マリアナ	1万0920	2550	70
②トンガ	1万0800	1400	55
③フィリピン	1万0057	1400	60
④ケルマデック	1万0047	1500	60
⑤伊豆・小笠原	9780	850	90
⑥千島・カムチャツカ	9550	2200	120
⑦北ニューヘブリデス	9175	500	70
⑧ヤップ	8946	700	40
⑨ニューブリテン	8940	1100	50
⑩プエルトリコ	8605	1500	120

[注]深さは、もっとも深いところ。幅は平均。

高い山
【資料】理科年表2022（国立天文台）

な　ま　え	あるところ	高さ(m)
①チョモランマ	ヒマラヤ	8848
②K2	カラコルム	8611
③カンチェンジュンガ	ヒマラヤ	8586
④ローツェ	〃	8516
⑤マカルウ	〃	8463
⑥チョーオユ	〃	8201
⑦ダウラギリ	〃	8167
⑧マナスル	〃	8163
⑨ナンガパルバット	〃	8126
⑩アンナプルナ	〃	8091

[注]チョモランマ＝エベレストまたはサガルマタ、K2＝ゴドウィンオースチンとしても知られる。

大きな島
【資料】理科年表2022（国立天文台）

な　ま　え	国名	大きさ(万km²)
①グリーンランド	デンマーク	217.56
②ニューギニア（イリアン）	インドネシアほか	80.85
③ボルネオ（カリマンタン）	〃	74.56
④マダガスカル	マダガスカル	58.70
⑤バフィン	カナダ	50.75
⑥スマトラ	インドネシア	47.36
⑦本州	日本	22.74※
⑧グレートブリテン	イギリス	21.85
⑨ビクトリア	カナダ	21.73
⑩エレスメア	〃	19.62

※国土地理院2021年10月データでは、22.79km²。

長い川
【資料】理科年表2022（国立天文台）

な　ま　え	河口のある国	長さ(km)	流域面積(万km²)
①ナイル川	エジプト	※6695	335
②アマゾン川	ブラジル	6516	705
③長江（揚子江）	中国	6380	196
④ミシシッピ川	アメリカ	※※5969	325
⑤オビ川	ロシア	*5568	299
⑥エニセイ・アンガラ川	〃	5550	258
⑦黄河	中国	5464	98
⑧コンゴ（ザイール）川	コンゴ民主共和国	4667	370
⑨ラプラタ・パラナ川	アルゼンチン・ウルグアイ	4500	310
⑩アムール・アルグン川	ロシア	4444	**(186)

[注]※カゲラ源流からの長さ。※※ミズーリ源流からミシシッピ河口までの長さ。
*イルチシ源流からの長さ。**アムール川のみの面積。

広い砂漠
【資料】理科年表2022（国立天文台）

な　ま　え	あるところ	広さ(万km²)
①サハラ	アフリカ北部	907
②アラビア	アジア（アラビア半島）	246
③ゴビ	モンゴル、中国北東部	130
④パタゴニア	アルゼンチン南部	67
⑤グレートビクトリア	オーストラリア中西部	65
⑥タール（大インド）	インド、パキスタン	60
⑦カラハリ	アフリカ南部	57
⑧タクラマカン	中国北西部	52
⑨グレートベーズン	アメリカ南西部	49
⑩チワワ	メキシコ北部	45

[注]オーストラリア中部には、ほかにも連続して砂漠が分布し、合計337万km²（世界2位）。中央アジア・トルキスタンの多くの砂漠を合算すると194万km²（世界4位）。

世界各地の気候は、緯度、地形、海からの距離、標高、風向などで分類できる。それぞれの特徴をつかもう。世界の年平均気温は変動を繰り返しながら上昇。長期的に100年あたり0.73℃の割合で上昇。

自然　世界

世界の気候

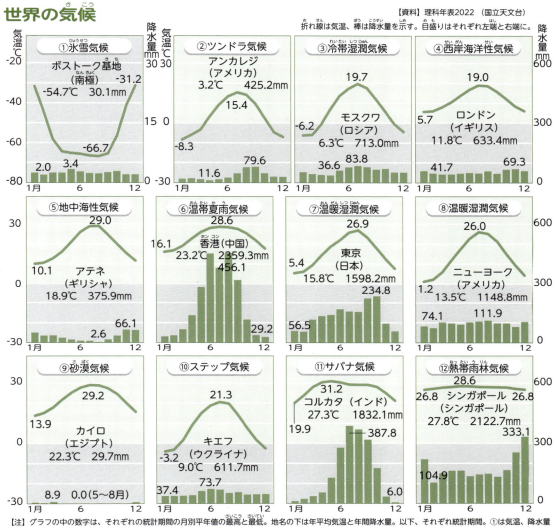

世界の年平均気温の長期的変化

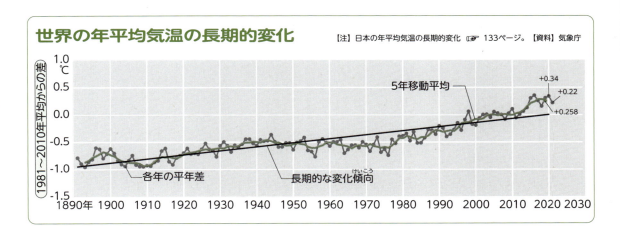

世界 国民総所得

国民総所得（GNI）で各国のようすを比べてみよう。国民総所得と1人あたりGNIを比べると国の順位はどのように変わるか。それはどのようなことを意味するだろうか。219〜241ページも参照しよう。

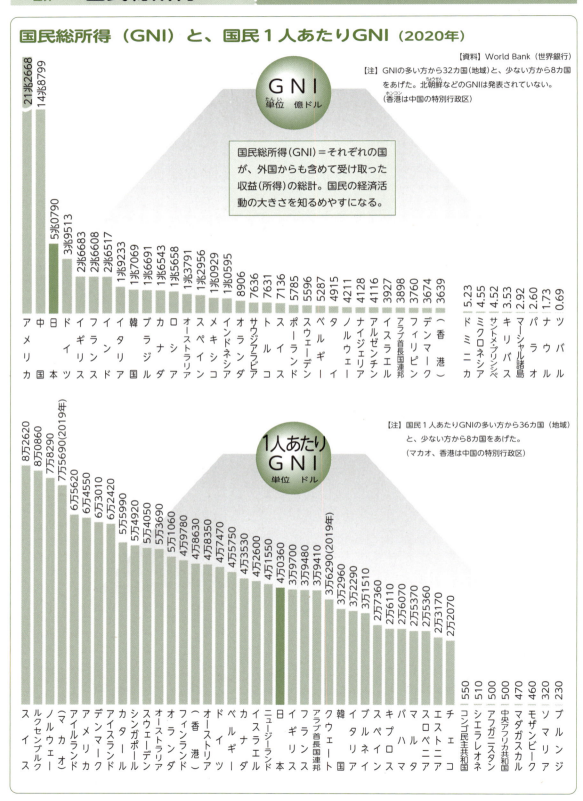

世界の人口は、2050年には97億3503万人になり、60歳以上が21.5%を占めると予測されている（2019年の国連の推計）。各国の人口や出生率・死亡率・寿命、外国と日本の人の行き来などを確認しよう。

人口・人の交流　世界

州（大陸）別人口（2020年）

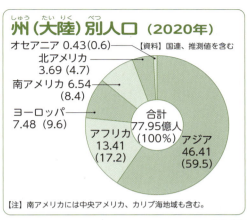

【資料】国連、推測値を含む
- オセアニア 0.43 (0.6)
- 北アメリカ 3.69 (4.7)
- 南アメリカ 6.54 (8.4)
- ヨーロッパ 7.48 (9.6)
- アフリカ 13.41 (17.2)
- アジア 46.41 (59.5)
- 合計 77.95億人 (100%)

【注】南アメリカには中央アメリカ、カリブ海地域も含む。

爆発する人口（世界の将来人口）

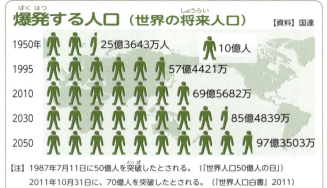

【資料】国連

- 1950年：25億3643万人
- 1995：57億4421万
- 2010：69億5682万
- 2030：85億4839万
- 2050：97億3503万

（人型1体＝10億人）

【注】1987年7月11日に50億人を突破したとされる。（「世界人口50億人の日」）
2011年10月31日に、70億人を突破したとされる。（『世界人口白書』2011）
2030年、2050年は2019年時点の推計（中位予測）。

おもな国の出生率・死亡率・平均寿命

【資料】国連、UNICEF、世界銀行、推測値を含む

国名	合計特殊出生率 調査年	女性一人あたり	5歳未満の死亡率 調査年	出生1000人あたり	5〜24歳の死亡率 調査年	人口1000人あたり	平均寿命 調査年	男(歳)	女(歳)
日本	2020	1.36	2020	2.5	2020	3.3	2019	81.4	87.5
韓国	〃	1.08	〃	3.0	〃	3.6	〃	80.3	86.3
中国	〃	1.70	〃	7.3	〃	5.6	〃	74.8	79.2
イラン	〃	2.14	〃	12.9	〃	13.0	〃	75.6	77.9
エジプト	〃	3.24	〃	19.5	〃	11.8	〃	69.7	74.4
エチオピア	〃	4.05	〃	48.7	〃	23.9	〃	64.7	68.5
イギリス	〃	1.74	〃	4.2	〃	4.0	〃	79.4	83.1
アイスランド	〃	1.73	〃	1.9	〃	3.2	〃	81.0	84.2
スウェーデン	〃	1.84	〃	2.6	〃	4.2	〃	81.3	84.7
ドイツ	〃	1.61	〃	3.7	〃	3.3	〃	78.6	83.4
ロシア	〃	1.83	〃	5.4	〃	9.4	〃	68.2	78.2
アメリカ	〃	1.77	〃	6.3	〃	8.1	〃	76.3	81.4
オーストラリア	〃	1.81	〃	3.7	〃	4.5	〃	80.9	85.0

【注】日本の平均寿命は世界最高の水準。

外国に行った日本人と、日本に来た外国人

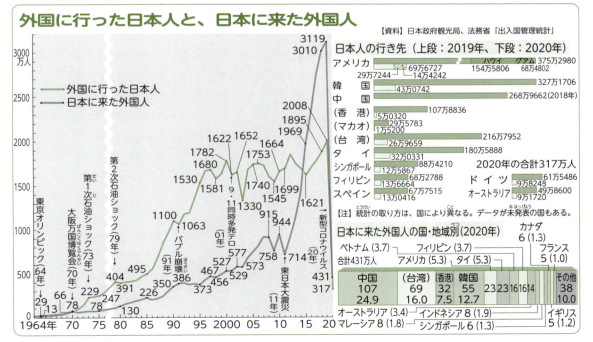

【資料】日本政府観光局、法務省「出入国管理統計」

かんれん　各国の人口 → 219〜241ページ

世界 農業

日常的にもっとも多く利用する食べ物を主食といい、世界は代表的な主食により三つの食べ物文化圏（米・小麦・イモや雑穀）に分かれる。地域と主食の関係、日本の主食と自給率の関係などを調べてみよう。

米・小麦・大麦の生産量（2019年） 単位 万t

- イギリス 805(5%)
- ドイツ 1159(7%)
- ウクライナ 2837(4%) 892(6%)
- ロシア 7445(10%) 2049(13%)
- 中国 2億0961(28%) 1億3360(17%)
- カナダ 3235(4%) 1038(7%)
- バングラデシュ 5459(7%)
- ミャンマー 2627(3%)
- 日本 1053 104 22 (1%)
- アメリカ 5226(7%)
- パキスタン 2435(3%)
- フィリピン 1881(2%)
- ベトナム 4345(6%)
- フランス 4060(5%) 1357(9%)
- インド 1億7765(24%) 1億0360(14%)
- オーストラリア 882(6%)
- タイ 2836(4%)
- インドネシア 5460(7%)
- スペイン 774(5%)

世界合計　米（もみ）7億5547万t　小麦 7億6577万t　大麦 1億5898万t

【注】日本を除いて、それぞれ世界8位まで。

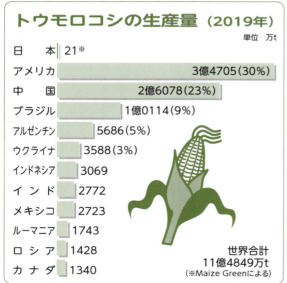

トウモロコシの生産量（2019年） 単位 万t

国	生産量
日本	21※
アメリカ	3億4705(30%)
中国	2億6078(23%)
ブラジル	1億0114(9%)
アルゼンチン	5686(5%)
ウクライナ	3588(3%)
インドネシア	3069
インド	2772
メキシコ	2723
ルーマニア	1743
ロシア	1428
カナダ	1340

世界合計 11億4849万t
（※Maize Greenによる）

じゃがいもの生産量（2019年） 単位 万t

国	生産量
日本	217
中国	9182(25%)
インド	5019(14%)
ロシア	2207(6%)
ウクライナ	2027(5%)
アメリカ	1918(5%)
ドイツ	1060
バングラデシュ	966
フランス	856
オランダ	696
ポーランド	648

世界合計 3億7044万t

【注】246～247ページは特記ないものはFAOSTAT（国連食糧農業機関の統計データベース）による。

農林業・畜産・漁業 世界

人口の割に生産量が多いものは、重要な輸出品となるが、どの国で何が多く生産されているか。近年、バイオ燃料の原料として大豆やトウモロコシが栽培されている。

大豆 (2019年)

国	生産量
日本	22万t
ブラジル	1億1427 (34%)
アメリカ	9679 (29%)
アルゼンチン	5526 (17%)
中国	1572 (5%)
インド	1327 (4%)
パラグアイ	852
カナダ	605
ロシア	436
ウクライナ	370
ボリビア	299

世界合計 3億3367万t

綿 (綿花、2020-21年)

国	生産量
中国	642万t (26%)
インド	601 (25%)
アメリカ	318 (13%)
ブラジル	236
パキスタン	98
ウズベキスタン	76
トルコ	63

世界合計 2432万t USDAによる

天然ゴム (2019年)

国	生産量
タイ	484万t (33%)
インドネシア	345 (24%)
ベトナム	119 (8%)
インド	100
中国	84
コートジボワール	66
マレーシア	64
フィリピン	43

世界合計 1462万t

木材 (2020年)

国	生産量
日本	0.30億m³
アメリカ	4.30 (11%)
インド	3.51 (9%)
中国	3.37 (9%)
ブラジル	2.66
ロシア	2.17
カナダ	1.32
インドネシア	1.22
エチオピア	1.17

世界合計 39.12億m³

牛肉 (2019年)

国	生産量
日本	47万t
アメリカ	1235 (18%)
ブラジル	1020 (15%)
中国	593 (9%)
アルゼンチン	314
オーストラリア	235
メキシコ	203
ロシア	163
フランス	143
カナダ	139

世界合計 6831万t

ぶた肉 (2019年)

国	生産量
日本	128万t
中国	4255 (39%)
アメリカ	1254 (11%)
ドイツ	523 (5%)
スペイン	464
ブラジル	413
ロシア	394
ベトナム	333
フランス	220
カナダ	218
ポーランド	199

世界合計 1億1011万t

鶏肉 (2019年)

国	生産量
日本	230万t
アメリカ	2015 (17%)
中国	1450 (12%)
ブラジル	1352 (11%)
ロシア	461
インド	419
インドネシア	350
メキシコ	348
イラン	228
アルゼンチン	220
トルコ	214

世界合計 1億1802万t

羊肉 (2019年)

国	生産量
中国	247万t (25%)
オーストラリア	73 (7%)
ニュージーランド	45 (5%)
トルコ	39
アルジェリア	33
イギリス	31
インド	28
スーダン	27
パキスタン	24

世界合計 992万t

羊毛 (2019年)

国	生産量
中国	34万t (20%)
オーストラリア	33 (19%)
ニュージーランド	12 (7%)
イギリス	7
トルコ	7
モロッコ	6
ロシア	5
イラン	5
パキスタン	5
アルゼンチン	4

世界合計 172万t

魚 (2018年) 2012〜17年の推移を右表に示す

国	生産量
日本	313万t (3%)
中国	1465 (15%)
インドネシア	722 (7%)
ペルー	717 (7%)
インド	532
ロシア	511
アメリカ	474
ベトナム	335
ノルウェー	249
チリ	212

世界合計 9643万t

【注】中国とインドは約1/3が淡水魚、ほかの国はほとんどが海の魚。
魚・漁獲高には、甲殻類・軟体動物を含む。養殖は含まない。

漁獲高の移り変わり 単位 万t

	2012	2013	2014	2015	2016	2017年
世界合計	8863	8973	9038	9166	8964	9312
中国	1519	1535	1612	1639	1579	1537
インドネシア	586	613	646	669	654	674
ペルー	485	585	357	482	380	416
インド	487	464	498	484	518	553
ロシア	433	436	426	446	476	486
アメリカ	500	510	498	504	490	503
ベトナム	252	262	274	286	308	332
日本	366	365	364	340	320	321
ノルウェー	215	208	230	229	203	238
チリ	257	177	218	179	150	192

世界 資源

さまざまな鉱物の産地（国）と生産量を確認し、どんな産業で何に使われるか調べよう。IT産業で必要な資源は何か。鉱物資源をめぐり、紛争も起きている。

鉄鉱※ （2019年）

国	生産量
オーストラリア	5億6900万t (37%)
ブラジル	2億5800 (17%)
中　国	2億1900 (14%)
インド	1億4800 (10%)
ロシア	6430 (4%)
南アフリカ	4120
ウクライナ	3950
カナダ	3520
アメリカ	2980
スウェーデン	2210

※鉄含有量　世界合計 15億2000万t

すず （2019年）

中　国	8.5万t (29%)
インドネシア	7.8 (26%)
ミャンマー	4.2 (14%)
ペルー	2.0
ボリビア	1.7
ブラジル	1.4
コンゴ民主共和国	1.2
オーストラリア	0.8
ナイジェリア	0.6
ベトナム	0.6

世界合計 29.6万t

なまり鉱 （2019年）

中　国	200.0万t (42%)
オーストラリア	50.9 (11%)
ペルー	30.8 (7%)
アメリカ	27.4
メキシコ	25.9
ロシア	23.0
インド	20.0
ボリビア	8.8
トルコ	7.1
スウェーデン	6.9

世界合計 472.0万t

あえん鉱 （2019年）

中　国	421万t (33%)
ペルー	140 (11%)
オーストラリア	133 (10%)
アメリカ	75
インド	72
メキシコ	68
ボリビア	52
カナダ	34
カザフスタン	30
ロシア	26

世界合計 1270万t

ボーキサイト （2019年）

オーストラリア	1億0500万t (29%)
中　国	7000 (20%)
ギニア	6700 (19%)
ブラジル	3400
インド	2300
インドネシア	1700
ジャマイカ	902
カザフスタン	580
ロシア	557
サウジアラビア	405

【注】ボーキサイトはアルミニウムの原料。

世界合計 3億5800万t

ウラン鉱 （2020年）

カザフスタン	1万9477tU (41%)
オーストラリア	6203 (13%)
ナミビア	5413 (11%)
カナダ	3885
ウズベキスタン	3500
ニジェール	2991
ロシア	2846
中　国	1885
ウクライナ	744

tU＝トン・ウラン
100%の濃度のウランに換算した重量（トン）

世界合計 4万7731tU

金鉱 （2019年）

日　本	6 (2017年)
中　国	380t (12%)
オーストラリア	325 (10%)
ロシア	305 (9%)
アメリカ	200
カナダ	175
ガーナ	142
インドネシア	139
ペルー	128
メキシコ	111
カザフスタン	107

世界合計 3300t

銀鉱 （2019年）

日　本	15 (2018年)
メキシコ	5920t (22%)
ペルー	3860 (15%)
中　国	3440 (13%)
ロシア	2000
ポーランド	1470
チリ	1350
オーストラリア	1330
ボリビア	1160
アルゼンチン	1080
アメリカ	977

世界合計 2万6500t

タングステン （2019年）

中　国	6万9000t (82%)
ベトナム	4500 (5%)
ロシア	2200 (3%)
モンゴル	1900
北朝鮮	1130
ボリビア	1060
ルワンダ	900
オーストリア	892

世界合計 8万3800t

【注】ウラン鉱は世界原子力協会、その他はUSGS（米国地質調査所）。推測値を含む。

エネルギー　世界

エネルギー消費量について1950年以降の推移を原動力別に確認しよう。また1人あたりの消費量、石油埋蔵量、発電量、石油の輸出入について各国の経済などの状況も考えよう。

エネルギーの消費量

【注】数値は石油換算。（ ）内は％。
【資料】BP Statistical Review of World Energy
2013年以前の資源別エネルギー比率は推測値。

凡例：石油／石炭／天然ガス／水力・原子力／その他

年	石油	石炭	天然ガス	水力・原子力	その他	世界合計（億t）
1950年	(61)	(27)	(2)		(10)	16.45
60	(33)	(50)	(15)		(2)	26.99
70	(44)	(34)	(20)		(2)	44.29
80	(45)	(31)	(21)		(3)	60.15
90	(37)	(30)	(24)	(10)		76.05
2001	(39)	(27)	(28)	(6)		82.82
05	(34)	(33)	(28)	(5)		94.52
10	(32)	(36)	(27)	(5)		113.79
15	43.41(33)	37.85(29)	31.47(24)	水力8.83(7) 原子力5.83(4)	3.67(3)	131.05
20	41.49(31)	32.87(25)	36.17(27)	水力9.11(7) 原子力5.73(4)	7.57(6)	132.95

1人あたりの消費量（2020年）

【資料】BP Statistical Review of World Energy

国	kg
バングラデシュ	232
インド	554
エジプト	850
アルジェリア	1252
世界平均	1705
中国	2415*
日本	3217
ドイツ	3454
韓国	5491
アメリカ	6334

【注】国民1人が1年間に使うエネルギーを石油の量であらわした。少ない国、多い国の中からおもな国を選んだ。
＊（香港を除く）

石油（原油）の確認埋蔵量（2020年末）

【資料】BP Statistical Review of World Energy

世界合計 1兆7324億バレル（100％）

OPEC以外の国 5177／OPECの国 1兆2147

OPEC以外の国：
- メキシコ 61
- アゼルバイジャン 70
- ノルウェー 79
- ブラジル 119
- カタール 252
- 中国 260
- カザフスタン 300
- アメリカ 688
- ロシア 1078 (6)
- カナダ 1681 (10)
- 赤道ギニア 11
- ガボン 20
- コンゴ共和国 29
- アンゴラ 78
- アルジェリア 122
- その他 589

OPECの国：
- ベネズエラ 3038億バレル(18%)
- サウジアラビア 2975 (17)
- イラン 1578 (9)
- イラク 1450 (8)
- クウェート 1015 (6)
- アラブ首長国連邦 978 (6)
- リビア 484
- ナイジェリア 369

【注】1バレルは0.159kL。OPEC（石油輸出国機構）は石油の生産国のうち13カ国（2020年末）が集まっている組織。

発電量（2020年）

【資料】BP Statistical Review of World Energy

凡例：火力(69%)／原子力(4%)／その他(19%)／水力(8%)

国	火力	原子力	水力	その他	合計
日本	(69)	(4)	(8)	(19)	1兆0048億kWh
中国	(67)	(5)	(17)	(12)	7兆7791*
アメリカ	(61)	(19)	(7)	(13)	4兆2866
インド	(77)	(3)	(10)	(10)	1兆5609
ロシア					1兆0854
カナダ					6439
ブラジル					6201
韓国					5740
ドイツ					5719
サウジアラビア					3409
メキシコ					3132

世界合計 26兆8232億kWh

＊（香港を除く）
【注】表示以外に風力や太陽光などがある国も多い。

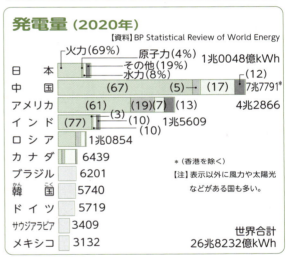

石油の産出国と輸入国（2018年）

単位 万t

世界生産量 39億6276万t

凡例：生産量／輸入量

- イギリス 4755／4416
- ノルウェー 7372
- ドイツ 8521
- ベルギー 3302
- イタリア 6205
- ロシア 5億2332 (13%)
- アゼルバイジャン 3593
- カザフスタン 9036
- 韓国 1億5028
- カナダ 1億8826 (5%)／3931
- アメリカ 5億4210 (14%)／3億8326
- フランス 5273
- オランダ 5431
- スペイン 6759
- インド 3420／2億2650
- 日本 1億4921
- メキシコ 9507
- イラク 2億2440 (6%)
- 中国 1億8932 (5%)／4億6189
- マレーシア 3092
- ベネズエラ 7875
- アルジェリア 4859
- ナイジェリア 9312
- カタール 2923
- オマーン 4878
- シンガポール 5519
- インドネシア 4069
- コロンビア 4462
- ブラジル 1億3271
- リビア 5334
- アンゴラ 7325
- アラブ首長国連邦 1億4999
- エジプト 3085
- サウジアラビア 5億1436 (13%)
- イラン 1億7584
- クウェート 1億3873
- タイ 4893

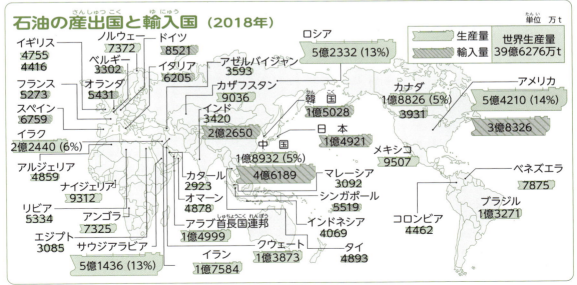

【注】資料の記載のないものはすべて "Energy Statistics Yearbook"（国連）による。
※2010年までは "Energy Statistics Yearbook"、2015年からは "BP Statistical Review of World Energy"

世界 工業

世界の工業に影響力の大きい国ぐにはどこだろうか。どの国がどんなものを多く作っているかを確認しよう。また247ページの農林業などとも比べて、国による産業の傾向を考えてみよう。

鉄の生産量（粗鋼、2020年）
【資料】日本鉄鋼連盟（JISF）など

国	生産量
日本	8319万t（4%）
中国	10億6477（57%）
インド	1億0023（5%）
アメリカ	7273
ロシア	7162
韓国	6719
トルコ	3581
ドイツ	3566
ブラジル	3097
イラン	2902
台湾	2096

世界合計18億7694万t

【注】粗鋼＝鉄鉱石を精錬したもの。鉄製品の原料になる。

産業用ロボットの稼働数と輸出
【資料】国際ロボット連盟、日本ロボット工業会

国	稼働（2019年）	輸出（2017年）
日本	35万4878台（13%）	4万5566台（12%）
中国	78万3358（29%）	13万7920（36%）
韓国	30万0197（11%）	3万9732（10%）
アメリカ	29万9631（11%）	3万3192（9%）
ドイツ	22万1547（8%）	2万1404（6%）
イタリア	7万4420（3%）	7713（2%）
台湾	7万1782（3%）	1万0904（3%）
フランス	4万2019（2%）	4897（1%）
メキシコ	3万7275（1%）	4180（1%）
世界合計	272万2077台	38万1335台

造船（2020年）
【資料】国連

国	生産量
日本	1283万総トン（22%）
中国	2326（40%）
韓国	1817（31%）
フィリピン	61
ベトナム	54
イタリア	52
台湾	30
ドイツ	29
ロシア	24
スペイン	19（2019年）
フィンランド	18

世界合計 5776万総トン

【注】総トンとは船全体の大きさを表す単位で、100立方フィート（約2.83m³）が1トンとなる。

自動車の生産台数（2019年）
【資料】日本自動車工業会

国	生産台数
日本	833万台（12%）
中国	2136（32%）
ドイツ	466（7%）
インド	362
韓国	361
アメリカ	251
ブラジル	245
スペイン	225
フランス	168
ロシア	152
チェコ	143
メキシコ	138
イギリス	130

世界合計 6715万台

【注】商用車を除く。

パルプの生産量（2019年）
【資料】日本製紙連合会

国	生産量
日本	837万t（5%）
アメリカ	4527（25%）
ブラジル	1975（11%）
中国	1830（10%）
カナダ	1557（9%）
スウェーデン	1167
フィンランド	1142
インドネシア	845
ロシア	839
チリ	530

世界合計 1億8303万t

合成ゴムの生産量（2020年）
【資料】ゴム年鑑（2022年版）

国	生産量
日本	120万t（8%）
中国	319（22%）
アメリカ	193（13%）
韓国	165（11%）
ロシア	151（10%）
台湾	89
ドイツ	71
インド	41

世界合計 1441万t

化学繊維の生産量（2019年）
【資料】日本化学繊維協会

国	生産量
日本	82万t
中国	5953（89%）
インド	519（8%）（2018年）
台湾	153（2%）
韓国	117（2%）
ブラジル	24

世界合計 6694万t（2017年）

窒素肥料の生産量（2019年）
【資料】FAOSTAT

国	生産量
日本	52万t
中国	3240（26%）
インド	1372（11%）
アメリカ	1326（11%）
ロシア	1091
エジプト	420
インドネシア	414
カナダ	393
パキスタン	321
カタール	294
サウジアラビア	276
ポーランド	201
イラン	183
オマーン	160

世界合計 1億2297万t

【注】中国の数値は台湾を含まない。

多くの国が多くの国と貿易をしている。各国の輸出入総額や、取引している国、輸入と輸出のバランスなどから、国と国との関係も考えよう。日本の貿易については175～178ページも参考にしよう。

貿易　世界

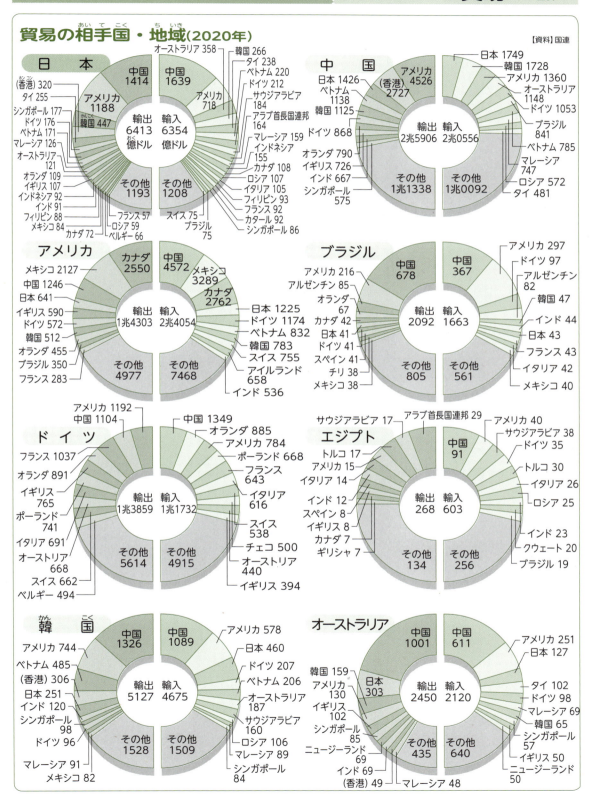

貿易の相手国・地域(2020年)　【資料】国連

世界 国際連合

国際連合の機関を確認しよう。活動資金は加盟国の分担金による。分担率は3年に1回、改定され、2022〜24年の分担率が21年に決まった。1位はアメリカ合衆国で22.0%、2位の中国は15.25%、3位の日本が8.03%となった。

●国際連合のしくみ（2021年）

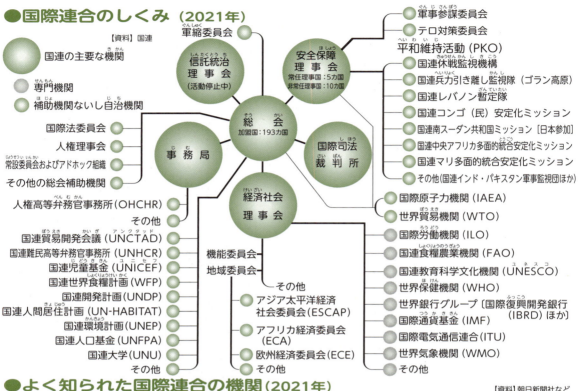

【資料】国連

●よく知られた国際連合の機関（2021年）

【資料】朝日新聞社など

機関名（略称）	本部 できた年	加盟国	目的や働きと近年の動き
国連児童基金 UNICEF	ニューヨーク （アメリカ） 1946	—	世界の子どものための基金。戦争や災害、貧困、暴力に苦しむ子どもたちを保護・支援。日本も1949〜64年、支援を受けた。「ユニセフ戦略計画2018-2021年」で目標「生存と成長、教育、子どもの保護、水と衛生、公平な機会」と、優先事項「人道支援、ジェンダーの平等」を掲げた。2021年6月、新型コロナウイルス感染症の影響による児童労働の増加を警告。
国連大学 UNU	東京 1973	—	平和や環境など、地球的な問題を世界の学者が共同で研究。2020年、新型コロナウイルスの影響により世界で4億人以上が貧困状態に陥り、貧困問題が10年前に戻る恐れを予測。
国際労働機関 ILO	ジュネーブ （スイス） 1946(1919)	187	賃金や労働時間など労働者の権利をまもり社会保障を広げるなど社会全体の生活水準引き上げをめざす。2021年6月に職場でのハラスメントを禁じる条約が発効。社員、就職活動の学生やボランティアも対象。ILO事務局長は日本などにも批准を呼び掛けた。21年5月に世界で長時間労働による死亡者の増加を警告し、週55時間以上働くとリスクが高まると報告。
国連食糧農業機関 FAO	ローマ （イタリア） 1945	194+ EU+ 準加盟国2	飢えをなくそう持続可能な土地利用、品種改良など農漁業の技術指導をする。「世界農業遺産」の認定も。他機関と共同で、2020年の世界の飢餓人口が7億2040万〜8億1100万人と推計。21年10月には国際的な食糧価格高騰を報告。
国連世界食糧計画 WFP	ローマ （イタリア） 1961	36	世界最大の人道支援機関。世界の11人に1人が十分な食料を得られない中、飢餓のない世界を目指し2020年に84カ国で1億1550万人に支援。1500万人の子どもに学校給食も提供。栄養状態の改善と強い社会づくりも。20年ノーベル平和賞受賞。
国連教育科学文化機関 UNESCO	パリ （フランス） 1946	193、 準加盟 地域11	教育、科学、文化を通じて世界の平和につくす。世界遺産の登録・保存も大きな役目。2021年に「北海道・北東北の縄文遺跡群」が世界文化遺産、「奄美大島、徳之島、沖縄島北部及び西表島」が世界自然遺産に登録。19年12月、無形文化遺産のベルギーのカーニバルに差別的表現があるとして初めての登録抹消を決定。
世界保健機関 WHO	ジュネーブ （スイス） 1948	194	すべての人の健康を目標に、医学研究や保健事業を指導。伝染病やエイズ対策、生活習慣病にも取り組む。新型コロナウイルスをめぐり、初期段階での国際連携が不十分だった教訓を踏まえ、ワクチン供給のための条約や協定の策定を目指して、加盟国による協議機関の設置も予定。24年の総会での報告を目指す。
国際通貨基金 IMF	ワシントンD.C. （アメリカ） 1944	190	通貨の国際協力と貿易の拡大をはかる。為替相場の安定のため、通貨が不安定な国への融資や金融政策を監視。2021年10月に21年の世界の成長率見通しを5.9%増と発表し、回復傾向にあるとしたものの「リスクは悪化傾向へ」とした。景気格差、インフレ、財政の急激な悪化を世界経済の不安要素として示している。
国際原子力機関 IAEA	ウィーン （オーストリア） 1957	173	原子力の軍事使用の監視と平和利用の推進。2005年、ノーベル平和賞受賞。19年にイランの核開発の可能性を指摘。21年11月の報告でもイランは制限値を大きく超える量のウランを製造。北朝鮮の核関連施設の再稼働の可能性を21年に報告。北朝鮮は09年にIAEA査察委員を退去させた。22年には福島第一原発の処理水の安全性調査を実施。

世界には、どんな経済や政治の組織があるか。そのなりたちや加盟国を確認して、それぞれの組織が、どんな問題を解決しようとしているか、どんな世界をめざしたらいいのかなどを考えてみよう。

国際組織 世界

経済組織 (2021年)

【資料】朝日新聞社など

組織名	加盟国	なりたちと目的（ ）はできた年
世界貿易機関 (WTO)	日本、アメリカ、イギリス、フランス、ドイツ、中国、ベトナム、ブラジル、イスラエル、エジプト、ロシアなど164カ国・地域	世界貿易推進のため関税貿易一般協定(GATT)を引き継いで発足。GATTで除外されてきた農業、サービスなどの新分野も含む貿易全体を統一ルールで監視。2021年2月にアフリカ出身のヌゴジ・オコンジョイウェアラ氏が女性で初の事務局長就任。途上国の視点を理解した調整役が求められる。21年には新型コロナウイルスワクチンの特許権をめぐり先進国と途上国で意見が対立。アメリカが特許の一時免除を認める方針に。●本部：スイスのジュネーブ (1995年)
経済協力開発機構 (OECD)	日本、アメリカ、イギリス、フランス、ドイツ、オーストリア、デンマーク、ベルギー、アイルランド、ギリシャ、イタリア、オランダ、カナダ、オーストラリア、韓国など38カ国	加盟国の高度の経済成長・生活水準向上、発展途上国援助、世界貿易の拡大が目的。第2次大戦後に発足したヨーロッパ経済協力機構が発展。国際学習到達度調査(PISA)を実施。「読解力」調査で、日本の高校1年生が79カ国・地域のうち8位(2015年)から15位(18年)に。巨大IT企業などを対象に新しい課税のルール作りを主導。21年10月、加盟国などが法人税最低税率15%で最終合意。●本部：フランスのパリ (1961年)
ヨーロッパ連合 (欧州連合、EU)	フランス、ドイツ、イタリア、ベルギー、オランダ、ルクセンブルク、アイルランド、デンマーク、ギリシャ、スペイン、ポルトガル、スウェーデン、チェコなど27カ国	ヨーロッパ共同体をもとにした組織。2002年1月から単一通貨ユーロが流通開始。04年6月にEU憲法を採択。加盟国総人口は約5億人。12年ノーベル平和賞を受賞。20年、イギリスが脱退。21年12月の首脳会議では、ロシアによるウクライナ国境付近での軍備増強を非難。また中国・ロシアなど経済的措置を通じて他国に政策を強要する国に対する制裁案を公表。●本部：ベルギーのブリュッセル (1993年)
北米自由貿易協定 (NAFTA) 米・メキシコ・カナダ協定 (USMCA)	アメリカ、メキシコ、カナダの3カ国	3カ国内での関税撤廃など貿易の自由化が目的。アメリカの企業は安い労働力を求めて生産拠点を国外に移し製造業の雇用が減少。域内で関税ゼロの条件についてメキシコ、カナダは幅広い自動車を対象に柔軟な解釈をするが、アメリカは厳しい解釈。2021年8月のメキシコ製輸出中で関税ゼロでないものは15%。NAFTAの頃の1%から大幅上昇。●事務局：カナダのオタワなど (1994年)
アジア太平洋経済協力会議 (APEC)	オーストラリア、日本、アメリカ、カナダ、ニュージーランド、韓国、中国、ASEAN7カ国、台湾、メキシコなど21カ国・地域	アジア・太平洋地域の経済成長と発展、交流促進のため貿易・投資などの作業部会をおく。2021年11月の閣僚会議で、コロナ禍からの経済回復に向け、感染拡大を抑えつつ国境をまたぐ移動の再開を進めるとの共同声明を採択。経済回復に向けデジタル技術活用も議論。●事務局：シンガポール (1989年)
石油輸出国機構 (OPEC)	イラク、イラン、クウェート、サウジアラビア、ベネズエラ、アルジェリア、リビア、UAE、ナイジェリア、アンゴラ、ガボン、赤道ギニア、コンゴ共和国の13カ国	産油国がメジャー(国際石油資本)に対抗してつくった。原油生産の調整と価格の安定がねらい。1973年の第4次中東戦争では「石油戦略」として値段を大幅に引き上げた。原油価格が高騰していた2021年11月にOPECプラス(OPECとロシアなどの産油国)が原油追加増産を見送り。ガソリン高対策として、日米中韓印英が協調して原油備蓄の放出を示唆。その後の12月にはOPECプラスは原油の小幅増産維持を決定。●事務局：オーストリアのウィーン (1960年)
アジアインフラ投資銀行 (AIIB)	中国、韓国、タイ、ミャンマー、イギリス、イタリアなど57カ国で発足。2021年には104カ国・地域に。	経済発展に不可欠なインフラ整備資金をアジアの国ぐにに融資するため中国が設立を呼びかけて発足。2021年10月までの投融資総額は289億ドル。新型コロナウイルス感染症対策やファンド向け投融資が増えたため、エネルギー、交通運輸などインフラ向け投融資は3割程度に。●本部：中国の北京 (2016年)

政治・軍事組織 (2021年)

【資料】朝日新聞社など

組織名	加盟国	なりたちと目的（ ）はできた年
北大西洋条約機構 (NATO)	アメリカ、カナダ、イギリス、フランス、イタリア、ベルギー、オランダ、ルクセンブルク、ノルウェー、デンマーク、アイスランド、ポルトガル、ギリシャ、トルコ、ドイツ、スペイン、北マケドニアなど30カ国	旧ソ連・東欧に対抗する軍事組織として設立。武力攻撃やテロ、大量破壊兵器の脅威に対応する。加盟国の国防費を24年までにGDP比2%に増加する目標を掲げているが、達成しているのは30カ国のうち11カ国。2021年11月の外相会議で、ウクライナ周辺で軍備を増強しているロシアに対して警告。21年12月にロシアはウクライナやジョージアなど旧ソ連構成国にNATOを拡大しないよう、米・NATOに求めた。●本部：ベルギーのブリュッセル (1949年)
非同盟諸国会議	アジア・オセアニア：北朝鮮、インドなど39カ国とPLOの1機構、アフリカ：53カ国、ヨーロッパ：1カ国、中央・南アメリカ：キューバなど26カ国　合計119カ国と1機構	1950年代以降の東西対立時代に、どちら側にも属さず中立を守るためアジア、アフリカなどの国が結成。冷戦終結後は、貧困、紛争の平和解決を討議し国際社会に発言。2016年に、国連や国際金融機関での途上国の発言権拡大や国連安全保障理事会をより民主的で効率的、透明性ある組織にすべきだとの共同宣言を採択。(1961年)
東南アジア諸国連合 (ASEAN)	タイ、マレーシア、フィリピン、インドネシア、シンガポール、ブルネイ、ベトナム、ミャンマー、ラオス、カンボジアの10カ国	東南アジア地域の経済、社会の発展に努める。1976年、加盟国全首脳が集まり、ASEAN協定宣言を採択。2021年2月、加盟国のミャンマーで国軍によるクーデターが発生。同年4月にはASEANはミャンマーに暴力停止・特使派遣などを合意したが、合意事項は実現できず、21年10月のASEAN首脳会議にミャンマー国軍トップの出席が認められずミャンマー代表は欠席。同会議では、東南アジアとの経済的つながりを重視するアメリカ、中国はそれぞれASEAN重視の姿勢を強調。●事務局：インドネシアのジャカルタ (1967年)
アラブ連盟 (LAS)	レバノン、エジプト、ヨルダン、サウジアラビア、モロッコ、チュニジア、クウェート、シリア*、アルジェリア、カタール、ソマリア、コモロなど 21カ国と1機構(PLO)	西南アジアと北アフリカにあるアラブ人の国の独立と主権を守る。2020年2月、アメリカが公表した中東和平案の実施に協力しないと合意。UAE、バーレーンがイスラエルとの国交正常化を決めたが、対しパレスチナが求めたUAEへの非難決議は見送り。パレスチナ自治区ガザ地区でイスラエル軍と武装勢力との衝突が起きた21年5月には、イスラエルによる攻撃をやめさせるよう国際社会へ要請。●本部：エジプトのカイロ (1945年)
アフリカ連合 (AU)	アルジェリア、エジプト、リビア、スーダン、エチオピア、コンゴ共和国、リベリア、チュニジア、ガーナ、ギニアなど、アフリカの55カ国・地域	貧困、飢餓、部族紛争、内戦などアフリカの諸問題に取り組む世界最大の地域機関。平和維持軍を独自にまとめ派遣する機能を持つ。1963年に創設されたアフリカ統一機構(OAU)が前身。2017年にモロッコが再加盟。ソマリアは12年に正式政府が発足後も内戦が続き、AU軍などが掃討作戦を実施したがイスラム過激派「シャバブ」の攻撃は続く。エチオピア北部の軍事衝突では隣国スーダンに難民が流れ込んでおり、20年にAUは武力行使の即時停止や市民保護を求めた。●本部：エチオピアのアディスアベバ (2002年)
米州機構 (OAS)	アメリカ、カナダ、アルゼンチン、バルバドス、ニカラグア、パナマ、ボリビア、ブラジル、チリ、コロンビアなど、北米から中南米までの全35カ国、常任オブザーバー71カ国とEU	アメリカ大陸の平和と安全の強化などをめざす。キューバは1962年以降、除名状態が続く。日本は73年から常任オブザーバー国。2017年、ベネズエラは周辺国から独裁政治を非難されたことに抗議して脱退を表明。(対抗組織：アメリカ・カナダを除いた33カ国で構成するラテンアメリカ・カリブ諸国共同体〈CELAC〉11年発足) ●本部：アメリカのワシントンD.C. (1951年)

* 2011年11月から資格停止。

さくいん

A〜Z

AIIB ……………………………………… 253
APEC ……………………………………… 253
ASEAN …………………………………… 253
BLM ……………………………………… 220
BOD ……………………………………… 171
BRICS ……………………………………… 46
CEO …………………………………… 44、45
CITES ……………………………………… 71
CO₂ ………………………………… 16、18、73
COD ……………………………………… 171
COP26 ……………………………………… 38
COVID-19 ………………………………… 7
CR ……………………………………… 70〜73
DD ………………………………… 70、72、73
DMV ……………………………………… 122
EC …………………………………… 64、79
EN ……………………………………… 70〜73
ETC ……………………………………… 182
EU[欧州連合]([おうしゅうれんごう])
　　25、42、46、47、64、71、79、
　219、221、232、233、236、237、253
EW ……………………………………… 70〜73
EX ………………………………… 70、72、73
FAO ……………………………………… 252
G7 …………………………… 25、46、231
G8 ………………………………………… 25
G20 ……………………………… 46、47、101
G20サミット(ジートゥエンティーサミット)
　　…………………………………… 46、60
GDP[国内総生産]([こくないそうせいさん])
　　…… 44、45、197、219、220、232、236
GGN ……………………………………… 55
GHQ ………………………… 29、59、60、82、83
GIAHS …………………………………… 54
GNI[国民総所得]([こくみんそうしょとく])
　　………… 197、219、232、241、244
Go To ……………………………………… 8
IAEA ……………………………………… 252
ILO ……………………………………… 252
IMF[国際通貨基金]([こくさいつうかききん])
　　…………… 25、60、219、237、
　　　　　　　　　240、241、252
IOC[国際オリンピック委員会]([こ
　　くさいオリンピックいいんかい])
　　…………………… 11、35、36、96
IPC ……………………………………… 35
IPCC ……………………………………… 16
iPS細胞(アイピーエスさいぼう)…… 67、96
IS[イスラム国]([イスラムこく])
　　……… 23、25、42、69、221、228
ISS[国際宇宙ステーション]([こくさいう
　　ちゅうステーション])… 36、38、76、77
IT ………………… 32、221、222、228、240
IUCN …………………………………… 70、72

JAXA[宇宙航空研究開発機構]([うちゅう
　　こうくうけんきゅうかいはつきこう])
　　………………………… 36、77、105
JOC ……………………………………… 37
JR…… 60、101、104〜123、126、127、184
Jリーグ(ジェイリーグ) ………… 60、92
LAS ……………………………………… 253
LED …………………………………… 67、96
NAFTA …………………………………… 253
NASA ………………………………… 76、77
NATO …………………………………… 253
NHK ………………………………… 58、190
NLD ………………………………… 24、35
NPO ……………………………………… 60
NT …………………………………… 70、72、73
O157 ……………………………………… 93
OECD ………………………………… 60、253
OPEC ………………………… 98、224、253
PKO …………………………………… 42、61
PKO協力法案(ピーケーオーきょうりょくほ
　　うあん) ……………………………… 92
SARS ……………………………………… 94
SDGs ……………………………………… 10
SNS ……………………………………… 33
SPM ……………………………………… 171
STS ………………………………… 76、77
TPP ………………………………… 37、64
UNESCO ………………………… 228、252
USDP ……………………………………… 24
USMCA ………………………………… 253
VR[仮想現実]([かそうげんじつ]) …… 33
VU ……………………………………… 70〜73
WFP ………………………………… 38、252
WHO … 7、20、38、41、90、94、95、252
WTO ……………………………………… 253
Z世代(ゼットせだい) …………………… 98

あ 行

アーサー, チェスター ………… 62、63
アームストロング, ニール ……………… 76
アール・サウード, サルマン ………… 47
アイアイ ………………………………… 71
アイスランド …………………………… 219
アイゼンハワー, ドワイト ……………… 64
愛知県(あいちけん) …… 36、56、59、61、
　　　　　　　66、67、69、72、114
アイヌ古式舞踊(アイヌこしきぶよう)…… 52
アイボ ……………………………………… 95
アイルランド ……………………… 97、219
アウンサンスーチー ……… 24、35、43、239
あえん鉱(あえんこう) ……………… 248
アオウミガメ ……………………… 70、114
青森県(あおもりけん)…50、51、53、56、102
赤崎勇(あかさきいさむ) ……………… 67
赤潮(あかしお) ………………………… 19
赤字国債(あかじこくさい) …………… 192
秋保の田植踊(あきうのたうえおどり)…… 52
秋田県(あきたけん) ……………… 17、50〜53、
　　　　　　　　　56、61、72、103
空き家(あきや) ………………………… 143

秋山豊寛(あきやまとよひろ) ………… 77
アクラ …………………………………… 224
あさま山荘(あさまさんそう) ………… 88
アジア太平洋経済協力会議(アジアたいへい
　　ようけいざいきょうりょくかいぎ) … 253
アシガバート …………………………… 232
芦田均(あしだひとし) ………………… 60
アスマラ ………………………………… 223
アスンシオン …………………………… 234
アゼルバイジャン …………………… 219、220
阿蘇(あそ) ………………… 54、55、126
麻生太郎(あそうたろう) ………… 60、61
阿蘇山(あそさん) …………………… 136
アダムズ, ジョン ……………………… 62
アダムズ, ジョン・Q …………………… 62
アディスアベバ ………………………… 223
アテネ ………………………… 10、80、225
アバルア ………………………………… 226
アピア …………………………………… 227
アビー・アハメド・アリ ……………… 223
アビジャン ……………………………… 226
アフガニスタン[アフガン] …… 22、23、
　　36〜38、42、48、64、69、80、219、230
アフガニスタン内戦(アフガニスタンないせ
　　ん) ………………………………… 42
アブジャ ………………………………… 232
アブダビ ………………………………… 220
アフリカ連合(アフリカれんごう) …… 253
安倍晋三(あべしんぞう)
　　……………… 11、46、60、61、95
阿部信行(あべのぶゆき) ………… 58、59
アベノミクス ……………………… 61、95
アヘン戦争(アヘンせんそう) …… 62、79
アポイ岳(アポイだけ) ………………… 55
天野浩(あまのひろし) ………………… 67
奄美大島、徳之島、沖縄島北部及び西表島
　　(あまみおおしま、とくのしま、おきな
　　わじまほくぶおよびいりおもてじま)
　　……………… 17、37、51、127、128
アマミノクロウサギ ……………… 17、70
アムールトラ[シベリアトラ] ………… 71
アムステルダム ………………… 80、223
安室奈美恵(あむろなみえ) …………… 93
アメリカ合衆国[米国](アメリカ
　　がっしゅうこく[べいこく])
　　…… 6〜8、13、16、18、20〜23、25、28、
　　33、35〜38、41〜46、62〜65、67〜69、
　　71、76〜80、85〜88、91、92、94、95、
　　97、98、120、123、219〜221、223、225、
　　231、232、235、238、239、241
アメリカ軍の基地(アメリカぐんのきち) … 194
アメリカの2大政党(アメリカのにだいせい
　　とう) ……………………………… 64
アメリカの歴代大統領(アメリカのれきだい
　　だいとうりょう) ……………… 62〜65
荒川静香(あらかわしずか) …………… 95
アラブ首長国連邦(アラブしゅちょうこくれ
　　んぽう) …………………………… 220
アラブの春(アラブのはる) … 42、231、235
アラブ連盟(アラブれんめい) ………… 253
アルカイダ ……………………………… 22

アルジェ ……………………………… 220
アルジェリア ………………… 220、240
アルゼンチン …… 47、220、222、234
アルバニア ……………………………… 220
アルファ株(アルファかぶ) ……… 6、9
アルメニア …………………… 219、220
アレクサンドロス大王(アレクサンドロスだ
　いおう) ………………………………… 79
アロフィ ………………………………… 233
アンカラ ………………………………… 232
アンゴラ ………………………………… 220
安重根(アンジュングン) ……………… 58
安全保障関連法[安保法](あんぜんほしょう
　かんれんほう[あんぽほう]) ………… 61
アンタナナリボ ………………………… 238
アンティグア・バーブーダ …………… 220
アンドラ ………………………………… 221
アンドララベリャ ……………………… 221
アンマン ………………………………… 240
イージス・アショア …………… 103、121
イエス・キリスト ………………… 68、69
イエメン ………………… 42、221、227
伊方原発(いかたげんぱつ) ………… 123
イギリス[英国]([えいこく]) …… 6、7、18、
　20、21、23〜25、28、38、41、44、
　46〜48、62、63、78〜80、87、89、91、
　219、221、223、234
池江璃花子(いけえりかこ) …… 36、206、207
池田勇人(いけだはやと) ………… 60、84
いざなぎ景気(いざなぎけいき) ……… 98
いざなみ景気(いざなみけいき) ……… 98
イシカワガエル ………………………… 70
石川県(いしかわけん) …… 52〜54、56、59、
　61、110
石橋湛山(いしばしたんざん) ………… 60
石原慎太郎(いしはらしんたろう) …… 11
石原裕次郎(いしはらゆうじろう) … 84、85
伊豆半島(いずはんとう) ……………… 55
イスラエル …… 36、42、64、65、69、80、
　88、220、221、240、241
イスラマバード ………………………… 234
イスラム教(イスラムきょう) …… 42、49、68、
　69、221、232、236
イスラム国[IS](イスラムこく) …… 23、25、
　42、69、221、228
伊勢志摩サミット(いせしまサミット) … 46
伊勢湾台風(いせわんたいふう) ……… 85
イタイイタイ病(イタイイタイびょう) … 110
板垣退助(いたがきたいすけ) … 58、123
イタリア …… 6、7、18、25、46、49、78、80、
　221、227、234
一億総白痴化(いちおくそうはくちか) … 85
厳島神社(いつくしまじんじゃ) … 50、120
一般機械(いっぱんきかい) ………… 165
糸(いと) ……………………………… 169
糸魚川(いといがわ) …………………… 55
移動電話(いどうでんわ) ……… 188、208
伊藤博文(いとうひろぶみ) … 58、59、121
伊東正義(いとうまさよし) ……… 60、61
イトカワ ………………………… 76、97
糸川英夫(いとかわひでお) …………… 76

犬養毅(いぬかいつよし) ……… 58、59
茨城県(いばらきけん) …… 53、56、105
移民(いみん) ………………… 20、21、235
医薬品(いやくひん) ………………… 168
イラク …… 22、23、65、69、92、94、95、
　221、225
イラク戦争(イラクせんそう)
　………………………… 22、64、65、69
イラン …… 23、25、36、42、64、65、69、93、
　220、221、224、227、252、253
イリオモテヤマネコ ……………… 70、86
イリオモテラン ………………………… 72
医療費(いりょうひ) ………………… 204
医療保険(いりょうほけん) …… 64、65、199、
　200
岩手県(いわてけん) …… 51〜53、56、
　58〜60、72、102
岩戸景気(いわとけいき) ……………… 98
石見銀山(いわみぎんざん) …… 51、119
インターネット ………… 44、45、187
インド …… 7、18、20、21、23、41、
　43〜45、47、68、71、76、79、83、
　221、234、235
インドネシア …… 7、15、43、47、222、235
インドライオン ………………………… 71
インバウンド …………………………… 12
インフルエンザ ………………… 7、40、41
インフレーション …… 98、228、236
ウィーン ………………………………… 223
ウィドド, ジョコ ……………………… 47
ウイルス …… 7、9、40、41、241
ウィルソン, トマス …………… 62、64
ウィントフーク ………………………… 233
武漢市(ウーハンし) …………………… 7
上野動物園(うえのどうぶつえん)
　………………… 36、38、83、88、97
ウェリントン …………………………… 233
ウガンダ ………………………………… 222
ウクライナ …… 25、42、68、220、222、
　239、241、253
失われた10年(うしなわれたじゅうねん) … 98
失われた世代(うしなわれたせだい) … 98
ウスキキヌガサタケ …………………… 73
有珠山(うすざん) ……………………… 55
ウズベキスタン ………………………… 222
内田康哉(うちだこうさい) … 58、61
宇宙開発(うちゅうかいはつ) … 76、77
宇宙飛行士(うちゅうひこうし)
　………………… 36、38、76、77
ウッドショック ………………………… 13
宇野宗佑(うのそうすけ) ……… 60、61
ウポポイ ………………………………… 101
海と陸地の割合(うみとりくちのわりあい)
　……………………………………… 242
海の広さ(うみのひろさ) …………… 242
ウラン鉱(ウランこう) ……………… 248
ウランバートル ……………………… 240
売上高(うりあげだか) ……………… 144
ウルグアイ ……………………………… 222
英国(えいこく) ………………… イギリスへ
エクアドル ……………………………… 222

江崎玲於奈(えさきれおな) …………… 66
エジプト …… 35、48、65、79、222、240
エストニア ……………………………… 222
エスワティニ …………………………… 222
蝦夷地(えぞち) ……………………… 101
エチオピア …… 42、43、222、223、232
越後上布(えちごじょうふ) …………… 52
江戸幕府(えどばくふ) ………………… 78
エネルギー供給(エネルギーきょうきゅう)
　……………………………………… 156
愛媛県(えひめけん) …… 57、66、67、123
エラブオオコウモリ …………………… 70
エリトリア …… 42、223、227
エルサルバドル …… 223、238
エルサレム …… 42、49、65、69、221
エルドアン, レジェップ ……………… 47
エルドラド[黄金郷]([おうごんきょう])
　……………………………………… 164
エレバン ………………………………… 220
エンゲル係数(エンゲルけいすう) … 195
円高不況(えんだかふきょう) … 91、98
円とドル(えんとドル) ……………… 179
エンレイショウキラン ………………… 72
オイル・ショック …… 13、60、88、89、98
欧州危機(おうしゅうきき) … 25、98
欧州連合[EU](おうしゅうれんごう)
　…… 25、42、46、47、64、71、79、
　219、221、232、233、236、237、253
王政復古の大号令(おうせいふっこのだいご
　うれい) ………………………………… 78
応仁の乱(おうにんのらん) …………… 78
大分県(おおいたけん) …… 54、57、61、126
大浦天主堂(おおうらてんしゅどう) … 51、68
大江健三郎(おおえけんざぶろう) …… 66
大久保利通(おおくぼとしみち) …… 127
大隈重信(おおくましげのぶ) … 58、125
大坂なおみ(おおさかなおみ) … 36、37、97
大阪府(おおさかふ) …… 8、9、36、51、57、
　59、116、117、121
大崎耕土(おおさきこうど) …………… 54
オーストラリア[豪州]([ごうしゅう])
　…… 15、21、38、47、
　49、80、90、97、223、233
オーストリア …… 25、223、240
大隅良典(おおすみよしのり) ………… 67
大谷翔平(おおたにしょうへい) … 31、38
オートバイ …………………………… 165
大西卓哉(おおにしたくや) …………… 77
大平正芳(おおひらまさよし) … 46、60、61
大麦(おおむぎ) ……………………… 246
大村智(おおむらさとし) ……………… 67
小笠原諸島(おがさわらしょとう)
　…… 14、51、60、70、72、108
岡田啓介(おかだけいすけ) … 58、59
岡本太郎(おかもとたろう) … 89、109
岡山県(おかやまけん) …… 57、59、61、120
隠岐(おき) …… 55、119
沖縄県(おきなわけん) …… 8、9、17、37、46、
　50、51、53、57、60、70、72、73、128
沖縄返還協定(おきなわへんかんきょうて
　い) ……………………………………… 88

沖ノ島(おきのしま) ……… 51、124
沖ノ鳥島(おきのとりしま) …… 100、108
奥能登のあえのこと(おくのとのあえのこと) ………………………………… 52
オスロ …………………………… 233
オゾンホール …………………… 171
小田氏治(おだうじはる) ……… 105
織田信長(おだのぶなが) … 114、115、122
オタワ …………………………… 224
小千谷縮(おぢやちぢみ) ……… 52
翁長雄志(おながたけし) ……… 128
オバマ, バラク ……63〜65、79、95、120
オビトカゲモドキ ……………… 70
小渕恵三(おぶちけいぞう) …… 60、61、106
オマーン ………………………… 223
オミクロン株(オミクロンかぶ)
……………………… 6、7、9、38、221
オランダ ………… 6、47、78、80、223
オリンピック[五輪]([ごりん])
………9〜12、21、35〜38、43、58、60、
62、64、78、80、86、108、219、236
おろし売店の数(おろしうりてんのかず)
…………………………………… 180
温室効果ガス(おんしつこうかガス)
…………………………………… 18、21
温帯夏雨気候(おんたいかうきこう) …… 243
御嶽山(おんたけさん) ………… 15、112
温暖湿潤気候(おんだんしつじゅんきこう)
…………………………………… 243
音戸の瀬戸(おんどのせと) …… 120

か行

カーター, ジミー ……………… 64、65
ガーナ ……… 71、224、232、236
ガーフィールド, ジェームズ …… 62、63
ガイアナ ………………………… 223
海外投資(かいがいとうし) …… 144
改元(かいげん) ………………… 60、97
介護(かいご) ………… 34、36、200
海溝(かいこう) ………………… 15、242
外航商船(がいこうしょうせん) … 174
外交ボイコット(がいこうボイコット)
…………………………………… 21、38
外国車の輸入(がいこくしゃのゆにゅう)
…………………………………… 166
外国人人口(がいこくじんじんこう) … 141
外国領土(がいこくりょうど) …… 210、211
会社数(かいしゃすう) ………… 144
海底火山(かいていかざん)………14、15、38、
108、127、232
海部俊樹(かいふとしき) ……… 60、61
海洋プラスチック(かいようプラスチック)
…………………………………… 124
カイロ …………………………… 222
ガガーリン, ユーリー …………… 76
雅楽(ががく) …………………… 52
化学工業(かがくこうぎょう)
………………… 107、116、117、168
化学的酸素要求量(かがくてきさんそよう
きゅうりょう) ………………… 171

香川県(かがわけん) ……… 57、60、122
学生運動(がくせいうんどう) …… 87、89、98
核の傘(かくのかさ) …………… 35
核兵器禁止条約(かくへいききんしじょうや
く) ……………………………… 35
家計(かけい) …………………… 195
鹿児島県(かごしまけん) …… 17、50、51、53、
57、58、67、70、73、127
カザフスタン …………… 38、223
火山(かざん) ……… 15、54、55、101、108、
109、112、113、125〜127、136、
223、230、232、233
火事(かじ) ……………………… 202
梶田隆章(かじたたかあき) …… 67
貸しつけ残高(かしつけざんだか) … 181
カジノ …………………… 234、239
カストリーズ …………………… 230
ガスの消費量(ガスのしょうひりょう) … 159
火星(かせい) …………………… 76
化石燃料(かせきねんりょう) …… 18
過疎(かそ) ……………………… 143
仮想現実[VR](かそうげんじつ) … 33
仮想通貨(かそうつうか) ……… 223
カタール ………………………… 224
片山哲(かたやまてつ) ………… 60
家畜の数(かちくのかず) ……… 151
学校(がっこう) ………………… 198
各国の保健(かっこくのほけん) … 204
合掌造り(がっしょうづくり) …… 50、110
桂太郎(かつらたろう) ………… 58
加藤高明(かとうたかあき) …… 58、59
加藤友三郎(かとうともさぶろう)
…………………………… 58、61、120
カトマンズ ……………………… 233
金井宣茂(かないのりしげ) …… 77
神奈川県(かながわけん) …… 52、56、60、61、
68、109
カナダ …… 21、23、25、38、46、48、62、
71、73、80、95、224
カブール ………………… 22、23、219
歌舞伎(かぶき) ………………… 52、53
貨幣の出回り高(かへいのでまわりだか)
…………………………………… 181
カボベルデ ……………………… 224
ガボン …………………………… 224
鎌倉幕府(かまくらばくふ) …… 109
紙工業(かみこうぎょう) ……… 170
「神宿る島」宗像・沖ノ島と関連遺産群(「かみ
やどるしま」むなかた・おきのしまとかん
れんいさんぐん) ……………… 51、124
カメラ …………………………… 165
カメルーン ……………………… 224
貨物(かもつ) …………… 13、186
貨物船(かもつせん) …………… 186
カラカス ………………………… 236
カリフォルニアコンドル ………… 71
カルカッソンヌ ………………… 48
川(かわ) ……… 17、137、172、242
川端康成(かわばたやすなり) …… 66
軽石(かるいし) ………… 14、108、127
カンガルー ……………………… 223

環境(かんきょう) ……… 171〜173
韓国(かんこく) ………………… 大韓民国へ
韓国併合(かんこくへいごう) …… 58
関税(かんぜい) ………………… 13、21
間接税(かんせつぜい) ………… 193
間接民主制(かんせつみんしゅせい) …… 30
感染症(かんせんしょう) …… 7、9、40、41、67
環太平洋経済連携協定(かんたいへいようけ
いざいれんけいきょうてい) …… 60
関東大震災(かんとうだいしんさい) … 58、78
菅直人(かんなおと) …………… 60、61
干ばつ(かんばつ) ……………… 18、238
カンパラ ………………………… 222
ガンビア ………………………… 224
カンボジア ……………………… 224
関与政策(かんよせいさく) …… 21
紀伊山地(きいさんち) …… 50、114、117、118
生糸(きいと) …………………… 151
議院内閣制(ぎいんないかくせい) … 28
キエフ …………………………… 222
気温(きおん) …… 16、18、21、133、134、243
機械工業(きかいこうぎょう)
………………… 107、110〜112、117、121、165
帰化植物(きかしょくぶつ) …… 73
キガリ …………………………… 241
気候(きこう) …… 16、17、133、134、243
岸田文雄(きしだふみお) …… 26、28、37、
38、46、59〜61
キシニョフ ……………………… 239
岸信介(きしのぶすけ) ………… 60、61
気象災害(きしょうさいがい) …… 18、133
気象津波(きしょうつなみ) …… 15
貴族院(きぞくいん) …………… 29、58、59
北大西洋条約機構[NATO](きたたいせいよ
うじょうやくきこう) …………… 253
北朝鮮(きたちょうせん)
……………… 朝鮮民主主義人民共和国へ
北マケドニア(きたマケドニア) …… 224
キト ……………………………… 222
ギニア …………………………… 225
ギニアビサウ …………………… 225
岐阜県(ぎふけん) … 50、53、54、56、73、113
キプロス ………………………… 225
キャンベラ ……………………… 223
9・11 ………… 米同時多発テロ事件へ
牛肉(ぎゅうにく) ……………… 13、151
キューバ …………… 63、64、225
教育(きょういく) ……………… 198
京都祇園祭(きょうとぎおんまつり) … 116
京都議定書(きょうとぎていしょ) … 16
京都の文化財(きょうとのぶんかざい) … 50
京都府(きょうとふ) …… 9、50、55、57〜61、
67、68、73、116
共用空港(きょうようくうこう)
………………… 102、105、185
清浦奎吾(きようらけいご) …… 58
狂乱物価(きょうらんぶっか) …… 60、88
恐竜(きょうりゅう) …………… 111、121
魚介類の輸入(ぎょかいるいのゆにゅう) … 155
漁獲高(ぎょかくだか) ………… 247
漁業(ぎょぎょう) ……… 19、153〜155、247

漁業水域（ぎょぎょうすいいき）……… 155
ギリシャ …… 25、62、79、80、98、224、225
キリスト教（キリストきょう）……44、49、51、
　　　65、68、69、78、79、221、235
キリバス ……………………………… 45、225
キルギス ……………………………………… 225
金（きん） ……………… 10、109、159、164
銀（ぎん） ……………… 10、109、159、164
緊急事態宣言（きんきゅうじたいせんげん）
　　… 6、8、10、12、35、38、80、219
キング、マーティン ………………………… 63
キングズタウン ……………………………… 230
キングストン ………………………………… 228
金鉱（きんこう） …………………………… 248
銀鉱（ぎんこう） …………………………… 248
銀行の貸しつけ先（ぎんこうのかしつけさ
　　き） ………………………………… 181
キンシャサ …………………………………… 227
金属工業（きんぞくこうぎょう） … 114、164
金の卵（きんのたまご） ……………… 86、98
グアテマラ …………………………………… 225
グアテマラ市（グアテマラし） …………… 225
クアラルンプール …………………………… 238
クウェート …………………………… 92、225
クウェート市（クウェートし） …………… 225
空港（くうこう） ………… 22、101～105、
　　107～110、112、114、116～118、
　　121、122～124、127、128、185
空振（くうしん） …………………………… 15
クーデター …………… 24、35、223～225、
　　228、230、236、238、239
クーリッジ、ジョン ……………… 62、64
草津白根山（くさつしらねさん） ………… 106
グスク ………………………………………… 50
くだもののとれ高（くだもののとれだか）
　　…………………………………… 150
口永良部島（くちのえらぶじま） ………… 70
クック諸島（クックしょとう） …………… 226
国東半島（くにさきはんとう） …… 54、126
クビレミドロ ………………………………… 73
熊本県（くまもとけん） …… 51、54、55、57、
　　　58、61、126
熊本地震（くまもとじしん） ……… 96、126
組踊（くみおどり） ………………………… 53
グラウンド・ゼロ …………………………… 94
暮らし（くらし） …………… 195～197、208
グラント、ユリシーズ ……………… 62、63
グランド・キャニオン国立公園（グランド・
　　キャニオンこくりつこうえん） …… 48
クリーブランド、グロバー ……… 62、63
グリーンランド …………………… 37、231
グリコ事件（グリコじけん） ……………… 90
クリントン、ビル ………………… 64、65
グレート・バリア・リーフ ………………… 49
グレナダ ……………………………………… 226
クロアチア …………………………………… 226
黒田清隆（くろだきよたか） ……… 58、61
黒船（くろふね） …………… 78、79、113
軍艦島（ぐんかんじま） …………… 51、125
軍国主義（ぐんこくしゅぎ） ……………… 82
軍事組織（ぐんじそしき） ………………… 253

群馬県（ぐんまけん） …… 51、56、60、61、106
経済協力開発機構［OECD］（けいざいきょう
　　りょくかいはつきこう） ……… 60、253
経済組織（けいざいそしき） ……………… 253
警察予備隊（けいさつよびたい） ………… 84
経常収支（けいじょうしゅうし） ………… 179
携帯電話（けいたいでんわ） ……… 188、236
下水道（げすいどう） ……………………… 135
ケニア ………………………………………… 226
ケネディ、ジョン ………… 60、63、64
ケベック旧市街（ケベックきゅうしがい）
　　…………………………………… 48
ゲルマン人の大移動（ゲルマンじんのだいい
　　どう） …………………………… 79
元（げん） ………………………… 78、79
兼業農家（けんぎょうのうか） …………… 146
健康保険（けんこうほけん） ……………… 200
原子力規制委員会（げんしりょくきせいいい
　　んかい） …………………………… 110
原子力発電所［原発］（げんしりょくはつでん
　　しょ［げんぱつ］） ……25、35、36、101、
　　103～105、109～111、113、
　　119、121、123、125、127、158
建設（けんせつ） …………………………… 135
建設業（けんせつぎょう） ………………… 135
建設国債（けんせつこくさい） …………… 192
建設投資額（けんせつとうしがく） ……… 135
原爆（げんばく） ………… 58、64、78、120、125
原爆ドーム（げんばくドーム） … 48、50、120
憲法改正（けんぽうかいせい） …… 27、36
県民所得（けんみんしょとく） …………… 197
原油（げんゆ） ……………………………… 157
コアラ ………………………………… 90、223
小泉純一郎（こいずみじゅんいちろう） … 60、61
小磯国昭（こいそくにあき） ……… 58、59
五・一五事件（ごいちごじけん） … 58、59
弘安の役（こうあんのえき） ……………… 78
公害別の苦情件数（こうがいべつのくじょう
　　けんすう） ………………………… 173
光化学スモッグ注意報（こうかがくスモッグ
　　ちゅういほう） …………………… 172
工業（こうぎょう） ……………… 101～128、
　　160～170、250
工業地帯（こうぎょうちたい） …… 105、109、
　　114、116、117、122、124、160、161
工芸作物、工芸農作物（こうげいさくもつ、こ
　　うげいのうさくもつ） ……… 147、149
合計特殊出生率（ごうけいとくしゅしゅっ
　　しょうりつ） …………………… 43、142
鉱山（こうざん） … 10、102、106、113、159
鉱産資源（こうさんしげん） ……………… 159
豪州（ごうしゅう） ………… オーストラリアへ
工場数・働く人・生産額（こうじょうすう・はた
　　らくひと・せいさんがく） …… 164～170
公職選挙法（こうしょくせんきょほう）
　　…………………………………… 28、60
降水量（こうすいりょう） … 103、104、111、
　　114、117、119、120、125～127、134
合成ゴム（ごうせいゴム） ………………… 168
高速自動車国道（こうそくじどうしゃこくど
　　う） ………………………………… 182

高速道路（こうそくどうろ） ……………… 182
高速バス（こうそくバス） ………………… 183
高知県（こうちけん） …… 15、29、55、57、
　　59、73、123
耕地面積別の農家数（こうちめんせきべつの
　　のうかすう） ……………………… 146
交通（こうつう） ……… 101～128、182～186
交通事故（こうつうじこ） ………………… 202
交通量（こうつうりょう） ………………… 183
公定歩合（こうていぶあい） ……… 91、98
高度成長期（こうどせいちょうき） … 86、98
コウノトリ …………………………………… 117
公民権（こうみんけん） …………… 63、64
公明党（こうめいとう） …………… 26、37
小売店の数（こうりてんのかず） ………… 180
小売物価（こうりぶっか） ………………… 196
高齢者人口（こうれいしゃじんこう） …… 142
コートジボワール ………………………… 226
国債（こくさい） …………………………… 12
国際宇宙ステーション［ISS］（こくさいうちゅ
　　うステーション） …… 36、38、76、77
国際オリンピック委員会［IOC］（こくさいオ
　　リンピックいいんかい） … 11、35、36、96
国際拠点港湾（こくさいきょてんこうわん）
　　……………………… 103、118、174
国際空港（こくさいくうこう） …… 114、174
国際原子力機関［IAEA］（こくさいげんしりょ
　　くきかん） ………………………… 252
国際自然保護連合［IUCN］（こくさいしぜん
　　ほごれんごう） ……………… 70、72
国際収支（こくさいしゅうし） …………… 179
国際戦略港湾（こくさいせんりゃくこうわ
　　ん） ………………………………… 174
国際組織（こくさいそしき） ……………… 253
国際通貨基金［IMF］（こくさいつうかききん）
　　……25、60、219、237、240、241、252
国際通信（こくさいつうしん） …………… 187
国債の残高（こくさいのざんだか） ……… 192
国債の発行額（こくさいのはっこうがく）
　　…………………………………… 192
国際連合［国連］（こくさいれんごう［こくれ
　　ん］） …… 35、37、38、60、64、79、
　　231、233、235、252
国際連盟（こくさいれんめい）
　　……………………… 58、59、62、79
国際労働機関［ILO］（こくさいろうどうきか
　　ん） ………………………………… 252
国税と地方税の割合（こくぜいとちほうぜい
　　のわりあい） ……………………… 193
小口貨物（こぐちかもつ） ………………… 186
国内線（こくないせん） …………………… 185
国内船（こくないせん） …………………… 186
国内総生産［GDP］（こくないそうせいさん）
　　……44、45、197、219、220、232、236
国内総生産額（こくないそうせいさんがく）
　　…………………………………… 144
国民皆保険制度（こくみんかいほけんせい
　　ど） ………………………………… 199
国民所得（こくみんしょとく） …………… 197
国民所得倍増計画（こくみんしょとくばいぞ
　　うけいかく） ……………………… 86

さくいん　257

国民総所得［GNI］（こくみんそうしょとく）
　　　　　　197、219、232、241、244
国民民主党（こくみんみんしゅとう）……… 26
国立西洋美術館（こくりつせいようびじゅつ
　かん）………………………………………… 51
国連教育科学文化機関［UNESCO］（こく
　れんきょういくかがくぶんかきかん）
　　　　　17、48、52、55、228、252
国連児童基金（こくれんじどうききん）… 252
国連食糧農業機関［FAO］（こくれんしょく
　りょうのうぎょうきかん）……… 54、252
国連世界食糧計画［WFP］（こくれんせかい
　しょくりょうけいかく）………… 38、252
国連大学（こくれんだいがく）…………… 252
国連難民高等弁務官事務所（こくれんな
　んみんこうとうべんむかんじむしょ）
　　　　　　　　　　　　　　42、252
国連の気候変動に関する政府間パネル
　［IPCC］（こくれんのきこうへんどうにかん
　するせいふかんパネル）…………… 16、37
国連のしくみ（こくれんのしくみ）……… 252
国連平和維持活動［PKO］（こくれんへいわい
　じかつどう）……………………… 42、61
小柴昌俊（こしばまさとし）…………… 66、67
5者協議（ごしゃきょうぎ）………………… 11
コスタリカ…………………………………… 226
コソボ………………………………… 226、229
後醍醐天皇（ごだいごてんのう）………… 119
国家戦略特区（こっかせんりゃくとっく）
　　　　　　　　　　　　　　　　135
国庫支出金（こっこししゅつきん）……… 193
こども庁（こどもちょう）…………………… 36
コナクリ……………………………………… 225
近衛文麿（このえふみまろ）……… 58、59、61
小林誠（こばやしまこと）…………………… 67
ゴバンノアシ………………………………… 72
古墳（こふん）………… 107、117、120、127
コペンハーゲン……………………………… 231
ごみ……… 107、112、117、121、124、173
小麦（こむぎ）……… 101、122、150、246
米（こめ）……………… 109、123、148、246
米騒動（こめそうどう）……………………… 58
コモロ………………………………………… 226
固有種（こゆうしゅ）……………… 115、128
雇用調整助成金（こようちょうせいじょせい
　きん）…………………………… 12、35
雇用保険（こようほけん）………………… 199
コロナ改正法（コロナかいせいほう）……… 35
コロナショック………………………… 25、98
コロンビア……………………………… 43、226
コロンブス………………………… 41、79、232
コンゴ共和国（コンゴきょうわこく）……… 227
コンゴ民主共和国（コンゴみんしゅきょうわ
　こく）…………………………… 43、227
コンバイン…………………………………… 147
コンビニエンスストア……………………… 180

さ行

西園寺公望（さいおんじきんもち）………… 58
再稼働（さいかどう）… 103、110、111、119

最高気温（さいこうきおん）
　　　　　　　107、109、113、134
西郷隆盛（さいごうたかもり）…………… 127
最深積雪（さいしんせきせつ）…………… 134
再生可能エネルギー（さいせいかのうエネル
　ギー）……………………………………… 126
最大風速（さいだいふうそく）…………… 134
埼玉県（さいたまけん）……… 53、56、67、107
最低気温（さいていきおん）……………… 134
斎藤実（さいとうまこと）…………… 58、59
歳入と歳出（さいにゅうとさいしゅつ）… 192
在来作物（ざいらいさくもつ）…………… 105
サウジアラビア………… 42、47、221、224、
　　　　　　　227、235、240
佐賀県（さがけん）…… 51、53、57、58、125
魚のとれ高（さかなのとれだか）………… 153
魚を食べる量（さかなをたべるりょう）
　　　　　　　　　　　　　　　　153
サギソウ……………………………………… 73
桜島大正噴火（さくらじまたいしょうふん
　か）…………………………………… 14、15
ザグレブ……………………………………… 226
鎖国（さこく）………………………………… 78
佐陀神能（さだしんのう）…………………… 53
佐渡（さど）…………………………… 54、109
佐藤栄作（さとうえいさく）………… 60、66
サニブラウン・アブデル・ハキーム……… 205
サヌア………………………………………… 221
砂漠（さばく）…………… 221、233、239、242
砂漠気候（さばくきこう）………………… 243
サバナ気候（サバナきこう）……………… 243
サブプライムローン………………… 95、98
サミット………………………… 46、89、101
サモア………………………………………… 227
サラエボ……………………………………… 237
山陰海岸（さんいんかいがん）…………… 55
山間地農林業複合システム（さんかんちのう
　りんぎょうふくごうシステム）………… 54
参議院（さんぎいん）
　　　　　26〜29、60、61、82、96
産業（さんぎょう）………… 101〜128、144
産業革命（さんぎょうかくめい）
　　　18、37、38、41、51、62、79、221
産業廃棄物（さんぎょうはいきぶつ）
　　　　　　　　　　　　122、173
三権分立（さんけんぶんりつ）… 28、62、64
サンサルバドル…………………………… 223
三種の神器（さんしゅのじんぎ）… 69、84、85
三条実美（さんじょうさねとみ）…… 58、61
酸性雨（さんせいう）……………………… 171
サンティアゴ……………………………… 231
サントドミンゴ…………………………… 232
サントメ…………………………………… 227
サントメ・プリンシペ…………………… 227
三内丸山遺跡（さんないまるやまいせき）
　　　　　　　　　　　　　　　　102
ザンビア…………………………………… 227
サンフランシスコ平和条約（サンフランシス
　コへいわじょうやく）………… 59、64、78
サンホセ…………………………………… 226
サンマリノ………………………………… 227

習近平（シーチンピン）…………… 21、47
自衛隊（じえいたい）………60、61、84、103、
　　　　　105、121、127、194
ジェノサイド………………………………… 21
ジェファーソン、トーマス………………… 62
シエラレオネ………………………………… 227
ジオパーク…………………………………… 55
滋賀県（しがけん）……… 50、57、61、68、115
時間外手当（じかんがいてあて）………… 201
自給的農家（じきゅうてきのうか）……… 146
事故（じこ）………………………………… 202
始皇帝（しこうてい）……………………… 79
自殺者（じさつしゃ）……………………… 202
静岡県（しずおかけん）………18、37、51、
　　　　　54〜56、60、67、72、73、114
静岡水わさび（しずおかみずわさび）……… 54
持続可能な開発目標［SDGs］（じぞくかのう
　なかいはつもくひょう）…………………… 10
実質ゼロ（じっしつゼロ）…………………… 18
私鉄（してつ）………106〜109、113、116、
　　　　　118、122、123、184
幣原喜重郎（しではらきじゅうろう）
　　　　　　　　　　　　　58、59
自転車（じてんしゃ）……………………… 165
自動車工業（じどうしゃこうぎょう）
　　　　　　　106、114、166
自動車の輸出（じどうしゃのゆしゅつ）… 166
児童手当（じどうてあて）………………… 199
児童福祉法（じどうふくしほう）………… 200
ジブチ……………………………………… 227
死亡率（しぼうりつ）……………… 142、245
島（しま）………… 108、122、125、127、
　　　　　128、137、242
島根県（しまねけん）………29、51、53、55、
　　　　　57、59、60
島原・天草一揆（しまばら・あまくさいっき）
　　　　　　　　　　　　　　　　51
島原半島（しまばらはんとう）…………… 55
シマフクロウ……………………………… 70
自民党（じみんとう）………26、27、37、38、
　　　　　60、61、86、94〜96
下村脩（しもむらおさむ）………………… 67
下山事件（しもやまじけん）……………… 83
釈迦［ゴータマ・シッダールタ］（しゃか）… 68
社会主義（しゃかいしゅぎ）
　　　　　220、225、231、236
社会福祉費（しゃかいふくしひ）………… 200
社会保障（しゃかいほしょう）
　　　　　61、199、200
社会保障関係費（しゃかいほしょうかんけい
　ひ）……………………………………… 199
社会保障の負担率（しゃかいほしょうのふた
　んりつ）………………………………… 193
じゃがいも………… 101、125、246
ジャカルタ……………………………… 47、222
ジャクソン、アンドリュー………………… 62
ジャマイカ………………………………… 228
社民党（しゃみんとう）…………………… 26
衆議院（しゅうぎいん）
　　　　　26〜29、38、60、61
宗教改革（しゅうきょうかいかく）……… 79

十字軍（じゅうじぐん）………… 41、79
集積回路（しゅうせきかいろ）……… 167
住専処理法（じゅうせんしょりほう）…… 93
住宅（じゅうたく）……………… 143、196
自由貿易（じゆうぼうえき）……… 21、25
自由民権運動（じゆうみんけんうんどう）
……………………………………… 123
受信契約数（じゅしんけいやくすう）… 190
出生率（しゅっしょうりつ）…… 142、245
出版（しゅっぱん）………………… 191
ジュバ……………………………… 239
首里城（しゅりじょう）…………… 128
小学生の体格・体力（しょうがくせいのたいか
く・たいりょく）………………… 203
商業（しょうぎょう）……… 180、181
商店（しょうてん）………………… 180
聖徳太子（しょうとくたいし）
……………… 50、78、79、115
消費者物価（しょうひしゃぶっか）… 196
消費税（しょうひぜい）… 61、91、93、96、97
情報（じょうほう）……………… 187〜191
賞与（しょうよ）…………………… 201
小惑星探査機「はやぶさ2」（しょうわくせい
たんさき「はやぶさツー」）…… 36、76
昭和の三大台風（しょうわのさんだいたいふ
う）…………………………………… 85
ジョージア………………………… 228
ジョージタウン…………………… 223
植民地（しょくみんち）……… 23、48、62、79、
221〜223、227、229、230、236〜238
食料品工業（しょくりょうひんこうぎょう）
……………………………………… 170
助産施設（じょさんしせつ）……… 200
所定外賃金（しょていがいちんぎん）… 201
所定内賃金（しょていないちんぎん）… 201
ジョホールバルの歓喜（ジョホールバルのかん
き）…………………………………… 93
ショルツ，オラフ…………… 25、46
ジョンソン，アンドリュー … 20、62、63
ジョンソン，ボリス……………… 46
ジョンソン，リンドン……………… 64
ジラード事件（ジラードじけん）…… 85
白神山地（しらかみさんち）… 50、102、103
白川郷（しらかわごう）……… 50、113
白川英樹（しらかわひでき）……… 66
シリア…………… 24、25、36、42、69、
220、228、232、241
飼料（しりょう）…… 102、127、151
知床（しれとこ）………………… 51、101
シロオリックス…………………… 71
シロナガスクジラ………………… 71
白米千枚田（しろよねせんまいだ）… 54、110
秦（しん）…………………………… 79
進学率（しんがくりつ）…………… 198
新型インフルエンザ（しんがたインフルエン
ザ）……………………………… 41、95
新型コロナウイルス（しんがたコロナウイル
ス）………… 6〜13、31、33、35〜38、40、60、
61、64、78〜80、98、219〜222、
224、230、233、235、236、239〜241、
252、253

新型コロナウイルス感染症（しんがたコロナ
ウイルスかんせんしょう）……220〜223、
226、228、229、234、236、237、
239〜241
シンガポール……… 7、228、231、238
新疆ウイグル自治区（しんきょうウイグルじ
ちく）…………………… 21、231
人口（じんこう）……40〜43、63、65、68、
101〜128、138〜143
人工衛星（じんこうえいせい）……… 76
人口増加率（じんこうぞうかりつ）… 208
人口密度（じんこうみつど）
………………… 101、138、142、208
震度（しんど）…………… 101、126
神道（しんとう）………………… 69
ジンバブエ………………………… 228
新聞（しんぶん）………………… 189
神武景気（じんむけいき）…… 84、98
森林面積（しんりんめんせき）… 121、152
水泳競技の記録（すいえいきょうぎのきろ
く）………………………… 206、207
水産業（すいさんぎょう）……… 153〜155
スイス………… 11、21、225、228、240
スウェーデン……………… 66、80、228
スーダン……………… 42、228、239
スーパーチューズデー……………… 65
スーパーの売上高（スーパーのうりあげだ
か）………………………………… 180
枢密院（すうみついん）…… 58、59
スエズ運河（スエズうんが）……… 35
菅義偉（すがよしひで）……26、36、37、
60、61、97
杉田玄白（すぎたげんぱく）……… 111
スクレ……………………………… 237
スコタイ…………………………… 49
スコットランド…………………… 97
スコピエ…………………………… 224
巣ごもり需要（すごもりじゅよう）… 13
すず………………………………… 248
鈴木章（すずきあきら）…………… 67
鈴木貫太郎（すずきかんたろう）… 58、59
鈴木善幸（すずきぜんこう）……… 60
ステップ気候（ステップきこう）… 243
ストックホルム……………… 80、228
スノーモンキー…………………… 112
スバ………………………………… 235
スペイン……… 7、40、41、45、47、48、62、63、
79、80、92、221、222、228、
235、240
スペースシャトル…………… 64、76
スポーツ……………… 80、205〜207
スマトラオランウータン…………… 71
スマトラサイ……………………… 71
スリジャヤワルデネプラ・コッテ… 229
スリナム…………………………… 229
スリランカ…………………… 68、229
スロバキア………………………… 229
スロベニア………………………… 229
生活協同組合（せいかつきょうどうくみあ
い）………………………………… 180
生活保護（せいかつほご）…… 199、200

西岸海洋性気候（せいがんかいようせいきこ
う）………………………………… 243
青函トンネル（せいかんトンネル）
…………………………… 60、91、102
清教徒革命（せいきょうとかくめい）…… 79
税金の負担率（ぜいきんのふたんりつ）… 193
政治（せいじ）…………………… 192〜194
政治組織（せいじそしき）………… 253
製造業と出荷額（せいぞうぎょうとしゅっか
がく）……………………………… 160
政党内閣（せいとうないかく）… 58、59
生物化学的酸素要求量（せいぶつかがくてき
さんそようきゅうりょう）……… 171
精密機械（せいみつきかい）……… 165
セーシェル………………………… 229
世界遺産（せかいいさん）……… 17、37、
48〜51、54、101〜103、106、
108、110、111、113〜121、
124〜128、222、233、234、240
世界恐慌（せかいきょうこう）
………………… 58、62、64、79
世界金融危機（せかいきんゆうき）
………………………… 98、221、241
世界同時株安（せかいどうじかぶやす）… 95
世界農業遺産（せかいのうぎょういさん）
……… 54、110、113、118、121、127
世界の王室・皇室（せかいのおうしつ・こうし
つ）…………………………………… 47
世界の首脳（せかいのしゅのう）… 46、47
世界の人口と紛争（せかいのじんこうとふん
そう）……………………… 42、43
世界の富豪（せかいのふごう）… 44、45
世界貿易機関[WTO]（せかいぼうえききか
ん）………………………………… 253
世界保健機関[WHO]（せかいほけんきかん）
……… 7、20、38、41、43、90、
94、95、252
関ケ原の戦い（せきがはらのたたかい）
……………………… 78、113、126
積雪日数（せきせつにっすう）…… 134
石炭（せきたん）………… 101、124、157
赤道ギニア（せきどうギニア）…… 229
赤報隊（せきほうたい）…………… 91
石油（原油）の確認埋蔵量（せきゆ[げんゆ]の
かくにんまいぞうりょう）……… 249
石油化学コンビナート（せきゆかがくコンビ
ナート）………… 109、114、168
石油製品（せきゆせいひん）……… 157
石油の産出国と輸入国（せきゆのさんしゅつ
こくとゆにゅうこく）…………… 249
石油ヤミカルテル事件（せきゆヤミカルテル
じけん）…………………………… 88
石油輸出国機構[OPEC]（せきゆゆしゅつこ
くきこう）……………… 98、224、253
セスジキノボリカンガルー………… 71
世帯数（都道府県）（せたいすう[とどうふけ
ん]）……………………………… 138
絶滅危惧植物（ぜつめつきぐしょくぶつ）
……………………………… 72、73
絶滅危惧動物（ぜつめつきぐどうぶつ）
……………………………… 70、71

セネガル　48、224、225、229
セブン-イレブン　180
セルビア　226、229、240
繊維工業（せんいこうぎょう）　111、115、117、120、169
専業農家（せんぎょうのうか）　146
先住民族（せんじゅうみんぞく）　101
セントクリストファー・ネビス　229
セントジョージズ　226
セントジョンズ　220
セントビンセント・グレナディーン　230
セントルシア　230
船腹量（せんぷくりょう）　186
造船（ぞうせん）　117、120、125、126、250
創造都市（そうぞうとし）　105、126
総量規制（そうりょうきせい）　92、93、98
ソウル　80、88、91、230
ソチ冬季五輪（ソチとうきごりん）　96
ソビエト連邦［ソ連］（ソビエトれんぽう［それん］）　41、47、60、62、64、65、69、76、79、80、86、89、90、220、222、223、230、237、239、241
ソフィア　236
ソマリア　42、65、230、253
ソロモン諸島（ソロモンしょとう）　43、230

た行

タイ　24、47、49、230
退位（たいい）　97
第1次産業（だいいちじさんぎょう）　144
第1次世界大戦（だいいちじせかいたいせん）　41、58、62、64、78～80
大学入学共通テスト（だいがくにゅうがくきょうつうテスト）　35
大化の改新（たいかのかいしん）　78
大韓民国［韓国］（だいかんみんこく［かんこく］）　7、18、28、45、47、58、76、79、80、121、125、230
大気・海洋結合モデル（たいき・かいようけつごうモデル）　16
大気・水の汚染（たいき・みずのおせん）　171
第五福竜丸（だいごふくりゅうまる）　60、64、84、85
第3次産業（だいさんじさんぎょう）　144
大正デモクラシー（たいしょうデモクラシー）　60
大豆（だいず）　56、101、103、117、247
大政奉還（たいせいほうかん）　78
大政翼賛会（たいせいよくさんかい）　58、59
大喪の礼（たいそうのれい）　91
第2次産業（だいにじさんぎょう）　113、115、144
第2次世界大戦（だいにじせかいたいせん）　21、24、41、58、63、64、78～80、106、117、125
大日堂舞楽（だいにちどうぶがく）　52
対日平和条約（たいにちへいわじょうやく）　84

大日本帝国憲法（だいにっぽんていこくけんぽう）　58、62、78
台風（たいふう）　17、82、85、118、121、123、128、133、219
台北（タイペイ）　231
太平洋戦争（たいへいようせんそう）　58、59、64、78、120、128
太平洋ベルト（たいへいようベルト）　160
題目立（だいもくたて）　52
太陽光発電（たいようこうはつでん）　37、126
太陽族（たいようぞく）　84、85
太陽の塔（たいようのとう）　89
第4次中東戦争（だいよじちゅうとうせんそう）　89、98
タイラー，ジョン　62
平清盛（たいらのきよもり）　50
台湾（たいわん）　21、36、42、231
田植え機（たうえき）　147
ダカール　229
高杉晋作（たかすぎしんさく）　121
高千穂郷（たかちほごう）　54
タカネマンテマ　72
高橋是清（たかはしこれきよ）　58、59
滝川事件（たきがわじけん）　58、60
竹下登（たけしたのぼる）　60
多国籍軍（たこくせきぐん）　61、92
タジキスタン　230
タシケント　222
タスマニア原生地域（タスマニアげんせいちいき）　49
たたら製鉄（たたらせいてつ）　119
ダッカ　235
ダッカ事件（ダッカじけん）　89
タックスヘイブン［租税回避地］（［そぜいかいひち］）　32、221
脱炭素社会（だつたんそしゃかい）　18
伊達政宗（だてまさむね）　103
田中角栄（たなかかくえい）　60、88、89
田中義一（たなかぎいち）　58、59
田中耕一（たなかこういち）　66
タフト，ウィリアム　62、64
ダブリン　219
ダマスカス　228
ダム　106、112、126、240
ダライ・ラマ14世（ダライ・ラマじゅうよんせい）　43
タラワ　225
タリバン　22、42、69、219
タリン　222
ダルエスサラーム　230
団塊ジュニア（だんかいジュニア）　98
団塊の世代（だんかいのせだい）　98
タンザニア　230、236
治安維持法（ちあんいじほう）　58、59
チェコ　49、229、230
チェルノブイリ　222、237
地下鉄（ちかてつ）　107、108、114、116、124、184
地下鉄サリン事件（ちかてつサリンじけん）　92、93

地球温暖化（ちきゅうおんだんか）　14、16、18、19、35、37、67、73、225、231
地球の大きさ（ちきゅうのおおきさ）　242
畜産（ちくさん）　101、107、117、127、151、247
地中海性気候（ちちゅうかいせいきこう）　243
窒素肥料（ちっそひりょう）　250
血のメーデー事件（ちのメーデーじけん）　84
千葉県（ちばけん）　15、56、105、107～109
チバニアン　107
チベット問題（チベットもんだい）　43
地方交付税（ちほうこうふぜい）　193
地方財政（ちほうざいせい）　193
地方税（ちほうぜい）　193
茶草場農法（ちゃぐさばのうほう）　54
チャッキラコ　52
チャド　231
中越地震（ちゅうえつじしん）　94
中央アフリカ（ちゅうおうアフリカ）　231
中学生の記録（ちゅうがくせいのきろく）　207
中学生の体格・体力（ちゅうがくせいのたいかく・たいりょく）　203
中華人民共和国［中国］（ちゅうかじんみんきょうわこく［ちゅうごく］）　7、13、18、21～23、28、36～38、41～45、47、49、50、52、54、58～60、64、65、67～69、71、76、78～80、87、88、90～92、94、95、219、220、223、224、231、232、240
チュニジア　231
チュニス　231
朝鮮戦争（ちょうせんせんそう）　47、60、64、79
朝鮮特需（ちょうせんとくじゅ）　84、98
朝鮮民主主義人民共和国［北朝鮮］（ちょうせんみんしゅしゅぎじんみんきょうわこく［きたちょうせん］）　36、79、80、88、94、219、231
直接税（ちょくせつぜい）　193
直接民主制（ちょくせつみんしゅせい）　30
貯蓄高（ちょちくだか）　195
チリ　231
チンギス・ハーン　41、79
賃金（ちんぎん）　201
通貨の出回り高（つうかのでまわりだか）　181
ツシマヤマネコ　70、109
ツバル　231
ツンドラ気候（ツンドラきこう）　243
帝銀事件（ていぎんじけん）　60、83
ディズニーランド　90
ティラナ　220
ディリ　235
ティンプー　235
テーラー，ザカリー　62
テグシガルパ　238
デジタル庁（デジタルちょう）　37
デジタル通貨（デジタルつうか）　234
鉄（てつ）　250

鉄鉱(てっこう) ……………… 248
鉄鋼業(てっこうぎょう) …… 101、107、
　　　　　　　　109、116、124、164
鉄道(てつどう) …… 101～128、184、240
デパートの売上高(デパートのうりあげだ
　か) ………………………………… 180
デフレーション ………………… 94、98
テヘラン …………………………… 221
デモ … 35、222、223、225、231、239、240
寺内正毅(てらうちまさたけ) ……… 58
テルアビブ ………………………… 88
デルタ株(デルタかぶ) …………… 7～9
テレビ ……………… 60、64、65、167
テレビ番組(テレビばんぐみ) …… 190
テレワーク ……………………… 6、13
テロ ………… 22、23、220、224、225、
　　　　　　230、233、234、236
天安門事件(てんあんもんじけん)
　　　　　　　　　　　　　　91、231
電気・電子製品の普及率(でんき・でんしせい
　ひんのふきゅうりつ) …………… 167
電気機械・電子工業(でんききかい・でんしこ
　うぎょう) ………………………… 167
電気冷蔵庫(でんきれいぞうこ) …… 178
伝統建築工匠の技:木造建造物を受け継ぐた
　めの伝統技術(でんとうけんちくこうしょ
　うのわざ:もくぞうけんぞうぶつをうけつ
　ぐためのでんとうぎじゅつ) ……… 53
天然ゴム(てんねんゴム) ………… 247
天皇(てんのう) ……… 35、37、38、51、
　　　58～60、64、69、78、79、82、83、
　　　91、97、114、115、117、119
デンマーク ………………… 47、231
電力(でんりょく) ………………… 158
電話通信料(でんわつうしんりょう) … 188
土井隆雄(どいたかお) …………… 77
ドイツ ………… 7、23、25、41、44、46、51、
　　　53、59、60、62、78～80、91、
　　　96、222、232、236
銅(どう) ……………… 10、31、164
東京オリンピック、東京五輪(とうきょ
　うオリンピック、とうきょうごりん)
　…………… 6、9～12、35～37、60、
　　　78、80、86、103、107～109
東京裁判(とうきょうさいばん)
　………………………… 59、60、82
東京タワー(とうきょうタワー) …… 60、85
東京電力福島第一原子力発電所[福島第
　一原発](とうきょうでんりょくふく
　しまだいいちげんしりょくはつでん
　しょ[ふくしまだいいちげんぱつ])
　………………… 25、35、36、96、104
東京都(とうきょうと) ………… 8～12、14、
　　　35～38、51、56、58～61、66～69、
　　　72、84、87～92、97、108、219、227
統計(とうけい) …………………… 130
同時多発テロ(どうじたはつテロ)
　　　　　　　米同時多発テロ事件へ
ドゥシャンベ ……………………… 230
東条英機(とうじょうひでき) …… 58～60
当初予算(とうしょよさん) ………… 12

東南アジア諸国連合[ASEAN](とうなんア
　ジアしょこくれんごう) ………… 253
東方見聞録(とうほうけんぶんろく) … 164
東北地方太平洋沖地震(とうほくちほうたい
　へいようおきじしん) ………… 25、96
トウモロコシ ……………………… 246
洞爺湖(とうやこ) ………… 46、55、101
洞爺丸(とうやまる) ……………… 84
動力耕うん機(どうりょくこううんき) … 147
道路の舗装率(どうろのほそうりつ) … 183
トーゴ ……………………………… 232
ドーハ ……………………………… 224
ドーハの悲劇(ドーハのひげき) …… 92
トガサワラ ………………………… 73
トキ ………………………… 54、109
徳川家康(とくがわいえやす) … 50、78、114
徳島県(とくしまけん) …… 15、54、57、
　　　　　　　　60、73、121
時計(とけい) ……………………… 165
都市鉱山(としこうざん) …………… 10
栃木県(とちぎけん) …… 35、50、53、56、
　　　　　　　　59、106
鳥取県(とっとりけん) …… 55、57、118
ドドマ ……………………………… 230
利根川進(とねがわすすむ) ……… 66
トビリシ …………………………… 228
富岡製糸場と絹産業遺産群(とみおかせい
　しじょうときぬさんぎょういさんぐん)
　………………………… 41、51、106
ドミニカ共和国(ドミニカきょうわこく)
　……………………………… 45、232
ドミニカ国(ドミニカこく) ……… 232
朝永振一郎(ともながしんいちろう) … 66
富山県(とやまけん) ……… 50、56、110
豊臣秀吉(とよとみひでよし)
　………………… 78、114、116、125
ドラギ、マリオ …………………… 46
トランプ、ドナルド …… 7、13、20～22、25、
　　　35、47、64、65、97、220
鳥インフルエンザ(とりインフルエンザ) … 41
トリニダード・トバゴ …………… 232
トリポリ …………………………… 240
トルーマン、ハリー ……………… 64
トルクメニスタン ………… 23、232
トルコ ………………… 47、118、232
トルドー、ジャスティン ………… 46
トンガ …………… 14、15、47、232
屯田兵(とんでんへい) …………… 101
ドント方式(ドントほうしき) ……… 29
トンネル …………… 102、111、113、183

な行

内閣総理大臣[首相](ないかくそうりだいじ
　ん[しゅしょう]) ………… 26、27、37、
　　　　　　　38、103、106
ナイジェリア ………………… 43、232
ナイロビ …………………………… 226
ナウル ……………………………… 233
長崎県(ながさきけん) …… 51、55、57、
　　　　　　　　70、71、125

長崎と天草地方の潜伏キリシタン関連遺産
　(ながさきとあまくさちほうのせんぷくキ
　リシタンかんれんいさん) ……… 51
中曽根康弘(なかそねやすひろ)
　………………… 46、60、64、106
長野県(ながのけん) …… 56、61、68、72、
　　　　　　　　73、112
ナガボナツハゼ …………………… 72
中村修二(なかむらしゅうじ) …… 67
中村哲(なかむらてつ) …………… 23、42
長良川(ながらがわ) ………… 54、113
ナショナルトラスト運動(ナショナルトラス
　トうんどう) ……………………… 118
ナスカ ……………………………… 48
那智の田楽(なちのでんがく) …… 53
ナッソー …………………………… 234
ナベヅル …………………………… 121
ナポレオン ………………… 79、236
名前の由来(なまえのゆらい) …… 74、75
なまり ……………………………… 164
なまり鉱(なまりこう) …………… 248
ナミビア …………………………… 233
ナヨナヨサガリゴケ ……………… 73
奈良県(ならけん) …… 50、52、57、68、69、
　　　　　　　　73、117
奈良の文化財(ならのぶんかざい) … 50
南部陽一郎(なんぶよういちろう) … 67
南北朝(なんぼくちょう) …………… 78
難民(なんみん) …………… 24、25、36、222、
　　　　　　235、237、253
ニアメー …………………………… 233
新潟県(にいがたけん) … 52、54～56、60、109
二院制(にいんせい) ……………… 28
ニウエ ……………………………… 233
ニカラグア ………………………… 233
ニクソン、リチャード …………… 64、65
ニクソン・ショック ……………… 88
ニコシア …………………………… 225
二酸化炭素排出量(にさんかたんそはいしゅ
　つりょう) ………………… 171、172
にし阿波(にしあわ) …………… 54、121
ニジェール ………………………… 233
西サハラ(にしサハラ) ……… 220、240
西日本豪雨(にしにほんごうう) …… 97
日独伊三国同盟(にちどくいさんごくどうめ
　い) ……………………… 58、59、78
日米安全保障条約(にちべいあんぜんほしょ
　うじょうやく) ……………… 60、64、78
日米行政協定(にちべいぎょうせいきょうて
　い) ………………………………… 84
日米修好通商条約(にちべいしゅうこうつう
　しょうじょうやく) ……………… 62
日米和親条約(にちべいわしんじょうやく)
　……………………………………… 62
日露戦争(にちろせんそう)
　………………………… 58、62、63、78
日刊紙の発行部数(にっかんしのはっこうぶ
　すう) ……………………………… 189
ニッケル …………………………… 164
日航ジャンボ機墜落事故(にっこうジャンボ
　きついらくじこ) ………………… 90

さくいん　261

日光東照宮(にっこうとうしょうぐう)
　　　　　　　　　　　　　50、106
日清戦争(にっしんせんそう)　58、62、78
日中戦争(にっちゅうせんそう)　59、78
日本維新の会(にっぽんいしんのかい)　38
二刀流(にとうりゅう)　　　　　31、38
二・二六事件(ににろくじけん)　58、59
日本(にほん)　　　35〜38、40〜63、
　　　　　65〜74、76〜89、100、219、
　　　　　220、223、224、226、227、
　　　　　230、232〜236、238〜240
ニホンカワウソ　　　　　　　　　71
日本共産党(にほんきょうさんとう)　26
日本銀行(にほんぎんこう)　　　181
日本銀行券の出回り高(にほんぎんこうけん
　のでまわりだか)　　　　　　181
日本航空(にほんこうくう)
　　　　　　　　　84、86、88、90
日本国憲法[憲法](にほんこくけんぽう)
　　　　27、28、30、35、36、58、59、82、83
日本書紀(にほんしょき)　　69、157
日本人宇宙飛行士(にほんじんうちゅうひこ
　うし)　　　　　　　36、38、77
日本赤軍(にほんせきぐん)　　88、89
日本の位置(にほんのいち)　　　100
日本の郷土料理(にほんのきょうどりょう
　り)　　　　　　　　　　56、57
日本の世界ジオパーク(にほんのせかいジオ
　パーク)　　　　　　　　　　55
日本の富豪(にほんのふごう)　　　45
日本の面積(にほんのめんせき)　100
日本の歴代総理大臣(にほんのれきだいそう
　りだいじん)　　　　　　58〜61
ニュージーランド　28、36、89、226、233
乳児院(にゅうじいん)　　　　　200
ニューディール政策(ニューディールせいさ
　く)　　　　　　　　　　　　64
ニューデリー　　　　　　　　　221
ニュートリノ振動(ニュートリノしんどう)
　　　　　　　　　　　　　　96
任期満了選挙(にんきまんりょうせんきょ)
　　　　　　　　　　　　　　27
人形浄瑠璃文楽(にんぎょうじょうるりぶん
　らく)　　　　　　　　　　　52
ヌアクショット　　　　　　　　239
ヌクアロファ　　　　　　　　　232
ヌビア遺跡群(ヌビアいせきぐん)　48
ヌルスルタン　　　　　　　　　223
根岸英一(ねぎしえいいち)　　　67
熱帯雨林気候(ねったいうりんきこう)　243
ネパール　　　　　　　　　　　233
ネピドー　　　　　　　　　　　239
年間収入(ねんかんしゅうにゅう)　195
年金保険(ねんきんほけん)　　　199
農家(のうか)　　　　　　145、146
能楽(のうがく)　　　　　　　　52
農業(のうぎょう)　54、62、101〜128、
　　　　　　　　　　　145〜151
農業機械の普及(のうぎょうきかいのふきゅ
　う)　　　　　　　　　　　147
農業粗収益(のうぎょうそしゅうえき)　147

農産物の生産額(のうさんぶつのせいさんが
　く)　　　　　　　　　　　147
ノーベル, アルフレッド　　66、228
ノーベル医学生理学賞(ノーベルいがくせい
　りがくしょう)　　66、67、97
ノーベル化学賞(ノーベルかがくしょう)
　　　　　　　　　66、67、97
ノーベル賞(ノーベルしょう)　16、38、
　　　66、67、83、94、235、252
ノーベル物理学賞(ノーベルぶつりがくしょ
　う)　　　　　16、38、66、67
ノーベル平和賞(ノーベルへいわしょう)
　　　16、24、42、43、60、63〜66、
　　　　223、224、226、252
野口聡一(のぐちそういち)　　36、77
野口英世(のぐちひでよ)　　66、104
野田佳彦(のだよしひこ)　　60、61
能登(のと)　　　　　　　54、110
ノブレス・オブリージュ　　　　44
野依良治(のよりりょうじ)　　　66
ノルウェー　　　　　　　　　　233
ノンポリ　　　　　　　　　　　89

は行

ハーディング, ウォレン　　　62、64
バーレーン　　　　　　　　　　235
ハイチ　　　　　　　　　　　　233
バイデン, ジョー　　　7、13、20〜22、
　　35〜38、46、64、65、220、241
廃炉(はいろ)　104、111、119、125
パキスタン　　　　21、43、69、234
バクー　　　　　　　　　　　　219
バグダッド　　　　　　　　94、221
橋(はし)　　　　　　　　　　183
橋本龍太郎(はしもとりゅうたろう)
　　　　　　　　　　　　60、61
バステール　　　　　　　　　　229
パソコン　　　　　　　　　　　167
羽田孜(はたつとむ)　　　　60、61
バチカン　　　　　　　　　49、234
発電所(はつでんしょ)　　　　158
発展途上国(はってんとじょうこく)　208
発電量(はつでんりょう)　　　249
鳩山一郎(はとやまいちろう)　60、61
鳩山由紀夫(はとやまゆきお)　60、61
パナマ　　　　　　　　　234、241
パナマ市(パナマし)　　　　　234
パナマ船籍(パナマせんせき)　186
羽生結弦(はにゅうゆづる)　96、97
バヌアツ　　　　　　　　　　　234
ハノイ　　　　　　　　　　　　236
ハバナ　　　　　　　　　　　　225
バハマ　　　　　　　　　　　　234
パプアニューギニア　　　　　　234
バブル景気(バブルけいき)　90、98
バブル経済(バブルけいざい)　90、91
バブルジュニア　　　　　　　　98
バブル世代(バブルせだい)　　　98
バブル崩壊(バブルほうかい)　92、98
バブル方式(バブルほうしき)　　11

ハボローネ　　　　　　　　　　237
浜口雄幸(はまぐちおさち)　58、59
バマコ　　　　　　　　　　　　238
林銑十郎(はやしせんじゅうろう)　58、59
早池峰神楽(はやちねかぐら)　　52
パラオ　　　　　　　　　　　　234
パラグアイ　　　　　　　　　　234
原敬(はらたかし)　58、59、61、102
パラマリボ　　　　　　　　　　229
パラリンピック　10、35〜38、108、219
ハラレ　　　　　　　　　　　　228
パリ　　　6、17、21、80、89、236、240
パリキール　　　　　　　　　　238
パリ協定(パリきょうてい)
　　　　　20、21、35、64
ハリソン, ウィリアム　　　　　62
ハリソン, ベンジャミン　　　62、63
バルバドス　　　　　　　　　　234
パルプ　　　　　　　　　170、250
パレスチナ　　　　36、42、69、80、221
パレスチナ紛争(パレスチナふんそう)　42
バレッタ　　　　　　　　　　　238
ハワイモンクアザラシ　　　　　71
ハンガリー　　　　　　　91、235
バンギ　　　　　　　　　　　　231
バングラデシュ　　　　24、43、235
バンコク　　　　　　　　　　　230
万国博覧会(ばんこくはくらんかい)
　　　　　　　　　80、88、116
バンジュール　　　　　　　　　224
阪神・淡路大震災(はんしん・あわじだいしん
　さい)　　　35、60、78、92、117
パンダ　　　36、38、71、88、97、118
バンダルスリブガワン　　　　　236
販売農家(はんばいのうか)　　　146
ピアース, フランクリン　　62、63
ビエンチャン　　　　　　　　　240
非核三原則(ひかくさんげんそく)
　　　　　　　　　60、66、87
東アジア反日武装戦線(ひがしアジアはんに
　ちぶそうせんせん)　　　　　89
東久邇宮内閣(ひがしくにのみやないかく)
　　　　　　　　　　　　　　82
東久邇宮稔彦(ひがしくにのみやなるひこ)
　　　　　　　　　　　　58、59
東ティモール(ひがしティモール)　235
東日本大震災(ひがしにほんだいしんさい)
　　　　　　25、35、43、44、47、
　　　60、61、78、96、103〜105、107
ヒカリゴケ　　　　　　　　　　73
ビクトリア　　　　　　　　　　229
ビサウ　　　　　　　　　　　　225
ビシケク　　　　　　　　　　　225
微小粒子状物質(びしょうりゅうしじょう
　ぶっしつ)　　　　　　　　172
日立風流物(ひたちふりゅうもの)　105
非同盟諸国会議(ひどうめいしょこくかい
　ぎ)　　　　　　　　　　　253
ヒトラー, アドルフ　　　　　　80
ピナトゥボ山(ピナトゥボさん)　15、92
丙午(ひのえうま)　　　　　　　87

262

卑弥呼(ひみこ) ……… 78
ヒメコザクラ ……… 72
姫路城(ひめじじょう) … 50、117
ヒメフトモモ ……… 72
ヒモヅル ……… 73
ビューレン, マーティン ……… 62
兵庫県(ひょうごけん) …… 8、9、35、50、
　　55、57、117
氷雪気候(ひょうせつきこう) … 243
平壌(ピョンヤン) ……… 231
平泉(ひらいずみ) ……… 51
平沼騏一郎(ひらぬまきいちろう) …… 58、59
ビリニュス ……… 240
広島県(ひろしまけん) …… 46、50、53、57、
　　58、60、61、73、120
広田弘毅(ひろたこうき) …… 58、59
琵琶湖(びわこ) …… 115、172
ピンソンゾウガメ ……… 71
ヒンドゥー教(ヒンドゥーきょう) … 68、221
ビンラディン, オサマ ……… 42
ファドゥーツ ……… 240
ファミリーマート ……… 180
フィジー …… 15、235
フィリピン …… 7、15、63、235
フィルモア, ミラード …… 62、63
フィンランド …… 80、235
ブータン …… 47、235
プーチン, ウラジーミル …… 47、241
フーバー, ハーバート …… 62、64
風力発電(ふうりょくはつでん) … 102
ブエノスアイレス ……… 220
フェルナンデス, アルベルト …… 47
フォード, ジェラルド …… 64、65
富岳(ふがく) ……… 38
ブカレスト ……… 241
武漢市(ぶかんし) …… 武漢市(ウーハンし)へ
ブキャナン, ジェームズ …… 62、63
福井県(ふくいけん) …… 56、59、68、111
福井謙一(ふくいけんいち) …… 66、67
福岡県(ふくおかけん) …51、57、59、61、124
複合肥料(ふくごうひりょう) … 168
福祉施設(ふくししせつ) … 200
福島県(ふくしまけん) …… 56、61、104
福島第一原発(ふくしまだいいちげんぱつ)
　　…… 東京電力福島第一原子力発電所へ
福田赳夫(ふくだたけお) …… 60、61、106
福田康夫(ふくだやすお) … 46、60、61、106
福徳岡ノ場(ふくとくおかのば)
　　…… 14、38、108
藤井聡太(ふじいそうた) ……… 38
富士山(ふじさん) …… 15、51、73、111、
　　113、136
富士山宝永噴火(ふじさんほうえいふんか)
　　……… 15
ブジュンブラ ……… 236
藤原道長(ふじわらのみちなが) …… 78
フセイン, サダム ……… 94
ブダペスト ……… 235
フタマタタンポポ ……… 72
普通選挙(ふつうせんきょ) …… 58、59
物価(ぶっか) ……… 196

仏教(ぶっきょう) …… 50、68、78、79、
　　221、240
ブッシュ, ジョージ・H・W … 61、64、65
ブッシュ, ジョージ・W …… 64、65
普天間飛行場(ふてんまひこうじょう)
　　…… 128、194
フナフティ ……… 231
船(ふね) …… 165、186
プノンペン ……… 224
プライア ……… 224
プラザ合意(プラザごうい) … 90、91、98
プラザビル ……… 227
ブラジリア ……… 235
ブラジル …… 7、43、47、73、80、222〜235
プラスチックごみ ……… 71
プラスチック製品(プラスチックせいひん)
　　……… 168
ブラチスラバ ……… 229
ブラックアウト ……… 101
ブラックマンデー ……… 91
プラハ ……… 230
プラハ歴史地区(プラハれきしちく) … 49
フランス …… 6、7、17、21、23〜25、
　　28、41、44〜46、48、51、52、62、73、
　　78〜80、91、93、221、236
フランス革命(フランスかくめい)
　　…… 41、62、79、236
ブランド米(ブランドまい) … 148
フリータウン ……… 227
プリシュティナ ……… 226
ブリッジタウン ……… 234
ブリュッセル ……… 237
ブルガリア ……… 236
古川聡(ふるかわさとし) ……… 77
ブルキナファソ ……… 236
ふるさと納税(ふるさとのうぜい) … 32
ブルネイ ……… 236
ブルンジ ……… 236
プレトリア ……… 238
ブロードバンド ……… 187
文永の役(ぶんえいのえき) … 78
フンガトンガ・フンガハーパイ … 14、15
平均寿命(へいきんじゅみょう) … 142、245
米国(べいこく) …… アメリカ合衆国へ
米州機構(べいしゅうきこう) … 253
ヘイズ, ラザフォード …… 62、63
平成コメ騒動(へいせいコメそうどう) … 92
平成バブル不況(へいせいバブルふきょう)
　　……… 98
米中貿易摩擦(べいちゅうぼうえきまさつ)
　　……… 13
米朝首脳会談(べいちょうしゅのうかいだ
　　ん) ……… 231
米同時多発テロ事件[9・11、同時多発テロ]
　　(べいどうじたはつテロじけん[9・11、
　　どうじたはつテロ]) … 22、23、37、42、
　　43、60、64、65、79、94、95、220
ヘイトクライム …… 20、21、36
ベイルート ……… 241
米連邦議事堂襲撃事件(べいれんぽうぎじど
　　うしゅうげきじけん) … 20、35、220

ベオグラード ……… 229
北京(ペキン) …… 21、80、231
北京オリンピック、北京五輪(ペキンオリン
　　ピック、ペキンごりん) …… 21、38、80
ペシャワール会(ペシャワールかい) …… 23
ペットボトル ……… 173
ベトナム …… 64、65、79、236
ベトナム戦争(ベトナムせんそう)
　　…… 41、64、65、79、86、87、89、236
ベナン …… 232、236
ベネズエラ …… 24、223、236
ベラルーシ ……… 237
ペリー …… 62、63、78、79
ベリーズ ……… 237
ペルー …… 43、48、237
ベルギー …… 11、29、44、46、47、80、237
ベルサイユ条約(ベルサイユじょうやく)
　　……… 58
ヘルシンキ …… 80、235
ベルモパン ……… 237
ベルリン …… 80、232
ベルリンの壁(ベルリンのかべ)
　　…… 64、79、91
ベルン ……… 228
変異株(へんいかぶ) …… 6、7、9、38
ベンガラ ……… 120
貿易(ぼうえき) …… 174〜179
貿易額(ぼうえきがく) … 179
貿易港(ぼうえきこう) … 174
貿易収支(ぼうえきしゅうし) … 179
貿易の赤字(ぼうえきのあかじ) … 179
放送(ほうそう) ……… 190
訪日外国人客数(ほうにちがいこくじんきゃ
　　くすう) ……… 12
法隆寺(ほうりゅうじ) … 50
ボーキサイト ……… 248
ポーク, ジェームズ …… 62
ポートオブスペイン ……… 232
ポートビラ ……… 234
ポートモレスビー ……… 234
ポートルイス ……… 239
ボーナス ……… 201
ポーランド …… 78、237
北米自由貿易協定[NAFTA](ほくべいじゆ
　　うぼうえききょうてい) …… 253
北陸新幹線(ほくりくしんかんせん)
　　…… 106、107、109〜112
保健と衛生(ほけんとえいせい)
　　…… 203、204
ボゴタ ……… 226
保護貿易(ほごぼうえき) …… 20、21
星出彰彦(ほしであきひこ) …… 36、38、77
戊辰戦争(ぼしんせんそう) …… 104、110
ボストーク1号(ボストークいちごう)
　　…… 76、86
ボスニア・ヘルツェゴビナ ……… 237
細川護熙(ほそかわもりひろ) …… 28、60、61
北海道(ほっかいどう) …… 8、11、17、19、55、
　　56、58、61、67、70、72、73、101
北海道胆振東部地震(ほっかいどういぶりと
　　うぶじしん) …… 96、97、101

さくいん　263

北海道・北東北の縄文遺跡群(ほっかいどう・きたとうほくのじょうもんいせきぐん)
────────── 17、37、51、102
北海道新幹線(ほっかいどうしんかんせん)
────────── 101、102
ポツダム宣言(ポツダムせんげん)
────────── 58、59、78
北方領土(ほっぽうりょうど) ───── 100、101
ボツワナ ─────────────── 237
ポドゴリツァ ─────────────── 240
ホニアラ ─────────────── 230
ボリビア ─────────── 234、237
ボルソナーロ, ジャイル ────────── 47
ポルトープランス ────────────── 233
ポルトガル ──── 28、78、79、237、239
ポルトノボ ─────────────── 236
香港(ホンコン) ───────── 36、231
ホンジュラス ─────────────── 238
本庶佑(ほんじょたすく) ─────── 67、97

ま行

マーシャル諸島(マーシャルしょとう)
────────────── 82、238
マクドナルド ───────── 88、180
マグニチュード ───── 92、93、96、97
枕崎台風(まくらざきたいふう) ── 82、85
マクロン, エマニュエル ────────── 46
マジュロ ─────────────── 238
マスカット ─────────────── 223
益川敏英(ますかわとしひで) ────── 67
マセル ─────────────── 241
マダガスカル ─────────── 71、238
松浦武四郎(まつうらたけしろう) ── 101
松尾芭蕉(まつおばしょう) ─────── 114
マッカーサー, ダグラス ──── 64、82、84
松方正義(まつかたまさよし) ────── 58
松川事件(まつかわじけん) ─────── 83
マッキンリー, ウィリアム ────── 62、63
松本サリン事件(まつもとサリンじけん)
────────────────── 92
マディソン, ジェームズ ────────── 62
マドリード ─────────────── 228
マナグア ─────────────── 233
マナマ ─────────────── 235
真鍋淑郎(まなべしゅくろう) ── 14、38、67
マニラ ─────────────── 235
マプト ─────────────── 239
マラウイ ─────────────── 238
マラボ ─────────────── 229
マリ ─────────────── 236、238
マルキョク ─────────────── 234
マルコ・ポーロ ─────────────── 164
マルタ ─────────────── 238
マレ ─────────────── 239
マレーシア ──────── 228、236、238
まん延防止等重点措置(まんえんぼうしとうじゅうてんそち) ─────────── 35
満州事変(まんしゅうじへん) ── 58、59、78
三重県(みえけん) ──── 46、50、57、69、114
三河島事故(みかわしまじこ) ────── 86

三木武夫(みきたけお) ────── 27、121
ミクロネシア連邦(ミクロネシアれんぽう)
────────────────── 238
ミシェル, シャルル ────────────── 46
水あげ量(みずあげりょう) ─────── 154
湖(みずうみ) ────── 102、115、137
水の事故(みずのじこ) ────────── 202
三鷹事件(みたかじけん) ─────── 83
三菱重工爆破事件(みつびしじゅうこうばくはじけん) ─────────────── 89
水俣病(みなまたびょう) ───── 109、126
南アフリカ共和国(みなみアフリカきょうわこく) ───── 7、47、48、96、222、238
南スーダン(みなみスーダン) ──── 24、36、42、
60、228、239
南鳥島(みなみとりしま) ───── 100、108
源頼朝(みなもとのよりとも) ──── 78、109
壬生の花田植(みぶのはなたうえ) ──── 53
ミミモチシダ ─────────────── 73
宮城県(みやぎけん) ──── 15、35、52～54、
56、103
宮崎県(みやざきけん) ── 54、57、69、73、127
宮沢喜一(みやざわきいち)
────────── 28、46、60、61
ミャンマー ────── 24、35、235、239、253
民間テレビ局(みんかんテレビきょく) ── 190
ミンスク ─────────────── 237
向井千秋(むかいちあき) ─────── 77
ムカデラン ─────────────── 72
無形文化遺産(むけいぶんかいさん)
────────── 52、53、103、106
ムジャヒディン ─────────────── 23
ムババーネ ─────────────── 222
村上海賊(むらかみかいぞく) ───── 122
村山富市(むらやまとみいち) ──── 60、61
室戸(むろと) ───────── 55、123
室戸台風(むろとたいふう) ─────── 85
室町幕府(むろまちばくふ) ─────── 78
文在寅(ムンジェイン) ────────── 47
明治日本の産業革命遺産(めいじにほんのさんぎょうかくめいいさん) ──────── 51
メーデー ─────────── 82、84
メキシコ ───── 43、47、62、80、95、239
メキシコ市(メキシコし) ───── 80、239
メタバース ─────────────── 33
メルケル, アンゲラ ───────── 25、232
メルトダウン ─────────────── 96
面積(都道府県)(めんせき[とどうふけん])
────────── 101～128、138
毛利衛(もうりまもる) ────────── 77
モーリシャス ─────────────── 239
モーリタニア ─────────────── 239
モガディシオ ─────────────── 230
木材(もくざい) ───────── 152、247
モザンビーク ─────────── 222、239
百舌鳥・古市古墳群(もず・ふるいちこふんぐん) ─────────────── 51、116
モスクワ ─────────── 80、241
モディ, ナレンドラ ────────────── 47
モナコ ─────────────── 239

モノレール ──── 107、108、116、128
モリソン, スコット ────────────── 47
森喜朗(もりよしろう) ──── 35、46、60、61
モルディブ ─────────────── 239
モルドバ ─────────────── 239
モロッコ ─────────── 47、220、240
モロニ ─────────────── 226
モンゴル ─────────────── 240
モンゴル帝国(モンゴルていこく) ──── 41、79
もんじゅ ─────────────── 111
モンテネグロ ─────────── 229、240
モンテビデオ ─────────────── 222
モンロー, ジェームズ ────────── 62
モンロビア ─────────────── 241

や行

ヤウンデ ─────────────── 224
屋久島(やくしま) ───────── 50、73、127
ヤクタネゴヨウ ─────────────── 73
野菜のとれ高(やさいのとれだか) ── 149
ヤチツツジ ─────────────── 72
山(やま) ───────── 136、242
山県有朋(やまがたありとも) ────── 58
山形県(やまがたけん) ───── 53、56、104
山形新幹線(やまがたしんかんせん) ── 104
山口県(やまぐちけん) ───── 51、57～61、
66、73、121
山崎直子(やまざきなおこ) ─────── 77
山中伸弥(やまなかしんや) ──── 67、96
山梨県(やまなしけん) ───── 51、56、67、
68、72、111
山・鉾・屋台行事(やま・ほこ・やたいぎょうじ) ─────────────── 53
山本権兵衛(やまもとごんべえ) ────── 58
闇市(やみいち) ─────────── 82
ヤムスクロ ─────────────── 226
ヤレン ─────────────── 233
ヤングケアラー ─────────────── 34
ヤンバルクイナ ─────────────── 70
油井亀美也(ゆいきみや) ─────── 77
結城紬(ゆうきつむぎ) ───── 53、105、106
郵政民営化(ゆうせいみんえいか) ──── 94
郵便(ゆうびん) ─────────── 188
郵便局の数(ゆうびんきょくのかず) ── 188
湯川秀樹(ゆかわひでき) ─────── 66
ユキモチソウ ─────────────── 73
輸出(ゆしゅつ) ─────────── 178
輸出入品の種類(ゆしゅつにゅうひんのしゅるい) ─────────────── 175
輸送量(ゆそうりょう) ────────── 186
ユダヤ教(ユダヤきょう) ── 42、49、69、221
ユダヤ人(ユダヤじん) ──── 42、69、221
ゆとり世代(ゆとりせだい) ─────── 98
ユニセフ ─────────────── 252
輸入(ゆにゅう) ─────────── 177
ユネスコ ──── 37、48、52～55、64、104、
105、124～126、128、228、252
要介護(ようかいご) ────────── 200
よう業(ようぎょう) ────────── 170
養蚕(ようさん) ───────── 151、169

要支援(ようしえん)		200
養殖(ようしょく)		102、110、114、117、118、120〜125、127、153
羊毛(ようもう)		247
ヨーロッパ連合(ヨーロッパれんごう)		253
預金額(よきんがく)		181
予算(よさん)		192
吉田茂(よしだしげる)		58〜61
吉田松陰(よしだしょういん)		121
吉野彰(よしのあきら)		67、97
吉野ケ里遺跡(よしのがりいせき)		125
預貯金額の移り変わり(よちょきんがくのうつりかわり)		181
よど号(よどごう)		88
米内光政(よないみつまさ)		58、59
与那国島(よなぐにじま)		100
ヨルダン		47、49、240
四大文明(よんだいぶんめい)		79

ライチョウ		110、112、113
ラオス		240
ラグビーワールドカップ		96、97、114、126、127
ラサ		43、49
ラトビア		240
ラパス		237
ラバト		240
ラマポーザ,シリル		47
ラムサール条約(ラムサールじょうやく)		101、103〜111、119、126〜128
リアス線(リアスせん)		102
リーブルビル		224
リーマン・ショック		95、98
リーマン・ブラザーズ		95、98
リガ		240
陸上競技の記録(りくじょうきょうぎのきろく)		205、207
リクルート事件(リクルートじけん)		91
リコール[解職請求]([かいしょくせいきゅう])		30、36
リサイクル		103、121、124、173
利子(りし)		12
リストラ		95、98
リスボン		237
リチウムイオン電池(リチウムイオンでんち)		127
立憲民主党(りっけんみんしゅとう)		26、38
リトアニア		240
リビア		42、238、240
リヒテンシュタイン		240
リベリア		241
リマ		237
リヤド		227
琉球王国(りゅうきゅうおうこく)		50、128
リュウグウ		36、76
リュブリャナ		229
旅客数(りょかくすう)		185、186
リロングウェ		238
リンカーン,エイブラハム		62、63
ルアンダ		220
林業(りんぎょう)		152
ルーズベルト,セオドア		62、63
ルーズベルト,フランクリン		64
ルーマニア		239、241
ルクセンブルク		241
ルサカ		227
ルネサンス[文芸復興]([ぶんげいふっこう])		79
ルワンダ		236、241
レイキャビク		219
冷戦(れいせん)		64、65、79、80、220
冷帯湿潤気候(れいたいしつじゅんきこう)		243
令和(れいわ)		78、97
れいわ新撰組(れいわしんせんぐみ)		26
レーガン,ロナルド		64、65
レジ袋(レジぶくろ)		71
レソト		241
レッドリスト		70〜72
レバノン		69、241
レブンサイコ		72
連合赤軍(れんごうせきぐん)		88
労働(ろうどう)		201
労働者災害補償保険(ろうどうしゃさいがいほしょうほけん)		199
ローソン		180
ローマ		49、79、80、221、234
ローマ帝国(ローマていこく)		41、79
ローマ歴史地区(ローマれきしちく)		49
ロケット		76、77、118、127
ロシア[ロシア連邦]([ロシアれんぽう])		7、18、21、23、25、36、38、42、44、46、47、62、68、76〜78、94、121、220、222、223、228、241
ロシア革命(ロシアかくめい)		58、79
ロスト・ジェネレーション		98
ロゾー		232
ロッキード事件(ロッキードじけん)		60、89
ロックダウン		6、7
ロヒンギャ		24、43、235
ロペスオブラドール,アンドレスマヌエル		47
ロボット		250
ロメ		232
ロンドン		41、46、80、96、221
ロンドン夏季五輪(ロンドンかきごりん)		96

わ行

若田光一(わかたこういち)		77
若槻礼次郎(わかつきれいじろう)		58、59
ワガドゥグ		236
和歌山県(わかやまけん)		50、53、54、57、60、68、73、118
ワクチン		6〜9、12、35、36、221、236、252、253
和紙(わし)		53、111
輪中(わじゅう)		112
和食(わしょく)		53
ワシントン		20、23、25、35、43、62、63、65、220
ワシントン,ジョージ		62、220
ワシントン条約[CITES](ワシントンじょうやく)		71
ワルシャワ		237
湾岸戦争(わんがんせんそう)		60、61、64、65、79、225

ん

ンジャメナ		231

さくいん 265

森の力で未来を変える。

紙の原料となる木材を生産するために。
さらには、地球環境にも想いを馳せて。
私たち王子グループは、
「木を使うものは、木を植える義務がある」との考えのもと、
日本のみならず世界でも、
すこやかな森づくりに取り組んできました。
森づくりを通じて、
地球温暖化を食い止め、緑輝く地球を未来へと引き継いでいきたい。
私たちの取り組みは、今日もこれからも続いていきます。

ニュージーランド・Pan Pac社（王子グループ）Kaweka山林

領域をこえ 未来へ

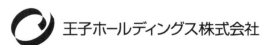

読めば理科が好きになる！科学漫画シリーズ

科学漫画サバイバルの姉妹編

かがくるBOOK

第2弾！ 学校勝ちぬき戦 実験対決

おもしろすぎる実験漫画!!

1,320円(税込)／B5判変型

科学大好き！な小学生がチームを組み、さまざまなテーマの実験で勝ち抜いていく「対決」物語。基本的な知識から複雑な原理まで、幅広い分野の理科が楽しく学べます！

理科の勉強が楽しくなる！

シリーズラインナップ

❶酸性・アルカリ性 ❷力 ❸光 ❹生物 ❺電気
❻環境 ❼❽人体 ❾天気 ❿熱 ⓫水 ⓬空気
⓭物質 ⓮地質 ⓯地震 ⓰波動 ⓱刺激と反応
⓲植物 ⓳地形 ⓴海 ㉑変化 ㉒地球の歴史
㉓月 ㉔エネルギー ㉕力と道具 ㉖誕生と成長
㉗昼と夜 ㉘昆虫とクモ ㉙体積と浮力
㉚燃焼と消火 ㉛磁石と電流 ㉜気体と空気
㉝ウイルスと免疫 ㉞重さとつり合い
㉟生態系と環境 ㊱太陽と惑星 ㊲溶解と溶液
㊳速度と速さ ㊴栄養素と消化 ㊵元素

©Hong Jong-Hyun/ Mirae N

第3弾！ ヒラメキ勝負！ 発明対決

驚きのアイデアが満載!!

1,320円(税込)／B5判変型

創意工夫する力を育てる"発明漫画"が誕生しました!!
毎日の暮らしに役立つ発明品を通じて、科学の世界に楽しく触れてみよう！

❶磁力の発明 ❷雨の日の発明 ❸光と影の発明 ❹発明の方程式 ❺考えを覆す発明
❻観察は発明の第一歩 ❼生活の発明 ❽何のための発明？ ❾常識の枠を越えろ！ ❿今日のための発明
⓫アイデアの応用 ⓬ヒット商品の法則 ⓭電気なし vs. 水なし ⓮童話で発明⁉ ⓯いざ、最終対決！

詳しくは▶朝日新聞出版　検索　お求めは書店、ASA（朝日新聞販売所）、ウェブサイトでどうぞ。

すべての人に、価値ある一冊を　ASAHI　朝日新聞出版

協力者一覧

●写真
AFP時事、NASA（米航空宇宙局）、OCVB、PA Wire/Press Association、RtoS研究会、（一社）明石観光協会、朝日新聞フォトアーカイブ／デジタル本部データベースセクション、（一社）石狩観光協会、（公社）石川県観光連盟、（国研）宇宙航空研究開発機構（JAXA）、（一社）愛媛県観光物産協会、（公財）大阪観光局、（公社）岡山県観光連盟、（公社）香川県観光協会、（公社）鹿児島県観光連盟、京都府漬物協同組合、ググッとぐんま写真館、（一社）江東区観光協会、国立国会図書館、（一社）佐賀県観光連盟、（公社）静岡県観光協会、（一社）志摩市観光協会、太地町役場、（公社）千葉県観光物産協会、デジタルグローブ、（一財）徳島県観光協会、鳥取県、（公社）とやま観光推進機構、（一社）長崎県観光連盟、（公財）ながの観光コンベンションビューロー、奈良県、（一財）VISITはちのへ、広島県、（公社）びわ湖大津観光協会、福岡市、星ふる学校くまの木、宮城県観光プロモーション推進室、（公社）やまなし観光推進機構、横須賀市

●取材協力
朝日新聞社会部／報道センター／総局、江口和良、佐久間健一、佐久間美知子

●資料提供
BP Global、CIA（米中央情報局）、FAO（国連食糧農業機関）、ITU（国際電気通信連合）、（独）JETRO（日本貿易振興機構）、（独）JOGMEC（石油天然ガス・金属鉱物資源機構）、USGS（米国地質調査所）、恩田裕之、環境省、気象庁、（社）漁業情報サービスセンター、経済産業省、警察庁、公害等調整委員会（総務省）、厚生労働省、国際自動車工業連合会、国際連合広報センター、国際連合統計部、国際ロボット連盟、国税庁、国土交通省、国土地理院、国立国会図書館、国立社会保障・人口問題研究所、国立天文台、（株）小僧寿し本部、財務省、参議院、資源エネルギー庁、消防庁、水産庁、（株）すかいらーく、世界銀行、世界原子力協会、世界保健機関（WHO）、（財）石炭エネルギーセンター、石油化学工業協会、石灰石鉱業協会、（株）セブン-イレブン・ジャパン、（公社）全国出版協会・出版科学研究所、全国たばこ耕作組合中央会、総務省、電気事業連合会、（社）電子情報技術産業協会、天然ガス鉱業会、東海旅客鉄道（株）、内閣府、西日本旅客鉄道（株）、（社）日本ABC協会、日本化学繊維協会、（社）日本ガス協会、日本銀行、日本KFCホールディングス（株）、（社）日本原子力産業協会、（社）日本自動車工業会、日本自動車輸入組合、（社）日本新聞協会、（公財）日本水泳連盟、日本製紙連合会、（社）日本造船工業会、（社）日本地下鉄協会、（公財）日本中学校体育連盟、（社）日本電機工業会、（社）日本トンネル技術協会、日本年金機構、（社）日本舶用工業会、（財）日本不動産研究所、日本放送協会、（社）日本民間放送連盟、日本郵政（株）、（公財）日本陸上競技連盟、（株）日本リモナイト、農林水産省、服部美佐子、東日本旅客鉄道（株）、広島県地域政策局、（株）ファミリーマート、（国研）物質・材料研究機構、ブルームバーグ エル・ピー、PETボトルリサイクル推進協議会、別府志海、防衛省、法務省、本州四国連絡高速道路（株）、文部科学省、ユネスコ（国際連合教育科学文化機関）、林野庁、（独）労働政策研究・研修機構、（株）ローソン、和鋼博物館

●AD
サトズ（佐藤芳孝）

●デザイン・DTP
サトズ（佐藤芳孝）、パラレルヴィジョン（福田優香、本間章成）

●イラスト
石月誠人、田崎トシ子、ヨシザワスタジオ

●図版
マーリンクレイン（福士統子、鈴木聖加、立岡みゆ、皆川恵、宮田遥）、平凡社地図出版、ヨシザワスタジオ

●編集協力
オフィス朔（松本紀子、鈴木佳子、村山聡美、田川由美子、大熊文子、吉田香）、ガーリックプランナーズ（弘中ミエ子）、大河原晶子、岸尾祐二、小林佳世、近藤裕美、田中明日香、外﨑航、深田り由、吉川明子、渡辺智子

●校閲
朝日新聞総合サービス出版校閲部（藤井広基、大橋美和、志保井杏奈、山田欽一、川浪史雄、上田詠子）

●「朝日ジュニア学習年鑑」編集部
福井洋平、石原美紀子、大室みどり、高田保子

朝日ジュニア学習年鑑 2022

2022年3月30日　第1刷発行

発行者　橋田真琴
発行所　朝日新聞出版
　　　　〒104-8011　東京都中央区築地5-3-2
編者　　朝日新聞出版 生活・文化編集部
電話　　03-5541-8833（編集）
　　　　03-5540-7793（販売）
印刷所　大日本印刷株式会社
　　　　© 2022 Asahi Shimbun Publications Inc.
　　　　創刊 1949年6月15日

ISBN978-4-02-220823-1　定価は裏表紙に表示してあります。
落丁・乱丁の場合は弊社業務部（電話 03-5540-7800）へご連絡ください。
送料弊社負担にてお取り替えいたします。

世界の国旗

[この国旗の使い方]
◎国の場所が知りたいとき—国旗の下にある番号を巻頭の「世界の国ぐに」の地図のなかからさがす。
・219ページからの「世界の国ぐに」も参照すること。
・国旗のタテ、ヨコの比率は国によって異なるが、国連の方式の2：3に統一した。

アジア

① アフガニスタン
② アラブ首長国連邦
③ イエメン
④ イスラエル
⑤ イラク
⑥ イラン
⑦ インド
⑧ インドネシア
⑨ オマーン
⑩ カタール
⑪ カンボジア
⑫ キプロス
⑬ クウェート
⑭ サウジアラビア
⑮ シリア
⑯ シンガポール
⑰ スリランカ
⑱ タイ
⑲ 大韓民国
⑳ 中華人民共和国
㉑ 朝鮮民主主義人民共和国
㉒ トルコ
㉓ 日本
㉔ ネパール
㉕ パキスタン
㉖ バーレーン
㉗ バングラデシュ
㉘ 東ティモール
㉙ フィリピン
㉚ ブータン
㉛ ブルネイ
㉜ ベトナム
㉝ マレーシア
㉞ ミャンマー
㉟ モルディブ
㊱ モンゴル
㊲ ヨルダン
㊳ ラオス
㊴ レバノン

アフリカ

㊵ アルジェリア
㊶ アンゴラ
㊷ ウガンダ
㊸ エジプト
㊹ エスワティニ
㊺ エチオピア
㊻ エリトリア
㊼ ガーナ
㊽ カボベルデ
㊾ ガボン
㊿ カメルーン
51 ガンビア
52 ギニア
53 ギニアビサウ
54 ケニア
55 コートジボワール
56 コモロ
57 コンゴ共和国
58 コンゴ民主共和国
59 サントメ・プリンシペ
60 ザンビア
61 シエラレオネ
62 ジブチ
63 ジンバブエ
64 スーダン
65 赤道ギニア
66 セーシェル
67 セネガル
68 ソマリア
69 タンザニア
70 チャド
71 中央アフリカ
72 チュニジア
73 トーゴ
74 ナイジェリア
75 ナミビア
76 ニジェール
78 ブルキナファソ
79 ブルンジ
80 ベナン
81 ボツワナ
82 マダガスカル
83 マラウイ
84 マリ
85 南アフリカ共和国
86 南スーダン
87 モザンビーク
88 モーリシャス
89 モーリタニア
90 モロッコ
91 リビア
92 リベリア
93 ルワンダ
94 レソト

ヨーロッパ

95 アイスランド
96 アイルランド

朝日ジュニア学習年鑑 2022 クイズ

解答

問1

答え：3. 南アフリカ

解説：南アフリカは、2021年11月24日に世界保健機関（WHO）に変異株「オミクロン株」を報告しました。(P7)

問2

答え：3. オリンピック58個・パラリンピック51個

解説：「東京2020」のオリンピックで、日本は史上最多のメダル58個を獲得。パラリンピックでは51個のメダルを獲得しました（P10）。ちなみに、1. オリンピック113個・パラリンピック104個はアメリカ、2. オリンピック46個・パラリンピック80個はオーストラリアです。

問3

答え：3. 湯川秀樹

解説：日本人初のノーベル賞受賞者である湯川秀樹氏は1949年にノーベル物理学賞を、2. 利根川進氏は87年にノーベル医学生理学賞を受賞しています（P66）。なお、細菌学者の野口英世氏は、ノーベル賞を受賞していません。

問4

答え：2. エルサレム

解説：3宗教の聖地はいずれもエルサレムにあり、キリスト教は聖墳墓教会、ユダヤ教は嘆きの壁、イスラム教は岩のドームです。(P69)

問5

答え：3. 北海道

解説：2020年のにんじんのとれ高は、3. 北海道が18.32万トン、1. 千葉県が10.54万トン、2. 青森県が3.97万トンです。(P149)